U0856323

（总第36期）中英文对照 Chinese/English（No.36）

# 天津统计年鉴 2020

# TIANJIN STATISTICAL YEARBOOK 2020

天津市统计局 国家统计局天津调查总队 编

*Compiled by* Tianjin Municipal Bureau of Statistics &
Survey Office of the National Bureau of Statistics in Tianjin

图书在版编目（CIP）数据

天津统计年鉴. 2020 = Tianjin Statistical Yearbook 2020 : 汉英对照 / 天津市统计局, 国家统计局天津调查总队编. -- 北京 : 中国统计出版社, 2020.12
ISBN 978-7-5037-9314-1

Ⅰ. ①天… Ⅱ. ①天… ②国… Ⅲ. ①统计资料－天津－2020－年鉴－汉、英 Ⅳ. ①C832.21-54

中国版本图书馆 CIP 数据核字(2020)第 199216 号

天津统计年鉴—2020

作　　者/ 天津市统计局　国家统计局天津调查总队
责任编辑/ 李　冲
编　　辑/ 张　洁
校　　对/ 张振斌　戴　华
封面设计/ 王　芳
出版发行/ 中国统计出版社有限公司
地　　址/ 北京市丰台区西三环南路甲 6 号　邮政编码/100073
电　　话/ 邮购（010）63376909　书店（010）68783171
网　　址/ http://www.zgtjcbs.com
印　　刷/ 河北鑫兆源印刷有限公司
经　　销/ 新华书店
开　　本/ 890mm×1240mm　1/16
字　　数/ 910 千字
印　　张/ 28.75
版　　别/ 2020 年 12 月第 1 版
版　　次/ 2020 年 12 月第 1 次印刷
定　　价/ 420.00 元（含光盘）

本书附同版本 CD-ROM 一张，光盘内容以书面文字为准。
如有印装差错，由本社发行部调换。

## 《天津统计年鉴 2020》编辑委员会



## *Tianjin Statistical Yearbook 2020* Editorial Board and Staff

# 编者说明

一、《天津统计年鉴》是一部全面反映天津市国民经济和社会发展情况的大型资料性年刊，创刊于 1984 年，逐年出版，形成系列。2020 版《天津统计年鉴》系统收录了天津市 2019 年经济、社会各方面的统计数据，以及其他重要历史年份的全市主要统计数据。全书中英文对照，配有光盘。

二、本年鉴文字资料主要登载有《2019 年天津市国民经济和社会发展统计公报》《2019 年天津经济形势分析》。为方便读者使用，书的篇目索引标明了全书结构。在书中每篇后附有主要统计指标解释。

三、本年鉴的统计数据主要取自各专业统计年报，少部分取自抽样调查数据和专业部门统计数据。

四、本年鉴所使用的度量衡单位均采用国际统一标准计量单位；行业分类标准采用《国民经济行业分类》（GB/T 4754-2017）；人均指标采用常住人口计算。

五、本年鉴中部分数据的合计数和相对数由于四舍五入取舍不同而产生的计算误差，均未做机械调整。

六、本年鉴表中的符号使用说明："空格"表示该项统计指标无数据、数据不足本表最小单位数或数据不详；"#"表示其中的主要项。

七、由于与不同年份有关专业的普查、调查、清查结果相衔接，以及国家统计制度变化和有关主管部门提供的统计数据有调整等原因，年鉴中部分指标的历史年度数据会有变动。读者在使用历史资料时，凡以前年度的年鉴与本年鉴数据有出入的，均以本年鉴为准。

八、《天津统计年鉴》自公开出版以来，得到了国内外广大读者的关心和支持，对本年鉴的内容和编辑工作提出了许多宝贵意见，对此我们深表谢意。限于我们的水平，书中难免有不足之处，敬请广大读者继续给予批评指正，帮助我们进一步改进年鉴编辑工作、提高年鉴编辑水平，更好地为广大读者服务。

# Preface

I. *Tianjin Statistical Yearbook* is a large-sized statistics publication to reflect various aspects of Tianjin's economic and social development, which was started in 1984 and published year after year, having formed a series of yearbooks. *Tianjin Statistical Yearbook 2020* takes Tianjin economic and social statistics of 2019 systematically, and other statistics of main years. The book is written in Chinese & English, and is equipped with electric CD.

II. Written materials in the book include *Statistical Communique on the 2019 National Economic and Social Development of Tianjin, Analysis of Tianjin Economic Situation 2019.* In order to help readers using these statistical materials better, Subject Index is used to describe the framework of the book, and Explanatory Notes on Main Statistical Indicators are attached after each chapter.

III. The major data sources of this book are obtained from annual professional statistical report, a few from sample surveys and departments' statistics.

IV. The units of measurement used in this book are internationally stander measurement units; sector listed in this table is classified by the standard of GB/T 4754-2017. When calculating per capital indicators, we use permanent population.

V. Statistical discrepancies due to rounding are not adjusted in this book.

VI. Notations used in this book: "blank" indicates the data not available or the figure is not large enough to be measured with the smallest unit in the table. "#' indicates the major items of the total.

VII. As a result of keeping consistent with data of census, surveys and checks, the change of national statistics system and adjustment of figures provided by departments some data in this yearbook is different from former yearbook. When using historical data, users should take the data of this book as standard.

VIII. Since Tianjin Statistical Yearbook had been published openly, we have been concerned and supported by the readers at home and abroad. They advance much valuable suggestion on content and edition of the yearbook, we deeply thanks for this all. Based on our limited level, perhaps there are some mistakes in this book, we welcome all of the readers give us your criticism in order to help us further improving our edition level, and providing services for the readers better.

# 篇目索引

| 篇　目 | 起始页码 |
| --- | --- |

# SUBJECT INDEX

# 目　　录
# CONTENTS

## 第三篇　就业和劳动工资

## Chapter 3　Employment and Remuneration

## 第四篇 价格指数

## Chapter 4 Price Indices



## 第五篇 人民生活

## Chapter 5 People's Living Conditions

## 第六篇 财 政

## Chapter 6 Government Finance



## 第七篇 资源环境和公共设施

## Chapter 7 Resources Environment and Public Facilities

## 第八篇 能源生产和消费

## Chapter 8 Energy Production and Consumption

## 第九篇　固定资产投资和房地产

## Chapter 9　Investment in Fixed Assets and Real Estate



## 第十篇　对外经济贸易

## Chapter 10　Foreign Trade, Economic Cooperation

## 第十一篇 农 业

## Chapter 11 Agriculture

## 第十二篇　工　业

## Chapter 12 Industry

## 第十三篇 建筑业

## Chapter 13 Construction



## 第十四篇 批发和零售业

## Chapter 14 Wholesale and Retail Trade

## 第十五篇　交通运输和邮电

## Chapter 15　Transportation, Post and Telecommunication Services

## 第十六篇　住宿和餐饮业与旅游

## Chapter 16　Accommodation and Catering Services, Tourism



## 第十七篇　金融业

## Chapter 17　Financial Intermediation

## 第十八篇 科学技术

## Chapter 18 Science and Technology

## 第十九篇　教 育

## Chapter 19　Education

## 第二十篇　卫生和社会服务

## Chapter 20　Public Health and Social Services

## 第二十一篇 文化和体育

## Chapter 21 Culture and Sports

## 第二十二篇　公共管理及其他

## Chapter 22　Public Management and Others

## 第二十三篇 各区基本情况

## Chapter 23 Basic Statistics on Districts

# 2019年天津市国民经济和社会发展统计公报

天津市统计局
国家统计局天津调查总队
2020年3月

2019年，天津市以习近平新时代中国特色社会主义思想为指导，以习近平总书记对天津工作提出的"三个着力"重要要求为元为纲，特别是深入学习贯彻习近平总书记视察天津重要指示和在京津冀协同发展座谈会上的重要讲话精神，按照市委、市政府决策部署，坚持稳中求进工作总基调，坚持贯彻新发展理念，坚持落实"巩固、增强、提升、畅通"八字方针，着力做好稳就业、稳金融、稳外贸、稳外资、稳投资、稳预期工作，全市经济运行稳中有进、稳中向好，高质量发展扎实推进，动能转换步伐加快，营商环境明显改善，市场活力不断释放，民生福祉持续增进，社会事业发展取得新成效。

## 一、综合

2019年，全市生产总值（GDP）14104.28亿元，比上年增长4.8%。其中，第一产业增加值185.23亿元，增长0.2%；第二产业增加值4969.18亿元，增长3.2%；第三产业增加值8949.87亿元，增长5.9%。三次产业结构为1.3∶35.2∶63.5。

财政收支增长较快。在大规模减税降费的背景下，2019年一般公共预算收入2410.25亿元，比上年增长14.4%。其中，税收收入1634.20亿元，增长0.6%，占一般公共预算收入的比重为67.8%。从主体税种看，增值税728.30亿元，增长4.3%；企业所得税323.78亿元，增长1.3%；个人所得税96.47亿元，下降25.7%。全年一般公共预算支出3508.71亿元，增长13.0%。其中，城乡社区支出751.21亿元，增长34.0%；社会保障和就业支出550.57亿元，增长8.8%；教育支出466.98亿元，增长4.3%；卫生健康支出197.73亿元，增长2.4%。

供给侧结构性改革持续深化。去产能扎实推进，2019年四季度，全市规模以上工业产能利用率为78.2%，全年平均工业产能利用率为76.4%，产能利用较为充分；水泥产量增长5.3%，增速比上年回落48.1个百分点，平板玻璃产量下降1.8%。企业降成本成效明显，在不折不扣落实好国家各项减税降费举措的基础上，深入实施天津市6批降成本政策措施，实施"三个一律免征"，2019年规模以上工业企业百元营业收入成本84.86元，比年初2月份减少0.80元，为全年最低水平。投资补短板取得积极进展，教育、卫生和社会工作等民生领域投资分别增长46.9%和98.9%。

新动能持续发展壮大。2019年，规模以上工业中战略性新兴产业增加值增长3.8%，快于全市工业0.4个百分点，高技术产业和战略性新兴产业增加值占规模以上工业增加值的比重分别达到14.0%和20.8%。经开区生物医药产业集群、高新区网络信息安全产品和服务产业集群获批国家第一批战略性新兴产业集群。滨海新区化工新材料、宝坻动力电池材料特色集群初步形成。360上市公司、紫光云总部、TCL北方总部、国美智能等落户，三星动力电池、杰科生物医药研发和生产基地、康希诺生物创新疫苗产业化等项目竣工，海尔全球首个智能+5G智慧园区建成使用。新能源汽车、工业机器人、服务机器人等新产品产量分别增长56.7倍、40.0%和85.8%。规模以上服务业中，新服务、高技术服务业、战略性新兴服务业营业收入均实现两位数增长，分别增长14.8%、19.3%和12.4%。

营商环境进一步改善。制定《天津市优化营商环境条例》，不断深化"一制三化"改革，深入落实"天津八条"、"民营经济19条"及32项配套细则，召开企业家大会。一般社会投资项目从获得土地到取得施工许可证平均时间压缩到75天以内，企业开办时间压缩至1天。建成天津网上办事大厅，96%的政务服务事项实现"一网通办"。2019年，全市新登记市场主体26.70万户，增长20.7%，其中新登记民营市场主体26.49万户，增长21.1%，占全市的比重为99.2%。

国企改革深入推进。7 家市属企业成功实现集团层面混改，带动所属 276 户企业混改，其他二级及以下企业 53 家完成混改，共吸引社会资本 315.9 亿元。国企管理层市场化改革取得实效，11 家市属一级企业面向社会公开选聘职业经理人。

主要民营经济指标发展势头良好。2019 年，全市民营经济增加值增长 5.1%，快于全市经济 0.3 个百分点；规模以上民营企业工业总产值增长 4.1%，快于全市 0.1 个百分点，占比 32.6%；民间投资占比 41.1%，其中工业民间投资增长 11.5%，租赁和商务服务业民间投资增长 33.2%，科研和技术服务业民间投资增长 15.0%；民营企业出口增长 5.5%，占比 36.7%；规模以上服务业中，民营企业营业收入增长 12.4%，营业利润增长 11.6%，占比分别达到 59.9%和 55.2%。

居民消费价格温和上涨。2019 年，全市居民消费价格上涨 2.7%。其中，食品价格上涨 6.0%，非食品价格上涨 2.0%；消费品价格上涨 2.7%，服务价格上涨 2.6%。

表 1　2019 年天津市居民消费价格涨幅

| 指　　标 | 比上年上涨（%） |
|---|---|
| 居民消费价格 | 2.7 |
| 其中：食品烟酒 | 4.6 |
| 衣　着 | 2.1 |
| 居　住 | 2.4 |
| 生活用品及服务 | 0.9 |
| 交通和通信 | -0.7 |
| 教育文化和娱乐 | 4.2 |
| 医疗保健 | 0.9 |
| 其他用品和服务 | 5.0 |

工业生产者价格同比下降。2019 年，全市工业生产者出厂价格下降 0.7%，工业生产者购进价格下降 1.2%。

## 二、农业

农业生产保持稳定。全年农林牧渔业总产值 414.35 亿元，比上年增长 0.4%。其中，农业产值 202.91 亿元，增长 2.6%；林业产值 21.91 亿元，增长 1.2 倍；牧业产值 100.39 亿元，下降 14.3%；渔业产值 74.43 亿元，增长 10.0%；农林牧渔专业及辅助性活动产值 14.71 亿元，增长 8.0%。粮食产量 223.25 万吨，增长 6.5%；蔬菜产量 242.78 万吨；肉类产量 30.28 万吨；水产品产量 26.22 万吨；禽蛋产量 19.36 万吨；牛奶产量 47.37 万吨。

现代都市型农业加快发展。建成 26 万亩高标准农田，小站稻种植面积达到 80 万亩，培育国家级龙头企业 17 家。实施稳定生猪生产行动计划，创建畜禽标准化示范区 30 个、优质高效渔业养殖生产基地 50 个，农产品监测总体合格率达到 99.8%。创建蓟州出头岭等产业强镇，打造产业融合载体。宁河区潘庄镇产业融合发展示范园、蓟州渔阳都市农业科技园分别入选第一、二批国家级农业产业融合示范园。杨柳青文旅特色小镇典型经验和天津推动特色小镇高质量发展典型做法在全国推广。农村人居环境持续改善，改造提升户厕 22.7 万座、公厕 2785 座，建成 791 个村生活污水处理设施。建成美丽村庄 250 个。

## 三、工业和建筑业

工业生产稳中向好。全年全市工业增加值比上年增长 3.6%，规模以上工业增加值增长 3.4%，比上年加快 1.0 个百分点。在规模以上工业中，分门类看，采矿业增加值增长 3.0%，制造业增长 3.3%，电力、热力、燃气及水生产和供应业增长 6.0%；分行业看，39 个行业大类中 20 个行业增长，其中汽车制造业增长 13.7%，黑色金属冶炼和压延加工业增长 18.6%，医药制造业增长 8.8%，电气机械和器材制造业增长 10.9%，石油和天然气开采业增长 1.7%。规模以上工业在目录的 412 种产品中，221 种产量增长，占目录产品的 53.6%，增长面比上年扩大 2.8 个百分点。规模以上工业企业营业收入增长 3.5%，营业收入利润率为 6.5%。

表 2　2019 年天津市主要工业产品产量

| 产品名称 | 单位 | 产量 | 比上年增长（%） |
|---|---|---|---|
| 天然原油 | 万吨 | 3111.89 | 0.9 |
| 精制食用植物油 | 万吨 | 295.12 | 0.5 |
| 天然气 | 亿立方米 | 34.90 | 2.8 |
| 汽　油 | 万吨 | 291.18 | 0.9 |
| 铝　材 | 万吨 | 65.32 | 37.1 |
| 钢　材 | 万吨 | 5454.95 | 15.6 |
| 电　梯 | 台 | 47301 | 7.4 |
| 房间空气调节器 | 万台 | 219.26 | 33.3 |
| 锂离子电池 | 亿只 | 6.56 | 4.6 |

建筑业实现平稳增长。全年建筑业增加值增长0.3%，建筑业总产值4096.50亿元，增长8.1%。建筑业企业房屋施工面积15616.89万平方米，其中新开工面积4576.21万平方米。截至年末，全市具有特级、一级资质的总专包建筑业企业322家，比上年末增加3家。

## 四、批发零售和住宿餐饮

流通消费市场基本稳定。全年批发和零售业商品销售额增长2.2%。限额以上单位商品零售额中，家用电器和音像器材类零售额增长15.6%，智能手机增长15.1%；日用品类增长9.7%，饮料类增长7.7%，书报杂志类增长2.3%。夜间经济繁荣发展，先后建成运营6个市级夜间经济示范区和一批夜市街区，五大道、“哪吒体育节”、意式风情街等夜间经济示范街区成为消费新引擎。

大众餐饮市场持续活跃。全年住宿和餐饮业营业额增长10.0%，其中限额以下住宿餐饮业营业额增长11.2%，快于全市1.2个百分点；限额以上住宿和餐饮业单位中，快餐类单位营业额增长6.1%，餐饮配送类增长30.8%，小吃类增长22.4%。

## 五、固定资产投资

固定资产投资增长较快。全年固定资产投资（不含农户）比上年增长13.9%。分产业看，第一产业投资增长10.3%；第二产业投资增长17.4%，其中食品制造业增长64.5%，医药制造业增长88.6%，计算机通信和其他电子设备制造业增长57.9%；第三产业投资增长12.8%，其中金融业增长1.1倍，租赁和商务服务业增长34.2%。分领域看，工业投资增长17.9%，基础设施投资增长13.6%，其中交通运输和邮政业增长23.4%。

坚持“房子是用来住的，不是用来炒的”定位，坚决落实“稳地价、稳房价、稳预期”目标要求，落实一城一策、因城施策的房地产市场长效管理机制，房地产开发投资增长12.5%。商品房销售面积1478.68万平方米，增长18.3%；销售额2274.14亿元，增长13.3%。

## 六、交通、运输和邮电

交通运输业增势较好。全年货运量56940.61万吨。其中，铁路9887.42万吨，水运8954.91万吨。货物周转量2244.03亿吨公里。其中，铁路271.69亿吨公里，水运1546.01亿吨公里。客运量1.96亿人次，增长1.9%；旅客周转量585.11亿人公里，增长5.7%。港口货物吞吐量4.92亿吨，增长4.1%；集装箱吞吐量1730.07万标准箱，增长8.1%。机场旅客吞吐量2381.33万人次，增长0.9%；机场货邮吞吐量22.62万吨，下降12.6%。截至年末，全市民用汽车保有量306.97万辆，其中私人汽车258.81万辆；民用轿车195.10万辆，其中私人轿车176.89万辆。

邮电业务量保持高速增长。全年邮电业务总量1343.77亿元，比上年增长57.9%。其中，电信业务总量1194.97亿元，增长62.4%；邮政行业业务总量148.80亿元，增长29.0%。全年快递业务量6.97亿件，增长21.1%。年末移动电话用户1704.7万户，增长3.4%。互联网宽带接入端口1092.6万个，增长20.2%。积极开展5G应用试点示范，在智能制造、教育、媒体、医疗、港口、自动驾驶等10多个领域实现5G示范应用。

## 七、金融

金融存贷款余额规模继续扩大。截至年末，全市金融机构（含外资）本外币各项存款余额31788.78亿元，比年初增加795.83亿元，比上年末增长2.6%；各项贷款余额36141.27亿元，比年初增加2026.11亿元，增长6.0%。

证券市场发展取得新进展。全年新增境内外上市公司6家。年末境内上市公司54家，新三板挂牌公司162家。年末证券帐户554.92万户，比上年末增长7.4%。全年各类证券交易额39933.63亿元，增长7.4%。其中，股票交易额21328.83亿元，增长20.8%；债券交易额16899.11亿元，下降0.2%；基金交易额1659.11亿元，下降34.3%。期货市场成交额101536.32亿元，增长52.4%。

保险市场增长较快。全年原保险保费收入617.89亿元，比上年增长10.3%。其中，人身险保费收入465.70亿元，增长12.1%；财产险保费收入152.19亿元，增长5.4%。全年赔付支出158.17亿元，比上年下降3.6%。其中，人身险赔付78.87亿元，下降5.8%；财产险赔付79.29亿元，下降1.4%。

## 八、开发开放

招商引资势头良好。全年共引进内资项目4525个，实际利用内资2882.44亿元，增长8.5%。引进服务业项目3654个，到位资金2489.13亿元，增长3.1%，占比86.4%；引进制造业项目598个，到位资金279.68亿元，增长58.3%，占比9.7%。全市新批外商投资企业711家，合同外资额315.94亿美元，实际直接利用外资47.32亿美元，增长3.0%。

对外开放步伐加快。积极融入"一带一路"建设，大力发展海铁联运，国际集装箱班列开行491列，11个中欧产业合作项目签约，新设立4个"鲁班工坊"。全年新设境外企业机构131家，中方投资额15.95亿美元。对外承包工程新签合同额50.20亿美元，完成营业额54.24亿美元。年末在外劳务人员2.15万人。

对外贸易有所下降。全年外贸进出口总额7346.03亿元，下降9.1%。其中，进口4328.22亿元，下降11.2%；出口3017.81亿元，下降5.9%。一般贸易出口1577.97亿元，增长1.4%；加工贸易出口1271.44亿元，下降10.9%。

自贸试验区改革深入推进。出台支持自贸试验区创新发展措施及行动方案，"深改方案"128项任务完成122项，27项创新成果在全国复制推广，自由贸易账户政策落地实施。自贸试验区新登记市场主体累计超过6.4万户，注册资本超过2.16万亿元。

旅游业稳步发展。成功举办2019中国旅游产业博览会，出台《天津市促进旅游业发展两年行动计划（2019-2020年）》，蓟州区入选首批国家全域旅游示范区，全市所有A级景区全部实现电子支付功能。全年乡村旅游接待量和综合收入分别增长9%和8%。

## 九、京津冀协同发展

主动服务北京非首都功能疏解和雄安新区建设。承接北京非首都功能疏解取得新成效，国家会展中心、中国核工业大学等开工建设，中国电信京津冀数据中心、中车金融租赁、中科院北京国家技术转移中心天津中心等一批项目引进落地。滨海—中关村科技园累计注册企业达到1443家，中关村智能制造科创中心项目投入运营，宝坻京津中关村科技城15个承接项目加快施工。主动服务雄安新区建设发展，天津港雄安服务中心揭牌，天津一中等学校在雄安设立校区。全年京冀企业来津投资到位资金1470.67亿元，占全市实际利用内资的51.0%，比上年提高4.6个百分点。

深化重点领域协同。津石、塘承高速公路全面开工，对符合条件的国际标准集装箱货车实行高速公路差异化收费；京滨、京唐高铁加快建设，3条市域（郊）铁路纳入京津冀协同发展交通一体化规划修编，天津滨海国际机场新增加密航线26条。深入实施口岸降费提效优化环境专项行动，进出口整体通关时间较上年分别压缩54.6%和58.5%。全年天津口岸进出口总额13845.06亿元，其中来自京冀的货物比重达到32.0%，比上年提高1.8个百分点。强化产业合作，三地30余所大学组建一批创新联盟，科技成果展示交易线上平台建成运行，26个制造类项目对接落户滨唐、滨沧协同发展示范园。强化生态环保联防联控，京津冀河流跨界断面实现统一采样、统一监测，永定河综合治理与生态修复稳步推进，"通武廊"签订环境保护合作框架协议。

## 十、城市建设和公用事业

城市载体功能不断完善。地铁1号线东延线通车运营，4号线、6号线二期等地铁线路加快建设，7、11号线开工建设。整修完成解放南路、光荣道等20条重点道路，打通微山路跨大沽南路立交等3处快速路瓶颈堵点和登州路等5处卡口路段，新外环全线贯通。截至年末，全市公路里程16146公里，其中高速公路1295公里。新开公交线路16条，全市公交线路达到970条，公交运营车辆12746辆，全年城市公共交通客运量16.37亿人次，比上年增长8.7%，其中轨道交通客运量5.26亿人次，增长28.8%。全方位推动通信基础设施建设，移动宽带、固定宽带下载速率均跃居全国第3位；开展5G网络建设，截至2019年底已建设5G基站8532个。

公用事业服务能力增强。完成供热旧管网改造100公里、燃气旧管网改造70公里。开工建设11座垃圾处理设施，新增垃圾日处理能力3424吨。推行生活垃圾分类，覆盖居民180万户。全社会用电量878.43亿千瓦时，其中城乡居民生活用电量114.20亿千瓦时。

## 十一、教育和科学技术

教育事业发展取得新成效。完成260所义务教育学校第三轮现代化达标验收，推出54个普通高中学科特色课程基地，7所高职院校、10个专业群入选全国"双高计划"，全国新工科教育创新中心落户天津大学，天津茱莉亚学院大学预科项目正式开学。关注"一小"问题，实施学前教育两年行动，新增幼儿园学位6万余个。截至年末，全市共有普通高校56所，中等职业教育学校74所，普通中学527所，小学877所。全年研究生招生2.55万人，在校生7.33万人，毕业生1.85万人。普通高校招生15.96万人，在校生53.94

万人，毕业生13.71万人。中等职业教育学校招生3.21万人，在校生9.97万人，毕业生3.67万人。普通中学招生15.18万人，在校生46.20万人，毕业生13.08万人。小学招生12.78万人，在校生70.20万人，毕业生10.08万人。幼儿园2374所，在园幼儿27.59万人。

科技创新实现新跃升。成功举办第三届世界智能大会。新一代超级计算机、国家合成生物技术创新中心等国家级创新平台落户，现代中药、智能网联汽车、生物基材料等制造业创新中心加快推进，国家企业技术中心达到63家，市级企业技术中心达到657家。发布全球首款脑机接口专用芯片，推出光伏用12英寸单晶硅片，海之星智能水下检测机器人填补国内空白，国家技术创新示范企业达到20家，国家高新技术企业达6106家。实施创新型企业领军计划，6235家企业通过国家科技型中小企业评价，雏鹰企业、瞪羚企业分别达到1632家和348家，新认定科技领军企业15家、市级"杀手锏"产品55个。国家自主创新示范区注册企业超过2万家。年末全市共有国家级重点实验室13个，国家级工程（技术）研究中心12个。全年签订技术合同13977项，合同成交额923亿元，技术交易额508亿元。

科学研究硕果累累。全市17项科技成果获得国家科学技术奖，其中，自然科学奖2项，包括一等奖1项，二等奖1项；科技进步奖15项，包括特等奖2项，一等奖1项，二等奖12项。市级科技成果登记数2345项，其中，属于国际领先水平93项，达到国际先进水平239项。全年受理专利申请9.60万件；专利授权5.78万件，其中发明专利5025件；年末有效发明专利3.47万件。

人才引育成效明显。"海河英才"行动计划累计引进各类人才24.8万人，其中资格型、技能型人才分别为4.8万人和6.4万人。启动"海河工匠"建设，在长征火箭、长城汽车等先进制造业企业建立205个企业培训中心，覆盖技能工人15.8万人。年末在津院士37人，新建博士后工作站35个，新进站博士后385人。

## 十二、卫生、文化和体育

医疗服务能力显著提升。儿童医院马场院区投入使用，市一中心医院新址改扩建项目封顶，中心妇产医院、胸科医院老院区改造工程开工。国家集中采购和使用试点药品价格大幅降低，二级以上公立医院智慧服务实现全覆盖。院前医疗急救反应速度大幅提高，急救站点增至171个。人均期望寿命81.69岁，婴儿死亡率控制在6‰以下。持续实施天津市妇女儿童健康促进计划，服务401.4万人次。天津中医药大学第一附属医院成为第四批国家中医临床医学研究中心。截至年末，全市共有各类卫生机构5964个，其中医院441个。卫生机构床位6.83万张，其中医院6.10万张。卫生技术人员10.96万人，其中执业（助理）医师4.61万人，注册护士4.14万人。医疗卫生机构诊疗人数12260万人次，其中医院诊疗人数7246万人次。全年医疗救助总人数29.32万人，医疗救助支出6.13亿元。

文化事业蓬勃发展。举办庆祝中华人民共和国成立70周年文化活动，创作《永远的战友》《周恩来回延安》等精品力作。国家海洋博物馆建成开放，市民族文化宫重建启用，北疆博物院旧址等6处不可移动文物入选全国重点文物保护单位，首批街镇综合性文化服务中心全面达标。截至年末，全市共有艺术表演团体198个，文化馆17个，博物馆68个，公共图书馆29个，街乡镇综合文化站244个。全市影院共计117家，放映场次127万场，观影人数2565万人次，实现票房收入9.44亿元。全年出版图书1.04亿册，期刊2961万册，报纸2.39亿份。

体育事业发展取得新突破。成功举办全国第十届残运会暨第七届特奥会、"一带一路"海河国际龙舟赛、环团泊湖国际铁人三项赛等大型赛事。2019年，天津运动员在国内体育赛事中获得75枚金牌，在国际赛事中获得7枚金牌。大力发展冰雪健身运动，隆重举行第六届全国大众冰雪季启动仪式，并先后举办了第二届中俄青少年冰球友谊赛、天津国际冰壶公开赛等精品赛事，在第十四届全国冬运会上获得天津历史上首枚金牌。积极开展群众体育活动，圆满举办第七届"体彩杯"市民运动会等群众性赛事活动，打造15分钟健身圈，体育惠民卡消费补贴超过3万人。

## 十三、人口、就业和人民生活

常住人口规模继续扩大。截至2019年末，全市常住人口1561.83万人，比上年末增加2.23万人。常住人口中，城镇人口1303.82万人，城镇化率为83.48%。常住人口出生率6.73‰，死亡率5.30‰，自然增长率1.43‰。年末全市户籍人口1108.18万人。

稳就业工作取得实效。扎实开展援企稳岗"护航行动"，支持青年群体就业创业，新发展见习基地458家，帮助4.38万名就业困难人员再就业。全年新增就业首次突破50万人，达到50.17万人，增长2.39%。

居民收支保持平稳增长。落实18项居民增收措施，退休人员基本养老金月人均增加178元，城乡居民基础养老金、老年人生活补助继续提高。全市居民人均可支配收入42404元，增长7.3%，比上年加快0.6个百分点。按常住地分，城镇居民人均可支配收入46119元，增长7.3%；农村居民人均可支配收入24804元，增长7.5%。全市居民人均消费支出31854元，增长6.5%，其中，教育文化娱乐、医疗保健支出分别增长12.5%、11.8%。

## 十四、社会保障和社会救助

社会保障服务能力持续加强。建立职工大病保险制度，覆盖590万职工，职工和居民医保门诊报销限额、贫困人口大病保险保障水平进一步提高，失业保险金月人均增加90元。截至年末，全市参加职工基本医疗保险人数595.04万人，参加居民基本医疗保险人数541.94万人，分别比上年增加19.78万人和0.48万人；参加城镇职工基本养老保险人数695.57万人，参加城乡居民养老保险人数164.49万人，分别比上年增加12.41万人和3.34万人；参加城镇职工工伤保险人数400.22万人，增加1.7万人；参加城镇职工失业保险人数335.51万人，增加12.07万人；参加城镇职工生育保险人数341.26万人，增加10.84万人。全面完成147万平方米三年棚改任务，6.3万户近30万人受益。完成8310万平方米老旧小区及远年住房三年改造任务，127万户居住品质得到提升。完成6102户农村困难群众危房改造。

社会救助体系进一步完善。用心解决“一老”问题，构建以社区为支撑的居家养老服务体系，加强特殊困难群体帮扶，建成“救急难”服务平台，残疾人无障碍导向标识系统进一步完善，城乡低保、低收入家庭救助、特困供养等标准得到新提升。建成109个老年日间照料服务中心，年末全市有养老机构364个，老人家食堂1565家。全市低保对象14.10万人，特困供养人员1.20万人，各类福利机构年末收养人员2.78万人。救助站10个，提供救助服务6991人次，提供住宿的社会服务机构拥有床位5.96万张。全年社会救助总支出21.55亿元。

## 十五、扶贫协作和生态环保

扶贫协作扎实推进。坚持升级加力、多层全覆盖、有限无限相结合，实施东西扶贫协作学校结对、医院结对、校企结对、结对认亲四个全覆盖工程。累计向受援地安排财政资金31.46亿元，实施帮扶项目1144个，选派党政干部和专业技术人员2319人，帮助85万名贫困群众实现就业增收，助力受援地区24个贫困县脱贫摘帽、23个进入脱贫摘帽序列。

污染防治力度加大。持续强化大气污染“五控”治理，完成120万户居民冬季清洁取暖改造，PM2.5平均浓度总体保持稳定，达到51微克/立方米。水环境治理成效明显，完成河湖“清四乱”专项行动，完成10座城镇污水处理厂扩建提升工程，地表水优良水体比例达到50%，提高10个百分点，劣V类水体比例首次降至5%，降低20个百分点。渤海综合治理提速推进，制定“一河一策”治理方案，12条入海河流全部消除劣V类水体，近岸海域优良水质比例达到81%、提高31个百分点。完成农用地土壤污染详查，污染地块治理深入推进，整治311处非正规垃圾堆放点。

生态环境显著改善。升级保护875平方公里湿地自然保护区，加快推进退耕还湿、土地流转、河湖水系连通，建成武清永定河故道、宝坻潮白河国家湿地公园。加快建设736平方公里双城间绿色生态屏障，大力推进生态修复等十大工程，初步形成林水相依、可亲近体验的生态场景。提升153公里海岸线生态功能，加快实施生态廊道建设和岸滩修复工程。新增植树造林40万亩，新增城市绿道河西示范段、子牙滨河公园等一批城市公园，海河沿线夜景品质全面升级。

注：1. 本公报中数据均为初步统计数。

2. 全市生产总值、各产业增加值绝对数按现价计算，增长速度按不变价格计算。

3. 规模以上工业企业是指年主营业务收入2000万元及以上的全部法人工业企业。

4. 规模以上服务业企业是指年营业收入1000万元及以上，或年末从业人员50人及以上的交通运输、仓储和邮政业，信息传输、软件和信息技术服务业，房地产业(不含房地产开发经营)，租赁和商务服务业，科学研究和技术服务业，水利、环境和公共设施管理业，教育，卫生和社会工作法人单位；年营业收入500万元及以上，或年末从业人员50人及以上的居民服务、修理和其他服务业，文化、体育和娱乐业法人单位。

5. 限额以上批发业企业是指年主营业务收入2000万元及以上的批发业企业；限额以上零售业企业是指年主营业务收入500万元及以上的零售业企业；限额以上住宿和餐饮业企业是指年主营业务收入200万元及以上的住宿和餐饮业企业。

6. 固定资产投资（不含农户）统计口径范围为计划总投资500万元及以上的固定资产项目投资及全部房地产开发项目投资。

7. 电信业务总量按2015年价格计算。

8. 邮政行业业务总量按2010年价格计算。

**资料来源：**

本公报中财政数据来自天津市财政局；市场主体注册数据来自天津市市场监督管理委员会；国企改革数据来自天津市人民政府国有资产监督管理委员会；都市型农业数据来自天津市农业农村委员会；交通运输数据来自天津市交通运输委员会；机动车数据来自天津市公安交通管理局；邮政数据来自天津市邮政管理局；电信数据来自天津市通信管理局；文化设施数据来自天津市文化和旅游局；电影、出版数据来自天津市委宣传部；存贷款数据来自中国人民银行天津分行；上市挂牌企业数据、证券期货数据来自中国证券监督管理委员会天津监管局、天津市金融工作局；保险数据来自中国银行保险监督管理委员会天津监管局；利用外资、境外投资、对外承包工程、对外劳务合作数据来自天津市商务局；进出口数据来自天津海关；扶贫协作、利用内资数据来自天津市人民政府合作交流办公室；用电量数据来自天津市电力公司；教育数据来自天津市教育委员会；科技创新数据来自天津市科学技术局、天津市工业和信息化局；专利数据来自天津市知识产权局；人才、新增就业、社会保障数据来自天津市人力资源和社会保障局；医疗保险数据来自天津市医疗保障局；医疗卫生数据来自天津市卫生健康委员会；体育事业数据来自天津市体育局；户籍人口数据来自天津市公安局；社会救助服务数据来自天津市民政局；环境保护数据来自天津市生态环境局；其他数据来自天津市统计局、国家统计局天津调查总队。

# 2019 年天津经济形势分析

2019 年，全市上下以习近平新时代中国特色社会主义思想为指导，全面贯彻党的十九大和十九届二中、三中、四中全会精神，深入学习贯彻习近平总书记对天津工作的重要指示批示精神，坚决落实党中央大政方针和市委、市政府决策部署，以新发展理念引领高质量发展，有效落实“巩固、增强、提升、畅通”八字方针，扎实做好“六稳”工作，主要经济指标完成情况好于预期，经济结构优化升级，新旧动能转换加速推进，营商环境明显改善，市场活力持续释放，人民群众幸福感、获得感不断增强，全市经济运行稳中有进、稳中向好。同时，国内外经济环境更趋复杂严峻，天津仍处于负重前行、爬坡过坎、滚石上山的紧要关头，做好 2020 年经济工作仍需付出更多艰苦努力。

## 一、经济运行稳中向好

### （一）经济增速稳步回升

根据国家统计局统一核算，2019 年全市生产总值 14104.28 亿元，按可比价格计算，增长 4.8%。分产业看，第一产业增加值 185.23 亿元，增长 0.2%；第二产业增加值 4969.18 亿元，增长 3.2%，拉动 GDP 增长 1.2 个百分点；第三产业增加值 8949.87 亿元，增长 5.9%，拉动 3.6 个百分点。在大规模减税降费情况下，全市一般公共预算收入扭转了连续两年下降的局面，增长 14.4%。

### （二）就业、收入、物价等主要预期指标保持稳定

在服务业发展较快和创业创新带动下，全年新增就业首次突破 50 万人，达到 50.17 万人，同比增长 2.39%，城镇登记失业率控制在 3.5%。随着就业规模稳步扩大，个人所得税专项附加扣除和 18 项增收措施全部落实，退休人员基本养老金、城乡居民基础养老金、老年人生活补助继续提高，全市居民人均可支配收入 42404 元，增长 7.3%，比上年加快 0.6 个百分点，其中城镇居民人均可支配收入 46119 元，增长 7.3%；农村居民人均可支配收入 24804 元，增长 7.5%。居民消费价格上涨 2.7%，低于 3%左右的年度预测涨幅，各月同比累计涨幅保持在 1.7%-2.7%区间内，呈温和上涨态势。

### （三）工业生产逐年加快

2019 年，全市规模以上工业增加值增长 3.4%，比上年加快 1.0 个百分点，比 2017 年加快 1.1 个百分点。分三大门类看，采矿业增加值增长 3.0%，制造业增长 3.3%，电力、热力、燃气及水生产和供应业增长 6.0%。分行业看，39 个行业大类中 20 个行业增长，其中汽车制造业增长 13.7%，拉动作用居各行业之首，拉动全市工业增长 1.5 个百分点；黑色金属冶炼和压延加工业增长 18.6%，医药制造业增长 8.8%，电气机械和器材制造业增长 10.9%，石油和天然气开采业增长 1.7%，共同拉动全市工业增长 1.8 个百分点。规模以上工业在目录的 412 种产品中，221 种增长，占目录产品的 53.6%，增长面比上年扩大 2.8 个百分点。

### （四）服务业支撑作用增强

2019 年，服务业增加值占全市生产总值的 63.5%，比上年提高 1.0 个百分点，对经济增长的贡献率超过七成，达到 74.3%。其中，交通运输、仓储和邮政业增加值增长 6.8%，水运货物周转量增长 16.5%，比上年加快 14.3 个百分点，铁路货物周转量增长 10.9%，加快 7.3 个百分点，公路货物周转量增长 3.4%，加快 1.9 个百分点，天津港枢纽港地位进一步巩固，港口货物吞吐量增长 4.1%，加快 2.7 个百分点，集装箱吞吐量突破 1700 万标准箱，增长 8.1%，加快 1.9 个百分点，机场旅客吞吐量增长 0.9%，电信业务总量保持高速增长，增长 62.4%；金融业增加值增长 3.3%，中外金融机构本外币存款余额增长 2.6%，加快 2.5 个百分点，贷款余额增长 6.0%；批发和零售业增加值增长 0.3%；住宿和餐饮业增加值增长 4.6%。

### （五）固定资产投资增长较快

全市固定资产投资（不含农户）由上年持续下降转为两位数增长，全年增长 13.9%，增速位居全国首位。分产业看，第一产业投资增长 10.3%；第二产业投资增长 17.4%，其中食品制造业增长 64.5%，医药制造业增长 88.6%，计算机通信和其他电子设备制造

业增长 57.9%；第三产业投资增长 12.8%，其中金融业增长 1.1 倍，租赁和商务服务业增长 34.2%。分领域看，工业投资增长 17.9%，其中技改投资力度持续加大，增长 26.6%；基础设施投资稳中加快，增长 13.6%，其中以轨道交通建设为主的道路运输业投资增长 33.1%，在建地铁工程总里程超过 100 公里，生态保护和环境治理业投资增长 16.1%。投资补短板取得积极成效，教育、卫生和社会工作等民生领域投资分别增长 46.9%和 98.9%。积极利用社会资本扩大有效投资，全市新开工项目 1148 个，完成投资增长 19.7%，占全部建设项目投资的 38.5%，当年新开工计划总投资超 100 亿元项目有 7 个。

## 二、高质量发展态势日益巩固

### （一）产业结构调整优化，转型升级步伐加快

工业支柱产业更新迭代。装备制造业带动作用强劲，全年装备制造业增加值占到规模以上工业的三分之一，为 33.5%，比上年提高 0.7 个百分点，增长 6.7%，快于全市工业 3.3 个百分点，对规上工业的贡献率达到 63.6%，电子计算机整机、汽车、电梯、发动机等装备类产品产量分别增长 77.4%、20.7%、7.4%和 6.3%。高耗能行业比重增速双双回落，增加值占规模以上工业的比重已不足 1/4，比上年回落 2.3 个百分点，小幅增长 1.2%，回落 2.7 个百分点。

现代服务业增长较快。2019 年，全市规模以上营利性服务业营业收入增长 22.1%，增速位居全国前列，其中商务服务业、互联网和相关服务、租赁业、软件和信息技术服务业等现代服务业分别增长 29.6%、22.9%、91.6%和 12.6%。夜间经济繁荣发展，先后建成运营 6 个市级夜间经济示范区和一批夜市街区，五大道、“哪吒体育节”、意式风情街等夜间经济示范街区成为消费新引擎。会展经济快速发展，成功举办第三届世界智能大会、国际矿业大会、亚布力论坛夏季峰会、津洽会、全国糖酒会等 130 多场展会，第五届中国天津国际直升机博览会销售额超百亿元。

### （二）创新驱动持续发力，新动能引育成效明显

智能科技产业引领发展。智能科技、生物医药、新能源新材料产业发展三年行动计划扎实推进，利用智能制造专项资金、海河产业基金支持一批重点项目，2019 年智能制造工业增加值增长 8.2%，快于规模以上工业 4.8 个百分点，占比近三成。新能源汽车、城市轨道车辆、服务机器人、工业机器人等新产品产量分别增长 56.7 倍、10.2 倍、85.8%和 40.0%。以人工智能赋能的重点服务业企业快速崛起，强力助推全市服务业向现代和高技术迈进，规模以上服务业中，新服务、高技术服务业、战略性新兴服务业营业收入均实现两位数增长，分别增长 14.8%、19.3%和 12.4%。

战略性新兴产业加快发展。国家新一代人工智能创新发展试验区获批建设，360 上市公司、紫光云总部等落户，三星动力电池、杰科生物医药研发和生产基地等项目竣工，海尔全球首个智能+5G 智慧园区建成投用，经开区生物医药产业集群、高新区网络信息安全产品和服务产业集群入选国家战略性新兴产业集群发展工程。战略性新兴产业增加值增速快于规模以上工业 0.4 个百分点。

科技型企业发展壮大。“国字号”科技型企业显著增加，国家高新技术企业、国家科技型中小企业总数均突破 6000 家，出台《天津市创新型企业领军计划》，雏鹰、瞪羚企业分别达到 1632 家、348 家。新一代超级计算机、国家合成生物技术创新中心等国家级创新平台落户津门。《中国区域科技创新评价报告 2019》数据显示，天津综合科技创新水平指数达到 81.17%，继上海、北京之后，连续 17 年稳居全国第三位。

高新领域投资保持较快增长，为高质量发展提供支撑。2019 年，高技术制造业投资增长 36.5%，快于全市投资 22.6 个百分点，占全部制造业投资的 25.6%，其中医药制造业投资增长 88.6%，电子及通信设备制造业投资增长 15.1%。战略性新兴产业投资增长 15.7%，快于全市投资 1.8 个百分点，其中生物产业、新能源产业、新材料产业投资分别增长 86.1%、39.3%和 28.1%。

### （三）大规模减税降费效果明显，企业盈利状况得到改善

2019 年，在不折不扣落实好国家各项减税降费举措的基础上，深入实施天津市 6 批降成本政策措施，实施“三个一律免征”，全年为企业减负 730 亿元，行政事业性收费收入下降 28.8%。各月累计应交增值税始终保持下降趋势，全年规模以上工业企业应交增值税下降 20.7%；税金及附加与应交增值税之和占营业收入的比率为 3.49%，比上年回落 0.64 个百分点；每百元营业收入中的成本为 84.86 元，是 2019 年最低水平；营业收入利润率为 6.48%，高于全国平均水平 0.62 个百分点。规模以上工业企业景气状况调查显示，2019 年四季度认为减税降费政策有效果的企业占比为 79.8%，同比提高 11.3 个百分点。

### （四）深化改革优化环境，市场活力不断释放

国企混改深入推进。7 家企业成功实现集团层面

混改，53家二级以下企业完成混改，共吸引社会资本315.9亿元，混改后的国企重新焕发生机和活力。从工业领域看，国企贡献突出，国有及国有控股企业数量占规上工业的比重为10.3%，其工业增加值总量占比近五成，为49.6%，增长3.9%，快于全市工业0.5个百分点，贡献率达56.8%；资金状况向好，11月末，国有及国有控股企业资产负债率为64.3%，同比降低2.6个百分点；冶金行业生产经营明显改善，2019年黑色金属冶炼和压延加工业增加值增长18.6%，扭转了混改前的低速增长态势。

营商环境进一步改善。制定《天津市优化营商环境条例》，不断深化“一制三化”改革，深入落实“天津八条”、促进民营经济发展的“民营19条”及32项配套细则，召开企业家大会，持续优化营商环境，大力营造尊重企业家、爱护企业家、服务企业家的浓厚社会氛围，全国工商联发布的《2019年万家民营企业评价营商环境报告》中，天津在要素、法治、政务、市场、创新等5个维度满意度均位居全国前列。营商环境的改善，促进市场主体较快增长。2019年，全市新登记市场主体26.70万户，增长20.7%，其中新登记民营市场主体26.49万户，增长21.1%，占全市的比重为99.2%。

主要民营经济指标发展势头良好。2019年，全市民营经济增加值增长5.1%，快于全市经济0.3个百分点；规模以上民营企业工业总产值增长4.1%，快于全市0.1个百分点，占比32.6%；民间投资占比41.1%，其中工业民间投资增长11.5%，租赁和商务服务业民间投资增长33.2%，科研和技术服务业民间投资增长15.0%；民营企业出口增长5.5%，占比36.7%；规模以上服务业中，民营企业营业收入增长12.4%，营业利润增长11.6%，占比分别达到59.9%和55.2%。

### （五）消费结构不断优化，餐饮市场持续活跃

消费结构加快升级。2019年，限额以上商品中，家用电器和音像器材类零售额增长15.6%，智能手机零售额增长15.1%。服务消费逐步成为拉动消费市场的重要力量，居民人均服务性消费支出增长13.2%，快于全市居民人均消费支出6.7个百分点，占比为48.2%，比上年提高2.8个百分点，恩格尔系数比上年下降0.7个百分点。新零售加快布局，发展品牌连锁便利店，进一步释放消费潜力。

“互联网+”助推住餐市场发展。2019年，全市限额以上住宿和餐饮企业通过公共网络实现的客房收入增长24.5%，通过公共网络实现的餐费收入增长31.4%。大众餐饮市场保持活跃，限额以下住宿餐饮业营业额增长11.2%，快于全市平均水平1.2个百分点。高端餐饮不断向大众化转型调整，限额以上住宿和餐饮业单位中，快餐类单位营业额增长6.1%，餐饮配送类增长30.8%，小吃类增长22.4%。

## 三、值得关注的问题

2019年，全市经济运行稳中有进、稳中向好，高质量发展态势日益巩固。但同时也要看到，经济运行中仍存在一些问题值得关注。

### （一）新动能支撑作用有待进一步提升

近年来，全市新动能增长速度较快，但规模依然偏小，对经济增长的支撑作用不强。2019年，全市规模以上工业中，战略性新兴产业增加值占比仅为两成，高技术产业（制造业）增加值占比不到15%，增速也慢于全市工业平均水平0.3个百分点。1-11月，规模以上服务业中，新兴服务业营业收入占比为52.6%，低于全国7.8个百分点，在31个省区市中排在第18位，分别低于北京、上海和重庆19.3个、10.5个和0.1个百分点。

### （二）消费和出口拉动力不足

2019年，全市社会消费品零售总额下降0.3%，降幅虽有所收窄，但仍处于下降区间，其中限额以上社会消费品零售总额下降11.2%。22类限额以上商品中，18类零售额下降，占比超过八成。其中，汽车类零售额下降16.5%，石油及制品类零售额下降14.7%，两者合计占比48.0%，是下拉限上零售额的最主要因素。限额以上单位网上零售额下降3.8%。全年外贸出口总额下降5.9%，降幅虽比年初收窄3.3个百分点，但仍延续下降态势。规模以上工业出口交货值下降4.0%，自2018年10月份以来持续下降。

### （三）企业盈利能力有待提高

1-11月，规模以上工业企业利润总额同比下降3.7%，降幅虽比1-10月收窄2.9个百分点，但仍大于全国降幅1.6个百分点。受国际原油价格波动影响，作为原油产业链中下游的石油煤炭及其他燃料加工业以及化学原料和化学制品制造业两个行业盈利水平下滑明显，利润总额分别下降68.2%和13.8%，合计影响全市增速5.7个百分点。

## 四、2020年展望及对策建议

当前，国内外风险挑战明显上升，经济形势更趋错综复杂，天津仍处在负重前行、爬坡过坎、滚石上

山的紧要关头，经济稳增长压力依然较大。2020 年是全面建成高质量小康社会和“十三五”规划收官之年，全市上下以习近平新时代中国特色社会主义思想为指导，坚决贯彻党中央决策部署和市委市政府工作安排，紧扣高质量发展要求，扎实践行新发展理念，坚定发展信心，保持战略定力，全面做好“六稳”工作，巩固全市经济发展稳中有进、稳中向好的态势，确保全面建成高质量小康社会和“十三五”规划圆满收官。为做好 2020 年经济工作，提出以下建议：

**（一）抓住工业和商业两个重点领域，巩固整体经济向好态势**

工业和批发零售业在 GDP 中合计占比超过四成，对全市经济影响明显。要以工业和商业两个重点领域为抓手，紧盯重点行业和大企业，持续加大工作力度，加快智能科技、生物医药、新能源新材料等新动能产业引育，促进航空航天、装备制造、汽车、石油化工等支柱产业转型升级；提升天津贸易口岸功能，增强全国商品集散功能，完善物流体系，强化优质商品供给能力，打造新型商品供应链，筑牢全市经济发展根基。

**（二）坚持发展实体经济，提升招商引资质量**

实体经济是经济发展的根基和源头活水，坚持和发展实体经济，是天津高质量发展的必由之路。统筹各区域招商引资工作，引导各区按照功能定位，充分发挥自身特色优势错位发展，加大高技术产业和战略性新兴产业领域招商引资力度，积极引入总部企业，特别是总部的结算中心，增加流动资金的沉淀。

**（三）积极扩大有效需求，促进消费稳定出口**

继续推动传统零售商业加快线上线下消费业态融合发展，加快新零售布局发展，大力发展夜间经济、假日经济、会展经济，瞄准汽车产业、智能产业、绿色产业落实国家消费刺激政策，挖掘释放消费潜力。鼓励引导企业向“一带一路”沿线和新兴市场国家拓展业务，发展多元化国际市场，有效降低对传统市场的依赖程度，努力稳定对外贸易，尽快扭转外贸出口下降态势。

**（四）确保政策落地落实，持续优化营商环境**

继续强化逆周期调节，加强预调微调和调控引导，针对经济运行中出现的新情况新问题，及时出台完善相关政策，提高政策针对性和有效性。深入实施好《天津市优化营商环境条例》，落实减税降费各项措施，切实减轻企业负担，提升企业盈利水平，营造适宜的融资环境，畅通企业融资渠道，降低企业融资成本。加强对企业生产经营情况的监测分析，积极推动产需衔接、银企对接，帮助企业解决实际困难，增强企业家发展信心。

李 娜　刘永明

TIANJIN STATISTICAL YEARBOOK

# 第一篇　综　合

# Chapter 1　General Survey

# 1-1 行政建制(2019年底)
## Administrative Divisions, End of 2019

单位：个(unit)

| 项　目 | Item | 街道办事处 Subdistrict Offices | 居民委员会 Residents' Committees | 镇政府 Town Governments | 乡政府 Township Governments | 村民委员会 Village Committees |
|---|---|---|---|---|---|---|
| **全市总计** | **Total** | **119** | **1697** | **126** | **3** | **3538** |
| 和平区 | Heping District | 6 | 64 | | | |
| 河东区 | Hedong District | 13 | 164 | | | |
| 河西区 | Hexi District | 14 | 141 | | | |
| 南开区 | Nankai District | 12 | 171 | | | |
| 河北区 | Hebei District | 10 | 116 | | | |
| 红桥区 | Hongqiao District | 10 | 122 | | | |
| 东丽区 | Dongli District | 11 | 89 | | | |
| 西青区 | Xiqing District | 4 | 104 | 7 | | 150 |
| 津南区 | Jinnan District | 2 | 95 | 8 | | 153 |
| 北辰区 | Beichen District | 7 | 129 | 9 | | 121 |
| 武清区 | Wuqing District | 6 | 84 | 24 | | 622 |
| 宝坻区 | Baodi District | 6 | 48 | 18 | | 751 |
| 滨海新区 | Binhai New Area | 16 | 267 | 5 | | 139 |
| 宁河区 | Ninghe District | | 31 | 14 | | 270 |
| 静海区 | Jinghai District | 1 | 41 | 16 | 2 | 383 |
| 蓟州区 | Jizhou District | 1 | 31 | 25 | 1 | 949 |

资料来源：天津市民政局
Source: Tianjin Municipal Civil Affairs Bureau

# 1-2 法人和产业活动单位数(2019年底)(按登记注册类型分)

## Number of Judicial Entities and Establishments, End of 2019(Grouped by Registered Type)

单位：个(unit)

| 项 目 | Item | 合 计 Total | 法人单位 Judicial Entities | #企业法人 Enterprise Judicial Entities | 产业活动单位 Establishments |
|---|---|---|---|---|---|
| **总 计** | **Total** | **404352** | **374052** | **345562** | **30300** |
| **内 资** | **Domestic-funded** | **394809** | **367277** | **338790** | **27532** |
| 国 有 | State-owned | 13491 | 9716 | 1636 | 3775 |
| 集 体 | Collective-owned | 2532 | 2114 | 1858 | 418 |
| 股份合作 | Cooperative | 498 | 390 | 369 | 108 |
| 联营企业 | Joint Ownership Enterprises | 218 | 161 | 125 | 57 |
| 国有联营 | State Joint Ownership | 62 | 32 | 26 | 30 |
| 集体联营 | Collective Joint Ownership | 77 | 60 | 54 | 17 |
| 国有与集体联营 | State-owned and Collective Joint Ownership | 23 | 21 | 18 | 2 |
| 其他联营 | Others | 56 | 48 | 27 | 8 |
| 有限责任公司 | Limited Liability Corporations | 49253 | 42892 | 42834 | 6361 |
| 国有独资公司 | Sole State-owned Corporations | 1342 | 1148 | 1142 | 194 |
| 其他有限责任公司 | Other Limited Liability Corporations | 47911 | 41744 | 41692 | 6167 |
| 股份有限公司 | Share Holding Corporations Ltd. | 6263 | 3027 | 3016 | 3236 |
| 私营企业 | Private Enterprises | 299409 | 286974 | 286119 | 12435 |
| 私营独资 | Sole Private Enterprises | 15773 | 15450 | 15072 | 323 |
| 私营合伙 | Private Partnership | 7046 | 6974 | 6703 | 72 |
| 私营有限责任公司 | Private Limited Liability Corporations | 273853 | 262080 | 261884 | 11773 |
| 私营股份有限公司 | Private Share Holding Corporations Ltd. | 2737 | 2470 | 2460 | 267 |
| 其 他 | Others | 23145 | 22003 | 2833 | 1142 |
| **港、澳、台商投资** | **Enterprises with Investment from Hong Kong, Macao and Taiwan** | **4208** | **2719** | **2717** | **1489** |
| 与港澳台商合资经营 | Hong Kong, Macao and Taiwan Joint Venture | 1247 | 1116 | 1115 | 131 |
| 与港澳台商合作经营 | Hong Kong, Macao and Taiwan Cooperative Operation | 46 | 30 | 30 | 16 |
| 港澳台商独资 | Hong Kong, Macao and Taiwan Funded Solely | 2334 | 1464 | 1463 | 870 |
| 港澳台商投资股份有限公司 | Hong Kong, Macao and Taiwan Share Holding Corporations Ltd. | 287 | 61 | 61 | 226 |
| 其他港澳台投资 | Others | 294 | 48 | 48 | 246 |
| **外商投资** | **Foreign Funded Enterprises** | **5335** | **4056** | **4055** | **1279** |
| 中外合资经营 | Chinese-foreign Joint Venture | 1283 | 1141 | 1141 | 142 |
| 中外合作经营 | Chinese-foreign Cooperative Operation | 74 | 61 | 61 | 13 |
| 外资企业 | Foreign Investment Enterprise | 3243 | 2492 | 2491 | 751 |
| 外商投资股份有限公司 | Foreign-funded Share Holding Corporations Ltd. | 287 | 107 | 107 | 180 |
| 其他外商投资 | Others | 448 | 255 | 255 | 193 |

# 1-3 法人活动单位数(2019年底)(按行业类别分)
## Number of Judicial Entities, End of 2019(Grouped by Sector)

单位：个(unit)

| 项目 | Item | 合计 Total | 法人单位 Judicial Entities | #企业法人 Enterprise Judicial Entities | 产业活动单位 Establishments |
|---|---|---|---|---|---|
| **总计** | **Total** | **404352** | **374052** | **345562** | **30300** |
| **农、林、牧、渔业** | **Farming, Forestry, Animal Husbandry and Fishery** | **13036** | **12982** | **3273** | **54** |
| 农业 | Farming | 7601 | 7591 | 1251 | 10 |
| 林业 | Forestry | 1056 | 1054 | 369 | 2 |
| 畜牧业 | Animal Husbandry | 2632 | 2611 | 1014 | 21 |
| 渔业 | Fishery | 1133 | 1131 | 452 | 2 |
| 农、林、牧、渔服务业 | FFAF Services | 614 | 595 | 187 | 19 |
| **采矿业** | **Minerals Mining** | **119** | **89** | **89** | **30** |
| 煤炭开采和洗选业 | Mining and Washing of Coal | 6 | 6 | 6 | |
| 石油和天然气开采业 | Extraction of Petroleum and Natural Gas | 15 | 8 | 8 | 7 |
| 黑色金属矿采选业 | Mining and Processing of Ferrous Metal Ores | 7 | 7 | 7 | |
| 有色金属矿采选业 | Mining and Processing of Non-Ferrous Metal Ores | | | | |
| 非金属矿采选业 | Mining and Processing of Nonmetal Ores | 26 | 24 | 24 | 2 |
| 开采专业及辅助性活动 | Professional and Support Activities for Mining | 59 | 39 | 39 | 20 |
| 其他采矿业 | Mining of Other Ores | 6 | 5 | 5 | 1 |
| **制造业** | **Manufacturing** | **44930** | **44133** | **44120** | **797** |
| 农副食品加工业 | Processing of Food from Agricultural Products | 1249 | 1237 | 1231 | 12 |
| 食品制造业 | Manufacture of Food | 1013 | 979 | 979 | 34 |
| 酒、饮料和精制茶制造业 | Manufacture of Alcohol, Beverages and Refined Tea | 238 | 231 | 231 | 7 |
| 烟草制品业 | Manufacture of Tobacco | 1 | 1 | 1 | |
| 纺织业 | Manufacture of Textile | 689 | 677 | 677 | 12 |
| 纺织服装、服饰业 | Manufacture of Textile Wearing and Apparel | 1228 | 1198 | 1198 | 30 |
| 皮革、毛皮、羽毛及其制品和制鞋业 | Manufacture of Leather, Fur, Feather and Related Products, Footwear | 254 | 247 | 247 | 7 |
| 木材加工和木、竹、藤、棕、草制品业 | Processing of Timber, Manufacture of Wood, Bamboo, Rattan, Palm and Straw Products | 844 | 833 | 833 | 11 |
| 家具制造业 | Manufacture of Furniture | 828 | 823 | 823 | 5 |
| 造纸和纸制品业 | Manufacture of Paper and Paper Products | 1365 | 1351 | 1351 | 14 |
| 印刷和记录媒介复制业 | Printing, Reproduction of Recording Media | 960 | 948 | 948 | 12 |
| 文教、工美、体育和娱乐用品制造业 | Manufacture of Articles for Culture, Education, Industrial Art, Sport Activity and Amusement | 1651 | 1637 | 1636 | 14 |
| 石油、煤炭及其他燃料加工业 | Processing of Petroleum, Coal and Other Fuels | 205 | 200 | 200 | 5 |

1-3续表1 *Continued*

单位：个(unit)

| 项　目 | Item | 合　计 Total | 法人单位 Judicial Entities | # 企　业 法　人 Enterprise Judicial Entities | 产业活动 单　位 Establishments |
|---|---|---|---|---|---|
| 化学原料和化学制品制造业 | Manufacture of Raw Chemical Materials and Chemical Products | 1846 | 1794 | 1793 | 52 |
| 医药制造业 | Manufacture of Medicines | 377 | 363 | 362 | 14 |
| 化学纤维制造业 | Manufacture of Chemical Fibers | 30 | 29 | 29 | 1 |
| 橡胶和塑料制品业 | Manufacture of Rubber and Plastic | 2442 | 2404 | 2404 | 38 |
| 非金属矿物制品业 | Manufacture of Non-metallic Mineral Products | 2289 | 2220 | 2220 | 69 |
| 黑色金属冶炼和压延加工业 | Smelting and Pressing of Ferrous Metals | 1208 | 1193 | 1193 | 15 |
| 有色金属冶炼和压延加工业 | Smelting and Pressing of Non-ferrous Metals | 436 | 435 | 435 | 1 |
| 金属制品业 | Manufacture of Metal Products | 6242 | 6161 | 6161 | 81 |
| 通用设备制造业 | Manufacture of General Purpose Machinery | 6302 | 6220 | 6220 | 82 |
| 专用设备制造业 | Manufacture of Special Purpose Machinery | 3766 | 3710 | 3710 | 56 |
| 汽车制造业 | Manufacture of Motorcar | 1334 | 1298 | 1298 | 36 |
| 铁路、船舶、航空航天和其他运输设备制造业 | Railway, Watercraft, Aerospace and Other Transport Equipment | 1638 | 1608 | 1608 | 30 |
| 电气机械和器材制造业 | Manufacture of Electrical Machinery and Equipment | 2198 | 2146 | 2146 | 52 |
| 计算机、通信和其他电子设备制造业 | Manufacture of Computers, Communication and Other Electronic Equipment | 1352 | 1326 | 1326 | 26 |
| 仪器仪表制造业 | Manufacture of Measuring Instruments | 934 | 917 | 916 | 17 |
| 其他制造业 | Other Manufacturing | 395 | 379 | 377 | 16 |
| 废弃资源综合利用业 | Comprehensive Recycling of Waste | 281 | 278 | 278 | 3 |
| 金属制品、机械和设备修理业 | Metal Products, Machine and Equipment Repair | 1335 | 1290 | 1289 | 45 |
| **电力、热力、燃气及水生产和供应业** | **Production and Supply of Electricity, Heat, Gas and Water** | **1076** | **962** | **943** | **114** |
| 电力、热力生产和供应业 | Production and Supply of Electric Power and Heat Power | 643 | 587 | 574 | 56 |
| 燃气生产和供应业 | Production and Supply of Gas | 144 | 107 | 106 | 37 |
| 水的生产和供应业 | Production and Supply of Water | 289 | 268 | 263 | 21 |
| **建筑业** | **Construction** | **26640** | **25548** | **25548** | **1092** |
| 房屋建筑业 | Building Engineering | 5322 | 5008 | 5008 | 314 |
| 土木工程建筑业 | Civil Engineering | 6285 | 5947 | 5947 | 338 |
| 建筑安装业 | Building Installation | 4906 | 4715 | 4715 | 191 |
| 建筑装饰和其他建筑业 | Building Decoration and Others | 10127 | 9878 | 9878 | 249 |

1-3续表2 *Continued*

单位：个(unit)

| 项目 | Item | 合计 Total | 法人单位 Judicial Entities | #企业法人 Enterprise Judicial Entities | 产业活动单位 Establishments |
|---|---|---|---|---|---|
| **批发和零售业** | **Wholesale and Retail Trade** | **106479** | **97731** | **97447** | **8748** |
| 批发业 | Wholesale | 70132 | 68449 | 68224 | 1683 |
| 零售业 | Retail | 36347 | 29282 | 29223 | 7065 |
| **交通运输、仓储和邮政业** | **Transportation, Storage and Post Services** | **17455** | **15818** | **15760** | **1637** |
| 铁路运输业 | Railway Transport | 38 | 17 | 17 | 21 |
| 道路运输业 | Highway Transport | 6911 | 6550 | 6503 | 361 |
| 水上运输业 | Waterway Transport | 347 | 317 | 314 | 30 |
| 航空运输业 | Air Transport | 106 | 85 | 83 | 21 |
| 管道运输业 | Pipeline Transport | 17 | 14 | 14 | 3 |
| 多式联运和运输代理业 | Intermodality and Forwarding | 6520 | 5993 | 5993 | 527 |
| 装卸搬运和仓储业 | Loading,Unloading and Storage | 2671 | 2527 | 2523 | 144 |
| 邮政业 | Post Services | 845 | 315 | 313 | 530 |
| **住宿和餐饮业** | **Accommodation and Catering Services** | **8048** | **5961** | **5953** | **2087** |
| 住宿业 | Accommodation | 1405 | 1227 | 1222 | 178 |
| 餐饮业 | Catering Services | 6643 | 4734 | 4731 | 1909 |
| **信息传输、软件和信息技术服务业** | **Information Transmitting, Software and Information Technology Services** | **21251** | **20314** | **20241** | **937** |
| 电信、广播电视和卫星传输服务 | Telecommunication, Broadcast Television and Satellite Transmission Services | 773 | 340 | 332 | 433 |
| 互联网和相关服务 | Internet and Relative Services | 1752 | 1673 | 1658 | 79 |
| 软件和信息技术服务业 | Software and Information Technology Services | 18726 | 18301 | 18251 | 425 |
| **金融业** | **Financial Intermediation** | **8854** | **5240** | **5227** | **3614** |
| 货币金融服务 | Monetary and Financial Services | 6177 | 3624 | 3617 | 2553 |
| 资本市场服务 | Capital Market Services | 1462 | 1243 | 1241 | 219 |
| 保险业 | Insurance | 967 | 185 | 185 | 782 |
| 其他金融业 | Others | 248 | 188 | 184 | 60 |
| **房地产业** | **Real Estate** | **15932** | **13583** | **13517** | **2349** |
| **租赁和商务服务业** | **Leasing and Business Services** | **53370** | **49858** | **48832** | **3512** |
| 租赁业 | Leasing Services | 5348 | 5221 | 5197 | 127 |
| 商务服务业 | Business Services | 48022 | 44637 | 43635 | 3385 |

1-3续表3 *Continued*

单位：个(unit)

| 项目 | Item | 合计 Total | 法人单位 Judicial Entities | #企业法人 Enterprise Judicial Entities | 产业活动单位 Establishments |
|---|---|---|---|---|---|
| **科学研究和技术服务业** | **Scientific Research and Technical Services** | **40642** | **39308** | **38559** | **1334** |
| 研究与试验发展 | R&D | 3092 | 3028 | 2941 | 64 |
| 专业技术服务业 | Special Technical Services | 10606 | 9864 | 9436 | 742 |
| 科技推广和应用服务业 | Science and Technology Generalizing and Application Services | 26944 | 26416 | 26182 | 528 |
| **水利、环境和公共设施管理业** | **Management for Water Conservancy, Environment and Public Facilities** | **2430** | **2289** | **1828** | **141** |
| 水利管理业 | Management for Water Conservancy | 264 | 208 | 41 | 56 |
| 生态保护和环境治理业 | Ecological Protection and Management for Environment | 266 | 257 | 228 | 9 |
| 公共设施管理业 | Management for Public Facilities | 1738 | 1679 | 1428 | 59 |
| 土地管理业 | Management for Land | 162 | 145 | 131 | 17 |
| **居民服务、修理和其他服务业** | **Resident Services, Repair and Other Services** | **9811** | **9206** | **9042** | **605** |
| 居民服务业 | Resident Services | 4368 | 3988 | 3877 | 380 |
| 机动车、电子产品和日用产品修理业 | Motor Vehicle, Electronic Products and Household Products Repair Industry | 3141 | 3001 | 2993 | 140 |
| 其他服务业 | Others | 2302 | 2217 | 2172 | 85 |
| **教育** | **Education** | **8694** | **7754** | **4334** | **940** |
| **卫生和社会工作** | **Health Care and Social Work** | **3361** | **2652** | **1447** | **709** |
| 卫生 | Health Care | 2636 | 1974 | 1245 | 662 |
| 社会工作 | Social Work | 725 | 678 | 202 | 47 |
| **文化、体育和娱乐业** | **Culture, Sports and Recreational Services** | **10214** | **9882** | **9396** | **332** |
| 新闻和出版业 | News Publication | 133 | 125 | 78 | 8 |
| 广播、电视、电影和音制作业 | Broadcast, TV, Movies and Record Production Industry | 1587 | 1527 | 1500 | 60 |
| 文化艺术业 | Culture and Art | 3664 | 3598 | 3363 | 66 |
| 体育 | Sports | 1284 | 1181 | 1046 | 103 |
| 娱乐业 | Recreational Services | 3546 | 3451 | 3409 | 95 |
| **公共管理、社会保障和社会组织** | **Public Management, Social Security and Social Organizations** | **12010** | **10742** | **6** | **1268** |
| 中国共产党机关 | Chinese Communist Party Agencies | 225 | 214 | | 11 |
| 国家机构 | Government Agencies | 3637 | 2515 | | 1122 |
| 人民政协、民主党派 | The People's Political Consultative Conference Committees and Democratic Parties | 56 | 47 | | 9 |
| 社会保障 | Social Security | 170 | 66 | 6 | 104 |
| 群众团体、社会团体和其他成员组织 | Mass Organizations, Social Organizations and Other Groups | 1642 | 1620 | | 22 |
| 基层群众自治组织及其他组织 | Grass-roots Mass Autonomy Organizations and Others | 6280 | 6280 | | |

# 1-4 国民经济和社会发展总量与速度指标

| 指 标 | Item | 1978 | 2000 |
|---|---|---|---|
| **人 口(万人)** | **Population (10 000 persons)** | | |
| 年末常住人口 | Year-end Resident Permanent | | 1001.14 |
| # 城镇人口 | Urban | | 724.83 |
| 年末户籍人口 | Year-end Registered Population | 724.27 | 912.00 |
| **就 业(万人)** | **Employment (10 000 persons)** | | |
| 社会从业人员 | Number of Employment Personnel | 366.70 | 486.89 |
| # 城镇非私营单位从业人员 | Employment Personnel in Urban Non-Private Units | 217.40 | 201.75 |
| 城镇登记失业人数 | Registrated Unemployment in Urban Areas | | 10.50 |
| **财 政(亿元)** | **Government Finance (100 million yuan)** | | |
| 一般公共预算收入 | General Public Budget Revenue | 39.25 | 133.61 |
| 一般公共预算支出 | General Public Budget Expenditure | 14.51 | 187.05 |
| **对外贸易(亿美元)** | **Foreign Trade (USD 100 million)** | | |
| 货物进出口总额 | Total Value of Imports and Exports | 9.88 | 171.57 |
| 出口额 | Exports | 8.65 | 86.29 |
| 进口额 | Imports | 1.24 | 85.28 |
| **直接利用外资(亿美元)** | **Direct Use of Foreign Capital (USD 100 million)** | | |
| 实际使用外资金额 | Actual Use of Foreign Capital | | 25.60 |
| **物价总指数(上年=100)** | **Price Indices (preceding year=100)** | | |
| 居民消费价格指数 | Consumer Price Index | 100.0 | 99.6 |
| 商品零售价格指数 | Retail Price Index | 100.0 | 98.6 |
| **能源生产与消费(万吨标准煤)** | **Production and Consumption of Energy (10 000 tons of SCE)** | | |
| 一次能源生产量 | Primary Energy Production | | 1201.94 |
| 能源终端消费量 | Energy Final Consumption | | 2553.60 |
| **农 业(亿元)** | **Agriculture (100 million yuan)** | | |
| 农林牧渔业总产值 | Gross Output Value of Agriculture, Forestry, Animal Husbandry and Fishery | 6.72 | 156.30 |

注：1.本表价值指标除邮电业务总量按不变价格计算外，其余均按当年价格计算。邮电业务总量1978–1989年按1980年不变价格计算，1990–2000年按1990年不变价格计算，2001–2010年按2000年不变价格计算，2011–2015年按2010年不变价格计算，2016年起按2015年不变价格计算，后表同。2.本表速度指标中，农林牧渔业总产值、邮电业务总量指标均按可比价格计算。表15-8和15-9同。3.农村居民人均可支配收入2011年以前为农村居民人均纯收入。4.2016年起，化学需氧量排放量、二氧化硫排放量指标调整统计口径，数据与上年不可比。

## Principal Aggregate Indicators on National Economic and Social Development and Growth Rates

| 总量指标 Aggregate Data | | | 指数(%)(2019为以下各年) Index(%)(2019 as Percentage of the Following Years) | | | | 平均增长速度(%) Average Annual Growth Rate (%) | | |
|---|---|---|---|---|---|---|---|---|---|
| 2010 | 2018 | 2019 | 1978 | 2000 | 2010 | 2018 | 1979-2019 | 2001-2019 | 2011-2019 |
| 1299.29 | 1559.60 | 1561.83 | | 156.0 | 120.2 | 100.1 | | 2.4 | 2.1 |
| 1033.59 | 1296.81 | 1303.82 | | 179.9 | 126.1 | 100.5 | | 3.1 | 2.6 |
| 984.85 | 1081.63 | 1108.18 | 153.0 | 121.5 | 112.5 | 102.5 | 1.0 | 1.0 | 1.3 |
| 728.70 | 896.56 | 896.56 | 244.5 | 184.1 | 123.0 | 100.0 | 2.2 | 3.3 | 2.3 |
| 205.65 | 259.99 | 269.35 | 123.9 | 133.5 | 131.0 | 103.6 | 0.5 | 1.5 | 3.0 |
| 16.10 | 25.81 | 26.09 | | 248.5 | 162.0 | 101.1 | | 4.9 | 5.5 |
| 1068.81 | 2106.24 | 2410.41 | 6141.2 | 1804.1 | 225.5 | 114.4 | 10.6 | 16.4 | 9.5 |
| 1376.84 | 3103.16 | 3555.71 | 24505.2 | 1900.9 | 258.3 | 113.1 | 14.4 | 16.8 | 11.1 |
| 822.01 | 1225.11 | 1066.45 | 10794.0 | 621.6 | 129.7 | 87.0 | 12.1 | 10.1 | 2.9 |
| 375.17 | 487.96 | 437.94 | 5062.9 | 507.5 | 116.7 | 89.7 | 10.0 | 8.9 | 1.7 |
| 446.84 | 737.16 | 628.51 | 50686.3 | 737.0 | 140.7 | 85.3 | 16.4 | 11.1 | 3.9 |
| 108.49 | 48.51 | 47.32 | | | | 103.0 | | | |
| 103.5 | 102.0 | 102.7 | 679.6 | 151.8 | 125.7 | 102.7 | 4.8 | 2.2 | 2.6 |
| 103.4 | 101.6 | 101.7 | 418.3 | 121.9 | 116.3 | 101.7 | 3.6 | 1.0 | 1.7 |
| 5007.63 | 4989.24 | 5106.83 | | 424.9 | 102.0 | 102.4 | | 7.9 | 0.2 |
| 5860.20 | | 8261.29 | | 323.5 | 141.0 | 104.3 | | 6.4 | 3.9 |
| 289.41 | 390.50 | 414.35 | 1137.0 | 198.1 | 126.4 | 100.6 | 6.1 | 3.7 | 2.6 |

Note: a) Figures in value terms in this table are at current prices, except that on the business value of post and telecommunication services which is at 1980 constant prices from 1978 to 1989 and at 1990 constant prices from 1990 to 2000 and at 2000 constant prices from 2001 to 2010 and at 2010 constant prices from 2011 to 2015. Since 2016, it was calculated at 2015 constant prices. Same as table 15-8 and 15-9. b)The indices and growth rates of the follow indicators are calculated at constant prices: gross output value of agriculture, forestry, animal husbandry and fishery, business value of post and telecommunication services. Same as following next. c)Before 2011, per capita annual disposable income of rural residents refers to per capita annual net income of rural households. d)Since 2016, the data of COD of waste water discharged and sulphur dioxide in waste gas adopt new coverage, and the datum are incomparable to previous year.

1-4续表1

| 指　　标 | Item | 1978 | 2000 |
|---|---|---|---|
| **建筑业(亿元)** | **Construction (100 million yuan)** | | |
| 建筑业总产值 | Gross Output Value | 8.78 | 238.10 |
| **交通运输、邮政业和信息传输** | **Transportation, Postal and Information Transmission** | | |
| 港口货物吞吐量(万吨) | Volume of Freight Handled at Coastal Ports (10 000 tons) | 1131 | 9582 |
| 集装箱吞吐量(万国际标准箱) | Handled Containers (10 000 TEU) | 1 | 171 |
| 邮电业务总量(不变价)(亿元) | Business Value of Post and Telecommunication Services (Constant Price)(100 million yuan) | 0.27 | 75.37 |
| 移动电话年末用户(万户) | Number of Mobile Telephone Subscribers at Year-end (10 000 subscribers) | | 122.80 |
| 固定电话年末用户(万户) | Number of Fixed Telephone Subscribers at Year-end (10 000 subscribers) | 8.36 | 247.06 |
| **旅游业** | **Tourism** | | |
| 入境旅游过夜游客(万人次) | Number of Tourists (Overnight Visitors)(10 000 person-times) | | 15.97 |
| 国际旅游外汇收入(亿美元) | Foreign Exchange Earnings from International Tourism (USD 100 million) | | 2.32 |
| **金融业(亿元)** | **Financial Intermediation (100 million yuan)** | | |
| 中资金融机构人民币存款年末余额 | RMB Deposits Balance of Chinese Financial Institutions Year-end | 33.24 | 2281.55 |
| 中资金融机构人民币贷款年末余额 | RMB Loans Balance of Chinese Financial Institutions Year-end | 80.14 | 1863.60 |
| 累计股票筹资额 | Accumulated Capital Raised | | 32.79 |
| 保险公司保费金额 | Insurance Premium of Insurance Companies | | 31.47 |
| 保险公司赔款及给付金额 | Indemnity Expenditure and Payment of Insurance Companies | | 7.20 |
| **教　育(万人)** | **Education(10 000 persons)** | | |
| 在校学生数 | Students Enrollment | 162.31 | 162.22 |
| 专任教师数 | Full-time Teachers | 9.25 | 11.07 |
| **文　化** | **Culture** | | |
| 图书出版总印数(万册) | Number of Books Published (10 000 copies) | 7367 | 5881 |
| 电视制作节目时间(万小时) | Time for TV Programs Production (10 000 hours) | | |

*Continued*

| 总量指标 Aggregate Data | | | 指数(%)(2019为以下各年) Index(%)(2019 as Percentage of the Following Years) | | | | 平均增长速度(%) Average Annual Growth Rate (%) | | |
|---|---|---|---|---|---|---|---|---|---|
| 2010 | 2018 | 2019 | 1978 | 2000 | 2010 | 2018 | 1979–2019 | 2001–2019 | 2011–2019 |
| 2424.49 | 3791.10 | 4096.50 | 46657.1 | 1720.5 | 169.0 | 108.1 | 16.2 | 16.2 | 6.0 |
| 41325 | 50774 | 49220 | 4351.9 | 513.7 | 119.1 | 96.9 | 9.6 | 9.0 | 2.0 |
| 1008 | 1601 | 1730 | 173000.0 | 1011.7 | 171.6 | 108.1 | 19.9 | 13.0 | 6.2 |
| 435.16 | 851.05 | 1343.77 | 1663156.4 | 12169.9 | 1554.8 | 157.9 | 26.8 | 28.8 | 35.6 |
| 1089.56 | 1648.50 | 1704.70 | | 1388.2 | 156.5 | 103.4 | | 14.8 | 5.1 |
| 366.83 | 320.40 | 349.10 | 4175.8 | 141.3 | 95.2 | 109.0 | 9.5 | 1.8 | -0.5 |
| 59.89 | 58.96 | 56.10 | | 351.3 | 93.7 | 95.1 | | 6.8 | -0.7 |
| 14.20 | 11.10 | 11.83 | | 509.7 | 83.3 | 106.5 | | 9.0 | -2.0 |
| 15912.21 | 29601.43 | 30384.60 | 91409.7 | 1331.8 | 191.0 | 102.7 | 18.1 | 14.6 | 7.5 |
| 12864.75 | 32186.96 | 34546.86 | 43108.1 | 1853.8 | 268.5 | 107.3 | 15.9 | 16.6 | 11.6 |
| 361.66 | 453.75 | 562.73 | | 1716.2 | 155.6 | 124.0 | | 16.1 | 5.0 |
| 214.01 | 559.98 | 617.89 | | 1963.4 | 288.7 | 110.3 | | 17.0 | 12.5 |
| 54.19 | 164.14 | 158.17 | | 2196.7 | 291.9 | 96.4 | | 17.7 | 12.6 |
| 152.94 | 174.41 | 180.30 | 111.1 | 111.1 | 117.9 | 103.4 | 0.3 | 0.6 | 1.8 |
| 11.56 | 12.78 | 13.12 | 141.8 | 118.5 | 113.5 | 102.7 | 0.9 | 0.9 | 1.4 |
| 3774 | 9536 | 11500 | 156.1 | 195.5 | 304.7 | 120.6 | 1.1 | 3.6 | 13.2 |
| 2.2 | 2.0 | 1.7 | | | 77.3 | 85.0 | | | -2.8 |

1-4续表2

| 指　　标 | Item | 1978 | 2000 |
|---|---|---|---|
| **婚姻家庭(对)** | **Marriages and Divorces, Family Size (couple)** | | |
| 结婚登记总数 | Registered Number of Marriages | 63599 | 61416 |
| 离婚数 | Number of Divorces | 1481 | 13338 |
| **居民生活** | **Living** | | |
| 城镇居民人均可支配收入(元) | Per Capita Annual Disposable Income of Urban Residents (yuan) | 388 | 8141 |
| 农村居民人均可支配收入(元) | Per Capita Annual Disposable Income of Rural Residents (yuan) | 153 | 4370 |
| 中资金融机构人民币住户存款余额(亿元) | RMB Household Deposits of Chinese Financial Institutions (100 million yuan) | 4.02 | 1172.40 |
| **社会保险(亿元)** | **Social Insurance (100 million yuan)** | | |
| 社会保险基金收入 | Revenue of Social Insurance Fund | | |
| 社会保险基金支出 | Expenses of Social Insurance Fund | | |
| **卫　生** | **Health Care** | | |
| 医院、卫生院(个) | Number of Hospitals (unit) | 310 | 488 |
| 执业(助理)医师(万人) | Number of Licensed (Assistant) Doctors (10 000 persons) | 1.58 | 3.00 |
| 医院、卫生院床位数(万张) | Number of Beds of Hospitals (10 000 units) | 1.73 | 3.88 |
| **城市市政建设** | **Municipal Works** | | |
| 自来水供水总量(亿吨) | Annual Supply of Tap Water (100 million tons) | 2.16 | 6.11 |
| 天然气销售量(亿立方米) | Volume of Natural Gas Supply (100 million cu.m) | 2.05 | 2.35 |
| 供热面积(万平方米) | Heating Area (10 000 sq.m) | | 3260 |
| 年末实有铺装道路长度(公里) | Length of Paved Roads at Year-end (km) | 764 | 3608 |
| 排水管道长度(公里) | Length of Sewer Pipelines (km) | 1051 | 7032 |
| 年末公共交通车辆运营数(辆) | Number of Public Vehicles in Operation at Year-end (unit) | 1205 | 5358 |
| 城市绿地面积(平方公里) | Areas of Green Land (sq.km) | | 17.70 |
| **环　境** | **Environment** | | |
| 废水中化学需氧量排放量(万吨) | COD Discharge of Waste Water (10 000 tons) | | |
| 废气中二氧化硫排放量(万吨) | Sulphur Dioxide Emission of Waste Gas (10 000 tons) | | |

*Continued*

| 总量指标 Aggregate Data | | | 指数(%)(2019为以下各年) Index(%)(2019 as Percentage of the Following Years) | | | | 平均增长速度(%) Average Annual Growth Rate (%) | | |
|---|---|---|---|---|---|---|---|---|---|
| 2010 | 2018 | 2019 | 1978 | 2000 | 2010 | 2018 | 1979-2019 | 2001-2019 | 2011-2019 |
| 86799 | 97486 | 96424 | 151.6 | 157.0 | 111.1 | 98.9 | 1.0 | 2.4 | 1.2 |
| 28132 | 64536 | 74553 | 5034.0 | 559.0 | 265.0 | 115.5 | 10.0 | 9.5 | 11.4 |
| 24293 | 42976 | 46119 | 11886.3 | 566.5 | 189.8 | 107.3 | 12.4 | 9.6 | 7.4 |
| 11801 | 23065 | 24804 | 16211.8 | 567.6 | 210.2 | 107.5 | 13.2 | 9.6 | 8.6 |
| 5525.28 | 10723.30 | 12614.95 | 313804.7 | 1076.0 | 228.3 | 117.6 | 21.7 | 13.3 | 9.6 |
| | 1481.83 | 1507.52 | | | | 101.7 | | | |
| | 1403.73 | 1460.57 | | | | 104.0 | | | |
| 438 | 566 | 584 | 188.4 | 119.7 | 133.3 | 103.2 | 1.6 | 0.9 | 3.2 |
| 2.85 | 4.30 | 4.64 | 293.8 | 154.7 | 162.9 | 107.9 | 2.7 | 2.3 | 5.6 |
| 4.41 | 6.46 | 6.50 | 375.5 | 167.4 | 147.3 | 100.6 | 3.3 | 2.7 | 4.4 |
| 7.72 | 8.76 | 9.13 | 422.7 | 149.4 | 118.3 | 104.3 | 3.6 | 2.1 | 1.9 |
| 15.80 | 48.88 | 53.65 | 2617.3 | 2283.2 | 339.6 | 109.8 | 8.3 | 17.9 | 14.5 |
| 24034 | 49452 | 51410 | | 1577.0 | 213.9 | 104.0 | | 15.6 | 8.8 |
| 5439 | 8242 | 8927 | 1168.5 | 247.4 | 164.1 | 108.3 | 6.2 | 4.9 | 5.7 |
| 15140 | 21369 | 22393 | 2130.6 | 318.4 | 147.9 | 104.8 | 7.7 | 6.3 | 4.4 |
| 7928 | 13813 | 12746 | 1057.8 | 237.9 | 160.8 | 92.3 | 5.9 | 4.7 | 5.4 |
| 77.01 | 115.75 | 114.49 | | 646.8 | 148.7 | 98.9 | | 10.3 | 4.5 |
| 13.20 | 8.70 | | | | | | | | |
| 23.52 | 4.51 | | | | | | | | |

# 1-5 国民经济和社会发展结构指标
## Structural Indicators of National Economy and Social Development

单位：%(%)

| 指　　标 | Item | 2000 | 2010 | 2018 | 2019 |
|---|---|---|---|---|---|
| **常住人口** | **Resident Permanent** | | | | |
| 城　镇 | Urban | 72.4 | 79.6 | 83.2 | 83.5 |
| 乡　村 | Rural | 27.6 | 20.4 | 16.8 | 16.5 |
| **户籍人口** | **Registered Population** | | | | |
| 男　性 | Male | 50.5 | 50.3 | 49.8 | 49.7 |
| 女　性 | Female | 49.5 | 49.7 | 50.2 | 50.3 |
| **社会从业人员** | **Total Employment Personnel** | | | | |
| 第一产业 | Primary Industry | 16.7 | 10.1 | 6.7 | 6.5 |
| 第二产业 | Secondary Industry | 45.6 | 41.5 | 31.8 | 30.4 |
| 第三产业 | Tertiary Industry | 37.7 | 48.4 | 61.5 | 63.1 |
| **一般公共预算收入** | **General Public Budget Revenue** | | | | |
| # 增值税 | Value-added Tax | 19.5 | 11.2 | 33.2 | 30.2 |
| 企业所得税 | Income Tax of Enterprises | 21.9 | 11.8 | 15.2 | 13.4 |
| 个人所得税 | Individual Income Tax | 8.5 | 4.0 | 6.2 | 4.0 |
| **能源使用** | **Energy Consumption** | | | | |
| 第一产业 | Primary Industry | 2.3 | 1.4 | 1.4 | 1.3 |
| 第二产业 | Secondary Industry | 61.5 | 72.2 | 66.5 | 67.0 |
| 第三产业 | Tertiary Industry | 24.9 | 15.0 | 17.1 | 17.1 |
| 生活消费 | Living Consumption | 11.4 | 11.5 | 15.1 | 14.5 |
| **农林牧渔业产值** | **Gross Output Value of FFAF** | | | | |
| 农　业 | Farming | 53.4 | 51.7 | 50.5 | 49.0 |
| 林　业 | Forestry | 0.9 | 0.8 | 3.3 | 6.0 |
| 牧　业 | Animal Husbandry | 33.1 | 28.3 | 24.5 | 24.2 |
| 渔　业 | Fishery | 12.6 | 16.2 | 18.2 | 17.2 |
| 农林牧渔服务业 | FFAF Services | | 3.1 | 3.5 | 3.6 |
| **建筑业总产值** | **Gross Output Value of Construction** | | | | |
| 房屋和土木工程建筑 | Building and Civil Engineering | 81.4 | 81.9 | 87.5 | 87.0 |
| 建筑安装业 | Equipment Installation | 16.6 | 10.7 | 8.1 | 8.1 |
| 建筑装饰和其他建筑业 | Building Decoration and Others | 2.0 | 7.4 | 4.4 | 4.9 |
| **货运量** | **Freight Traffic** | | | | |
| 铁　路(天津地区) | Railway (Tianjin Area) | 11.6 | 18.3 | 17.3 | 17.4 |
| 公　路 | Highway | 70.7 | 50.1 | 64.8 | 64.5 |
| 水运、民航 | Waterway and Civil Aviation | 15.7 | 28.6 | 15.4 | 15.7 |
| 管道运输 | Pipelines | 1.9 | 3.0 | 2.5 | 2.4 |

1-5续表 *Continued*

单位：%(%)

| 指 标 | Item | 2000 | 2010 | 2018 | 2019 |
|---|---|---|---|---|---|
| **进出口贸易总额** | **Imports and Exports** | | | | |
| 出口总额 | Exports | 50.3 | 45.6 | 39.7 | 41.1 |
| 进口总额 | Imports | 49.7 | 54.4 | 60.3 | 58.9 |
| **来津旅游人员** | **Tourists in Tianjin** | | | | |
| 外国人 | Foreigners | 81.8 | 88.0 | 94.8 | 90.5 |
| 港澳台同胞 | Compatriots from Hong Kong, Macao and Taiwan | 18.2 | 12.0 | 5.2 | 9.5 |
| **金融机构存款余额** | **Deposits of Financial Institutions** | | | | |
| 中资金融机构 | Chinese Financial Institutions | | 98.1 | 98.7 | 98.7 |
| 外资金融机构 | Foreign Financial Institutions | | 1.9 | 1.3 | 1.3 |
| **金融机构贷款余额** | **Loans of Financial Institutions** | | | | |
| 中资金融机构 | Chinese Financial Institutions | | 97.4 | 98.8 | 99.0 |
| 外资金融机构 | Foreign Financial Institutions | | 2.6 | 1.2 | 1.0 |
| **在校学生** | **Student Enrollment** | | | | |
| 大学生 | University and College Students | 7.3 | 28.1 | 30.0 | 29.9 |
| 中学生 | Secondary School Students | 48.5 | 38.8 | 31.4 | 31.2 |
| 小学生 | Primary School Students | 44.2 | 33.1 | 38.6 | 38.9 |
| **专任教师** | **Full-time Teachers by Type** | | | | |
| 大 学 | University and College | 9.2 | 24.3 | 24.5 | 24.9 |
| 中 学 | Secondary Schools | 48.6 | 43.4 | 40.4 | 39.7 |
| 小 学 | Primary Schools | 42.2 | 32.3 | 35.0 | 35.4 |
| **卫生机构** | **Structure of Health Care Institutions** | | | | |
| # 医院、卫生院 | Hospitals and Health Care Centers | 16.4 | 16.3 | 10.0 | 9.8 |
| **卫生技术人员** | **Structure of Medical Technical Personnel** | | | | |
| # 执业(助理)医师 | Licensed (Assistant) Doctors | 46.1 | 40.7 | 41.2 | 42.3 |
| 注册护士 | Registered Nurses | 33.3 | 34.5 | 37.7 | 37.7 |
| **城镇居民消费** | **Consumption of Urban Residents** | | | | |
| 食品烟酒 | Food | 40.1 | 35.9 | 28.9 | 27.9 |
| 衣 着 | Clothing | 8.9 | 9.4 | 6.7 | 6.3 |
| 用品及其他 | Articles for Daily Use and Others | 41.8 | 45.0 | 42.9 | 43.7 |
| 居 住 | Residence | 9.2 | 9.8 | 21.5 | 22.1 |
| **农村居民消费** | **Consumption of Rural Residents** | | | | |
| 食品烟酒 | Food | 42.6 | 39.0 | 29.6 | 30.8 |
| 衣 着 | Clothing | 9.3 | 9.0 | 5.9 | 6.0 |
| 用品及其他 | Articles for Daily Use and Others | 19.0 | 26.5 | 44.2 | 44.3 |
| 居 住 | Residence | 29.1 | 25.5 | 20.3 | 18.9 |
| **空气质量** | **Air Quality** | | | | |
| 二级和好于二级的天数 | Days of Grade II and Better than Grade II | | 84.4 | 56.7 | 60.0 |

# 1-6 国民经济和社会发展比例和效益指标
# Main Indicators of Proportion and Benefit in National Economy and Social Development

单位：%(%)

| 指　　标 | Item | 2000 | 2010 | 2018 | 2019 |
|---|---|---|---|---|---|
| **人　口** | **Population** | | | | |
| 出生率(‰) | Birth Rate(‰) | 7.7 | 8.2 | 6.67 | 6.73 |
| 死亡率(‰) | Death Rate(‰) | 6.2 | 5.6 | 5.42 | 5.30 |
| 自然增长率(‰) | Natural Growth Rate(‰) | 1.6 | 2.6 | 1.25 | 1.43 |
| **就　业** | **Employment** | | | | |
| 城镇登记失业率 | Unemployment Rate Registered in Urban Areas | 3.2 | 3.6 | 3.5 | 3.5 |
| **直接利用外资** | **Direct Use of Foreign Capital** | | | | |
| 实际使用外资金额相当于签约额比例 | Proportion of Actual Use of Foreign Capital to Foreign Investment Contracted | 55.7 | 70.9 | 19.7 | 15.0 |
| **农　业** | **Agriculture** | | | | |
| 每公顷耕地农业机械总动力(千瓦) | Total Power of Agricultural Machinery per Hectare of Cultivated Land(kW) | 14.0 | 14.7 | 9.8 | 10.1 |
| 每公顷播种面积农产品产量(吨) | Output of Crops per Hectare of Sown Area(ton) | | | | |
| 粮　食 | Grain | 3.6 | 5.2 | 6.0 | 6.6 |
| 棉　花 | Cotton | 1.2 | 1.2 | 1.1 | 1.3 |
| 油　料 | Oil-bearing Crops | 1.3 | 2.9 | 3.4 | 3.7 |
| **规模以上工业** | **Industry** | | | | |
| 总资产贡献率 | Ratio of Total Assets to Industrial Output Value | 8.9 | 17.3 | 10.3 | 9.4 |
| 营业收入利润率 | Ratio of Profits to Operating Revenue | 6.2 | 9.0 | 6.9 | 6.6 |
| 每百元资产实现的营业收入(元) | Operating Revenue on Assets per 100 yuan(yuan) | 66.4 | 118.8 | 86.4 | 87.6 |
| **建筑业** | **Construction** | | | | |
| 产值利润率 | Ratio of Pre-tax Profit to Gross Output Value | 1.1 | 2.7 | 2.3 | 2.6 |
| 产值利税率 | Ratio of Profits and Taxes to Gross Output Value | 4.0 | 6.0 | 4.0 | 4.3 |
| 全员劳动生产率(万元/人) | Overall Labour Productivity(10 000 yuan/person) | 8.68 | 37.03 | 39.39 | 42.12 |

1-6续表 *Continued*

单位：%(%)

| 指 标 | Item | 2000 | 2010 | 2018 | 2019 |
|---|---|---|---|---|---|
| **邮电通信业** | **Post and Telecommunication Services** | | | | |
| 电话普及率 | Access to Telephones | | | | |
| (含移动电话)(部/百人) | (include mobile phone)(set/100 persons) | 46.6 | 112.1 | 126.2 | 131.5 |
| 移动电话普及率(部/百人) | Access to Mobile Phones(set/100 persons) | 12.3 | 83.9 | 105.7 | 109.1 |
| 每一邮电局所服务面积 | Average Service Area per Post and | | | | |
| (平方公里) | Telecommunications Office(sq.km) | 21.2 | 14.1 | 14.5 | 15.0 |
| **国际旅游** | **International Tourism** | | | | |
| 每一来津游客花费(美元) | Expenditure per Tourist in Tianjin(USD) | 651 | 855 | 560 | 623 |
| **教 育** | **Education** | | | | |
| 新增劳动力平均受教育 | Average Year of Education of Newly Increased | | | | |
| 年限(年) | Labour (year) | | 14.68 | 15.35 | 15.31 |
| 学龄儿童毛入学率 | Percentage of School-aged Children Enrolled | 99.99 | 122.95 | 105.59 | 105.68 |
| 初中毕业升学率 | Percentage of Entering Senior Secondary Schools | 89.4 | 110.26 | 96.00 | 96.06 |
| 各级普通学校生师比(人) | Student-teacher Ratio (person) | 15 | 13 | 14 | 14 |
| **卫 生** | **Health Care** | | | | |
| 平均每个医院负担人口(万人) | Average Burden Population of Each Hospital | | | | |
| | (10 000 person) | 1.87 | 2.86 | 2.58 | 2.67 |
| 病床周转次数(次) | Turnover of Beds (time) | 13 | 23 | 26 | 27 |
| 病床使用率 | Utilization Rate of Beds | 56 | 78 | 72 | 73 |
| **文 化** | **Culture** | | | | |
| 每百万人有艺术表演团体(个) | Number of Troupes per Million Persons (unit) | 1.6 | 1.3 | 1.0 | 1.0 |
| 每百万人有公共图书馆(个) | Number of Public Libraries per Million Persons (unit) | 3.2 | 2.5 | 1.9 | 1.4 |
| 每百万人有博物馆(个) | Number of Museums per Million Persons (unit) | 1.4 | 1.4 | 4.2 | 4.4 |
| **婚 姻** | **Marriages and Divorces** | | | | |
| 粗离婚率(‰) | Crude Divorce Rate (‰) | 1.4 | 2.2 | 4.1 | 4.8 |
| **居民生活** | **People's Life** | | | | |
| 城镇与农村居民收入增长率 | Proportion of Growth Rate of Annual Income of Urban | | | | |
| 比例(以农村居民收入 | Residents to the Growth Rate of Annual Income | | | | |
| 指数为100) | of Rural Residents (rural=100) | 98.7 | 102.7 | 100.7 | 99.8 |
| **环境保护** | **Environmental Protection** | | | | |
| 污水处理率 | Percentage of Sewage Treatment | 58.8 | 85.3 | 93.8 | 96.0 |
| 工业固体废物综合利用率 | Rate of Comprehensive Utilization of Industrial | | | | |
| | Waste Residue | 88.0 | 98.6 | 99.2 | |

# 1-7 平均每天社会经济活动(2016—2019年)
## Average Daily Social and Economic Activities,2016-2019

| 指 标 | Item | 单 位 | Unit | 2016 | 2017 | 2018 | 2019 |
|---|---|---|---|---|---|---|---|
| **全市每天创造的财富** | **Daily Production** | | | | | | |
| 一般公共预算收入 | General Public Budget Revenue | 亿 元 | 100 million yuan | 7.44 | 6.33 | 5.77 | 6.60 |
| 主要工业产品产量 | Output of Major Industrial Products | | | | | | |
| 粗 钢 | Crude Steel | 万 吨 | 10 000 tons | 4.92 | 4.97 | 4.96 | 6.01 |
| 钢 材 | Steel Products | 万 吨 | 10 000 tons | 23.68 | 11.98 | 12.96 | 14.95 |
| 水 泥 | Cement | 万 吨 | 10 000 tons | 2.15 | 1.15 | 1.79 | 1.88 |
| 天然原油 | Crude Petroleum Oil | 万 吨 | 10 000 tons | 8.94 | 8.50 | 8.45 | 8.53 |
| 原 盐 | Salt | 吨 | ton | 4328 | 4994 | 5360 | 5159 |
| 发电量 | Electricity | 万千瓦时 | 10 000 kWh | 16833 | 16655 | 19825 | 19601 |
| 汽 车 | Motor Vehicle | 辆 | unit | 1455 | 2283 | 2363 | 2853 |
| 彩色电视机 | Color Television | 台 | set | 6123 | 5737 | 2550 | 2155 |
| 两轮脚踏自行车 | Bicycle | 万 辆 | 10 000 units | 7.53 | 8.80 | 6.36 | 4.93 |
| 微波炉 | Microwave Oven | 万 台 | 10 000 sets | 1.90 | 1.62 | 1.64 | 1.58 |
| 移动电话机 | Mobile Phone | 万 部 | 10 000 units | 13.59 | 12.26 | 7.34 | 0.03 |
| 布 | Cloth | 万 米 | 10 000 m | 66 | 23 | 22 | 28 |
| 纱 | Yarn | 吨 | ton | 345 | 50 | 36 | 35 |
| 天然气 | Natural Gas | 万立方米 | 10 000 cu.m | 538 | 589 | 930 | 956 |
| 硫 酸 | Sulfuric Acid | 吨 | ton | 561 | 468 | 581 | 527 |
| 烧 碱 | Caustic Soda | 吨 | ton | 2056 | 2190 | 2550 | 2372 |
| 合成洗涤剂 | Synthetic Detergents | 吨 | ton | 1341 | 1481 | 1736 | 1323 |
| 饮料酒 | Alcoholic Beverage | 千 升 | kl | 1029 | 1107 | 1052 | 912 |
| 集成电路 | Integrated Circuits | 万 块 | 10 000 units | 437 | 394 | 446 | 404 |
| 锂离子电池 | Lithium-ion Battery | 万 只 | 10 000 units | 110 | 139 | 172 | 180 |
| 主要农产品产量 | Output of Major Farm Products | | | | | | |
| 粮 食 | Grain | 吨 | ton | 5475 | 5816 | 5745 | 6116 |
| 棉 花 | Cotton | 吨 | ton | 57 | 68 | 50 | 50 |
| 油 料 | Oil-bearing Crops | 吨 | ton | 37 | 35 | 20 | 11 |
| 肉 类 | Meat | 吨 | ton | 1177 | 990 | 927 | 834 |
| 蛋 类 | Eggs | 吨 | ton | 523 | 520 | 532 | 530 |
| 奶 类 | Milk | 吨 | ton | 1367 | 1426 | 1316 | 1298 |
| 蔬 菜 | Vegetables | 吨 | ton | 7498 | 7387 | 6958 | 6652 |
| 水产品 | Aquatic Products | 吨 | ton | 892 | 886 | 894 | 718 |
| 水 果 | Fruit | 吨 | ton | 885 | 1041 | 1091 | 980 |

1-7续表 *Continued*

| 指　　标 | Item | 单　位 | Unit | 2016 | 2017 | 2018 | 2019 |
|---|---|---|---|---|---|---|---|
| **全市每天消费量** | **Daily Consumption** | | | | | | |
| 生活用煤、气、水、电 | Coal, Gas, Water & Electricity for Living | | | | | | |
| 煤　炭 | Coal | 万 吨 | 10 000 tons | 0.20 | 0.17 | 0.12 | 0.10 |
| 液化石油气 | Liquid Petroleum Gas | 吨 | ton | 304 | 270 | 262 | 212 |
| 天然气和煤气 | Natural Gas and Coal Gas | 万立方米 | 10 000 cu.m | 154 | 184 | 266 | 268 |
| 水 | Water | 万 吨 | 10 000 tons | 106.8 | 112.0 | 114.6 | 118.6 |
| 电 | Electricity | 万千瓦时 | 10 000 kWh | 2536 | 2731 | 3058 | 3128 |
| **每天其他经济活动** | **Other Daily Economic Activities** | | | | | | |
| 社会货物运输量 | Freight Traffic | 万 吨 | 10 000 tons | 141 | 145 | 147 | 156 |
| 客运量 | Passenger Traffic | 万人次 | 10 000 person-times | 54.5 | 52.6 | 52.7 | 53.7 |
| 港口货物吞吐量 | Freight Handled at Ports | 万 吨 | 10 000 tons | 150 | 137 | 139 | 135 |
| 邮电业务总量(不变价) | Total Business Value of Post and Telecommunication Services (constant price) | 万 元 | 10 000 yuan | 7161 | 11146 | 23316 | 36816 |
| 出版图书 | Books Published | 万 册 | 10 000 copies | 18 | 22 | 26 | 32 |
| 出版报纸 | Newspapers Issued | 万 份 | 10 000 copies | 135 | 103 | 87 | 68 |
| 出版期刊 | Magazines Issued | 万 册 | 10 000 copies | 8 | 8 | 7 | 8 |
| 邮寄快递 | Letters Delivered | 万 件 | 10 000 copies | 112 | 138 | 158 | 191 |
| 外贸出口总额 | Total Value of Exports in Foreign Trade | 亿 元 | 100 million yuan | 7.97 | 8.09 | 8.79 | 8.27 |
| 实际使用外资金额 | Actual Use of Foreign Capital | 万美元 | USD 10 000 | 2760 | 2906 | 1329 | 1296 |
| 全社会房屋竣工面积 | Floor Space of Buildings Completed | 万平方米 | 10 000 sq.m | 14.58 | 10.89 | 6.28 | 5.23 |
| 接待来津国际旅游人数(过夜) | Accommodated International Tourists (stay for night) | 人 次 | person-time | 2252 | 2170 | 1615 | 1537 |
| **每天人口和婚姻动态** | **Daily Population Changes And Marriages** | | | | | | |
| 出生人口 | Birth | 人 | person | 313 | 327 | 285 | 288 |
| 死亡人口 | Death | 人 | person | 235 | 216 | 232 | 227 |
| 结婚对数 | Marriages | 对 | couple | 268 | 260 | 267 | 264 |
| 离婚对数 | Divorces | 对 | couple | 178 | 167 | 177 | 204 |

# 1-8 国民经济主要指标人均水平(2017—2019年)

# Per Capita Annual Level of Main Indicators of National Economy,2017-2019

| 指 标 | Item | 单 位 | Unit | 2017 | 2018 | 2019 |
|---|---|---|---|---|---|---|
| 一般公共预算收入 | General Public Budget Revenue | 万 元 | 10 000 yuan | 1.48 | 1.35 | 1.54 |
| 一般公共预算支出 | General Public Budget Expenditure | 万 元 | 10 000 yuan | 2.10 | 1.99 | 2.28 |
| 主要工业产品产量 | Output of Major Industrial Products | | | | | |
| 天然原油 | Crude Petroleum Oil | 吨 | ton | 1.99 | 1.98 | 1.99 |
| 天然气 | Natural Gas | 立方米 | cu.m | 138 | 218 | 224 |
| 发电量 | Electricity | 千瓦时 | kWh | 3898 | 4644 | 4584 |
| 粗 钢 | Crude Steel | 吨 | ton | 1.16 | 1.16 | 1.41 |
| 钢 材 | Steel Products | 吨 | ton | 2.80 | 3.03 | 3.50 |
| 水 泥 | Cement | 吨 | ton | 0.27 | 0.42 | 0.44 |
| 锂离子电池 | Lithium-ion Battery | 只 | unit | 32 | 40 | 42 |
| 集成电路 | Integrated Circuits | 块 | unit | 92.14 | 104.61 | 94.44 |
| 农林牧渔业总产值 | Gross Output Value of FFAF | 元 | yuan | 2450 | 2506 | 2655 |
| 主要农产品产量 | Output of Major Farm Products | | | | | |
| 粮 食 | Grain | 公 斤 | kg | 136 | 135 | 143 |
| 棉 花 | Cotton | 公 斤 | kg | 1.6 | 1.2 | 1.2 |
| 油 料 | Oil-bearing Crops | 公 斤 | kg | 0.8 | 0.5 | 0.3 |
| 蔬 菜 | Vegetables | 公 斤 | kg | 173 | 163 | 156 |
| 肉 类 | Meat | 公 斤 | kg | 23 | 22 | 19 |
| 蛋 类 | Eggs | 公 斤 | kg | 12 | 12 | 12 |
| 奶 类 | Milk | 公 斤 | kg | 33 | 31 | 30 |
| 水产品 | Aquatic Products | 公 斤 | kg | 21 | 21 | 17 |
| 鲜 果 | Fresh Fruits | 公 斤 | kg | 24 | 26 | 23 |
| 外贸出口总额 | Total Value of Exports in Foreign Trade | 万 元 | 10 000 yuan | 1.89 | 2.06 | 1.93 |
| 社会货物运输量 | Freight Traffic | 吨 | ton | 34.0 | 34.4 | 36.5 |
| 年末住户存款 | Year-end Household Deposit | 万 元 | 10 000 yuan | 6.26 | 7.03 | 8.23 |

# 1-9 按产业分全市生产总值及增速(2019年)
# Gross Domestic Product and Growth Rate by Industry,2019

单位：亿元(100 million yuan)

| 项 目 | Item | 2019 | 2019比2018年增长(%) Increase Rate in 2019 over 2018(%) |
|---|---|---|---|
| **全市生产总值** | **Gross Domestic Product** | **14104.28** | **4.8** |
| 农、林、牧、渔业 | Farming, Forestry, Animal Husbandry and Fishery | 191.61 | 0.8 |
| 工 业 | Industry | 4394.27 | 3.6 |
| 建筑业 | Construction | 693.76 | 0.3 |
| 批发和零售业 | Wholesale and Retail Trade | 1372.27 | 0.3 |
| 交通运输、仓储和邮政业 | Transportation, Storage and Post Services | 787.73 | 6.8 |
| 住宿和餐饮业 | Accommodation and Catering Services | 169.14 | 4.6 |
| 信息传输、软件和信息技术服务业 | Information Transmitting, Software and Information Technology Services | 475.74 | 22.1 |
| 金融业 | Finance Intermediation | 1907.86 | 3.3 |
| 房地产业 | Real Estate | 1238.45 | 9.5 |
| 租赁和商务服务业 | Leasing and Business Services | 496.10 | 13.2 |
| 科学研究、技术服务业 | Scientific Research, Technical Services | 593.41 | 5.5 |
| 水利、环境和公共设施管理业 | Management for Water Conservancy, Environment and Public Facilities | 118.68 | 10.3 |
| 居民服务、修理和其他服务业 | Resident Services, Repair and Other Services | 126.44 | 11.9 |
| 教 育 | Education | 655.98 | 7.4 |
| 卫生和社会工作 | Health Care and Social Work | 308.81 | 5.9 |
| 文化、体育和娱乐业 | Culture, Sports and Recreational Services | 65.52 | 10.7 |
| 公共管理、社会保障和社会组织 | Public Management, Social Security and Social Organizations | 508.51 | 0.2 |
| **按三次产业分** | **Grouped by Three Industry** | | |
| 第一产业 | Primary Industry | 185.23 | 0.2 |
| 第二产业 | Secondary Industry | 4969.18 | 3.2 |
| 第三产业 | Tertiary Industry | 8949.87 | 5.9 |

# 主要统计指标解释

## 国民经济行业分类

《国民经济行业分类》（GB/T 4754-2017）是由国家统计局组织修订，自2017年10月1日开始执行。此次修订《国民经济行业分类》，门类、大类的调整在参考联合国 ISIC Rev.4 的同时，更多的是考虑部门管理和统计工作需要；中类的调整多为部门管理需要；小类的调整除考虑上述因素外，还要保证与联合国标准的对接转换。修订后的《国民经济行业分类》（GB/T 4754-2017）共有门类20个，大类97个，中类473个，小类1381个。

## 三次产业划分

根据《国民经济行业分类》（GB/T 4754-2017），我们对《三次产业划分规定》中行业类别进行了对应调整。

第一产业是指农、林、牧、渔业（不含农、林、牧、渔专业及辅助性活动）；第二产业是指采矿业（不含开采专业及辅助性活动），制造业（不含金属制品、机械和设备修理业），电力、热力、燃气及水生产和供应业，建筑业；第三产业即服务业，是指除第一产业、第二产业以外的其他行业。第三产业包括：批发和零售业，交通运输、仓储和邮政业，住宿和餐饮业，信息传输、软件和信息技术服务业，金融业，房地产业，租赁和商务服务业，科学研究和技术服务业，水利、环境和公共设施管理业，居民服务、修理和其他服务业，教育，卫生和社会工作，文化、体育和娱乐业，公共管理、社会保障和社会组织，国际组织，以及农、林、牧、渔业中的农、林、牧、渔专业及辅助性活动，采矿业中的开采专业及辅助性活动，制造业中的金属制品、机械和设备修理业。

## 法人单位

指同时具备以下条件的单位：1.依法成立、有自己的名称、组织机构和场所、能够独立承担民事责任；2.独立拥有和使用（或授权使用）资产或者经费、承担负债、有权与其他单位签订合同；3.具有包括资产负债表在内的账户，或者能够根据需要编制账户。法人单位包括企业法人、事业单位法人、机关法人、社会团体法人、民办非企业法人和其他法人。

## 产业活动单位

指经过法定程序批准成立的、不能独立承担民事责任的单位。包括：由各级工商行政管理机关核准登记，领取《营业执照》的分支机构或经营单位；由各级登记主管机关备案，或依据相关法律法规由各级主管部门批准建立的事业单位分支机构和社会团体分支机构。产业活动单位是法人单位的组成部分，应同时具备以下三个条件：1.在一个场所从事或主要从事一种社会经济活动；2.相对独立组织生产经营或业务活动；3.能够掌握收入和支出等业务考核资料。

## 登记注册类型

指企业或企业产业活动单位的登记注册类型，按其在工商行政管理机关登记注册的类型填写。机关、事业单位和社会团体及其他组织的登记注册类型，按其主要经费来源和管理方式，根据实际情况，比照《关于划分企业登记注册类型的规定》确定。

工商行政管理部门对企业（单位）登记注册的类型分为以下几种。

**国有企业** 指企业全部资产归国家所有，并按《中华人民共和国企业法人登记管理条例》规定登记注册的非公司制的经济组织。不包括有限责任公司中的国有独资公司。

**集体企业** 指企业资产归集体所有，并按《中华人民共和国企业法人登记管理条例》规定登记注册的经济组织。

**股份合作企业** 指以合作制为基础，由企业职工共同出资入股，吸收一定比例的社会资产投资组建，实行自主经营，自负盈亏，共同劳动，民主管理，按劳分配与按股分红相结合的一种集体经济组织。

**联营企业** 指两个及两个以上相同或不同所有制性质的企业法人或事业单位法人，按自愿、平等、互利的原则，共同投资组成的经济组织。联营企业包括国有联营企业、集体联营企业、国有与集体联营企业和其他联营企业。

**有限责任公司** 指根据《中华人民共和国公司登记管理条例》规定登记注册，由两个以上，五十个以下的股东共同出资，每个股东以其所认缴的出资额对公司承担有限责任，公司以其全部资产对其债务承担责任的经济组织。有限责任公司包括国有独资公司以及其他有限责任公司。

**股份有限公司** 指根据《中华人民共和国公司登记管理条例》规定登记注册，其全部注册资本由等额股份构成并通过发行股票筹集资本，股东以其认购的股份对公司承担有限责任，公司以其全部资产对其债务承担责任的经济组织。

**私营企业** 指由自然人投资设立或由自然人控股，以雇佣劳动为基础的营利性经济组织。包括按照《公司法》、《合伙企业法》、《私营企业暂行条例》以及《个人独资企业法》规定登记注册的私营独资企业、私营合伙企业、私营有限责任公司、私营股份有限公司和个人独资企业。

**其他内资企业** 指上述第（1）条至第（7）条之外的其他内资经济组织。

**港、澳、台商合资经营企业** 指港澳台地区投资者与内地的企业依照《中华人民共和国中外合资经营企业法》及有关法律的规定，按合同规定的比例投资设立，分享利润和分担风险的企业。

**港、澳、台商合作经营企业** 指港澳台地区投资者与内地企业依照《中华人民共和国中外合作经营企业法》及有关法律的规定，依照合作合同的约定进行投资或提供条件设立，分配利润、分担风险和亏损的企业。

**港、澳、台商独资经营企业** 指依照《中华人民共和国外资企业法》及有关法律的规定，在内地由港澳台地区投资者全额投资设立的企业。

**港、澳、台商投资股份有限公司** 指根据国家有关规定，经商务部（原外经贸部）批准设立，并且其中港、澳、台商的股本占公司注册资本的比例达25%以上的股份有限公司。凡其中港、澳、台商的股本占公司注册资本的比例小于25%的，属于内资中的股份有限公司。

**其他港、澳、台商投资企业** 指在中国境内参照《外国企业或个人在中国境内设立合伙企业管理办法》和《外商投资合伙企业登记管理规定》，依法设立的港、澳、台商投资合伙企业。

**中外合资经营企业** 指外国企业或外国人与中国内地企业依照《中华人民共和国中外合资经营企业法》及有关法律的规定，按合同规定的比例投资设立，分享利润和分担风险的企业。

**中外合作经营企业** 指外国企业或外国人与中国内地企业依照《中华人民共和国中外合作经营企业法》及有关法律的规定，依照合作合同的约定进行投资或提供条件设立，分配利润、分担风险和亏损的企业。

**外资企业** 指依照《中华人民共和国外资企业法》及有关法律的规定，在中国内地由外国投资者全额投资设立的企业。

**外商投资股份有限公司** 指根据国家有关规定，经商务部（原外经贸部）批准设立，并且其中外资的股本占公司注册资本的比例达25%以上的股份有限公司。凡其中外资股本占公司注册资本的比例小于25%的，属于内资中的股份有限公司。

**其他外商投资企业** 指在中国境内依照《外国企业或个人在中国境内设立合伙企业管理办法》和《外商投资合伙企业登记管理规定》，依法设立的外商投资合伙企业。

### 城乡划分标准

根据国务院国函[2008]60号文件中《统计上划分城乡的规定》，城乡划分标准为：以我国的行政区划为基础，以民政部门确认的居民委员会和村民委员会辖区为划分对象，以实际建设为划分依据，将我国的地域划分为城镇和乡村。

实际建设是指已建成或在建的公共设施、居住设施和其他设施。

城镇包括城区和镇区。

城区是指在市辖区和不设区的市，区、市政府驻地的实际建设连接到的居民委员会和其他区域。

镇区是指在城区以外的县人民政府驻地和其他镇，政府驻地的实际建设连接到居民委员会和其他区域。与政府驻地的实际建设不连接，且常住人口在3000人以上的独立的工矿区、开发区、科研单位、大专院校等特殊区域及农场、林场的场部驻地视为镇区。

乡村是指该规定划定的城镇以外的区域。

### 现行价格（或称当年价格）

指报告期的实际价格，如工业品的出厂价格，农副产品的收购价格，商业的零售价格等。它反映当年的实际情况，使国民经济各项指标互相衔接，便于对生产、流通、分配、消费之间进行综合平衡。

### 可比价格

指计算各种总量指标所采用的扣除了价格变动因素的价格，可进行不同时期总量指标的对比。按可比价格计算总量指标有两种方法：一种是直接用产品产量乘某一年的不变价格计算；另一种是用价格指数进行缩减。

### 平均增长速度

平均增长速度表明社会经济现象在一个较长的时期内逐期平均增长变化的程度，它不能根据各个环比增长速度直接求得，但与平均发展速度之间存在着一定的数量关系：

平均增长速度 = 平均发展速度 - 1

平均发展速度是一种根据环比发展速度计算的序时平均数，由于各时期对比的基础不同，所以计算平均发展速度不能采用一般的序时平均数的计算方法，计算方法分为水平法和累计法。水平法，又称几何平均法，即将环比发展速度按连乘法用几何平均数公式计算。累计法，也称方程法，根据一段时期内各年发展水平总和与基期水平的关系，列出方程式计算平均发展速度。水平法着重考虑最后一年所达到的发展水平；累计法着重考虑整个时期累计发展水平的总量。

本《年鉴》内所列的平均增长速度，除固定资产投资用“累计法”计算外，其余均用“水平法”计算。从某年到某年平均增长速度的年份，均不包括基期年在内。如改革开放以来的平均增长速度是以1978年为基期计算的，则写为1979-2019年平均增长速度，其余类推。

### 生产总值

指按市场价格计算的一个国家（或地区）所有常驻单位在一定时期内生产活动的最终成果。

从价值形态看，它是所有常驻单位在一定时期内所生产的全部货物和服务价值超过同期投入的全部非固定资产货物和服务价值的差额，即所有常驻单位的增加值之和；从收入形态看，它是所有常驻单位在一定时期内所创造并分配给常驻单位和非常驻单位的初次分配收入之和；从产品形态看，它是最终使用的货物和服务减去进口货物和服务。在实际核算中，其三种表现形态体现为三种计算方法，即生产法、收入法和支出法。三种方法分别从不同的方面反映生产总值及其构成。根据国务院和国家统计局有关我国GDP核算和数据发布制度的规定，天津市国内生产总值自2004年起更名为“天津市生产总值”简称“天津市GDP”。

# Explanatory Notes on Main Statistical Indicators

**Industrial Classification of National Economy**

The *Industrial Classification of National Economy* (GB/T 4754-2017) was organized by the National Bureau of Statistics, and the new Classification was came into force on October 1, 2017. The revision taking into more consideration of demand of management and statistic than ISIC/Rev.4 of the United Nations in major divisions and divisions, and the demand of management is more considered in major groups, besides aforesaid factors, combine with ISIC/Rev.4 of the United Nations is ensured in groups.The revised version of the *Industrial Classification of the National Economy* (GB/T 4754-2017) is composed of 20 major divisions, 97 divisions, 473 major groups and 1381 groups.

**Category of Three Industries**

*Regulation on Classification of Three Strata of Industry* was adjusted according to the standard of the *Industrial Classification of the National Economy* (GB/T 4754-2017).

Primary Industry includes agriculture, forestry, animal husbandry and fishery (excluding professional and auxiliary activities of agriculture, forestry, animal husbandry and fishery).

Secondary Industry includes minerals mining (excluding mining professional and auxiliary activities), manufacturing (excluding metal products, machinery and equipment repair), production and supply of electricity, heat, gas and water and construction.

Tertiary Industry namely service industry, includes all other industries not included in primary or secondary industry, including wholesale and retail trade; transportation, storage and post services; accommodation and catering services; information transmitting, software and information technology services; finance; real estate; leasing and business services; scientific research and technical services; management for water conservancy, environment and public facilities; resident services, repair and other services; education; health care and social work; culture, sports and recreational services; public management, social security and social organizations; international organizations and professional and auxiliary activities of agriculture, forestry, animal husbandry and fishery, mining professional and auxiliary activities, metal products, machinery and equipment repair of manufacturing.

**Legal Entity**

Refers to a unit meet the following conditions at the same time: Established by law, it has its own name, organization and location, ability to independently bear civil liability; Independently owned and use (or authorize the use of) assets or funds, assume liabilities, and entitled to sign contracts with other units; Having accounts including balance sheet, including, or can prepare accounts according to needs. Legal entities including corporate, legal institutions, corporate bodies, corporate social groups, private non-enterprise legal persons and other legal entities.

**Industrial Activity Units**

Refers to a unit which is established with the approval of legal procedures and can not bear civil liability independently. It contains: the branches or business units approved and registered by industrial and commercial administrative organs at all levels and receiving business license; and the branches of public institutions and social organizations established by the registration authorities at all levels or approved by the competent departments at all levels in accordance with relevant laws and regulations. Industrial units should also meet the following conditions: engaged in a place or primarily in a social economic activity; a relatively independent production activities or operating activities; the ability to provide income and expenditure and other related information.

**Registration Status**

Judicial Entities and Establishments grouped by Registered Type in industrial and commercial administration agencies. For the Registered Type of government agencies, institutions and social organizations, which are classified mainly by their sources of funding and manner of management. According to the actual instance, confirming in accordance with *Provisions on the registration of enterprises registered type*.

Enterprises (units) are grouped by the fllowing several Registered Type in industrial and commercial administration agencies:

**State-owned Enterprises** refer to non-corporation economic units where the entire assets are owned by the state and which have registered in accordance with the *Regulation of the People's Republic of China on the Management of Registration of Corporate Enterprises*. Excluded from this category are sole state-funded corporations in the limited liability corporations.

**Collective-owned Enterprises** refer to economic units where the assets are owned collectively and which have registered in accordance with the *Regulation of the People's Republic of China on the Management of Registration of Corporate Enterprises*.

**Cooperative Enterprises** refer to a form of collective economic units (enterprises) where capitals come mainly from employees as their shares, with certain proportion of capital from the outside, where production is organized on the basis of independent operation, independent accounting for profits and losses, joint work, democratic management, and a distribution system that integrates remuneration according to work with divided according to capital share.

**Joint Ownership Enterprise** refer to economic units established by two or more corporate enterprises or corporate institutions of the same or different ownership, through joint investment on the basis of equality, voluntory participiution and mutual benefits. They include state joint ownership enterprises, collective joint ownership enterprises, joint state-collective enterprises, and other joint ownership enterprises.

**Limited Liability Corporations** refer to economic units established with investment from 2-50 investors and registered in accordance with the *Regulation of the People's Republic of China on the Management of Registration of Corporate Enterprises*, each investor bearing limited liability to the corporation depending on its share of investment, and the corporation bearing liability to its debt to the maximum of its total assets. Limited liability corporations include exclusive state-funded limited liability corporations and other limited liability corporations.

**Share-holding Corporations Ltd.** refer to economic units registered in accordance with the *Regulation of the People's Republic of China on the Management of Registration of Corporate Enterprises*, with total registered capitals divided into equal shares and raised through issuing stocks. Each investor bears limited liability to the corporation depending on the holding of shares, and the corporation bears liability to its debt to the maximum of its total assets.

**Private Enterprises** refer to profit-making economic units invested and established by natural persons, or controlled by natural persons using employed labour. Included in this category are private-owned enterprises, private partnership enterprises, private limited liability corporations, private share-holding corporations Ltd. and sole private enterprises registered in accordance with the *Corporation Law*, *Partnership Enterprises Law*, *Interim Regulations on Private Enterprises* and *sole proprietorship enterprise law*.

**Other Domestic-funded Enterprises** refer to domestic-funded economic units other than those mentioned above from one to seven.

**Joint Venture Enterprises with Funds from Hong Kong, Macao and Taiwan** refer to Enterprises established by investors from Hong Kong, Macao and Taiwan with enterprises in the mainland of china in accordance with the *law of the People's Republic of China on Sino-foreign joint ventures* and other relevant laws, Where the establishment of the investment and the sharing of profits and risks are stipulated under joint venture contract.

**Cooperative Enterprises with Funds From Hong Kong, Macao and Taiwan** established by investors from Hong Kong, Macao and Taiwan with enterprises in the mainland of china in accordance with the *law of the People's Republic of China on Sino-foreign Contractual Joint Venture* and other relevant laws, Where the investment or provision of facilities and the sharing of profits, risks and deficits are stipulated under cooperative contract.

**Enterprise with Sole Investment from Hong Kong, Macao and Taiwan** refer to enterprises established in the mainland of china with exclusive investment from investors from Hong Kong, Macao and Taiwan in accordance with the *law of the People's Republic of China on Wholly Foreign-owned Enterprises* and other relevant laws.

**Share-holding Corporation Ltd. With Investment from Hong Kong, Macao and Taiwan** refer to share-holding corporations Ltd. Established with the approval from Ministry of Commerce of the People's Republic of China (the former Ministry of Foreign Trade and Economic) Relations in line with relevant state regulations, where the share of investment from Hong Kong, Macao and Taiwan businessmen exceeds 25% of the total registered capital of the corporation. In case the share of investment from Hong Kong, Macao and Taiwan is less than 25% of the total registered capital, the enterprise is to be classified as domestic-funded share-holding corporation Ltd.

**Other Enterprises with Funds from Hong Kong, Macao and Taiwan** refer to partnership enterprises with investments from Hong Kong, Macao and Taiwan established within the territory of China in accordance with *Administrative Measures on the Establishment of Partnership Enterprises in China by Foreign Enterprise or Foreign Individuals* and *Regulation for the Administration of the Registration of Foreign-invested Partnership Enterprise*.

**Joint Venture Enterprise with Foreign Investment** refer to enterprises jointly established by foreign enterprises or foreigners with enterprises in the mainland of China in accordance with the *Law of the People's Republic of China on Sino-foreign Contractual Joint Venture* and other relevant laws, where the investment or provision of facilities and the sharing of profits and risks are stipulated under cooperative contracts.

**Cooperative Enterprise with Foreign Investment** refer to enterprise jointly established by foreign enterprises or foreigners with enterprises in the mainland of China in accordance with the *Law of the People's Republic of China on Sino-foreign Contractual Joint Venture* and other relevant laws, where the investment or provision of facilities and the sharing of profits, risks and deficits are stipulated under cooperative contracts.

**Enterprises with Sole Foreign Investment** refer to enterprise established in the mainland of China with exclusive investment from foreign investors in accordance with the *Law of the People's Republic of China on Wholly Foreign-owned Enterprises* and other relevant laws.

**Share-holding Corporations Ltd. With Foreign Investment** refer to share-holding corporations Ltd. Established with the approval from Ministry of Commerce of the People's Republic of China (the former Ministry of Foreign Trade and Economic) Relations in line with relevant state regulations, where the share of investment from foreign investors exceeds 25% of the total registered capital of the corporation. In case the share of foreign investment is less than 25% of the total registered capital, the enterprise is to be classified as domestic-funded share-holding corporation Ltd.

**Other Enterprises with Foreign Funds** refer to partnership enterprises established within the territory of China in accordance with *Administrative Measures on the Establishment of Partnership Enterprises in China by Foreign Enterprises or Foreign Individuals* and *Regulations for the Administration of the Registration of Foreign-invested Partnership Enterprises*.

**The Division Standard of Urban and Rural Areas**

According to the *Regulation on the Division of Urban and Rural Areas in Statistics of State Department* No.60 [2008], the division standard of Urban and Rural Areas is as follows: based on the administrative division, with the residents' committee and village committee areas confirmed by The Department of Civil Affairs as the division objects, with the actual construction as the division basis, our region is divided into urban and rural areas.

The actual construction refers to the public facilities, residential facilities and other facilities which are completed or under construction.

Urban Area including city and township.

City refers to the residents' committee and other areas connected with the actual construction of district and municipal government in the districts of city and the city without districts.

Township refers to the residents' committee and other areas connected with the actual construction of district and municipal government outside city zones and other areas. Township also including the independent mining areas, development areas, scientific research units, universities and other special areas, as well as the station of farms and forest farms, which are not connected with the actual construction of government and the resident population is more than 3000 people.

Rural areas refer to the areas besides urban areas defined by the regulation.

**Actual Price (current price)**

includes all other industries not included in primary or secondary industry, including transport, storage, post services; information transmitting, computer services and software; wholesale and retail trade; accommodation and catering services; finance; real estate; leasing and business services; scientific research, technical services and geological prospecting; management for water conservancy, environment and public facilities; resident services and other social services; education; health care, social security and social welfare; culture, sports and recreational services; public management and social organizations and so on.

**Constant Price**

refers to prices that are used to remove the factors of price change in calculating economic aggregates, so as to facilitate comparison of aggregates over time. Two methods are used for calculating economic aggregates at constant prices,

a) Multiplying the output of products by their constant prices of certain year; b) Deflation of data at current prices by relevant price index.

**Average Annual Increase Rate**

shows the average growth rate of social and economic development during a longer period. It can not be directly calculated by chain based growth rate. The relation is:

*Average Annual Growth Rate = Average Speed of Development-1*

Average speed of development is the time series average of speed which calculated by chain based. Because the reference bases during the different periods are not same, average speed of development can not be calculated by the general method. Level approach and accumulative approach for calculating average speed of development rate are applied. The "level approach", or the method of calculating the geometric average, is derived by the formula of geometric average of the chain-based speeds of development, or comparing the level of the last year of the interval with that of the beginning year; the other is called the "accumulative approach" or the "algebraic average", "equation" method, which is derived by the summation of the actual figure of each year in the interval divided by the figure in the base year. The level approach focuses on the level of the last year, while the accumulative approach emphasizes the aggregate development in the duration.

The average annual growth rates listed in the *Yearbook* are calculated by the level approach except for the growth rate of investment in fixed assets. The base year is not listed in the duration for which average annual growth rates are computed. For instance, the average annual growth rate of the years since 1978 is shown as the average annual growth rate of 1979-2019 without showing the base year 1978.

**Gross Domestic Product**

refers to the final products at market prices produced by all resident units in a country (or a region) during a certain period of time.

From the aspect of value added form, GDP refers to the total value of all products and services produced by all resident units during a certain period of time minus total value of inputs of non-fixed-assets products and services or the summation of the value added of all resident units; the form of products refers to all final goods and services minus imports of goods and services. In the practice of national accounting, it is calculated by three approaches, i.e. product approach, income approach and expenditure approach, respectively, to reflect Gross Product and its composition of different aspects. According to the national regulations of GDP, since 2004, Tianjin Gross Product Value is called Tianjin GDP for short.

TIANJIN STATISTICAL YEARBOOK

# 第二篇　人　口

# Chapter 2　Population

# 2-1 人口主要指标(1978—2019年)
## Main Statistics on Population,1978-2019

| 年 份 Year | 常住人口 (万人) Permanent Population (10 000 persons) | 户籍人口 (万人) Registered Population (10 000 persons) | 户籍户数 (万户) Registered Households (10 000 households) | 人口密度 (人/平方公里) Population Density (person/sq.km) | 人口出生率 (‰) Birth Rate (‰) | 人口死亡率 (‰) Death Rate (‰) | 人口自然增长率(‰) Natural Growth Rate (‰) |
|---|---|---|---|---|---|---|---|
| 1978 | | 724.27 | 171.82 | 640 | 15.47 | 6.26 | 9.21 |
| 1979 | | 739.42 | 174.77 | 652 | 14.57 | 5.94 | 8.63 |
| 1980 | | 748.91 | 179.67 | 660 | 13.29 | 6.04 | 7.25 |
| 1981 | | 760.32 | 188.61 | 670 | 17.90 | 5.99 | 11.91 |
| 1982 | | 774.92 | 196.63 | 683 | 20.05 | 5.64 | 14.41 |
| 1983 | | 785.28 | 203.47 | 692 | 17.14 | 5.41 | 11.73 |
| 1984 | | 795.52 | 209.96 | 702 | 15.67 | 5.43 | 10.24 |
| 1985 | | 804.80 | 216.86 | 710 | 13.94 | 5.78 | 8.15 |
| 1986 | | 814.97 | 221.81 | 718 | 15.00 | 5.71 | 9.29 |
| 1987 | 831.76 | 828.73 | 230.71 | 731 | 17.07 | 6.08 | 10.99 |
| 1988 | 843.44 | 839.21 | 241.46 | 741 | 15.92 | 5.65 | 10.27 |
| 1989 | 856.95 | 852.35 | 249.26 | 752 | 15.50 | 6.49 | 9.01 |
| 1990 | 884.03 | 866.25 | 258.31 | 764 | 15.62 | 5.79 | 9.83 |
| 1991 | 908.89 | 872.63 | 262.75 | 770 | 11.94 | 5.78 | 6.16 |
| 1992 | 920.41 | 878.97 | 266.77 | 776 | 12.50 | 6.00 | 6.50 |
| 1993 | 928.02 | 885.89 | 270.77 | 782 | 10.71 | 6.20 | 4.51 |
| 1994 | 935.28 | 890.55 | 273.87 | 745 | 10.98 | 6.19 | 4.79 |
| 1995 | 941.83 | 894.67 | 276.89 | 749 | 10.23 | 6.23 | 4.00 |
| 1996 | 948.19 | 898.45 | 279.62 | 752 | 10.09 | 6.53 | 3.56 |
| 1997 | 952.59 | 899.80 | 284.08 | 753 | 9.98 | 6.95 | 3.03 |
| 1998 | 956.64 | 905.09 | 288.20 | 757 | 9.89 | 6.49 | 3.40 |
| 1999 | 959.48 | 910.17 | 291.32 | 762 | 9.68 | 6.73 | 2.95 |
| 2000 | 1001.14 | 912.00 | 293.04 | 763 | 7.72 | 6.17 | 1.55 |
| 2001 | 1004.06 | 913.98 | 295.63 | 854 | 7.58 | 5.94 | 1.64 |
| 2002 | 1007.18 | 919.05 | 299.67 | 856 | 7.49 | 6.04 | 1.45 |
| 2003 | 1011.30 | 926.00 | 303.27 | 860 | 7.14 | 6.04 | 1.10 |
| 2004 | 1023.67 | 932.55 | 316.62 | 870 | 7.31 | 5.97 | 1.34 |
| 2005 | 1043.00 | 939.31 | 322.95 | 887 | 7.44 | 6.01 | 1.43 |
| 2006 | 1075.00 | 948.89 | 328.66 | 914 | 7.67 | 6.07 | 1.60 |
| 2007 | 1115.00 | 959.10 | 333.42 | 948 | 7.91 | 5.86 | 2.05 |
| 2008 | 1176.00 | 968.87 | 337.49 | 1000 | 8.13 | 5.94 | 2.19 |
| 2009 | 1228.16 | 979.84 | 341.90 | 1044 | 8.30 | 5.70 | 2.60 |
| 2010 | 1299.29 | 984.85 | 345.83 | 1105 | 8.18 | 5.58 | 2.60 |
| 2011 | 1354.58 | 996.44 | 350.27 | 1152 | 8.58 | 6.08 | 2.50 |
| 2012 | 1413.15 | 993.20 | 351.24 | 1202 | 8.75 | 6.12 | 2.63 |
| 2013 | 1472.21 | 1003.97 | 356.60 | 1252 | 8.28 | 6.00 | 2.28 |
| 2014 | 1516.81 | 1016.66 | 362.63 | 1290 | 8.19 | 6.05 | 2.14 |
| 2015 | 1546.95 | 1026.90 | 370.58 | 1315 | 5.84 | 5.61 | 0.23 |
| 2016 | 1562.12 | 1044.40 | 379.17 | 1328 | 7.37 | 5.54 | 1.83 |
| 2017 | 1556.87 | 1049.99 | 385.62 | 1323 | 7.65 | 5.05 | 2.60 |
| 2018 | 1559.60 | 1081.63 | 396.57 | 1326 | 6.67 | 5.42 | 1.25 |
| 2019 | 1561.83 | 1108.18 | 406.25 | 1328 | 6.73 | 5.30 | 1.43 |

注：1.人口密度2005年以后按市民政局行政区划面积计算，2005年以前按市规划局土地面积计算。此表人口密度为常住口径。2.人口自然变动“三率”为历年人口抽样调查数据。

Note: a)After 2005, the population density is calculated with administrative areas measured by Tianjin Municipal Civil Affairs Bureau, and those before 2005 are calculated with areas measured by Tianjin Planning Bureau. The population density in this table is calculated at permanent coverage. b)The three rates of population changing are obtained from population sample surveys.

# 2-2 户籍人口构成及户规模(1978—2019年)

## Composition of Registered Population and Household Size,1978-2019

单位：%(%)

| 年 份<br>Year | 按户口性质分<br>By Registered Character | | 按性别分<br>By Sex | | 性别比<br>(女=100)<br>Sex Ratio<br>(Female=100) | 家庭平均户规模<br>(人/户)<br>Average Family Household Size<br>(person/household) |
|---|---|---|---|---|---|---|
| | 非农业<br>Non-agricultural | 农 业<br>Agricultural | 男 性<br>Male | 女 性<br>Female | | |
| 1978 | 49.49 | 50.51 | 50.84 | 49.16 | 103.40 | 4.22 |
| 1979 | 51.47 | 48.53 | 50.72 | 49.28 | 102.94 | 4.23 |
| 1980 | 52.43 | 47.57 | 50.73 | 49.27 | 102.97 | 4.17 |
| 1981 | 52.71 | 47.29 | 50.71 | 49.29 | 102.90 | 4.03 |
| 1982 | 53.00 | 47.00 | 50.75 | 49.25 | 103.04 | 3.94 |
| 1983 | 53.43 | 46.57 | 50.75 | 49.25 | 103.06 | 3.86 |
| 1984 | 54.94 | 45.06 | 50.77 | 49.23 | 103.14 | 3.79 |
| 1985 | 55.38 | 44.62 | 50.82 | 49.18 | 103.35 | 3.71 |
| 1986 | 54.85 | 45.15 | 50.88 | 49.12 | 103.58 | 3.67 |
| 1987 | 54.86 | 45.14 | 50.88 | 49.12 | 103.59 | 3.59 |
| 1988 | 55.69 | 44.31 | 50.87 | 49.13 | 103.54 | 3.48 |
| 1989 | 55.92 | 44.08 | 50.86 | 49.14 | 103.49 | 3.42 |
| 1990 | 56.04 | 43.96 | 50.79 | 49.21 | 103.20 | 3.35 |
| 1991 | 56.19 | 43.81 | 50.76 | 49.24 | 103.07 | 3.32 |
| 1992 | 56.29 | 43.71 | 50.73 | 49.27 | 102.96 | 3.29 |
| 1993 | 56.44 | 43.56 | 50.71 | 49.29 | 102.87 | 3.27 |
| 1994 | 56.60 | 43.40 | 50.70 | 49.30 | 102.85 | 3.25 |
| 1995 | 56.77 | 43.23 | 50.66 | 49.34 | 102.67 | 3.23 |
| 1996 | 57.12 | 42.88 | 50.62 | 49.38 | 102.50 | 3.21 |
| 1997 | 57.27 | 42.73 | 50.58 | 49.42 | 102.33 | 3.17 |
| 1998 | 57.60 | 42.40 | 50.53 | 49.47 | 102.14 | 3.14 |
| 1999 | 58.09 | 41.91 | 50.51 | 49.49 | 102.06 | 3.12 |
| 2000 | 58.39 | 41.61 | 50.51 | 49.49 | 102.05 | 3.11 |
| 2001 | 58.56 | 41.44 | 50.48 | 49.52 | 101.92 | 3.09 |
| 2002 | 58.88 | 41.12 | 50.45 | 49.55 | 101.84 | 3.07 |
| 2003 | 59.37 | 40.63 | 50.47 | 49.53 | 101.89 | 3.05 |
| 2004 | 59.64 | 40.36 | 50.46 | 49.54 | 101.86 | 2.95 |
| 2005 | 59.87 | 40.13 | 50.44 | 49.56 | 101.77 | 2.91 |
| 2006 | 60.18 | 39.82 | 50.41 | 49.59 | 101.65 | 2.89 |
| 2007 | 60.51 | 39.49 | 50.38 | 49.62 | 101.52 | 2.88 |
| 2008 | 60.72 | 39.28 | 50.35 | 49.65 | 101.42 | 2.87 |
| 2009 | 61.08 | 38.92 | 50.32 | 49.68 | 101.30 | 2.87 |
| 2010 | 61.37 | 38.63 | 50.29 | 49.71 | 101.15 | 2.85 |
| 2011 | 61.61 | 38.39 | 50.27 | 49.73 | 101.11 | 2.84 |
| 2012 | 62.06 | 37.94 | 50.21 | 49.79 | 100.84 | 2.83 |
| 2013 | 62.97 | 37.03 | 50.18 | 49.82 | 100.72 | 2.82 |
| 2014 | 63.45 | 36.55 | 50.16 | 49.84 | 100.64 | 2.80 |
| 2015 | 63.94 | 36.06 | 50.15 | 49.85 | 100.60 | 2.77 |
| 2016 | | | 50.13 | 49.87 | 100.50 | 2.75 |
| 2017 | | | 49.89 | 50.11 | 99.57 | 2.72 |
| 2018 | | | 49.79 | 50.21 | 99.17 | 2.73 |
| 2019 | | | 49.69 | 50.31 | 98.77 | 2.72 |

## 2-3 各区户籍人口户数、人口数及人口密度
## Registered Households, Population and Population Density by Region

| 地区 | Region | 年末户数（万户）Year-end Households (10 000 households) | | 年末人口数（万人）Year-end Population (10 000 persons) | | 年平均人口（万人）Average Annual Population (10 000 persons) | 人口密度（人/平方公里）Population Density (person/sq.km) |
|---|---|---|---|---|---|---|---|
| | | 2018 | 2019 | 2018 | 2019 | 2019 | 2019 |
| **全市总计** | **Total** | **396.57** | **406.25** | **1081.63** | **1108.18** | **1094.91** | **921** |
| # 市内六区 | Six Urban Districts | 155.73 | 158.38 | 405.85 | 413.00 | 409.43 | 23044 |
| 和平区 | Heping District | 14.92 | 15.15 | 43.75 | 44.31 | 44.03 | 43986 |
| 河东区 | Hedong District | 30.54 | 30.95 | 75.62 | 76.40 | 76.01 | 19185 |
| 河西区 | Hexi District | 30.92 | 31.89 | 85.49 | 88.74 | 87.12 | 22613 |
| 南开区 | Nankai District | 33.33 | 33.99 | 87.31 | 88.83 | 88.07 | 22771 |
| 河北区 | Hebei District | 25.10 | 25.40 | 63.01 | 63.75 | 63.38 | 21388 |
| 红桥区 | Hongqiao District | 20.92 | 21.00 | 50.67 | 50.97 | 50.82 | 23962 |
| 东丽区 | Dongli District | 15.90 | 16.47 | 40.47 | 41.82 | 41.15 | 850 |
| 西青区 | Xiqing District | 16.00 | 16.47 | 43.86 | 45.10 | 44.48 | 777 |
| 津南区 | Jinnan District | 17.64 | 18.18 | 49.01 | 50.45 | 49.73 | 1271 |
| 北辰区 | Beichen District | 17.04 | 17.51 | 42.94 | 44.22 | 43.58 | 911 |
| 武清区 | Wuqing District | 32.73 | 34.29 | 99.48 | 105.01 | 102.25 | 627 |
| 宝坻区 | Baodi District | 23.97 | 24.43 | 73.25 | 74.29 | 73.77 | 481 |
| 滨海新区 | Binhai New Area | 51.72 | 53.79 | 138.26 | 144.23 | 141.25 | 622 |
| 宁河区 | Ninghe District | 14.80 | 14.90 | 40.51 | 40.84 | 40.68 | 310 |
| 静海区 | Jinghai District | 22.80 | 23.41 | 60.79 | 61.50 | 61.15 | 409 |
| 蓟州区 | Jizhou District | 28.24 | 28.42 | 87.21 | 87.72 | 87.47 | 545 |

# 2-4 按性别、城乡分的户籍人口数(2019年)
## Registered Population by Sex and Residence,2019

单位：万人(10 000 persons)

| 地 区 | Region | 男 性 Male | 女 性 Female | 性别比 (女＝100) Sex Ratio (Female=100) | 城 镇 Urban | 乡 村 Rural |
|---|---|---|---|---|---|---|
| **全市总计** | **Total** | **550.67** | **557.52** | **98.77** | **785.30** | **322.88** |
| # 市内六区 | Six Urban Districts | 202.11 | 210.89 | 95.84 | 413.00 | |
| 和平区 | Heping District | 21.10 | 23.21 | 90.95 | 44.31 | |
| 河东区 | Hedong District | 37.88 | 38.52 | 98.34 | 76.40 | |
| 河西区 | Hexi District | 42.91 | 45.83 | 93.63 | 88.74 | |
| 南开区 | Nankai District | 43.43 | 45.40 | 95.66 | 88.83 | |
| 河北区 | Hebei District | 31.57 | 32.18 | 98.10 | 63.75 | |
| 红桥区 | Hongqiao District | 25.22 | 25.75 | 97.94 | 50.97 | |
| 东丽区 | Dongli District | 20.77 | 21.05 | 98.67 | 29.78 | 12.04 |
| 西青区 | Xiqing District | 22.20 | 22.90 | 96.94 | 38.15 | 6.95 |
| 津南区 | Jinnan District | 25.18 | 25.27 | 99.64 | 41.57 | 8.87 |
| 北辰区 | Beichen District | 21.83 | 22.39 | 97.50 | 16.38 | 27.84 |
| 武清区 | Wuqing District | 51.83 | 53.18 | 97.46 | 43.79 | 61.22 |
| 宝坻区 | Baodi District | 37.20 | 37.09 | 100.30 | 23.82 | 50.48 |
| 滨海新区 | Binhai New Area | 73.52 | 70.71 | 103.99 | 127.09 | 17.14 |
| 宁河区 | Ninghe District | 20.50 | 20.34 | 100.74 | 14.88 | 25.96 |
| 静海区 | Jinghai District | 31.08 | 30.42 | 102.17 | 10.14 | 51.36 |
| 蓟州区 | Jizhou District | 44.44 | 43.28 | 102.68 | 26.71 | 61.02 |

## 2-5 各种特征年龄组的户籍人口(2019年)
## Registered Population by Age Groups,2019

单位：万人(10 000 persons)

| 年龄组 | Age Groups | 合计 Total | #市内六区 Six Urban Districts | 男性 Male | #市内六区 Six Urban Districts | 女性 Female | #市内六区 Six Urban Districts |
|---|---|---|---|---|---|---|---|
| **按学龄人口分组** | **Grouped by School Age** | | | | | | |
| 0-2岁 | Age 0-2 | 31.93 | 9.53 | 16.49 | 4.94 | 15.44 | 4.59 |
| 3-5岁 | Age 3-5 | 34.20 | 11.75 | 17.74 | 6.07 | 16.46 | 5.68 |
| 6-14岁 | Age 6-14 | 92.11 | 26.65 | 48.58 | 13.88 | 43.53 | 12.77 |
| 15-17岁 | Age 15-17 | 23.56 | 5.23 | 12.50 | 2.71 | 11.06 | 2.52 |
| 18-21岁 | Age 18-21 | 35.77 | 8.24 | 18.62 | 4.15 | 17.15 | 4.09 |
| **按婚育人口分组** | **Grouped by Marriage Age and Child-bearing Age** | | | | | | |
| 进入法定婚龄人口 | Reaching Legal Marriage Age | 9.30 | 2.24 | 4.72 | 1.05 | 4.58 | 1.19 |
| 育龄妇女人口(15-49岁) | Women at Child-bearing Age (between 15-49) | 256.41 | 87.71 | | | 256.41 | 87.71 |
| **按劳龄人口分组** | **Grouped by Labour Age** | | | | | | |
| 进入劳龄人口 | Reaching Labour Age | | | | | | |
| 国内标准(16岁) | Domestic Standard (16 years old) | 6.22 | 1.26 | 3.28 | 0.65 | 2.94 | 0.61 |
| 国际标准(15岁) | International Standard (15 years old) | 8.68 | 1.97 | 4.61 | 1.02 | 4.07 | 0.95 |
| 劳动年龄内人口 | Within Labour Age | | | | | | |
| 国内标准 | Domestic Standard | 626.02 | 215.02 | 334.61 | 116.18 | 291.41 | 98.84 |
| 国际标准 | International Standard | 768.33 | 281.12 | 382.43 | 138.58 | 385.90 | 142.54 |
| 退出劳龄人口 | Over Labour Age | | | | | | |
| 国内标准 | Domestic Standard | 16.44 | 7.15 | 7.29 | 3.70 | 9.15 | 3.45 |
| 国际标准 | International Standard | 17.58 | 8.53 | 8.51 | 4.05 | 9.07 | 4.48 |
| **按老年人口分组** | **Grouped by Aged Population** | | | | | | |
| 60岁及以上人口 | Age 60 and over | 266.74 | 126.81 | 127.15 | 59.56 | 139.59 | 67.25 |
| 占总人口比重(%) | Proportion in Total (%) | 24.07 | 30.70 | 23.09 | 29.46 | 25.04 | 31.89 |
| 65岁及以上人口 | Age 65 and over | 178.46 | 82.90 | 83.94 | 38.17 | 94.52 | 44.73 |
| 占总人口比重(%) | Proportion in Total (%) | 16.10 | 20.07 | 15.24 | 18.89 | 16.95 | 21.21 |
| 80岁及以上人口 | Age 80 and over | 33.40 | 17.99 | 14.67 | 7.43 | 18.73 | 10.56 |
| 占总人口比重(%) | Proportion in Total (%) | 3.01 | 4.36 | 2.66 | 3.68 | 3.36 | 5.00 |

注：劳动年龄内人口的国内标准指男16-59岁,女16-54岁；国际标准指男女均为15-64岁。
Note: Domestic standard of within labour age refers to the age of between 16-59 for male, and the age of 16-54 for female. International standard of within labour refers to the age of between 15-64 both male and female.

# 2-6 常住人口主要数据(2016—2019年)
## Main Statistics on Permanent Population,2016-2019

| 指 标 | Item | 2016 | 2017 | 2018 | 2019 |
|---|---|---|---|---|---|
| **常住人口(万人)** | **Permanent Population (10 000 persons)** | **1562.12** | **1556.87** | **1559.60** | **1561.83** |
| 按性别分 | By Sex | | | | |
| 男 性 | Male | 849.05 | 843.10 | 846.75 | 848.01 |
| 女 性 | Female | 713.07 | 713.77 | 712.85 | 713.82 |
| 性别比(女=100) | Sex Ratio (Female=100) | 119.07 | 118.12 | 118.78 | 118.80 |
| 按户别分组 | By Household Type | | | | |
| 家庭户 | Family | 1147.54 | 1150.79 | 1151.41 | 1153.64 |
| 集体户 | Collective | 414.58 | 406.08 | 408.19 | 408.19 |
| 按城乡分组 | By Residence | | | | |
| 城 镇 | Urban Population | 1295.47 | 1291.11 | 1296.81 | 1303.82 |
| 占总人口比重(%) | Proportion in Total (%) | 82.93 | 82.93 | 83.15 | 83.48 |
| 乡 村 | Rural Population | 266.65 | 265.76 | 262.79 | 258.01 |
| 按年龄分组 | By Age | | | | |
| 0-14岁 | Age 0-14 | 154.96 | 158.65 | 159.35 | 161.07 |
| 15-64岁 | Age 15-64 | 1251.07 | 1240.55 | 1230.75 | 1219.43 |
| 65岁及以上 | Age 65 and over | 156.09 | 157.67 | 169.50 | 181.33 |
| **人口负担系数(%)** | **Population Dependency Ratio (%)** | | | | |
| 人口总负担系数 | Total Dependency Ratio | 24.87 | 25.50 | 26.72 | 28.08 |
| 负担少儿系数 | Children Dependency Ratio | 12.39 | 12.79 | 12.95 | 13.21 |
| 负担老年系数 | The Aged Dependency Ratio | 12.48 | 12.71 | 13.77 | 14.87 |
| 老少比 | Ratio of Aged to Children | 100.93 | 99.38 | 106.33 | 112.58 |
| **常住人口户数(万户)** | **Number of Households (10 000 households)** | **473.77** | **473.58** | **474.13** | **474.93** |
| 家庭户 | Family Households | 408.38 | 409.53 | 409.75 | 410.55 |
| 集体户 | Collective Households | 65.39 | 64.05 | 64.38 | 64.38 |
| **家庭平均户规模(人/户)** | **Average Family Size (person/household)** | **2.81** | **2.81** | **2.81** | **2.81** |
| **人口变动情况(万人)** | **Change of Population (10 000 persons)** | | | | |
| 出生人口 | Birth | 11.46 | 11.93 | 10.39 | 10.50 |
| 死亡人口 | Death | 8.61 | 7.87 | 8.45 | 8.27 |
| 净迁入人口 | Net Immigration | 507.54 | 498.23 | 499.01 | 499.01 |
| **人口密度(人/平方公里)** | **Population Density (person/sq.km)** | **1328** | **1324** | **1326** | **1328** |

注：1.此表根据人口普查及人口变动调查数据推算。下表同。2.此表人口密度为常住口径。

Note: a)Data in this table are predicted according to population census and population change survey. Same as following next. b)The population density in this table is calculated at permanent coverage.

## 2-7 各区常住人口(2016—2019年)
## Permanent Population by Region,2016-2019

单位：万人(10 000 persons)

| 地 区 | Region | 2016 | 2017 | 2018 | 2019 |
|---|---|---|---|---|---|
| **全市总计** | **Total** | **1562.12** | **1556.87** | **1559.60** | **1561.83** |
| #市内六区 | Six Urban Districts | 492.53 | 490.87 | 492.93 | 495.59 |
| 和平区 | Heping District | 35.19 | 35.07 | 35.37 | 35.56 |
| 河东区 | Hedong District | 97.61 | 97.28 | 97.80 | 98.33 |
| 河西区 | Hexi District | 99.25 | 98.92 | 99.24 | 99.78 |
| 南开区 | Nankai District | 114.55 | 114.16 | 114.75 | 115.37 |
| 河北区 | Hebei District | 89.24 | 88.94 | 89.04 | 89.52 |
| 红桥区 | Hongqiao District | 56.69 | 56.50 | 56.73 | 57.04 |
| 东丽区 | Dongli District | 76.04 | 75.79 | 76.33 | 76.72 |
| 西青区 | Xiqing District | 85.37 | 85.09 | 86.34 | 86.64 |
| 津南区 | Jinnan District | 89.41 | 89.11 | 89.60 | 90.06 |
| 北辰区 | Beichen District | 86.40 | 86.10 | 86.54 | 86.84 |
| 武清区 | Wuqing District | 119.96 | 119.56 | 119.15 | 118.26 |
| 宝坻区 | Baodi District | 92.98 | 92.67 | 92.06 | 91.22 |
| 滨海新区 | Binhai New Area | 299.42 | 298.42 | 298.34 | 299.86 |
| 宁河区 | Ninghe District | 49.57 | 49.39 | 49.11 | 48.68 |
| 静海区 | Jinghai District | 79.29 | 79.03 | 79.01 | 78.51 |
| 蓟州区 | Jizhou District | 91.15 | 90.84 | 90.19 | 89.45 |

## 2-8 人口婚姻情况(2016—2019年)
## Marriage Registration,2016-2019

| 指 标 | Item | 2016 | 2017 | 2018 | 2019 |
|---|---|---|---|---|---|
| **登记结婚对数(对)** | **Marriages(couple)** | **98164** | **95068** | **97486** | **96424** |
| #恢复结婚对数 | Remarriage with Former Spouse | 16023 | 17633 | 21441 | 25285 |
| 涉外婚姻登记 | Chinese-Foreigner Marriages | 316 | 288 | 279 | 386 |
| **按婚前状况分** | **Grouped by Pre-marriage Condition** | | | | |
| 初婚人数(万人) | First Marriages (10 000 persons) | 16.15 | 15.40 | 14.96 | 9.99 |
| 再婚人数(万人) | Remarriages (10 000 persons) | 3.49 | 3.61 | 4.54 | 9.30 |
| **离婚对数(对)** | **Divorces (couple)** | **65217** | **60972** | **64536** | **74553** |
| 法院判决离婚 | Mediated by the Court | 5053 | 5133 | 3794 | 4626 |
| 民政协议离婚 | Approved by Civil Administration Agencies | 60164 | 55839 | 60742 | 69927 |

资料来源：天津市高级人民法院和天津市民政局
Source: Tianjin Municipal Higher People's Court and Tianjin Municipal Civil Affairs Bureau.

# 2-9 按年龄分的6岁及以上各种受教育程度人口(2019年)
# Education Status of Population Aged 6 and over by Age,2019

单位：人(person)

| 年龄<br>Age | 6岁及以上人口<br>Aged 6 and over | # 小学<br>Primary School | # 初中<br>Junior Middle School | # 高中<br>Senior Middle School | # 大学专科<br>Junior College | # 大学本科<br>Undergraduate College | # 研究生<br>Postgraduate |
|---|---|---|---|---|---|---|---|
| 全市总计 | | | | | | | |
| **Total** | **65444** | **10978** | **21489** | **8236** | **7298** | **9121** | **1039** |
| 6-9 | 2479 | 2265 | | | | | |
| 10-14 | 2763 | 1458 | 1267 | 23 | | | |
| 15-19 | 2761 | 19 | 443 | 959 | 391 | 676 | |
| 20-24 | 3915 | 24 | 432 | 303 | 973 | 1505 | 123 |
| 25-29 | 4483 | 87 | 1072 | 354 | 920 | 1265 | 176 |
| 30-34 | 5819 | 160 | 1557 | 402 | 1195 | 1534 | 232 |
| 35-39 | 5572 | 140 | 1509 | 397 | 967 | 1546 | 250 |
| 40-44 | 4671 | 275 | 1830 | 443 | 620 | 812 | 133 |
| 45-49 | 5543 | 525 | 2577 | 688 | 533 | 640 | 56 |
| 50-54 | 5364 | 786 | 2726 | 756 | 344 | 387 | 38 |
| 55-59 | 5751 | 663 | 2313 | 1716 | 389 | 259 | 15 |
| 60-64 | 5632 | 1079 | 2199 | 1283 | 380 | 149 | 9 |
| 65+ | 10691 | 3497 | 3566 | 912 | 585 | 346 | 6 |
| # 女性 | | | | | | | |
| **Female** | **31273** | **5736** | **9607** | **3955** | **3297** | **4389** | **524** |
| 6-9 | 1191 | 1091 | | | | | |
| 10-14 | 1292 | 693 | 581 | 9 | | | |
| 15-19 | 1112 | 11 | 170 | 480 | 90 | 263 | |
| 20-24 | 1589 | 8 | 147 | 83 | 368 | 751 | 69 |
| 25-29 | 1964 | 31 | 433 | 115 | 423 | 639 | 103 |
| 30-34 | 2738 | 58 | 620 | 172 | 616 | 822 | 127 |
| 35-39 | 2671 | 58 | 637 | 185 | 487 | 786 | 133 |
| 40-44 | 2207 | 128 | 826 | 208 | 330 | 389 | 50 |
| 45-49 | 2625 | 272 | 1169 | 334 | 261 | 304 | 23 |
| 50-54 | 2529 | 395 | 1257 | 388 | 156 | 165 | 16 |
| 55-59 | 2802 | 379 | 1031 | 902 | 170 | 90 | 5 |
| 60-64 | 2895 | 632 | 1031 | 675 | 167 | 52 | |
| 65+ | 5658 | 1978 | 1705 | 404 | 229 | 130 | |

注：此表为2019年人口抽样调查加权数据，合计数与分项数据有出入，表2-10至2-12相同。
Note: Data in this table are obtained from population sample survey in 2018 by weighting. The composite count differs from the itemized data. Same as table 2-10 to 2-12.

# 2-10 按年龄分的15岁及以上各种婚姻状况人口(2019年)
# Marriage Status of Population Aged 15 and over by Age,2019

单位：人(person)

| 年龄<br>Age | 15岁及以上人口合计<br>Aged 15 and over | 未婚<br>Unmarried | 有配偶<br>Married | 离婚<br>Divorces | 丧偶<br>Widowed |
|---|---|---|---|---|---|
| 全市总计 | | | | | |
| **Total** | **60203** | **9817** | **45552** | **1522** | **3312** |
| 15–19 | 2761 | 2747 | 13 | 1 | |
| 20–24 | 3915 | 3513 | 396 | 7 | |
| 25–29 | 4483 | 1979 | 2425 | 79 | |
| 30–34 | 5819 | 817 | 4854 | 147 | |
| 35–39 | 5572 | 309 | 5020 | 231 | 12 |
| 40–44 | 4671 | 141 | 4325 | 192 | 13 |
| 45–49 | 5543 | 89 | 5167 | 232 | 55 |
| 50–54 | 5364 | 60 | 4980 | 209 | 114 |
| 55–59 | 5751 | 55 | 5276 | 198 | 222 |
| 60–64 | 5632 | 33 | 5098 | 134 | 367 |
| 65+ | 10691 | 73 | 7997 | 92 | 2528 |
| # 女性 | | | | | |
| **Female** | **28790** | **3808** | **21757** | **817** | **2409** |
| 15–19 | 1112 | 1107 | 4 | 1 | |
| 20–24 | 1589 | 1369 | 215 | 4 | |
| 25–29 | 1964 | 731 | 1197 | 37 | |
| 30–34 | 2738 | 313 | 2359 | 66 | |
| 35–39 | 2671 | 143 | 2408 | 109 | 11 |
| 40–44 | 2207 | 59 | 2043 | 94 | 10 |
| 45–49 | 2625 | 29 | 2411 | 139 | 46 |
| 50–54 | 2529 | 12 | 2318 | 117 | 82 |
| 55–59 | 2802 | 16 | 2511 | 106 | 169 |
| 60–64 | 2895 | 11 | 2522 | 84 | 279 |
| 65+ | 5658 | 18 | 3769 | 59 | 1813 |

## 2-11 按地区分的家庭户规模(2019年)
## Family Households by Size and Region,2019

单位：户(household)

| 地 区 | Region | 合 计 Total | 一人户 One-person | 二人户 Two-person | 三人户 Three-person | 四人及以上户 Four-person and over |
|---|---|---|---|---|---|---|
| **全 市 总 计** | **Total** | **24359** | **3996** | **8566** | **7143** | **4653** |
| 和平区 | Heping District | 555 | 69 | 161 | 199 | 126 |
| 河东区 | Hedong District | 1686 | 363 | 676 | 457 | 190 |
| 河西区 | Hexi District | 1698 | 357 | 613 | 536 | 192 |
| 南开区 | Nankai District | 1654 | 353 | 641 | 468 | 192 |
| 河北区 | Hebei District | 1843 | 316 | 639 | 661 | 227 |
| 红桥区 | Hongqiao District | 1182 | 215 | 458 | 363 | 146 |
| 东丽区 | Dongli District | 1303 | 234 | 461 | 348 | 260 |
| 西青区 | Xiqing District | 1354 | 241 | 472 | 416 | 226 |
| 津南区 | Jinnan District | 1424 | 242 | 517 | 438 | 227 |
| 北辰区 | Beichen District | 1451 | 202 | 495 | 474 | 281 |
| 武清区 | Wuqing District | 1879 | 213 | 542 | 522 | 601 |
| 宝坻区 | Baodi District | 1421 | 205 | 481 | 327 | 408 |
| 滨海新区 | Binhai New Area | 3568 | 567 | 1269 | 1145 | 586 |
| 宁河区 | Ninghe District | 638 | 55 | 204 | 141 | 239 |
| 静海区 | Jinghai District | 1382 | 199 | 514 | 343 | 326 |
| 蓟州区 | Jizhou District | 1321 | 165 | 423 | 304 | 429 |

## 2-12 按地区分有65岁及以上老年人口的家庭户(2019年)
## Households with Population Aged 65 and over by Region,2019

单位：户 (household)

| 地 区 | Region | 合 计 Total | # 单 身 老人户 Single | # 一对老 夫妇户 One Couple | # 一个老人与未成年亲属户 One Aged Population and Relatives Age 0-14 | # 二个老人与未成年亲属户 Two Aged Population and Relatives Age 0-14 |
|---|---|---|---|---|---|---|
| **全 市 总 计** | **Total** | **7149** | **1453** | **2354** | **16** | **40** |
| 和平区 | Heping District | 201 | 36 | 53 | 3 | 5 |
| 河东区 | Hedong District | 541 | 118 | 171 | 1 | 2 |
| 河西区 | Hexi District | 636 | 132 | 164 | 2 | 8 |
| 南开区 | Nankai District | 555 | 127 | 170 | 2 | 5 |
| 河北区 | Hebei District | 594 | 131 | 174 | 1 | 8 |
| 红桥区 | Hongqiao District | 437 | 95 | 140 | 1 | 2 |
| 东丽区 | Dongli District | 249 | 43 | 106 |  | 1 |
| 西青区 | Xiqing District | 246 | 70 | 90 |  | 1 |
| 津南区 | Jinnan District | 313 | 78 | 124 | 1 | 1 |
| 北辰区 | Beichen District | 414 | 71 | 144 |  | 1 |
| 武清区 | Wuqing District | 561 | 80 | 146 | 1 |  |
| 宝坻区 | Baodi District | 474 | 86 | 162 | 1 | 2 |
| 滨海新区 | Binhai New Area | 915 | 195 | 364 | 1 | 1 |
| 宁河区 | Ninghe District | 205 | 26 | 64 |  |  |
| 静海区 | Jinghai District | 386 | 87 | 169 | 1 | 2 |
| 蓟州区 | Jizhou District | 421 | 77 | 114 | 1 | 1 |

# 主要统计指标解释

## 常住人口

指实际经常居住在某地区半年以上的人口。按人口普查和抽样调查规定，主要包括：(1) 除离开本地半年以上（不包括在国外工作或学习的人）的全部常住本地的户籍人口；(2) 户口在外地，但在本地居住半年以上者，或离开户口地半年以上而调查时在本地居住的人口；(3) 调查时居住在本地，但在任何地方都没有登记常住户口，如手持户口迁移证、出生证、退伍证、劳改劳教释放证等尚未办理常住户口的人，即所谓“口袋户口”的人。

## 人口密度

指单位土地面积上的人口数。通常使用常住人口计算人口密度，用于说明人口的拥挤程度。以每平方公里的居民人数来表示。计算公式：

$$\text{人口密度}=\frac{\text{常住人口}}{\text{总土地面积}}$$

## 人口出生率（又称粗出生率）

指在一定时期内(通常为一年)一定地区的出生人数与同期内平均人数(或期中人数)之比，用千分率表示。本资料中的出生率指年出生率，其计算公式为：

$$\text{人口出生率}=\frac{\text{年出生人数}}{\text{年平均人数}}\times 1000‰$$

公式中：出生人数指活产婴儿，即胎儿脱离母体时(不管怀孕月数)，有过呼吸或其他生命现象。年平均人数指年初、年底人口数的平均数，也可用年中人口数代替。

## 人口死亡率（又称粗死亡率）

指在一定时期内(通常为一年)一定地区的死亡人数与同期内平均人数(或期中人数)之比，用千分率表示。本资料中的死亡率指年死亡率，其计算公式为：

$$\text{人口死亡率}=\frac{\text{年死亡人数}}{\text{年平均人数}}\times 1000‰$$

## 人口自然增长率

指在一定时期内(通常为一年)人口自然增加数(出生人数减死亡人数)与该时期内平均人数(或期中人数)之比，用千分率表示。计算公式为：

$$\text{人口自然增长率}=\frac{\text{本年出生人数}-\text{本年死亡人数}}{\text{年平均人数}}\times 1000‰$$

$$=\text{人口出生率}-\text{人口死亡率}$$

## 总负担系数

指14岁及以下少年儿童人口数和65岁及以上老年人口数与15-64岁劳动力年龄人口数的比例。表明的是每百名劳动年龄人口负担多少非劳动年龄人口。计算公式：

$$\text{总负担系数}=\frac{\text{14岁及以下人数}+\text{65岁以上人数}}{\text{15-64岁人数}}\times 100\%$$

## 负担少儿系数

指14岁及以下少年儿童人口数与15-64岁劳动力年龄人口数的比例。表明的是每百名劳动年龄人口负担多少少年儿童。

$$\text{负担少儿系数}=\frac{\text{14岁及以下人数}}{\text{15-64岁人数}}\times 100\%$$

## 负担老年系数

指65岁及以上老年人口数与15-64岁劳动力年龄人口数的比例。表明的是每百名劳动年龄人口负担多少老年人口。

$$\text{负担老年系数}=\frac{\text{65岁及以上人数}}{\text{15-64岁人数}}\times 100\%$$

## 老少比

指65岁及以上老年人口与14岁及以下少年儿童人口数之比。表明人口老龄化程度及人口年龄机构特征。

$$\text{老少比}=\frac{\text{65岁及以上人数}}{\text{14岁及以下人数}}\times 100\%$$

## 法定婚龄、劳龄人口

我国进入婚龄法定人口标准为男22岁、女20岁；进入劳龄人口、劳动年龄内人口、退出劳龄人口的国内标准分别是男16岁、16-59岁、60岁和女16岁、16-54岁、55岁；国际标准男女均为15岁、15-64岁、65岁。

# Explanatory Notes on Main Statistical Indicators

**Permanent Population**

refers to the total number of people alive at a given area over half a year. According to the regulation of population census and sample survey, permanent resident population include (1) registered population in this area except those who have left this area over half a year (exclude those going abroad to work or study). (2) population with residence registered in other area, but having actually resided in this area over half a year or having left place of residence registration over half a year and resided in this area during the period of population survey. (3) population with residence registration in this enumeration area not yet settled, i.e. residence card on hand, migration certificate, birth certificate, demobilized soldier card, release certificate, etc.

**Population Density**

refers to the total number of people within unit land area. Usually, population density is calculated with permanent resident population and indicates crowd degree of population. It is often expressed in the number of people per square kilometer. The following formula is used:

$$\textit{Population Density} = \frac{\textit{Permanent Resident Population}}{\textit{Total Area of Land}}$$

**Birth Rate (or Crude Birth Rate)**

refers to the ratio of the number of births to the average population (or mid-period population) during a certain period of time (usually a year), expressed in ‰. Birth rate in the chapter refers to annual birth rate. The following formula is used:

$$\textit{Birth Rate} = \frac{\textit{Number of Births}}{\textit{Annual Average Population}} \times 1000‰$$

Number of births in the formula refers to live births, i.e. when a baby has breathed or showed any vital phenomena regardless of the length of pregnancy. Annual average population is the average of the number of population at the beginning of the year and that at the end of the year. Sometimes it is substituted by the mid-year population.

**Death Rate (or Crude Death Rate)**

refers to the ratio of the number of deaths to the average population (or mid-period population) during a certain period of time (usually a year), expressed in ‰. Death rate in the chapter refers to annual death rate. The following formula is used:

$$\textit{Death Rate} = \frac{\textit{Number of Deaths}}{\textit{Annual Average Population}} \times 1000‰$$

**Natural Growth Rate of Population**

refers to the ratio of natural increase in population (number of births minus number of deaths) in a certain period of time (usually a year) to the average population (or mid-period population) of the same period, expressed in ‰. The following formula is applied:

*Natural Growth Rate of Population=*

$$\frac{\textit{(Number of Births - Number of Deaths)}}{\textit{Annual Average Population}} \times 1000‰$$

*Natural Growth Rate of Population = Birth Rate - Death Rate*

**Total Dependency Ratio**

refers to the ratio of children aged 0-14 and elderly population aged 65 and over to the working-age population aged 15-64. It describes in general the number of non-working-age population that every 100 people at working ages will take care of. The following formula is used:

*Gross Dependency Ratio =*

$$\frac{(\textit{Population Aged } 0-14) + (\textit{Population Aged 65 and over})}{\textit{Population Aged } 15-64} \times 100\%$$

**Youth Dependency Ratio**

refers to the ratio of children aged 0-14 over to the working-age population aged 15-64. It describes in general the number of youth population that every 100 people at working ages will take care of. The following formula is used:

*Youth Dependency Ratio =*

[(*Population Aged* 0-14)/ (*Population Aged* 15-64)] × 100%

**Elderly Dependency Ratio**

refers to the ratio of population aged 65 and over to the working-age population aged 15-64. It describes in general the number of elderly populations that every 100 people at working ages will take care of. The following formula is used:

*Elderly Dependency Ratio =*

[(*Population Aged* 65 *and over*)/ (*Population Aged* 15-64)] × 100%

**Elderly-Youth Ratio**

refers to the ratio of population aged 65 and over to the children aged 0-14. It describes the degree of population aging and the characteristics of population age mechanism.

The following formula is used:

*Elderly-Youth Ratio =*

[(*Population Aged* 65 *and over*)/ (*Population Aged* 0-14)] × 100%

**Legal Marriage Age, Labour Age Population**

The standard of legal marriage age is 22 for male and 20 for female. The domestic standard of "reaching labour age", "within labour age" and "over labour age" are 16,16 to 59,60 for male respectively and 16,16 to 54,55 for female respectively; the international standard of these items are 15,15-64 and 65 respectively for both male and female.

# 第三篇　就业和劳动工资

## Chapter 3　Employment and Remuneration

# 3-1 社会从业人员(1978—2019年)
# Total Employment Personnel,1978-2019

单位：万人(10 000 persons)

| 年份 Year | 劳动力资源总数 Number of Labour Force | 社会从业人员合计 Number of Employment Personnel | 按城乡分 Grouped by Urban and Rural Areas | | | | | |
|---|---|---|---|---|---|---|---|---|
| | | | 城镇 Urban Areas | 国有单位 State-owned Units | 集体单位 Collective-owned Units | 其他 Others | 私营单位及个体 Private Units and Self-employed Individuals | 乡村 Rural Areas |
| 1978 | 448.76 | 366.70 | 217.50 | 168.30 | 49.10 | | 0.10 | 149.20 |
| 1979 | 466.90 | 380.54 | 230.34 | 178.20 | 52.04 | | 0.10 | 150.20 |
| 1980 | 480.80 | 394.79 | 243.59 | 188.08 | 54.61 | | 0.90 | 151.20 |
| 1981 | 494.10 | 413.20 | 255.00 | 194.02 | 59.88 | | 1.10 | 158.20 |
| 1982 | 503.60 | 420.52 | 262.02 | 198.91 | 61.61 | | 1.50 | 158.50 |
| 1983 | 509.50 | 435.53 | 270.33 | 201.27 | 66.96 | | 2.10 | 165.20 |
| 1984 | 517.10 | 447.29 | 276.39 | 201.29 | 71.42 | 0.98 | 2.70 | 170.90 |
| 1985 | 526.10 | 455.98 | 281.08 | 205.26 | 69.71 | 1.51 | 4.60 | 174.90 |
| 1986 | 532.27 | 466.90 | 284.50 | 209.97 | 68.47 | 1.76 | 4.30 | 182.40 |
| 1987 | 544.80 | 470.93 | 286.63 | 212.10 | 66.89 | 2.54 | 5.10 | 184.30 |
| 1988 | 549.97 | 465.15 | 286.64 | 213.99 | 64.33 | 3.04 | 5.28 | 178.51 |
| 1989 | 555.99 | 469.79 | 289.91 | 217.32 | 63.45 | 3.61 | 5.53 | 179.88 |
| 1990 | 558.93 | 470.07 | 290.01 | 217.26 | 62.55 | 4.50 | 5.70 | 180.06 |
| 1991 | 564.15 | 479.67 | 300.58 | 219.34 | 66.17 | 6.05 | 9.02 | 179.09 |
| 1992 | 569.70 | 485.70 | 303.70 | 212.73 | 72.39 | 8.85 | 9.73 | 182.00 |
| 1993 | 566.10 | 503.10 | 312.70 | 210.90 | 75.50 | 16.30 | 10.00 | 190.40 |
| 1994 | 694.30 | 513.00 | 318.60 | 206.50 | 71.40 | 24.40 | 16.30 | 194.40 |
| 1995 | 701.60 | 515.30 | 319.80 | 202.10 | 68.40 | 29.20 | 20.10 | 195.50 |
| 1996 | 708.80 | 512.00 | 317.10 | 199.10 | 62.80 | 31.00 | 24.20 | 194.90 |
| 1997 | 716.26 | 513.33 | 318.60 | 196.16 | 58.19 | 35.80 | 28.45 | 194.73 |
| 1998 | 728.68 | 508.10 | 312.65 | 183.49 | 53.00 | 41.58 | 34.58 | 195.45 |
| 1999 | 740.76 | 508.14 | 313.89 | 176.54 | 47.54 | 49.80 | 40.01 | 194.25 |
| 2000 | 753.27 | 486.89 | 296.61 | 163.84 | 40.58 | 55.37 | 36.82 | 190.28 |
| 2001 | 761.11 | 488.34 | 295.37 | 153.25 | 32.13 | 60.94 | 49.05 | 192.97 |
| 2002 | 771.69 | 492.61 | 295.71 | 137.81 | 26.60 | 82.54 | 48.76 | 196.90 |
| 2003 | 793.86 | 510.90 | 299.95 | 128.52 | 22.80 | 93.72 | 54.91 | 210.95 |
| 2004 | 798.43 | 527.78 | 302.47 | 126.36 | 20.21 | 103.59 | 52.31 | 225.31 |
| 2005 | 858.88 | 542.52 | 312.76 | 99.18 | 11.31 | 148.01 | 54.26 | 229.76 |
| 2006 | 888.51 | 562.92 | 402.12 | 97.34 | 30.00 | 158.21 | 116.57 | 160.80 |
| 2007 | 933.57 | 613.93 | 447.97 | 95.58 | 29.73 | 185.00 | 137.66 | 165.96 |
| 2008 | 987.97 | 647.32 | 477.69 | 96.97 | 26.75 | 202.06 | 151.91 | 169.63 |
| 2009 | 1036.53 | 677.13 | 505.84 | 90.22 | 23.77 | 212.79 | 179.06 | 171.29 |
| 2010 | 1096.78 | 728.70 | 545.70 | 90.24 | 22.68 | 227.71 | 205.07 | 183.00 |
| 2011 | 1161.01 | 763.16 | 580.24 | 90.94 | 27.18 | 230.41 | 231.71 | 182.92 |
| 2012 | 1214.46 | 803.14 | 621.29 | 94.65 | 29.29 | 249.11 | 248.24 | 181.85 |
| 2013 | 1268.21 | 847.46 | 663.88 | 99.04 | 30.17 | 244.14 | 290.53 | 183.58 |
| 2014 | 1307.61 | 877.21 | 691.45 | 85.67 | 25.62 | 278.35 | 301.81 | 185.76 |
| 2015 | 1330.98 | 896.80 | 710.67 | 72.97 | 20.40 | 303.84 | 313.46 | 186.13 |
| 2016 | 1338.69 | 902.42 | 717.30 | 68.69 | 15.49 | 307.08 | 326.04 | 185.12 |
| 2017 | 1329.48 | 894.83 | 710.11 | 66.60 | 8.71 | 298.33 | 336.47 | 184.72 |
| 2018 | 1331.52 | 896.56 | 714.21 | 62.13 | 7.12 | 306.54 | 338.42 | 182.35 |
| 2019 | 1332.96 | 896.56 | 719.23 | 62.86 | 6.36 | 315.01 | 335.00 | 177.33 |

注：劳动力资源总数自1994年起为16岁以上有劳动能力人员。

Note: Number of labour force refer to personnel aged 16 and over who are capable of working since 1994.

3-1续表 *Continued*

| 年 份 Year | 按三次产业分 Grouped by Three Industries | | | | | |
|---|---|---|---|---|---|---|
| | 绝对数(万人) Number(10 000 persons) | | | 构成(%) Composition in Percentage(%) | | |
| | 第一产业 Primary Industry | 第二产业 Secondary Industry | 第三产业 Tertiary Industry | 第一产业 Primary Industry | 第二产业 Secondary Industry | 第三产业 Tertiary Industry |
| 1978 | | | | | | |
| 1979 | | | | | | |
| 1980 | | | | | | |
| 1981 | | | | | | |
| 1982 | | | | | | |
| 1983 | | | | | | |
| 1984 | | | | | | |
| 1985 | 99.13 | 228.04 | 128.73 | 21.7 | 50.1 | 28.2 |
| 1986 | 96.06 | 231.02 | 139.86 | 20.6 | 49.5 | 29.9 |
| 1987 | 94.12 | 232.03 | 144.78 | 20.0 | 49.3 | 30.7 |
| 1988 | 91.19 | 229.85 | 144.11 | 19.6 | 49.4 | 31.1 |
| 1989 | 93.46 | 231.57 | 144.76 | 19.6 | 49.3 | 30.8 |
| 1990 | 93.63 | 232.17 | 144.27 | 19.9 | 49.4 | 30.7 |
| 1991 | 94.27 | 237.24 | 148.16 | 19.7 | 49.5 | 30.8 |
| 1992 | 92.50 | 238.40 | 154.80 | 19.0 | 49.1 | 31.9 |
| 1993 | 89.60 | 245.20 | 168.90 | 17.7 | 48.7 | 33.6 |
| 1994 | 85.60 | 246.50 | 180.90 | 16.7 | 48.0 | 35.3 |
| 1995 | 82.90 | 247.10 | 185.30 | 16.1 | 47.9 | 36.0 |
| 1996 | 82.10 | 241.40 | 188.50 | 16.0 | 47.2 | 36.8 |
| 1997 | 81.26 | 235.69 | 196.38 | 15.8 | 45.9 | 38.3 |
| 1998 | 80.88 | 233.21 | 194.01 | 15.9 | 45.9 | 38.2 |
| 1999 | 79.57 | 230.33 | 198.24 | 15.7 | 45.3 | 39.0 |
| 2000 | 81.29 | 222.15 | 183.45 | 16.7 | 45.6 | 37.7 |
| 2001 | 82.70 | 212.65 | 192.99 | 16.9 | 43.6 | 39.5 |
| 2002 | 82.25 | 205.38 | 204.98 | 16.7 | 41.7 | 41.6 |
| 2003 | 83.19 | 219.44 | 208.27 | 16.3 | 42.9 | 40.8 |
| 2004 | 82.83 | 223.89 | 221.06 | 15.7 | 42.4 | 41.9 |
| 2005 | 81.79 | 227.38 | 233.35 | 15.1 | 41.9 | 43.0 |
| 2006 | 81.11 | 234.85 | 246.96 | 14.4 | 41.7 | 43.9 |
| 2007 | 76.98 | 261.35 | 275.60 | 12.5 | 42.6 | 44.9 |
| 2008 | 76.30 | 271.90 | 299.12 | 11.8 | 42.0 | 46.2 |
| 2009 | 75.70 | 281.01 | 320.42 | 11.2 | 41.5 | 47.3 |
| 2010 | 73.85 | 302.33 | 352.52 | 10.1 | 41.5 | 48.4 |
| 2011 | 73.18 | 315.99 | 373.99 | 9.6 | 41.4 | 49.0 |
| 2012 | 71.23 | 330.89 | 401.02 | 8.9 | 41.2 | 49.9 |
| 2013 | 68.99 | 353.85 | 424.62 | 8.1 | 41.8 | 50.1 |
| 2014 | 67.98 | 341.51 | 467.72 | 7.7 | 38.9 | 53.4 |
| 2015 | 66.17 | 320.16 | 510.47 | 7.4 | 35.7 | 56.9 |
| 2016 | 65.10 | 306.41 | 530.91 | 7.2 | 34.0 | 58.8 |
| 2017 | 62.71 | 290.90 | 541.22 | 7.0 | 32.5 | 60.5 |
| 2018 | 60.07 | 285.02 | 551.47 | 6.7 | 31.8 | 61.5 |
| 2019 | 58.28 | 272.55 | 565.73 | 6.5 | 30.4 | 63.1 |

注：1.1998–2004年城镇从业人员中包括由于各种原因已经离开本人的生产或工作岗位，但仍与本单位保留劳动关系的职工。2.从2006年起社会从业人员城乡划分执行新划分标准。

Note: a) From 1998 to 2004, the number of employment personnel in urban units includes those staff and workers who still keep their relationship with their units, but have left their working post at there. b) Since 2006, the division of employment personnel has adopted the new standard.

# 3-2 城镇非私营单位从业人员(1978—2019年)
# Employment Personnel in Urban Non-private Units,1978-2019

单位：万人(10 000 persons)

| 年份 Year | 合计 Total | 按三次产业分 Grouped by Three Industries | | | 按登记注册类型分 Grouped by Registration Status | | |
|---|---|---|---|---|---|---|---|
| | | 第一产业 Primary Industry | 第二产业 Secondary Industry | 第三产业 Tertiary Industry | 国有单位 State-owned Units | 集体单位 Collective-owned Units | 其他单位 Others |
| 1978 | 217.40 | 4.22 | 131.55 | 81.63 | 168.30 | 49.10 | |
| 1979 | 230.24 | 3.41 | 138.63 | 88.20 | 178.20 | 52.04 | |
| 1980 | 242.69 | 3.34 | 146.52 | 92.83 | 188.08 | 54.61 | |
| 1981 | 253.90 | 3.53 | 153.95 | 96.42 | 194.02 | 59.88 | |
| 1982 | 260.53 | 3.51 | 155.71 | 101.31 | 198.91 | 61.62 | |
| 1983 | 268.23 | 3.62 | 161.31 | 103.30 | 201.27 | 66.96 | |
| 1984 | 273.69 | 3.92 | 163.52 | 106.25 | 201.29 | 71.42 | 0.98 |
| 1985 | 276.48 | 3.96 | 165.69 | 106.83 | 205.26 | 69.71 | 1.51 |
| 1986 | 280.20 | 4.51 | 167.19 | 108.50 | 209.97 | 68.47 | 1.76 |
| 1987 | 281.53 | 4.25 | 172.04 | 105.24 | 212.10 | 66.89 | 2.54 |
| 1988 | 281.36 | 4.30 | 164.82 | 112.24 | 213.99 | 64.33 | 3.04 |
| 1989 | 284.38 | 4.22 | 167.13 | 113.03 | 217.32 | 63.45 | 3.61 |
| 1990 | 284.31 | 4.10 | 167.68 | 112.53 | 217.26 | 62.55 | 4.50 |
| 1991 | 291.56 | 4.34 | 171.57 | 115.65 | 219.34 | 66.17 | 6.05 |
| 1992 | 293.97 | 4.10 | 171.41 | 118.46 | 212.73 | 72.39 | 8.85 |
| 1993 | 293.45 | 2.55 | 171.18 | 119.72 | 206.52 | 70.89 | 16.04 |
| 1994 | 291.94 | 2.30 | 168.72 | 120.92 | 201.75 | 66.21 | 23.98 |
| 1995 | 289.59 | 1.90 | 167.33 | 120.36 | 197.01 | 64.19 | 28.39 |
| 1996 | 283.98 | 1.73 | 163.07 | 119.18 | 194.32 | 59.62 | 30.04 |
| 1997 | 281.34 | 1.71 | 158.68 | 120.95 | 191.64 | 55.28 | 34.42 |
| 1998 | 218.56 | 1.43 | 113.47 | 103.66 | 144.18 | 36.26 | 38.12 |
| 1999 | 211.76 | 1.10 | 110.27 | 100.39 | 135.08 | 30.46 | 46.22 |
| 2000 | 201.75 | 1.11 | 105.63 | 95.01 | 125.00 | 25.82 | 50.93 |
| 2001 | 192.30 | 1.09 | 99.82 | 91.39 | 116.24 | 20.05 | 56.00 |
| 2002 | 185.50 | 1.09 | 92.68 | 91.73 | 107.79 | 16.47 | 61.24 |
| 2003 | 191.01 | 0.97 | 97.60 | 92.44 | 101.57 | 13.95 | 75.49 |
| 2004 | 193.91 | 0.87 | 96.82 | 96.22 | 102.09 | 12.46 | 79.36 |
| 2005 | 194.12 | 0.81 | 97.52 | 95.79 | 99.18 | 11.33 | 83.61 |
| 2006 | 195.00 | 0.73 | 98.37 | 95.90 | 97.34 | 9.61 | 88.05 |
| 2007 | 200.22 | 0.74 | 99.31 | 100.17 | 96.69 | 8.75 | 94.78 |
| 2008 | 200.61 | 0.71 | 94.13 | 105.77 | 87.45 | 7.90 | 105.26 |
| 2009 | 201.65 | 0.74 | 96.18 | 104.73 | 81.21 | 4.76 | 115.68 |
| 2010 | 205.65 | 0.71 | 97.74 | 107.20 | 80.79 | 4.30 | 120.56 |
| 2011 | 268.24 | 0.60 | 157.84 | 109.80 | 85.88 | 8.83 | 173.53 |
| 2012 | 289.07 | 0.55 | 162.64 | 125.88 | 89.74 | 7.98 | 191.35 |
| 2013 | 302.44 | 0.53 | 165.47 | 136.44 | 77.85 | 7.10 | 217.49 |
| 2014 | 295.51 | 0.50 | 161.37 | 133.64 | 75.14 | 7.62 | 212.75 |
| 2015 | 294.78 | 0.53 | 151.34 | 142.91 | 72.36 | 6.49 | 215.93 |
| 2016 | 286.04 | 0.85 | 136.35 | 148.84 | 68.71 | 5.69 | 211.64 |
| 2017 | 269.48 | 0.62 | 117.04 | 151.82 | 66.60 | 3.23 | 199.65 |
| 2018 | 259.99 | 0.50 | 101.17 | 158.32 | 62.13 | 2.63 | 195.22 |
| 2019 | 269.35 | 0.25 | 102.40 | 166.70 | 62.86 | 2.35 | 204.14 |

注：1.1998年以前为职工人数。2.2011年起城镇非私营单位从业人员中含劳务派遣人员，统计在在岗职工中。下表同。

Note: a) The data before 1998 of this table refer to staff and workers. b) Data of employment personnel in urban non-private units include labour dispatch from 2011, which are calculated in on-post workers and staff. Same as the following next.

# 3-3 城镇非私营单位女性从业人员(1978—2019年)
## Female Employment Personnel in Urban Non-private Units,1978-2019

单位：万人(10 000 persons)

| 年 份<br>Year | 合 计<br>Total | 按三次产业分<br>Grouped by Three Industries | | | 按登记注册类型分<br>Grouped by Registration Status | | |
|---|---|---|---|---|---|---|---|
| | | 第一产业<br>Primary Industry | 第二产业<br>Secondary Industry | 第三产业<br>Tertiary Industry | 国有单位<br>State-owned Units | 集体单位<br>Collective-owned Units | 其他单位<br>Others |
| 1978 | 90.40 | 1.45 | 23.06 | 65.89 | 60.43 | 29.97 | |
| 1979 | 95.57 | 1.04 | 34.12 | 60.41 | 64.82 | 30.75 | |
| 1980 | 102.05 | 1.23 | 38.17 | 62.65 | 69.97 | 32.08 | |
| 1981 | 106.50 | 0.98 | 39.91 | 65.61 | 72.20 | 34.30 | |
| 1982 | 109.46 | 1.00 | 40.93 | 67.53 | 73.82 | 35.64 | |
| 1983 | 113.23 | 0.99 | 41.98 | 70.26 | 75.57 | 37.66 | |
| 1984 | 114.34 | 1.15 | 42.16 | 71.03 | 75.34 | 38.53 | 0.47 |
| 1985 | 115.64 | 1.18 | 43.26 | 71.20 | 76.26 | 38.72 | 0.66 |
| 1986 | 118.29 | 1.04 | 44.49 | 72.76 | 79.43 | 38.10 | 0.76 |
| 1987 | 119.45 | 1.32 | 44.46 | 73.67 | 81.18 | 37.12 | 1.15 |
| 1988 | 119.22 | 1.37 | 44.95 | 72.90 | 82.27 | 35.59 | 1.36 |
| 1989 | 120.48 | 1.30 | 71.30 | 47.88 | 83.92 | 34.91 | 1.65 |
| 1990 | 120.90 | 1.25 | 71.76 | 47.89 | 84.44 | 34.39 | 2.07 |
| 1991 | 124.24 | 1.44 | 73.87 | 48.93 | 85.78 | 35.61 | 2.85 |
| 1992 | 124.05 | 1.23 | 73.38 | 49.44 | 83.89 | 35.89 | 4.27 |
| 1993 | 123.14 | 0.86 | 72.00 | 50.28 | 81.46 | 34.00 | 7.68 |
| 1994 | 123.73 | 0.81 | 72.00 | 50.92 | 80.64 | 31.79 | 11.30 |
| 1995 | 123.60 | 0.68 | 72.03 | 50.89 | 79.27 | 30.81 | 13.52 |
| 1996 | 120.23 | 0.57 | 69.84 | 49.82 | 77.39 | 28.59 | 14.25 |
| 1997 | 118.75 | 0.55 | 67.48 | 50.72 | 76.61 | 26.15 | 15.99 |
| 1998 | 89.89 | 0.46 | 46.11 | 43.32 | 56.17 | 15.93 | 17.79 |
| 1999 | 82.95 | 0.31 | 41.33 | 41.31 | 51.80 | 13.22 | 17.93 |
| 2000 | 77.28 | 0.33 | 38.85 | 38.10 | 47.26 | 10.76 | 19.26 |
| 2001 | 77.40 | 0.36 | 40.09 | 36.95 | 43.26 | 8.11 | 26.03 |
| 2002 | 73.59 | 0.33 | 36.00 | 37.26 | 39.60 | 6.52 | 27.47 |
| 2003 | 76.27 | 0.28 | 38.49 | 37.50 | 37.73 | 5.33 | 33.21 |
| 2004 | 73.66 | 0.26 | 35.30 | 38.10 | 37.56 | 4.39 | 31.71 |
| 2005 | 68.66 | 0.23 | 33.01 | 35.42 | 33.94 | 4.09 | 30.63 |
| 2006 | 70.28 | 0.22 | 33.95 | 36.11 | 33.13 | 3.41 | 33.74 |
| 2007 | 71.27 | 0.21 | 33.21 | 37.85 | 33.30 | 3.04 | 34.93 |
| 2008 | 77.02 | 0.22 | 32.07 | 44.73 | 33.69 | 2.87 | 40.46 |
| 2009 | 67.84 | 0.22 | 30.62 | 37.00 | 27.43 | 1.87 | 38.54 |
| 2010 | 75.10 | 0.21 | 32.80 | 42.09 | 30.03 | 1.67 | 43.40 |
| 2011 | 90.91 | 0.19 | 49.27 | 41.45 | 29.39 | 2.48 | 59.04 |
| 2012 | 94.44 | 0.15 | 48.91 | 45.38 | 30.20 | 2.15 | 62.09 |
| 2013 | 105.69 | 0.16 | 50.27 | 55.26 | 29.88 | 1.70 | 74.11 |
| 2014 | 104.09 | 0.15 | 50.63 | 53.31 | 28.28 | 1.97 | 73.84 |
| 2015 | 102.83 | 0.17 | 46.17 | 56.49 | 28.68 | 1.65 | 72.50 |
| 2016 | 102.55 | 0.28 | 41.30 | 60.97 | 28.31 | 1.48 | 72.76 |
| 2017 | 101.55 | 0.21 | 35.77 | 65.57 | 28.62 | 1.22 | 71.71 |
| 2018 | 101.26 | 0.23 | 28.16 | 72.87 | 28.64 | 0.86 | 71.76 |
| 2019 | 106.08 | 0.08 | 28.50 | 77.50 | 29.93 | 0.87 | 75.28 |

# 3-4 按国民经济行业分各类从业人员(2019年)

## Employment Personnel Grouped by Sector,2019

单位：万人(10 000 persons)

| 项 目<br>Item | 社会从业人员<br>Employment Personnel | 城镇非私营单位从业人员<br>Employment Personnel in Urban Non-private Units | 在岗职工人数<br>On-post Staff and Workers | 其他从业人员<br>Other Employment Personnel |
|---|---|---|---|---|
| **总 计**<br>**Total** | **896.56** | **269.35** | **247.61** | **21.74** |
| **按三次产业分**<br>**Grouped by Three Industries** | | | | |
| 第一产业<br>Primary Industry | 58.28 | 0.25 | 0.22 | 0.03 |
| 第二产业<br>Secondary Industry | 272.55 | 102.40 | 97.74 | 4.66 |
| 第三产业<br>Tertiary Industry | 565.73 | 166.70 | 149.65 | 17.05 |
| **按国民经济行业分**<br>**Grouped by Sector** | | | | |
| 农、林、牧、渔业<br>Farming, Forestry, Animal Husbandry and Fishery | 58.28 | 0.26 | 0.23 | 0.03 |
| 采矿业<br>Minerals Mining | 6.52 | 5.85 | 5.75 | 0.10 |
| 制造业<br>Manufacturing | 175.95 | 67.33 | 66.04 | 1.29 |
| 电力、热力、燃气及水生产和供应业<br>Production and Supply of Electricity, Heat, Gas and Water | 6.90 | 4.17 | 4.08 | 0.09 |
| 建筑业<br>Construction | 83.18 | 25.06 | 21.87 | 3.19 |
| 批发和零售业<br>Wholesale and Retail Trade | 143.34 | 19.96 | 19.46 | 0.50 |
| 交通运输、仓储和邮政业<br>Transportation, Storage and Post Services | 56.25 | 14.93 | 14.60 | 0.33 |
| 住宿和餐饮业<br>Accommodation and Catering Services | 47.26 | 6.33 | 3.77 | 2.56 |
| 信息传输、软件和信息技术服务业<br>Information Transmitting, Software and Information Technology Services | 23.80 | 6.57 | 6.47 | 0.10 |
| 金融业<br>Finance Intermediation | 24.94 | 19.80 | 13.40 | 6.40 |
| 房地产业<br>Real Estate | 31.22 | 10.80 | 10.10 | 0.70 |
| 租赁和商务服务业<br>Leasing and Business Services | 53.55 | 15.29 | 12.95 | 2.34 |
| 科学研究和技术服务业<br>Scientific Research and Technical Services | 38.41 | 11.08 | 10.44 | 0.64 |
| 水利、环境和公共设施管理业<br>Management for Water Conservancy, Environment and Public Facilities | 9.22 | 3.68 | 3.28 | 0.40 |
| 居民服务、修理和其他服务业<br>Resident Services, Repair and Other Services | 53.63 | 6.51 | 6.45 | 0.06 |
| 教 育<br>Education | 34.02 | 20.24 | 19.29 | 0.95 |
| 卫生和社会工作<br>Health Care and Social Work | 19.51 | 11.69 | 10.90 | 0.79 |
| 文化、体育和娱乐业<br>Culture, Sports and Recreational Services | 6.36 | 2.15 | 2.03 | 0.12 |
| 公共管理、社会保障和社会组织<br>Public Management, Social Security and Social Organizations | 24.22 | 17.65 | 16.50 | 1.15 |

# 3-5 社会从业人员
## Number of Employment Personnel

单位：万人(10 000 persons)

| 项　　目 | Item | 2018 | 2019 | 2019比2018年增长(%) Increase Rate in 2019 over 2018(%) |
|---|---|---|---|---|
| **总　　计** | **Total** | **896.56** | **896.56** | |
| **按城乡划分** | **Grouped by Urban and Rural Areas** | | | |
| 城　镇 | Urban Areas | 714.21 | 719.23 | 0.7 |
| 国有单位 | State-owned Units | 62.13 | 62.86 | 1.2 |
| 集体单位 | Collective-owned Units | 7.12 | 6.36 | -10.7 |
| 私营单位 | Private Units | 205.81 | 199.77 | -2.9 |
| 个　体 | Individuals | 132.61 | 135.23 | 2.0 |
| 其　他 | Others | 306.54 | 315.01 | 2.8 |
| 乡　村 | Rural Areas | 182.35 | 177.33 | -2.8 |
| **按国民经济行业分** | **Grouped by Sector** | | | |
| 农、林、牧、渔业 | Farming, Forestry, Animal Husbandry and Fishery | 60.07 | 58.28 | -3.0 |
| 采矿业 | Minerals Mining | 6.52 | 6.52 | |
| 制造业 | Manufacturing | 188.13 | 175.95 | -6.5 |
| 电力、热力、燃气及水生产和供应业 | Production and Supply of Electricity, Heat, Gas and Water | 6.88 | 6.90 | 0.3 |
| 建筑业 | Construction | 83.49 | 83.18 | -0.4 |
| 批发和零售业 | Wholesale and Retail Trade | 144.85 | 143.34 | -1.0 |
| 交通运输、仓储和邮政业 | Transportation, Storage and Post Services | 52.55 | 56.25 | 7.0 |
| 住宿和餐饮业 | Accommodation and Catering Services | 45.36 | 47.26 | 4.2 |
| 信息传输、软件和信息技术服务业 | Information Transmitting, Software and Information Technology Services | 23.21 | 23.80 | 2.5 |
| 金融业 | Finance Intermediation | 23.21 | 24.94 | 7.5 |
| 房地产业 | Real Estate | 29.33 | 31.22 | 6.4 |
| 租赁和商务服务业 | Leasing and Business Services | 51.23 | 53.55 | 4.5 |
| 科学研究和技术服务业 | Scientific Research and Technical Services | 38.33 | 38.41 | 0.2 |
| 水利、环境和公共设施管理业 | Management for Water Conservancy, Environment and Public Facilities | 8.46 | 9.22 | 9.0 |
| 居民服务、修理和其他服务业 | Resident Services, Repair and Other Services | 52.64 | 53.63 | 1.9 |
| 教　育 | Education | 33.12 | 34.02 | 2.7 |
| 卫生和社会工作 | Health Care and Social Work | 18.42 | 19.51 | 5.9 |
| 文化、体育和娱乐业 | Culture, Sports and Recreational Services | 6.48 | 6.36 | -1.9 |
| 公共管理、社会保障和社会组织 | Public Management, Social Security and Social Organizations | 24.28 | 24.22 | -0.2 |

# 3-6 城镇非私营单位从业人员
## Number of Employment Personnel in Urban Non-Private Units

单位：万人(10 000 persons)

| 项 目 | Item | 2018 | 2019 | 2019比2018年增长(%) Increase Rate in 2019 over 2018(%) |
|---|---|---|---|---|
| **总 计** | **Total** | **259.99** | **269.35** | **3.6** |
| **按登记注册类型分** | **Grouped by Registration Status** | | | |
| 国有单位 | State-owned Units | 62.13 | 62.86 | 1.2 |
| 集体单位 | Collective-owned Units | 2.63 | 2.35 | -10.8 |
| 其他单位 | Others | 195.23 | 204.14 | 4.6 |
| #外商及港澳台商投资单位 | Units with Funds from Foreign Countries, Hong Kong, Macao & Taiwan | 63.20 | 66.24 | 4.8 |
| 股份有限公司 | Share Holding Corporations Ltd. | 27.34 | 27.37 | 0.1 |
| **按国民经济行业分** | **Grouped by Sector** | | | |
| 农、林、牧、渔业 | Farming, Forestry, Animal Husbandry and Fishery | 0.53 | 0.26 | -51.0 |
| 采矿业 | Minerals Mining | 6.00 | 5.85 | -2.5 |
| 制造业 | Manufacturing | 68.96 | 67.33 | -2.4 |
| 电力、热力、燃气及水生产和供应业 | Production and Supply of Electricity, Heat, Gas and Water | 4.04 | 4.17 | 3.3 |
| 建筑业 | Construction | 26.63 | 25.06 | -5.9 |
| 批发和零售业 | Wholesale and Retail Trade | 19.20 | 19.96 | 4.0 |
| 交通运输、仓储和邮政业 | Transportation, Storage and Post Services | 13.23 | 14.93 | 12.8 |
| 住宿和餐饮业 | Accommodation and Catering Services | 5.55 | 6.33 | 14.0 |
| 信息传输、软件和信息技术服务业 | Information Transmitting, Software and Information Technology Services | 6.42 | 6.57 | 2.3 |
| 金融业 | Finance Intermediation | 17.05 | 19.80 | 16.1 |
| 房地产业 | Real Estate | 10.39 | 10.80 | 3.9 |
| 租赁和商务服务业 | Leasing and Business Services | 13.22 | 15.29 | 15.7 |
| 科学研究和技术服务业 | Scientific Research and Technical Services | 10.80 | 11.08 | 2.6 |
| 水利、环境和公共设施管理业 | Management for Water Conservancy, Environment and Public Facilities | 3.33 | 3.68 | 10.6 |
| 居民服务、修理和其他服务业 | Resident Services, Repair and Other Services | 4.67 | 6.51 | 39.3 |
| 教 育 | Education | 18.43 | 20.24 | 9.8 |
| 卫生和社会工作 | Health Care and Social Work | 10.82 | 11.69 | 8.0 |
| 文化、体育和娱乐业 | Culture, Sports and Recreational Services | 2.26 | 2.15 | -5.0 |
| 公共管理、社会保障和社会组织 | Public Management, Social Security and Social Organizations | 18.46 | 17.65 | -4.4 |
| **按企业、事业、机关分** | **Grouped by Enterprise, Institution and Government Agency** | | | |
| #企 业 | Enterprises | 207.88 | 216.58 | 4.2 |
| 中 央 | Central | 31.21 | 35.33 | 13.2 |
| 地 方 | Local | 176.67 | 181.25 | 2.6 |
| #国 有 | State-owned | 9.56 | 8.96 | -6.2 |
| #事 业 | Institutions | 34.22 | 34.84 | 1.8 |
| 中 央 | Central | 3.12 | 2.18 | -30.2 |
| 地 方 | Local | 31.10 | 32.66 | 5.0 |
| #机 关 | Government Agencies | 15.57 | 16.14 | 3.7 |
| 中 央 | Central | 1.23 | 1.30 | 5.9 |
| 地 方 | Local | 14.34 | 14.84 | 3.5 |

## 3-7 城镇非私营单位在岗职工
## Number of On-post Staff and Workers in Urban Non-Private Units

单位：万人(10 000 persons)

| 项　　目 | Item | 2018 | 2019 | 2019比2018年增长(%) Increase Rate in 2019 over 2018(%) |
|---|---|---|---|---|
| **总　　计** | **Total** | **241.19** | **247.61** | **2.7** |
| **按登记注册类型分** | **Grouped by Registration Status** | | | |
| 国有单位 | State-owned Units | 56.88 | 57.94 | 1.9 |
| 集体单位 | Collective-owned Units | 2.49 | 2.20 | -11.6 |
| 其他单位 | Others | 181.82 | 187.47 | 3.1 |
| # 外商及港澳台商投资单位 | Units with Funds from Foreign Countries, Hong Kong, Macao & Taiwan | 60.60 | 62.56 | 3.2 |
| 股份有限公司 | Share Holding Corporations Ltd. | 22.64 | 22.22 | -1.9 |
| **按国民经济行业分** | **Grouped by Sector** | | | |
| 农、林、牧、渔业 | Farming, Forestry, Animal Husbandry and Fishery | 0.48 | 0.23 | -52.1 |
| 采矿业 | Minerals Mining | 5.95 | 5.75 | -3.4 |
| 制造业 | Manufacturing | 67.71 | 66.04 | -2.5 |
| 电力、热力、燃气及水生产和供应业 | Production and Supply of Electricity, Heat, Gas and Water | 3.94 | 4.08 | 3.6 |
| 建筑业 | Construction | 23.92 | 21.87 | -8.6 |
| 批发和零售业 | Wholesale and Retail Trade | 18.69 | 19.46 | 4.1 |
| 交通运输、仓储和邮政业 | Transportation, Storage and Post Services | 12.82 | 14.60 | 13.9 |
| 住宿和餐饮业 | Accommodation and Catering Services | 3.75 | 3.77 | 0.5 |
| 信息传输、软件和信息技术服务业 | Information Transmitting, Software and Information Technology Services | 6.37 | 6.48 | 1.8 |
| 金融业 | Finance Intermediation | 12.32 | 13.40 | 8.8 |
| 房地产业 | Real Estate | 9.71 | 10.09 | 3.9 |
| 租赁和商务服务业 | Leasing and Business Services | 11.10 | 12.95 | 16.7 |
| 科学研究和技术服务业 | Scientific Research and Technical Services | 10.13 | 10.44 | 3.1 |
| 水利、环境和公共设施管理业 | Management for Water Conservancy, Environment and Public Facilities | 2.88 | 3.28 | 14.0 |
| 居民服务、修理和其他服务业 | Resident Services, Repair and Other Services | 4.61 | 6.45 | 40.1 |
| 教　育 | Education | 17.58 | 19.29 | 9.7 |
| 卫生和社会工作 | Health Care and Social Work | 10.06 | 10.90 | 8.3 |
| 文化、体育和娱乐业 | Culture, Sports and Recreational Services | 2.10 | 2.03 | -3.5 |
| 公共管理、社会保障和社会组织 | Public Management, Social Security and Social Organizations | 17.07 | 16.50 | -3.4 |

# 3-8 城镇非私营单位其他从业人员
## Number of Other Employment Personnel in Urban Non-Private Units

单位：万人(10 000 persons)

| 项 目 | Item | 2018 | 2019 | 2019比2018年增长(%) Increase Rate in 2019 over 2018(%) |
|---|---|---|---|---|
| **总 计** | **Total** | **18.80** | **21.74** | **15.6** |
| **按登记注册类型分** | **Grouped by Registration Status** | | | |
| 国有单位 | State-owned Units | 5.25 | 4.92 | -6.2 |
| 集体单位 | Collective-owned Units | 0.15 | 0.15 | 2.0 |
| 其他单位 | Others | 13.40 | 16.67 | 24.4 |
| # 外商及港澳台商投资单位 | Units with Funds from Foreign Countries, Hong Kong, Macao & Taiwan | 2.60 | 3.68 | 41.7 |
| 股份有限公司 | Share Holding Corporations Ltd. | 4.70 | 5.16 | 9.9 |
| **按国民经济行业分** | **Grouped by Sector** | | | |
| 农、林、牧、渔业 | Farming, Forestry, Animal Husbandry and Fishery | 0.05 | 0.03 | -40.4 |
| 采矿业 | Minerals Mining | 0.05 | 0.09 | 85.6 |
| 制造业 | Manufacturing | 1.24 | 1.29 | 3.8 |
| 电力、热力、燃气及水生产和供应业 | Production and Supply of Electricity, Heat, Gas and Water | 0.10 | 0.09 | -8.4 |
| 建筑业 | Construction | 2.71 | 3.19 | 17.7 |
| 批发和零售业 | Wholesale and Retail Trade | 0.51 | 0.50 | -1.2 |
| 交通运输、仓储和邮政业 | Transportation, Storage and Post Services | 0.41 | 0.33 | -20.3 |
| 住宿和餐饮业 | Accommodation and Catering Services | 1.80 | 2.56 | 41.9 |
| 信息传输、软件和信息技术服务业 | Information Transmitting, Software and Information Technology Services | 0.06 | 0.10 | 75.1 |
| 金融业 | Finance Intermediation | 4.73 | 6.40 | 35.2 |
| 房地产业 | Real Estate | 0.68 | 0.70 | 2.6 |
| 租赁和商务服务业 | Leasing and Business Services | 2.12 | 2.34 | 10.5 |
| 科学研究和技术服务业 | Scientific Research and Technical Services | 0.67 | 0.64 | -5.0 |
| 水利、环境和公共设施管理业 | Management for Water Conservancy, Environment and Public Facilities | 0.45 | 0.40 | -10.9 |
| 居民服务、修理和其他服务业 | Resident Services, Repair and Other Services | 0.07 | 0.06 | -10.2 |
| 教 育 | Education | 0.85 | 0.95 | 11.5 |
| 卫生和社会工作 | Health Care and Social Work | 0.76 | 0.80 | 5.1 |
| 文化、体育和娱乐业 | Culture, Sports and Recreational Services | 0.16 | 0.12 | -25.3 |
| 公共管理、社会保障和社会组织 | Public Management, Social Security and Social Organizations | 1.38 | 1.15 | -16.7 |

# 3-9 私营单位从业人员
## Number of Employment Personnel in Private Units

单位：万人(10 000 persons)

| 项 目 | Item | 2018 | 2019 | 2019比2018年增长(%) Increase Rate in 2019 over 2018(%) |
|---|---|---|---|---|
| **总 计** | **Total** | **205.81** | **199.77** | **-2.9** |
| **按国民经济行业分** | **Grouped by Sector** | | | |
| 农、林、牧、渔业 | Farming, Forestry, Animal Husbandry and Fishery | 0.53 | 0.44 | -17.0 |
| 采矿业 | Minerals Mining | 0.18 | 0.16 | -9.6 |
| 制造业 | Manufacturing | 57.96 | 52.95 | -8.6 |
| 电力、热力、燃气及水生产和供应业 | Production and Supply of Electricity, Heat, Gas and Water | 0.46 | 0.50 | 9.4 |
| 建筑业 | Construction | 34.83 | 36.17 | 3.9 |
| 批发和零售业 | Wholesale and Retail Trade | 31.32 | 29.86 | -4.6 |
| 交通运输、仓储和邮政业 | Transportation, Storage and Post Services | 9.19 | 9.10 | -1.0 |
| 住宿和餐饮业 | Accommodation and Catering Services | 4.67 | 4.32 | -7.5 |
| 信息传输、软件和信息技术服务业 | Information Transmitting, Software and Information Technology Services | 8.13 | 8.35 | 2.7 |
| 金融业 | Finance Intermediation | 0.39 | 0.45 | 14.6 |
| 房地产业 | Real Estate | 10.24 | 11.17 | 9.0 |
| 租赁和商务服务业 | Leasing and Business Services | 23.51 | 23.10 | -1.7 |
| 科学研究和技术服务业 | Scientific Research and Technical Services | 13.45 | 12.46 | -7.4 |
| 水利、环境和公共设施管理业 | Management for Water Conservancy, Environment and Public Facilities | 1.23 | 1.29 | 4.7 |
| 居民服务、修理和其他服务业 | Resident Services, Repair and Other Services | 4.79 | 4.75 | -0.8 |
| 教 育 | Education | 1.60 | 1.44 | -10.2 |
| 卫生和社会工作 | Health Care and Social Work | 2.01 | 1.90 | -5.6 |
| 文化、体育和娱乐业 | Culture, Sports and Recreational Services | 1.32 | 1.36 | 3.0 |
| 公共管理、社会保障和社会组织 | Public Management, Social Security and Social Organizations | | | |

## 3-10 城镇登记失业人员情况(2015—2019年)
## Basic Statistics on Registered Unemployed Personnel in Urban Area,2015-2019

单位：万人(10 000 persons)

| 指 标 Item | 2015 | 2016 | 2017 | 2018 | 2019 |
|---|---|---|---|---|---|
| **新登记失业人数 Number of Newly Registered Unemployed Personnel** | **10.21** | **9.71** | **9.83** | **7.39** | **7.36** |
| # 女 性 Female | 5.37 | 4.20 | 4.34 | 3.45 | 3.21 |
| # 由就业转失业人数 Unemployment Turned from Employment | 5.83 | 6.96 | 6.90 | 5.94 | 5.22 |
| **本期失业人员就业人数 Newly Employed Personnel Turning from Unemployment** | **7.66** | **9.00** | **9.60** | **7.59** | **7.07** |
| # 女 性 Female | 3.76 | 4.31 | 4.63 | 3.62 | 2.88 |
| **期末实有登记失业人数 Registered Unemployed Personnel at Year-end** | **25.08** | **25.77** | **26.00** | **25.81** | **26.09** |
| # 女 性 Female | 13.16 | 13.06 | 12.77 | 12.60 | 12.51 |
| **登记失业率(%) Registered Unemployed Rate (%)** | **3.5** | **3.5** | **3.5** | **3.5** | **3.5** |

资料来源：天津市人力资源和社会保障局，表3-11、3-12同。
Source: Tianjin Municipal Human Resources & Social Security Bureau. Same as table 3-11 and table 3-12.

## 3-11 新增就业情况(2015—2019年)
## Statistics on Newly Increased Employment,2015-2019

单位：万人(10 000 persons)

| 指 标 Item | 2015 | 2016 | 2017 | 2018 | 2019 |
|---|---|---|---|---|---|
| **新增就业人数** Persons Newly Employed | **48.85** | **48.90** | **48.95** | **49.00** | **50.17** |
| # 女 性 Female | 20.66 | 21.08 | 21.10 | 21.29 | 20.76 |
| # 失业人员 Unemployed | 10.10 | 10.11 | 10.24 | 10.28 | 10.24 |
| # 就业困难人员 Persons with Employment Difficulty | 2.89 | 3.94 | 4.51 | 5.62 | 4.38 |

# 3-12 职业技能培训与就业服务情况(2015—2019年)
Statistics on Vocational Skill Training and Employment Service,2015-2019

| 项　　目 Item | 2015 | 2016 | 2017 | 2018 | 2019 |
|---|---|---|---|---|---|
| **参加职业技能鉴定人次(人次) Persons Attending Vocational Technical Appraisal (person-time)** | **364215** | **440797** | **561438** | **152724** | **132066** |
| 初级工 Junior Worker | 163889 | 232498 | 244303 | 54148 | 44618 |
| 中级工 Middle Worker | 107468 | 126060 | 153173 | 48136 | 42066 |
| 高级工 Senior Worker | 70703 | 63312 | 133877 | 43934 | 24958 |
| 技　师 Technician | 14600 | 10855 | 19088 | 3909 | 10751 |
| 高级技师 Senior Technician | 7555 | 8072 | 10787 | 2597 | 9673 |
| **取得职业资格证书人数(人) Persons Gaining Vocational Certificate (person)** | **329722** | **421401** | **535412** | **143862** | **110139** |
| 初级工 Junior Worker | 153874 | 222268 | 233065 | 50957 | 42588 |
| 中级工 Middle Worker | 101390 | 120513 | 146127 | 44155 | 35992 |
| 高级工 Senior Worker | 59599 | 60526 | 127719 | 38328 | 22698 |
| 技　师 Technician | 9238 | 10377 | 18210 | 5847 | 4631 |
| 高级技师 Senior Technician | 5621 | 7717 | 10291 | 4575 | 4230 |

# 3-13 城镇非私营单位从业人员工资总额(1978—2019年)
## Total Remuneration of Employment Personnel in Urban Non-Private Units,1978-2019

单位：亿元(100 million yuan)

| 年份 Year | 合计 Total | 按三次产业分 Grouped by Three Industries | | | 按登记注册类型分 Grouped by Registration Status | | |
|---|---|---|---|---|---|---|---|
| | | 第一产业 Primary Industry | 第二产业 Secondary Industry | 第三产业 Tertiary Industry | 国有单位 State-owned Units | 集体单位 Collective-owned Units | 其他单位 Others |
| 1978 | 14.00 | 0.21 | 8.46 | 5.33 | 11.51 | 2.50 | |
| 1979 | 16.34 | 0.23 | 9.88 | 6.23 | 13.48 | 2.86 | |
| 1980 | 19.32 | 0.24 | 11.63 | 7.45 | 15.77 | 3.55 | |
| 1981 | 19.93 | 0.27 | 11.96 | 7.69 | 16.04 | 3.89 | |
| 1982 | 21.03 | 0.27 | 12.47 | 8.29 | 16.97 | 4.05 | |
| 1983 | 22.90 | 0.31 | 13.60 | 8.98 | 18.20 | 4.70 | |
| 1984 | 28.99 | 0.46 | 17.70 | 10.84 | 22.48 | 6.44 | 0.07 |
| 1985 | 34.14 | 0.46 | 18.99 | 14.69 | 24.69 | 6.94 | 0.18 |
| 1986 | 41.50 | 0.54 | 23.12 | 17.84 | 30.08 | 7.87 | 0.26 |
| 1987 | 46.09 | 0.57 | 25.52 | 19.99 | 34.03 | 8.42 | 0.41 |
| 1988 | 55.16 | 0.68 | 30.60 | 23.88 | 41.66 | 9.62 | 0.63 |
| 1989 | 64.02 | 0.75 | 35.70 | 27.58 | 48.37 | 11.31 | 0.86 |
| 1990 | 69.38 | 0.79 | 38.47 | 30.11 | 55.50 | 12.63 | 1.25 |
| 1991 | 79.73 | 0.90 | 44.87 | 33.95 | 62.34 | 15.42 | 1.97 |
| 1992 | 91.56 | 1.03 | 54.03 | 36.51 | 71.97 | 16.51 | 3.08 |
| 1993 | 116.78 | 0.72 | 69.12 | 46.94 | 90.32 | 19.21 | 7.24 |
| 1994 | 154.04 | 0.80 | 86.93 | 66.32 | 116.07 | 21.69 | 16.28 |
| 1995 | 184.80 | 0.86 | 105.50 | 78.44 | 135.22 | 26.00 | 23.59 |
| 1996 | 212.05 | 0.96 | 116.32 | 94.77 | 154.34 | 27.14 | 30.57 |
| 1997 | 223.25 | 1.04 | 118.71 | 103.50 | 160.47 | 26.46 | 36.32 |
| 1998 | 225.39 | 1.07 | 118.56 | 105.75 | 151.80 | 23.94 | 49.64 |
| 1999 | 234.42 | 0.97 | 121.53 | 111.92 | 151.93 | 21.25 | 61.23 |
| 2000 | 253.53 | 1.07 | 131.15 | 121.32 | 161.86 | 19.86 | 71.82 |
| 2001 | 277.56 | 1.16 | 137.48 | 138.92 | 176.26 | 16.86 | 84.44 |
| 2002 | 304.23 | 1.38 | 145.74 | 157.11 | 182.27 | 15.47 | 106.49 |
| 2003 | 350.60 | 1.32 | 172.76 | 176.53 | 194.80 | 15.49 | 140.32 |
| 2004 | 407.99 | 1.38 | 199.12 | 207.49 | 222.60 | 16.21 | 169.18 |
| 2005 | 458.26 | 1.32 | 219.72 | 237.23 | 247.30 | 16.69 | 194.27 |
| 2006 | 530.29 | 1.35 | 256.63 | 272.31 | 283.31 | 17.99 | 229.16 |
| 2007 | 653.05 | 1.66 | 310.10 | 341.29 | 337.13 | 19.71 | 296.21 |
| 2008 | 795.85 | 2.04 | 355.56 | 438.25 | 375.36 | 20.86 | 399.63 |
| 2009 | 886.51 | 2.36 | 393.49 | 490.66 | 389.47 | 14.81 | 482.23 |
| 2010 | 1051.19 | 2.90 | 456.50 | 591.79 | 456.02 | 17.98 | 577.19 |
| 2011 | 1462.12 | 2.85 | 796.63 | 662.64 | 530.32 | 32.24 | 899.56 |
| 2012 | 1778.12 | 2.92 | 936.98 | 838.22 | 606.47 | 34.18 | 1137.47 |
| 2013 | 2053.76 | 2.96 | 1056.37 | 994.43 | 593.71 | 31.64 | 1428.41 |
| 2014 | 2154.03 | 3.20 | 1081.30 | 1069.53 | 631.30 | 35.33 | 1487.40 |
| 2015 | 2373.07 | 3.70 | 1126.97 | 1242.40 | 675.26 | 32.79 | 1665.02 |
| 2016 | 2484.25 | 5.86 | 1037.39 | 1441.00 | 741.21 | 27.70 | 1715.34 |
| 2017 | 2556.73 | 4.73 | 948.39 | 1603.61 | 812.72 | 18.28 | 1725.73 |
| 2018 | 2645.60 | 3.66 | 903.70 | 1738.24 | 812.73 | 14.67 | 1818.20 |
| 2019 | 2925.91 | 1.62 | 1007.52 | 1916.77 | 850.65 | 11.61 | 2063.65 |

注：1.1998-2010年为劳动报酬总额。2.2008年以前国有单位从业人员工资总额包括登记注册类型为国有独资公司的单位。下同。

Note: a) Data from 1998 to 2010 of this table refer to total wages of staff and workers. b) Total remuneration of employment personnel in state-owned units before 2008 includes figures of sole state-owned corporations. Same as following next.

## 3-14 城镇非私营单位从业人员平均工资(1978—2019年)
## Average Remuneration of Employment Personnel in Urban Non-Private Units,1978-2019

单位：元 (yuan)

| 年 份 Year | 合 计 Total | 按三次产业分 Grouped by Three Industries | | | 按登记注册类型分 Grouped by Registration Status | | |
|---|---|---|---|---|---|---|---|
| | | 第一产业 Primary Industry | 第二产业 Secondary Industry | 第三产业 Tertiary Industry | 国有单位 State-owned Units | 集体单位 Collective-owned Units | 其他单位 Others |
| 1978 | 640 | | | | 690 | 478 | |
| 1979 | 732 | | | | 781 | 565 | |
| 1980 | 820 | | | | 865 | 667 | |
| 1981 | 805 | | | | 845 | 674 | |
| 1982 | 820 | | | | 865 | 672 | |
| 1983 | 868 | | | | 916 | 721 | |
| 1984 | 1071 | | | | 1132 | 900 | |
| 1985 | 1250 | | | | 1223 | 995 | 1272 |
| 1986 | 1498 | | | | 1455 | 1149 | 1479 |
| 1987 | 1651 | | | | 1622 | 1256 | 1630 |
| 1988 | 1975 | | | | 1972 | 1475 | 2212 |
| 1989 | 2262 | | | | 2274 | 1691 | 2479 |
| 1990 | 2438 | 1932 | 2270 | 2715 | 2611 | 1866 | 2946 |
| 1991 | 2724 | 3102 | 2572 | 2980 | 2912 | 2114 | 3455 |
| 1992 | 3118 | 2430 | 3088 | 3188 | 3383 | 2285 | 3553 |
| 1993 | 4080 | 2972 | 4167 | 3980 | 4410 | 2780 | 5869 |
| 1994 | 5364 | 2610 | 5116 | 5297 | 5806 | 3370 | 7100 |
| 1995 | 6501 | 4844 | 6237 | 6357 | 6963 | 4138 | 8640 |
| 1996 | 7643 | 5710 | 7131 | 7787 | 8072 | 4745 | 10522 |
| 1997 | 8238 | 6476 | 7691 | 8372 | 8689 | 5083 | 10599 |
| 1998 | 9895 | 7541 | 9778 | 10062 | 10169 | 6020 | 12818 |
| 1999 | 11046 | 8476 | 11000 | 11127 | 11169 | 6821 | 13601 |
| 2000 | 12414 | 9414 | 12259 | 12622 | 12690 | 7485 | 14317 |
| 2001 | 14242 | 10333 | 13503 | 15107 | 14823 | 8159 | 15263 |
| 2002 | 16223 | 12492 | 15432 | 17081 | 16632 | 9152 | 17449 |
| 2003 | 18511 | 13257 | 17772 | 19357 | 18929 | 10865 | 19424 |
| 2004 | 21146 | 15450 | 20398 | 21972 | 22031 | 12545 | 21421 |
| 2005 | 24122 | 15954 | 23370 | 24936 | 24832 | 14693 | 24583 |
| 2006 | 27628 | 17975 | 26711 | 28631 | 29135 | 17752 | 27081 |
| 2007 | 33312 | 23040 | 32051 | 34624 | 34894 | 21539 | 32814 |
| 2008 | 39990 | 28373 | 37685 | 42163 | 42962 | 25113 | 38673 |
| 2009 | 43937 | 31834 | 40588 | 47143 | 47895 | 29018 | 41806 |
| 2010 | 51489 | 40221 | 46615 | 56090 | 56635 | 37686 | 48557 |
| 2011 | 54867 | 46948 | 50477 | 61322 | 61701 | 35213 | 52489 |
| 2012 | 61514 | 52939 | 57146 | 67303 | 68231 | 40494 | 59326 |
| 2013 | 67773 | 55191 | 63171 | 73512 | 75881 | 41094 | 65797 |
| 2014 | 72773 | 62672 | 66253 | 80854 | 84254 | 44964 | 69763 |
| 2015 | 80090 | 68883 | 73154 | 87673 | 93641 | 47413 | 76632 |
| 2016 | 86305 | 68864 | 74653 | 97344 | 107720 | 48344 | 80417 |
| 2017 | 94534 | 74975 | 80237 | 105761 | 122417 | 50215 | 86103 |
| 2018 | 100731 | 75484 | 87487 | 109420 | 131291 | 52246 | 91862 |
| 2019 | 108002 | 63711 | 97637 | 114457 | 136864 | 49819 | 99969 |

注：1998-2010年为人均劳动报酬。
Note: Data from 1998 to 2010 refer to average wages.

# 3-15 城镇非私营单位从业人员工资总额

## Total Remuneration of Employment Personnel in Urban Non-Private Units

单位：亿元(100 million yuan)

| 项 目 | Item | 2018 | 2019 | 2019比2018年增长(%) Increase Rate in 2019 over 2018(%) |
|---|---|---|---|---|
| **总 计** | **Total** | **2645.60** | **2925.91** | **10.6** |
| **按登记注册类型分** | **Grouped by Registration Status** | | | |
| 国有单位 | State-owned Units | 812.73 | 850.65 | 4.7 |
| 集体单位 | Collective-owned Units | 14.67 | 11.61 | -20.9 |
| 其他单位 | Others | 1818.20 | 2063.65 | 13.5 |
| #外商及港澳台商投资单位 | Units with Funds from Foreign Countries, Hong Kong, Macao & Taiwan | 589.55 | 676.02 | 14.7 |
| 股份有限公司 | Share Holding Corporations Ltd. | 322.43 | 346.91 | 7.6 |
| **按国民经济行业分** | **Grouped by Sector** | | | |
| 农、林、牧、渔业 | Farming, Forestry, Animal Husbandry and Fishery | 3.83 | 1.72 | -55.0 |
| 采矿业 | Minerals Mining | 76.76 | 83.20 | 8.4 |
| 制造业 | Manufacturing | 615.38 | 635.01 | 3.2 |
| 电力、热力、燃气及水生产和供应业 | Production and Supply of Electricity, Heat, Gas and Water | 59.58 | 65.06 | 9.2 |
| 建筑业 | Construction | 205.03 | 224.25 | 9.4 |
| 批发和零售业 | Wholesale and Retail Trade | 158.00 | 177.58 | 12.4 |
| 交通运输、仓储和邮政业 | Transportation, Storage and Post Services | 129.95 | 155.08 | 19.3 |
| 住宿和餐饮业 | Accommodation and Catering Services | 22.88 | 24.04 | 5.1 |
| 信息传输、软件和信息技术服务业 | Information Transmitting, Software and Information Technology Services | 83.96 | 96.95 | 15.5 |
| 金融业 | Finance Intermediation | 222.13 | 261.33 | 17.7 |
| 房地产业 | Real Estate | 89.66 | 95.76 | 6.8 |
| 租赁和商务服务业 | Leasing and Business Services | 101.63 | 123.90 | 21.9 |
| 科学研究和技术服务业 | Scientific Research and Technical Services | 165.45 | 189.57 | 14.6 |
| 水利、环境和公共设施管理业 | Management for Water Conservancy, Environment and Public Facilities | 31.29 | 36.72 | 17.3 |
| 居民服务、修理和其他服务业 | Resident Services, Repair and Other Services | 21.05 | 42.46 | 101.7 |
| 教 育 | Education | 252.53 | 279.80 | 10.8 |
| 卫生和社会工作 | Health Care and Social Work | 148.24 | 170.33 | 14.9 |
| 文化、体育和娱乐业 | Culture, Sports and Recreational Services | 30.07 | 36.43 | 21.2 |
| 公共管理、社会保障和社会组织 | Public Management, Social Security and Social Organizations | 228.19 | 226.72 | -0.6 |
| **按企业、事业、机关分** | **Grouped by Enterprise, Institution and Government Agency** | | | |
| #企 业 | Enterprises | 1959.80 | 2203.23 | 12.4 |
| 中 央 | Central | 423.45 | 515.58 | 21.8 |
| 地 方 | Local | 1536.35 | 1687.65 | 9.8 |
| #国 有 | State-owned | 89.40 | 90.71 | 1.5 |
| #事 业 | Institutions | 466.59 | 501.99 | 7.6 |
| 中 央 | Central | 55.88 | 39.56 | -29.2 |
| 地 方 | Local | 410.71 | 462.43 | 12.6 |
| #机 关 | Government Agencies | 205.88 | 209.62 | 1.8 |
| 中 央 | Central | 16.47 | 17.72 | 7.6 |
| 地 方 | Local | 189.41 | 191.90 | 1.3 |

# 3-16 城镇非私营单位从业人员平均工资
## Average Remuneration of Employment Personnel in Urban Non-Private Units

单位：元(yuan)

| 项 目 | Item | 2018 | 2019 | 2019比2018年增长(%) Increase Rate in 2019 over 2018(%) |
|---|---|---|---|---|
| **总 计** | **Total** | **100731** | **108002** | **7.2** |
| **按登记注册类型分** | **Grouped by Registration Status** | | | |
| 国有单位 | State-owned Units | 131291 | 136864 | 4.2 |
| 集体单位 | Collective-owned Units | 52246 | 49819 | -4.6 |
| 其他单位 | Others | 91862 | 99969 | 8.8 |
| # 外商及港澳台商投资单位 | Units with Funds from Foreign Countries, Hong Kong, Macao & Taiwan | 92124 | 100898 | 9.5 |
| 股份有限公司 | Share Holding Corporations Ltd. | 115705 | 126830 | 9.6 |
| **按国民经济行业分** | **Grouped by Sector** | | | |
| 农、林、牧、渔业 | Farming, Forestry, Animal Husbandry and Fishery | 74307 | 64859 | -12.7 |
| 采矿业 | Minerals Mining | 124914 | 140055 | 12.1 |
| 制造业 | Manufacturing | 87229 | 93132 | 6.8 |
| 电力、热力、燃气及水生产和供应业 | Production and Supply of Electricity, Heat, Gas and Water | 147966 | 156392 | 5.7 |
| 建筑业 | Construction | 75579 | 90037 | 19.1 |
| 批发和零售业 | Wholesale and Retail Trade | 80849 | 87672 | 8.4 |
| 交通运输、仓储和邮政业 | Transportation, Storage and Post Services | 97976 | 103289 | 5.4 |
| 住宿和餐饮业 | Accommodation and Catering Services | 40974 | 37875 | -7.6 |
| 信息传输、软件和信息技术服务业 | Information Transmitting, Software and Information Technology Services | 128696 | 144510 | 12.3 |
| 金融业 | Finance Intermediation | 128870 | 138234 | 7.3 |
| 房地产业 | Real Estate | 86963 | 89958 | 3.4 |
| 租赁和商务服务业 | Leasing and Business Services | 76138 | 74780 | -1.8 |
| 科学研究和技术服务业 | Scientific Research and Technical Services | 153209 | 172063 | 12.3 |
| 水利、环境和公共设施管理业 | Management for Water Conservancy, Environment and Public Facilities | 93127 | 96918 | 4.1 |
| 居民服务、修理和其他服务业 | Resident Services, Repair and Other Services | 44986 | 60854 | 35.3 |
| 教 育 | Education | 138011 | 139432 | 1.0 |
| 卫生和社会工作 | Health Care and Social Work | 138100 | 148016 | 7.2 |
| 文化、体育和娱乐业 | Culture, Sports and Recreational Services | 131631 | 165288 | 25.6 |
| 公共管理、社会保障和社会组织 | Public Management, Social Security and Social Organizations | 124602 | 129927 | 4.3 |
| **按企业、事业、机关分** | **Grouped by Enterprise, Institution and Government Agency** | | | |
| 企 业 | Enterprises | 92967 | 100755 | 8.4 |
| 中 央 | Central | 133107 | 147931 | 11.1 |
| 地 方 | Local | 85833 | 91810 | 7.0 |
| # 国 有 | State-owned | 92652 | 107026 | 15.5 |
| 事 业 | Institutions | 136945 | 145302 | 6.1 |
| 中 央 | Central | 179397 | 184832 | 3.0 |
| 地 方 | Local | 132673 | 142691 | 7.6 |
| 机 关 | Government Agencies | 133444 | 131691 | -1.3 |
| 中 央 | Central | 134546 | 135644 | 0.8 |
| 地 方 | Local | 133349 | 131337 | -1.5 |

# 3-17 城镇非私营单位在岗职工工资总额
## Total Remuneration of On-post Staff and Workers in Urban Non-Private Units

单位：亿元 (100 million yuan)

| 项　目 | Item | 2018 | 2019 | 2019比2018年增长(%) Increase Rate in 2019 over 2018(%) |
|---|---|---|---|---|
| **总　计** | **Total** | **2527.33** | **2790.57** | **10.4** |
| **按登记注册类型分** | **Grouped by Registration Status** | | | |
| 国有单位 | State-owned Units | 788.50 | 826.71 | 4.8 |
| 集体单位 | Collective-owned Units | 14.12 | 10.98 | -22.2 |
| 其他单位 | Others | 1724.71 | 1952.88 | 13.2 |
| # 外商及港澳台商投资单位 | Units with Funds from Foreign Countries, Hong Kong, Macao & Taiwan | 565.05 | 649.67 | 15.0 |
| 股份有限公司 | Share Holding Corporations Ltd. | 292.06 | 312.46 | 7.0 |
| **按国民经济行业分** | **Grouped by Sector** | | | |
| 农、林、牧、渔业 | Farming, Forestry, Animal Husbandry and Fishery | 3.53 | 1.61 | -54.3 |
| 采矿业 | Minerals Mining | 76.55 | 82.86 | 8.2 |
| 制造业 | Manufacturing | 595.27 | 615.17 | 3.3 |
| 电力、热力、燃气及水生产和供应业 | Production and Supply of Electricity, Heat, Gas and Water | 59.22 | 64.58 | 9.1 |
| 建筑业 | Construction | 187.61 | 203.17 | 8.3 |
| 批发和零售业 | Wholesale and Retail Trade | 153.22 | 172.57 | 12.6 |
| 交通运输、仓储和邮政业 | Transportation, Storage and Post Services | 125.77 | 151.11 | 20.2 |
| 住宿和餐饮业 | Accommodation and Catering Services | 20.15 | 21.32 | 5.8 |
| 信息传输、软件和信息技术服务业 | Information Transmitting, Software and Information Technology Services | 83.12 | 96.35 | 15.9 |
| 金融业 | Finance Intermediation | 191.39 | 224.08 | 17.1 |
| 房地产业 | Real Estate | 87.10 | 93.12 | 6.9 |
| 租赁和商务服务业 | Leasing and Business Services | 92.34 | 112.73 | 22.1 |
| 科学研究和技术服务业 | Scientific Research and Technical Services | 160.10 | 184.30 | 15.1 |
| 水利、环境和公共设施管理业 | Management for Water Conservancy, Environment and Public Facilities | 29.22 | 34.62 | 18.5 |
| 居民服务、修理和其他服务业 | Resident Services, Repair and Other Services | 20.80 | 42.10 | 102.4 |
| 教　育 | Education | 249.48 | 275.05 | 10.3 |
| 卫生和社会工作 | Health Care and Social Work | 143.14 | 163.71 | 14.4 |
| 文化、体育和娱乐业 | Culture, Sports and Recreational Services | 27.09 | 30.85 | 13.9 |
| 公共管理、社会保障和社会组织 | Public Management, Social Security and Social Organizations | 222.22 | 221.27 | -0.4 |

# 3-18 城镇非私营单位在岗职工平均工资
## Average Remuneration of On-post Staff and Workers in Urban Non-Private Units

单位：元(yuan)

| 项　目 | Item | 2018 | 2019 | 2019比2018年增长(%) Increase Rate in 2019 over 2018(%) |
|---|---|---|---|---|
| **总　计** | **Total** | **103931** | **111602** | **7.4** |
| **按登记注册类型分** | **Grouped by Registration Status** | | | |
| 国有单位 | State-owned Units | 139332 | 144333 | 3.6 |
| 集体单位 | Collective-owned Units | 53068 | 50286 | -5.2 |
| 其他单位 | Others | 93774 | 102468 | 9.3 |
| #外商及港澳台商投资单位 | Units with Funds from Foreign Countries, Hong Kong, Macao & Taiwan | 92071 | 102514 | 11.3 |
| 股份有限公司 | Share Holding Corporations Ltd. | 127084 | 139915 | 10.1 |
| **按国民经济行业分** | **Grouped by Sector** | | | |
| 农、林、牧、渔业 | Farming, Forestry, Animal Husbandry and Fishery | 76063 | 70980 | -6.7 |
| 采矿业 | Minerals Mining | 125897 | 141993 | 12.8 |
| 制造业 | Manufacturing | 85953 | 91934 | 7.0 |
| 电力、热力、燃气及水生产和供应业 | Production and Supply of Electricity, Heat, Gas and Water | 150652 | 158678 | 5.3 |
| 建筑业 | Construction | 77905 | 93771 | 20.4 |
| 批发和零售业 | Wholesale and Retail Trade | 80633 | 87436 | 8.4 |
| 交通运输、仓储和邮政业 | Transportation, Storage and Post Services | 97799 | 103845 | 6.2 |
| 住宿和餐饮业 | Accommodation and Catering Services | 53407 | 56712 | 6.2 |
| 信息传输、软件和信息技术服务业 | Information Transmitting, Software and Information Technology Services | 128667 | 145990 | 13.5 |
| 金融业 | Finance Intermediation | 155000 | 165859 | 7.0 |
| 房地产业 | Real Estate | 90614 | 93626 | 3.3 |
| 租赁和商务服务业 | Leasing and Business Services | 82734 | 78776 | -4.8 |
| 科学研究和技术服务业 | Scientific Research and Technical Services | 158483 | 177239 | 11.8 |
| 水利、环境和公共设施管理业 | Management for Water Conservancy, Environment and Public Facilities | 100392 | 102853 | 2.5 |
| 居民服务、修理和其他服务业 | Resident Services, Repair and Other Services | 45056 | 60912 | 35.2 |
| 教　育 | Education | 142706 | 144008 | 0.9 |
| 卫生和社会工作 | Health Care and Social Work | 143223 | 152743 | 6.6 |
| 文化、体育和娱乐业 | Culture, Sports and Recreational Services | 127970 | 148906 | 16.4 |
| 公共管理、社会保障和社会组织 | Public Management, Social Security and Social Organizations | 131321 | 135310 | 3.0 |

# 3-19 城镇非私营单位其他从业人员工资总额
## Total Remuneration of Other Employment Personnel in Urban Non-Private Units

单位：亿元(100 million yuan)

| 项　目 | Item | 2018 | 2019 | 2019比2018年增长(%) Increase Rate in 2019 over 2018(%) |
|---|---|---|---|---|
| **总　计** | **Total** | **118.28** | **135.34** | **14.4** |
| **按登记注册类型分** | **Grouped by Registration Status** | | | |
| 国有单位 | State-owned Units | 24.23 | 23.94 | -1.2 |
| 集体单位 | Collective-owned Units | 0.56 | 0.63 | 13.4 |
| 其他单位 | Others | 93.49 | 110.77 | 18.5 |
| #外商及港澳台商投资单位 | Units with Funds from Foreign Countries, Hong Kong, Macao & Taiwan | 24.50 | 26.35 | 7.6 |
| 股份有限公司 | Share Holding Corporations Ltd. | 30.36 | 34.45 | 13.5 |
| **按国民经济行业分** | **Grouped by Sector** | | | |
| 农、林、牧、渔业 | Farming, Forestry, Animal Husbandry and Fishery | 0.30 | 0.11 | -63.4 |
| 采矿业 | Minerals Mining | 0.21 | 0.34 | 63.1 |
| 制造业 | Manufacturing | 20.10 | 19.83 | -1.3 |
| 电力、热力、燃气及水生产和供应业 | Production and Supply of Electricity, Heat, Gas and Water | 0.37 | 0.48 | 30.7 |
| 建筑业 | Construction | 17.42 | 21.09 | 21.1 |
| 批发和零售业 | Wholesale and Retail Trade | 4.79 | 5.01 | 4.7 |
| 交通运输、仓储和邮政业 | Transportation, Storage and Post Services | 4.18 | 3.96 | -5.3 |
| 住宿和餐饮业 | Accommodation and Catering Services | 2.73 | 2.72 | -0.2 |
| 信息传输、软件和信息技术服务业 | Information Transmitting, Software and Information Technology Services | 0.84 | 0.61 | -27.4 |
| 金融业 | Finance Intermediation | 30.74 | 37.25 | 21.2 |
| 房地产业 | Real Estate | 2.56 | 2.64 | 2.9 |
| 租赁和商务服务业 | Leasing and Business Services | 9.28 | 11.16 | 20.2 |
| 科学研究和技术服务业 | Scientific Research and Technical Services | 5.35 | 5.27 | -1.4 |
| 水利、环境和公共设施管理业 | Management for Water Conservancy, Environment and Public Facilities | 2.07 | 2.10 | 1.5 |
| 居民服务、修理和其他服务业 | Resident Services, Repair and Other Services | 0.25 | 0.36 | 42.0 |
| 教　育 | Education | 3.05 | 4.75 | 55.6 |
| 卫生和社会工作 | Health Care and Social Work | 5.09 | 6.62 | 30.0 |
| 文化、体育和娱乐业 | Culture, Sports and Recreational Services | 2.97 | 5.58 | 87.6 |
| 公共管理、社会保障和社会组织 | Public Management, Social Security and Social Organizations | 5.97 | 5.46 | -8.5 |

# 3-20 城镇非私营单位其他从业人员平均工资
# Average Remuneration of Other Employment Personnel in Urban Non-Private Units

单位：元(yuan)

| 项　目 | Item | 2018 | 2019 | 2019比2018年增长(%) Increase Rate in 2019 over 2018(%) |
|---|---|---|---|---|
| **总　计** | **Total** | **60761** | **64860** | **6.7** |
| **按登记注册类型分** | **Grouped by Registration Status** | | | |
| 国有单位 | State-owned Units | 45621 | 49105 | 7.6 |
| 集体单位 | Collective-owned Units | 37477 | 42898 | 14.5 |
| 其他单位 | Others | 66750 | 69911 | 4.7 |
| #外商及港澳台商投资单位 | Units with Funds from Foreign Countries, Hong Kong, Macao & Taiwan | 93357 | 72659 | -22.2 |
| 股份有限公司 | Share Holding Corporations Ltd. | 62166 | 68624 | 10.4 |
| **按国民经济行业分** | **Grouped by Sector** | | | |
| 农、林、牧、渔业 | Farming, Forestry, Animal Husbandry and Fishery | 58481 | 28472 | -51.3 |
| 采矿业 | Minerals Mining | 32326 | 32360 | 0.1 |
| 制造业 | Manufacturing | 155658 | 156362 | 0.5 |
| 电力、热力、燃气及水生产和供应业 | Production and Supply of Electricity, Heat, Gas and Water | 38188 | 53122 | 39.1 |
| 建筑业 | Construction | 57191 | 65074 | 13.8 |
| 批发和零售业 | Wholesale and Retail Trade | 88408 | 96660 | 9.3 |
| 交通运输、仓储和邮政业 | Transportation, Storage and Post Services | 103632 | 85777 | -17.2 |
| 住宿和餐饮业 | Accommodation and Catering Services | 15057 | 10525 | -30.1 |
| 信息传输、软件和信息技术服务业 | Information Transmitting, Software and Information Technology Services | 131650 | 55504 | -57.8 |
| 金融业 | Finance Intermediation | 62880 | 69051 | 9.8 |
| 房地产业 | Real Estate | 36715 | 37779 | 2.9 |
| 租赁和商务服务业 | Leasing and Business Services | 42460 | 49451 | 16.5 |
| 科学研究和技术服务业 | Scientific Research and Technical Services | 76739 | 85117 | 10.9 |
| 水利、环境和公共设施管理业 | Management for Water Conservancy, Environment and Public Facilities | 46048 | 49637 | 7.8 |
| 居民服务、修理和其他服务业 | Resident Services, Repair and Other Services | 39921 | 54755 | 37.2 |
| 教　育 | Education | 37406 | 49075 | 31.2 |
| 卫生和社会工作 | Health Care and Social Work | 68857 | 83859 | 21.8 |
| 文化、体育和娱乐业 | Culture, Sports and Recreational Services | 178009 | 422054 | 137.1 |
| 公共管理、社会保障和社会组织 | Public Management, Social Security and Social Organizations | 42881 | 49681 | 15.9 |

# 主要统计指标解释

## 劳动力资源

指在劳动年龄内，具有劳动能力，在正常情况下，可能或实际参加社会劳动的总人口数。具体的范围是：劳动年龄内（16 周岁及以上），有劳动能力、实际参加社会劳动和未参加社会劳动的人员。

## 社会从业人员

指在劳动年龄内，有劳动能力，参加社会劳动取得劳动报酬或经营收入的人员。具体指非私营城镇单位从业人员，乡镇企业从业人员，乡村农林牧渔劳动者，私营、个体雇员，私营、个体雇主以及其他从业人员。从空间范围上讲社会从业人员既包括城镇中的从业人员，又包括乡村中的从业人员。

## 城镇非私营单位从业人员

指在各类法人单位工作，并由单位支付劳动报酬的人员，包括在岗职工和其他从业人员。

**在岗职工**　是指在本单位工作且与本单位签订劳动合同，并由单位支付各项工资和社会保险、住房公积金的人员，以及上述人员中由于学习、病伤产假等原因暂未工作，仍由单位支付工资的人员。为准确反映行业用工情况，从 2011 年起，将在岗职工中的劳务派遣人员进行了单独统计。

**其他从业人员**　是指除在岗职工以外，实际参加本单位生产或工作并从本单位取得劳动报酬的人员。具体包括：非全日制人员、聘用的正式离退休人员、兼职人员和第二职业者，以及在本单位工作的外籍和港澳台方人员。

## 城镇私营和个体从业人员

指在工商管理部门注册登记，其经营地址设在县城关镇（含城关镇）以上的私营企业从业人员；包括私营企业投资者和雇工。

城镇个体从业人员指在工商管理部门注册登记，并持有城镇户口或在城镇长期居住，经批准从事个体工商经营的从业人员；包括个体经营者和在个体工商户劳动的家庭帮工和雇工。

## 城镇登记失业人员

指有非农业户口，在一定的劳动年龄（16 岁至退休年龄）内，有劳动能力，无业且要求就业，并在当地劳动保障机构进行求职登记的人员。

## 城镇登记失业率

指报告期末城镇登记失业人数占期末从业人员总数与期末实有城镇登记失业人数之和的比重。计算公式：

$$城镇登记失业率=\frac{期末实有城镇登记失业人数}{期末从业人员总数+期末实有城镇失业人数}\times 100\%$$

## 工资总额

根据《关于工资总额组成的规定》，工资总额是指本单位在报告期内（季度或年度）直接支付给本单位人员的劳动报酬总额。

工资总额由基本工资、绩效工资、工资性津贴和补贴、其他工资四部分组成。工资总额不包括病假、事假等情况的扣款。

**基本工资**　也可称为标准工资、合同工资、谈判工资。指本单位在报告期内（季度或年度）支付给本单位就业人员的按照法定工作时间提供正常工作的劳动报酬。各单位给个人确定的底薪可作为基本工资。包括工龄工资（年功工资）。基本工资不含定时、定额发放的各种奖金、各种津贴和补贴、加班工资，也不包括补发的上一季度或上一年度的基础工资。

**绩效工资**　也可称为效益工资、业绩工资。指根据本单位利润增长和工作业绩定期支付给本单位就业人员的奖金；支付给本单位从业人员的超额劳动报酬和增收节支的劳动报酬。具体包括：值加班工资、绩效奖金（如年度、季度、月度等）、全勤奖、生产奖、节约奖、劳动竞赛奖和其他名目的奖金；以及某工作事项完成后的提成工资、年底双薪等。但不包括入股分红、股权激励兑现的钱和各种资本性收益。

**工资性津贴和补贴**　指本单位制定的员工相关工资政策中，为补偿本单位就业人员特殊或额外的劳动消耗和因其他特殊原因支付的津贴，以及为保证其工资水平不受物价影响而支付的物价补贴。具体包括：补偿特殊或额外劳动消耗的津贴及岗位性津贴、保健性津贴、技术性津贴、地区津贴和其他津贴；如过节费、通讯补贴、交通补贴、不休假补贴、无食堂补贴、单位发的可自行支配的住房补贴以及上的各种商业性保险等。上述各种项目均包括货币性质的，也包括实物性质的和各种形式的充值卡、购物卡（券）等。

**其他工资**　指上述基本工资、绩效工资、工资性津贴和补贴三类工资均不能包括的发给就业人员的工资，如补发上一年度的工资等。

## 平均工资

是指从业人员在报告期内平均每人所得工资额。计算公式为：

$$平均工资=\frac{从业人员工资总额}{从业人员年平均人数}$$

# Explanatory Notes on Main Statistical Indicators

**Labour Force**

refer to the number of population at working ages (aged 16 and over) who have capacity for physical labour, have engaged in social labour or not.

**Employment Personnel**

refer to the persons aged 16 and over who are engaged in social labour and receive remuneration payment or earn business income, including employment personnel worked in non-private units in urban areas, employment personnel worked in township enterprises, rural labour engaged in farming, forestry, animal husbandry and fishery, employees in private enterprises and individual economy, employers of private enterprises and individual economy and other employment personnel. Social employment personnel include not only those in urban areas, but also those in rural areas.

**Employment Personel in Urban Non-private Units**

refers to the persons who work in various legal person units and receive payment from the units, including on-post staff and workers and other employment personnel.

**On-post Staff and Workers** refer to staff and workers working in the units, signed working contracts and received wages, social insurance and housing fund, including those receive wages from units but are temporarily absent from work for reasons of study, work or on sick, injury or maternal leave. In order to accurately reflect the employment situation of the industry, from 2011 onwards, we have carried out separate statistics of the labor dispatch personnel in the on-post staff and workers.

**Other Employment Personnel** refer to the personnel out of on-post staff and workers, which are working in the units and receiving wages or other forms of payment, including part-time staff, re-employed retirees, employees holding the second job, and foreigners and Chinese compatriots from Hong Kong, Macao, and Taiwan working in the units.

**Employment Personnel in Private Enterprises and Individual Economy in Urban Area**

refer to the employment personnel in the private enterprises which have been registered at the departments of industrial and commercial administration and are situated at a town (i.e. at the town where the county government is located) for business operation or at urban areas with the level higher than a county town, including investor of the enterprises and persons employed.

The individual economy in urban areas refer to persons who hold the certificates of residence in urban areas or have resided in the urban areas for a long time and have been registered at the departments of industrial and commercial administration and approved to be engaged in individual industrial or commercial business, including self-employed persons as well as helpers and hired labourers who work in the individual households engaged in industrial or commercial business.

**Registered Unemployed Personnel in Urban Area**

refer to the persons who are registered as permanent residents in the urban areas engaged in non-agricultural activities, aged within the range of working age (16-retired age), capable to labour, unemployed but desirous to be employed and have been registered at the local employment service agencies to apply for a job.

**Registered Unemployed Rate in Urban Area**

refers to the ratio of the number of the registered unemployed persons to the sum of the number of employed persons and the registered unemployed persons. The formula is as follows:

*Registered Urban Unemployment Rate =*

$$\frac{\textit{Number of Urban Registered Unemployed Persons}}{\textit{Urban Employed Persons + Number of Urban Registered Unemployed Persons}} \times 100\%$$

**Total Remuneration**

It is revised according to the *Provisions on the Composition of Total Wages* refers to the total remuneration payment to all employed persons in various units during the reporting period (by quarter or by year).

Total remuneration consist of basic salary, performance pay, wage-equivalent subsidy and other wages, excluding the deduction of sick leave, personal leave and others.

**Salary** can also be called as the standard wage, contract wage or negotiation wage. It refers to the remuneration payment to the employed persons in the units, who provide normal work in accordance with the statutory working hours during the reporting period (by quarter or by year). Basic wage is the basic salary determined by the unit, including the seniority wage, excluding the timing and fixed payment of bonuses, allowances and subsidies, overtime wages, and the basic wages of the last quarter or last year.

**Performance Pay** can also be called as the benefit wage or achievement wage. It refers to the bonuses payment to the employed persons according to the unit profit growth and work performance, the excess labor remuneration and remuneration of increasing revenue and reducing expenditure paid to the employed persons. It includes the duty wage, overtime wage, performance bonus (the annual, quarterly, monthly), full attendance award, production award, economy award, labor contest award and other awards, the percentage wage after the completion of a work and the double pay in the end, but does not include the bonus shares, equity incentive cash money and other capital gains.

**Wage-equivalent Subsidy** refer to according to the employee wage policy of the unit, the allowance of compensating for the employed persons of special or extra labor and paying for other special reasons, and the price subsidies for ensuring that the wage level is not affected by the price. It includes the allowance of compensating for special or extra labor and post allowance, health care allowance, technical allowance, area allowance and other allowance, such as festival bonus, communication subsidy, traffic subsidy, holiday subsidy, no canteen subsidy, housing subsidy and various commercial insurance. All the above items include money, real objects and various forms of recharge cards and shopping cards (tickets).

**Other Wages** refer to the wages paid to the employed persons that not included in the basic Salary, performance pay, wage-equivalent subsidy, such as the reissue salary of the last year.

**Average Wage**

refer to the average per capita income wage in report period. The formula is as follows:

$$\text{Average Wage} = \frac{\text{The Total Remuneration of Employment Personnel}}{\text{The Average Number of Employment Personnel}}$$

# 第四篇　价格指数

# Chapter 4　Price Indices

# 4-1 居民消费价格和商品零售价格指数(1978—2019年)

## Consumer and Retail Price Indices,1978-2019

| 年 份<br>Year | 上年=100 Preceding Year=100 | | 1978年=100 Year of 1978=100 | | 1990年=100 Year of 1990=100 | |
|---|---|---|---|---|---|---|
| | 商品零售价格指数<br>Retail Price Index | 居民消费价格指数<br>Consumer Price Index | 商品零售价格指数<br>Retail Price Index | 居民消费价格指数<br>Consumer Price Index | 商品零售价格指数<br>Retail Price Index | 居民消费价格指数<br>Consumer Price Index |
| 1978 | 100.0 | 100.0 | 100.0 | 100.0 | | |
| 1979 | 101.1 | 101.0 | 101.1 | 101.0 | | |
| 1980 | 105.5 | 105.1 | 106.7 | 106.2 | | |
| 1981 | 101.5 | 101.3 | 108.3 | 107.5 | | |
| 1982 | 100.5 | 100.5 | 108.8 | 108.1 | | |
| 1983 | 100.5 | 100.5 | 109.3 | 108.6 | | |
| 1984 | 101.8 | 101.8 | 111.3 | 110.6 | | |
| 1985 | 113.9 | 113.1 | 126.8 | 125.0 | | |
| 1986 | 107.2 | 106.8 | 135.9 | 133.6 | | |
| 1987 | 106.9 | 106.8 | 145.3 | 142.6 | | |
| 1988 | 117.7 | 116.9 | 171.0 | 166.7 | | |
| 1989 | 115.1 | 114.7 | 196.8 | 191.2 | | |
| 1990 | 102.7 | 103.0 | 202.1 | 197.0 | 100.0 | 100.0 |
| 1991 | 108.0 | 110.2 | 218.3 | 217.1 | 108.0 | 110.2 |
| 1992 | 109.4 | 111.4 | 238.8 | 241.8 | 118.2 | 122.8 |
| 1993 | 114.3 | 117.6 | 273.0 | 284.4 | 135.0 | 144.4 |
| 1994 | 115.6 | 124.0 | 315.6 | 352.6 | 156.1 | 179.0 |
| 1995 | 110.6 | 115.3 | 349.0 | 406.6 | 172.7 | 206.4 |
| 1996 | 105.1 | 109.0 | 366.8 | 443.2 | 181.5 | 225.0 |
| 1997 | 100.7 | 103.1 | 369.4 | 456.9 | 182.7 | 232.0 |
| 1998 | 96.6 | 99.5 | 356.8 | 454.6 | 176.5 | 230.8 |
| 1999 | 97.5 | 98.9 | 347.9 | 449.6 | 172.1 | 228.3 |
| 2000 | 98.6 | 99.6 | 343.1 | 447.8 | 169.7 | 227.3 |
| 2001 | 98.6 | 101.2 | 338.2 | 453.2 | 167.3 | 230.1 |
| 2002 | 97.4 | 99.6 | 329.5 | 451.4 | 163.0 | 229.2 |
| 2003 | 97.4 | 101.0 | 320.9 | 455.9 | 158.7 | 231.4 |
| 2004 | 100.8 | 102.3 | 323.5 | 466.4 | 160.0 | 236.8 |
| 2005 | 99.9 | 101.5 | 323.1 | 473.4 | 159.8 | 240.3 |
| 2006 | 100.4 | 101.5 | 324.4 | 480.5 | 160.5 | 243.9 |
| 2007 | 103.2 | 104.2 | 334.8 | 500.7 | 165.6 | 254.2 |
| 2008 | 105.1 | 105.4 | 351.9 | 527.7 | 174.1 | 267.9 |
| 2009 | 98.9 | 99.0 | 348.0 | 522.4 | 172.2 | 265.2 |
| 2010 | 103.4 | 103.5 | 359.8 | 540.7 | 178.1 | 274.5 |
| 2011 | 104.7 | 104.9 | 376.7 | 567.2 | 186.5 | 288.0 |
| 2012 | 103.0 | 102.7 | 388.0 | 582.5 | 192.1 | 295.8 |
| 2013 | 101.7 | 103.1 | 394.6 | 600.6 | 195.4 | 305.0 |
| 2014 | 100.9 | 101.9 | 398.2 | 612.0 | 197.2 | 310.8 |
| 2015 | 100.3 | 101.7 | 399.4 | 622.4 | 197.8 | 316.1 |
| 2016 | 100.5 | 102.1 | 401.6 | 635.4 | 198.9 | 322.7 |
| 2017 | 100.8 | 102.1 | 404.8 | 648.7 | 200.5 | 329.5 |
| 2018 | 101.6 | 102.0 | 411.3 | 661.7 | 203.7 | 336.1 |
| 2019 | 101.7 | 102.7 | 418.3 | 679.6 | 206.5 | 345.2 |

# 4-2 居民消费价格分类指数
## Consumer Price Indices by Category

上年=100(preceding year = 100)

| 项　目 Item | 2018 | 2019 |
|---|---|---|
| **居民消费价格总指数 Consumer Price Index** | **102.0** | **102.7** |
| # 服务项目价格指数 Services | 101.6 | 102.6 |
| **一、食品烟酒 Food,Tobacco and Liquor** | **103.1** | **104.6** |
| 1.食　品 Food | 103.4 | 106.0 |
| 粮　食 Grain | 99.2 | 101.8 |
| 薯　类 Tuber | 110.9 | 91.6 |
| 豆　类 Beans | 100.4 | 102.2 |
| 食用油 Edible Oil | 100.7 | 100.4 |
| 菜 Vegetables | 109.3 | 100.5 |
| 畜肉类 Meat | 99.5 | 124.1 |
| 禽肉类 Poultry | 104.1 | 108.8 |
| 水产品 Aquatic Products | 104.5 | 96.4 |
| 蛋　类 Eggs | 114.3 | 105.1 |
| 奶　类 Milk | 99.9 | 101.6 |
| 干鲜瓜果类 Dried and Fresh Melons and Fruits | 105.6 | 107.5 |
| 糖果糕点类 Confectionery | 103.2 | 101.3 |
| 调味品 Flavoring | 102.6 | 101.4 |
| 其他食品类 Other Foods | 102.1 | 100.3 |
| 2.茶及饮料 Tea and Beverages | 102.6 | 101.5 |
| 3.烟　酒 Tobacco and Liquor | 101.1 | 101.5 |
| 烟　草 Tobacco | 101.0 | 101.7 |
| 酒　类 Liquor | 101.1 | 101.2 |
| 4.在外餐饮 Dining out | 102.9 | 102.4 |
| **二、衣　着 Clothing** | **101.1** | **102.1** |
| 1.服　装 Garments | 101.0 | 102.0 |
| 2.服装材料 Clothing Material | 104.6 | 102.2 |
| 3.其他衣着及配件 Other Clothing and Accessories | 101.1 | 98.4 |
| 4.衣着加工服务费 Clothing Manufacturing Services | 101.1 | 110.8 |
| 5.鞋　类 Shoes | 101.2 | 102.2 |
| **三、居　住 Residence** | **101.3** | **102.4** |
| 1.租赁房房租 Rent of Rental Housing | 101.2 | 103.0 |
| 2.住房保养维修及管理 Housing Maintenance and Management | 104.3 | 103.3 |
| 3.水电燃料 Water, Electricity and Fuels | 100.8 | 100.4 |
| 4.自有住房 Private Housing | 101.1 | 102.7 |
| **四、生活用品及服务 Household Articles and Services** | **101.1** | **100.9** |
| 1.家具及室内装饰品 Furniture and Interior Decoration | 100.8 | 99.4 |
| 2.家用器具 Household Appliances | 99.8 | 99.5 |
| 3.家用纺织品 Home Textiles | 101.4 | 100.3 |
| 4.家庭日用杂品 Family Daily Groceries | 100.9 | 101.0 |
| 5.个人护理用品 Personal Care Articles | 100.4 | 100.5 |
| 6.家庭服务 Household Services | 105.1 | 106.1 |
| **五、交通和通信 Transportation and Communication** | **101.3** | **99.3** |
| 1.交　通 Transportation | 103.3 | 98.7 |
| 2.通　信 Communication | 97.8 | 100.3 |
| **六、教育文化和娱乐 Education, Culture and Recreation** | **102.4** | **104.2** |
| 1.教　育 Education | 102.0 | 104.5 |
| 2.文化娱乐 Cultural and Recreational Articles | 102.8 | 104.0 |
| **七、医疗保健 Health Cares** | **102.6** | **100.9** |
| 1.药品及医疗器具 Medicine and Medical Instrument | 104.3 | 101.8 |
| 2.医疗服务 Health Services | 101.1 | 100.1 |
| **八、其他用品和服务 Miscellaneous Goods and Services** | **101.1** | **105.0** |
| 1.其他用品类 Other Goods | 98.7 | 107.8 |
| 2.其他服务类 Other Services | 103.1 | 102.8 |

# 4-3 商品零售价格分类指数(2015—2019年)
# Retail Price Indices by Category,2015-2019

上年=100(preceding year = 100)

| 项 目 Item | 2015 | 2016 | 2017 | 2018 | 2019 |
|---|---|---|---|---|---|
| **商品零售价格指数** | | | | | |
| **Retail Price Index** | **100.3** | **100.5** | **100.8** | **101.6** | **101.7** |
| 1.食 品 | | | | | |
| **Food** | **101.7** | **102.3** | **100.3** | **103.2** | **105.1** |
| 粮 食 | | | | | |
| Grain | 101.8 | 100.8 | 103.2 | 99.7 | 102.1 |
| 薯 类 | | | | | |
| Tuber | | 106.1 | 92.1 | 110.9 | 91.6 |
| 豆 类 | | | | | |
| Beans | 102.6 | 101.0 | 100.7 | 100.4 | 102.2 |
| 食用油 | | | | | |
| Edible Oil | 98.1 | 99.7 | 101.8 | 100.7 | 100.4 |
| 菜 | | | | | |
| Vegetables | 106.8 | 107.0 | 92.4 | 109.3 | 100.5 |
| 畜肉类 | | | | | |
| Meat | | 107.3 | 99.3 | 99.5 | 124.1 |
| 禽肉类 | | | | | |
| Poultry | | 101.0 | 99.0 | 104.1 | 108.8 |
| 水产品 | | | | | |
| Aquatic Products | 98.1 | 106.7 | 102.8 | 104.6 | 96.3 |
| 蛋 类 | | | | | |
| Eggs | 90.8 | 95.4 | 96.5 | 114.3 | 105.1 |
| 奶 类 | | | | | |
| Milk | 99.0 | 98.8 | 99.4 | 99.9 | 101.6 |
| 干鲜瓜果 | | | | | |
| Dried and Fresh Melons and Fruits | 100.2 | 97.6 | 102.6 | 105.6 | 107.5 |
| 糖果糕点类 | | | | | |
| Confectionery | | 101.3 | 101.8 | 103.2 | 101.3 |
| 调味品 | | | | | |
| Flavoring | 102.7 | 103.4 | 103.3 | 102.6 | 101.4 |
| 其他食品类 | | | | | |
| Other Food | 100.5 | 101.0 | 101.6 | 102.1 | 100.3 |
| 在外餐饮 | | | | | |
| Dining Out | 101.4 | 100.8 | 101.2 | 102.9 | 102.4 |
| 2.饮料、烟酒 | | | | | |
| **Beverage, Tobacco and Liquor** | **102.0** | **101.1** | **100.9** | **101.4** | **101.5** |
| 茶及饮料 | | | | | |
| Tea and Beverage | 102.2 | 100.2 | 100.6 | 102.6 | 101.5 |
| 烟 草 | | | | | |
| Tobacco | 103.5 | 102.2 | 100.4 | 101.0 | 101.7 |
| 酒 类 | | | | | |
| Liquor | 100.4 | 100.3 | 101.7 | 101.1 | 101.2 |

4-3续表1 *Continued*

上年=100(preceding year = 100)

| 项 目 Item | 2015 | 2016 | 2017 | 2018 | 2019 |
|---|---|---|---|---|---|
| 3.服装、鞋帽 | | | | | |
| **Garments, Shoes and Hats** | **103.0** | **100.0** | **100.1** | **101.0** | **101.8** |
| 服 装 | | | | | |
| Garments | 103.1 | 100.0 | 100.0 | 100.9 | 101.9 |
| 鞋袜帽 | | | | | |
| Shoes, Socks and Hats | 102.9 | 100.0 | 100.2 | 101.2 | 101.4 |
| 其他衣着配件 | | | | | |
| Other Clothing and Accessories | 97.0 | 100.4 | 100.8 | 97.7 | 101.5 |
| 4.纺织品 | | | | | |
| **Textiles** | **104.5** | **101.2** | **101.2** | **102.2** | **100.7** |
| 服装材料 | | | | | |
| Clothing Materials | 102.6 | 101.7 | 100.8 | 104.6 | 102.2 |
| 床上用品 | | | | | |
| Bed Articles | 105.0 | 101.1 | 101.2 | 101.8 | 100.4 |
| 5.家用电器及音像器材 | | | | | |
| **Household Appliances, Music and Video Equipment** | **96.5** | **98.5** | **99.2** | **97.8** | **99.4** |
| 家庭设备 | | | | | |
| Household Facilities | 98.0 | 97.9 | 99.4 | 99.8 | 99.5 |
| 文娱用耐用消费品 | | | | | |
| Durable Consumer Goods for Cultural and Recreational Use | 92.3 | 99.1 | 98.8 | 95.1 | 99.6 |
| 专业音像器材 | | | | | |
| Music and Video Equipment | 98.9 | 99.4 | 99.3 | 96.8 | 98.4 |
| 6.文化办公用品 | | | | | |
| **Cultural and Office Appliances** | **97.2** | **100.3** | **99.5** | **98.9** | **100.8** |
| 7.日用品 | | | | | |
| **Articles for Daily Use** | **99.9** | **99.6** | **100.2** | **100.8** | **100.9** |
| 日用百货 | | | | | |
| General Merchandise for Daily Use | 99.8 | 100.1 | 101.1 | 101.2 | 101.4 |
| 厨具餐具茶具 | | | | | |
| Kitchen Ware, Tableware and Tea Set | 100.5 | 99.6 | 99.2 | 101.5 | 99.8 |
| 清洗用品 | | | | | |
| Washing Articles | 99.0 | 98.1 | 101.9 | 101.6 | 103.0 |
| 其他日用品 | | | | | |
| Other Articles for Daily Use | 100.7 | 100.0 | 99.2 | 99.9 | 99.8 |
| 8.体育娱乐用品 | | | | | |
| **Sport and Recreation Articles** | **102.7** | **102.1** | **102.8** | **100.2** | **102.8** |
| 体育户外用品 | | | | | |
| Sport Articles | 101.9 | 99.8 | 97.1 | 98.4 | 100.2 |
| 娱乐用品 | | | | | |
| Recreation Articles | 103.1 | 102.3 | 103.2 | 100.3 | 103.0 |
| 9.交通、通信用品 | | | | | |
| **Transportation and Communication Articles** | **97.7** | **99.5** | **98.0** | **98.4** | **100.2** |

4-3续表2 *Continued*

上年=100(preceding year = 100)

| 项　　目 Item | 2015 | 2016 | 2017 | 2018 | 2019 |
|---|---|---|---|---|---|
| 交通运输机械 Transportation Machinery | 97.7 | 99.5 | 97.9 | 98.5 | 99.6 |
| 通信器材 Communication Facilities | 97.8 | 99.7 | 99.4 | 97.5 | 107.1 |
| **10.家　具 Furniture** | **101.1** | **98.2** | **102.3** | **100.8** | **99.3** |
| **11.化妆品 Cosmetics** | **99.7** | **100.7** | **101.4** | **100.6** | **100.6** |
| **12.金银饰品 Gold, Silver and Jewelry** | **87.6** | **112.8** | **104.2** | **97.5** | **112.6** |
| **13.中西药品及医疗保健用品 Traditional Chinese & Western Medicine and Medical, Health Care Goods** | **101.9** | **101.3** | **103.9** | **104.7** | **102.0** |
| 医疗卫生器具 Medical Apparatus | 100.7 | 100.2 | 99.5 | 100.2 | 99.9 |
| 中　药 Traditional Chinese Medicines | 102.6 | 102.7 | 107.5 | 107.5 | 103.2 |
| 西　药 Western Medicine | 101.8 | 100.6 | 103.4 | 105.2 | 101.9 |
| 保健器具及用品 Health Care Facilities and Goods | 100.4 | 101.9 | 102.3 | 101.4 | 101.0 |
| **14.书报杂志及电子出版物 Books, Newspapers and Magazines, Electronic Publications** | **101.9** | **102.3** | **101.5** | **101.9** | **102.4** |
| 教材及参考书 Teaching Materials and Reference Books | 100.2 | 102.4 | 102.5 | 100.1 | 101.6 |
| 书报杂志 Books, Newspapers and Magazines | 107.5 | 102.6 | 101.2 | 108.1 | 105.0 |
| 计算机办公软件 Computer Office Softwares | 100.0 | 99.8 | 87.5 | 96.8 | 99.7 |
| **15.燃　料 Fuel** | **90.0** | **96.9** | **107.3** | **110.3** | **96.3** |
| 煤炭及制品 Coal and Related Products | 97.9 | 101.0 | 108.7 | 102.5 | 100.1 |
| 石油及制品 Petroleum and Related Products | 89.8 | 96.3 | 107.0 | 111.6 | 95.7 |
| **16.建筑材料及五金电料 Construction Materials and Hardware Materials** | **99.4** | **99.8** | **101.7** | **102.5** | **101.5** |
| 建筑装潢材料 Construction and Decoration Materials | 99.2 | 99.6 | 101.8 | 103.3 | 101.9 |
| 五金水暖 Hardware Materials | 100.6 | 100.1 | 101.4 | 101.3 | 100.8 |

# 4-4 工业生产者出厂价格指数(2015—2019年)
## Producer Price Indices of Industrial Ex-factory Products,2015-2019

上年=100(preceding year = 100)

| 项　　目 Item | 2015 | 2016 | 2017 | 2018 | 2019 |
|---|---|---|---|---|---|
| **工业生产者出厂价格总指数** | | | | | |
| **General Producer Price Indices of Industrial Ex-factory Products** | **90.3** | **97.9** | **108.4** | **105.4** | **99.3** |
| **按轻重工业分** | | | | | |
| **Grouped by Light or Heavy Industries** | | | | | |
| 轻工业 | | | | | |
| Light Industry | 97.7 | 101.2 | 101.2 | 100.2 | 102.6 |
| 以农产品为原料 | | | | | |
| Using Farm Products as Raw Materials | 97.8 | 102.2 | 101.0 | 100.2 | 103.7 |
| 以非农产品为原料 | | | | | |
| Using Non-farm Products as Raw Materials | 97.5 | 99.5 | 101.6 | 100.2 | 100.9 |
| 重工业 | | | | | |
| Heavy Industry | 88.9 | 97.1 | 110.2 | 106.6 | 98.5 |
| 采掘业 | | | | | |
| Mining and Quarrying Industry | 63.6 | 85.9 | 127.7 | 120.5 | 97.9 |
| 原料工业 | | | | | |
| Raw Materials Industry | 84.9 | 98.2 | 116.2 | 111.6 | 97.2 |
| 加工工业 | | | | | |
| Processing Industry | 94.2 | 98.5 | 105.9 | 102.5 | 99.2 |
| **按生产生活资料分** | | | | | |
| **Grouped by Means of Production or Subsistence** | | | | | |
| 生产资料 | | | | | |
| Production Goods | 88.3 | 97.9 | 112.0 | 107.4 | 98.8 |
| 采掘业 | | | | | |
| Mining and Quarrying Industry | 63.6 | 85.9 | 127.7 | 120.5 | 97.9 |
| 原料工业 | | | | | |
| Raw Materials Industry | 84.7 | 97.9 | 116.3 | 112.0 | 97.5 |
| 加工工业 | | | | | |
| Processing Industry | 93.8 | 100.0 | 108.4 | 103.4 | 99.6 |
| 生活资料 | | | | | |
| Consumer Goods | 97.9 | 98.0 | 97.9 | 99.0 | 100.8 |
| 食　品 | | | | | |
| Food | 97.5 | 102.9 | 100.2 | 100.1 | 105.6 |
| 衣　着 | | | | | |
| Clothing | 101.5 | 100.2 | 100.3 | 100.8 | 100.8 |
| 一般日用品 | | | | | |
| Daily Use Articles | 100.6 | 99.2 | 98.5 | 102.4 | 99.9 |
| 耐用消费品 | | | | | |
| Durable Consumer Goods | 96.6 | 92.7 | 94.9 | 96.2 | 96.5 |

# 4-5 按行业分工业生产者出厂价格指数(2015—2019年)

## Producer Price Indices of Industrial Ex-factory Products by Sector,2015-2019

上年=100(preceding year = 100)

| 行　　业 Sector | 2015 | 2016 | 2017 | 2018 | 2019 |
|---|---|---|---|---|---|
| 煤炭开采和洗选业<br>Mining and Washing of Coal | 81.3 | 83.4 | 121.2 | 101.8 | 100.0 |
| 石油和天然气开采业<br>Extraction of Petroleum and Natural Gas | 53.9 | 86.7 | 134.6 | 131.8 | 96.0 |
| 黑色金属矿采选业<br>Mining and Processing of Ferrous Metal Ores | 74.8 | 90.7 | 108.3 | 128.3 | 119.7 |
| 非金属矿采选业<br>Mining and Processing of Nonmetal Ores | 91.4 | 76.6 | 102.1 | 103.4 | 108.2 |
| 开采专业及辅助性活动<br>Professional and Support Activities for Mining | 93.2 | 95.5 | 99.7 | 99.5 | 98.4 |
| 农副食品加工业<br>Processing of Food from Agricultural Products | 92.2 | 106.1 | 98.2 | 95.9 | 108.9 |
| 食品制造业<br>Manufacture of Food | 100.2 | 101.4 | 101.2 | 102.4 | 103.9 |
| 酒、饮料和精制茶制造业<br>Manufacturing of Alcohol, Beverages and Refined Tea | 101.4 | 100.6 | 101.7 | 100.7 | 105.1 |
| 烟草制品业<br>Manufacture of Tobacco | 100.0 | 100.0 | 100.0 | 100.6 | 102.3 |
| 纺织业<br>Manufacture of Textile | 98.1 | 98.0 | 100.7 | 103.4 | 100.7 |
| 纺织服装、服饰业<br>Manufacturing of Textile Wearing and Apparel | 100.9 | 100.2 | 100.3 | 99.4 | 99.7 |
| 皮革、毛皮、羽毛及其制品和制鞋业<br>Manufacturing of Leather, Fur, Feathers and Related Products, Footwear | 106.0 | 100.8 | 100.8 | 104.5 | 106.2 |
| 木材加工和木、竹、藤、棕、草制品业<br>Processing of Timber, Manufacture of Wood, Bamboo, Rattan, Palm and Straw Products | 99.7 | 98.8 | 99.5 | 100.3 | 99.4 |
| 家具制造业<br>Manufacture of Furniture | 99.2 | 100.4 | 103.1 | 100.2 | 101.6 |
| 造纸和纸制品业<br>Manufacture of Paper and Paper Products | 98.8 | 101.1 | 110.5 | 101.8 | 90.1 |
| 印刷和记录媒介复制业<br>Printing, Reproduction of Recording Media | 102.4 | 100.1 | 102.9 | 102.2 | 103.7 |
| 文教、工美、体育和娱乐用品制造业<br>Manufacture of Articles for Cultural, Education, Industrial Arts, Sport Activity and Amusement Manufacturing | 100.8 | 101.0 | 99.1 | 99.4 | 103.0 |
| 石油、煤炭和其他燃料加工业<br>Processing of Petroleum, Coal and Other Fuel | 75.3 | 93.1 | 114.1 | 119.9 | 99.2 |
| 化学原料和化学制品制造业<br>Manufacture of Raw Chemical Materials and Chemical Products | 89.2 | 101.5 | 115.6 | 108.0 | 93.3 |

4-5续表 *Continued*

上年=100(preceding year = 100)

| 行　　业 Sector | 2015 | 2016 | 2017 | 2018 | 2019 |
|---|---|---|---|---|---|
| 医药制造业 Manufacture of Medicines | 101.2 | 98.0 | 98.2 | 105.3 | 96.6 |
| 化学纤维制造业 Manufacture of Chemical Fibers | 95.8 | 85.9 | 93.0 | 100.9 | 99.2 |
| 橡胶和塑料制品业 Manufacture of Rubber and plastic | 98.5 | 99.1 | 104.9 | 101.5 | 99.4 |
| 非金属矿物制品业 Manufacture of Non-metallic Mineral Products | 98.9 | 98.4 | 101.3 | 109.7 | 107.0 |
| 黑色金属冶炼和压延加工业 Smelting and Pressing of Ferrous Metals | 83.4 | 101.9 | 126.3 | 109.9 | 100.0 |
| 有色金属冶炼和压延加工业 Smelting and Pressing of Non-ferrous Metals | 89.0 | 97.9 | 116.5 | 103.2 | 96.5 |
| 金属制品业 Manufacture of Metal Products | 92.2 | 99.2 | 113.6 | 106.2 | 97.1 |
| 通用设备制造业 Manufacture of General Purpose Machinery | 96.6 | 99.7 | 100.4 | 99.5 | 100.1 |
| 专用设备制造业 Manufacture of Special Purpose Machinery | 98.9 | 96.9 | 97.7 | 97.6 | 98.4 |
| 汽车制造业 Manufacturing of Motorcar | 98.0 | 98.7 | 97.8 | 98.1 | 94.7 |
| 铁路、船舶、航空航天和其他运输设备制造业 Railway, Watercraft, Aerospace and Other Transport Equipment | 97.0 | 102.7 | 102.2 | 102.0 | 100.3 |
| 电气机械和器材制造业 Manufacture of Electrical Machinery and Equipment | 98.0 | 98.4 | 101.6 | 100.5 | 99.8 |
| 计算机、通信和其他电子设备制造业 Manufacture of Computers, Communication and Other Electronic Equipment | 96.6 | 92.6 | 95.4 | 96.2 | 101.2 |
| 仪器仪表制造业 Manufacturing of Measuring Instruments | 97.2 | 101.4 | 100.1 | 99.8 | 103.1 |
| 其他制造业 Other Manufacturing | 93.6 | 96.9 | 100.0 | 100.0 | 99.6 |
| 废弃资源综合利用业 Comprehensive Recycling of Waste | 77.8 | 96.0 | 104.3 | 124.2 | 107.1 |
| 金属制品、机械和设备修理业 Metal Products, Machine and Equipment Repair | 95.5 | 100.9 | 100.3 | 102.7 | 107.8 |
| 电力、热力生产和供应业 Production and Supply of Electric Power and Heat Power | 99.5 | 100.7 | 95.4 | 100.3 | 99.1 |
| 燃气生产和供应业 Production and Supply of Gas | 101.3 | 86.3 | 100.9 | 101.2 | 105.1 |
| 水的生产和供应业 Production and Supply of Water | 100.0 | 100.0 | 104.5 | 123.0 | 101.6 |

## 4-6 工业生产者购进价格指数(2015—2019年)
## Producer Price Indices of Industrial Purchase,2015-2019

上年=100(preceding year = 100)

| 项　目 Item | 2015 | 2016 | 2017 | 2018 | 2019 |
|---|---|---|---|---|---|
| **工业生产者购进价格总指数 General Producer Price Indices of Industrial Purchase** | **92.4** | **98.3** | **111.1** | **106.2** | **98.8** |
| 燃料、动力类 Fuel and Power | 81.7 | 93.2 | 117.2 | 111.4 | 96.6 |
| 黑色金属材料类 Ferrous Metals | 86.3 | 102.4 | 123.6 | 111.2 | 98.6 |
| 有色金属材料及电线类 Non-ferrous Metals and Wires | 94.6 | 98.4 | 119.0 | 104.4 | 97.4 |
| 化工原料类 Chemical Raw Materials | 93.1 | 98.0 | 108.7 | 104.7 | 93.5 |
| 木材及纸浆类 Wood and Paper Pulps | 98.7 | 98.2 | 102.6 | 106.6 | 98.3 |
| 建筑材料及非金属矿类 Construction Materials and Non-mental Ores | 93.9 | 92.3 | 120.3 | 116.9 | 98.3 |
| 其他工业原材料及半成品类 Other Industrial Raw Materials and Semi-products | 96.9 | 99.0 | 104.3 | 102.3 | 100.2 |
| 农副产品类 Farm and Sideline Products | 94.1 | 102.7 | 99.6 | 98.4 | 114.5 |
| 纺织原料类 Textile Raw Materials | 99.7 | 99.5 | 104.9 | 100.4 | 100.5 |

## 4-7 固定资产投资价格指数(2015—2019年)
## Price Indices of Investment in Fixed Assets,2015-2019

上年=100(preceding year = 100)

| 项　目 Item | 2015 | 2016 | 2017 | 2018 | 2019 |
|---|---|---|---|---|---|
| **固定资产投资价格总指数 General Price Index of Investment in Fixed Assets** | **99.9** | **99.4** | **104.3** | **104.5** | **101.7** |
| 建筑安装、装饰工程 Building Installation | 99.6 | 98.9 | 106.6 | 106.9 | 102.6 |
| #人工费 Labour Cost | 105.4 | 102.4 | 103.5 | 104.3 | 105.7 |
| 材料费 Materials Expense | 98.1 | 97.9 | 108.2 | 108.3 | 102.2 |
| 机械费 Machinery Charge | 100.2 | 99.6 | 100.8 | 102.4 | 98.6 |
| 设备工器具购置 Purchase of Equipment, Tools and Instruments | 99.3 | 98.8 | 100.5 | 101.0 | 99.8 |
| 其他费用 Others | 101.2 | 101.2 | 100.7 | 100.5 | 101.4 |

# 主要统计指标解释

**商品零售价格指数**

是反映一定时期内城乡商品零售价格变动趋势和程度的相对数。商品零售价格的变动直接影响到城乡居民的生活支出和国家的财政收入，影响居民购买力和市场供需的平衡，影响到消费与积累的比例关系。因此，该指数可以从一个侧面对上述经济活动进行观察和分析。

**居民消费价格指数**

是反映一定时期内城乡居民所购买的生活消费品价格和服务项目价格变动趋势和程度的相对数。该指数可以观察和分析消费品的零售价格和服务项目价格变动对城乡居民实际生活费支出的影响程度。

**固定资产投资价格指数**

反映一定时期内固定资产投资额价格变动趋势和程度的相对数。固定资产投资额是由建筑安装工程投资完成额、设备、工器具购置投资完成额和其他费用投资完成额三部分组成的。编制固定资产投资价格指数首先分别编制上述三部分投资的价格指数，然后采用加权算术平均法求出固定资产投资价格总指数。该指数可以准确地反映固定资产投资中涉及的各类商品和取费项目价格变动趋势和变动幅度，消除按现价计算的固定资产投资指标中的价格变动因素，真实地反映固定资产投资的规模、速度、结构和效益，为国家科学地制定、检查固定资产投资计划并提高宏观调控水平，为完善国民经济核算体系提供科学的、可靠的依据。

**工业生产者出厂价格指数**

反映一定时期内全部工业产品出厂价格总水平的变动趋势和程度的相对数，包括工业企业售给本企业以外所有单位的各种产品和直接售给居民用于生活消费的产品。通过工业生产者出厂价格指数能观察出厂价格变动对工业总产值的影响。

**工业生产者购进价格指数**

反映一定时期内全部工业企业作为生产投入，从物资交易市场和能源、原材料生产企业购买原材料、燃料和动力产品时，所支付的价格水平变动趋势和程度的相对数，是扣除工业企业物质消耗成本中的价格变动影响的重要依据。

# Explanatory Notes on Main Statistical Indicators

**Retail Price Index**

reflects the trend and degree of change in retail prices of commodities during a given period. The change in retail prices of commodities directly affect the living expenses of urban and rural residents, government revenue, purchasing power of residents and the equilibrium of market supply and demand, and the ratio of consumption to accumulation. Therefore, the retail price indices are useful from an oblique perspective for observing and analyzing the changes of the above economic activities.

**Consumer Price Index**

reflects the trend and degree of changes in prices of consumer goods and services purchased by urban and rural households during a given period. It can be used to observe and analyze the impact degree of price changes in consumer goods and services on wages (in monetary terms) of actual living expenses of urban and rural residents.

**Price Index of Investment in Fixed Assets**

reflects the trend and degree of changes in prices of investment in fixed assets during a given period. The investment in fixed assets consists of three components, namely the investment in construction and installation, the investment in purchases of equipment and instrument, and the investment in other items. Price index of investment in fixed assets is calculated as the weighted arithmetic mean of the price indices of the three components of investment in fixed assets. Removing the factor of price change in the aggregates of investment at current prices, this indicator shows the changes in the prices of commodities and fees involved in the investment of fixed assets, and can be used to observe the actual size, growth, structure, and efficiency of investment in fixed assets and provides reliable and scientific data for government planning, management, decision making, and further improving the current national accounting system.

**Producer Price Index of Industrial Ex-factory Products**

reflects the trend and degree of changes in general ex-factory prices of all industrial products during a given period, including sales of industrial products by an industrial enterprise to all units outside the enterprise, as well as sales of consumer goods to residents. It can be used to analyze the impact of ex-factory prices on gross industrial output value.

**Producer Price Index of Industrial Purchase**

reflects the trend and degree of changes in purchasing price of raw material, fuel and power paid by industrial enterprises when they purchase production as input from the market or other energy and raw material producers during a given period, and provide basis for measuring the material consumption of industrial enterprises after removing influence of price from cost.

# 第五篇　人民生活

# Chapter 5　People's Living Conditions

# 5-1 城乡住户基本情况(2015—2019年)

## Basic Statistics on Households of Urban and Rural,2015-2019

| 项 目<br>Item | 单 位<br>Unit | 2015 | 2016 | 2017 | 2018 | 2019 |
|---|---|---|---|---|---|---|
| **调查样本户数** | **户** | | | | | |
| **Survey Sample Households** | **household** | **3929** | **3958** | **3970** | **4000** | **4000** |
| 城镇住户 | 户 | | | | | |
| Urban Households | household | 2943 | 3014 | 3018 | 3200 | 3200 |
| 农村住户 | 户 | | | | | |
| Rural Households | household | 986 | 944 | 952 | 800 | 800 |
| **调查样本户结构** | | | | | | |
| **Structure of Survey Sample Households** | | | | | | |
| 城镇住户 | % | | | | | |
| Urban Households | % | 74.9 | 76.1 | 76.0 | 80.0 | 80.0 |
| 农村住户 | % | | | | | |
| Rural Households | % | 25.1 | 23.9 | 24.0 | 20.0 | 20.0 |
| **住户基本情况** | | | | | | |
| **Basic Statistics on Households** | | | | | | |
| 户均常住人口 | 人/户 | | | | | |
| Average Persons Per Permanent Household | person/household | 2.90 | 2.93 | 2.92 | 2.89 | 2.89 |
| 户均就业人口 | 人/户 | | | | | |
| Average Employees Per Household | person/household | 1.55 | 1.56 | 1.51 | 1.44 | 1.40 |
| 平均每户就业人口比重 | % | | | | | |
| Employees Percentage Per Household | % | 53.7 | 53.2 | 51.6 | 50.0 | 48.5 |
| 平均每一就业者负担人口 | 人 | | | | | |
| Persons Supported By Each Employee | person | 1.86 | 1.88 | 1.94 | 2.01 | 2.06 |
| **常住居民收入与支出** | | | | | | |
| **Revenue and Expenditure of Permanent Households** | | | | | | |
| 全体居民人均可支配收入 | 元/人 | | | | | |
| Per Capita Disposable Incomes of Whole Households | yuan/person | 31291 | 34074 | 37022 | 39506 | 42404 |
| 全体居民人均消费支出 | 元/人 | | | | | |
| Per Capita Living Expenditures of Whole Households | yuan/person | 24162 | 26129 | 27841 | 29903 | 31854 |
| 平均消费倾向 | % | | | | | |
| Average Propensity to Consume | % | 77.2 | 76.7 | 75.2 | 75.7 | 75.1 |

# 5-2 城乡住户住房基本情况构成(2016—2019年)
## Composition of Basic Living Condition of Households,2016-2019

单位：%(%)

| 项　　目 | Item | 2016 | 2017 | 2018 | 2019 |
|---|---|---|---|---|---|
| **住户现住房居住空间样式** | **Households Housing Style of Living Space** | | | | |
| 单栋楼房 | Single Building | 0.7 | 0.5 | 0.9 | 0.8 |
| 单栋平房 | Single Bungalow | 23.9 | 24.3 | 22.7 | 21.5 |
| 四居室及以上单元房 | Four-room and More | 0.2 | 0.3 | 0.5 | 0.3 |
| 三居室单元房 | Three-room | 9.0 | 9.1 | 12.7 | 12.3 |
| 二居室单元房 | Two-room | 45.9 | 46.3 | 48.2 | 50.4 |
| 一居室单元房 | One-room | 14.2 | 13.5 | 12.9 | 12.6 |
| 筒子楼或连片平房 | Tube-shaped Apartment or Continuous Bungalow | 5.5 | 5.4 | 2.1 | 2.1 |
| 其　他 | Others | 0.6 | 0.6 | | |
| **住户现住房房屋来源** | **Households Living House Sources** | | | | |
| 租赁公房 | Rental Publicly-owned Housing | 10.6 | 10.4 | 8.2 | 7.3 |
| 租赁私房 | Rental Private Housing | 2.9 | 2.3 | 4.4 | 4.4 |
| 自建住房 | Self-build Housing | 25.7 | 25.6 | 23.2 | 22.6 |
| 购买商品房 | Purchasing Commercial Housing | 30.2 | 31.0 | 41.5 | 43.1 |
| 购买房改住房 | Purchasing Housing Reform | 14.2 | 14.5 | 10.9 | 10.1 |
| 购买保障性住房 | Purchasing Indemnificatory Housing | 2.4 | 2.5 | 1.9 | 1.9 |
| 拆迁安置房 | Arrangement Housing for Dismantling | 10.0 | 10.1 | 8.2 | 8.6 |
| 其　他 | Others | 4.0 | 3.6 | 1.7 | 2.1 |
| **住户主要饮用水来源情况** | **Households Water Supply** | | | | |
| 经过净化处理的自来水 | Purification Treatment Water | 96.6 | 96.5 | 95.6 | 95.6 |
| 受保护的井水和泉水 | The Protected Well Water and Spring Water | 2.4 | 2.3 | 2.4 | 3.2 |
| 不受保护的井水和泉水 | The Unprotected Well Water and Spring Water | | | | |
| 江河湖泊水 | Rivers and Lakes Water | | | | |
| 收集雨水 | The Gathered Rainwater | | | | |
| 桶装水 | Bottled Water | 1.0 | 1.2 | 2.0 | 1.3 |
| 其他水源 | Others | | | | |

5-2续表 *Continued*

单位：%(%)

| 项　　目 | Item | 2016 | 2017 | 2018 | 2019 |
|---|---|---|---|---|---|
| **住户主要取暖用能源状况** | **Households Energy for Heating** | | | | |
| 柴　草 | Firewood Grass | | | | |
| 煤　炭 | Coal | 26.2 | 20.8 | 13.5 | 5.5 |
| 罐装液化石油气 | Canned Liquefied Petroleum Gas | | | | |
| 管道液化石油气 | Pipeline Liquefied Petroleum Gas | | | | |
| 管道煤气 | Pipe Gas | | | | |
| 管道天然气 | Pipeline Natural Gas | | 2.9 | 11.0 | 7.3 |
| 电 | Electric | 1.3 | 3.7 | 3.5 | 4.4 |
| 燃料用油 | Fuel Oil | | | | |
| 沼　气 | Biogas | | | | |
| 其　他 | Others | | | | |
| 集中供暖 | Central Heating | 72.5 | 72.6 | 72.0 | 82.8 |
| **住户主要炊用能源状况** | **Households Energy for Cooking** | | | | |
| 柴　草 | Firewood Grass | 0.2 | 0.2 | 0.2 | 0.3 |
| 煤　炭 | Coal | 2.1 | 1.7 | 1.0 | 0.1 |
| 罐装液化石油气 | Canned Liquefied Petroleum Gas | 24.8 | 23.2 | 20.8 | 17.5 |
| 管道液化石油气 | Pipeline Liquefied Petroleum Gas | | | | |
| 管道煤气 | Pipe Gas | | | | |
| 管道天然气 | Pipeline Natural Gas | 67.3 | 69.7 | 74.8 | 78.8 |
| 电 | Electric | 2.3 | 2.2 | 2.2 | 2.5 |
| 燃料用油 | Fuel Oil | | | | |
| 沼　气 | Biogas | | | | |
| 其　他 | Others | | | | |
| 无炊用行为 | Central Heating | 3.3 | 3.0 | 1.0 | 0.8 |
| **住户厕所类型** | **Households Toilet Type** | | | | |
| 水冲式卫生厕所 | Water Flush Sanitary Toilet | 83.4 | 85.3 | 87.9 | 94.0 |
| 水冲式非卫生厕所 | Water Flush Non Sanitary Toilet | | | | |
| 卫生旱厕 | Sanitary Dry Lavatory | 5.2 | 4.4 | 2.1 | 2.9 |
| 普通旱厕 | General Dry Lavatory | 7.1 | 6.1 | 4.9 | 2.8 |
| 无厕所 | No Toilet | 4.3 | 4.2 | 5.1 | 0.3 |
| **住户洗澡设施情况** | **Households Bathing Facilities** | | | | |
| 统一供热水 | Unified Supply of Hot Water | 6.4 | 5.7 | 4.8 | 4.1 |
| 家庭自装热水器 | Home Self Heater | 88.2 | 88.4 | 91.6 | 92.4 |
| 其　他 | Others | 0.6 | 1.4 | 0.5 | 1.0 |
| 无洗澡设施 | No Bathing Facilities | 4.8 | 4.5 | 3.1 | 2.4 |

## 5-3 城镇住户基本情况(1980—2019年)
## Basic Statistics on Urban Households,1980-2019

| 年 份<br>Year | 户均常住人口(人)<br>Average Persons Per Permanent Household (person) | 户均就业人口(人)<br>Average Employees Per Household(person) | 户均就业人口比重(%)<br>Employees Percentage Per Household(%) | 平均每一就业者负担人数(人)<br>Persons Supported by Each Employee(person) |
|---|---|---|---|---|
| 1980 | 4.44 | 2.51 | 56.5 | 1.77 |
| 1981 | 4.24 | 2.48 | 58.5 | 1.71 |
| 1982 | 3.98 | 2.52 | 63.3 | 1.58 |
| 1983 | 3.85 | 2.47 | 64.2 | 1.56 |
| 1984 | 3.69 | 2.38 | 64.5 | 1.55 |
| 1985 | 3.66 | 2.22 | 60.7 | 1.65 |
| 1986 | 3.56 | 2.16 | 60.7 | 1.65 |
| 1987 | 3.45 | 2.11 | 61.2 | 1.63 |
| 1988 | 3.39 | 2.08 | 61.4 | 1.63 |
| 1989 | 3.26 | 1.95 | 59.8 | 1.67 |
| 1990 | 3.20 | 1.87 | 58.4 | 1.71 |
| 1991 | | | | |
| 1992 | 3.23 | 1.89 | 58.5 | 1.71 |
| 1993 | 3.19 | 1.86 | 58.3 | 1.72 |
| 1994 | 3.15 | 1.75 | 55.6 | 1.79 |
| 1995 | 3.14 | 1.74 | 55.4 | 1.80 |
| 1996 | 3.11 | 1.73 | 55.6 | 1.80 |
| 1997 | 3.10 | 1.70 | 54.8 | 1.83 |
| 1998 | 3.06 | 1.72 | 56.2 | 1.78 |
| 1999 | 3.09 | 1.68 | 54.4 | 1.84 |
| 2000 | 3.08 | 1.63 | 52.9 | 1.89 |
| 2001 | 3.09 | 1.59 | 51.5 | 1.94 |
| 2002 | 3.02 | 1.44 | 47.7 | 2.11 |
| 2003 | 2.99 | 1.41 | 47.2 | 2.12 |
| 2004 | 2.96 | 1.47 | 49.7 | 2.01 |
| 2005 | 2.92 | 1.45 | 49.7 | 2.01 |
| 2006 | 2.88 | 1.42 | 49.3 | 2.03 |
| 2007 | 2.89 | 1.46 | 50.5 | 1.98 |
| 2008 | 2.89 | 1.50 | 51.9 | 1.93 |
| 2009 | 2.88 | 1.50 | 52.1 | 1.92 |
| 2010 | 2.86 | 1.52 | 53.1 | 1.88 |
| 2011 | 2.84 | 1.51 | 53.2 | 1.88 |
| 2012 | 2.85 | 1.51 | 53.0 | 1.89 |
| 2013 | 2.78 | 1.49 | 53.6 | 1.87 |
| 2014 | 2.80 | 1.49 | 53.2 | 1.88 |
| 2015 | 2.78 | 1.43 | 51.4 | 1.94 |
| 2016 | 2.82 | 1.46 | 51.8 | 1.93 |
| 2017 | 2.81 | 1.41 | 50.2 | 1.99 |
| 2018 | 2.85 | 1.38 | 48.6 | 2.06 |
| 2019 | 2.85 | 1.35 | 47.4 | 2.11 |

注：本表2012年以前为城市居民抽样调查数据，自2013年起为一体化住户调查城镇常住居民(新口径)抽样调查数据。表5-4至5-8同。
Note: The data before 2012 of this table are collected from sample survey of urban households.The data from 2013 are compiled on permanent residents in cities and towns (new coverage) of the survey in integrated households. Same as table 5-4 to 5-8.

# 5-4 城镇居民人均收支及增幅(1978—2019年)

## Per Capita Income & Expenditures and Increase Rate of Urban Households,1978-2019

| 年 份<br>Year | 人均可支配收入(元)<br>Per Capita Annual Disposable Income (yuan) | 人均消费支出(元)<br>Per Capita Annual Expenditures for Consumption (yuan) | 人均可支配收入增幅(扣除物价)(%)<br>Increase Rate of per Capita Annual Disposable Income (Deducting Price Factor) (%) | 人均消费支出增幅(扣除物价)(%)<br>Increase Rate of per Capita Annual Expenditures for Consumption(Deducting Price Factor)(%) |
|---|---|---|---|---|
| 1978 | 388 | 345 | 9.5 | 6.8 |
| 1979 | 425 | 385 | 8.4 | 10.6 |
| 1980 | 527 | 475 | 17.9 | 17.2 |
| 1981 | 540 | 486 | 1.1 | 1.1 |
| 1982 | 577 | 497 | 6.4 | 1.7 |
| 1983 | 604 | 521 | 4.3 | 4.4 |
| 1984 | 728 | 600 | 18.4 | 13.1 |
| 1985 | 876 | 771 | 6.3 | 13.6 |
| 1986 | 1070 | 949 | 14.4 | 15.4 |
| 1987 | 1187 | 1071 | 3.9 | 5.7 |
| 1988 | 1330 | 1279 | -4.2 | 2.1 |
| 1989 | 1478 | 1291 | -3.1 | -11.9 |
| 1990 | 1639 | 1440 | 7.7 | 8.3 |
| 1991 | 1845 | 1586 | 2.2 | -0.1 |
| 1992 | 2238 | 1907 | 8.9 | 8.0 |
| 1993 | 2769 | 2322 | 5.2 | 3.6 |
| 1994 | 3982 | 3301 | 16.0 | 14.7 |
| 1995 | 4930 | 4064 | 7.4 | 6.8 |
| 1996 | 5967 | 4680 | 11.1 | 5.6 |
| 1997 | 6609 | 5204 | 7.4 | 7.9 |
| 1998 | 7053 | 5482 | 7.2 | 5.8 |
| 1999 | 7527 | 5875 | 7.9 | 8.4 |
| 2000 | 7946 | 6158 | 6.0 | 5.2 |
| 2001 | 8672 | 7045 | 7.8 | 13.0 |
| 2002 | 8968 | 7265 | 3.8 | 3.5 |
| 2003 | 9823 | 7964 | 8.4 | 8.5 |
| 2004 | 10831 | 8930 | 7.8 | 9.6 |
| 2005 | 11839 | 9813 | 7.7 | 8.3 |
| 2006 | 13266 | 10745 | 10.4 | 7.9 |
| 2007 | 15062 | 12280 | 8.9 | 9.7 |
| 2008 | 17726 | 13732 | 11.7 | 6.1 |
| 2009 | 19371 | 15174 | 10.4 | 11.6 |
| 2010 | 21800 | 17015 | 8.7 | 8.3 |
| 2011 | 24158 | 18928 | 5.6 | 6.0 |
| 2012 | 26586 | 20572 | 7.2 | 5.8 |
| 2013 | 28980 | 22306 | 5.7 | 5.1 |
| 2014 | 31506 | 24290 | 6.7 | 6.9 |
| 2015 | 34101 | 26230 | 6.4 | 6.2 |
| 2016 | 37110 | 28345 | 6.6 | 5.9 |
| 2017 | 40278 | 30284 | 6.3 | 4.6 |
| 2018 | 42976 | 32655 | 4.6 | 5.7 |
| 2019 | 46119 | 34811 | 4.5 | 3.8 |

注：本表2013年及以后为一体化住户调查新口径数据，2012年及以前年度数据为按可比口径回溯获得。表5-9同。

Note: The coverage of data in this table from 2013 was adjusted according to survey in integrated households. Data before 2012 were calculated by comparable coverage.Same as table 5-9.

## 5-5 城镇居民人均可支配收入及构成(2016—2019年)
## Per Capita Disposable Income of Urban Households and Composition,2016-2019

| 项　　目 | Item | 2016 | 2017 | 2018 | 2019 |
|---|---|---|---|---|---|
| **人均可支配收入(元)** | **Per Capita Annual Disposable Income (yuan)** | **37110** | **40278** | **42976** | **46119** |
| 工资性收入 | Wages and Salaries | 23207 | 25303 | 27557 | 29588 |
| 经营净收入 | Net Business Income | 2666 | 2772 | 2924 | 2697 |
| 财产净收入 | Net Income from Property | 3721 | 4037 | 4150 | 4515 |
| 转移净收入 | Net Income from Transfer | 7516 | 8166 | 8345 | 9319 |
| # 养老金或离退休金 | Pensions and Retirement Pay | 8864 | 9742 | 9974 | 11218 |
| **人均可支配收入构成(%)** | **Composition of Per Capita Annual Disposable Income (%)** | **100.0** | **100.0** | **100.0** | **100.0** |
| 工资性收入 | Wages and Salaries | 62.5 | 62.8 | 64.1 | 64.2 |
| 经营净收入 | Net Business Income | 7.2 | 6.9 | 6.8 | 5.8 |
| 财产净收入 | Net Income from Property | 10.0 | 10.0 | 9.7 | 9.8 |
| 转移净收入 | Net Income from Transfer | 20.3 | 20.3 | 19.4 | 20.2 |
| # 养老金或离退休金 | Pensions and Retirement Pay | 23.9 | 24.2 | 23.2 | 24.3 |

## 5-6 城镇居民人均消费支出(2016—2019年)
## Per Capita Consumption Expenditures of Urban Households,2016-2019

| 项　　目 | Item | 2016 | 2017 | 2018 | 2019 |
|---|---|---|---|---|---|
| **人均消费支出(元)** | **Per Capita Annual Consumption Expenditures (yuan)** | **28345** | **30284** | **32655** | **34811** |
| 食品烟酒 | Food Alcohol and Tobacco | 8680 | 9456 | 9421 | 9719 |
| 衣　着 | Clothing | 2114 | 2119 | 2201 | 2195 |
| 居　住 | Residence | 6187 | 6470 | 7037 | 7702 |
| 生活用品及服务 | Household Supplies and Services | 1664 | 1774 | 1916 | 2051 |
| 交通通信 | Transportation and Communication | 3992 | 3924 | 4637 | 4596 |
| 教育文化娱乐 | Education,Culture and Recreation Services | 2644 | 2979 | 3598 | 4062 |
| 医疗保健 | Medicine and Medical Services | 2172 | 2600 | 2825 | 3179 |
| 其他用品及服务 | Other Commodities and Services | 892 | 962 | 1020 | 1307 |

## 5-7 城镇居民人均食品消费量(2016—2019年)
## Per Capita Annual Consumption on Food of Urban Households,2016-2019

单位：千克 (kg)

| 商品名称 | Item | 2016 | 2017 | 2018 | 2019 |
|---|---|---|---|---|---|
| 粮 食 | Grain | 116.5 | 115.9 | 109.5 | 106.1 |
| 谷 物 | Cereal | 107.1 | 105.6 | 99.4 | 96.1 |
| 薯 类 | Tuber | 2.8 | 3.1 | 3.1 | 3.1 |
| 豆 类 | Beans | 6.6 | 7.2 | 7.0 | 6.9 |
| 食用油 | Edible Oil | 12.4 | 12.1 | 9.4 | 8.1 |
| 蔬菜及菜制品 | Vegetables and Related Products | 118.0 | 120.0 | 118.5 | 116.4 |
| # 鲜 菜 | Fresh Vegetables | 114.5 | 116.3 | 114.8 | 112.7 |
| 肉及制品 | Meat and Related Products | 27.4 | 27.5 | 27.1 | 25.0 |
| # 猪 肉 | Pork | 16.5 | 16.2 | 16.5 | 14.8 |
| 牛羊肉 | Beef and Mutton | 6.7 | 6.8 | 6.1 | 5.9 |
| 家禽及制品 | Poultry and Related Products | 5.9 | 6.0 | 6.0 | 6.4 |
| 水产品及制品 | Aquatic and Related Products | 17.9 | 17.8 | 17.3 | 18.0 |
| 蛋类及蛋制品 | Eggs and Related Products | 18.3 | 18.6 | 18.2 | 18.8 |
| # 鲜 蛋 | Eggs | 17.4 | 17.7 | 17.5 | 18.0 |
| 奶和奶制品 | Milk and Related Products | 20.3 | 20.4 | 20.2 | 18.4 |
| 干鲜瓜果类 | Dried and Fresh Melons and Fruits | 76.5 | 78.1 | 88.1 | 90.8 |
| # 鲜瓜果 | Fresh Melons and Fruits | 69.2 | 71.6 | 80.8 | 83.5 |
| 糖果糕点类 | Confectionery | 9.0 | 9.1 | 9.9 | 9.0 |
| 白 酒 | Liquor | 3.5 | 3.6 | 3.1 | 3.1 |

## 5-8 城镇居民家庭平均每百户耐用消费品年末拥有量(2015—2019年)
## Per 100 Urban Households Year-end Possessions of Major Durable Consumer Goods,2015-2019

| 商品名称 | Item | 2015 | 2016 | 2017 | 2018 | 2019 |
|---|---|---|---|---|---|---|
| 摩托车(辆) | Motorcycle(unit) | 6.2 | 3.4 | 2.6 | 1.9 | 1.7 |
| 助力车(辆) | Mini-motorcycle(unit) | 34.8 | 36.5 | 38.3 | 32.7 | 36.2 |
| 家用汽车(辆) | Automobile(unit) | 37.3 | 40.5 | 41.7 | 46.0 | 48.5 |
| 洗衣机(台) | Washing Machine(unit) | 101.7 | 101.6 | 101.7 | 101.4 | 101.9 |
| 电冰箱、柜(台) | Refrigerator(unit) | 102.7 | 102.5 | 102.5 | 103.2 | 104.0 |
| 彩色电视机(台) | Color TV Set(unit) | 114.8 | 116.9 | 116.1 | 109.6 | 110.4 |
| 家用电脑(台) | Personal-computer(unit) | 78.5 | 79.2 | 79.2 | 77.4 | 75.2 |
| 照相机(架) | Camera(unit) | 35.2 | 32.7 | 33.8 | 24.0 | 22.6 |
| 微波炉(台) | Microwave Oven(unit) | 78.2 | 79.3 | 79.4 | 80.1 | 79.1 |
| 空调器(台) | Air-conditioner(unit) | 131.3 | 133.6 | 135.3 | 146.6 | 156.9 |
| 淋浴热水器(台) | Shower(unit) | 92.2 | 92.3 | 93.9 | 97.2 | 97.1 |
| 固定电话(部) | Fixed Telephone(unit) | 52.4 | 51.9 | 35.6 | 33.6 | 27.3 |
| 移动电话(部) | Mobile Telephone(unit) | 219.5 | 220.3 | 221.2 | 233.0 | 236.4 |

## 5-9 农村居民人均收支及增幅(2001—2019年)
## Per Capita Income & Expenditures and Increase Rate of Rural Households,2001-2019

| 年 份<br>Year | 人均可支配收入(元)<br>Per Capita Annual Disposable Income (yuan) | 人均消费支出(元)<br>Per Capita Annual Expenditures for Consumption (yuan) | 人均可支配收入增幅(扣除物价)(%)<br>Increase Rate of per Capita Annual Disposable Income (Deducting Price Factor) (%) | 人均消费支出增幅(扣除物价)(%)<br>Increase Rate of per Capita Annual Expenditures for Consumption (Deducting Price Factor) (%) |
|---|---|---|---|---|
| 2001 | 3911 | 2179 | 7.4 | 3.1 |
| 2002 | 4229 | 2334 | 8.5 | 7.6 |
| 2003 | 4502 | 2543 | 5.4 | 7.8 |
| 2004 | 4938 | 2945 | 7.2 | 13.2 |
| 2005 | 5475 | 3442 | 9.3 | 15.2 |
| 2006 | 6096 | 3850 | 9.7 | 10.2 |
| 2007 | 6845 | 4142 | 7.8 | 3.3 |
| 2008 | 7705 | 4550 | 6.8 | 4.3 |
| 2009 | 8441 | 5167 | 10.7 | 14.7 |
| 2010 | 9764 | 6072 | 11.8 | 13.5 |
| 2011 | 11941 | 8273 | 16.6 | 29.8 |
| 2012 | 13593 | 10254 | 10.8 | 20.7 |
| 2013 | 15353 | 12491 | 9.5 | 18.1 |
| 2014 | 17014 | 13739 | 8.7 | 7.9 |
| 2015 | 18482 | 14739 | 6.8 | 5.5 |
| 2016 | 20076 | 15912 | 6.4 | 5.8 |
| 2017 | 21754 | 16386 | 6.2 | 0.9 |
| 2018 | 23065 | 16863 | 3.9 | 0.9 |
| 2019 | 24804 | 17843 | 4.7 | 3.0 |

## 5-10 农村住户基本情况(2001—2019年)
## Basic Statistics on Rural Households,2001-2019

| 年 份<br>Year | 户均常住人口(人)<br>Average Persons per Permanent Household (person) | 户均就业人口(人)<br>Average Employees per Household(person) | 户均就业人口比重(%)<br>Employees Percentage per Household(%) | 平均每一就业者负担人数(人)<br>Persons Supported by Each Employee(person) |
|---|---|---|---|---|
| 2001 | 3.72 | 2.48 | 66.7 | 1.50 |
| 2002 | 3.64 | 2.46 | 67.6 | 1.48 |
| 2003 | 3.60 | 2.44 | 67.8 | 1.48 |
| 2004 | 3.56 | 2.41 | 67.7 | 1.48 |
| 2005 | 3.55 | 2.49 | 70.1 | 1.42 |
| 2006 | 3.47 | 2.48 | 71.5 | 1.40 |
| 2007 | 3.48 | 2.48 | 71.3 | 1.63 |
| 2008 | 3.44 | 2.45 | 71.2 | 1.56 |
| 2009 | 3.42 | 2.41 | 70.5 | 1.52 |
| 2010 | 3.35 | 2.38 | 71.0 | 1.45 |
| 2011 | 3.27 | 2.26 | 69.1 | 1.45 |
| 2012 | 3.26 | 2.25 | 69.0 | 1.45 |
| 2013 | 3.35 | 2.09 | 62.4 | 1.60 |
| 2014 | 3.32 | 2.01 | 60.5 | 1.65 |
| 2015 | 3.25 | 1.92 | 59.1 | 1.69 |
| 2016 | 3.29 | 1.87 | 56.8 | 1.76 |
| 2017 | 3.28 | 1.82 | 55.5 | 1.80 |
| 2018 | 3.08 | 1.66 | 53.8 | 1.86 |
| 2019 | 3.05 | 1.60 | 52.6 | 1.90 |

## 5-11 农村居民人均可支配收入及消费支出(2016—2019年)
## Per Capita Disposable Income and Consumption Expenditures of Rural Households,2016-2019

单位：元(yuan)

| 项　目 | Item | 2016 | 2017 | 2018 | 2019 |
|---|---|---|---|---|---|
| **人均可支配收入** | **Per Capita Annual Disposable Income** | **20076** | **21754** | **23065** | **24804** |
| 工资性收入 | Wages and Salaries | 12048 | 13139 | 13568 | 14750 |
| 经营净收入 | Net Business Income | 5310 | 5562 | 5335 | 4985 |
| 财产净收入 | Net Income from Property | 894 | 1008 | 921 | 1034 |
| 转移净收入 | Net Income from Transfer | 1824 | 2045 | 3241 | 4035 |
| #养老金或离退休金 | Pensions and Retirement Pay | 1558 | 1814 | 2094 | 2365 |
| **人均消费支出** | **Per Capita Annual Consumption Expenditures** | **15912** | **16386** | **16863** | **17843** |
| 食品烟酒 | Food Alcohol and Tobacco | 4981 | 4852 | 4984 | 5499 |
| 衣　着 | Clothing | 1088 | 1128 | 992 | 1074 |
| 居　住 | Residence | 3198 | 3354 | 3415 | 3367 |
| 生活用品及服务 | Household Supplies and Services | 1091 | 1101 | 1357 | 1510 |
| 交通通信 | Transportation and Communication | 2647 | 2902 | 2595 | 2532 |
| 教育文化娱乐 | Education, Culture and Recreation Services | 1299 | 1343 | 1237 | 1322 |
| 医疗保健 | Medicine and Medical Services | 1334 | 1407 | 1975 | 2104 |
| 其他用品及服务 | Other Commodities and Services | 274 | 299 | 308 | 435 |

## 5-12 农村居民家庭平均每百户耐用消费品年末拥有量(2016—2019年)
## Per 100 Rural Households Year-end Possessions of Durable Consumer Goods,2016-2019

| 商品名称 | Item | 2016 | 2017 | 2018 | 2019 |
|---|---|---|---|---|---|
| 摩托车(辆) | Motorcycle (unit) | 36.7 | 29.8 | 17.7 | 16.0 |
| 助力车(辆) | Mini-motorcycle(unit) | 79.7 | 84.3 | 112.9 | 121.8 |
| 家用汽车(辆) | Automobile(unit) | 36.4 | 38.6 | 42.5 | 44.5 |
| 洗衣机(台) | Washing Machine(unit) | 99.3 | 99.5 | 100.8 | 102.3 |
| 电冰箱、柜(台) | Refrigerator(unit) | 100.2 | 100.3 | 104.2 | 106.5 |
| 彩色电视机(台) | Color TV Set(unit) | 119.6 | 120.8 | 121.1 | 120.4 |
| 家用电脑(台) | Personal-computer(unit) | 45.3 | 45.3 | 35.9 | 35.2 |
| 照相机(架) | Camera(unit) | 8.9 | 6.2 | 3.7 | 2.6 |
| 微波炉(台) | Microwave Oven(unit) | 37.3 | 37.3 | 37.9 | 36.7 |
| 空调器(台) | Air-conditioner(unit) | 76.9 | 81.9 | 111.6 | 121.2 |
| 淋浴热水器(台) | Shower(unit) | 92.4 | 93.0 | 92.4 | 91.0 |
| 固定电话(部) | Fixed Telephone(unit) | 63.0 | 57.8 | 44.9 | 36.8 |
| 移动电话(部) | Mobile Telephone(unit) | 210.1 | 214.5 | 233.4 | 232.4 |

# 5-13 农村居民人均食品消费量(2016—2019年)
# Per Capita Annual Consumption on Food of Rural Households,2016-2019

单位：千克 (kg)

| 商品名称 | Item | 2016 | 2017 | 2018 | 2019 |
|---|---|---|---|---|---|
| 粮　食 | Grain | 142.9 | 142.4 | 159.7 | 158.2 |
| 谷　物 | Cereal | 135.1 | 134.3 | 148.4 | 145.2 |
| 薯　类 | Tuber | 2.8 | 2.9 | 3.4 | 3.8 |
| 豆　类 | Beans | 5.0 | 5.2 | 7.9 | 9.2 |
| 食用油 | Edible Oil | 10.1 | 10.1 | 12.2 | 11.6 |
| 蔬菜及菜制品 | Vegetables and Related Products | 97.2 | 99.0 | 108.7 | 103.5 |
| # 鲜　菜 | Fresh Vegetables | 94.2 | 96.1 | 105.9 | 100.2 |
| 肉及制品 | Meat and Related Products | 21.6 | 22.0 | 25.8 | 23.2 |
| # 猪　肉 | Pork | 14.0 | 14.4 | 18.2 | 16.1 |
| 牛羊肉 | Beef and Mutton | 3.3 | 3.2 | 3.2 | 2.9 |
| 家禽及制品 | Poultry and Related Products | 4.3 | 4.1 | 4.7 | 5.1 |
| 水产品及制品 | Aquatic and Related Products | 12.6 | 12.6 | 13.9 | 15.0 |
| 蛋类及蛋制品 | Eggs and Related Products | 15.5 | 16.7 | 15.3 | 17.1 |
| # 鲜　蛋 | Eggs | 15.0 | 16.2 | 14.9 | 16.5 |
| 奶和奶制品 | Milk and Related Products | 10.9 | 11.5 | 11.0 | 10.2 |
| 干鲜瓜果类 | Dried and Fresh Melons and Fruits | 68.0 | 71.3 | 77.3 | 86.8 |
| # 鲜瓜果 | Fresh Melons and Fruits | 62.1 | 63.8 | 69.2 | 78.1 |
| 糖果糕点类 | Confectionery | 6.1 | 6.3 | 8.0 | 8.1 |
| 白　酒 | Liquor | 4.4 | 4.3 | 4.9 | 4.3 |

# 主要统计指标解释

### 城乡一体化住户调查

从 2012 年四季度起，国家统计局对分别进行的城乡住户调查实施了一体化改革，统一了城乡居民收入指标名称、分类和统计标准，建立了城乡统一的一体化住户调查《住户收支与生活状况调查》，并据此获得居民有关数据。2013 年起开始实施，自 2014 年 1 季度起，开始发布一体化住户调查新口径收支数据。天津市共抽选 387 个调查小区、约 4000 个调查户，其中城镇约 3000 户、农村 1000 户。

### 常住成员

指住户成员中，经常在家居住、或者调查期内居住时间超过一半的人员，以及本住户供养的学生。常住成员是住户调查的对象。

### 可支配收入

指调查户在调查期内获得的、可用于最终消费支出和储蓄的总和，即调查户可以用来支配的收入。可支配收入既包括现金，也包括实物收入。按照收入的来源，可支配收入包含四项，分别为：工资性收入、经营净收入、财产净收入和转移净收入。

### 工资性收入

指就业人员通过各种途径得到的全部劳动报酬和各种福利，包括受雇于单位或个人、从事各种自由职业、兼职和零星劳动得到的全部劳动报酬和福利。

### 经营净收入

指住户或住户成员从事生产经营活动所获得的净收入，是全部经营收入中扣除经营费用、生产性固定资产折旧和生产税之后得到的净收入，包括第一、二、三产经营净收入。

### 财产净收入

指住户或住户成员将其所拥有的金融资产、住房等非金融资产和自然资源交由其他机构单位、住户或个人支配而获得的回报并扣除相关的费用之后得到的净收入。

### 转移性收入

指国家、单位、社会团体对住户的各种经常性转移支付和住户之间的经常性收入转移。

### 消费性支出

指住户用于满足家庭日常生活消费需要的全部支出，包括用于消费品的支出和用于服务性消费的支出。根据用途不同，消费支出可划分为食品烟酒、衣着、居住、生活用品及服务、交通通信、教育文化娱乐、医疗保健、其他用品及服务八大类。根据来源不同，消费支出可划分为现金消费支出、实物消费支出（含自产自用、来自单位、来自政府和其他社会组织）。

食品烟酒：指用于各种食品和烟草、酒类的支出，包括食品和烟酒两个中类。

衣着：指与居民穿着有关的支出，包括服装、服装材料、鞋类、其他衣类及配件、衣着相关加工服务的支出。

居住：指与居住有关的支出，包括房租、水、电、燃料、物业管理等方面的支出，也包括自有住房折算租金。

生活用品及服务：指家庭及个人的各类生活品及家庭服务。包括家具及室内装饰品、家用器具、家用纺织品、家庭日用杂品、个人用品和家庭服务。

交通和通信：指用于交通和通信工具及相关的各种服务费、维修费和车辆保险等支出。

教育文化娱乐服务：指用于教育和文化娱乐方面的支出。

医疗保健：指用于医疗和保健的药品、用品和服务的总费用。包括医疗器具及药品，以及医疗服务。

其他用品和服务：指无法直接归入上述各类支出的其他用品与服务支出。

### 自有住房折算净租金

指现住房产权为自有住房（含自建住房、自购商品房、自购房改住房、自购保障性住房、拆迁安置房、继承或获赠住房）的住户为自身消费提供住房服务的折算价值扣除折旧后得到的净租金。自有住房折算净租金是一种财产性实物收入。

### 自有住房折算租金

指现住房为自有住房（含自建住房、自购商品房、自购保障性住房、继承或获赠住房、免费借用房）的住户为自身消费提供住房服务的折算价值。目前自有住房折算租金采用折旧法计算。自有住房折算租金属于实物消费支出，不包括在现金消费支出中。

### 恩格尔系数

指食物支出金额在生活消费支出金额中所占的比例。计算公式为：

$$恩格尔系数=\frac{食品支出金额}{生活消费支出金额}\times 100\%$$

# Explanatory Notes on Main Statistical Indicators

**The Integration of Urban and Rural Household Survey**

In the fourth quarter of 2012, the National Bureau of Statistics launched its reform on the household survey programme in order to produce aggregates with the same concepts and definitions for the urban and rural population. This new survey programme is an integrated one whereas there had existed two separate household surveys for the urban and rural households. The reform took a number of measures, including the integration of concepts, classification and standards, which provided a basis for producing data covering households. The survey implemented since 2013, and publish the new standard integrated household survey data since the first quarter of 2014. There were 387 survey drawing area, about 4000 households selected in Tianjin, which contain the urban 3000 households and the rural 1000 households.

**Permanent Members**

refers to household members, often living at home, or reside during the investigate period for more than half, and the students supported by the household. Permanent members of the household are the survey object.

**Disposable Income**

refers to the kind of income that households can have at their disposal. It includes income both in cash and in kind from four categories: income from wages and salaries, cash income from household operations, income from properties and income from transfers.

**Wages and Salaries**

refer to employment through various means to get all the labor remuneration and benefits, including employed by units or individuals, is engaged in a variety of freelancing, part-time and sporadic labor to get all the labor remuneration and welfare.

**Net Business Income**

refers to the net income earned by households or household members from production and management activities, which is all operating income deducted operating costs, productive fixed assets depreciation and production tax, and Including the first, second and tertiary industry business net income.

**Property Income**

refer to households or household members should be owned retribution by the financial assets, housing and other non-financial assets, natural resources for other agencies and institutions and deducting costs associated .

**Transferred Income**

refer to income transferred from state, unit, social organization to households or between different households.

**Consumption Expenditures**

refer to total expenditures of the households for consumption in daily life, which include for consumer goods and service consumer expenditures. According to different purposes, it is classified into 8 categories: food, alcohol and tobacco, clothing, household facilities and articles service, medicine and medical service, transportation and communication, recreation, education and culture service, residence, miscellaneous commodities services, including commodities and service as gift. According to different sources, consumer spending can be divided into cash consumption expenditure, material consumer expenditure (including produce their own, from units, from government and other social organizations)

**Food, Alcohol and Tobacco:** used for various food and tobacco, alcohol, including food and tobacco classes.

**Clothing:** refer to the related expenditure to the residents, including clothing, clothing materials, footwear and other clothing and accessories, clothing related processing services spending.

**Residence:** refers to the expenses related to the living, including rent, water, electricity, fuel, property management, also including home-ownership reduced rents.

**Household Supplies and Services:** refers to the family and personal items and services. Such as furniture and interior decorations, home appliances, home textiles, home daily groceries, personal care and household services.

**Transportation and Communication:** refers to the expenditure on services, maintenance and vehicle insurance used in transportation and communication tools.

**Education, Culture and Recreation Services:** refers to spending for education, cultural and entertainment.

**Medicine and Medical Services:** refer to the total cost of goods and services used in medical treatment and health care drugs, including medical instruments and medicine and medical services.

**Other Commodities and Services:** refers to the other products and services which don't directly classify into all kinds of above.

**Home-ownership Convert Net Rents**

refers to the households obtained net rents after deducting depreciation for their own consumption reduced net rental value, whose housing property is home-ownership (including the self-built housing, purchasing commodity house, purchasing housing reform, purchasing Indemnificatory housing, arrangement housing for dismantling, inheritance or gift). Home-ownership convert net rents are physical income from property.

**Home-ownership Convert Rents**

refers to the households obtained rents for their own consumption reduced net rental value, whose housing property is home-ownership (including the self-built housing, purchasing commodity house, purchasing housing reform, purchasing indemnificatory housing, arrangement housing for dismantling, inheritance or gift). Home-ownership convert rents is calculated by depreciation method. It belongs to the physical consumer expenditure, excluding expenditure in cash.

**Engel's Coefficient**

refers to the percentage of expenditure on food in the total living consumption expenditure, using the following formula:

$$Engel's\ Coefficient = \frac{Expenditure\ on\ Food}{Living\ Consumption\ Expenditure} \times 100\%$$

# 第六篇　财　政

# Chapter 6　Government Finance

# 6-1 财政收支(1994—2019)
# Finance Revenue & Expenditure,1994-2019

单位：亿元(100 million yuan)

| 年份<br>Year | 一般公共预算收入<br>General Public Budget Revenue | #增值税<br>Value-added Tax | #营业税<br>Business Tax | #企业所得税<br>Income Tax of Enterprises | #个人所得税<br>Individual Income Tax | 一般公共预算支出<br>General Public Budget Expenditure |
|---|---|---|---|---|---|---|
| 1994 | 46.83 | 14.26 | 15.17 | 11.21 | 2.41 | 69.00 |
| 1995 | 58.94 | 16.66 | 19.86 | 12.67 | 3.77 | 90.37 |
| 1996 | 76.02 | 17.25 | 24.67 | 19.06 | 5.30 | 110.19 |
| 1997 | 89.91 | 17.30 | 27.60 | 21.48 | 6.49 | 122.78 |
| 1998 | 101.40 | 18.99 | 30.71 | 20.34 | 7.91 | 137.93 |
| 1999 | 112.81 | 20.83 | 33.88 | 24.02 | 8.86 | 157.41 |
| 2000 | 133.61 | 26.12 | 38.16 | 29.25 | 11.34 | 187.05 |
| 2001 | 163.64 | 34.87 | 42.99 | 39.38 | 16.58 | 234.67 |
| 2002 | 171.83 | 38.73 | 51.65 | 26.24 | 13.20 | 265.21 |
| 2003 | 204.53 | 45.19 | 64.32 | 23.80 | 12.53 | 312.08 |
| 2004 | 246.18 | 35.17 | 78.39 | 32.12 | 15.98 | 375.02 |
| 2005 | 331.85 | 64.24 | 96.45 | 41.11 | 18.82 | 442.12 |
| 2006 | 417.05 | 80.67 | 115.92 | 53.20 | 21.21 | 543.12 |
| 2007 | 540.44 | 94.81 | 146.38 | 76.41 | 29.36 | 674.33 |
| 2008 | 675.62 | 109.68 | 179.85 | 103.70 | 32.17 | 867.72 |
| 2009 | 821.99 | 99.08 | 223.62 | 95.56 | 35.66 | 1124.28 |
| 2010 | 1068.81 | 119.20 | 283.87 | 125.89 | 42.96 | 1376.84 |
| 2011 | 1455.13 | 141.32 | 352.86 | 182.95 | 52.01 | 1796.33 |
| 2012 | 1760.02 | 149.87 | 400.90 | 187.70 | 49.56 | 2143.21 |
| 2013 | 2079.07 | 225.88 | 425.17 | 204.38 | 58.31 | 2549.21 |
| 2014 | 2390.35 | 252.92 | 478.47 | 234.91 | 71.98 | 2884.70 |
| 2015 | 2667.11 | 252.04 | 501.41 | 260.00 | 81.77 | 3232.35 |
| 2016 | 2723.50 | 455.80 | 252.34 | 278.46 | 96.78 | 3699.43 |
| 2017 | 2310.36 | 649.05 | | 310.14 | 116.51 | 3282.54 |
| 2018 | 2106.24 | 698.46 | | 319.53 | 129.78 | 3103.16 |
| 2019 | 2410.41 | 727.13 | | 323.91 | 96.47 | 3555.71 |

资料来源：天津市财政局
Source: Tianjin Municipal Finance Bureau
注：2002年开始中央与地方实施所得税收入分享改革，所得税中央与地方分享比例2002年为5：5，2003年以来为6：4，下表同。
Note: The distribution of income tax reformed in 2002 central government and local government share the income tax at equal share of 50% each in 2002, central government shares 60% and local government shares 40% since 2003. Same as following next.

# 6-2 财政收支增长速度(1995—2019年)

## Increase Rate over Preceding Year of Finance Revenue & Expenditure,1995-2019

单位：%(%)

| 年 份 Year | 一般公共预算收入 General Public Budget Revenue | # 增值税 Value-added Tax | # 营业税 Business Tax | # 企业所得税 Income Tax of Enterprises | # 个人所得税 Individual Income Tax | 一般公共预算支出 General Public Budget Expenditure |
|---|---|---|---|---|---|---|
| 1995 | 16.0 | 28.8 | 42.6 | 13.0 | 56.5 | 31.0 |
| 1996 | 29.0 | 3.6 | 24.2 | 50.4 | 40.4 | 21.9 |
| 1997 | 18.3 | 0.3 | 11.9 | 12.7 | 22.5 | 11.4 |
| 1998 | 12.8 | 9.8 | 11.3 | -5.3 | 21.9 | 6.9 |
| 1999 | 11.3 | 9.7 | 10.3 | 18.1 | 12.1 | 14.1 |
| 2000 | 18.4 | 25.4 | 12.6 | 21.8 | 27.9 | 17.1 |
| 2001 | 22.5 | 33.5 | 12.7 | 34.6 | 46.2 | 27.3 |
| 2002 | 16.9 | 11.1 | 20.1 | 9.6 | 23.1 | 13.0 |
| 2003 | 24.8 | 16.7 | 24.5 | 13.6 | 18.7 | 17.8 |
| 2004 | 28.9 | 16.7 | 21.9 | 34.8 | 27.5 | 20.2 |
| 2005 | 28.2 | 21.8 | 23.0 | 27.8 | 17.5 | 17.9 |
| 2006 | 25.7 | 25.6 | 20.2 | 29.8 | 12.7 | 22.8 |
| 2007 | 29.7 | 17.5 | 26.3 | 44.4 | 38.4 | 24.2 |
| 2008 | 25.1 | 15.7 | 22.9 | 36.2 | 9.6 | 25.4 |
| 2009 | 21.6 | -9.7 | 24.3 | -8.4 | 10.8 | 21.3 |
| 2010 | 30.1 | 20.3 | 26.9 | 32.6 | 20.5 | 23.1 |
| 2011 | 36.1 | 18.6 | 24.3 | 45.3 | 21.1 | 28.2 |
| 2012 | 21.0 | 6.1 | 13.6 | 2.7 | -4.7 | 19.2 |
| 2013 | 18.1 | 50.7 | 6.1 | 8.9 | 17.6 | 18.9 |
| 2014 | 15.0 | 11.9 | 12.6 | 15.1 | 23.5 | 15.2 |
| 2015 | 11.6 | -0.3 | 4.8 | 10.7 | 13.6 | 12.0 |
| 2016 | 10.0 | 36.4 | -28.6 | 7.1 | 18.4 | 6.3 |
| 2017 | -10.4 | 32.8 |  | 11.4 | 20.4 | -11.3 |
| 2018 | -8.8 | 6.7 |  | 3.1 | 11.4 | -5.4 |
| 2019 | 14.4 | 0.6 |  | 4.3 | -25.7 | 13.1 |

注：本表中增长速度均按可比口径计算，表6-3同。
Note: Increase rate is calculated on the basis of constant coverage. Same as following table 6-3.

# 6-3 财政收入
## Government Revenue

单位：亿元(100 million yuan)

| 项　目 | Item | 2018 | 2019 | 2019比2018年增长(%) Increase Rate in 2019 over 2018(%) |
|---|---|---|---|---|
| **一、一般公共预算收入** | **General Public Budget Revenue** | **2106.24** | **2410.41** | **14.4** |
| **按科目分** | **By Subject** | | | |
| 税收收入 | Revenue from Taxes | 1624.89 | 1634.35 | 0.6 |
| #增值税（50%） | Value-added Tax (50%) | 698.46 | 727.13 | 4.3 |
| 企业所得税 | Income Tax of Enterprises | 319.53 | 323.91 | 1.4 |
| 个人所得税 | Individual Income Tax | 129.78 | 96.47 | -25.7 |
| 非税收入 | Non-tax Income | 481.35 | 776.06 | 61.2 |
| 专项收入 | Special Project Income | 227.65 | 157.83 | -30.7 |
| 行政事业性收费收入 | Income from Administrative Fees | 48.47 | 34.49 | -28.8 |
| 罚没收入 | Penalty and Confiscatory Income | 45.25 | 138.21 | 205.5 |
| 国有资本经营收入 | State-owned Capital Operation Income | 3.47 | 227.78 | 6458.8 |
| 国有资源(资产)有偿使用收入 | Paid Use of State-owned Resources (assets) Income | 78.64 | 130.10 | 65.4 |
| 政府住房基金收入 | Government Housing Fund Receipts | 23.50 | 25.65 | 9.2 |
| 其他收入 | Others | 54.38 | 61.99 | 14.0 |
| **按级次分** | **By Level** | | | |
| 市级一般公共预算收入 | General Public Budget Revenue at City Level | 864.92 | 1140.77 | 31.9 |
| 区级一般公共预算收入 | General Public Budget Revenue at District Level | 1241.32 | 1269.64 | 2.3 |
| **二、政府性基金收入** | **Governmental Fund Revenue** | **1160.45** | **1430.79** | **23.3** |
| 市级政府性基金收入 | Governmental Fund Revenue at City Level | 452.33 | 418.86 | -7.4 |
| 区级政府性基金收入 | Governmental Fund Revenue at District Level | 708.12 | 1011.93 | 42.9 |

# 6-4 财政支出
## Government Expenditure

单位：亿元(100 million yuan)

| 项 目 | Item | 2018 | 2019 | 2019比2018年增长(%) Increase Rate in 2019 over 2018(%) |
|---|---|---|---|---|
| **一、一般公共预算支出** | **General Public Budget Expenditure** | **3103.16** | **3555.71** | **13.1** |
| **按科目分** | **By Subject** | | | |
| # 一般公共服务 | General Public Service | 231.06 | 225.87 | -2.2 |
| 公共安全 | Public Safety | 236.53 | 213.26 | -9.8 |
| 教 育 | Education | 448.19 | 467.63 | 4.3 |
| 科学技术 | Science and Technology | 106.68 | 109.93 | 3.0 |
| 文化旅游体育与传媒 | Culture,Tourism, Sports and Media | 52.92 | 46.41 | -12.3 |
| 社会保障和就业 | Social Security and Employment | 505.46 | 550.98 | 9.0 |
| 卫生健康 | Health and Wellness | 192.76 | 197.86 | 2.6 |
| 节能环保 | Energy Conservation and Environmental Protection | 66.46 | 242.29 | 264.6 |
| 城乡社区 | Urban & Rural Community Affairs | 561.44 | 797.47 | 42.0 |
| 农林水 | Agriculture, Forestry and Water Conservancy Affairs | 165.71 | 161.51 | -2.5 |
| 交通运输 | Transportation | 82.84 | 81.00 | -2.2 |
| 住房保障 | Housing Security Spending | 92.21 | 84.77 | -8.1 |
| **按级次分** | **By Level** | | | |
| 市级一般公共预算支出 | General Public Budget Expenditure at City Level | 1095.95 | 1297.26 | 18.4 |
| 区级一般公共预算支出 | General Public Budget Expenditure at District Level | 2007.21 | 2258.44 | 12.5 |
| **二、政府性基金支出** | **Governmental Fund Expenditure** | **1652.68** | **2276.29** | **37.7** |
| 市级政府性基金支出 | Governmental Fund Expenditure at City Level | 538.09 | 625.79 | 16.3 |
| 区级政府性基金支出 | Governmental Fund Expenditure at District Level | 1114.59 | 1650.50 | 48.1 |

# 6-5 区级财政收入(2019年)
# Finance Revenue at District Level,2019

单位：万元(10 000 yuan)

| 地 区 | Region | 一般公共预算收入 General Public Budget Revenue | 税收收入 Revenue from Taxes | 增值税 Value-added Tax | 企业所得税 Income Tax of Enterprises | 个人所得税 Individual Income Tax |
|---|---|---|---|---|---|---|
| **总 计** | **Total** | **12696375** | **9981943** | **3352859** | **2047771** | **435055** |
| 和平区 | Heping District | 375103 | 309305 | 105748 | 47929 | 15783 |
| 河东区 | Hedong District | 303640 | 248354 | 71174 | 40889 | 7757 |
| 河西区 | Hexi District | 532567 | 468427 | 150680 | 69965 | 21169 |
| 南开区 | Nankai District | 400604 | 317051 | 84830 | 38422 | 18458 |
| 河北区 | Hebei District | 226603 | 173137 | 56871 | 14116 | 4548 |
| 红桥区 | Hongqiao District | 192446 | 127318 | 28755 | 15336 | 4315 |
| 东丽区 | Dongli District | 632298 | 459150 | 136438 | 82975 | 11496 |
| 西青区 | Xiqing District | 954413 | 648252 | 173962 | 103766 | 14239 |
| 津南区 | Jinnan District | 658973 | 472203 | 113323 | 89351 | 8369 |
| 北辰区 | Beichen District | 592071 | 460478 | 136583 | 63313 | 9795 |
| 武清区 | Wuqing District | 1190818 | 828988 | 307610 | 153758 | 50225 |
| 宝坻区 | Baodi District | 565113 | 288472 | 95394 | 34769 | 4954 |
| 滨海新区 | Binhai New Area | 5026841 | 4444796 | 1595515 | 1190086 | 253176 |
| 宁河区 | Ninghe District | 250197 | 184217 | 75315 | 28821 | 1896 |
| 静海区 | Jinghai District | 543818 | 416361 | 176311 | 59258 | 5365 |
| 蓟州区 | Jizhou District | 250870 | 135434 | 44350 | 15017 | 3510 |

6-5续表1 *Continued*

单位：万元(10 000 yuan)

| 地 区 | Region | 城市维护建设税 Tax on Urban Maintenance and Construction | 土地增值税 Land Value Added Tax | 契 税 Deed Tax | 其他各项税收收入 Other Kinds of Taxes | 非税收入 Non-tax Income |
|---|---|---|---|---|---|---|
| **总 计** | **Total** | **1008310** | **516840** | **1135747** | **1485361** | **2714432** |
| 和平区 | Heping District | 29759 | 12786 | 19115 | 78185 | 65798 |
| 河东区 | Hedong District | 21070 | 17034 | 45440 | 44990 | 55286 |
| 河西区 | Hexi District | 43377 | 39082 | 71483 | 72671 | 64140 |
| 南开区 | Nankai District | 23722 | 22856 | 62263 | 66500 | 83553 |
| 河北区 | Hebei District | 11133 | 20770 | 34623 | 31076 | 53466 |
| 红桥区 | Hongqiao District | 10015 | 22618 | 21698 | 24581 | 65128 |
| 东丽区 | Dongli District | 57225 | 11918 | 66242 | 92856 | 173148 |
| 西青区 | Xiqing District | 49217 | 84728 | 119213 | 103127 | 306161 |
| 津南区 | Jinnan District | 34753 | 51881 | 113299 | 61227 | 186770 |
| 北辰区 | Beichen District | 41068 | 26628 | 94395 | 88696 | 131593 |
| 武清区 | Wuqing District | 80398 | 34981 | 118882 | 83134 | 361830 |
| 宝坻区 | Baodi District | 27722 | 21677 | 64058 | 39898 | 276641 |
| 滨海新区 | Binhai New Area | 492530 | 126232 | 221902 | 565355 | 582045 |
| 宁河区 | Ninghe District | 22846 | 2379 | 20226 | 32734 | 65980 |
| 静海区 | Jinghai District | 51169 | 14668 | 39681 | 69909 | 127457 |
| 蓟州区 | Jizhou District | 12306 | 6602 | 23227 | 30422 | 115436 |

6-5续表2 *Continued*

单位：万元(10 000 yuan)

| 地　区 | Region | 专项收入 Special Project Income | 行政事业性收费收入 Income from Administrative Fees | 罚没收入 Penalty and Confiscatory Income | 国有资源(资产)有偿使用及经营 Paid Use of State-owned Resources (assets) Income | 其他各项非税收入 Other Kinds of Non-tax Income |
|---|---|---|---|---|---|---|
| **总　计** | **Total** | **1324413** | **133641** | **288986** | **798394** | **168998** |
| 和平区 | Heping District | 27349 | 2601 | 5591 | 1725 | 28532 |
| 河东区 | Hedong District | 19605 | 3895 | 3483 | 16637 | 11666 |
| 河西区 | Hexi District | 36851 | 8268 | 9822 | 8004 | 1195 |
| 南开区 | Nankai District | 23461 | 5860 | 5130 | 13673 | 35429 |
| 河北区 | Hebei District | 10025 | 3898 | 4536 | 34369 | 638 |
| 红桥区 | Hongqiao District | 8214 | 4828 | 6147 | 44840 | 1099 |
| 东丽区 | Dongli District | 116649 | 2924 | 6809 | 46751 | 15 |
| 西青区 | Xiqing District | 208286 | 3107 | 5010 | 86826 | 2932 |
| 津南区 | Jinnan District | 62137 | 6925 | 7807 | 108819 | 1082 |
| 北辰区 | Beichen District | 61589 | 4078 | 5361 | 59520 | 1045 |
| 武清区 | Wuqing District | 180841 | 37556 | 17235 | 123695 | 2503 |
| 宝坻区 | Baodi District | 86132 | 3770 | 145922 | 19521 | 21296 |
| 滨海新区 | Binhai New Area | 381821 | 31031 | 29624 | 83472 | 56097 |
| 宁河区 | Ninghe District | 17264 | 4577 | 5529 | 38208 | 402 |
| 静海区 | Jinghai District | 61923 | 5479 | 15715 | 44091 | 249 |
| 蓟州区 | Jizhou District | 22266 | 4844 | 15265 | 68243 | 4818 |

# 6-6 区级财政支出(2019年)
## Finance Expenditure at District Level,2019

单位：万元(10 000 yuan)

| 地 区 | Region | 一般公共预算支出 General Public Budget Expenditure | 一般公共服务 General Public Service | 公共安全 Public Safety | 教 育 Education | 科学技术 Science and Technology |
|---|---|---|---|---|---|---|
| **总 计** | **Total** | **22584434** | **1657373** | **1059514** | **3382490** | **907543** |
| 和平区 | Heping District | 519971 | 48003 | 44261 | 146416 | 4899 |
| 河东区 | Hedong District | 600813 | 57349 | 51398 | 158974 | 3018 |
| 河西区 | Hexi District | 800476 | 115627 | 63952 | 188442 | 10977 |
| 南开区 | Nankai District | 637620 | 56595 | 68212 | 156938 | 14741 |
| 河北区 | Hebei District | 514587 | 51622 | 44782 | 132967 | 3031 |
| 红桥区 | Hongqiao District | 502151 | 56178 | 42644 | 117828 | 5047 |
| 东丽区 | Dongli District | 1048102 | 78740 | 54312 | 148658 | 15212 |
| 西青区 | Xiqing District | 1690874 | 130428 | 88370 | 247362 | 40926 |
| 津南区 | Jinnan District | 1840708 | 63432 | 56536 | 129207 | 17505 |
| 北辰区 | Beichen District | 800439 | 93924 | 58424 | 155442 | 35426 |
| 武清区 | Wuqing District | 1903361 | 108465 | 78335 | 281451 | 23183 |
| 宝坻区 | Baodi District | 1262309 | 110073 | 47087 | 266744 | 18249 |
| 滨海新区 | Binhai New Area | 7911460 | 503339 | 242161 | 723118 | 678019 |
| 宁河区 | Ninghe District | 734444 | 48592 | 30866 | 146161 | 22732 |
| 静海区 | Jinghai District | 1007910 | 68089 | 40875 | 183155 | 6443 |
| 蓟州区 | Jizhou District | 809209 | 66917 | 47299 | 199627 | 8135 |

6-6续表1 *Continued*

单位：万元(10 000 yuan)

| 地　区 | Region | 文化旅游体育与传媒 Culture,Tourism, Sports and Media | 社会保障和就业 Social Security and Employment | 卫生健康 Health and Wellness | 节能环保 Energy Conservation and Environmental Protection |
|---|---|---|---|---|---|
| **总　计** | **Total** | **237515** | **2393083** | **1446988** | **515862** |
| 和平区 | Heping District | 11976 | 149135 | 37962 | 2674 |
| 河东区 | Hedong District | 5153 | 182576 | 58499 | 2798 |
| 河西区 | Hexi District | 9932 | 181631 | 99919 | 11332 |
| 南开区 | Nankai District | 5343 | 187952 | 62860 | 5303 |
| 河北区 | Hebei District | 6274 | 165904 | 57077 | 2689 |
| 红桥区 | Hongqiao District | 3977 | 149650 | 42172 | 3742 |
| 东丽区 | Dongli District | 12735 | 116022 | 69552 | 7206 |
| 西青区 | Xiqing District | 26212 | 171045 | 136072 | 36115 |
| 津南区 | Jinnan District | 4952 | 101364 | 81089 | 39069 |
| 北辰区 | Beichen District | 11893 | 89046 | 79199 | 34800 |
| 武清区 | Wuqing District | 19573 | 179324 | 148464 | 74951 |
| 宝坻区 | Baodi District | 10831 | 133686 | 97176 | 31811 |
| 滨海新区 | Binhai New Area | 71705 | 206529 | 234015 | 121146 |
| 宁河区 | Ninghe District | 5908 | 87196 | 68035 | 48324 |
| 静海区 | Jinghai District | 11188 | 131182 | 89456 | 71032 |
| 蓟州区 | Jizhou District | 19863 | 160841 | 85441 | 22870 |

6-6续表2 *Continued*

单位：万元(10 000 yuan)

| 地 区 | Region | 城乡社区 Urban & Rural Community Affairs | 农林水、自然海洋气象和粮油物资储备等事务 Agriculture, Forestry and Water Conservancy, Land,Sea and Meteorology, Reserves of Cereals, Oils and Material | 资源勘探信息、商业服务业、金融监管、交通运输等事务 Resource Exploration and Power Information, Business Services, Financial Supervision, Transportation | 其他支出 Others |
|---|---|---|---|---|---|
| **总 计** | **Total** | **6802246** | **1154228** | **2347559** | **680033** |
| 和平区 | Heping District | 48531 | 1186 | 4740 | 20188 |
| 河东区 | Hedong District | 59551 | 1224 | 1733 | 18540 |
| 河西区 | Hexi District | 96820 | 1312 | 3762 | 16770 |
| 南开区 | Nankai District | 47693 | 2958 | 1589 | 27436 |
| 河北区 | Hebei District | 39817 | 1197 | 1150 | 8077 |
| 红桥区 | Hongqiao District | 49806 | 2695 | 4948 | 23464 |
| 东丽区 | Dongli District | 447299 | 32064 | 46220 | 20082 |
| 西青区 | Xiqing District | 610021 | 137486 | 49526 | 17311 |
| 津南区 | Jinnan District | 1183484 | 78929 | 57268 | 27873 |
| 北辰区 | Beichen District | 138935 | 55667 | 11720 | 35963 |
| 武清区 | Wuqing District | 661018 | 244846 | 33973 | 49778 |
| 宝坻区 | Baodi District | 216945 | 172108 | 128110 | 29489 |
| 滨海新区 | Binhai New Area | 2714342 | 166483 | 1959354 | 291249 |
| 宁河区 | Ninghe District | 141358 | 85294 | 10803 | 39175 |
| 静海区 | Jinghai District | 258896 | 99136 | 17459 | 30999 |
| 蓟州区 | Jizhou District | 87730 | 71643 | 15204 | 23639 |

# 主要统计指标解释

**财政收入**

指国家可直接支配的财力，主要包括税收收入和其他收入两大类。1994 年我国统一实行分税制财政体制，按税种分为上划中央收入和地方财政收入。上划中央收入包括：增值税的 75%和消费税的 100%等；地方财政收入包括：增值税的 25%、营业税（不含银行总行、铁道、保险总公司的营业税）、地方企业交纳的企业所得税、外商投资企业和外国企业所得税、个人所得税、土地使用税、固定资产投资方向调节税、城市维护建设税（不含银行总行、铁道、保险总公司集中交纳的部分）、资源税（不包括海洋石油资源税）、房产税、车船使用税、印花税、屠宰税、农牧业税、耕地占用税、契税、遗产和赠与税、土地增值税、国有土地有偿使用收入以及基金收入等。地方财政收入加上划中央收入为全市财政收入。需要指出的是 1994 年以后地方财政收入与以前实行的总额分成财政体制下的地方财政收入在内容和范围上有一定差别，历年数据不完全可比。

**一般公共预算收入**

是通过一定的形式和程序，由各级财政部门组织并纳入预算管理的各项收入，也就是会计制度改革以前所称的“预算收入”。

**政府性基金收入**

是按规定收取，转入或通过当年财政安排，由财政管理并具有指定用途的政府性基金预算收入等。

**一般公共预算支出**

是各级财政部门对集中的一般预算收入有计划地分配和使用而安排的支出。

**政府性基金支出**

是各级财政部门用基金预算收入安排的支出。

# Explanatory Notes on Main Statistical Indicators

**Government Revenue**

refers to the revenue of the government directly disposable finance, including various tax revenue and other revenue. In accordance with the classification of the structure of the government finance in 1994 on the basis of the classification of channels for collection of tax revenue, the revenue of the central government and the revenue of the local governments have different coverage. Revenue of the central government includes 75% of the value added tax and 100% of the value consumption tax, etc. The revenue of the local governments includes 25% of the value added tax, business tax (excluding business taxes of head offices of bank, profits of railways, head office of insurance company), income tax of the local enterprises subordinated to the local government, income tax of foreign, Hong Kong, Macao and Taiwan funded enterprises, personal income tax, tax on the use of urban land, tax on the adjustment of the investment in fixed assets, tax on town maintenance and construction, tax on resources (excluding tax on ocean petroleum resources), tax on real estates, tax on the use of vehicles and ships, stamp tax, slaughter tax, tax on agriculture and animal husbandry, tax on the occupancy of cultivated land, contract tax, inheritance tax, gift tax, land value added tax, income of non-gratuitous use on the state-owned land and income of funds. Total of government revenue included the revenue of the central government and the revenue of the local governments. Now the content and coverage of the local financial revenue is different from that before 1994, please pay attention to distinguish when you use.

**General Public Budget Revenue**

refers to financial revenue with budgetary management through certain form and procedure by financial departments at each level, also called “budgetary revenue” before reformation of accounting system.

**Governmental Fund Revenue**

refers to government fund budgetary revenue with financial management and assigned uses gathered by rules or through financial arrangement.

**General Public Budget Expenditure**

refers to expenditure distributed and used from general budgetary financial revenue by financial departments at each level.

**Governmental Fund Expenditure**

refers to expenditure arranged from fund budgetary revenue by financial departments at each level.

# 第七篇　资源环境和公共设施

# Chapter 7　Resources Environment and Public Facilities

## 7-1 各月份气象资料(2019年)

## Meteorological Data of Each Month,2019

| 月 份 Month | 平均气温 Average Temperature (℃) | 最高气温 Highest Temperature (℃) | 最低气温 Lowest Temperature (℃) | 平均相对湿度 Average Relative Humidity (%) | 日照时数(小时) Hours of Sunshine (hour) | 降水量(毫米) Precipitation (mm) | 一日最大降水量(毫米) Largest Precipitation in One Day (mm) | 平均风速(米/秒) Average Wind Speed (m/sec) |
|---|---|---|---|---|---|---|---|---|
| **全 年 Year** | **13.9** | **39.7** | **-15.9** | **54.9** | **2616.3** | **471.5** | **128.1** | **2.1** |
| 一 月 January | -1.7 | 12.0 | -14.4 | 39.6 | 186.0 | 0.0 | 0.1 | 1.9 |
| 二 月 February | -0.5 | 15.1 | -12.6 | 47.6 | 140.9 | 2.3 | 1.8 | 2.0 |
| 三 月 March | 9.5 | 26.5 | -3.5 | 39.1 | 268.8 | 3.1 | 4.7 | 2.7 |
| 四 月 April | 14.2 | 31.5 | -0.7 | 48.8 | 243.7 | 27.6 | 22.1 | 2.6 |
| 五 月 May | 22.7 | 39.1 | 4.8 | 41.8 | 311.3 | 30.6 | 39.2 | 2.6 |
| 六 月 June | 25.8 | 38.9 | 15.5 | 58.2 | 258.0 | 20.8 | 27.4 | 2.3 |
| 七 月 July | 27.8 | 39.7 | 16.3 | 71.0 | 225.7 | 186.8 | 128.1 | 2.0 |
| 八 月 August | 25.9 | 35.7 | 14.2 | 69.8 | 210.9 | 149.9 | 77.4 | 2.0 |
| 九 月 September | 23.3 | 35.8 | 9.0 | 64.6 | 241.9 | 20.7 | 31.0 | 1.6 |
| 十 月 October | 14.2 | 31.5 | -1.0 | 61.0 | 199.5 | 9.8 | 6.8 | 1.8 |
| 十一月 November | 6.6 | 20.1 | -8.8 | 57.8 | 153.4 | 13.5 | 27.9 | 2.0 |
| 十二月 December | -0.8 | 11.0 | -15.9 | 59.0 | 176.2 | 6.2 | 8.8 | 1.9 |

## 7-2 各区气象资料(2019年)

## Meteorological Data by District,2019

| 地 区 Region | 全年平均气温 Annual Average Temperature (℃) | 平均相对湿度 Average Relative Humidity (%) | 日照时数(小时) Hours of Sunshine (hour) | 降水量(毫米) Precipitation (mm) | 无霜期(天) Non-frosting Period (day) | 雾天数(天) Foggy Days (day) |
|---|---|---|---|---|---|---|
| 市 区 Urban District | 15.3 | 49 | | 518.1 | | 3 |
| 东丽区 Dongli District | 14.4 | 54 | 2600.7 | 478.2 | 251 | 10 |
| 西青区 Xiqing District | 14.2 | 54 | 2590.9 | 490.0 | 205 | 18 |
| 津南区 Jinnan District | 14.4 | 49 | 2538.3 | 529.9 | 206 | 9 |
| 北辰区 Beichen District | 13.8 | 54 | 2569.5 | 409.9 | 220 | 30 |
| 武清区 Wuqing District | 13.8 | 54 | 2604.4 | 400.0 | 281 | 17 |
| 宝坻区 Baodi District | 13.1 | 54 | 2652.3 | 397.7 | 213 | 19 |
| 滨海新区 Binhai New Area | 14.2 | 56 | 2691.5 | 506.6 | 228 | 7 |
| 宁河区 Ninghe District | 12.9 | 65 | 2653.2 | 447.0 | 205 | 17 |
| 静海区 Jinghai District | 14.2 | 55 | 2528.7 | 469.2 | 221 | 19 |
| 蓟州区 Jizhou District | 12.6 | 57 | 2582.7 | 469.4 | 196 | 13 |

资料来源：天津市气象信息中心
Source: Tianjin Meteorological Information Center

# 7-3 城市建设用地(2016—2019年)
# City Construction Land,2016-2019

单位：平方公里(sq.km)

| 指　　标 | Item | 2016 | 2017 | 2018 | 2019 |
|---|---|---|---|---|---|
| **总　　计** | **Total** | **961.65** | **995.05** | **950.55** | **998.14** |
| **按行政区域分** | **By Administrative Area** | | | | |
| 和平区 | Heping District | 9.72 | 9.77 | 9.79 | 9.79 |
| 河东区 | Hedong District | 38.94 | 30.55 | 30.85 | 30.75 |
| 河西区 | Hexi District | 36.14 | 34.23 | 34.23 | 34.23 |
| 南开区 | Nankai District | 39.37 | 35.05 | 37.06 | 37.06 |
| 河北区 | Hebei District | 28.46 | 23.55 | 24.16 | 24.16 |
| 红桥区 | Hongqiao District | 19.49 | 17.43 | 17.44 | 17.15 |
| 东丽区 | Dongli District | 76.09 | 79.24 | 64.70 | 68.93 |
| 西青区 | Xiqing District | 16.80 | 70.64 | 62.95 | 75.81 |
| 津南区 | Jinnan District | 30.77 | 35.32 | 34.04 | 35.86 |
| 北辰区 | Beichen District | 83.94 | 84.49 | 73.70 | 74.03 |
| 武清区 | Wuqing District | 83.02 | 84.59 | 60.10 | 76.00 |
| 宝坻区 | Baodi District | 60.81 | 65.68 | 66.77 | 68.99 |
| 滨海新区 | Binhai New Area | 367.38 | 355.47 | 361.50 | 365.34 |
| 宁河区 | Ninghe District | 23.81 | 21.16 | 21.68 | 21.56 |
| 静海区 | Jinghai District | 17.09 | 17.25 | 24.01 | 30.79 |
| 蓟州区 | Jizhou District | 29.82 | 30.63 | 27.57 | 27.69 |
| **按建设用途分** | **By Use of Construction** | | | | |
| 居住用地 | Dwelling | 258.55 | 277.49 | 248.27 | 263.32 |
| 公共管理与公共服务用地 | Public Facilities of Management and Service | 78.40 | 77.52 | 71.19 | 75.82 |
| 商业服务业设施用地 | Facilities for Business Services | 69.30 | 76.99 | 79.03 | 79.51 |
| 工业用地 | Industry | 231.21 | 242.48 | 222.38 | 237.71 |
| 物流仓储用地 | Warehouse | 66.01 | 60.12 | 52.17 | 55.22 |
| 交通设施用地 | Facilities for Traffic | 138.03 | 134.62 | 141.87 | 151.92 |
| 公用设施用地 | Public Facilities of Administration | 26.47 | 20.96 | 19.89 | 20.16 |
| 绿　地 | Green Land | 93.68 | 104.85 | 115.75 | 114.49 |

资料来源：天津市住房和城乡建设委员会，表7-6至7-10同。
Source: Tianjin Municipal Housing Urban & Rural Construction Committee. Same as table 7-6 to 7-10.

# 7-4 水资源情况(2001—2019年)
## Water Resources,2001-2019

| 年 份 Year | 水资源总量(亿立方米) Total Amount of Water Resources (100 million cu.m) | 地表水 Surface Water | 地下水 Underground Water | 地表水与地下水资源重复量 Duplicated Measurement of Surface and Underground | 人均水资源量(立方米/人) Per Capita Water Resources (cu.m/person) |
|---|---|---|---|---|---|
| 2001 | 5.66 | 3.53 | 2.41 | 0.28 | 56.45 |
| 2002 | 3.67 | 1.85 | 2.09 | 0.27 | 36.49 |
| 2003 | 10.60 | 6.15 | 4.82 | 0.37 | 105.03 |
| 2004 | 14.31 | 9.79 | 5.16 | 0.64 | 140.64 |
| 2005 | 10.63 | 7.13 | 4.44 | 0.94 | 102.87 |
| 2006 | 10.11 | 6.62 | 4.46 | 0.97 | 95.47 |
| 2007 | 11.31 | 7.50 | 4.76 | 0.95 | 103.29 |
| 2008 | 18.30 | 13.61 | 5.91 | 1.22 | 159.76 |
| 2009 | 15.24 | 10.59 | 5.60 | 0.95 | 126.80 |
| 2010 | 9.20 | 5.58 | 4.45 | 0.83 | 70.81 |
| 2011 | 15.38 | 10.89 | 5.22 | 0.73 | 113.54 |
| 2012 | 32.92 | 26.54 | 7.62 | 1.24 | 232.95 |
| 2013 | 14.64 | 10.80 | 5.01 | 1.17 | 145.82 |
| 2014 | 11.37 | 8.33 | 3.67 | 0.63 | 111.84 |
| 2015 | 12.82 | 8.70 | 4.87 | 0.75 | 124.84 |
| 2016 | 18.92 | 14.10 | 6.08 | 1.26 | 121.12 |
| 2017 | 13.01 | 8.80 | 5.54 | 1.33 | 83.60 |
| 2018 | 17.58 | 11.76 | 7.33 | 1.51 | 112.72 |
| 2019 | 8.09 | 5.12 | 4.16 | 1.19 | 51.80 |

# 7-5 供水用水情况(2001—2019年)
## Water Supply and Water Use,2001-2019

单位：万立方米(10 000 cu.m)

| 年份 地区 | Year Region | 供用水总量 Water Supply & Use | 地表水 Surface Water | 地下水 Underground Water | 农业用水 Agricultural Use |
|---|---|---|---|---|---|
| 2001 | | 188141 | 111738 | 76403 | 99056 |
| 2002 | | 199610 | 117421 | 82189 | 106244 |
| 2003 | | 205118 | 133713 | 71405 | 114072 |
| 2004 | | 219623 | 148932 | 70691 | 121529 |
| 2005 | | 225193 | 160224 | 64969 | 135267 |
| 2006 | | 224996 | 161001 | 63995 | 133965 |
| 2007 | | 230060 | 164917 | 65143 | 138408 |
| 2008 | | 214274 | 154793 | 59481 | 120603 |
| 2009 | | 229204 | 172135 | 57069 | 128400 |
| 2010 | | 217258 | 161585 | 55673 | 109653 |
| 2011 | | 224569 | 169420 | 55149 | 115500 |
| 2012 | | 212920 | 161926 | 50994 | 107793 |
| 2013 | | 237560 | 180653 | 56907 | 121667 |
| 2014 | | 240869 | 159382 | 53396 | 114012 |
| 2015 | | 256750 | 178580 | 49235 | 123188 |
| 2016 | | 272307 | 190734 | 47270 | 120490 |
| 2017 | | 274905 | 189926 | 46085 | 107199 |
| 2018 | | 284235 | 194633 | 44065 | 100011 |
| 2019 | | 284483 | 191558 | 39072 | 92416 |
| 东丽区 | Dongli District | 10060 | 7495 | 341 | 852 |
| 西青区 | Xiqing District | 11414 | 8173 | 578 | 4188 |
| 津南区 | Jinnan District | 11894 | 6479 | 410 | 1818 |
| 北辰区 | Beichen District | 9848 | 7496 | 714 | 2881 |
| 武清区 | Wuqing District | 35071 | 24328 | 6132 | 22838 |
| 宝坻区 | Baodi District | 31515 | 22504 | 6233 | 29018 |
| 滨海新区 | Binhai New Area | 65300 | 37815 | 4354 | 1255 |
| 宁河区 | Ninghe District | 20031 | 11000 | 5206 | 12917 |
| 静海区 | Jinghai District | 15147 | 8677 | 2086 | 6558 |
| 蓟州区 | Jizhou District | 17375 | 2352 | 12575 | 10091 |

资料来源：天津市水务局
Source: Tianjin Municipal Water Conservancy Bureau

## 7-6 城市市政设施情况(2017—2019年)
## Municipal Facilities in City,2017-2019

| 指 标 | Item | 单 位 | Unit | 2017 | 2018 | 2019 |
|---|---|---|---|---|---|---|
| **年末实有道路** | **Road (year-end)** | | | | | |
| 铺装道路长度 | Length of Paved Roads | 公 里 | km | 7942 | 8242 | 8927 |
| 铺装道路面积 | Area of Paved Roads | 万平方米 | 10 000 sq.m | 14742 | 15131 | 16918 |
| #人行道面积 | Area of Footway | 万平方米 | 10 000 sq.m | 3608.12 | 3712.44 | 4001.05 |
| 人均拥有道路面积 | Per Capita Area of Paved Roads | 平方米 | sq.m | 17.41 | 11.67 | 12.98 |
| **年末实有桥梁** | **Bridges (year-end)** | | | | | |
| 桥梁座数 | Number of Bridges | 座 | unit | 1007 | 1009 | 1151 |
| #立交桥 | Flyovers | 座 | unit | 119 | 117 | 140 |
| **年末实有路灯盏数** | **Number of Road Lamps (year-end)** | **万 盏** | **10 000 units** | **36.97** | **37.69** | **37.75** |
| **排泄污水能力** | **Capacity of Sewage Drainage** | | | | | |
| 污水年排放量 | Annual Volume of Sewage Drainage | 万 吨 | 10 000 tons | 99719 | 104090 | 110141 |
| 排水管道长度 | Length of Drainpipe | 公 里 | km | 21240 | 21369 | 22393 |
| 污水处理厂 | Sewage Treatment Works | 座 | set | 47 | 40 | 41 |
| 污水处理厂能力 | Disposal Capacity of Sewage Treatment Works | 万吨/日 | 10 000 tons/day | 290.5 | 283.2 | 315.5 |
| 建成区排水管道密度 | Density of Drainpipe in Developed Area | 公里/平方公里 | km/sq.km | 19.08 | 18.93 | 19.45 |
| **污水处理率** | **Percentage of Disposed Sewage Treatment** | **%** | **%** | **92.5** | **93.8** | **96.0** |

## 7-7 城市自来水(2017—2019年)
## Urban Tap Water,2017-2019

| 指 标 | Item | 单 位 | Unit | 2017 | 2018 | 2019 |
|---|---|---|---|---|---|---|
| 综合生产能力 | Production Capacity | 万吨/日 | 10 000 tons/day | 468.30 | 413.60 | 414.00 |
| 供水管道 | Length of Water Supply Pipelines | 公 里 | km | 18541 | 18546 | 20283 |
| 供水总量 | Total Annual Volume of Water Supply | 万 吨 | 10 000 tons | 85505 | 87555 | 91298 |
| 售水总量 | Total Annual Volume of Water Sold | 万 吨 | 10 000 tons | 72750 | 73468 | 76596 |
| #生活用水 | For Residential Use | 万 吨 | 10 000 tons | 40894 | 41824 | 43272 |
| 生产用水 | For Productive Use | 万 吨 | 10 000 tons | 26745 | 27575 | 28590 |
| 用水人口 | Number of Residents with Access to Tap Water | 万 人 | 10 000 persons | 846.90 | 1296.80 | 1304.00 |
| 人均日生活用水量 | Per Capita Daily Living Consumption of Tap Water | 公 斤 | kg | 132.29 | 88.36 | 90.92 |

## 7-8 城市燃气基本情况(2017—2019年)
## Basic Statistics on Gas in City,2017-2019

| 项　目 | Item | 2017 | 2018 | 2019 |
|---|---|---|---|---|
| **液化石油气** | **Liquefied Petroleum Gas** | | | |
| 储气能力(吨) | Storage Capacity(ton) | 4686 | 4871 | 3607 |
| 销售量(吨) | Volume of Gas Sold(ton) | 56320 | 55840 | 52996 |
| 工业用 | For Industrial Use | 15307 | 16850 | 19542 |
| 民　用 | For Residential Use | 41013 | 38990 | 33454 |
| 用气户数(万户) | Gas Users(10 000 households) | 16.65 | 22.20 | 31.84 |
| 工业用 | For Industrial Use | 0.30 | 0.34 | 0.96 |
| 民　用 | For Residential Use | 16.35 | 21.86 | 30.88 |
| **天然气** | **Natural Gas** | | | |
| 储气能力(万立方米) | Storage Capacity(10 000 cu.m) | 741 | 759 | 1074 |
| 管道长度(公里) | Length of Pipelines(km) | 20706 | 27953 | 29356 |
| 销售量(万立方米) | Volume of Gas Sold(10 000 cu.m) | 407669 | 488848 | 536544 |
| 居民家庭 | Households | 46984 | 61050 | 73687 |
| 集中供热 | Centralized Heating | 133744 | 161996 | 147706 |
| 燃气汽车 | Compressed Natural Gas Vehicle | 15351 | 16195 | 32313 |
| 其　他 | Others | 211590 | 249607 | 282839 |
| 用气户数(万户) | Gas Users(10 000 households) | 420.53 | 526.11 | 547.00 |
| # 居民家庭 | Households | 415.18 | 496.85 | 520.35 |
| **用气普及率(%)** | **Percentage of Population with Access to Gas(%)** | **100** | **100** | **100** |

注：工业用液化石油气数据含福利、商业和其他用。
Note: Volume of liquefied petroleum gas sold for industrial use include those for welfare, commerce and other use.

## 7-9 城市集中供热(2017—2019年)
## Heating in City,2017-2019

| 项　目 | Item | 单　位 | Unit | 2017 | 2018 | 2019 |
|---|---|---|---|---|---|---|
| 供热能力 | Heating Capacity | | | | | |
| 蒸　汽 | Steam | 吨/小时 | ton/hour | 2696 | 2445 | 2445 |
| 热　水 | Hot Water | 兆瓦/小时 | mega watts/hour | 28654 | 29256 | 30404 |
| 供热总量 | Volume Supplied | | | | | |
| 蒸　汽 | Steam | 万吉焦/年 | 10 000 gigajoules/year | 1134 | 908 | 937 |
| 热　水 | Hot Water | 万吉焦/年 | 10 000 gigajoules/year | 14862 | 16517 | 16751 |
| 管道长度 | Length of Pipelines | 公　里 | km | 24951 | 29272 | 31427 |
| 供热面积 | Heating Area | 万平方米 | 10 000 sq.m | 47567 | 49452 | 51410 |
| # 住　宅 | Residential Buildings | 万平方米 | 10 000 sq.m | 36421 | 37794 | 39468 |

## 7-10 城市公共交通(2017—2019年)
## Public Traffic in City,2017-2019

| 指 标 | Item | 单 位 | Unit | 2017 | 2018 | 2019 |
|---|---|---|---|---|---|---|
| **公共汽车** | **Public Transportation Vehicles** | | | | | |
| 运营车辆 | Operation Vehicles | 辆 | unit | 12686 | 13813 | 12746 |
| 线路条数 | Number of Routes | 条 | route | 791 | 926 | 970 |
| 线路长度 | Length of Routes | 公 里 | km | 18883 | 23920 | 25526 |
| 客运总量 | Volume of Passengers | 万人次 | 10 000 person-times | 138123 | 109725 | 111058 |
| 日均乘客人数 | Average Daily Passengers | 万人次 | 10 000 person-times | 378 | 300 | 304 |
| 每万人拥有公共交通车辆 | Number of Public Transportation Vehicles per 10 000 Persons | 标 台 | unit | 8.1 | 9.9 | 9.1 |
| **营运出租汽车** | **Operating Taxis** | **辆** | **unit** | **31940** | **31940** | **31940** |
| **轨道交通** | **Subway** | | | | | |
| **地 铁** | **Metro** | | | | | |
| 运营车辆 | Operation Vehicles | 节 | car | 666 | 954 | 1068 |
| 运营线路长度 | Length of Operation lines | 公 里 | km | 115.2 | 166.8 | 178.7 |
| 客运总量 | Volume of Passengers | 万人次 | 10 000 person-times | 30607 | 35966 | 49037 |
| **津滨轻轨** | **Binhai Mass Trains** | | | | | |
| 运营车辆 | Operation Vehicles | 节 | car | 152 | 152 | 152 |
| 运营线路长度 | Length of Operation lines | 公 里 | km | 52.2 | 52.2 | 52.2 |
| 客运总量 | Volume of Passengers | 万人次 | 10 000 person-times | 4275 | 4783 | 5541 |

## 7-11 城市环境卫生事业发展情况(2017—2019年)
## Development of Urban Environmental Sanitation,2017-2019

| 指 标 | Item | 单 位 | Unit | 2017 | 2018 | 2019 |
|---|---|---|---|---|---|---|
| **清运垃圾粪便工作量** | **Volume of Garbage, Excrement and Urine Disposal** | | | | | |
| 道路清扫保洁面积 | Area of Road Cleaned | 万平方米 | 10 000 sq.m | 13532 | 12181 | 13296 |
| 生活垃圾清运量 | Volume of Living Garbage Disposal | 万 吨 | 10 000 tons | 307 | 295 | 300 |
| 粪便清运量 | Volume of Excrement and Urine Disposal | 万 吨 | 10 000 tons | 28 | 26 | 28 |
| 垃圾无害化处理量 | Volume of Garbage Innocuous Disposal | 万 吨 | 10 000 tons | 294 | 290 | 300 |
| **生活垃圾无害化处理率** | **Innocuous Disposal Rate of Living Garbage** | **%** | **%** | **96** | **98** | **100** |
| **环境卫生设施** | **Environmental Sanitation Facilities** | | | | | |
| 公共厕所 | Lavatories | 座 | unit | 1475 | 1384 | 1510 |
| 垃圾无害化处理厂 | Garbage Innocuous Disposal Plant | 座 | unit | 9 | 11 | 13 |
| 无害化处理厂能力 | Capacity of Innocuous Disposal Plant | 吨/日 | ton/day | 10600 | 12100 | 13500 |
| **环卫职工人数** | **Number of Environment Sanitation Staff & Workers** | **人** | **person** | **22699** | **22730** | **26633** |

资料来源：天津市城市管理委员会，表7-12、7-13同。
Source: Tianjin Municipal Commission of Urban Management, same as table 7-12 and 7-13.

## 7-12 城市绿化情况(2017—2019年)
## Green Area in City,2017-2019

| 指　标 | Item | 2017 | 2018 | 2019 |
|---|---|---|---|---|
| 公　园(个) | Parks(unit) | 126 | 125 | 126 |
| 花　圃(个) | Gardens(unit) | 9 | 12 | 10 |
| 建成区绿地面积(公顷) | Total Area of Green Area in Developed Area(hectare) | 35844 | 37314 | 39472 |
| 公园绿地 | Park Green Area | 10862 | 10928 | 11253 |
| 生产绿地 | Production Green Area | 1194 | 1102 | |
| 防护绿地 | Protection Green Area | 2183 | 3467 | 3681 |
| 广场绿地 | Square Green Area | | | 52 |
| 附属绿地 | Accessorial Green Area | 15581 | 17007 | 18984 |
| 区域绿地 | Area Green Space | | | 5503 |
| 其他绿地 | Other Green Area | 6023 | 4810 | |
| 年末实有树木(万株) | Trees(year-end)(10 000 trees) | 11390.40 | 11911.26 | 12239.60 |
| # 行道树 | Roadside Trees | 123.1 | 130.04 | 128.37 |
| 建成区绿化覆盖率(%) | Coverage Rate of Afforestation in Developed Area(%) | 36.3 | 38.0 | 37.5 |
| 建成区绿地率(%) | Coverage Rate of Green Area in Developed Area(%) | 32.6 | 34.6 | 34.3 |
| 人均公园面积(平方米) | Per Capita Area of Parks(sq.m) | 12.8 | 9.4 | 9.2 |

注：1.2018年人均公园面积统计口径调整。2.本表建成区绿地面积2019年以前年份为建成区园林绿地面积。

Note: a) The statistical coverage of per capita area of parks adjusted in 2018. b) In the years before 2019, the total area of green area in developed area in this table represents the garden green area in developed area.

## 7-13 公园分布(2019年)
## Distribution of Parks,2019

| 地　区 | Region | 公园个数(个) Number of Parks (unit) | 地　区 | Region | 公园面积(公顷) Area of Parks (hectare) |
|---|---|---|---|---|---|
| **合　计** | **Total** | **126** | **合　计** | **Total** | **2686.72** |
| 和平区 | Heping District | 2 | 和平区 | Heping District | 3.05 |
| 河东区 | Hedong District | 8 | 河东区 | Hedong District | 75.27 |
| 河西区 | Hexi District | 17 | 河西区 | Hexi District | 151.44 |
| 南开区 | Nankai District | 8 | 南开区 | Nankai District | 332.82 |
| 河北区 | Hebei District | 8 | 河北区 | Hebei District | 92.82 |
| 红桥区 | Hongqiao District | 8 | 红桥区 | Hongqiao District | 55.52 |
| 东丽区 | Dongli District | 3 | 东丽区 | Dongli District | 14.22 |
| 西青区 | Xiqing District | 5 | 西青区 | Xiqing District | 290.29 |
| 津南区 | Jinnan District | 2 | 津南区 | Jinnan District | 78.20 |
| 北辰区 | Beichen District | 4 | 北辰区 | Beichen District | 24.49 |
| 武清区 | Wuqing District | 9 | 武清区 | Wuqing District | 431.68 |
| 宝坻区 | Baodi District | 5 | 宝坻区 | Baodi District | 103.93 |
| 滨海新区 | Binhai New Area | 38 | 滨海新区 | Binhai New Area | 812.92 |
| 宁河区 | Ninghe District | 3 | 宁河区 | Ninghe District | 20.25 |
| 静海区 | Jinghai District | 1 | 静海区 | Jinghai District | 3.47 |
| 蓟州区 | Jizhou District | 5 | 蓟州区 | Jizhou District | 196.35 |

# 主要统计指标解释

**建成区**

指城市行政区内实际已成片开发建设、市政公用设施和公共设施基本具备的区域。对核心城市，它包括集中连片的部分以及分散的若干个已经成片建设起来的市政公用设施和公共设施基本具备的地区；对一城多镇来说，它包括由几个连片开发建设起来的市政公用设施和公共设施基本具备的地区组成。因此建成区范围，一般是指建成区外轮廓线所能包括的地区，也就是这个城市实际建设用地所达到的范围。

**水资源总量**

一定区域内的水资源总量指当地降水形成的地表和地下产水量，即地表径流量与降水入渗补给量之和，不包括过境水量。

**化学需氧量(COD)**

测量有机和无机物质化学分解所消耗氧的质量浓度的水污染指数。

**工业固体废物产生量**

系指未被列入《国家危险废物名录》或者根据国家规定的危险废物鉴别标准（GB5085）、固体废物浸出毒性浸出方法（GB5086）及固体废物浸出毒性测定方法（GB/T 15555）鉴别方法判定不具有危险特性的工业固体废物。计算公式是：

工业固体废物产生量=（工业固体废物综合利用量-综合利用往年贮存量）+工业固体废物贮存量+（工业固体废物处置量-处置往年贮存量）+工业固体废物倾倒丢弃量

**工业固体废物综合利用量**

指报告期内企业通过回收、加工、循环、交换等方式，从固体废物中提取或者使其转化为可以利用的资源、能源和其他原材料的固体废物量(包括当年利用往年的工业固体废物贮存量)。如用作农业肥料、生产建筑材料、筑路等。综合利用量由产生固体废物的单位统计。

**工业固体废物综合利用率**

指工业固体废物综合利用量占工业固体废物产生量(包括综合利用往年贮存量)的百分率。计算公式为：

工业固体废物综合利用率=

$$\frac{\text{工业固体废物综合利用量}}{\text{工业固体废物产生量}+\text{综合利用往年贮存量}}\times 100\%$$

# Explanatory Notes on Main Statistical Indicators

**Developed Area**

refers to the land in administrative areas having been developed concentratedly with municipal public facilities. For core city, developed areas include concentrated areas and decentralized areas having basic perfect municipal public facilities; for the city with several towns, developed areas are composed of several concentrated areas with municipal public facilities. Therefore, the scope of developed areas refers to actual construction land of a city.

**Total Water Resources**

refer to the total volume of surface and underground water formed by precipitation in the local region, which equals to the sum of surface runoff and the infiltration supplement of underground water from precipitation, excluding crossing water.

**Chemical Oxygen Demand (COD)**

refers to the water pollution index of measuring the mass concentration of oxygen consumed in the chemical decomposition of organic and inorganic matter.

**Industrial Solid Wastes Produced**

refers to the industrial solid wastes that are not listed in the *National Catalogue of Hazardous Wastes*, or not regarded as hazardous according to the national hazardous waste identification standards (GB5085), solid waste-Extraction procedure for leaching toxicity (GB5086) and solid waste-Extraction procedure for leaching toxicity (GB/T 15555). The calculation formula is as followed:

*Common Industrial Solid Wastes Produced = (common industrial solid wastes utilized-the proportion of utilized stock of previous years) + common industrial solid waste stock + (common industrial solid wastes disposed-the proportion of disposed stock of previous years) + common industrial solid wastes discharged.*

**Industrial Solid Wastes Comprehensively Utilized**

refers to volume of solid wastes from which useful materials can be extracted or which can be converted into usable resources, energy or other materials by means of reclamation, processing, recycling and exchange (including utilizing in the year the stocks of industrial solid wastes of the previous year) during the report period, e.g. being used as agricultural fertilizers, building materials or as material for paving road. Examples of such utilization include fertilizers, building materials and road materials. The information shall be collected by the producing units of the wastes.

**Ratio of Comprehensive Utilization of Industrial Waste Residue**

refers to the percentage of industrial solid wastes utilized over industrial solid wastes produced (including stocks of the previous years). It is calculated as:

$$\text{Ratio of Comprehensive Utilization of Industrial Waste Residue} = \frac{\text{Volume of Industrial Solid Wastes Utilized}}{\text{Industrial Solid Wastes Produced} + \text{Stock of Previous Years}} \times 100\%$$

TIANJIN STATISTICAL YEARBOOK

# 第八篇　能源生产和消费

# Chapter 8　Energy Production and Consumption

# 8-1 一次能源生产量及构成(1990—2019年)

## Primary Energy Production and Composition,1990-2019

| 年　份<br>Year | 一次能源生产量<br>(万吨标准煤)<br>Primary Energy Production<br>(10 000 tons of SCE) | 占能源生产总量的比重(%)<br>As Percentage of Total Energy Production (%) | | |
|---|---|---|---|---|
| | | 原　油<br>Crude Oil | 天然气<br>Natural Gas | 其　他<br>Others |
| 1990 | 719.41 | 93.23 | 6.77 | |
| 1991 | 726.45 | 93.39 | 6.61 | |
| 1992 | 757.45 | 92.75 | 7.25 | |
| 1993 | 790.99 | 93.38 | 6.62 | |
| 1994 | 936.65 | 89.84 | 10.16 | |
| 1995 | 978.82 | 90.61 | 9.39 | |
| 1996 | 1036.17 | 89.15 | 10.85 | |
| 1997 | 1014.77 | 90.93 | 9.07 | |
| 1998 | 1079.73 | 91.46 | 8.54 | |
| 1999 | 1084.63 | 90.45 | 9.55 | |
| 2000 | 1201.94 | 90.81 | 9.19 | |
| 2001 | 1494.84 | 92.73 | 7.27 | |
| 2002 | 1844.92 | 94.16 | 5.84 | |
| 2003 | 1983.56 | 94.80 | 5.20 | |
| 2004 | 2171.94 | 95.12 | 4.88 | |
| 2005 | 2663.93 | 95.61 | 4.39 | |
| 2006 | 2915.55 | 95.21 | 4.79 | |
| 2007 | 2926.45 | 93.94 | 6.06 | |
| 2008 | 3034.76 | 93.86 | 6.14 | |
| 2009 | 3471.63 | 94.52 | 5.48 | |
| 2010 | 5007.63 | 95.08 | 4.57 | 0.36 |
| 2011 | 4833.38 | 94.40 | 5.10 | 0.50 |
| 2012 | 4708.80 | 94.00 | 5.29 | 0.71 |
| 2013 | 4634.41 | 93.85 | 5.38 | 0.77 |
| 2014 | 4726.73 | 92.93 | 5.95 | 1.12 |
| 2015 | 5338.18 | 93.58 | 5.12 | 1.30 |
| 2016 | 5017.52 | 93.20 | 5.22 | 1.58 |
| 2017 | 4870.52 | 91.00 | 5.87 | 3.13 |
| 2018 | 4989.24 | 88.35 | 9.05 | 2.60 |
| 2019 | 5106.83 | 87.05 | 9.09 | 3.86 |

## 8-2 能源终端消费量(2015—2019年)
## Final Consumption of Energy,2015-2019

单位：万吨标准煤(10 000 tons of SCE)

| 年 份 Year | 能源终端消费量 Final Consumption of Energy | 第一产业 Primary Industry | 第二产业 Secondary Industry | 第三产业 Tertiary Industry | 生活消费 Living Consumption |
|---|---|---|---|---|---|
| 2015 | 8137.29 | 105.43 | 5713.81 | 1304.36 | 1013.69 |
| 2016 | 7875.03 | 110.18 | 5368.22 | 1336.63 | 1060.00 |
| 2017 | 7687.75 | 116.68 | 5101.45 | 1366.86 | 1102.76 |
| 2018 | 7917.81 | 107.81 | 5263.17 | 1355.01 | 1191.83 |
| 2019 | 8261.29 | 107.00 | 5538.91 | 1413.37 | 1202.00 |

## 8-3 能源消耗基本情况(2015—2019年)
## Basic Statistics on Energy Consumption,2015-2019

| 年 份 Year | 能源消耗(万吨标准煤) Energy Consumption (10 000 tons of SCE) | # 工 业 Industry | 电力消耗(亿千瓦小时) Electricity Power Consumption (100 million kWh) | # 工 业 Industry |
|---|---|---|---|---|
| 2015 | 8319.38 | 5681.52 | 851.13 | 592.45 |
| 2016 | 8078.28 | 5359.73 | 861.60 | 585.73 |
| 2017 | 7831.72 | 5033.38 | 857.00 | 557.94 |
| 2018 | 7973.29 | 5111.58 | 939.23 | 620.16 |
| 2019 | 8240.70 | 5304.75 | 964.30 | 628.90 |

注：能源消耗指标采用等价值计量。
Note: Indicators of energy consumption are converted into same value.

## 8-4 人均生活能源消费量(2015—2019年)
## Annual per Capita Energy Consumption for Non-production Purpose,2015-2019

| 年 份 Year | 平均每人生活消费能源(千克标准煤) Annual Per Capita Consumption for Non-production Purpose(kg of SCE) | 煤 炭(千克) Coal (kg) | 电 力(千瓦小时) Electricity (kWh) | 液化石油气(千克) LPG (kg) | 天然气和煤气(立方米) Natural Gas and Coal Gas(cu.m) |
|---|---|---|---|---|---|
| 2015 | 662 | 51 | 570 | 6 | 36 |
| 2016 | 682 | 47 | 597 | 7 | 36 |
| 2017 | 707 | 40 | 639 | 6 | 43 |
| 2018 | 765 | 29 | 716 | 6 | 62 |
| 2019 | 770 | 24 | 732 | 5 | 63 |

# 8-5 综合能源平衡表(标准量)
# Overall Energy Balance Sheet(Standard Equivalent)

单位：万吨标准煤(10 000 tons of SCE)

| 项　　目 | Item | 2018 | 2019 |
|---|---|---|---|
| **可供本地区消费的能源量** | **Volume of Energy Available for Consumption** | **7973.29** | **8240.70** |
| 年初库存量 | Stock at the Beginning of the Year | 637.46 | 662.59 |
| 一次能源生产量 | Primary Energy Output | 4989.24 | 5106.83 |
| 外省(区、市)调入量 | Inflow from Other Provinces(Regions, Cities) | 14747.86 | 15055.72 |
| 进口量 | Import | 323.05 | 289.46 |
| 我轮、机在外国加油量 | Our Steamship and Plane Oiled Abroad | 2.41 | 2.18 |
| 本市调出量(－) | Outflow to Other Provinces(Regions, Cities)(－) | -11950.64 | -12243.19 |
| 出口量(－) | Export(－) | -102.93 | -110.50 |
| 外轮、机在本市加油量(－) | Foreign Steamship and Plane Oiled in Tianjin(－) | -7.25 | -6.75 |
| 年末库存量(－) | Stock at Year-end(－) | -665.90 | -515.63 |
| **加工转换投入(－)产出(+)量** | **Input(－) or Output(+) of Processing and Transformation** | **130.79** | **202.75** |
| 火力发电 | Thermal Power | 0.00 | 0.00 |
| 供　热 | Heating | -179.38 | -191.43 |
| 煤炭洗选 | Separation Coal | | |
| 炼　焦 | Coke Making | -17.70 | -15.31 |
| 炼油及煤制油 | Oil Refining | 393.05 | 435.77 |
| # 油品再投入量(－) | Input of Oil(－) | -429.32 | -474.95 |
| 制　气 | Gas Making | | |
| # 焦炭再投入量(－) | Input of Coke(－) | | |
| 天然气液化 | Liquefaction of Natural Gas | | |
| 煤制品加工 | Processing of Coal Products | | |
| 回收能 | Recovery of Energy | 364.16 | 448.68 |
| **损失量** | **Loss Volume** | **186.27** | **182.17** |
| **终端消费量** | **Final Consumption** | **7917.81** | **8261.29** |
| 农、林、牧、渔业 | Agriculture, Forestry, Animal Husbandry & Fishery Industry | 107.81 | 107.00 |
| 工　业 | Industry | 5056.10 | 5325.34 |
| 建筑业 | Construction | 207.06 | 213.58 |
| 交通运输、仓储和邮政业 | Transportation, Storage and Post Services | 561.52 | 591.54 |
| 批发和零售业、住宿和餐饮业 | Wholesale & Retail Trade, Accommodation & Catering Services | 253.92 | 258.30 |
| 其　他 | Others | 539.56 | 563.53 |
| 生活消费 | Living Consumption | 1191.83 | 1202.00 |
| **平衡差额** | **Balance** | | |
| **消费量合计** | **Total Consumption** | **7973.29** | **8240.70** |

## 8-6 电力平衡表(2015—2019年)
## Electricity Balance Sheet,2015-2019

单位：亿千瓦小时(100 million kWh)

| 项 目 Item | 2015 | 2016 | 2017 | 2018 | 2019 |
|---|---|---|---|---|---|
| **可 供 量** | | | | | |
| **Total Energy Available for Consumption** | **851.13** | **861.60** | **857.00** | **939.23** | **964.30** |
| 生产量 | | | | | |
| Output | 642.96 | 644.61 | 625.05 | 723.63 | 735.42 |
| 火力发电 | | | | | |
| Thermal Power | 635.88 | 635.62 | 612.87 | 707.35 | 709.04 |
| 其他发电 | | | | | |
| Others | 7.08 | 8.99 | 12.18 | 16.28 | 26.38 |
| 外省(区、市)调入量 | | | | | |
| Inflow from Other Provinces (Regions, Cities) | 209.05 | 217.96 | 232.97 | 217.17 | 231.03 |
| 本市调出量 | | | | | |
| Outflow to Other Provinces (Regions, Cities) | 0.88 | 0.97 | 1.02 | 1.57 | 2.15 |
| **消 费 量** | | | | | |
| **Total Energy Consumption** | **851.13** | **861.60** | **857.00** | **939.23** | **964.30** |
| 在消费量中 | | | | | |
| Consumption by Sector | | | | | |
| 农、林、牧、渔、水利业 | | | | | |
| Farming, Forestry, Animal Husbandry, Fishery and Water Conservancy | 15.34 | 16.08 | 17.28 | 15.16 | 17.84 |
| 工 业 | | | | | |
| Industry | 592.45 | 585.73 | 557.94 | 620.16 | 628.90 |
| 建筑业 | | | | | |
| Construction | 14.65 | 11.38 | 11.05 | 11.52 | 13.14 |
| 交通运输、仓储和邮政业 | | | | | |
| Transportation, Storage and Post Services | 34.47 | 38.27 | 42.07 | 46.49 | 49.70 |
| 批发和零售业、住宿和餐饮业 | | | | | |
| Wholesale & Retail Trade, Accommodation & Catering Services | 32.41 | 33.92 | 37.46 | 27.83 | 29.44 |
| 其 他 | | | | | |
| Others | 74.51 | 83.40 | 91.52 | 106.45 | 111.09 |
| 生活消费 | | | | | |
| Living Consumption | 87.30 | 92.82 | 99.68 | 111.62 | 114.19 |
| 在消费量中 | | | | | |
| Consumption by Usage | | | | | |
| 终端消费 | | | | | |
| Final Consumption | 802.95 | 812.74 | 805.80 | 884.40 | 911.73 |
| # 工 业 | | | | | |
| Industry | 544.27 | 536.87 | 506.74 | 565.33 | 576.33 |
| 输配电损失量 | | | | | |
| Losses in Transmission | 48.18 | 48.86 | 51.20 | 54.83 | 52.57 |
| **平衡差额** | | | | | |
| **Balance** | | | | | |

## 8-7 能源消费量(2015—2019年)
## Energy Consumption,2015-2019

| 品 种 Item | 单 位 Unit | 2015 | 2016 | 2017 | 2018 | 2019 |
|---|---|---|---|---|---|---|
| **合 计** | **万吨标准煤** | | | | | |
| **Total** | **10 000 tons of SCE** | **8319.38** | **8078.28** | **7831.72** | **7973.29** | **8240.70** |
| 煤 炭 | 万 吨 | | | | | |
| Coal | 10 000 tons | 4538.83 | 4230.16 | 3875.61 | 3832.89 | 3766.11 |
| 焦 炭 | 万 吨 | | | | | |
| Coke | 10 000 tons | 904.69 | 887.29 | 808.70 | 867.23 | 903.99 |
| 原 油 | 万 吨 | | | | | |
| Crude Oil | 10 000 tons | 1616.72 | 1433.60 | 1624.85 | 1688.23 | 1693.35 |
| 燃料油 | 万 吨 | | | | | |
| Fuel Oil | 10 000 tons | 94.14 | 45.33 | 40.68 | 46.99 | 50.00 |
| 汽 油 | 万 吨 | | | | | |
| Gasoline | 10 000 tons | 267.22 | 274.79 | 274.16 | 273.65 | 284.46 |
| 煤 油 | 万 吨 | | | | | |
| Kerosene | 10 000 tons | 65.78 | 82.02 | 101.50 | 108.92 | 110.58 |
| 柴 油 | 万 吨 | | | | | |
| Diesel Oil | 10 000 tons | 390.57 | 371.76 | 349.11 | 326.06 | 316.92 |
| 天然气 | 亿立方米 | | | | | |
| Natural Gas | 100 million cu.m | 63.62 | 74.06 | 82.31 | 101.92 | 108.49 |
| 电 力 | 亿千瓦小时 | | | | | |
| Electricity | 100 million kWh | 851.13 | 861.60 | 857.00 | 939.23 | 964.30 |

## 8-8 生活能源消费量(2015—2019年)
## Energy Consumption for Non-production Purpose,2015-2019

| 品 种 Item | 单 位 Unit | 2015 | 2016 | 2017 | 2018 | 2019 |
|---|---|---|---|---|---|---|
| **合 计** | **万吨标准煤** | | | | | |
| **Total** | **10 000 tons of SCE** | **1013.69** | **1060.00** | **1102.76** | **1191.83** | **1202.00** |
| 煤 炭 | 万 吨 | | | | | |
| Coal | 10 000 tons | 78.16 | 73.83 | 62.31 | 44.55 | 38.16 |
| 液化石油气 | 万 吨 | | | | | |
| LPG | 10 000 tons | 9.60 | 11.13 | 9.84 | 9.55 | 7.76 |
| 天然气和煤气 | 亿立方米 | | | | | |
| Natural Gas and Coal Gas | 100 million cu.m | 5.51 | 5.62 | 6.72 | 9.72 | 9.80 |
| 热 力 | 万百万千焦 | | | | | |
| Heat | 10 000 million kJ | 9312.40 | 9612.76 | 10218.36 | 10866.90 | 10791.50 |
| 电 力 | 亿千瓦小时 | | | | | |
| Electricity | 100 million kWh | 87.30 | 92.82 | 99.68 | 111.62 | 114.19 |

# 8-9 工业行业主要能源终端消费量(2019年)
# The Final Consumption of Main Energy by Industrial Sector,2019

| 行业 | Sector | 煤炭(万吨) Coal (10 000 tons) | 焦炭(万吨) Coke (10 000 tons) | 原油(万吨) Crude Oil (10 000 tons) |
|---|---|---|---|---|
| **总计** | **Total** | **535.90** | **899.20** | **9.63** |
| 煤炭开采和洗选业 | Mining and Washing of Coal | | | |
| 石油和天然气开采业 | Extraction of Petroleum and Natural Gas | | | 8.44 |
| 黑色金属矿采选业 | Mining and Processing of Ferrous Metal Ores | | 26.81 | |
| 非金属矿采选业 | Mining and Processing of Nonmetal Ores | | | |
| 开采专业及辅助性活动 | Professional and Support Activities for Mining | 0.50 | | |
| 其他采矿业 | Other Mining | | | |
| 农副食品加工业 | Processing of Food from Agricultural Products | | | |
| 食品制造业 | Manufacture of Foods | | | |
| 酒、饮料和精制茶制造业 | Manufacture of Alcohol, Beverages and Refined Tea | | | |
| 烟草制品业 | Manufacture of Tobacco | | | |
| 纺织业 | Manufacture of Textile | | | |
| 纺织服装、服饰业 | Manufacture of Textile Wearing Apparel | | | |
| 皮革、毛皮、羽毛及其制品和制鞋业 | Manufacture of Leather, Fur, Feather and Related Products, Footware | | | |
| 木材加工和木、竹、藤、棕、草制品业 | Processing of Timber, Manufacture of Wood, Bamboo, Rattan, Palm and Straw Products | | | |
| 家具制造业 | Manufacture of Furniture | | | |
| 造纸及纸制品业 | Manufacture of Paper and Paper Products | | | |
| 印刷和记录媒介复制业 | Printing, Reproduction of Recording Media | | | |
| 文教、工美、体育和娱乐用品制造业 | Manufacture of Articles for Culture, Education and Industrial Arts, Sport Activities, Amusement Manufacturing | | | |
| 石油煤炭及其他燃料加工业 | Processing of Petroleum, Coal and Other Fuel | 0.05 | | 1.19 |
| 化学原料和化学制品制造业 | Manufacture of Raw Chemical Materials and Chemical Products | 170.57 | | |
| 医药制造业 | Manufacture of Medicines | | 0.09 | |
| 化学纤维制造业 | Manufacture of Chemical Fibers | | | |
| 橡胶和塑料制品业 | Manufacture of Rubber and Plastic | | | |
| 非金属矿物制品业 | Manufacture of Non-metallic Mineral Products | 18.30 | 0.03 | |
| 黑色金属冶炼和压延加工业 | Smelting and Pressing of Ferrous Metals | 335.93 | 871.98 | |
| 有色金属冶炼和压延加工业 | Smelting and Pressing of Non-ferrous Metals | 2.12 | 0.08 | |
| 金属制品业 | Manufacture of Metal Products | 1.32 | | |
| 通用设备制造业 | Manufacture of General Purpose Machinery | | | |
| 专用设备制造业 | Manufacture of Special Purpose Machinery | | 0.01 | |
| 汽车制造业 | Manufacture of Motorcar | | | |
| 铁路、船舶、航空航天和其他运输设备制造业 | Railway, Watercraft, Aerospace and Other Transport Equipment | | | |
| 电气机械和器材制造业 | Manufacture of Electrical Machinery and Equipment | | | |
| 计算机、通信和其他电子设备制造业 | Manufacture of Computers, Communication and Other Electronic Equipment | | | |
| 仪器仪表制造业 | Manufacture of Measuring Instruments | | | |
| 其他制造业 | Other Manufacturing | | | |
| 废弃资源综合利用业 | Comprehensive Recycling of Waste | | 0.20 | |
| 金属制品、机械和设备修理业 | Metal Products, Machine and Equipment Repair | | | |
| 电力、热力的生产和供应业 | Production and Supply of Electric Power and Heat Power | 7.11 | | |
| 燃气生产和供应业 | Production and Supply of Gas | | | |
| 水的生产和供应业 | Production and Supply of Water | | | |

8-9续表1 *Continued*

| 行　业 | Sector | 汽　油（万吨） Gasoline (10 000 tons) | 柴　油（万吨） Diesel Oil (10 000 tons) | 燃料油（万吨） Fuel Oil (10 000 tons) |
|---|---|---|---|---|
| **总　计** | **Total** | **6.67** | **28.28** | **15.31** |
| 煤炭开采和洗选业 | Mining and Washing of Coal | | | |
| 石油和天然气开采业 | Extraction of Petroleum and Natural Gas | 0.17 | 4.49 | |
| 黑色金属矿采选业 | Mining and Processing of Ferrous Metal Ores | | 0.02 | |
| 非金属矿采选业 | Mining and Processing of Nonmetal Ores | 0.01 | 0.05 | |
| 开采专业及辅助性活动 | Professional and Support Activities for Mining | 0.55 | 16.48 | |
| 其他采矿业 | Other Mining | | | |
| 农副食品加工业 | Processing of Food from Agricultural Products | 0.05 | 0.05 | 0.03 |
| 食品制造业 | Manufacture of Foods | 0.09 | 0.07 | |
| 酒、饮料和精制茶制造业 | Manufacture of Alcohol, Beverages and Refined Tea | 0.03 | 0.06 | |
| 烟草制品业 | Manufacture of Tobacco | | | |
| 纺织业 | Manufacture of Textile | 0.01 | 0.02 | |
| 纺织服装、服饰业 | Manufacture of Textile Wearing Apparel | 0.04 | 0.01 | |
| 皮革、毛皮、羽毛及其制品和制鞋业 | Manufacture of Leather, Fur, Feather and Related Products, Footware | 0.01 | 0.01 | |
| 木材加工和木、竹、藤、棕、草制品业 | Processing of Timber, Manufacture of Wood, Bamboo, Rattan, Palm and Straw Products | 0.01 | 0.02 | |
| 家具制造业 | Manufacture of Furniture | 0.04 | 0.03 | |
| 造纸及纸制品业 | Manufacture of Paper and Paper Products | 0.09 | 0.55 | |
| 印刷和记录媒介复制业 | Printing, Reproduction of Recording Media | 0.04 | 0.02 | |
| 文教、工美、体育和娱乐用品制造业 | Manufacture of Articles for Culture, Education and Industrial Arts, Sport Activities, Amusement Manufacturing | 0.04 | 0.02 | |
| 石油煤炭及其他燃料加工业 | Processing of Petroleum, Coal and Other Fuel | 0.01 | 0.17 | |
| 化学原料和化学制品制造业 | Manufacture of Raw Chemical Materials and Chemical Products | 0.21 | 0.27 | 0.10 |
| 医药制造业 | Manufacture of Medicines | 0.05 | 0.16 | |
| 化学纤维制造业 | Manufacture of Chemical Fibers | | | |
| 橡胶和塑料制品业 | Manufacture of Rubber and Plastic | 0.19 | 0.18 | |
| 非金属矿物制品业 | Manufacture of Non-metallic Mineral Products | 0.20 | 2.25 | 15.07 |
| 黑色金属冶炼和压延加工业 | Smelting and Pressing of Ferrous Metals | 0.20 | 1.17 | |
| 有色金属冶炼和压延加工业 | Smelting and Pressing of Non-ferrous Metals | 0.12 | 0.25 | |
| 金属制品业 | Manufacture of Metal Products | 0.88 | 0.52 | |
| 通用设备制造业 | Manufacture of General Purpose Machinery | 0.65 | 0.21 | |
| 专用设备制造业 | Manufacture of Special Purpose Machinery | 0.38 | 0.17 | |
| 汽车制造业 | Manufacture of Motorcar | 1.34 | 0.23 | 0.01 |
| 铁路、船舶、航空航天和其他运输设备制造业 | Railway, Watercraft, Aerospace and Other Transport Equipment | 0.20 | 0.10 | 0.08 |
| 电气机械和器材制造业 | Manufacture of Electrical Machinery and Equipment | 0.26 | 0.19 | |
| 计算机、通信和其他电子设备制造业 | Manufacture of Computers, Communication and Other Electronic Equipment | 0.19 | 0.03 | |
| 仪器仪表制造业 | Manufacture of Measuring Instruments | 0.08 | | |
| 其他制造业 | Other Manufacturing | 0.03 | 0.01 | |
| 废弃资源综合利用业 | Comprehensive Recycling of Waste | 0.03 | 0.19 | 0.02 |
| 金属制品、机械和设备修理业 | Metal Products, Machine and Equipment Repair | 0.03 | | |
| 电力、热力的生产和供应业 | Production and Supply of Electric Power and Heat Power | 0.28 | 0.26 | |
| 燃气生产和供应业 | Production and Supply of Gas | 0.08 | | |
| 水的生产和供应业 | Production and Supply of Water | 0.08 | 0.02 | |

8-9续表2 *Continued*

| 行业 | Sector | 天然气（亿立方米）Natural Gas(100 million cu.m) | 热力（万百万千焦）Heat (10 000 million kJ) | 电力（亿千瓦时）Electricity (100 million kWh) |
|---|---|---|---|---|
| **总计** | **Total** | **30.46** | **9534.61** | **576.33** |
| 煤炭开采和洗选业 | Mining and Washing of Coal | | | |
| 石油和天然气开采业 | Extraction of Petroleum and Natural Gas | 1.72 | 26.47 | 47.01 |
| 黑色金属矿采选业 | Mining and Processing of Ferrous Metal Ores | | | 2.41 |
| 非金属矿采选业 | Mining and Processing of Nonmetal Ores | 0.02 | 171.16 | 1.26 |
| 开采专业及辅助性活动 | Professional and Support Activities for Mining | 0.57 | 37.99 | 3.27 |
| 其他采矿业 | Other Mining | | | |
| 农副食品加工业 | Processing of Food from Agricultural Products | 0.49 | 607.18 | 6.22 |
| 食品制造业 | Manufacture of Foods | 0.59 | 252.58 | 4.54 |
| 酒、饮料和精制茶制造业 | Manufacture of Alcohol, Beverages and Refined Tea | 0.17 | 71.47 | 2.65 |
| 烟草制品业 | Manufacture of Tobacco | 0.03 | | 0.26 |
| 纺织业 | Manufacture of Textile | 0.17 | 14.09 | 2.71 |
| 纺织服装、服饰业 | Manufacture of Textile Wearing Apparel | 0.09 | 1.50 | 0.26 |
| 皮革、毛皮、羽毛及其制品和制鞋业 | Manufacture of Leather, Fur, Feather and Related Products, Footware | | 0.11 | 0.29 |
| 木材加工和木、竹、藤、棕、草制品业 | Processing of Timber, Manufacture of Wood, Bamboo, Rattan, Palm and Straw Products | 0.02 | | 0.47 |
| 家具制造业 | Manufacture of Furniture | 0.06 | 0.43 | 1.48 |
| 造纸及纸制品业 | Manufacture of Paper and Paper Products | 0.46 | 61.15 | 17.66 |
| 印刷和记录媒介复制业 | Printing, Reproduction of Recording Media | 0.08 | 19.62 | 1.74 |
| 文教、工美、体育和娱乐用品制造业 | Manufacture of Articles for Culture, Education and Industrial Arts, Sport Activities, Amusement Manufacturing | 0.05 | 4.61 | 1.13 |
| 石油煤炭及其他燃料加工业 | Processing of Petroleum, Coal and Other Fuel | 4.85 | 1905.64 | 24.03 |
| 化学原料和化学制品制造业 | Manufacture of Raw Chemical Materials and Chemical Products | 3.79 | 4947.17 | 62.28 |
| 医药制造业 | Manufacture of Medicines | 0.36 | 167.99 | 4.54 |
| 化学纤维制造业 | Manufacture of Chemical Fibers | 0.01 | 0.42 | 0.15 |
| 橡胶和塑料制品业 | Manufacture of Rubber and Plastic | 0.90 | 68.40 | 16.48 |
| 非金属矿物制品业 | Manufacture of Non-metallic Mineral Products | 3.06 | 15.63 | 16.08 |
| 黑色金属冶炼和压延加工业 | Smelting and Pressing of Ferrous Metals | 6.13 | 65.21 | 116.91 |
| 有色金属冶炼和压延加工业 | Smelting and Pressing of Non-ferrous Metals | 1.36 | 68.25 | 10.49 |
| 金属制品业 | Manufacture of Metal Products | 2.17 | 13.34 | 27.65 |
| 通用设备制造业 | Manufacture of General Purpose Machinery | 0.31 | 29.78 | 9.95 |
| 专用设备制造业 | Manufacture of Special Purpose Machinery | 0.11 | 36.84 | 5.32 |
| 汽车制造业 | Manufacture of Motorcar | 1.24 | 258.36 | 31.06 |
| 铁路、船舶、航空航天和其他运输设备制造业 | Railway, Watercraft, Aerospace and Other Transport Equipment | 0.35 | 27.54 | 4.75 |
| 电气机械和器材制造业 | Manufacture of Electrical Machinery and Equipment | 0.56 | 18.38 | 16.13 |
| 计算机、通信和其他电子设备制造业 | Manufacture of Computers , Communication and Other Electronic Equipment | 0.31 | 46.56 | 22.69 |
| 仪器仪表制造业 | Manufacture of Measuring Instruments | 0.01 | 6.29 | 0.40 |
| 其他制造业 | Other Manufacturing | 0.01 | 0.27 | 0.16 |
| 废弃资源综合利用业 | Comprehensive Recycling of Waste | 0.05 | 11.96 | 0.89 |
| 金属制品、机械和设备修理业 | Metal Products, Machine and Equipment Repair | | 1.06 | 0.19 |
| 电力、热力的生产和供应业 | Production and Supply of Electric Power and Heat Power | | 561.95 | 103.21 |
| 燃气生产和供应业 | Production and Supply of Gas | 0.36 | | 1.13 |
| 水的生产和供应业 | Production and Supply of Water | | 15.21 | 8.48 |

# 主要统计指标解释

## 能源生产总量

指一定时期内全市一次能源生产量的总和。该指标是观察全市能源生产水平、规模、过程、构成和发展速度的总量指标。一次能源生产量包括原煤、原油、天然气、水电、核能及其他动力能(如风能、地热能等)发电量，不包括低热值燃料生产量、生物质能、太阳能等的利用和由一次能源加工转换而成的二次能源产量。

## 能源消费总量

指全市国民经济各行业和居民家庭在一定时期消费的各种能源的总和。能源消费总量分为三部分，即终端能源消费量、能源加工转换损失量和损失量。

## 终端能源消费量

指一定时期内全市各行业和居民生活消费的各种能源在扣除了用于加工转换二次能源消费量和损失量以后的数量。

## 能源加工转换损失量

指一定时期内全市投入加工转换的各种能源数量之和与产出各种能源产品之和的差额。该指标是观察能源在加工转换过程中损失量变化的指标。

## 能源损失量

指一定时期内能源在输送、分配、储存过程中发生的损失和由客观原因造成的各种损失量，不包括各种气体能源放空、放散量。

# Explanatory Notes on Main Statistical Indicators

**Total Energy Production**

refers to the total production of primary energy by all energy producing enterprises in the city in a given period of time. It is a comprehensive indicator to show the capacity, scale, process, composition and development of energy production of the country. The production of primary energy includes that of coal, crude oil, natural gas, hydropower and electricity generated by nuclear energy and other means such as wind power and geothermal power. However, it excludes the production of fuels of low calorific value, bio-energy, solar energy and the secondary energy converted from the primary energy.

**Total Energy Consumption**

refers to the total consumption of energy of various kinds of national economy industries and residents in the city in a given period of time. Total energy consumption can be divided into three parts: final energy consumption, loss during the process of energy conversion, and energy loss.

**Final Consumption of Energy**

refers to the total energy consumption by various industries and households in the city in a given period of time, but excludes the consumption in conversion of the primary energy into the secondary energy and the loss in the process of energy conversion.

**Loss During the Process of Energy Conversion**

refers to the total input of various kinds of energy for conversion, minus the total output of various kinds of energy in the city in a given period of time. It is an indicator to show the loss that occurs during the process of energy conversion.

**Energy Loss**

refers to the total of the loss of energy during the course of energy transport, distribution and storage and the loss caused by any objective reason in a given period of time. The loss of various kinds of gas due to gas discharges and stocktaking is excluded.

# 第九篇　固定资产投资和房地产

# Chapter 9　Investment in Fixed Assets and Real Estate

# 9-1 固定资产投资(不含农户)比上年增长情况
## Increase Rate in Last Year Investment in Fixed Assets(Non-agricultural)

单位：% (%)

| 项　目 | Item | 2018 | 2019 |
|---|---|---|---|
| **固定资产投资** | **Total Investment in Fixed Assets** | **-5.6** | **13.9** |
| **按三次产业分** | **Grouped by Industry** | | |
| 第一产业 | Primary Industry | -9.1 | 10.3 |
| 第二产业 | Secondary Industry | -6.3 | 17.4 |
| 第三产业 | Tertiary Industry | -5.3 | 12.8 |
| **按隶属关系分** | **Grouped by Administrative Relationship** | | |
| 中　央 | Central Government | 19.5 | 44.6 |
| 地　方 | Local Government | -8.0 | 10.0 |
| **按建设性质分** | **Grouped by Type of Construction** | | |
| #新　建 | New Construction | -24.4 | -0.9 |
| 改、扩建及其他 | Expansion, Reconstruction and Others | 12.1 | 57.2 |
| **按构成分** | **Grouped by Composition of Use** | | |
| 建筑安装工程 | Construction | -30.4 | 22.6 |
| 设备工器具购置 | Purchases of Equipment and Instruments | 16.1 | 3.8 |
| 其他费用 | Others | 36.6 | 8.2 |
| **按登记注册类型分** | **Grouped by Registered Status** | | |
| 内资企业 | Domestic-funded Enterprises | -5.2 | 14.4 |
| 国　有 | State-owned Enterprises | -34.8 | 16.3 |
| 集　体 | Collective-owned Enterprises | -78.8 | -32.6 |
| 股份合作 | Cooperative Enterprises | -92.0 | 10662.3 |
| 私营企业 | Private Enterprises | 29.0 | -7.8 |
| 股份有限公司 | Share Holding Corporations Ltd. | 29.3 | 39.6 |
| 有限责任公司 | Limited Liability Corporations | -7.9 | 19.9 |
| #国有独资公司 | Sole State-funded Corporations | 45.6 | 99.8 |
| 联营企业 | Joint Ownership Enterprises | -98.9 | |
| 其　他 | Others | -79.2 | 24.6 |
| 港、澳、台商投资企业 | Enterprises with Investment from Hong Kong, Macao and Taiwan | -44.4 | 29.7 |
| 外商投资企业 | Foreign Funded Enterprises | 12.0 | 2.5 |
| 个体经营 | Self-employed Enterprises | | 127.7 |

注：表中按建设性质分组数据不含房地产开发投资。
Note: Investment grouped by type of construction of this table excludes real estate development.

## 9-2 按行业分固定资产投资(不含农户)比上年增长情况
## Increase Rate in Last Year Investment in Fixed Assets by Sector(Non-agricultural)

单位：% (%)

| 行　业<br>Sector | 2018 | 2019 |
|---|---|---|
| 总　计<br>**Total** | **-5.6** | **13.9** |
| 农、林、牧、渔业<br>Farming, Forestry, Animal Husbandry and Fishery | -9.1 | 13.3 |
| 采矿业<br>Minerals Mining | 36.5 | 47.6 |
| 制造业<br>Manufacturing | -22.0 | 9.1 |
| 电力、热力、燃气及水生产和供应业<br>Production and Supply of Electricity, Heat, Gas and Water | 10.6 | 11.7 |
| 建筑业<br>Construction | -91.0 | |
| 批发和零售业<br>Wholesale and Retail Trade | -22.7 | -40.3 |
| 交通运输、仓储和邮政业<br>Transportation, Storage and Post Services | -7.4 | 26.3 |
| 住宿和餐饮业<br>Accommodation and Catering Services | -59.9 | 29.9 |
| 信息传输、软件和信息技术服务业<br>Information Transmitting, Software and Information Technology Services | -18.0 | -32.6 |
| 金融业<br>Finance Intermediation | -67.8 | 106.9 |
| 房地产业<br>Real Estate | 4.7 | 9.9 |
| 租赁和商务服务业<br>Leasing and Business Services | 63.7 | 34.2 |
| 科学研究和技术服务业<br>Scientific Research and Technical Services | -51.9 | 2.8 |
| 水利、环境和公共设施管理业<br>Management for Water Conservancy, Environment and Public Facilities | -48.5 | 7.1 |
| 居民服务、修理和其他服务业<br>Resident Services, Repair and Other Services | -11.4 | -20.1 |
| 教　育<br>Education | -39.1 | 46.9 |
| 卫生和社会工作<br>Health Care and Social Work | -21.8 | 98.9 |
| 文化、体育和娱乐业<br>Culture, Sports and Recreational Services | -49.0 | -45.6 |
| 公共管理、社会保障和社会组织<br>Public Management, Social Security and Social Organizations | -86.9 | 150.0 |

# 9-3 按行业分民间固定资产投资(不含农户)比上年增长情况
## Increase Rate in Last Year Private Investment in Fixed Assets by Sector

单位：% (%)

| 行　业 Sector | 2018 | 2019 |
|---|---|---|
| 总　计 | | |
| **Total** | **4.4** | **3.5** |
| 农、林、牧、渔业 | | |
| Farming, Forestry, Animal Husbandry and Fishery | -13.4 | -51.6 |
| 采矿业 | | |
| Minerals Mining | | |
| 制造业 | | |
| Manufacturing | -54.8 | 3.2 |
| 电力、热力、燃气及水生产和供应业 | | |
| Production and Supply of Electricity, Heat, Gas and Water | 56.6 | 41.9 |
| 建筑业 | | |
| Construction | -93.1 | |
| 批发和零售业 | | |
| Wholesale and Retail Trade | -38.5 | -54.3 |
| 交通运输、仓储和邮政业 | | |
| Transportation, Storage and Post Services | 2.1 | -32.6 |
| 住宿和餐饮业 | | |
| Accommodation and Catering Services | -59.6 | -74.3 |
| 信息传输、软件和信息技术服务业 | | |
| Information Transmitting, Software and Information Technology Services | -51.2 | -80.8 |
| 金融业 | | |
| Finance Intermediation | -88.4 | -89.8 |
| 房地产业 | | |
| Real Estate | 24.8 | 0.2 |
| 租赁和商务服务业 | | |
| Leasing and Business Services | 99.2 | 33.2 |
| 科学研究和技术服务业 | | |
| Scientific Research and Technical Services | -17.1 | 15.0 |
| 水利、环境和公共设施管理业 | | |
| Management for Water Conservancy, Environment and Public Facilities | -77.8 | 98.5 |
| 居民服务、修理和其他服务业 | | |
| Resident Services, Repair and Other Services | -19.1 | -87.1 |
| 教　育 | | |
| Education | -69.3 | 284.8 |
| 卫生和社会工作 | | |
| Health Care and Social Work | -48.6 | 1219.0 |
| 文化、体育和娱乐业 | | |
| Culture, Sports and Recreational Services | -47.7 | -31.9 |
| 公共管理、社会保障和社会组织 | | |
| Public Management, Social Security and Social Organizations | -90.0 | 40.1 |

# 9-4 按制造业行业分固定资产投资(不含农户)比上年增长情况
## Increase Rate in Last Year Investment in Fixed Assets of Manufacturing(Non-agricultural)

单位：% (%)

| 行业 | Sector | 2018 | 2019 |
|---|---|---|---|
| 总计 | **Total** | **-22.0** | **9.1** |
| 农副食品加工业 | Processing of Food from Agricultural Products | -76.0 | 51.9 |
| 食品制造业 | Manufacture of Food | 11.5 | 64.5 |
| 酒、饮料和精制茶制造业 | Manufacture of Alcohol, Beverage and Refined Tea | 143.8 | 72.6 |
| 烟草制品业 | Manufacture of Tobacco | | |
| 纺织业 | Manufacture of Textile | -87.2 | 313.5 |
| 纺织服装、服饰业 | Manufacture of Textile Wearing and Apparel | -89.4 | 5270.8 |
| 皮革、皮毛、羽毛及其制品和制鞋业 | Manufacture of Leather, Fur, Feather and Related Products, Footwear | | |
| 木材加工和木、竹、藤、棕、草制品业 | Processing of Timber, Manufacture of Wood, Bamboo, Rattan, Palm and Straw Products | -70.9 | -31.5 |
| 家具制造业 | Manufacture of Furniture | -61.1 | -31.0 |
| 造纸和纸制品业 | Manufacture of Paper and Paper Products | -40.2 | -38.8 |
| 印刷和记录媒介的复制业 | Printing, Reproduction of Recording Media | 79.3 | -24.6 |
| 文教、工美、体育和娱乐用品制造业 | Manufacture of Articles for Culture, Education and Industrial Arts, Sport Activity, Amusement Manufacturing | -74.9 | -21.1 |
| 石油煤炭及其他燃料加工业 | Processing of Petroleum, Coal and Other Fuel | 122.0 | 45.4 |
| 化学原料和化学制品制造业 | Manufacture of Raw Chemical Materials and Chemical Products | -27.6 | 76.0 |
| 医药制造业 | Manufacture of Medicines | -35.2 | 88.6 |
| 化学纤维制造业 | Manufacture of Chemical Fibers | | 1051.2 |
| 橡胶和塑料制品业 | Manufacture of Rubber and Plastic | -43.7 | -16.8 |
| 非金属矿物制品业 | Manufacture of Non-metallic Mineral Products | -41.7 | 17.0 |
| 黑色金属冶炼和压延加工业 | Smelting and Pressing of Ferrous Metals | 362.7 | -21.1 |
| 有色金属冶炼和压延加工业 | Smelting and Pressing of Non-Ferrous Metals | -22.1 | -9.4 |
| 金属制品业 | Manufacture of Metal Products | -75.8 | 34.6 |
| 通用设备制造业 | Manufacture of General Purpose Machinery | -24.1 | -8.5 |
| 专用设备制造业 | Manufacture of Special Purpose Machinery | -53.0 | 52.4 |
| 汽车制造业 | Manufacture of Motorcar | 7.0 | -39.8 |
| 铁路、船舶、航空航天和其他运输设备制造业 | Railway, Watercraft, Aerospace and Other Transport Equipment | -75.4 | 29.5 |
| 电气机械和器材制造业 | Manufacture of Electrical Machinery and Equipment | -23.4 | 33.9 |
| 计算机、通信和其他电子设备制造业 | Manufacture of Computers, Communication and Other Electronic Equipment | 11.2 | 57.9 |
| 仪器仪表制造业 | Manufacture of Measuring Instruments | -64.5 | 23.0 |
| 其他制造业 | Other Manufacture | -35.8 | 27.1 |
| 废弃资源综合利用业 | Comprehensive Recycling of Waste | 63.6 | -23.7 |
| 金属制品、机械和设备修理业 | Metal Products, Machine and Equipment Repair | -87.8 | 1013.8 |

# 9-5 按行业分固定资产投资资金来源(不含农户)比上年增长情况(2019年)

| 行业<br>Sector | 上年末结余资金<br>Balance of Funds Brought Forward from Previous Year | 本年实际到位资金<br>Subtotal of the Sources of Funds in Current Year | 国家预算资金<br>State Budgetary Appropriation |
|---|---|---|---|
| 总计<br>**Total** | **22.9** | **14.2** | **9.1** |
| 农、林、牧、渔业<br>Farming, Forestry, Animal Husbandry and Fishery | 17.0 | 27.0 | 50.4 |
| 采矿业<br>Minerals Mining | | 45.7 | |
| 制造业<br>Manufacturing | 63.5 | 23.2 | 62.3 |
| 电力、热力、燃气及水生产和供应业<br>Production and Supply of Electricity, Heat, Gas and Water | 52.6 | 8.4 | -62.3 |
| 建筑业<br>Construction | | | |
| 批发和零售业<br>Wholesale and Retail Trade | -7.1 | -65.5 | |
| 交通运输、仓储和邮政业<br>Transportation, Storage and Post Services | -37.7 | 37.4 | 6.6 |
| 住宿和餐饮业<br>Accommodation and Catering Services | | 5365.7 | |
| 信息传输、软件和信息技术服务业<br>Information Transmitting, Software and Information Technology Services | 245.6 | -13.0 | |
| 金融业<br>Finance Intermediation | 2881.3 | 19.9 | |
| 房地产业<br>Real Estate | 21.6 | 10.2 | |
| 租赁和商务服务业<br>Leasing and Business Services | 934.5 | 49.0 | |
| 科学研究和技术服务业<br>Scientific Research and Technical Services | 27.3 | -3.8 | -66.6 |
| 水利、环境和公共设施管理业<br>Management for Water Conservancy, Environment and Public Facilities | 51.6 | -8.6 | -15.9 |
| 居民服务、修理和其他服务业<br>Resident Services, Repair and Other Services | -27.0 | -12.2 | |
| 教育<br>Education | 153.7 | -26.3 | -2.4 |
| 卫生和社会工作<br>Health Care and Social Work | -4.8 | 99.6 | 11.0 |
| 文化、体育和娱乐业<br>Culture, Sports and Recreational Services | -34.5 | -55.7 | -44.0 |
| 公共管理、社会保障和社会组织<br>Public Management, Social Security and Social Organizations | 140.3 | 403.1 | 188.0 |

## Increase Rate in Last Year Source of Funds for Investment in Fixed Assets by Sector,2019(Non-agricultural)

单位：% (%)

| # 中央预算资金 Central Budgetary Appropriation | 国内贷款 Domestic Loans | 债　券 Bonds | 利用外资 Foreign Investment | 自筹资金 Fundraising | 其他资金来源 Others |
|---|---|---|---|---|---|
| **-0.7** | **12.1** | **172.9** | **71.9** | **17.8** | **-19.2** |
| 180.0 | -56.1 | 1491.0 | | 369.1 | -38.3 |
| | | | 6.0 | 54.2 | |
| 66.1 | 92.1 | | 75.5 | 11.5 | 17.4 |
| -91.7 | 19.4 | -65.9 | | 9.7 | -12.2 |
| | | | | | |
| | | | | -68.9 | 364.9 |
| -39.0 | 74.3 | 3200.0 | | -22.4 | 9.9 |
| | | | | 4622.4 | |
| | | | | 5.2 | |
| | | | | -17.2 | |
| | 1.7 | 20.1 | | 15.5 | -26.9 |
| | 97.8 | | 107.8 | 36.6 | 192.5 |
| -99.7 | -69.3 | | | 6.9 | 225.0 |
| 39.8 | -55.2 | 206.3 | | -5.8 | 11.0 |
| | -31.6 | | | | -7.2 |
| 47.9 | 57.6 | -59.2 | | 7.5 | -69.7 |
| 44733.3 | -1.2 | | | 203.8 | 389.5 |
| | -77.6 | | | -49.2 | -72.8 |
| 1237.2 | | -67.3 | | 1089.8 | 23728.0 |

## 9-6 能源工业固定资产投资(不含农户)比上年增长情况
## Increase Rate in Last Year Investment in Fixed Assets of Energy Industry(Non-agricultural)

单位：%(%)

| 行　　业 | Sector | 2018 | 2019 |
|---|---|---|---|
| **总　　计** | **Total** | **22.4** | **27.4** |
| 石油和天然气开采业 | Petroleum and Natural Gas Extraction | 36.0 | 47.5 |
| 电力、热力生产和供应业 | Production and Supply of Electric Power and Heat Power | -12.0 | 15.3 |
| 燃气生产和供应业 | Production and Supply of Gas | 170.1 | -22.1 |
| 水的生产和供应业 | Production and Supply of Water | 76.4 | 39.9 |
| 石油煤炭及其他燃料加工业 | Processing of Petroleum, Coal and Other Fuel | 122.0 | 45.4 |

## 9-7 城市基础设施固定资产投资比上年增长情况
## Increase Rate in Last Year Urban Infrastructure Investment in Fixed Assets

单位：%(%)

| 行　　业 | Sector | 2018 | 2019 |
|---|---|---|---|
| **总　　计** | **Total** | **-19.5** | **15.0** |
| 交通运输、仓储和邮政业 | Transportation, Storage and Post Services | -7.4 | 26.3 |
| 电信、广播电视和卫星传输服务 | Telecommunication, Broadcast Television and Satellite Transmission Services and Other Information | -35.4 | -4.8 |
| 互联网和相关服务 | Internet and Relative Services | -3.0 | 80.6 |
| 电力、热力生产和供应业 | Production and Supply of Electric Power and Heat Power | -12.0 | 15.3 |
| 燃气生产和供应业 | Production and Supply of Gas | 170.1 | -22.1 |
| 水的生产和供应业 | Production and Supply of Water | 76.4 | 39.9 |
| 公共设施管理业 | Management for Public Facilities | -50.6 | 5.7 |

## 9-8 全社会房屋施工和竣工面积
## Floor Space of Buildings under Construction and Completed

单位：万平方米(10 000 sq.m)

| 项　　目 | Item | 2018 | 2019 | 2019比2018年增长(%) Increase Rate in 2019 over 2018(%) |
|---|---|---|---|---|
| **房屋施工面积** | **Floor Space of Building under Construction** | **12039.43** | **13155.76** | **9.3** |
| #住　宅 | Residential Buildings | 7436.65 | 8464.94 | 13.8 |
| #农村农户 | Rural Area | 54.14 | 54.68 | 1.0 |
| #住　宅 | Residential Buildings | 47.75 | 31.75 | -33.5 |
| **房屋竣工面积** | **Floor Space of Building Completed** | **2291.68** | **1909.19** | **-16.7** |
| #住　宅 | Residential Buildings | 1570.85 | 1259.09 | -19.8 |
| #农村农户 | Rural Area | 46.17 | 52.08 | 12.8 |
| #住　宅 | Residential Buildings | 42.16 | 29.85 | -29.2 |

## 9-9 固定资产投资资金来源(不含农户)比上年增长情况

## Increase Rate in Last Year Source of Funds for Investment in Fixed Assets(Non-agricultural)

单位：% (%)

| 项　目 | Item | 2018 | 2019 |
|---|---|---|---|
| 上年末结余资金 | Balance of Funds Brought Forward from Previous Year | 16.4 | 22.9 |
| 本年实际到位资金 | Subtotal of the Sources of Funds in Current Year | -13.3 | 14.2 |
| 国家预算资金 | State Budgetary Appropriation | -2.7 | 9.1 |
| 国内贷款 | Domestic Loans | -27.2 | 12.1 |
| 债　券 | Bonds | 398.7 | 172.9 |
| 利用外资 | Foreign Investment | 91.6 | 71.9 |
| 自筹资金 | Fundraising | -4.8 | 17.8 |
| 其他资金来源 | Others | -14.8 | -19.2 |

注：2018年起固定资产投资项目资金来源统计范围由计划总投资500万元及以上调整为5000万元及以上项目(以下相关表同)。
Note: The statistical coverage of source of funds for investment in fixed assets change from 5 million yuan to 50 million yuan.

## 9-10 建设项目主要新增生产能力(2019年)

## Main Newly Increased Production Capacity of Construction Projects,2019

| 生产能力名称 | Item | 建设规模 Construction Size | 累计新增生产能力 Accumulated Production Capacity Newly Increased |
|---|---|---|---|
| 天然原油开采(万吨/年) | Natural Crude Oil Extraction (10 000 tons/year) | 429 | 429 |
| 钢　材(万吨/年) | Rolled Steel (10 000 tons/year) | 163 | 73 |
| 铝加工材(万吨/年) | Aluminum Material Production (10 000 tons/year) | 201 | 120 |
| 火力发电(万千瓦) | Fire Power (10 000 kW) | 405 | 340 |
| 风力发电(万千瓦) | Wind Power (10 000 kW) | 50 | 50 |
| 太阳能发电(万千瓦) | Solar Power (10 000 kW) | 26 | 26 |
| 其他发电(万千瓦) | Other Power (10 000 kW) | 9 | 9 |
| 输电线路长度(110千伏及以上)（公里） | Length of Transmission Line (110 kV and above)(km) | 2353 | 1040 |
| 轮胎外胎(万条/年) | Outer Tire (10 000 units/year) | 500 | 100 |
| 轿车制造(辆/年) | Cars (unit/year) | 537000 | 369112 |
| 新建公路(公里) | Length of New Roads (km) | 188 | 119 |
| # 高速公路 | Expressway | 75 | 18 |
| # 一级公路 | First Class | 97 | 87 |
| 改建公路(公里) | Length of Rebuilt Roads (km) | 48 | 3 |
| # 一级公路 | First Class | 33 | 3 |
| 新(扩)建港口码头 | Newly Built and Expanded Ports | 2 | |
| 吞吐量(万吨/年) | Handling Capacity (10 000 tons/year) | 650 | |
| 泊　位(个) | Berths (unit) | 2 | |
| 城市自来水供水能力(万吨/日) | Tap Water Supply Capacity (10 000 tons/day) | 6 | 6 |
| 城市污水处理能力(万吨/日) | Disposal Capacity of Sewage in City (10 000 tons/day) | 170 | 150 |

# 9-11 地方固定资产投资(不含农户)比上年增长情况
## Increase Rate in Last Year Local Investment in Fixed Assets(Non-agricultural)

单位：% (%)

| 项　目 | Item | 2018 | 2019 |
|---|---|---|---|
| 总　计 | **Total** | **-8.0** | **10.0** |
| 按构成分 | **Grouped by Composition of Use** | | |
| 建筑安装工程 | Construction | -36.7 | 18.9 |
| 设备工器具购置 | Purchases of Equipment and Instruments | 20.6 | -5.3 |
| 其他费用 | Others | 37.0 | 6.6 |
| 按建设性质分 | **Grouped by Type of Construction** | | |
| # 新　建 | New Construction | -32.7 | 1.5 |
| 扩　建 | Expansion | -7.8 | 22.6 |
| 改　建 | Reconstruction | -18.6 | 43.1 |
| 其　他 | Others | 34.4 | 9.5 |
| 按行业分 | **Grouped by Sector** | | |
| 农、林、牧、渔业 | Farming, Forestry, Animal Husbandry & Fishery | -9.1 | 13.3 |
| 采矿业 | Minerals Mining | 185.2 | 72.0 |
| 制造业 | Manufacturing | -25.5 | 3.5 |
| 电力、热力、燃气及水生产和供应业 | Production and Supply of Electricity,Heat, Gas and Water | 14.9 | 1.8 |
| 建筑业 | Construction | -90.4 | -100.0 |
| 批发和零售业 | Wholesale and Retail Trade | -25.2 | -40.9 |
| 交通运输、仓储和邮政业 | Transportation, Storage and Post Services | -13.2 | 20.5 |
| 住宿和餐饮业 | Accommodation and Catering Services | -59.9 | 29.9 |
| 信息传输、软件和信息技术服务业 | Information Transmitting, Software and Information Technology Services | -28.8 | -72.9 |
| 金融业 | Finance Intermediation | -67.8 | 17.9 |
| 房地产业 | Real Estate | -34.9 | 9.9 |
| 租赁和商务服务业 | Leasing and Business Services | 58.2 | 27.8 |
| 科学研究和技术服务业 | Scientific Research and Technology Service | -61.1 | -36.9 |
| 水利、环境和公共设施管理业 | Management for Water Conservancy, Environment and Public Facilities | -48.4 | 6.3 |
| 居民服务、修理和其他服务业 | Resident Services, Repair and Other Services | -12.0 | -24.0 |
| 教　育 | Education | -31.5 | 51.6 |
| 卫生和社会工作 | Health Care and Social Work | -21.8 | 98.9 |
| 文化、体育和娱乐业 | Culture, Sports and Recreational Services | -49.0 | -46.9 |
| 公共管理、社会保障和社会组织 | Public Management, Social Security and Social Organizations | -86.8 | 146.6 |

注：本表中按建设性质分组数据未含房地产开发投资。
Note: Investment grouped by type of construction excludes real estate development.

# 9-12 房地产开发投资、建设情况(2000—2019年)
## Investment and Construction of Real Estate Development,2000-2019

单位：亿元(100 million yuan)

| 年 份<br>Year | 本年完成投资额<br>Investment Completed in Current Year | 住 宅<br>Residential Buildings | 办公楼<br>Office Buildings | 商业营业用房<br>Buildings for Business Use | 其 他<br>Others |
|---|---|---|---|---|---|
| 2000 | 133.93 | 90.02 | 3.13 | 7.18 | 33.60 |
| 2001 | 161.27 | 96.40 | 4.52 | 15.65 | 44.70 |
| 2002 | 175.84 | 103.18 | 7.51 | 14.72 | 50.43 |
| 2003 | 211.39 | 150.93 | 7.78 | 24.26 | 28.43 |
| 2004 | 263.92 | 175.24 | 15.75 | 28.24 | 44.69 |
| 2005 | 327.54 | 234.92 | 11.95 | 41.74 | 38.92 |
| 2006 | 402.32 | 311.34 | 23.74 | 35.66 | 31.58 |
| 2007 | 505.30 | 342.82 | 34.55 | 63.76 | 64.17 |
| 2008 | 653.72 | 459.33 | 30.97 | 79.87 | 83.55 |
| 2009 | 735.18 | 494.86 | 32.83 | 97.32 | 110.18 |
| 2010 | 866.64 | 565.39 | 77.18 | 127.35 | 96.72 |
| 2011 | 1080.04 | 689.08 | 109.84 | 176.79 | 104.33 |
| 2012 | 1260.00 | 843.05 | 85.70 | 155.31 | 175.94 |
| 2013 | 1480.82 | 986.28 | 99.91 | 165.29 | 229.34 |
| 2014 | 1699.65 | 1122.26 | 123.58 | 217.93 | 235.88 |
| 2015 | 1871.55 | 1251.53 | 107.70 | 249.01 | 263.31 |
| 2016 | 2300.01 | 1598.27 | 124.64 | 252.44 | 324.66 |
| 2017 | 2233.39 | 1559.70 | 92.58 | 189.39 | 391.72 |
| 2018 | 2458.49 | 1887.23 | 65.37 | 161.63 | 344.26 |
| 2019 | 2727.82 | 2200.01 | 58.10 | 168.99 | 300.72 |

9-12续表 *Continued*

单位：万平方米(10 000 sq.m)

| 年 份<br>Year | 施工面积<br>Floor Space of Building under Construction | #住 宅<br>Residential Buildings | 竣工面积<br>Floor Space of Building Completed | #住 宅<br>Residential Buildings |
|---|---|---|---|---|
| 2000 | 1783.00 | 1582.15 | 583.51 | 532.63 |
| 2001 | 1863.48 | 1590.62 | 690.48 | 626.63 |
| 2002 | 2135.56 | 1746.13 | 746.44 | 673.00 |
| 2003 | 2314.43 | 1953.50 | 911.27 | 750.67 |
| 2004 | 2865.55 | 2352.98 | 1108.13 | 1014.46 |
| 2005 | 3470.57 | 2827.87 | 1479.22 | 1270.96 |
| 2006 | 4142.60 | 3396.45 | 1520.24 | 1308.95 |
| 2007 | 4836.49 | 3744.87 | 1704.36 | 1398.61 |
| 2008 | 5704.27 | 4306.33 | 1799.37 | 1492.54 |
| 2009 | 6052.16 | 4517.83 | 1902.06 | 1580.82 |
| 2010 | 7160.75 | 5117.60 | 2098.55 | 1603.65 |
| 2011 | 9233.98 | 6623.95 | 2102.79 | 1645.10 |
| 2012 | 9864.22 | 6923.52 | 2542.75 | 1913.97 |
| 2013 | 10892.17 | 7562.48 | 2805.37 | 2117.66 |
| 2014 | 10652.37 | 7204.46 | 2924.82 | 2130.25 |
| 2015 | 10230.22 | 6968.75 | 2903.57 | 2182.99 |
| 2016 | 9349.76 | 6311.70 | 2914.25 | 2189.14 |
| 2017 | 8795.82 | 5911.03 | 2023.41 | 1433.24 |
| 2018 | 10541.39 | 7382.25 | 2135.57 | 1559.27 |
| 2019 | 11453.43 | 8156.94 | 1655.50 | 1186.69 |

# 9-13 房地产开发投资情况
## Investment in Real Estate Development

单位：亿元(100 million yuan)

| 项　　目 | Item | 2018 | 2019 | 2019比2018年增长(%) Increase Rate in 2019 over 2018(%) |
|---|---|---|---|---|
| **本年完成投资额** | **Investment Completed in Current Year** | **2458.49** | **2727.82** | **11.0** |
| **按隶属关系分** | **Grouped by Administrative Relationship** | | | |
| 中　央 | Central Government | | | |
| 地　方 | Local Government | 2458.49 | 2727.82 | 11.0 |
| **按登记注册类型分** | **Grouped by Registered Status** | | | |
| 内资企业 | Domestic-funded Enterprises | 2341.63 | 2568.94 | 9.7 |
| 国　有 | State-owned Enterprises | 2.28 | 66.26 | 2802.8 |
| 集　体 | Collective-owned Enterprises | 0.73 | 0.06 | -91.2 |
| 股份合作 | Cooperative Enterprises | | 20.17 | |
| 联营企业 | Joint Ownership Enterprises | | | |
| 有限责任公司 | Limited Liability Corporations | 1625.57 | 1669.43 | 2.7 |
| #国有独资公司 | Sole State-funded Corporations | 176.04 | 254.69 | 44.7 |
| 股份有限公司 | Share Holding Corporations Ltd. | 67.72 | 58.42 | -13.7 |
| 私营企业 | Private Enterprises | 645.33 | 749.71 | 16.2 |
| 其　他 | Others | | 4.89 | |
| 港、澳、台商投资企业 | Enterprises with Investment from Hong Kong, Macao and Taiwan | 54.74 | 74.64 | 36.4 |
| 外商投资企业 | Foreign Funded Enterprises | 62.12 | 84.24 | 35.6 |
| **按构成分** | **Grouped by Composition of Use** | | | |
| 建筑工程 | Construction | 843.76 | 985.90 | 16.8 |
| 安装工程 | Installation | 58.24 | 38.30 | -34.2 |
| 设备工器具 | Equipment and Instruments | 7.76 | 5.18 | -33.3 |
| 其他费用 | Others | 1548.72 | 1698.44 | 9.7 |
| **按工程用途分** | **Grouped by Use of Projects** | | | |
| 住　宅 | Residential Buildings | 1887.23 | 2200.01 | 16.6 |
| #别墅、高档公寓 | Villa, Top Grade Apartment | 98.27 | 112.56 | 14.5 |
| 办公楼 | Office Buildings | 65.37 | 58.10 | -11.1 |
| 商业营业用房 | Houses for Business Use | 161.63 | 168.99 | 4.6 |
| 其　他 | Others | 344.26 | 300.72 | -12.6 |
| **本年新增固定资产** | **Newly Increased Fixed Assets in Current Year** | **981.04** | **959.55** | **-2.2** |

# 9-14 房地产开发建设情况
## Construction of Real Estate Development

| 项　　目 | Item | 2018 | 2019 | 2019比2018年增长(%) Increase Rate in 2019 over 2018(%) |
|---|---|---|---|---|
| **施工房屋面积(万平方米)** | **Floor Space of Buildings under Construction (10 000 sq.m)** | **10541.39** | **11453.43** | **8.7** |
| 住　宅 | Residential Buildings | 7382.25 | 8156.94 | 10.5 |
| 办公楼 | Office Buildings | 624.63 | 562.40 | -10.0 |
| 商业营业用房 | Houses for Business Use | 933.41 | 1057.83 | 13.3 |
| 其　他 | Others | 1601.10 | 1676.25 | 4.7 |
| **竣工房屋面积(万平方米)** | **Floor Space of Buildings Completed(10 000 sq.m)** | **2135.57** | **1655.50** | **-22.5** |
| 住　宅 | Residential Buildings | 1559.27 | 1186.69 | -23.9 |
| 办公楼 | Office Buildings | 114.01 | 41.99 | -63.2 |
| 商业营业用房 | Houses for Business Use | 121.16 | 147.51 | 21.7 |
| 其　他 | Others | 341.13 | 279.32 | -18.1 |
| **竣工房屋价值(亿元)** | **Value of Buildings Completed(100 million yuan)** | **846.97** | **750.94** | **-11.3** |
| 住　宅 | Residential Buildings | 597.68 | 462.85 | -22.6 |
| 办公楼 | Office Buildings | 70.36 | 66.19 | -5.9 |
| 商业营业用房 | Houses for Business Use | 52.93 | 123.66 | 133.6 |
| 其　他 | Others | 125.99 | 98.24 | -22.0 |
| 上年末结余资金 | Balance of Funds Brought Forward from Previous Year | 2125.69 | 2685.12 | 26.3 |
| 本年实际到位资金 | Subtotal of the Sources of Funds in Current Year | 3984.67 | 4377.94 | 9.9 |
| 国内贷款 | Domestic Loans | 851.58 | 840.35 | -1.3 |
| 利用外资 | Foreign Investment | | 17.00 | |
| 自筹资金 | Fundraising | 1076.84 | 1277.38 | 18.6 |
| 定金及预收款 | Deposit and Advance Payment | 1537.06 | 1791.26 | 16.5 |
| 个人按揭贷款 | Personal Mortgage Loans | 218.50 | 232.26 | 6.3 |
| 其他资金 | Others | 300.69 | 219.69 | -26.9 |

## 9-15 房地产销售情况
## Basic Statistics on Real Estate Sales

| 项目 | Item | 2018 | 2019 | 2019比2018年增长(%) Increase Rate in 2019 over 2018(%) |
|---|---|---|---|---|
| **商品房销售面积(万平方米)** | **Floor Space of Commercial Houses Sold(10 000 sq.m)** | **1252.35** | **1478.68** | **18.1** |
| 住宅 | Residential Buildings | 1143.81 | 1382.63 | 20.9 |
| 办公楼 | Office Buildings | 36.44 | 23.99 | -34.2 |
| 商业营业用房 | Houses for Business Use | 54.85 | 55.99 | 2.1 |
| 其他 | Others | 17.25 | 16.07 | -6.8 |
| **商品房销售额(亿元)** | **Total Sales of Commercial Houses(100 million yuan)** | **2009.63** | **2274.14** | **13.2** |
| 住宅 | Residential Buildings | 1819.46 | 2132.48 | 17.2 |
| 办公楼 | Office Buildings | 66.32 | 34.20 | -48.4 |
| 商业营业用房 | Houses for Business Use | 101.95 | 94.76 | -7.1 |
| 其他 | Others | 21.91 | 12.71 | -42.0 |

## 9-16 房地产物业管理情况(2016—2019年)
## Basic Statistics on Real Estate Property Management,2016-2019

| 指标 Item | 2016 | 2017 | 2018 | 2019 |
|---|---|---|---|---|
| 企业总数(个) Number of Enterprises(unit) | 1607 | 1568 | 1091 | 1123 |
| 物业管理项目个数(个) Number of Projects Managed(unit) | 4138 | 4212 | 4251 | 4267 |
| 房屋建筑面积(万平方米) Floor Space of Buildings(10 000 sq.m) | 38379 | 39785 | 42240 | 43602 |
| 住宅 Residential Buildings | 29903 | 31372 | 33837 | 35209 |
| 办公用房 Office Buildings | 3147 | 3347 | 3337 | 3279 |
| 商业营业用房 Houses for Business Use | 2735 | 2734 | 2734 | 2047 |
| 工业仓储用房 Houses for Industry and Storage | 1501 | 1572 | 1572 | 1426 |
| 其他 Others | 793 | 760 | 760 | 1641 |
| 从业人员(人) Employment Personnel(person) | 172431 | 177786 | 186736 | 189215 |
| # 管理人员 Administrative Personnel | 38437 | 40935 | 43262 | 45857 |
| 年经营收入(亿元) Annual Income(100 million yuan) | 87.60 | 105.14 | 129.03 | 126.79 |
| 从业人员报酬(亿元) Remuneration of Employment Personnel(100 million yuan) | 36.21 | 49.12 | 59.41 | 70.67 |

# 主要统计指标解释

**固定资产投资（不含农户）**

是以货币形式表现的在一定时期内建造和购置固定资产的工作量以及与此有关的费用的总称。

**房地产开发投资**

指各种登记注册类型的房地产开发法人单位统一开发的包括统代建、拆迁还建的住宅、厂房、仓库、饭店、宾馆、度假村、写字楼、办公楼等房屋建筑物，配套的服务设施，土地开发工程（如道路、给水、排水、供电、供热、通讯、平整场地等基础设施工程）和土地购置的投资；不包括单纯的土地开发和交易活动。

**民间固定资产投资**

指具有集体、私营、个人性质的内资调查单位以及由其控股（包括绝对控股和相对控股）的调查单位在中华人民共和国境内建造或购置固定资产的投资。

**固定资产投资的资金来源**

指固定资产投资项目单位在报告期收到的（以到账为准），用于固定资产建造和购置的各种货币资金。包括国家预算资金、国内贷款、债券、利用外资、自筹资金和其他资金。

**国家预算资金**　指各级政府用于固定资产投资的财政资金，包括中央预算资金和地方预算资金。国家预算包括一般预算、政府性基金预算、国有资本经营预算和社保基金预算。各类预算中用于固定资产投资的资金全部作为国家预算资金填报，其中一般预算中用于固定资产投资的部分包括基建投资、车购税、灾后恢复重建基金和其他财政投资。各级政府债券也应归入国家预算资金。

**国内贷款**　指报告期固定资产投资项目单位向银行及非银行金融机构借入用于固定资产投资的各种国内借款，包括银行利用自有资金及吸收存款发放的贷款、上级拨入的国内贷款、国家专项贷款，地方财政专项资金安排的贷款、国内储备贷款、周转贷款等。

**债券**　指企业或金融机构为筹集用于固定资产投资的资金向投资者出具的承诺按一定发行条件还本付息的债务凭证，包括金融债券和企业债券。

**利用外资**　指报告期收到的境外（包括外国及港澳台地区）资金（包括设备、材料、技术在内）。包括对外借款（外国政府贷款、国际金融组织贷款、出口信贷、外国银行商业贷款、对外发行债券和股票）、外商直接投资、外商其他投资（包括补偿贸易、加工装配由外商提供的设备价款、国际租赁，外商投资收益的再投资资金）。不包括我国自有外汇资金（包括国家外汇、地方外汇、留成外汇、调剂外汇和中国境内银行自有资金发放的外汇贷款等）。各类外资按报告期的外汇牌价（中间价）折成人民币计算。

**自筹资金**　指固定资产投资项目单位在报告期内筹集的用于项目建设和购置的资金。包括自有资金、股东投入资金和借入资金，但不包括各类财政性资金、从各类金融机构借入资金和国外资金。

**其他资金来源**　指在报告期收到的除以上各种资金之外的用于固定资产投资的资金。包括社会集资、个人资金、无偿捐赠的资金及其他单位拨入的资金等。

**固定资产投资按构成分**

**建筑工程**　指各种房屋、建筑物的建造工程。这部分投资额必须兴工动料，通过施工活动才能实现，是固定资产投资额的重要组成部分。建筑工程包括各种房屋的建造；设备基础及各种窑炉的砌筑工程和金属结构工程；为施工而进行的建筑场地布置、工程地质勘探、平整场地、施工临时用水、电、气、路和清理绿化等；矿井的开凿，铁路、公路、桥梁、水利及防空、地下建筑等特殊工程。

**安装工程**　指各种设备、装置的安装工程。在安装工程投资额中，不包括被安装设备本身价值。安装工程包括生产、动力、起重、运输、传动和医疗、试验等各种需要安装设备的装配和安装，与设备相连的工作台、梯子、栏杆以及管线敷设、保温、油漆、防腐和单机试运、系统联动无负荷试运工作（不包括投料试运）。

**设备、工具、器具购置**　指报告期内购置或自制的，达到固定资产标准的设备、工具、器具的价值。但新建单位、扩建单位的新建车间，按照设计和计划要求购置或自制的全部设备、工具、器具，不论是否达到固定资产标准均计入“设备、工具、器具购置”中。

**其他费用**　指在固定资产建造和购置过程中发生的，除建筑安装工程和设备、工器具购置投资完成额以外的应当分摊计入固定资产投资项目的费用，包括土地购置费（建设用地费）、旧建筑物购置费（房屋建筑物购置费）等，但不指经营中财务上的其他费用。

**固定资产投资按建设性质分**

**新建**　指从无到有“平地起家”开始建设的项目。有的单位原有基础很小，经扩大建设后，其新增加的固定资产价值（原值）超过原有固定资产价值三倍以上的也应算为新建。

**扩建**　指为扩大原有产品生产能力（或效益）或增加新的产品生产能力，而增建的生产车间（或主要工程）、独立的生产线等。事业单位和行政单位在原单位增建业务用房，也作为扩建。

**改建和技术改造** 指对原有设施进行技术改造或更新（包括相应配套的辅助性生产、生活福利设施）的建设项目。有的还充分发挥现有的生产能力，进行填平补齐而增建不直接增加本单位主要产品生产能力的车间等，也属于改建。

**新增固定资产**

指报告期内已经完成建造和购置过程，并已交付生产或使用单位的固定资产价值，包括已经建成投入生产或交付使用的工程投资和达到固定资产标准的设备、工具、器具的投资以及有关的摊入费用。属于增加固定资产价值的其他建设费用，应随同交付使用的工程一并计入新增固定资产。

**固定资产交付使用率**

指报告期内新增固定资产与同期完成投资额的比率。它是反映各个时期固定资产动用速度，衡量建设过程中投资效果的一个综合性指标。

**商品房销售面积**

指报告期内出售商品房屋的合同总面积（即双方签署的正式买卖合同中所确定的建筑面积）。由现房销售建筑面积和期房销售建筑面积两部分组成。

**商品房销售额**

指报告期内出售商品房屋的合同总价款（即双方签署的正式买卖合同中所确定的合同总价）。该指标与商品房销售面积同口径，由现房销售额和期房销售额两部分组成。

# Explanatory Notes on Main Statistical Indicators

**Investment in Fixed Assets (Excluding Rural Households)**
refers to the total amount of construction and acquisition of fixed assets completed in a monetary form and the total amount of costs associated with it during a given period.

**Investment in Real Estate Development**
refers to investment by real estate development companies, commercialized buildings construction companies and other real estate development units of various types of ownership in the construction of buildings, such as residential buildings, factory buildings, warehouses, hotels, guesthouses, holiday villages, office buildings, the complementary service facilities and land development projects, such as roads, water supply, water drainage, power supply, heating supply, telecommunications, land leveling and other infrastructural projects. It does not include activities in pure land development and transactions.

**Private Fixed Asset Investment**
refers to the domestic investigation unit and institutions of collective or private or individual, as well as its holding (including absolute holding and relative holding) units within the territory of PRC construction or purchase of fixed assets investment.

**Source of Funds for Investment in Fixed Assets**
refers to the funds used to establish or buy fixed assets by the construction unit of investment project in report period, included the state budget, domestic loans, bonds, foreign investment, self-raised funds, and others.

**State Budgetary Appropriation** refers to the financial funds used by governments at all levels for investment in fixed assets, including central budgetary appropriation and local budgetary appropriation. National budget includes the general budget, government fund budget, state-owned capital management budget and social security funds. In various types of budget, funds used for investment in fixed assets are all calculated as state budgetary appropriation. And general budget used for investment in fixed assets includes infrastructure investment, vehicle purchase tax, post-earthquake recovery and reconstruction funds and other financial investments. Government bonds of all levels are also included in the state budgetary appropriation.

**Domestic Loans** refer to loans of various forms borrowed by the construction unit of investment project from banks and non-bank financial institutions during the reference period for the purpose of investment in fixed assets, including the bank loans of its own funds and deposits, the domestic loans appropriated by the superior competent department, the national special loans (including coal oil loans, the special loans for reform-through-labour coal mine), the loans of local financial special funds, the domestic bank loans, revolving credits, etc.

**Bonds** refer to the voucher issued enterprise (company) or financial institutions in order to raise funds with commit of payback with interests according to certain conditions, including the financial bonds and enterprise bonds (approved by the National Development and Reform Commission and the China Securities Regulatory Commission).

**Foreign Investment** refers to overseas (foreign regions, Hong Kong, Macao and Taiwan) funds received during the reference period (covering equipment, materials and technology), including foreign borrowings (loans from foreign governments and international financial institutions, export credit, commercial loans from foreign banks, issue of bonds and stocks overseas), foreign direct investment and other foreign investments (includes compensation trade, equipment price provided by foreign investors, international leasing, and Reinvestment funds of foreign investment income). Excluded from this category is capital in foreign exchanges owned by China (foreign exchanges owned by the central and local governments, foreign exchanges retained by enterprises, foreign exchanges by enterprises through the regulating mechanism, loans in foreign exchanges issued by the banks within China with its own fund, etc.). In calculating the utilization of foreign capital, foreign currencies are converted into Chinese RMB applying the current exchange rate during the reference period.

**Fundraising** refer to funds for investment in fixed assets raised by enterprises and institutions and received by investment project units for project construction and purchase during the reference period, including self-raised funds of enterprises and institutions, funds invested and borrowed by shareholders, excluding government financial capital, funds borrowed from various financial institutions and foreign funds. Compared with the original fundraising concept, the biggest change is that the local finance all belong to the state budget funds and the fundraising do not contain financial funds.

**Other Sources of Funding** refer to funds for investment in fixed assets received from sources other than those listed above, including funds raised from individuals and through social donations, and funds transferred from other units.

**Investment in Fixed Assets by Composition of Use**

**Construction** refers to the construction of various houses and buildings, it also is called the work volume of construction. It is an important part of fixed assets investment, including construction of various houses, equipment foundations and industrial kilns and stoves, preparation works for project construction, and clearing up works post project construction, geological examination, land-leveling, water, electricity, gas road-cleaning, planting trees, drilling of mines, pavement of railways and roads, highway, bridge, construction of projects of water conservancy, construction of underground air-raid shelters and construction of other special projects.

**Installation** refers to the installation of various kinds of equipment and instruments (work volume of installation). The value of equipment installed is excluded in the value of installation projects. Including various kinds of equipment, i.e. production, power-driven, lifting, transport, transmission, medical experiment etc. and working table, stepladder railing, putting up of pipes, keep warm, paint, rot-proofing, try operation (excluding put in material try operation).

**Purchases of Equipment and Instruments** refer to the total value of equipment, tools, and vessels purchased or self-produced by construction units, enterprises or institutions, within the reference period, which come up to standards for fixed assets. Equipment, tools and vessels purchased or self-produced for new workshops by newly established or expanded units are categorized as "purchase of equipment and instruments" no matter whether they come up to the standards for fixed assets or not.

**Other Expenses** refer to investment in assets construction and purchases excluded in above items, which should be apportioned and included in the fixed assets investment project, including land acquisition costs (costs of land for construction use), old building purchase costs (building purchase costs), etc., but does not refer to any other financial expenses.

**Investment in Fixed Assets by Type of Construction**

**New Construction** refers to newly constructed units. In the case, in which the value of the original fixed assets of the unit is quite small, and the value of newly added fixed assets exceeds the original ones by three times, the expansion construction is considered as new construction.

**Expansion Construction** refers to construction of new major production workshop or independent production line within a factory or in other locations, or construction of a branch factory so as to increase the production capacity of the original products. Newly constructed business houses in institutions and administrative organizations are also classified as expansion.

**Reconstruction and Technical Innovation** refers to construction of technical innovation and transformation of the existing equipment and technical conditions undertaken by enterprises and institutions, (including accessory facilities for production and living purposes). The construction of new workshops for improving existing production capacity rather than increasing production capacity is also considered as reconstruction.

**Newly Increased Fixed Assets**

refers to the newly increased value of fixed assets finished construction and purchase in the reference period and delivered to the production or use units, including the value of projects completed and put into production, the value of equipment, tools, and vessels considered as fixed assets, as well as the relevant expenses as investment in fixed assets. Other construction expenses to increase the volume in fixed assets should be calculated into newly increased fixed assets with the project put in use.

**Rate of Fixed Assets Put into Use**

refers to the ratio of the newly increased fixed assets to the total investment made in the same period. This is a comprehensive indicator, reflecting the speed of the employment of fixed assets and the investment efficiency.

**Floor Space of Commercial Houses Sold**

refers to total contracted area of commercialized housing (the area of floor space as designated in the formal contracts signed by both sides) during the reference time. It is constituted by floor space of completed housing and floor space of future housing.

**Sales of Commercial Houses**

refer to the total contracted value (the value of sales/purchase for selling/purchase of commercialized housing as designated in the contract signed by both sides) during the reference time. This indicator has the same coverage as the area of commercialized housing sold, which is constituted by floor space of completed housing and floor space of housing yet to be completed.

# 第十篇　对外经济贸易

# Chapter 10　Foreign Trade, Economic Cooperation

# 10-1 对外贸易进出口总额(1978—2019年)
## Total Value of Imports and Exports in Foreign Trade,1978-2019

| 年 份<br>Year | 绝对数(亿美元)<br>Absolute Value(USD 100 million) | | | 增长速度(%)(比上年)<br>Increase Rate(%)(Over Preceding Year) | | |
|---|---|---|---|---|---|---|
| | 进出口总额<br>Imports & Exports | 出口总额<br>Exports | 进口总额<br>Imports | 进出口总额<br>Imports & Exports | 出口总额<br>Exports | 进口总额<br>Imports |
| 1978 | 9.88 | 8.65 | 1.24 | 26.1 | 25.1 | 34.0 |
| 1979 | 13.83 | 12.21 | 1.62 | 39.9 | 41.2 | 31.3 |
| 1980 | 18.27 | 15.42 | 2.85 | 18.5 | 26.3 | 75.3 |
| 1981 | 16.83 | 15.37 | 1.47 | -7.9 | -0.4 | -48.5 |
| 1982 | 15.37 | 14.24 | 1.13 | -8.7 | -7.3 | -22.8 |
| 1983 | 15.78 | 14.27 | 1.51 | 2.7 | 0.2 | 33.3 |
| 1984 | 14.67 | 12.34 | 2.34 | -7.0 | -13.6 | 55.0 |
| 1985 | 14.86 | 11.53 | 3.33 | 1.3 | -6.6 | 43.9 |
| 1986 | 16.64 | 12.55 | 4.09 | 12.0 | 8.9 | 21.6 |
| 1987 | 20.13 | 15.17 | 4.96 | 21.0 | 20.9 | 21.2 |
| 1988 | 22.78 | 16.83 | 5.96 | 13.2 | 10.9 | 20.2 |
| 1989 | 22.14 | 16.86 | 5.28 | -2.8 | 0.2 | -11.3 |
| 1990 | 22.10 | 17.86 | 4.24 | -0.2 | 5.9 | -19.7 |
| 1991 | 20.20 | 16.06 | 4.14 | -8.6 | -10.0 | -2.5 |
| 1992 | 23.76 | 17.52 | 6.23 | 17.6 | 9.1 | 50.7 |
| 1993 | 27.77 | 19.42 | 8.34 | 16.9 | 10.8 | 33.8 |
| 1994 | 33.12 | 24.00 | 9.13 | 19.3 | 23.6 | 9.4 |
| 1995 | 65.46 | 29.98 | 35.47 | 97.6 | 24.9 | 288.7 |
| 1996 | 82.97 | 40.49 | 42.48 | 26.8 | 35.0 | 19.8 |
| 1997 | 100.23 | 50.18 | 50.05 | 20.8 | 23.9 | 17.8 |
| 1998 | 106.16 | 54.99 | 51.17 | 5.9 | 9.6 | 2.3 |
| 1999 | 126.05 | 63.32 | 62.73 | 18.7 | 15.2 | 22.6 |
| 2000 | 171.57 | 86.29 | 85.28 | 36.1 | 36.3 | 36.0 |
| 2001 | 181.86 | 95.02 | 86.85 | 6.0 | 10.1 | 1.8 |
| 2002 | 228.27 | 115.95 | 112.32 | 25.5 | 22.0 | 29.3 |
| 2003 | 293.71 | 143.74 | 149.97 | 28.7 | 24.0 | 33.5 |
| 2004 | 420.19 | 208.65 | 211.54 | 43.2 | 45.4 | 41.4 |
| 2005 | 533.87 | 274.15 | 259.72 | 27.1 | 31.4 | 22.8 |
| 2006 | 645.73 | 335.40 | 310.33 | 21.0 | 22.3 | 19.5 |
| 2007 | 715.50 | 381.61 | 333.89 | 10.8 | 13.8 | 7.6 |
| 2008 | 805.39 | 422.29 | 383.10 | 12.6 | 10.7 | 14.7 |
| 2009 | 639.44 | 299.85 | 339.59 | -20.6 | -29.0 | -11.4 |
| 2010 | 822.01 | 375.17 | 446.84 | 28.8 | 25.5 | 31.7 |
| 2011 | 1033.91 | 444.98 | 588.93 | 25.9 | 18.7 | 32.0 |
| 2012 | 1156.23 | 483.14 | 673.09 | 11.8 | 8.6 | 14.3 |
| 2013 | 1285.28 | 490.25 | 795.03 | 11.2 | 1.5 | 18.1 |
| 2014 | 1339.12 | 525.97 | 813.16 | 4.2 | 7.3 | 2.3 |
| 2015 | 1143.47 | 511.83 | 631.64 | -14.6 | -2.7 | -22.3 |
| 2016 | 1026.51 | 442.86 | 583.65 | -10.2 | -13.4 | -7.6 |
| 2017 | 1129.45 | 435.65 | 693.81 | 10.0 | -1.6 | 18.8 |
| 2018 | 1225.11 | 487.96 | 737.16 | 8.5 | 12.0 | 6.3 |
| 2019 | 1066.45 | 437.94 | 628.51 | -13.0 | -10.3 | -14.8 |

注：自1998年始，用海关数据。
Note: From 1998, data of this table are provided by Tianjin Customs.

# 10-2 天津口岸进出口总额(1981—2019年)
## Total Value of Imports and Exports in Tianjin Port,1981-2019

| 年 份<br>Year | 按美元计算(亿美元)<br>Calculated by USD (USD 100 million) | | | 按人民币计算(亿元)<br>Calculated by RMB (100 million yuan) | | |
|---|---|---|---|---|---|---|
| | 进出口总额<br>Imports & Exports | 出口总额<br>Exports | 进口总额<br>Imports | 进出口总额<br>Imports & Exports | 出口总额<br>Exports | 进口总额<br>Imports |
| 1981 | 57.84 | 22.74 | 35.10 | 96.62 | 37.99 | 58.63 |
| 1982 | 58.36 | 25.80 | 32.56 | 108.21 | 47.84 | 60.70 |
| 1983 | 60.55 | 22.92 | 37.63 | 119.42 | 45.19 | 74.23 |
| 1984 | 69.35 | 21.77 | 47.58 | 154.21 | 48.06 | 106.15 |
| 1985 | 96.18 | 20.07 | 76.11 | 283.30 | 59.13 | 224.17 |
| 1986 | 96.82 | 26.37 | 70.45 | 338.13 | 92.11 | 246.02 |
| 1987 | 89.98 | 32.85 | 57.13 | 334.91 | 122.27 | 212.64 |
| 1988 | 102.77 | 38.78 | 63.99 | 388.00 | 146.00 | 242.00 |
| 1989 | 106.30 | 39.70 | 66.60 | 399.69 | 149.27 | 250.42 |
| 1990 | 85.95 | 42.53 | 43.42 | 410.84 | 203.29 | 207.55 |
| 1991 | 91.37 | 46.48 | 44.89 | 486.98 | 239.59 | 247.39 |
| 1992 | 104.61 | 54.60 | 50.01 | 572.23 | 298.68 | 273.55 |
| 1993 | 125.04 | 66.03 | 59.01 | 726.48 | 383.63 | 342.85 |
| 1994 | 161.67 | 86.81 | 74.86 | 1397.96 | 750.65 | 647.31 |
| 1995 | 217.46 | 127.81 | 89.65 | 1821.23 | 1070.41 | 750.82 |
| 1996 | 216.85 | 122.89 | 93.96 | 1804.19 | 1022.44 | 781.75 |
| 1997 | 215.62 | 131.24 | 84.38 | 1787.55 | 1088.02 | 699.53 |
| 1998 | 223.19 | 134.84 | 88.35 | 1852.48 | 1119.17 | 733.31 |
| 1999 | 248.29 | 139.18 | 109.11 | 2055.34 | 1152.13 | 903.21 |
| 2000 | 298.03 | 165.29 | 132.74 | 2479.60 | 1375.20 | 1104.40 |
| 2001 | 323.71 | 178.13 | 145.58 | 2679.30 | 1474.40 | 1204.90 |
| 2002 | 365.35 | 190.55 | 174.80 | 3025.46 | 1577.94 | 1447.52 |
| 2003 | 461.67 | 259.57 | 202.10 | 3831.86 | 2154.43 | 1677.43 |
| 2004 | 677.66 | 384.80 | 292.86 | 5608.66 | 3184.80 | 2423.86 |
| 2005 | 819.29 | 446.83 | 372.46 | 6711.38 | 3660.30 | 3051.08 |
| 2006 | 1018.85 | 571.24 | 447.61 | 8122.07 | 4553.81 | 3568.26 |
| 2007 | 1290.00 | 752.87 | 537.13 | 9616.05 | 5612.12 | 4003.93 |
| 2008 | 1631.02 | 940.98 | 690.04 | 11137.09 | 6425.29 | 4711.80 |
| 2009 | 1242.24 | 612.04 | 630.20 | 8484.50 | 4180.23 | 4304.27 |
| 2010 | 1641.10 | 794.41 | 846.69 | 10935.57 | 5293.60 | 5641.97 |
| 2011 | 1972.49 | 959.19 | 1013.29 | 12497.50 | 6077.33 | 6420.10 |
| 2012 | 2042.52 | 980.13 | 1062.40 | 12838.26 | 6160.61 | 6677.72 |
| 2013 | 2148.15 | 997.14 | 1151.01 | 13189.64 | 6122.44 | 7067.20 |
| 2014 | 2285.04 | 1097.98 | 1187.06 | 14037.81 | 6744.73 | 7293.09 |
| 2015 | 1874.29 | 994.30 | 879.99 | 11622.68 | 6162.81 | 5459.87 |
| 2016 | 1702.35 | 873.68 | 828.68 | 11233.21 | 5754.27 | 5478.94 |
| 2017 | 1872.46 | 902.18 | 970.28 | 12681.95 | 6117.09 | 6564.86 |
| 2018 | 2097.80 | 1004.73 | 1093.07 | 13846.04 | 6616.24 | 7229.80 |
| 2019 | 2010.07 | 918.73 | 1091.34 | 13845.06 | 6326.51 | 7518.55 |

资料来源：天津海关，表10-4至10-6同。
Source: Tianjin Customs, same as table 10-4 to 10-6.

# 10-3 利用外资情况(1979—2019年)
## Utilization of Foreign Capital,1979-2019

单位：万美元，%(USD 10 000,%)

| 年 份 Year | 直接利用外资合同额 Foreign Direct Investment Contracted | | 实际使用外资金额 Actual Use of Foreign Capital | | 实际借用国外资金 Actually Used Foreign Loans | |
|---|---|---|---|---|---|---|
| | 绝对数 Absolute Value | 增长速度(比上年) Increase Rate (Over Preceding Year) | 绝对数 Absolute Value | 增长速度(比上年) Increase Rate (Over Preceding Year) | 绝对数 Absolute Value | 增长速度(比上年) Increase Rate (Over Preceding Year) |
| 1979 | 279 | | | | | |
| 1980 | 511 | 83.2 | 271 | | | |
| 1981 | 204 | -60.1 | 40 | -85.2 | | |
| 1982 | 150 | -26.5 | 578 | 1345.0 | | |
| 1983 | 555 | 270.0 | 40 | -93.1 | 251 | |
| 1984 | 6290 | 1033.3 | 1190 | 2875.0 | 933 | 271.7 |
| 1985 | 5452 | -13.3 | 4409 | 270.5 | 2098 | 124.9 |
| 1986 | 6583 | 20.7 | 4287 | -2.8 | 11229 | 435.2 |
| 1987 | 1417 | -78.5 | 5491 | 28.1 | 18547 | 65.2 |
| 1988 | 8931 | 530.3 | 2395 | -56.4 | 42878 | 131.2 |
| 1989 | 8452 | -5.4 | 8134 | 239.6 | 3517 | -18.0 |
| 1990 | 16367 | 93.6 | 8315 | 2.7 | 25122 | -28.6 |
| 1991 | 19656 | 20.1 | 9388 | 12.9 | 38711 | 54.1 |
| 1992 | 121927 | 520.3 | 23138 | 146.5 | 59922 | 54.8 |
| 1993 | 225567 | 85.0 | 54120 | 133.9 | 39112 | -34.7 |
| 1994 | 350234 | 55.3 | 101499 | 87.5 | 75985 | 94.3 |
| 1995 | 385053 | 9.9 | 152064 | 49.8 | 58924 | -22.5 |
| 1996 | 392431 | 1.9 | 200587 | 31.9 | 97771 | 65.9 |
| 1997 | 385066 | -1.9 | 251135 | 25.2 | 91166 | -6.8 |
| 1998 | 363729 | -5.5 | 251803 | 0.3 | 53984 | -40.8 |
| 1999 | 362034 | -0.5 | 253203 | 0.6 | 21332 | -60.5 |
| 2000 | 460000 | 27.1 | 256000 | 1.1 | 26467 | 24.1 |
| 2001 | 463000 | 0.7 | 322000 | 25.8 | 7688 | -71.0 |
| 2002 | 581220 | 25.5 | 380591 | 18.2 | 6310 | -17.9 |
| 2003 | 351297 | 74.3 | 163325 | 62.9 | 7225 | 14.5 |
| 2004 | 558855 | 59.1 | 247243 | 51.4 | 22993 | 218.2 |
| 2005 | 732281 | 31.0 | 332885 | 34.6 | 31688 | 37.8 |
| 2006 | 811156 | 10.8 | 413077 | 24.1 | 23819 | -24.8 |
| 2007 | 1151856 | 42.0 | 527776 | 27.8 | 18257 | -23.4 |
| 2008 | 1325629 | 15.1 | 741978 | 40.6 | 17701 | -22.9 |
| 2009 | 1383817 | 4.4 | 901985 | 21.6 | 6933 | -60.8 |
| 2010 | 1529569 | 10.5 | 1084872 | 20.3 | 20983 | 202.7 |
| 2011 | 1683700 | 10.1 | 1305602 | 20.4 | 18378 | -12.4 |
| 2012 | 1858541 | 10.4 | 1501633 | 15.0 | 14867 | -19.1 |
| 2013 | 2073332 | 11.6 | 1682897 | 12.1 | 41791 | 181.1 |
| 2014 | 2281979 | 10.1 | 1886676 | 12.1 | 152250 | 264.3 |
| 2015 | 3135740 | 37.4 | 2113444 | 12.0 | 123549 | -18.9 |
| 2016 | 3082564 | -1.7 | 1010045 | 12.2 | 753599 | 510.0 |
| 2017 | 2642295 | -14.3 | 1060784 | 5.0 | 1673238 | 122.0 |
| 2018 | 2464851 | -6.7 | 485104 | | | |
| 2019 | 3159446 | 28.2 | 473161 | 3.0 | | |

资料来源：天津市商务局

Source: Tianjin Municipal Bureau of Commerce

注：2013、2016、2018、2019年直接利用外资统计口径依商务部统计制度进行了调整，增速为可比口径，表10-7至10-12同。

Note: The statistics caliber of Foreign Direct Investment was adjusted by statistics system of commerce department in 2013,2016,2018 and 2019, the growth rate is comparable coverage. Same as table 10-7 to 10-12.

# 10-4 对外贸易进出口总额(2019年)
## Total Value of Imports and Exports in Foreign Trade,2019

单位：万元( 10 000 yuan)

| 项 目 | Item | 进出口总额 Imports & Exports | 出口总额 Exports | 进口总额 Imports |
|---|---|---|---|---|
| **合 计** | **Total** | **73460283** | **30178099** | **43282184** |
| **按口岸分** | **By Port** | | | |
| 本口岸 | Local Port | 53010415 | 20487055 | 32523360 |
| 外口岸 | Outside Port | 20449868 | 9691044 | 10758824 |
| **按经营单位分** | **By Managing Unit** | | | |
| # 国有企业 | State-owned Enterprises | 10233966 | 4432115 | 5801851 |
| 集体企业 | Collective-owned Enterprises | 287782 | 270263 | 17519 |
| 私营企业 | Private Enterprises | 25962515 | 10800116 | 15162399 |
| 外资企业 | Foreign Funded Enterprises | 36757463 | 14663625 | 22093838 |
| 中外合资企业 | Joint Venture Enterprises | 14652007 | 6107972 | 8544035 |
| 中外合作企业 | Cooperative Operation Enterprises | 171947 | 17023 | 154924 |
| 外商独资企业 | Foreign-funded Sole Enterprises | 21933509 | 8538630 | 13394879 |
| **按贸易性质分** | **By Way of Trade** | | | |
| # 一般贸易 | General Trade | 36800535 | 15779664 | 21020871 |
| 加工贸易 | Processing Trade | 21460530 | 12714386 | 8746144 |
| 进料加工 | Processing Using Import Material | 18847777 | 12256525 | 6591252 |
| 来料加工 | Processing Using Provided Material | 2612753 | 457861 | 2154892 |
| 外商投资企业进口设备 | Equipment Imports of Foreign-funded Enterprises | 78656 | | 78656 |
| 对外承包工程出口货物 | Merchandise Exports of Contracted Foreign Projects | 416343 | 416343 | |
| 租赁贸易 | Leasing Trade | 1024518 | 90604 | 933914 |
| 保税区仓储进出境货物 | Goods Passed in and out of Free Trade Zone | 2268053 | 214716 | 2053337 |
| 保税区仓储转口货物 | Goods Transited in Free Trade Zone | 11060153 | 888088 | 10172065 |
| **按商品类别分** | **By Category of Commodities** | | | |
| # 机电产品 | Mechanical and Electronic Products | 47289769 | 20566188 | 26723581 |
| # 高新技术产品 | High & New Technology Products | 24847278 | 9175416 | 15671862 |

注：机电产品、高新技术产品进出口数据来自天津市商务局。
Note: The source of data of Mechanical and Electronic Products and High & New Technology Products is Tianjin Municipal Bureau of Commerce.

# 10-5 对外贸易分国别(地区)进出口总额(2019年)
# Total Value of Imports and Exports in Foreign Trade by Country(Region),2019

单位：万元(10 000 yuan)

| 国别(地区) | Country(Region) | 进出口总额 Imports & Exports | 出口总额 Exports | 进口总额 Imports |
|---|---|---|---|---|
| **合　计** | **Total** | **73460283** | **30178099** | **43282184** |
| **亚　洲** | **Asia** | **34477778** | **14463413** | **20014365** |
| # 中国香港 | Hong Kong,China | 1814130 | 1735438 | 78692 |
| 印　度 | India | 1268943 | 1020946 | 247997 |
| 印度尼西亚 | Indonesia | 1103169 | 476944 | 626225 |
| 伊　朗 | Iran | 579697 | 188860 | 390837 |
| 日　本 | Japan | 7563965 | 2098064 | 5465901 |
| 马来西亚 | Malaysia | 2161488 | 586526 | 1574962 |
| 菲律宾 | The Philippines | 866242 | 292743 | 573499 |
| 新加坡 | Singapore | 1676519 | 969561 | 706959 |
| 韩　国 | Republic of Korea | 6978228 | 1885119 | 5093109 |
| 泰　国 | Thailand | 1131281 | 614980 | 516301 |
| 越　南 | Vietnam | 2407618 | 2026511 | 381107 |
| 中国台湾 | Taiwan,China | 1747296 | 447481 | 1299815 |
| **非　洲** | **Africa** | **1729134** | **1124194** | **604940** |
| # 阿尔及利亚 | Algeria | 99204 | 73714 | 25490 |
| 安哥拉 | Angola | 38002 | 16124 | 21878 |
| 埃　及 | Egypt | 117851 | 109145 | 8706 |
| 加　纳 | Ghana | 75685 | 59918 | 15768 |
| 尼日利亚 | Nigeria | 165392 | 164199 | 1193 |
| 南　非 | South Africa | 417051 | 137968 | 279083 |

10-5续表 *Continued*

单位：万元(10 000 yuan)

| 国别(地区) | Country(Region) | 进出口总额 Imports & Exports | 出口总额 Exports | 进口总额 Imports |
|---|---|---|---|---|
| **欧　洲** | **Europe** | **19122820** | **6102514** | **13020306** |
| # 英　国 | United Kingdom | 1217365 | 378638 | 838728 |
| 德　国 | Germany | 4816636 | 929864 | 3886771 |
| 法　国 | France | 4542807 | 516604 | 4026203 |
| 意大利 | Italy | 744661 | 274985 | 469675 |
| 荷　兰 | Netherlands | 838046 | 631664 | 206382 |
| 俄罗斯 | Russia | 894809 | 676433 | 218376 |
| 乌克兰 | Ukraine | 146787 | 81232 | 65555 |
| 捷克共和国 | The Czech Republic | 323451 | 234863 | 88588 |
| 斯洛伐克共和国 | The Slovak Republic | 785727 | 124447 | 661280 |
| 比利时 | Belgium | 250255 | 136244 | 114011 |
| 丹　麦 | Denmark | 1488657 | 360829 | 1127828 |
| 葡萄牙 | Portugal | 101544 | 44316 | 57228 |
| 西班牙 | Spain | 732688 | 436978 | 295710 |
| 奥地利 | Austria | 307567 | 23086 | 284481 |
| 匈牙利 | Hungary | 127053 | 93517 | 33537 |
| **拉丁美洲** | **Latin America** | **5839841** | **3265245** | **2574597** |
| # 阿根廷 | Argentina | 424748 | 112988 | 311760 |
| 巴　西 | Brazil | 2805688 | 1486851 | 1318837 |
| **北美洲** | **North America** | **9230874** | **4445710** | **4785163** |
| # 加拿大 | Canada | 926692 | 410626 | 516066 |
| 美　国 | United States | 8291284 | 4032770 | 4258514 |
| **大洋洲及太平洋岛屿** | **Oceania and Pacific Islands** | **3038248** | **777024** | **2261224** |
| # 澳大利亚 | Australia | 2169664 | 673007 | 1496657 |
| 新西兰 | New Zealand | 826128 | 71263 | 754864 |

## 10-6 天津口岸进出口商品检验情况(2015—2019年)
## Inspection of Imports and Exports Commodities in Tianjin Port,2015-2019

单位：批、万美元(batch, USD 10 000)

| 项　目 | Item | 2015 | 2016 | 2017 | 2018 | 2019 |
|---|---|---|---|---|---|---|
| **进口商品检验** | **Imports Inspection** | | | | | |
| 批　数 | Batches | 224302 | 240059 | 251150 | 214981 | 352934 |
| # 不合格 | Disqualification | 18627 | 24643 | 48527 | 16368 | 15019 |
| 金　额 | Value | 4319154 | 3935237 | 5183050 | 5743186 | 8325654 |
| # 不合格 | Disqualification | 733145 | 718333 | 1086161 | 915599 | 874836 |
| **出口商品检验** | **Exports Inspection** | | | | | |
| 批　数 | Batches | 64223 | 63186 | 60376 | 54780 | 50434 |
| # 不合格 | Disqualification | 488 | 500 | 586 | 136 | 45 |
| 金　额 | Value | 386620 | 334325 | 413797 | 434183 | 395030 |
| # 不合格 | Disqualification | 6295 | 4374 | 8238 | 7859 | 180 |

## 10-7 本市在境外设立企业和机构情况
## Municipal Overseas Enterprises and Agencies

| 项　目 | Item | 2018 | 2019 | 至2019年底累计 Accumulated at the end of 2019 |
|---|---|---|---|---|
| 企业机构总计(个) | Total (unit) | 132 | 131 | 2138 |
| 投资总额(万美元) | Total Investment (USD 10 000) | 397267 | 460722 | 8340233 |
| # 中方投资额 | Chinese Investment | 210455 | 159469 | 5037434 |
| 中方投资占比重(%) | Proportion of Chinese Investment (%) | 53.0 | 34.6 | 60.4 |
| 投资国家和地区(个) | Number of Countries and Regions Invested (unit) | 44 | 40 | 100 |

## 10-8 直接利用外资签约情况(2017—2019年)
## Utilization of Foreign Direct Investment,2017-2019

单位：万美元 (USD 10 000)

| 项 目 | Item | 2017 | 2018 | 2019 |
|---|---|---|---|---|
| **合 同 数(个)** | **Number of Contracts (item)** | **951** | **1088** | **711** |
| # 合资企业 | Joint Venture Enterprises | 366 | 549 | 232 |
| 合作企业 | Cooperative Operation Enterprises | 2 | 1 | |
| 独资企业 | Sole Foreign-funded Enterprises | 565 | 531 | 456 |
| **合同外资金额** | **Foreign Investment Contracted** | **2642295** | **2464851** | **3159446** |
| # 合资企业 | Joint Venture Enterprises | 552693 | 837378 | 648360 |
| 合作企业 | Cooperative Operation Enterprises | 296122 | 11250 | 26 |
| 独资企业 | Sole Foreign-funded Enterprises | 1780447 | 1558381 | 1733925 |

## 10-9 实际使用外资情况(2017—2019年)
## Actual Use of Foreign Capital,2017-2019

单位：万美元 (USD 10 000)

| 项 目 | Item | 2017 | 2018 | 2019 |
|---|---|---|---|---|
| **总 计** | **Total** | **1060784** | **485104** | **473161** |
| # 合资企业 | Joint Venture Enterprises | 332384 | 154200 | 145776 |
| 合作企业 | Cooperative Operation Enterprises | 50319 | 41986 | 29871 |
| 独资企业 | Sole Foreign-funded Enterprises | 598440 | 279637 | 251145 |

## 10-10 对外经济合作(2017—2019年)
## Economic Cooperation with Foreign Countries or Regions,2017-2019

| 项 目 | Item | 2017 | 2018 | 2019 |
|---|---|---|---|---|
| **对外承包工程** | **Contracted Foreign Projects** | | | |
| 签订合同份数(个) | Number of Contracts(unit) | 192 | 242 | |
| 签订合同金额(万美元) | Contracted Value(USD 10 000) | 450524 | 444930 | |
| 完成营业额(万美元) | Fulfilling Value(USD 10 000) | 502007 | 529939 | 542427 |
| 年末在外劳动人数(人) | Number of Outside Labours at Year-end(person) | 12958 | 16524 | 15434 |
| **对外劳务合作** | **Labour Cooperation** | | | |
| 合同工资(万美元) | Wages Contracted(USD 10 000) | 66 | 301 | |
| 实际收入(万美元) | Actual Income(USD 10 000) | 343 | 158 | |
| 年末在外劳动人数(人) | Number of Outside Labours at Year-end(person) | 373 | 329 | |

## 10-11 外商及港澳台商投资企业投资情况(2019年)

## Investment of Foreign-funded and Hong Kong, Macao and Taiwan Funded Enterprises,2019

| 项　目<br>Item | 签订合同项目(个)<br>Number of Contracts Signed (item) | | 合同外资额(万美元)<br>Foreign Investment Contracted (USD 10 000) | | 实际使用外资金额(万美元)<br>Actual Use of Foreign Capital (USD 10 000) | |
|---|---|---|---|---|---|---|
| | 2019 | 至2019年底累计<br>Accumulated by the End of 2019 | 2019 | 至2019年底累计<br>Accumulated by the End of 2019 | 2019 | 至2019年底累计<br>Accumulated by the End of 2019 |
| **总　计** | | | | | | |
| **Total** | **711** | **29639** | **3159446** | **34410258** | **473161** | **18187515** |
| **按投资方式分** | | | | | | |
| **By Mode of Investment** | | | | | | |
| # 合资企业 | | | | | | |
| Joint Venture Enterprises | 232 | 10477 | 648360 | 7783349 | 145776 | 5461445 |
| 合作企业 | | | | | | |
| Cooperative Operation Enterprises | | 692 | 26 | 1094714 | 29871 | 578727 |
| 独资企业 | | | | | | |
| Sole Foreign-funded Enterprises | 456 | 18378 | 1733925 | 24364655 | 251145 | 11738246 |
| **按行业分** | | | | | | |
| **By Sector** | | | | | | |
| # 农、林、牧、渔业 | | | | | | |
| Farming, Forestry, Animal Husbandry and Fishery | | 182 | 496 | 146459 | 14 | 84129 |
| 制造业 | | | | | | |
| Manufacturing | 74 | 12574 | 129692 | 8403448 | 113972 | 8289963 |
| 建筑业 | | | | | | |
| Construction | 3 | 437 | 94603 | 414915 | | 159277 |
| 批发和零售贸易 | | | | | | |
| Wholesale, Retail Trade | 165 | 7489 | 128155 | 3054063 | 34045 | 1311019 |
| 交通运输、仓储业和邮政业 | | | | | | |
| Transportation, Storage and Post Services | 18 | 600 | 50569 | 1761604 | 6633 | 1005153 |
| 房地产业 | | | | | | |
| Real Estate | 21 | 1015 | 194444 | 3004821 | 32752 | 2022048 |
| 租赁和商务服务业 | | | | | | |
| Leasing and Business Services | 143 | 2835 | 1515489 | 6403461 | 172631 | 1841041 |

10-11续表 *Continued*

| 项　目<br>Item | 签订合同项目(个)<br>Number of Contracts Signed (item) | | 合同外资额(万美元)<br>Foreign Investment Contracted (USD 10 000) | | 实际使用外资金额(万美元)<br>Actual Use of Foreign Capital Contracted (USD 10 000) | |
|---|---|---|---|---|---|---|
| | 2019 | 至2019年底累计<br>Accumulated by the End of 2019 | 2019 | 至2019年底累计<br>Accumulated by the End of 2019 | 2019 | 至2019年底累计<br>Accumulated by the End of 2019 |
| **按国别(地区)分<br>By Country (Region)** | | | | | | |
| # 中国香港<br>HongKong,China | 290 | 10994 | 2559118 | 21419226 | 302610 | 8701507 |
| 日　本<br>Japan | 29 | 2301 | 43915 | 1419015 | 22925 | 1375127 |
| 美　国<br>United States | 54 | 3683 | 51472 | 2180999 | 27165 | 1020073 |
| 韩　国<br>Republic of Korea | 62 | 3633 | 37695 | 1519029 | 42367 | 1425141 |
| 新加坡<br>Singapore | 32 | 1007 | 95956 | 1133086 | 39543 | 1017866 |
| 中国台湾<br>Taiwan,China | 47 | 2244 | 38076 | 683943 | 375 | 449955 |
| 德　国<br>Germany | 17 | 431 | 13976 | 464145 | 3559 | 380496 |
| 英　国<br>United Kingdom | 18 | 428 | 18480 | 574151 | 512 | 261168 |
| 法　国<br>France | 6 | 234 | 12549 | 131823 | | 117455 |
| 意大利<br>Italy | 3 | 165 | 1143 | 91776 | | 45574 |

## 10-12　服务外包情况
## Statistics on Service Outsourcing

单位：亿美元(USD 100 million)

| 项　目 | Item | 2018 | 2019 | 2019比2018年增长(%)<br>Increased Rate in 2019 over 2018(%) |
|---|---|---|---|---|
| **接包合同额** | **Contracted Value of Service Outsourcing** | **46.90** | **75.00** | **59.9** |
| # 离岸接包合同额 | Contracted Value of Offshore Service Outsourcing Contracted | 23.50 | 47.60 | 103.1 |
| **接包执行额** | **Actual Value of Service Outsourcing** | **29.90** | **36.60** | **22.3** |
| # 离岸接包执行额 | Actual Value of Offshore Service Outsourcing | 15.50 | 19.10 | 23.4 |

# 10-13 外省市在津投资情况
## Domestic Capital from Other Provinces and Municipalities

| 地区 | Region | 项目数(个) Number of Contracts(unit) | | 实际利用内资额(万元) Total Capital Actually Used (10 000 yuan) | |
|---|---|---|---|---|---|
| | | 2018 | 2019 | 2018 | 2019 |
| **总计** | **Total** | **3339** | **4525** | **26570649** | **28824356** |
| 北京市 | Beijing | 578 | 802 | 11380872 | 13469880 |
| 河北省 | Hebei | 712 | 918 | 957938 | 1236794 |
| 山西省 | Shanxi | 106 | 124 | 69335 | 77729 |
| 内蒙古自治区 | Inner Mongolia | 127 | 117 | 81774 | 47559 |
| 辽宁省 | Liaoning | 90 | 142 | 38266 | 203662 |
| 吉林省 | Jilin | 98 | 160 | 85530 | 531145 |
| 黑龙江省 | Heilongjiang | 185 | 291 | 461754 | 68201 |
| 上海市 | Shanghai | 87 | 146 | 3064313 | 3407149 |
| 江苏省 | Jiangsu | 119 | 146 | 934416 | 648404 |
| 浙江省 | Zhejiang | 109 | 160 | 1620741 | 1309985 |
| 安徽省 | Anhui | 94 | 140 | 143051 | 49690 |
| 福建省 | Fujian | 82 | 125 | 673098 | 555474 |
| 江西省 | Jiangxi | 49 | 50 | 206650 | 278552 |
| 山东省 | Shandong | 256 | 327 | 289703 | 519211 |
| 河南省 | Henan | 154 | 214 | 77744 | 117997 |
| 湖北省 | Hubei | 65 | 97 | 350561 | 224054 |
| 湖南省 | Hunan | 54 | 75 | 260753 | 359739 |
| 广东省 | Guangdong | 129 | 188 | 4427736 | 3397656 |
| 广西壮族自治区 | Guangxi | 12 | 14 | 604 | 178290 |
| 海南省 | Hainan | 12 | 18 | 726320 | 825501 |
| 重庆市 | Chongqing | 14 | 18 | 69679 | 58415 |
| 四川省 | Sichuan | 63 | 77 | 214829 | 562588 |
| 贵州省 | Guizhou | 16 | 14 | 51933 | 20806 |
| 云南省 | Yunnan | 8 | 6 | 75563 | 29097 |
| 陕西省 | Shanxi | 36 | 56 | 12099 | 216584 |
| 甘肃省 | Gansu | 33 | 35 | 12866 | 133399 |
| 青海省 | Qinghai | 6 | 4 | 745 | 940 |
| 宁夏回族自治区 | Ningxia | 17 | 15 | 35692 | 34894 |
| 新疆维吾尔自治区 | Xinjiang | 22 | 31 | 115879 | 81997 |
| 西藏自治区 | Xizang | 6 | 15 | 130205 | 178964 |

# 10-14 实际利用内资额(2015—2019年)
## Domestic Capital Actually Used,2015-2019

单位：亿元(100 million yuan)

| 地　区 | Region | 2015 | 2016 | 2017 | 2018 | 2019 |
|---|---|---|---|---|---|---|
| **全市总计** | **Total** | **4049.28** | **4536.53** | **2500.78** | **2657.06** | **2882.44** |
| **中心城区** | **Central Districts** | **738.86** | **796.20** | **468.42** | **486.81** | **523.03** |
| 和平区 | Heping District | 133.64 | 141.03 | 95.85 | 100.01 | 106.00 |
| 河东区 | Hedong District | 132.05 | 141.02 | 67.81 | 70.18 | 74.19 |
| 河西区 | Hexi District | 133.65 | 141.03 | 96.06 | 100.28 | 108.00 |
| 南开区 | Nankai District | 131.41 | 141.01 | 95.94 | 100.00 | 106.05 |
| 河北区 | Hebei District | 132.05 | 141.01 | 67.90 | 70.10 | 74.14 |
| 红桥区 | Hongqiao District | 76.07 | 91.10 | 44.85 | 46.24 | 54.65 |
| **滨海新区** | **Binhai New Area** | **1000.75** | **1122.00** | **755.31** | **823.55** | **929.91** |
| **其他区** | **Other Districts and Counties** | **2309.66** | **2618.33** | **1277.05** | **1346.70** | **1429.50** |
| 东丽区 | Dongli District | 296.27 | 341.04 | 154.52 | 160.21 | 169.19 |
| 西青区 | Xiqing District | 297.66 | 341.06 | 193.39 | 205.20 | 217.61 |
| 津南区 | Jinnan District | 297.63 | 341.06 | 193.02 | 205.08 | 217.72 |
| 北辰区 | Beichen District | 296.59 | 341.04 | 193.16 | 205.31 | 217.51 |
| 武清区 | Wuqing District | 298.32 | 341.07 | 193.60 | 205.41 | 217.80 |
| 宝坻区 | Baodi District | 296.93 | 341.05 | 193.32 | 205.01 | 217.78 |
| 宁河区 | Ninghe District | 161.01 | 179.00 | 68.07 | 70.26 | 75.14 |
| 静海区 | Jinghai District | 135.13 | 150.00 | 68.13 | 70.12 | 75.10 |
| 蓟州区 | Jixian County | 230.13 | 243.00 | 19.84 | 20.09 | 21.65 |

注：滨海新区数据不含东丽区无瑕街、津南区葛沽镇数据。
Note: Data of Binhai New Area exclude figures of Wuxia Street,Dongli District and Gegu Town,Jinnan District.

# 主要统计指标解释

**外贸进出口总额**

指海关统计中按经营单位即进出口企业在海关注册地的行政区域口径统计的数据，它反映的是天津行政辖区内各类具有进出口经营权企业（外贸企业）的进出口。它不包含外省市外贸企业途经天津口岸由天津海关结关放行及统计的进出口商品，但包含天津外贸企业经由非天津口岸进出口结关放行及统计的商品。

**口岸进出口总额**

指由海关统计的天津口岸实际进出的货物总金额。包括天津经营单位和其他省市经营单位经天津口岸实现的进出口货物总额。我国规定出口货物按离岸价格统计，进口货物按到岸价格统计。

**合同外资金额**

指外商投资企业的合同、章程中规定的外方投资者认缴的出资额和企业投资总额内的应由外方投资者以自己的境外自有资金直接向企业提供的期限 1 年以上的中长期贷款。包括新设立企业合同外资和原有企业的增资/减资，增资/减资不对企业（项目）个数进行调整。合伙企业的合同外资是指登记设立的外商投资合伙企业，其外方认缴的出资额。

**实际使用外资金额**

指合同外资金额的实际执行数，外方投资者根据外商投资企业的合同（章程）的规定实际缴付的出资额和企业投资总额内外方投资者以自己的境外自有资金实际直接向企业提供的期限 1 年以上的中长期贷款。

**对外承包工程**

包括对外承包公司以招标议标承包方式承揽的下列业务：(1) 承包国外工程建设项目。(2) 承包我国对外经济援助项目。(3) 承包我国驻外机构的工程建设项目。(4) 承包我国境内利用外资进行建设的工程项目。(5) 与外国承包公司合营或联合承包工程项目时我国公司分包部分。(6) 以服务成果向业主收费的技术服务项目（包括承担地形地貌测绘；地质资源勘探与普查；建设区域规划；提供设计文件、图纸、生产工艺技术资料和工程技术经济咨询；工程项目的可行性考察、研究和评估；进行技术指导和培训人员等）。(7) 对外承包兼营的房屋开发业务。对外承包工程的营业额是以货币表现的本期内完成的对外承包工程的工作量，包括以前年度签订的合同和本年度新签订的合同在报告期完成的工作量。

**对外劳务合作**

指以收取工资的形式向业主或承包商提供技术和劳动服务的活动。天津对外承包公司在境外开办的合营企业，天津公司同时又提供劳务的，其劳务部分也纳入劳务合作统计。劳务合作营业额按报告期内向雇主提交的结算数（包括工资、加班费和奖金等）统计。

# Explanatory Notes on Main Statistical Indicators

**Total Value of Imports and Exports in Foreign Trade**

is offered by Customs authorities, covering the operations units, or the enterprises involved in import and export, that have registered in the administrative regions where the Customs operate. It reflects the import and export of all the enterprises with import and export rights (foreign trade enterprises) under the administration of Tianjin Municipality. It excludes those commodities of foreign trade enterprises from out of town that underwent customs clearance at Tianjin ports but includes commodities of foreign trade enterprises of Tianjin that underwent customs clearance in non-Tianjin ports.

**Total Value of Imports and Exports in Port**

is offered by customs authorities, refer to the value of commodities imported into and exported from Tianjin Port. It includes the value of commodities imported into and exported from Tianjin Port of Tianjin business units and business units of other provinces (municipalities). In accordance with the stipulation of the Chinese government, imports are calculated at CIF, while exports are calculated at FOB.

**Contracted Amount of Foreign Capital**

refers to the medium and long-term loans with a term of more than one year provided by the foreign investors directly to the enterprises with their own overseas funds within the amount of capital contribution subscribed by the foreign investors and the total investment amount of the enterprises stipulated in the contracts and articles of foreign-invested enterprises. It includes the newly established enterprise's contractual foreign capital and the original enterprise's capital increase / decrease, the number of enterprises (projects) will not be adjusted. The contractual foreign capital of a partnership enterprise refers to the amount of capital contribution subscribed by the foreign party of the registered foreign-invested partnership enterprise.

**Foreign Investment in Actual Use**

refers to the actually utilized amount of foreign investment in the contract, the amount of capital contribution actually paid by the foreign investor and the total amount of enterprise investment made by the foreign investor in accordance with the contract /articles of the foreign-invested enterprise, and the medium and long-term loans with a term of more than one year provided by the foreign investors' own overseas funds within the total enterprise investment.

**Contracted Foreign Projects**

refer to projects undertaken by Chinese contractors (project contracting companies) through bidding process. They include: (1) overseas civil engineering construction projects financed by foreign investors. (2) overseas projects financed by the Chinese government through its foreign-aid programs. (3) construction projects of Chinese diplomatic missions, trade offices and other institutions stationed abroad. (4) construction projects in China financed by foreign investment. (5) sub-construction to be taken by Chinese-contractors through a joint umbrella project with foreign contractor. (6) technical assistance projects in the form of service results and chargeable to the owners (such as topographic surveying, geological prospecting, development zone programming, provision of documents, blueprint, materials on production process, technical consultation, project feasibility studies and evaluation, personnel training, etc.). (7) housing developing projects. The business turnover from international contracting is the work of contracted projects completed during the reporting period, expressed in monetary terms, including completed work on project contracts signed in previous years.

**Overseas Labour Cooperation**

refers to activities of providing technology and labour services to employers or contractors by collecting salaries and wages. Labour services provided by Tianjin's international contrasting corporations to their overseas joint ventures shall be included into the statistics of overseas serviced. The business turn over of overseas labour services is the settlement price (including salaries, overtime pay and bonuses) submitted to the employers during the reporting period.

# 第十一篇 农 业

# Chapter 11 Agriculture

# 11-1 农村经济主要指标
## Major Indicators of Rural Economy

| 项 目 | Item | 2018 | 2019 | 2019比2018年增长(%) Increase Rate in 2019 over 2018(%) |
|---|---|---|---|---|
| **农林牧渔业总产值(亿元)** | **Gross Output Value of Farming, Forestry, Animal Husbandry and Fishery (100 million yuan)** | **390.50** | **414.35** | **0.6** |
| 农 业 | Farming | 197.21 | 202.91 | 3.2 |
| 林 业 | Forestry | 12.73 | 24.92 | 95.8 |
| 牧 业 | Animal Husbandry | 95.76 | 100.39 | -16.5 |
| 渔 业 | Fishery | 71.13 | 71.42 | -2.1 |
| 农林牧渔服务业 | FFAF Services | 13.67 | 14.71 | 7.6 |
| **农林牧渔业增加值(亿元)** | **Value Added of Farming, Forestry, Animal Husbandry and Fishery (100 million yuan)** | **180.56** | **191.61** | **1.5** |
| **农业机械及灌溉** | **Agricultural Machinery and Irrigation** | | | |
| 农机总动力(万千瓦) | Total Power of Agricultural Machinery (10 000 kW) | 347.98 | 359.84 | 3.4 |
| 大中型拖拉机(台) | Large and Medium-sized Tractors (set) | 13839 | 13163 | -4.9 |
| 小型拖拉机(万台) | Mini-tractors (10 000 sets) | 0.31 | 0.36 | 16.1 |
| 年末实有机电井(眼) | Motor-pumped Well (year-end) (unit) | 26557 | 25165 | -5.3 |
| 有效灌溉面积(万公顷) | Effective Irrigated Area (10 000 hectares) | 30.47 | 30.48 | |
| 节水灌溉面积(万公顷) | Water-saving Irrigated Area (10 000 hectares) | 24.57 | 24.50 | -0.3 |
| 水库总容量(万立方米) | Total Capacity of Reservoir (10 000 cu.m) | | | |
| 大型水库 | Large Reservoir | 223900 | 223900 | |
| 中型水库 | Medium Reservoir | 32854 | 34854 | 6.1 |
| **农村用电量(万千瓦小时)** | **Rural Electricity Consumption (10 000 kWh)** | **369145** | **392351** | **6.3** |
| **农作物总播种面积(万公顷)** | **Total Sown Areas of Farm Crops (10 000 hectares)** | **42.93** | **41.03** | **-4.4** |
| # 粮 食 | Grain | 35.02 | 33.93 | -3.1 |
| 蔬 菜 | Vegetables | 4.97 | 4.83 | -2.8 |
| **总产量(万吨)** | **Yield of Farm Crops (10 000 tons)** | | | |
| # 粮 食 | Grain | 209.69 | 223.25 | 6.5 |
| 蔬 菜 | Vegetables | 253.98 | 242.78 | -4.4 |

注：1.农林牧渔业增长速度按可比价格计算，下表同。2.本篇2006年后部分指标数据根据全国第三次农业普查结果进行了修正和修订。
Note: a)Increase rate of gross output value of farming, forestry, animal husbandry and fishery is calculated based on constant prices. Same as following next. b)Partial data of 2006 are revised according to National Third Agricultural Census.

11-1续表 *Continued*

| 项　目 | Item | 2018 | 2019 | 2019比2018年增长(%) Increase Rate in 2019 over 2018(%) |
|---|---|---|---|---|
| **水果产量(万吨)** | **Yield of Fruits (10 000 tons)** | **39.83** | **35.77** | **-10.2** |
| # 果用瓜 | Melon-Fruits | 22.64 | 21.67 | -4.3 |
| **年末实有林地面积(万公顷)** | **Forest Area(year-end)(10 000 hectares)** | **28.04** | | |
| # 当年造林面积(万公顷) | Afforested Area in Current Year (10 000 hectares) | 0.87 | 1.65 | 89.6 |
| **畜牧业生产** | **Production of Animal Husbandry** | | | |
| 生猪年末存栏(万头) | Pigs in Hand (year-end) (10 000 heads) | 196.91 | 124.26 | -36.9 |
| 生猪当年出栏(万头) | Number of Slaughtered Pigs (10 000 heads) | 278.56 | 197.78 | -29.0 |
| 牛年末存栏(万头) | Cattle in Hand (year-end) (10 000 heads) | 24.57 | 25.68 | 4.5 |
| # 乳　牛 | Cows | 11.30 | 11.00 | -2.7 |
| 牛当年出栏(万头) | Number of Slaughtered Cattle (10 000 heads) | 16.69 | 14.10 | -15.5 |
| 羊年末存栏(万只) | Sheep & Goats in Hand (year-end) (10 000 heads) | 41.93 | 39.23 | -6.4 |
| 羊当年出栏(万只) | Number of Slaughtered Sheep and Goats (10 000 heads) | 49.17 | 34.21 | -30.4 |
| 家禽年末存栏(万只) | Poultry in Hand (year-end) (10 000 heads) | 2330.98 | 2432.77 | 4.4 |
| # 产蛋鸡 | Hens | 1359.33 | 1413.34 | 4.0 |
| 家禽当年出栏(万只) | Number of Slaughtered Poultry (10 000 heads) | 5435.66 | 6786.50 | 24.9 |
| **畜禽产品产量(万吨)** | **Output of Animal and Poultry (10 000 tons)** | | | |
| 肉类总产量 | Output of Meat | 33.88 | 30.43 | -10.2 |
| # 猪　肉 | Pork | 21.24 | 15.64 | -26.4 |
| 牛羊肉 | Beef and Mutton | 4.03 | 3.38 | -16.1 |
| 禽　肉 | Poultry | 8.55 | 11.27 | 31.8 |
| 禽蛋产量 | Output of Poultry Eggs | 19.41 | 19.36 | -0.3 |
| 奶类产量 | Output of Milk | 48.04 | 47.37 | -1.4 |
| **渔业生产** | **Production of Fishery** | | | |
| 水产养殖面积(万公顷) | Culture Areas of Aquatic Products (10 000 hectares) | 3.06 | 2.39 | -21.9 |
| # 淡　水 | Fresh Water | 2.78 | 2.31 | -16.9 |
| 水产品产量(万吨) | Output of Aquatic Products (10 000 tons) | 32.64 | 26.22 | -19.7 |
| # 淡　水 | Fresh Water | 27.78 | 22.21 | -20.1 |

# 11-2 农业生产条件情况(2000—2019年)

## Conditions of Agricultural Production,2000-2019

| 年 份 Year | 年末实有常用耕地面积(万公顷) Cultivated Area (year-end) (10 000 hectares) | 年末实有林地面积(万公顷) Forest Area (year-end) (10 000 hectares) | # 当年造林面 积 Afforested Area in Current Year | 水产养殖面积(万公顷) Culture Area of Aquatic Products (10 000 hectares) | 有 效灌溉面积(万公顷) Effective Irrigated Area (10 000 hectares) |
|---|---|---|---|---|---|
| 2000 | 42.43 | 13.69 | 0.93 | 3.64 | 35.32 |
| 2001 | 42.39 | 14.19 | 0.50 | 3.67 | 35.43 |
| 2002 | 42.28 | 17.53 | 0.85 | 3.82 | 35.44 |
| 2003 | 41.85 | 18.21 | 0.69 | 3.83 | 35.41 |
| 2004 | 41.53 | 18.75 | 0.53 | 4.04 | 35.34 |
| 2005 | 41.45 | 19.05 | 0.36 | 4.17 | 35.52 |
| 2006 | | 19.35 | 0.30 | 4.34 | 34.96 |
| 2007 | 40.60 | 18.73 | 0.51 | 4.19 | 34.93 |
| 2008 | 40.44 | 19.64 | 1.50 | 4.08 | 34.80 |
| 2009 | 40.26 | 21.26 | 1.62 | 4.31 | 34.76 |
| 2010 | 39.88 | 20.91 | 1.81 | 4.16 | 34.46 |
| 2011 | 39.65 | 21.19 | 0.86 | 4.04 | 33.80 |
| 2012 | 39.54 | 21.46 | 0.57 | 4.13 | 33.70 |
| 2013 | 39.25 | 22.17 | 0.74 | 4.12 | 30.89 |
| 2014 | 38.88 | 22.61 | 0.71 | 4.06 | 30.89 |
| 2015 | 38.96 | 25.91 | 0.80 | 3.99 | 30.89 |
| 2016 | 39.08 | 28.81 | 0.93 | 3.84 | 30.66 |
| 2017 | 37.14 | 29.30 | 0.96 | 3.33 | 30.53 |
| 2018 | 35.39 | 28.04 | 0.87 | 3.06 | 30.47 |
| 2019 | 35.46 | | 1.65 | 2.39 | 30.48 |

11-2续表 *Continued*

| 年 份 Year | 农用机械总动力(万千瓦) Total Power of Agricultural Machinery (10 000 kW) | 机耕面积(万公顷) Cultivated Area Using Machinery (10 000 hectares) | 机播面积(万公顷) Sown Area Using Machinery (10 000 hectares) | 化肥施用量(折纯)(万吨) Consumption of Chemical Fertilizers (Pureness) (10 000 tons) | 农村用电量(万千瓦小时) Rural Electricity Consumption (10 000 kWh) |
|---|---|---|---|---|---|
| 2000 | 593.40 | 39.62 | 25.73 | 16.64 | 354946 |
| 2001 | 603.32 | 37.26 | 24.11 | 17.31 | 377823 |
| 2002 | 612.72 | 38.17 | 23.95 | 17.59 | 402785 |
| 2003 | 601.66 | 37.05 | 23.57 | 17.80 | 423157 |
| 2004 | 608.13 | 37.35 | 27.66 | 22.85 | 484221 |
| 2005 | 611.94 | 37.62 | 28.94 | 23.29 | 522492 |
| 2006 | 603.39 | 37.74 | 29.91 | | |
| 2007 | 604.90 | 37.71 | 34.32 | 25.82 | 525220 |
| 2008 | 596.60 | 36.04 | 36.31 | 25.88 | 457875 |
| 2009 | 595.00 | 36.14 | 36.69 | 25.96 | 513898 |
| 2010 | 587.79 | 37.65 | 40.23 | 25.54 | 509920 |
| 2011 | 583.87 | 37.53 | 41.78 | 24.39 | 512968 |
| 2012 | 568.13 | 37.07 | 41.98 | 24.45 | 516155 |
| 2013 | 554.18 | 36.23 | 41.90 | 24.34 | 692249 |
| 2014 | 552.41 | 38.19 | 41.91 | 23.30 | 1090388 |
| 2015 | 546.92 | 37.21 | 40.79 | 21.78 | 1024361 |
| 2016 | 470.00 | 31.65 | 38.86 | 21.36 | 373805 |
| 2017 | 464.65 | 32.36 | 37.77 | 18.01 | 403199 |
| 2018 | 347.98 | 30.84 | 39.71 | 16.95 | 369145 |
| 2019 | 359.84 | 30.21 | 37.95 | 16.24 | 392351 |

# 11-3 农林牧渔业总产值(1978—2019年)
# Gross Output Value of Farming, Forestry, Animal Husbandry and Fishery,1978-2019

单位：亿元(100 million yuan)

| 年 份 Year | 合 计 Total | 农 业 Farming | 林 业 Forestry | 牧 业 Animal Husbandry | 渔 业 Fishery | 农林牧渔服务业 FFAF Services |
|---|---|---|---|---|---|---|
| 1978 | 6.72 | 5.40 | 0.04 | 1.05 | 0.22 | |
| 1979 | 8.88 | 7.10 | 0.04 | 1.48 | 0.26 | |
| 1980 | 9.25 | 7.25 | 0.05 | 1.63 | 0.33 | |
| 1981 | 8.34 | 6.11 | 0.05 | 1.95 | 0.23 | |
| 1982 | 12.56 | 10.17 | 0.11 | 1.90 | 0.37 | |
| 1983 | 12.68 | 9.58 | 0.16 | 2.47 | 0.47 | |
| 1984 | 16.68 | 12.17 | 0.25 | 3.70 | 0.56 | |
| 1985 | 20.44 | 13.81 | 0.27 | 5.10 | 1.25 | |
| 1986 | 26.93 | 18.80 | 0.31 | 5.67 | 2.14 | |
| 1987 | 32.93 | 22.47 | 0.37 | 7.22 | 2.87 | |
| 1988 | 42.34 | 29.39 | 0.72 | 7.94 | 4.29 | |
| 1989 | 49.08 | 34.71 | 0.33 | 10.09 | 3.95 | |
| 1990 | 51.72 | 34.71 | 0.45 | 11.54 | 5.02 | |
| 1991 | 54.55 | 36.68 | 0.34 | 12.88 | 4.65 | |
| 1992 | 58.50 | 39.24 | 0.45 | 13.44 | 5.37 | |
| 1993 | 66.32 | 44.28 | 0.44 | 15.82 | 5.78 | |
| 1994 | 88.74 | 57.71 | 0.60 | 22.91 | 7.52 | |
| 1995 | 125.44 | 85.25 | 0.85 | 28.76 | 10.58 | |
| 1996 | 133.53 | 90.17 | 0.96 | 30.27 | 12.13 | |
| 1997 | 140.47 | 89.77 | 1.00 | 33.99 | 15.71 | |
| 1998 | 156.16 | 98.83 | 1.19 | 38.09 | 18.05 | |
| 1999 | 150.11 | 91.58 | 1.42 | 38.95 | 18.16 | |
| 2000 | 156.30 | 83.42 | 1.37 | 51.75 | 19.76 | |
| 2001 | 169.51 | 86.73 | 1.46 | 60.76 | 20.56 | |
| 2002 | 181.07 | 86.06 | 1.52 | 69.21 | 24.28 | |
| 2003 | 193.44 | 88.20 | 1.61 | 77.22 | 26.41 | |
| 2004 | 221.35 | 95.29 | 1.66 | 92.55 | 31.85 | |
| 2005 | 238.34 | 97.49 | 1.89 | 102.71 | 36.25 | |
| 2006 | 225.04 | 110.05 | 2.01 | 70.52 | 35.32 | 7.14 |
| 2007 | 235.40 | 114.18 | 2.08 | 75.64 | 35.49 | 8.01 |
| 2008 | 256.40 | 120.35 | 2.22 | 83.18 | 42.27 | 8.38 |
| 2009 | 263.21 | 127.86 | 2.22 | 79.45 | 45.04 | 8.64 |
| 2010 | 289.41 | 149.52 | 2.36 | 81.78 | 46.79 | 8.97 |
| 2011 | 311.83 | 155.20 | 2.46 | 90.55 | 53.59 | 10.03 |
| 2012 | 327.44 | 164.19 | 2.79 | 94.90 | 55.38 | 10.18 |
| 2013 | 351.12 | 176.63 | 3.09 | 96.53 | 64.58 | 10.29 |
| 2014 | 367.75 | 182.23 | 3.22 | 102.74 | 68.87 | 10.69 |
| 2015 | 378.44 | 182.51 | 7.74 | 108.70 | 68.42 | 11.08 |
| 2016 | 395.57 | 181.89 | 8.35 | 118.99 | 74.39 | 11.95 |
| 2017 | 382.07 | 183.17 | 8.98 | 107.96 | 69.81 | 12.15 |
| 2018 | 390.50 | 197.21 | 12.73 | 95.76 | 71.13 | 13.67 |
| 2019 | 414.35 | 202.91 | 24.92 | 100.39 | 71.42 | 14.71 |

# 11-4 农林牧渔业总产值增长速度(1978—2019年)

## Increase Rate of Farming, Forestry, Animal Husbandry and Fishery,1978-2019

单位：%(%)

| 年 份 Year | 合 计 Total | 农 业 Farming | 林 业 Forestry | 牧 业 Animal Husbandry | 渔 业 Fishery | 农林牧渔服务业 FFAF Services |
|---|---|---|---|---|---|---|
| 1978 | 23.0 | 28.2 | -9.8 | 16.9 | -6.8 | |
| 1979 | 16.8 | 16.1 | 4.9 | 6.9 | -23.8 | |
| 1980 | 4.9 | 4.4 | 31.9 | 8.1 | -5.7 | |
| 1981 | -10.3 | -13.0 | -24.9 | 3.3 | -13.1 | |
| 1982 | 20.9 | 26.5 | 9.1 | 2.7 | 16.7 | |
| 1983 | 1.3 | -3.3 | 25.0 | 16.9 | 18.4 | |
| 1984 | 27.7 | 25.7 | 73.5 | 33.9 | 18.9 | |
| 1985 | 12.7 | 6.5 | -15.0 | 36.1 | 12.0 | |
| 1986 | 11.4 | 15.9 | 0.2 | -4.3 | 41.3 | |
| 1987 | 9.2 | 7.6 | 1.7 | 4.1 | 37.0 | |
| 1988 | 6.1 | -0.5 | 77.3 | 15.8 | 17.3 | |
| 1989 | 11.2 | 15.4 | -48.1 | 5.3 | 11.5 | |
| 1990 | 6.7 | 6.6 | 17.4 | 7.4 | 5.0 | |
| 1991 | 6.7 | 7.0 | -16.3 | 10.2 | -0.2 | |
| 1992 | 4.1 | 4.5 | 21.5 | 3.0 | 3.4 | |
| 1993 | 4.3 | 5.6 | -12.3 | 7.8 | -9.6 | |
| 1994 | 7.3 | 4.3 | 4.1 | 14.3 | 8.4 | |
| 1995 | 13.0 | 13.5 | -1.0 | 5.1 | 33.4 | |
| 1996 | 7.5 | 8.5 | 10.3 | 3.5 | 10.6 | |
| 1997 | 7.6 | 5.1 | 2.6 | 10.5 | 15.7 | |
| 1998 | 11.8 | 8.2 | 39.7 | 15.4 | 21.2 | |
| 1999 | 0.4 | -6.3 | 15.1 | 13.7 | 3.1 | |
| 2000 | 4.2 | -4.4 | -5.7 | 19.6 | 6.1 | |
| 2001 | 8.0 | 4.1 | 7.2 | 15.9 | 3.0 | |
| 2002 | 6.0 | -8.9 | 13.7 | 14.9 | 36.2 | |
| 2003 | 6.6 | | 3.8 | 13.6 | 6.7 | |
| 2004 | 5.2 | 3.1 | 2.6 | 5.8 | 10.5 | |
| 2005 | 4.8 | 0.2 | 13.6 | 7.5 | 10.6 | |
| 2006 | 3.6 | 4.0 | 4.6 | 2.9 | 4.8 | 1.4 |
| 2007 | 1.5 | 2.1 | 4.6 | -1.1 | 4.0 | 3.7 |
| 2008 | 3.3 | 3.1 | 6.2 | 3.5 | 3.4 | 2.0 |
| 2009 | 3.7 | 4.8 | 1.3 | 3.0 | 2.2 | 2.1 |
| 2010 | 3.5 | 4.6 | 3.1 | 2.4 | 2.2 | 2.8 |
| 2011 | 4.2 | 5.5 | 4.0 | 2.0 | 2.9 | 9.0 |
| 2012 | 3.2 | 1.8 | 8.2 | 6.6 | 2.3 | 0.4 |
| 2013 | 3.8 | 4.4 | 2.8 | 2.4 | 5.4 | 0.4 |
| 2014 | 3.0 | 3.3 | 3.5 | 2.9 | 2.2 | 2.0 |
| 2015 | 2.6 | 4.2 | 8.7 | 0.5 | 1.2 | 2.3 |
| 2016 | 3.3 | 5.5 | 7.9 | -1.3 | 3.2 | 7.5 |
| 2017 | 2.1 | 3.2 | 7.5 | 2.6 | -2.1 | 1.6 |
| 2018 | 0.9 | -0.8 | 41.8 | -5.2 | 7.7 | 12.6 |
| 2019 | 0.6 | 3.2 | 95.8 | -16.5 | -2.1 | 7.6 |

## 11-5 农林牧渔业总产值结构(2000—2019年)

## Structure of Gross Output Value of Farming, Forestry, Animal Husbandry and Fishery,2000-2019

单位：%(%)

| 年 份 Year | 合 计 Total | 农 业 Farming | 林 业 Forestry | 牧 业 Animal Husbandry | 渔 业 Fishery | 农林牧渔服务业 FFAF Services |
|---|---|---|---|---|---|---|
| 2000 | 100 | 53.4 | 0.9 | 33.1 | 12.6 | |
| 2001 | 100 | 51.2 | 0.9 | 35.8 | 12.1 | |
| 2002 | 100 | 47.5 | 0.8 | 38.3 | 13.4 | |
| 2003 | 100 | 45.6 | 0.8 | 39.9 | 13.7 | |
| 2004 | 100 | 43.1 | 0.7 | 41.8 | 14.4 | |
| 2005 | 100 | 40.9 | 0.8 | 43.1 | 15.2 | |
| 2006 | 100 | 48.9 | 0.9 | 31.3 | 15.7 | 3.2 |
| 2007 | 100 | 48.5 | 0.9 | 32.1 | 15.1 | 3.4 |
| 2008 | 100 | 46.9 | 0.9 | 32.4 | 16.5 | 3.3 |
| 2009 | 100 | 48.6 | 0.8 | 30.2 | 17.1 | 3.3 |
| 2010 | 100 | 51.7 | 0.8 | 28.2 | 16.2 | 3.1 |
| 2011 | 100 | 49.8 | 0.8 | 29.0 | 17.2 | 3.2 |
| 2012 | 100 | 50.1 | 0.9 | 29.0 | 16.9 | 3.1 |
| 2013 | 100 | 50.3 | 0.9 | 27.5 | 18.4 | 2.9 |
| 2014 | 100 | 49.6 | 0.9 | 27.9 | 18.7 | 2.9 |
| 2015 | 100 | 48.2 | 2.1 | 28.7 | 18.1 | 2.9 |
| 2016 | 100 | 46.0 | 2.1 | 30.1 | 18.8 | 3.0 |
| 2017 | 100 | 47.9 | 2.3 | 28.3 | 18.3 | 3.2 |
| 2018 | 100 | 50.5 | 3.3 | 24.5 | 18.2 | 3.5 |
| 2019 | 100 | 49.0 | 6.0 | 24.2 | 17.2 | 3.6 |

## 11-6 农作物播种面积(2000—2019年)

## Sown Areas of Farm Crops,2000-2019

单位：万公顷(10 000 hectares)

| 年 份 Year | 合 计 Total | 粮 食 Grain | 棉 花 Cotton | 油 料 Oil-bearing Crops | 蔬 菜 Vegetables | 其他农作物 Others |
|---|---|---|---|---|---|---|
| 2000 | 53.31 | 34.59 | 1.51 | 2.63 | 12.83 | 1.75 |
| 2001 | 54.45 | 32.85 | 4.50 | 2.05 | 12.95 | 2.10 |
| 2002 | 52.28 | 31.13 | 4.48 | 1.89 | 12.84 | 1.94 |
| 2003 | 50.15 | 25.81 | 7.06 | 1.58 | 13.46 | 2.24 |
| 2004 | 50.43 | 26.35 | 8.69 | 0.61 | 13.19 | 1.59 |
| 2005 | 49.94 | 28.77 | 6.12 | 0.51 | 12.97 | 1.57 |
| 2006 | 42.98 | 28.43 | 6.89 | 0.20 | 6.38 | 1.08 |
| 2007 | 42.98 | 29.21 | 6.68 | 0.17 | 5.99 | 0.93 |
| 2008 | 43.73 | 29.37 | 6.79 | 0.17 | 6.44 | 0.96 |
| 2009 | 44.09 | 30.68 | 5.40 | 0.19 | 6.80 | 1.02 |
| 2010 | 43.93 | 31.14 | 4.99 | 0.20 | 6.74 | 0.86 |
| 2011 | 44.33 | 31.07 | 5.73 | 0.20 | 6.54 | 0.79 |
| 2012 | 44.99 | 32.29 | 5.24 | 0.17 | 6.30 | 0.99 |
| 2013 | 44.21 | 33.39 | 3.67 | 0.16 | 6.01 | 0.98 |
| 2014 | 44.43 | 34.67 | 2.80 | 0.14 | 5.70 | 1.12 |
| 2015 | 43.47 | 35.21 | 1.73 | 0.11 | 5.14 | 1.28 |
| 2016 | 44.37 | 36.20 | 1.29 | 0.56 | 4.69 | 1.63 |
| 2017 | 43.95 | 35.14 | 2.07 | 0.56 | 4.93 | 1.25 |
| 2018 | 42.93 | 35.02 | 1.71 | 0.21 | 4.97 | 1.02 |
| 2019 | 41.03 | 33.93 | 1.41 | 0.11 | 4.83 | 0.75 |

# 11-7 主要农产品产量情况(1978—2019年) Yield of Major Farm Crops,1978-2019

单位：万吨(10 000 tons)

| 年份 Year | 粮食 Grain | #小麦 Wheat | #玉米 Corn | 棉花 Cotton | 油料 Oil-bearing Crops | 蔬菜 Vegetables |
|---|---|---|---|---|---|---|
| 1978 | 117.10 | 47.96 | 31.68 | 0.23 | 1.00 | 122.37 |
| 1979 | 138.69 | 49.04 | 42.47 | 0.11 | 1.51 | 127.32 |
| 1980 | 137.76 | 27.42 | 57.74 | 0.16 | 2.79 | 111.72 |
| 1981 | 110.00 | 20.80 | 55.53 | 0.23 | 4.50 | 111.25 |
| 1982 | 122.51 | 18.83 | 68.02 | 0.45 | 4.43 | 129.29 |
| 1983 | 110.87 | 32.89 | 47.07 | 1.14 | 3.09 | 128.07 |
| 1984 | 131.30 | 32.79 | 56.21 | 3.29 | 5.52 | 147.77 |
| 1985 | 140.52 | 43.52 | 55.12 | 2.38 | 6.84 | 151.52 |
| 1986 | 157.60 | 46.10 | 64.20 | 1.33 | 5.86 | 193.95 |
| 1987 | 167.67 | 47.52 | 69.64 | 1.28 | 5.22 | 202.48 |
| 1988 | 158.30 | 52.36 | 52.72 | 1.01 | 3.45 | 215.44 |
| 1989 | 169.80 | 57.30 | 63.50 | 1.10 | 4.42 | 260.51 |
| 1990 | 188.75 | 64.74 | 74.00 | 1.53 | 4.68 | 268.14 |
| 1991 | 198.50 | 62.00 | 79.90 | 2.55 | 4.50 | 282.56 |
| 1992 | 198.74 | 62.00 | 76.04 | 1.63 | 3.96 | 310.41 |
| 1993 | 199.82 | 59.07 | 80.80 | 0.76 | 4.45 | 354.34 |
| 1994 | 190.33 | 50.76 | 77.65 | 0.93 | 4.03 | 407.86 |
| 1995 | 207.46 | 65.40 | 80.50 | 1.12 | 4.01 | 434.17 |
| 1996 | 207.00 | 67.35 | 75.41 | 0.51 | 3.13 | 452.71 |
| 1997 | 206.16 | 77.41 | 65.45 | 0.39 | 3.01 | 486.23 |
| 1998 | 210.12 | 76.06 | 75.51 | 0.63 | 3.76 | 505.35 |
| 1999 | 174.85 | 71.60 | 56.30 | 0.57 | 2.34 | 486.07 |
| 2000 | 124.05 | 59.91 | 40.95 | 1.75 | 3.31 | 530.60 |
| 2001 | 143.33 | 45.09 | 75.19 | 6.36 | 3.90 | 564.50 |
| 2002 | 137.82 | 44.11 | 71.05 | 6.24 | 3.40 | 584.31 |
| 2003 | 119.29 | 35.91 | 64.81 | 9.47 | 3.08 | 602.78 |
| 2004 | 125.27 | 37.81 | 70.71 | 12.03 | 1.55 | 585.43 |
| 2005 | 137.50 | 47.42 | 73.16 | 8.36 | 1.29 | 542.74 |
| 2006 | 141.90 | 49.90 | 79.70 | 9.50 | 0.50 | 275.50 |
| 2007 | 147.41 | 50.42 | 85.12 | 9.22 | 0.45 | 261.11 |
| 2008 | 149.46 | 52.12 | 84.37 | 8.14 | 0.46 | 284.53 |
| 2009 | 157.13 | 53.49 | 88.87 | 6.89 | 0.51 | 322.23 |
| 2010 | 160.56 | 52.62 | 92.93 | 6.04 | 0.60 | 343.94 |
| 2011 | 163.16 | 53.31 | 94.62 | 6.90 | 0.60 | 336.68 |
| 2012 | 163.56 | 54.66 | 92.73 | 5.44 | 0.50 | 332.59 |
| 2013 | 177.44 | 55.96 | 102.50 | 4.54 | 0.51 | 321.72 |
| 2014 | 178.19 | 57.21 | 101.80 | 3.54 | 0.45 | 309.63 |
| 2015 | 184.48 | 58.06 | 107.82 | 2.35 | 0.36 | 282.72 |
| 2016 | 200.40 | 58.90 | 118.69 | 2.10 | 1.34 | 274.43 |
| 2017 | 212.27 | 62.41 | 119.29 | 2.48 | 1.26 | 269.61 |
| 2018 | 209.69 | 57.13 | 110.55 | 1.83 | 0.72 | 253.98 |
| 2019 | 223.25 | 60.47 | 115.18 | 1.81 | 0.41 | 242.78 |

11-7续表 *Continued*

单位：万吨(10 000 tons)

| 年 份<br>Year | 肉 类<br>Meat | # 猪 肉<br>Pork | # 牛羊肉<br>Beef and Mutton | 禽 蛋<br>Poultry Eggs | 奶 类<br>Milk | 水产品<br>Aquatic Products |
|---|---|---|---|---|---|---|
| 1978 | 6.51 | 5.96 | 0.06 | 1.64 | 1.72 | 4.49 |
| 1979 | 6.63 | 5.97 | 0.08 | 1.94 | 1.96 | 3.28 |
| 1980 | 6.46 | 5.98 | 0.09 | 1.27 | 2.24 | 3.21 |
| 1981 | 7.14 | 6.77 | 0.10 | 1.91 | 2.61 | 2.69 |
| 1982 | 5.90 | 5.30 | 0.16 | 2.63 | 2.92 | 3.59 |
| 1983 | 5.50 | 4.88 | 0.18 | 4.49 | 3.37 | 4.11 |
| 1984 | 6.54 | 5.47 | 0.45 | 7.19 | 3.90 | 4.45 |
| 1985 | 7.12 | 5.85 | 0.47 | 10.62 | 4.30 | 4.87 |
| 1986 | 7.57 | 6.14 | 0.67 | 10.65 | 4.71 | 6.73 |
| 1987 | 7.14 | 5.73 | 0.61 | 10.88 | 5.31 | 8.13 |
| 1988 | 7.76 | 6.03 | 0.67 | 10.83 | 6.07 | 9.15 |
| 1989 | 8.23 | 6.37 | 0.73 | 12.18 | 6.63 | 10.38 |
| 1990 | 9.13 | 7.07 | 0.84 | 13.01 | 7.40 | 10.83 |
| 1991 | 9.89 | 7.19 | 1.05 | 15.01 | 8.41 | 10.81 |
| 1992 | 11.31 | 7.43 | 1.24 | 14.95 | 9.10 | 11.10 |
| 1993 | 11.47 | 7.26 | 1.61 | 15.08 | 9.14 | 11.39 |
| 1994 | 13.69 | 8.32 | 2.37 | 17.48 | 9.43 | 12.83 |
| 1995 | 15.86 | 9.59 | 3.09 | 16.94 | 10.47 | 15.35 |
| 1996 | 16.94 | 10.50 | 3.30 | 16.65 | 10.69 | 16.99 |
| 1997 | 18.70 | 11.77 | 3.44 | 17.71 | 12.13 | 18.98 |
| 1998 | 21.74 | 13.88 | 3.74 | 22.68 | 11.69 | 21.38 |
| 1999 | 23.53 | 14.59 | 4.24 | 23.56 | 12.94 | 23.03 |
| 2000 | 29.49 | 17.96 | 4.76 | 25.60 | 16.52 | 24.22 |
| 2001 | 36.40 | 21.92 | 5.97 | 26.00 | 24.06 | 26.46 |
| 2002 | 44.88 | 26.09 | 7.39 | 24.47 | 33.59 | 28.56 |
| 2003 | 52.41 | 30.56 | 8.53 | 24.25 | 43.23 | 29.83 |
| 2004 | 53.73 | 33.05 | 8.73 | 24.38 | 54.24 | 31.00 |
| 2005 | 57.78 | 35.63 | 9.28 | 23.47 | 63.41 | 33.81 |
| 2006 | 36.69 | 21.78 | 5.22 | 18.98 | 62.81 | 31.40 |
| 2007 | 33.58 | 20.35 | 5.24 | 19.21 | 65.18 | 32.50 |
| 2008 | 36.74 | 23.23 | 5.10 | 19.39 | 65.60 | 33.67 |
| 2009 | 38.86 | 25.26 | 4.99 | 19.16 | 62.28 | 34.17 |
| 2010 | 41.69 | 27.38 | 4.55 | 18.18 | 62.97 | 34.49 |
| 2011 | 41.82 | 26.91 | 4.55 | 17.98 | 63.01 | 35.21 |
| 2012 | 44.32 | 28.29 | 4.66 | 17.83 | 56.46 | 36.50 |
| 2013 | 44.81 | 28.73 | 4.69 | 17.92 | 56.77 | 39.86 |
| 2014 | 44.57 | 28.78 | 4.83 | 18.28 | 57.31 | 40.80 |
| 2015 | 43.51 | 27.85 | 4.88 | 18.87 | 50.03 | 40.12 |
| 2016 | 43.07 | 27.67 | 4.95 | 19.13 | 50.04 | 32.66 |
| 2017 | 36.14 | 22.59 | 4.81 | 18.99 | 52.05 | 32.33 |
| 2018 | 33.88 | 21.24 | 4.03 | 19.41 | 48.04 | 32.64 |
| 2019 | 30.43 | 15.64 | 3.38 | 19.36 | 47.37 | 26.22 |

## 11-8 林业生产、果园面积及产量(2015—2019年)
## Forestry Production, Orchard Areas and Output,2015-2019

| 项 目 Item | 2015 | 2016 | 2017 | 2018 | 2019 |
|---|---|---|---|---|---|
| **年末实有林地面积(万公顷)** | | | | | |
| **Forestry Areas (year-end) (10 000 hectares)** | **25.91** | **28.81** | **29.30** | **28.04** | |
| # 当年造林面积 | | | | | |
| Afforested Areas in Current Year | 0.80 | 0.93 | 0.96 | 0.87 | 1.65 |
| **封山育林面积(万公顷)** | | | | | |
| **Afforested Areas on Sealed Mountain (10 000 hectares)** | **2.60** | **2.60** | **2.60** | **2.60** | |
| # 育苗面积 | | | | | |
| Areas Used for Cultivating Sapling | 1.24 | 1.37 | 1.34 | 1.38 | 1.31 |
| **年末实有果园面积(万公顷)** | | | | | |
| **Areas of Orchards (year-end) (10 000 hectares)** | **3.33** | **3.36** | **3.15** | **2.87** | **2.66** |
| **干果产量(吨)** | | | | | |
| **Output of Dry Fruits (ton)** | **2794** | **2716** | **3364** | **3778** | **3750** |
| # 核 桃 | | | | | |
| Walnuts | 1429 | 1331 | 1613 | 1945 | 1886 |
| 栗 子 | | | | | |
| Chestnuts | 1365 | 1385 | 1751 | 1833 | 1742 |
| **园林水果产量(吨)** | | | | | |
| **Output of Fruits in Orchards (ton)** | **327123** | **323756** | **379843** | **398311** | **357685** |
| # 苹 果 | | | | | |
| Apples | 42792 | 53294 | 56266 | 36146 | 34462 |
| 梨 | | | | | |
| Pears | 46069 | 39922 | 64067 | 84099 | 72813 |
| 桃 | | | | | |
| Peaches | 62853 | 61188 | 67547 | 79656 | 92374 |
| 鲜 枣 | | | | | |
| Fresh Jujubes | 34812 | 36235 | 55251 | 71264 | 28931 |
| 葡 萄 | | | | | |
| Grapes | 110976 | 103633 | 114112 | 101703 | 100514 |
| 柿 子 | | | | | |
| Persimmons | 9111 | 15135 | 10502 | 14229 | 13704 |

# 主要统计指标解释

**农林牧渔业总产值**

指以货币表现的农、林、牧、渔业全部产品和对农林牧渔业生产活动进行的各种支持性服务活动的价值总量，它反映一定时期内农林牧渔业生产总规模和总成果。

农林牧渔业总产值的计算方法通常是按农、林、牧、渔业产品及其副产品的产量分别乘以各自单位产品价格求得；少数生产周期较长，当年没有产品或产品产量不易统计的，则采用间接方法匡算其产值；然后将四业产品产值相加即为农林牧渔业总产值。

**农林牧渔业增加值**

指各种经济类型的农业生产单位和农户从事农业生产经营活动所提供的社会最终产品的货币表现。其计算方法有两种，一是生产法：农林牧渔业增加值＝农林牧渔业总产值－农林牧渔业中间消耗；二是分配法：农林牧渔业增加值＝固定资产折旧＋劳动者报酬＋生产税净额（生产税－生产补贴）＋营业盈余。

**农用化肥施用量**

指本年内实际用于农业生产的化肥数量，包括氮肥、磷肥、钾肥和复合肥。化肥施用量要求按折纯量计算数量。折纯量是指把氮肥、磷肥、钾肥分别按含氮、含五氧化二磷、含氧化钾的百分之百成份进行折算后的数量。复合肥按其所含主要成分折算。公式为：

折纯量＝实物量×某种化肥有效成份含量的百分比

**农业机械总动力**

指主要用于农、林、牧、渔业的各种动力机械的动力总和。包括耕作机械、排灌机械、收获机械、农用运输机械、植物保护机械、牧业机械、林业机械、渔业机械和其他农业机械。不包括专门用于乡、镇、村、组办工业、基本建设、非农业运输、科学试验和教学等非农业生产方面用的动力机械与作业机械。

**有效灌溉面积**

指灌溉工程或设备已基本配套，有一定水源，土地比较平整，在一般年景可以进行正常灌溉的耕地面积。在一般情况下，有效灌溉面积应等于灌溉工程或设备已经配套，能够进行灌溉的水田和水浇地面积之和。

**当年出栏头数**

指农林牧渔企业生产单位饲养的，供屠宰并已出栏的全部牲畜头数。包括交售给国家，集市上出售的部分。

**肉类总产量**

指当年出栏并已屠宰的猪、牛、羊、马、骡、驴、家禽、兔等肉产量。即屠宰后除去头、蹄、下水后带骨肉的重量，也叫胴体重。

**水产品产量**

指本年度内捕捞的水产品（包括人工养殖并捕捞的水产品和捕捞天然生长的水产品）产量。不论自食或出售的，都应计算在内。用作继续扩大再生产的水产品（如鱼苗、鱼种、鱼饵及转塘鱼、存塘鱼等）不作水产品产量统计。在淡水生长的各种水生植物，如莲藕、菱角等，因属农作物范畴，均不包括在水产品产量之内。

**园林水果产量**

指本年度内从果树上收获的全部水果产量，不论自食的或出售的，都应计算在内。不包括果用瓜(如西瓜、甜瓜、白兰瓜、哈密瓜、脆瓜等)和主要作蔬菜食用的藕、西红柿等。也不包括采集的野生水果。水果的产量按鲜果计算，干枣、葡萄干、柿饼、桔饼等应统一折成鲜果计算。

# Explanatory Notes on Main Statistical Indicators

**Gross Output Value of Farming, Forestry, Animal Husbandry and Fishery**

refers to the total value of products of farming, forestry, animal husbandry and fishery, and total value of services rendered to support farming, forestry, animal husbandry and fishery activities. It reflects the total scale and results of agricultural production during a given period.

Gross output value of agriculture is obtained by first multiplying the output of each product or by product by its price, resulting in the output value of each single item. For a small number of products, annual output of which is not available or difficult to get due to the long production (growing) process involved, the output value is estimated through an indirect approach. The sum of output value of all products of farming, forestry, animal husbandry and fishery is then equal to the gross output value of agriculture.

**Value-added of Farming, Forestry, Animal Husbandry and Fishery**

refers to the final results of various agricultural production and trade units in monetary expression. It is calculated with two approaches. First, production approach, *value-added of farming, forestry, animal husbandry and fishery = gross output value of farming, forestry, animal husbandry and fishery - intermediate input of farming, forestry, animal husbandry and fishery*. Second, distribution approach, *value-added of farming, forestry, animal husbandry and fishery = depreciation of fixed assets + Labourers remuneration + net taxes on production (taxes on production - subsidies of production) + operating - surplus.*

**Consumption of Chemical Fertilizers in Agriculture**

refers to the quantity of chemical fertilizers applied in agriculture in the year, including nitrogenous fertilizer, phosphate fertilizer, potash fertilizer, and compound fertilizer. The consumption of chemical fertilizers is required in calculation to convert the gross weight into weight containing 100% effective component (e.g. 100% nitrogen content in nitrogenous fertilizer, 100% phosphorous pent oxide contents in phosphate fertilizer, 100% potassium oxide contents in potash fertilizer). Compound fertilizer is converted with its major component. The formula is:

*Volume of effective component = physical quantity × effective component of certain chemical fertilizer (%)*

**Total Power of Agricultural Machinery**

refers to total mechanical power of machinery used in farming, forestry, animal husbandry, and fishery, including ploughing, irrigation and drainage, harvesting, transport, plant protection, stock breeding, forestry and fishery and other agricultural machineries. Machinery employed for non-agricultural purposes, such as the machines used in township run and village-run industry, construction, non-agricultural transport, scientific experiments and teaching, are excluded.

**Effective Irrigated Area**

refers to areas that are effectively irrigated, i.e. level land which has water source and complete sets of irrigation facilities to lift and move adequate water for irrigation purpose under normal conditions. In general, irrigated area equal to the sum area of paddy fields and irrigated land for irrigated engineering or complete sets.

**Number of Livestock Slaughtered**

refers to the total number of animals for butchering by farming, forestry, animal husbandry and fishery, including parts of selling to country and markets.

**Output of Meat**

refers to output of butchered pork, beef, mutton, horse, mule, donkey, fowls, and rabbit in the current year, which is the heaviness minus head, hoof, offal, named nes weight also.

**Output of Aquatic Products**

refers to amount of fishing (including artificially cultured, naturally grown), in respective consumption by peasants themselves or sold. It excludes aquatic (i.e. fish fry, fish grows, fish bait and transferred fish from piscine, leave fish) for continuing expanded reproduction aquatic. Since various fresh water plants (i.e. lotus roots, water chestnut) are belong to farm crops, not included in aquatic products.

**Yield of Fruits in Orchards**

refer to total output of fruits harvested from fruit trees in current year, not only for eating but also for sale, but not include melon-fruits (for example, watermelon, muskmelon, honey dew melon, hami melon, crisp melon, etc.), vegetables such as lotus root, tomatoes and so on, and collection of wild fruits. Output of fruits is calculated as fresh fruits. Dried dates, raisins, persimmon, orange cake, etc. should be unified into fresh fruits in the calculation.

TIANJIN STATISTICAL YEARBOOK

# 第十二篇　工　业

# Chapter 12　Industry

# 12-1 规模以上工业企业主要经济效益指标(1978—2019年)

## Main Indicators on Economic Benefit of Industrial Enterprises above Designated Size,1978-2019

| 年 份<br>Year | 资产负债率(%)<br>Ratio of Debts to Assets (%) | 流动资产周转率(次)<br>Turnover of Working Capitals (time) | 总资产贡献率(%)<br>Ratio of Total Assets to Industrial Output Value (%) | 营业收入利润率(%)<br>Ratio of Profits to Operating Revenue (%) | 产销率(%)<br>Proportion of Products Sold (%) | 每百元资产实现的营业收入(元)<br>Operating Revenue on Assets per 100 yuan(yuan) |
|---|---|---|---|---|---|---|
| 1978 | | 3.0 | | 17.3 | 93.7 | |
| 1979 | | 3.5 | | 17.1 | 97.8 | |
| 1980 | | 3.8 | | 14.7 | 94.8 | |
| 1981 | | 3.8 | | 16.7 | 97.7 | |
| 1982 | | 3.7 | | 15.1 | 97.4 | |
| 1983 | | 3.8 | | 14.6 | 97.7 | |
| 1984 | | 3.8 | | 13.9 | 98.3 | |
| 1985 | | 4.2 | | 13.7 | 98.2 | |
| 1986 | | 3.8 | | 12.2 | 99.1 | |
| 1987 | | 3.9 | | 11.2 | 98.4 | |
| 1988 | | 4.2 | | 8.8 | 98.1 | |
| 1989 | | 3.7 | | 5.8 | 92.1 | |
| 1990 | | 1.9 | | 3.7 | 88.8 | |
| 1991 | | 1.7 | | 3.8 | 93.1 | |
| 1992 | | 1.7 | | 3.7 | 92.7 | |
| 1993 | | 1.9 | 9.1 | 3.2 | 97.6 | 89.6 |
| 1994 | | 1.5 | | 4.3 | 85.2 | 68.7 |
| 1995 | | 1.6 | 9.6 | 4.3 | 86.4 | 63.6 |
| 1996 | | 1.4 | 8.3 | 4.5 | 91.6 | 62.4 |
| 1997 | | 1.4 | 7.1 | 3.7 | 96.4 | 56.6 |
| 1998 | 64.1 | 1.4 | 6.6 | 3.4 | 97.9 | 57.5 |
| 1999 | 61.9 | 1.5 | 6.5 | 3.5 | 98.6 | 59.4 |
| 2000 | | 1.8 | 8.9 | 6.2 | 98.4 | 66.4 |
| 2001 | | 1.7 | 9.3 | 6.2 | 96.7 | 70.8 |
| 2002 | | 1.8 | 8.7 | 5.4 | 99.1 | 78.4 |
| 2003 | | 2.1 | 9.9 | 5.7 | 98.9 | 90.8 |
| 2004 | 56.4 | 2.3 | 12.8 | 7.0 | 99.0 | 107.5 |
| 2005 | 58.5 | 2.3 | 14.5 | 7.7 | 100.6 | 112.3 |
| 2006 | 57.8 | 2.6 | 15.9 | 7.9 | 99.2 | 123.4 |
| 2007 | 60.1 | 2.6 | 15.0 | 7.5 | 99.7 | 122.2 |
| 2008 | 60.8 | 2.5 | 12.1 | 5.6 | 98.4 | 122.7 |
| 2009 | 62.5 | 2.1 | 12.1 | 6.3 | 98.2 | 105.0 |
| 2010 | 60.5 | 2.3 | 17.3 | 9.0 | 98.9 | 118.8 |
| 2011 | 62.5 | 2.2 | 18.0 | 9.2 | 99.3 | 125.1 |
| 2012 | 63.5 | 2.2 | 17.6 | 8.9 | 98.9 | 104.5 |
| 2013 | 63.6 | 2.2 | 17.4 | 8.3 | 98.1 | 124.6 |
| 2014 | 61.7 | 2.2 | 15.7 | 8.0 | 97.7 | 105.3 |
| 2015 | 62.8 | 2.1 | 14.6 | 7.9 | 97.2 | 97.4 |
| 2016 | 61.4 | 2.1 | 14.6 | 7.9 | 97.3 | 106.8 |
| 2017 | 59.6 | 1.6 | 9.3 | 6.6 | 99.3 | 81.5 |
| 2018 | 58.2 | 1.7 | 10.3 | 6.9 | 98.9 | 86.4 |
| 2019 | 57.9 | 1.8 | 9.4 | 6.6 | 99.3 | 87.6 |

注：1.本表统计范围1998年以前为街乡及以上工业；1998-2010年为全部国有及年产品销售收入500万元及以上的其他工业企业；2011年起为规模以上工业，规模以上标准为年主营业务收入2000万元及以上工业企业。2.根据国家统一规定，2018年开始，用“营业收入”“营业成本”“税金及附加”三个指标代替之前年度的“主营业务收入”“主营业务成本”“主营业务税金及附加”三个指标。主营业务收入利润率、每百元资产实现的主营业务收入、人均营业收入等指标同步调整。

Note: a) Data in this table covered enterprises at and above the township level before 1998; Data from 1998 to 2010 refer to state-owned industry enterprises and other industrial enterprises with annual business revenue over 5 million yuan; and data from 2011 adopt coverage of industry above designated size, which refers to industrial enterprises with annual business revenue over 20 million yuan.

b) According to the National Bureau of Statistics, indicators named 'Revenue from Principal Business', 'Costs on Revenue from Principal Business' and 'Business Tax and Surcharges of Principal Business' become 'Operating Revenue', 'Operating Cost' and 'Business Tax and Surcharges' in 2018, related indicators are adjusted synchronously.

# 12-2 国有经济工业企业主要经济效益指标(1978—2019年)

## Main Indicators on Economic Benefit of State-Owned Industrial Enterprises,1978-2019

| 年 份<br>Year | 资 产<br>负债率<br>(%)<br>Ratio of Debts to Assets (%) | 流动资产<br>周转率<br>(次)<br>Turnover of Working Capitals (time) | 总资产贡献率<br>(%)<br>Ratio of Total Assets to Industrial Output Value (%) | 营业收入<br>利润率(%)<br>Ratio of Profits to Operating Revenue (%) | 产销率<br>(%)<br>Proportion of Products Sold (%) | 每百元资产实现<br>的营业收入(元)<br>Operating Revenue on Assets per 100 yuan (yuan) |
|---|---|---|---|---|---|---|
| 1978 | | | | | | |
| 1979 | | | | | 98.8 | |
| 1980 | | | | 17.1 | 95.3 | |
| 1981 | | | | 17.2 | 98.1 | |
| 1982 | | | | 15.4 | | |
| 1983 | | | | 14.7 | 97.9 | |
| 1984 | | | | 14.4 | 98.7 | |
| 1985 | | | | 13.8 | 98.2 | |
| 1986 | | | | 12.1 | 100.0 | |
| 1987 | | | | 11.2 | 100.1 | |
| 1988 | | | | 8.6 | 100.3 | |
| 1989 | | | | 5.4 | 94.4 | |
| 1990 | | 1.9 | | 3.0 | 92.1 | |
| 1991 | | 1.8 | | 3.0 | 97.6 | |
| 1992 | | 1.8 | | 2.2 | 98.2 | |
| 1993 | | 1.9 | 7.0 | 0.6 | 100.8 | |
| 1994 | | 1.3 | | 1.0 | 97.9 | |
| 1995 | | 1.3 | 6.5 | 0.5 | 107.5 | |
| 1996 | | 1.2 | 5.0 | 0.3 | 98.2 | |
| 1997 | | 1.2 | 4.7 | -0.4 | 95.8 | |
| 1998 | | 1.0 | 4.1 | -0.7 | 99.2 | |
| 1999 | | 0.9 | 3.2 | -3.3 | 101.0 | 31.6 |
| 2000 | | 1.0 | 1.3 | -2.8 | 100.0 | 36.8 |
| 2001 | | 1.1 | 2.4 | -3.3 | 99.0 | 38.1 |
| 2002 | | 1.0 | 2.4 | -1.7 | 100.5 | 69.1 |
| 2003 | | 1.4 | 4.2 | 1.6 | 100.2 | 50.0 |
| 2004 | | 1.6 | 3.3 | 2.5 | 101.0 | 59.3 |
| 2005 | | 1.3 | 3.7 | 1.5 | 102.0 | 52.9 |
| 2006 | | 1.7 | 7.1 | 2.6 | 99.9 | 64.8 |
| 2007 | | 1.9 | 6.9 | 3.4 | 99.5 | 70.0 |
| 2008 | 73.1 | 2.1 | 5.4 | 1.5 | 97.2 | 83.1 |
| 2009 | 70.7 | 1.6 | 5.6 | 0.1 | 100.0 | 70.5 |
| 2010 | 67.0 | 2.0 | 8.2 | 1.4 | 99.2 | 87.5 |
| 2011 | 66.3 | 1.9 | 7.5 | 1.0 | 98.1 | 91.3 |
| 2012 | 66.8 | 1.8 | 6.6 | 0.9 | 97.4 | 87.8 |
| 2013 | 66.3 | 1.5 | 7.2 | 1.4 | 96.5 | 86.8 |
| 2014 | 60.1 | 1.5 | 6.4 | 0.2 | 94.5 | 78.7 |
| 2015 | 62.2 | 1.3 | 6.8 | 1.8 | 96.4 | 66.9 |
| 2016 | 60.6 | 1.2 | 14.3 | 2.6 | 96.7 | 60.3 |
| 2017 | 59.8 | 1.2 | 6.8 | 3.3 | 96.2 | 56.6 |
| 2018 | 66.3 | 0.8 | 0.8 | -2.4 | 94.5 | 39.9 |
| 2019 | 62.2 | 1.1 | 3.3 | 1.9 | 95.7 | 48.5 |

注：国有经济包括登记注册类型中内资部分的国有、国有独资和国有联营企业(下同)。

Note: State-owned economy including state-owned, sole state-funded, state-owned joint enterprises of demestic-funded in status of registration (Same as follows).

# 12-3 规模以上工业企业主要经济指标(2019年)

| 项　目 | Item | 企业单位数(个) Number of Enterprises (unit) | 平均用工人数(人) Annual Average Employees (person) |
|---|---|---|---|
| **全市总计** | **Total** | **4813** | **984020** |
| **按企业规模分** | **Grouped by Size of Enterprises** | | |
| 大　型 | Large-sized | 127 | 362025 |
| 中　型 | Medium-sized | 459 | 247099 |
| 小　型 | Small-sized | 3642 | 352910 |
| 微　型 | Mini-sized | 585 | 21986 |
| **按登记注册类型分** | **Grouped by Status of Registration** | | |
| 内资企业 | Domestic-funded Enterprises | 3679 | 629974 |
| #国　有 | State-owned Enterprises | 14 | 3837 |
| 集　体 | Collective-owned Enterprises | 14 | 1380 |
| 股份合作 | Cooperative Enterprises | 19 | 2578 |
| 私营企业 | Private Enterprises | 2366 | 235780 |
| 股份有限公司 | Share-holding Corporations Ltd. | 193 | 101242 |
| 有限责任公司 | Limited Liability Corporations | 1072 | 285089 |
| #国有独资公司 | Sole State-funded Corporations | 97 | 81106 |
| 港、澳、台商投资企业 | Enterprises with Investment from Hong Kong, Macao and Taiwan | 220 | 75968 |
| 外商投资企业 | Foreign Funded Enterprises | 914 | 278078 |
| **按隶属关系分** | **Grouped by Administrative Relationship** | | |
| 中　央 | Central Industry | 77 | 95567 |
| 地　方 | Local Industry | 4736 | 888453 |
| **按企业控股情况分** | **Grouped by Company Holding Type** | | |
| 国有及国有控股企业 | State-owned and State-holding Enterprises | 476 | 233144 |
| 民营及民营控股企业 | Private and Private Holding Enterprises | 3332 | 444266 |
| 外商及港澳台商控股企业 | Hong Kong, Macao,Taiwan and Foreign Funded Holding Enterprises | 1005 | 306610 |

## Main Economic Indicators of Industrial Enterprises above Designated Size,2019

单位：万元(10 000 yuan)

| 资产总计 Total Assets | 流动资产合计 Total Working Capitals | 应收账款 Accounts Receivable | 负债合计 Total Liabilities | 利税总额 Total Profits and Taxes | # 利润总额 Total Pre-tax Profits |
|---|---|---|---|---|---|
| **216445143** | **105922805** | **28356872** | **125370685** | **19294030** | **12476820** |
| | | | | | |
| 98615605 | 42410081 | 9326911 | 56068793 | 13068614 | 8819655 |
| 45909538 | 24564630 | 7581361 | 25957005 | 2767856 | 1579140 |
| 59604240 | 35016626 | 10616331 | 35685614 | 3240063 | 1991543 |
| 12315760 | 3931469 | 832270 | 7659273 | 217497 | 86482 |
| | | | | | |
| 149094261 | 70440354 | 16086900 | 91526851 | 6974922 | 2996517 |
| 1058785 | 836983 | 58257 | 949379 | 451640 | 91793 |
| 75923 | 60478 | 13287 | 39832 | 2494 | 519 |
| 225138 | 149637 | 39899 | 116026 | 8161 | 2121 |
| 30550886 | 17727118 | 4936017 | 18441873 | 1626558 | 1028216 |
| 33543364 | 13127314 | 3172002 | 15232568 | 3128109 | 1141976 |
| 83639199 | 38537926 | 7867138 | 56746293 | 1757797 | 731778 |
| 28341816 | 12088461 | 1765291 | 17347100 | 403135 | 177782 |
| | | | | | |
| 20864337 | 6732477 | 2043735 | 10242866 | 7250374 | 5926141 |
| 46486545 | 28749974 | 10226237 | 23600967 | 5068735 | 3554162 |
| | | | | | |
| 33135361 | 10882555 | 2418192 | 16534781 | 2649550 | 539543 |
| 183309782 | 95040250 | 25938680 | 108835903 | 16644481 | 11937277 |
| | | | | | |
| 86020265 | 34640450 | 7043463 | 50348437 | 4456192 | 1375880 |
| 73920866 | 41348641 | 10301140 | 46352462 | 3634490 | 2191804 |
| | | | | | |
| 56504011 | 29933714 | 11012270 | 28669786 | 11203347 | 8909136 |

# 12-4 按行业分规模以上工业企业主要经济指标(2019年)

| 行业 | Sector | 企业单位数(个) Number of Enterprises (unit) | 平均用工人数(人) Annual Average Employees (person) |
|---|---|---|---|
| **总计** | **Total** | **4813** | **984020** |
| # 煤炭开采和洗选业 | Mining and Washing of Coal | 2 | 409 |
| 石油和天然气开采业 | Extraction of Petroleum and Natural Gas | 2 | 19742 |
| 黑色金属矿采选业 | Mining and Processing of Ferrous Metal Ores | 2 | 599 |
| 非金属矿采选业 | Mining and Processing of Nonmetal Ores | 2 | 5158 |
| 开采专业及辅助性活动 | Mining Professional and Auxiliary Activities | 5 | 34728 |
| 农副食品加工业 | Processing of Food from Agricultural Products | 130 | 12869 |
| 食品制造业 | Manufacture of Food | 111 | 24482 |
| 酒、饮料和精制茶制造业 | Manufacture of Alcohol, Beverages and Refined Tea | 30 | 7297 |
| 纺织业 | Manufacture of Textile | 40 | 7619 |
| 纺织服装、服饰业 | Manufacture of Textile Wearing and Apparel | 45 | 6182 |
| 皮革、毛皮、羽毛及其制品和制鞋业 | Manufacture of Leather, Fur, Feather and Related Products, Footwear | 22 | 5888 |
| 木材加工和木、竹、藤、棕、草制品业 | Processing of Timber, Manufacture of Wood, Bamboo, Rattan, Palm and Straw Products | 28 | 1495 |
| 家具制造业 | Manufacture of Furniture | 50 | 16148 |
| 造纸和纸制品业 | Manufacture of Paper and Paper Products | 130 | 13832 |
| 印刷和记录媒介复制业 | Printing, Reproduction of Recording Media | 66 | 8569 |
| 文教、工美、体育和娱乐用品制造业 | Manufacture of Articles for Culture, Education and Industrial Arts, Sport Activity, Amusement Manufacturing | 74 | 11158 |
| 石油、煤炭及其他燃料加工业 | Processing of Petroleum, Coal and Other Fuel | 35 | 12124 |
| 化学原料和化学制品制造业 | Manufacture of Raw Chemical Materials and Chemical Products | 307 | 42173 |
| 医药制造业 | Manufacture of Medicines | 97 | 43277 |
| 化学纤维制造业 | Manufacture of Chemical Fibers | 2 | 279 |
| 橡胶和塑料制品业 | Manufacture of Rubber and Plastic | 281 | 36227 |
| 非金属矿物制品业 | Manufacture of Non-metallic Mineral Products | 312 | 30368 |
| 黑色金属冶炼和压延加工业 | Smelting and Pressing of Ferrous Metals | 288 | 67670 |
| 有色金属冶炼和压延加工业 | Smelting and Pressing of Non-ferrous Metals | 104 | 14173 |
| 金属制品业 | Manufacture of Metal Products | 499 | 75627 |
| 通用设备制造业 | Manufacture of General Purpose Machinery | 394 | 54202 |
| 专用设备制造业 | Manufacture of Special Purpose Machinery | 306 | 50229 |
| 汽车制造业 | Manufacture of Motorcar | 344 | 119587 |
| 铁路、船舶、航空航天和其他运输设备制造业 | Railway, Watercraft, Aerospace and Other Transport Equipment | 208 | 34883 |
| 电气机械和器材制造业 | Manufacture of Electrical Machinery and Equipment | 300 | 57346 |
| 计算机、通信和其他电子设备制造业 | Manufacture of Computers, Communication and Other Electronic Equipment | 229 | 96836 |
| 仪器仪表制造业 | Manufacture of Measuring Instruments | 79 | 10458 |
| 其他制造业 | Other Manufacturing | 26 | 2798 |
| 废弃资源综合利用业 | Comprehensive Recycling of Waste | 46 | 2519 |
| 金属制品、机械和设备修理业 | Metal Products, Machine and Equipment Repair | 14 | 3573 |
| 电力、热力生产和供应业 | Production and Supply of Electric Power and Heat Power | 110 | 27035 |
| 燃气生产和供应业 | Production and Supply of Gas | 34 | 7054 |
| 水的生产和供应业 | Production and Supply of Water | 44 | 7287 |

# Main Economic Indicators of Industrial Enterprises above Designated Size by Sector,2019

单位：万元(10 000 yuan)

| 资产总计 Total Assets | 流动资产合计 Total Working Capitals | 应收账款 Accounts Receivable | 负债合计 Total Liabilities | 利税总额 Total Profits and Taxes | # 利润总额 Total Pre-tax Profits |
|---|---|---|---|---|---|
| **216445143** | **105922805** | **28356872** | **125370685** | **19294030** | **12476820** |
| 58179 | 48621 | 35018 | 30883 | 3828 | 2568 |
| 14407586 | 1099723 | 13130 | 6628625 | 6719241 | 5457734 |
| 263339 | 180575 | 102379 | 152419 | 16214 | 13499 |
| 2301564 | 1770396 | 19609 | 1121199 | 16571 | 7443 |
| 3817769 | 2257271 | 743132 | 1720232 | -18262 | -54154 |
| 2842385 | 1741371 | 247852 | 1694180 | 94993 | 57038 |
| 4121652 | 2733956 | 493853 | 2123734 | 390853 | 264760 |
| 973197 | 500148 | 211240 | 553369 | 105990 | 54588 |
| 1375601 | 817980 | 77558 | 834825 | 43425 | 28735 |
| 324016 | 277933 | 41059 | 253099 | 6044 | -192 |
| 260092 | 206590 | 53278 | 188132 | 3849 | 297 |
| 110831 | 69446 | 20071 | 77356 | 1680 | -971 |
| 1033650 | 669835 | 67520 | 747055 | 41022 | 19501 |
| 2314561 | 973751 | 342291 | 1103301 | 195253 | 126214 |
| 683706 | 352368 | 154122 | 358761 | 39633 | 22868 |
| 735870 | 527528 | 106329 | 357386 | 36286 | 24805 |
| 5649981 | 2533562 | 712039 | 2497146 | 1756788 | 275315 |
| 13825791 | 5575396 | 1358287 | 7026811 | 1171328 | 855516 |
| 8513762 | 4659800 | 1137929 | 3082472 | 1029395 | 705248 |
| 40403 | 22427 | 8118 | 23053 | 7586 | 6728 |
| 4637129 | 2536984 | 797644 | 2500680 | 251445 | 156968 |
| 5545227 | 3648429 | 1737582 | 3483827 | 407497 | 250962 |
| 26356335 | 12673584 | 691418 | 20084110 | 494998 | 240932 |
| 6877795 | 2658232 | 497199 | 4268477 | 103173 | 23166 |
| 7827359 | 4956197 | 1421953 | 4969517 | 247664 | 137245 |
| 7641041 | 5199606 | 1964286 | 4674293 | 530698 | 363281 |
| 9757700 | 5998537 | 1609701 | 4866129 | 398457 | 251601 |
| 17482249 | 10358837 | 3843762 | 10141947 | 2262972 | 1294017 |
| 3939478 | 2398648 | 834199 | 2292655 | 174991 | 118471 |
| 11367629 | 6746997 | 2880430 | 6523834 | 527826 | 424781 |
| 16659123 | 10021994 | 3662412 | 8073577 | 863628 | 741925 |
| 1169825 | 925933 | 273577 | 564650 | 57943 | 29661 |
| 124100 | 86765 | 28189 | 43791 | 11627 | 8580 |
| 722993 | 444723 | 97623 | 374670 | 108787 | 37851 |
| 206722 | 116708 | 63024 | 88023 | 8372 | 4356 |
| 20812700 | 5097466 | 717174 | 14129690 | 422757 | 224690 |
| 3599981 | 1170066 | 449649 | 2052420 | 181111 | 152573 |
| 4826925 | 1762443 | 408820 | 3127137 | 174182 | 113133 |

## 12-5 规模以上工业企业主要经济效益指标(2019年)

| 项　目 | Item | 资产负债率(%) Ratio of Debts to Assets(%) | 总资产贡献率(%) Ratio of Total Assets to Industrial Output Value (%) |
|---|---|---|---|
| **全市总计** | **Total** | **57.9** | **9.4** |
| **按企业规模分** | **Grouped by Size of Enterprises** | | |
| 大　型 | Large-sized | 56.9 | 13.6 |
| 中　型 | Medium-sized | 56.5 | 6.7 |
| 小微型 | Small&Mini-sized | 60.3 | 5.3 |
| **按登记注册类型分** | **Grouped by Status of Registration** | | |
| 内资企业 | Domestic-funded Enterprises | 61.4 | 5.2 |
| #国　有 | State-owned Enterprises | 89.7 | 43.0 |
| 集　体 | Collective-owned Enterprises | 52.5 | 3.3 |
| 股份合作 | Cooperative Enterprises | 51.5 | 3.7 |
| 私营企业 | Private Enterprises | 60.4 | 5.7 |
| 股份有限公司 | Share-holding Corporations Ltd. | 45.4 | 10.0 |
| 有限责任公司 | Limited Liability Corporations | 67.8 | 2.7 |
| #国有独资公司 | Sole State-funded Corporations | 61.2 | 1.8 |
| 港、澳、台商投资企业 | Enterprises with Investment from Hong Kong, Macao and Taiwan | 49.1 | 34.8 |
| 外商投资企业 | Foreign Funded Enterprises | 50.8 | 11.3 |
| **按隶属关系分** | **Grouped by Administrative Relationship** | | |
| 中　央 | Central Industry | 49.9 | 8.3 |
| 地　方 | Local Industry | 59.4 | 9.6 |
| **按企业控股情况分** | **Grouped by Company Holding Type** | | |
| 国有及国有控股企业 | State-owned and State-holding Enterprises | 58.5 | 5.8 |
| 民营及民营控股企业 | Private and Private Holding Enterprises | 62.7 | 5.3 |
| 外商及港澳台商控股企业 | Hong Kong, Macao,Taiwan and Foreign Funded Holding Enterprises | 50.7 | 20.1 |

Main Economic Benefit Indicators of Industrial Enterprises above Designated Size,2019

| 每百元资产实现的营业收入(元) Operating Revenue on Assets per 100 yuan (yuan) | 流动资产周转率(次) Turnover of Working Capitals (time) | 人均营业收入(万元/人) Operating Revenue per Capita (10 000 yuan/person) | 营业收入利润率(%) Ratio of Profits to Operating Revenue (%) | 百元营业收入成本(元) Costs on Operating Revenue per 100 yuan (yuan) | 产销率(%) Proportion of Products Sold (%) |
|---|---|---|---|---|---|
| **87.6** | **1.8** | **192.8** | **6.6** | **84.7** | **99.3** |
| | | | | | |
| 86.3 | 2.0 | 235.1 | 10.4 | 81.1 | 98.4 |
| 87.8 | 1.6 | 163.1 | 3.9 | 86.1 | 99.5 |
| 89.4 | 1.6 | 171.4 | 3.2 | 88.6 | 100.4 |
| | | | | | |
| 74.7 | 1.6 | 176.7 | 2.7 | 88.7 | 99.1 |
| 73.3 | 0.9 | 202.2 | 11.8 | 44.0 | 99.9 |
| 90.8 | 1.1 | 49.9 | 0.8 | 95.0 | 100.6 |
| 94.5 | 1.4 | 82.6 | 1.0 | 93.1 | 99.9 |
| 125.2 | 2.2 | 162.2 | 2.7 | 91.1 | 99.9 |
| 70.7 | 1.8 | 234.4 | 4.8 | 81.9 | 98.9 |
| 57.7 | 1.3 | 169.4 | 1.5 | 90.9 | 98.5 |
| 47.6 | 1.1 | 166.4 | 1.3 | 93.8 | 95.4 |
| | | | | | |
| 87.8 | 2.7 | 241.1 | 32.4 | 59.5 | 100.0 |
| 129.2 | 2.1 | 215.9 | 5.9 | 85.0 | 99.4 |
| | | | | | |
| 67.5 | 2.1 | 234.1 | 2.4 | 85.7 | 96.8 |
| 91.3 | 1.8 | 188.3 | 7.1 | 84.6 | 99.6 |
| | | | | | |
| 64.1 | 1.6 | 236.6 | 2.5 | 87.7 | 98.6 |
| 93.9 | 1.7 | 156.2 | 3.2 | 89.5 | 99.8 |
| | | | | | |
| 115.3 | 2.2 | 212.5 | 13.7 | 77.1 | 99.3 |

# 12-6 分行业规模以上工业企业主要经济效益指标(2019年)

| 行 业 | Sector | 资产负债率(%) Ratio of Debts to Assets (%) | 总资产贡献率(%) Ratio of Total Assets to Industrial Output Value (%) |
|---|---|---|---|
| **总 计** | **Total** | **57.9** | **9.4** |
| 煤炭开采和洗选业 | Mining and Washing of Coal | 53.1 | 6.6 |
| 石油和天然气开采业 | Extraction of Petroleum and Natural Gas | 46.0 | 46.5 |
| 黑色金属矿采选业 | Mining and Processing of Ferrous Metal Ores | 57.9 | 6.0 |
| 非金属矿采选业 | Mining and Processing of Nonmetal Ores | 48.7 | 1.0 |
| 开采专业及辅助性活动 | Mining Professional and Auxiliary Activities | 45.1 | -0.9 |
| 农副食品加工业 | Processing of Food from Agricultural Products | 59.6 | 3.9 |
| 食品制造业 | Manufacture of Food | 51.5 | 9.8 |
| 酒、饮料和精制茶制造业 | Manufacture of Alcohol, Beverages and Refined Tea | 56.9 | 11.0 |
| 纺织业 | Manufacture of Textile | 60.7 | 5.6 |
| 纺织服装、服饰业 | Manufacture of Textile Wearing and Apparel | 78.1 | 2.1 |
| 皮革、毛皮、羽毛及其制品和制鞋业 | Manufacture of Leather, Fur, Feather and Related Products, Footwear | 72.3 | 1.8 |
| 木材加工和木、竹、藤、棕、草制品业 | Processing of Timber, Manufacture of Wood, Bamboo, Rattan, Palm and Straw Products | 69.8 | 1.9 |
| 家具制造业 | Manufacture of Furniture | 72.3 | 4.3 |
| 造纸和纸制品业 | Manufacture of Paper and Paper Products | 47.7 | 8.8 |
| 印刷和记录媒介复制业 | Printing, Reproduction of Recording Media | 52.5 | 6.5 |
| 文教、工美、体育和娱乐用品制造业 | Manufacture of Articles for Culture, Education and Industrial Arts, Sport Activity, Amusement Manufacturing | 48.6 | 5.1 |
| 石油、煤炭及其他燃料加工业 | Processing of Petroleum, Coal and Other Fuel | 44.2 | 31.2 |
| 化学原料和化学制品制造业 | Manufacture of Raw Chemical Materials and Chemical Products | 50.8 | 9.4 |
| 医药制造业 | Manufacture of Medicines | 36.2 | 12.4 |
| 化学纤维制造业 | Manufacture of Chemical Fibers | 57.1 | 18.8 |
| 橡胶和塑料制品业 | Manufacture of Rubber and Plastic | 53.9 | 6.2 |
| 非金属矿物制品业 | Manufacture of Non-metallic Mineral Products | 62.8 | 7.8 |
| 黑色金属冶炼和压延加工业 | Smelting and Pressing of Ferrous Metals | 76.2 | 2.1 |
| 有色金属冶炼和压延加工业 | Smelting and Pressing of Non-ferrous Metals | 62.1 | 2.4 |
| 金属制品业 | Manufacture of Metal Products | 63.5 | 3.7 |
| 通用设备制造业 | Manufacture of General Purpose Machinery | 61.2 | 7.7 |
| 专用设备制造业 | Manufacture of Special Purpose Machinery | 49.9 | 4.6 |
| 汽车制造业 | Manufacture of Motorcar | 58.0 | 13.3 |
| 铁路、船舶、航空航天和其他运输设备制造业 | Railway, Watercraft, Aerospace and Other Transport Equipment | 58.2 | 4.7 |
| 电气机械和器材制造业 | Manufacture of Electrical Machinery and Equipment | 57.4 | 5.1 |
| 计算机、通信和其他电子设备制造业 | Manufacture of Computers, Communication and Other Electronic Equipment | 48.5 | 5.6 |
| 仪器仪表制造业 | Manufacture of Measuring Instruments | 48.3 | 5.2 |
| 其他制造业 | Other Manufacturing | 35.3 | 9.8 |
| 废弃资源综合利用业 | Comprehensive Recycling of Waste | 51.8 | 15.2 |
| 金属制品、机械和设备修理业 | Metal Products, Machine and Equipment Repair | 42.6 | 4.2 |
| 电力、热力生产和供应业 | Production and Supply of Electric Power and Heat Power | 67.9 | 2.8 |
| 燃气生产和供应业 | Production and Supply of Gas | 57.0 | 5.9 |
| 水的生产和供应业 | Production and Supply of Water | 64.8 | 4.4 |

## Main Economic Benefit Indicators of Industrial Enterprises above Designated Size by Sector,2019

| 每百元资产实现的营业收入(元) Operating Revenue on Assets per 100 yuan (yuan) | 流动资产周转率(次) Turnover of Working Capitals (time) | 人均营业收入(万元/人) Operating Revenue per Capita (10 000 yuan/person) | 营业收入利润率(%) Ratio of Profits to Operating Revenue (%) | 百元营业收入成本(元) Costs on Operating Revenue per 100 yuan (yuan) | 产销率(%) Proportion of Products Sold (%) |
|---|---|---|---|---|---|
| **87.6** | **1.8** | **192.8** | **6.6** | **84.7** | **99.3** |
| 28.6 | 0.3 | 40.7 | 15.4 | 77.3 | 100.0 |
| 67.5 | 8.8 | 492.6 | 56.1 | 35.4 | 100.7 |
| 217.9 | 3.2 | 958.0 | 2.4 | 97.1 | 100.9 |
| 11.5 | 0.1 | 51.3 | 2.8 | 81.2 | 96.8 |
| 81.6 | 1.4 | 89.7 | -1.7 | 97.7 | 85.4 |
| 179.7 | 2.9 | 396.9 | 1.1 | 93.9 | 99.8 |
| 76.4 | 1.2 | 128.6 | 8.4 | 76.8 | 99.6 |
| 104.7 | 2.0 | 139.7 | 5.4 | 78.0 | 118.8 |
| 72.2 | 1.2 | 130.4 | 2.9 | 87.1 | 98.3 |
| 56.4 | 0.7 | 29.5 | -0.1 | 81.9 | 101.1 |
| 81.0 | 1.0 | 35.8 | 0.1 | 89.0 | 99.1 |
| 112.0 | 1.8 | 83.0 | -0.8 | 90.0 | 99.2 |
| 67.8 | 1.0 | 43.4 | 2.8 | 85.7 | 99.7 |
| 106.8 | 2.5 | 178.6 | 5.1 | 87.6 | 101.2 |
| 83.5 | 1.6 | 66.6 | 4.0 | 84.1 | 101.4 |
| 138.8 | 1.9 | 91.5 | 2.4 | 91.3 | 97.1 |
| 170.5 | 3.8 | 794.5 | 2.9 | 80.8 | 100.1 |
| 80.1 | 2.0 | 262.6 | 7.7 | 82.6 | 100.2 |
| 67.3 | 1.2 | 132.4 | 12.3 | 57.3 | 93.1 |
| 95.2 | 1.7 | 137.9 | 17.5 | 65.0 | 94.5 |
| 85.1 | 1.6 | 108.9 | 4.0 | 85.3 | 101.2 |
| 87.2 | 1.3 | 159.2 | 5.2 | 85.4 | 99.5 |
| 102.9 | 2.1 | 400.9 | 0.9 | 96.0 | 100.1 |
| 101.7 | 2.6 | 493.4 | 0.3 | 96.9 | 102.2 |
| 101.8 | 1.6 | 105.4 | 1.7 | 91.0 | 100.8 |
| 89.4 | 1.3 | 126.0 | 5.3 | 82.8 | 100.4 |
| 56.2 | 0.9 | 109.3 | 4.6 | 79.3 | 96.1 |
| 139.3 | 2.4 | 203.6 | 5.3 | 86.4 | 99.6 |
| 97.5 | 1.6 | 110.1 | 3.1 | 88.5 | 99.3 |
| 84.7 | 1.4 | 167.8 | 4.4 | 87.1 | 99.4 |
| 102.8 | 1.7 | 176.9 | 4.3 | 89.7 | 97.3 |
| 85.2 | 1.1 | 95.3 | 3.0 | 76.6 | 101.8 |
| 111.3 | 1.6 | 49.4 | 6.2 | 75.2 | 98.7 |
| 123.2 | 2.0 | 353.7 | 4.2 | 97.5 | 101.6 |
| 56.3 | 1.0 | 32.5 | 3.7 | 83.8 | 95.7 |
| 44.4 | 1.8 | 342.0 | 2.4 | 94.1 | 99.9 |
| 57.1 | 1.8 | 291.7 | 7.4 | 88.4 | 99.9 |
| 21.7 | 0.6 | 143.4 | 10.8 | 80.5 | 97.9 |

## 12-7 大中型工业企业主要经济效益指标(2019年)

| 项　目 | Item | 资产负债率(%) Ratio of Debts to Assets (%) | 总资产贡献率(%) Ratio of Total Assets to Industrial Output Value (%) |
|---|---|---|---|
| **全市总计** | **Total** | **56.8** | **11.4** |
| **按登记注册类型分** | **Grouped by Status of Registration** | | |
| #内资企业 | Domestic-funded Enterprises | 60.6 | 5.7 |
| 国　有 | State-owned Enterprises | 94.6 | 76.8 |
| 集　体 | Collective-owned Enterprises | 42.6 | -9.1 |
| 股份合作 | Cooperative Enterprises | 14.7 | 5.8 |
| 私营企业 | Private Enterprises | 56.4 | 6.3 |
| 股份有限公司 | Share-holding Corporations Ltd. | 44.7 | 11.2 |
| 有限责任公司 | Limited Liability Corporations | 70.1 | 1.7 |
| #国有独资公司 | Sole State-funded Corporations | 60.2 | 1.5 |
| 港、澳、台商投资企业 | Enterprises with Investment from Hong Kong, Macao and Taiwan | 49.2 | 39.2 |
| 外商投资企业 | Foreign Funded Enterprises | 49.9 | 12.5 |
| **按隶属关系分** | **Grouped by Administrative Relationship** | | |
| 中　央 | Central Industry | 44.4 | 11.3 |
| 地　方 | Local Industry | 59.0 | 11.4 |
| **按企业规模分** | **Grouped by Size of Enterprises** | | |
| 大　型 | Large-sized | 56.9 | 13.6 |
| 中　型 | Medium-sized | 56.5 | 6.7 |
| **按企业控股情况分** | **Grouped by Company Holding Type** | | |
| 国有及国有控股企业 | State-owned and State-holding Enterprises | 56.3 | 7.2 |
| 民营及民营控股企业 | Private and Private Holding Enterprises | 63.5 | 4.9 |
| 外商及港澳台商控股企业 | Hong Kong, Macao,Taiwan and Foreign Funded Holding Enterprises | 50.2 | 24.2 |

## Main Economic Benefit Indicators of Large and Medium-sized Industrial Enterprises,2019

| 每百元资产实现的营业收入(元) Operating Revenue on Assets per 100 yuan (yuan) | 流动资产周转率(次) Turnover of Working Capitals (time) | 人均营业收入(万元/人) Operating Revenue per Capita (10 000 yuan/person) | 营业收入利润率(%) Ratio of Profits to Operating Revenue (%) | 百元营业收入成本(元) Costs on Operating Revenue per 100 yuan (yuan) | 产销率(%) Proportion of Products Sold (%) |
|---|---|---|---|---|---|
| **86.8** | **1.9** | **205.9** | **8.3** | **82.7** | **98.7** |
| | | | | | |
| 68.6 | 1.5 | 182.3 | 2.7 | 87.6 | 98.2 |
| 119.7 | 1.7 | 273.7 | 13.3 | 38.8 | 99.8 |
| 111.2 | 1.7 | 34.5 | -13.9 | 97.2 | 110.2 |
| 85.6 | 1.1 | 29.8 | 0.9 | 80.9 | 106.6 |
| 113.1 | 2.6 | 196.8 | 3.8 | 91.1 | 100.0 |
| 76.6 | 2.0 | 252.5 | 4.8 | 81.7 | 99.0 |
| 52.7 | 1.1 | 144.0 | 0.1 | 91.7 | 96.5 |
| 47.1 | 0.9 | 113.8 | 0.8 | 93.5 | 89.7 |
| | | | | | |
| 89.4 | 3.4 | 277.6 | 36.0 | 56.3 | 100.0 |
| 136.7 | 2.2 | 227.1 | 6.5 | 85.2 | 99.0 |
| | | | | | |
| 74.5 | 2.0 | 199.9 | 2.4 | 82.5 | 95.7 |
| 89.0 | 1.9 | 206.9 | 9.2 | 82.7 | 99.2 |
| | | | | | |
| 86.3 | 2.0 | 235.1 | 10.4 | 81.1 | 98.4 |
| 87.8 | 1.6 | 163.1 | 3.9 | 86.1 | 99.5 |
| | | | | | |
| 70.2 | 1.7 | 224.5 | 2.3 | 86.3 | 97.5 |
| 78.3 | 1.6 | 168.9 | 3.7 | 89.3 | 99.4 |
| | | | | | |
| 118.8 | 2.4 | 225.5 | 16.4 | 75.1 | 99.2 |

## 12-8 分行业大中型工业企业主要经济效益指标(2019年)

| 行 业 | Sector | 资产负债率(%) Ratio of Debts to Assets (%) | 总资产贡献率(%) Ratio of Total Assets to Industrial Output Value (%) |
|---|---|---|---|
| **总 计** | **Total** | **56.8** | **11.4** |
| 石油和天然气开采业 | Extraction of Petroleum and Natural Gas | 46.0 | 46.5 |
| 黑色金属矿采选业 | Mining and Processing of Ferrous Metal Ores | 43.5 | 9.7 |
| 非金属矿采选业 | Mining and Processing of Nonmetal Ores | 48.7 | 1.0 |
| 开采专业及辅助性活动 | Mining Professional and Auxiliary Activities | 45.0 | -0.9 |
| 农副食品加工业 | Processing of Food from Agricultural Products | 45.4 | 6.4 |
| 食品制造业 | Manufacture of Food | 49.1 | 9.9 |
| 酒、饮料和精制茶制造业 | Manufacture of Alcohol, Beverages and Refined Tea | 48.2 | 11.4 |
| 纺织业 | Manufacture of Textile | 65.3 | 5.1 |
| 纺织服装、服饰业 | Manufacture of Textile Wearing and Apparel | 70.7 | 8.0 |
| 皮革、毛皮、羽毛及其制品和制鞋业 | Manufacture of Leather, Fur, Feather and Related Products, Footwear | 36.1 | 3.9 |
| 家具制造业 | Manufacture of Furniture | 73.5 | 4.7 |
| 造纸和纸制品业 | Manufacture of Paper and Paper Products | 31.8 | 11.7 |
| 印刷和记录媒介复制业 | Printing, Reproduction of Recording Media | 57.4 | 9.4 |
| 文教、工美、体育和娱乐用品制造业 | Manufacture of Articles for Culture, Education and Industrial Arts, Sport Activity, Amusement Manufacturing | 41.6 | 6.6 |
| 石油、煤炭及其他燃料加工业 | Processing of Petroleum, Coal and Other Fuel | 44.2 | 33.6 |
| 化学原料和化学制品制造业 | Manufacture of Raw Chemical Materials and Chemical Products | 53.4 | 8.1 |
| 医药制造业 | Manufacture of Medicines | 33.8 | 13.1 |
| 橡胶和塑料制品业 | Manufacture of Rubber and Plastic | 50.5 | 7.4 |
| 非金属矿物制品业 | Manufacture of Non-metallic Mineral Products | 49.3 | 12.2 |
| 黑色金属冶炼和压延加工业 | Smelting and Pressing of Ferrous Metals | 76.1 | 2.2 |
| 有色金属冶炼和压延加工业 | Smelting and Pressing of Non-ferrous Metals | 58.7 | 2.4 |
| 金属制品业 | Manufacture of Metal Products | 65.4 | 4.5 |
| 通用设备制造业 | Manufacture of General Purpose Machinery | 64.6 | 8.2 |
| 专用设备制造业 | Manufacture of Special Purpose Machinery | 46.6 | 2.5 |
| 汽车制造业 | Manufacture of Motorcar | 56.3 | 15.7 |
| 铁路、船舶、航空航天和其他运输设备制造业 | Railway, Watercraft, Aerospace and Other Transport Equipment | 55.0 | 4.4 |
| 电气机械和器材制造业 | Manufacture of Electrical Machinery and Equipment | 58.7 | 5.2 |
| 计算机、通信和其他电子设备制造业 | Manufacture of Computers, Communication and Other Electronic Equipment | 47.2 | 6.8 |
| 仪器仪表制造业 | Manufacture of Measuring Instruments | 56.1 | -2.1 |
| 其他制造业 | Other Manufacturing | 26.6 | 7.9 |
| 金属制品、机械和设备修理业 | Metal Products, Machine and Equipment Repair | 25.0 | 4.6 |
| 电力、热力生产和供应业 | Production and Supply of Electric Power and Heat Power | 73.1 | 4.7 |
| 燃气生产和供应业 | Production and Supply of Gas | 51.4 | -0.5 |
| 水的生产和供应业 | Production and Supply of Water | 69.2 | 3.6 |

## Main Economic Benefit Indicators of Large and Medium-sized Industrial Enterprises by Sector,2019

| 每百元资产实现的营业收入(元) Operating Revenue on Assets per 100 yuan (yuan) | 流动资产周转率(次) Turnover of Working Capitals (time) | 人均营业收入(万元/人) Operating Revenue per Capita (10 000 yuan/person) | 营业收入利润率(%) Ratio of Profits to Operating Revenue (%) | 百元营业收入成本(元) Costs on Operating Revenue per 100 yuan (yuan) | 产销率(%) Proportion of Products Sold (%) |
|---|---|---|---|---|---|
| **86.8** | **1.9** | **205.9** | **8.3** | **82.7** | **98.7** |
| 67.5 | 8.8 | 492.6 | 56.1 | 35.4 | 100.7 |
| 321.5 | 6.6 | 882.9 | 2.6 | 96.8 | 101.0 |
| 11.5 | 0.1 | 51.3 | 2.8 | 81.2 | 96.8 |
| 81.6 | 1.4 | 89.7 | -1.7 | 97.7 | 85.3 |
| 180.4 | 2.7 | 506.6 | 3.1 | 92.7 | 103.7 |
| 93.1 | 1.4 | 134.8 | 6.5 | 77.4 | 99.3 |
| 136.9 | 2.6 | 166.8 | 5.1 | 78.4 | 131.9 |
| 64.0 | 1.0 | 159.3 | 2.0 | 88.1 | 93.3 |
| 83.6 | 1.1 | 18.2 | 3.1 | 63.2 | 107.3 |
| | | | | | |
| 151.8 | 2.0 | 24.3 | 1.5 | 85.5 | 98.9 |
| 59.4 | 0.9 | 38.9 | 4.2 | 85.8 | 100.6 |
| 89.6 | 2.9 | 248.0 | 8.6 | 83.4 | 102.4 |
| 81.1 | 1.6 | 78.5 | 6.8 | 82.6 | 104.1 |
| | | | | | |
| 66.8 | 0.8 | 44.4 | 6.8 | 79.8 | 101.0 |
| 176.4 | 4.2 | 832.3 | 2.4 | 81.1 | 99.8 |
| | | | | | |
| 66.3 | 2.1 | 285.1 | 7.9 | 82.0 | 98.6 |
| 69.3 | 1.3 | 135.8 | 12.8 | 59.0 | 92.3 |
| 71.8 | 1.6 | 105.6 | 6.2 | 83.5 | 102.3 |
| 83.1 | 1.8 | 116.9 | 10.5 | 77.6 | 99.7 |
| 84.1 | 1.9 | 387.1 | 1.3 | 95.2 | 100.4 |
| 40.6 | 1.3 | 260.5 | 0.7 | 93.6 | 99.4 |
| 83.5 | 1.4 | 127.5 | 3.3 | 89.9 | 102.0 |
| 93.3 | 1.4 | 147.3 | 5.8 | 83.3 | 99.4 |
| 44.1 | 0.8 | 102.7 | 1.6 | 81.9 | 92.9 |
| 151.8 | 2.6 | 233.5 | 5.9 | 86.2 | 99.4 |
| | | | | | |
| 86.8 | 1.6 | 109.5 | 3.6 | 88.1 | 99.3 |
| 81.4 | 1.5 | 173.0 | 5.4 | 87.3 | 96.8 |
| | | | | | |
| 128.6 | 1.9 | 197.7 | 4.6 | 90.5 | 96.9 |
| 80.6 | 1.0 | 78.0 | -5.1 | 84.0 | 105.3 |
| 160.4 | 2.4 | 35.5 | 4.1 | 78.8 | 103.8 |
| 48.5 | 1.1 | 18.7 | 5.7 | 86.9 | 100.0 |
| 57.1 | 2.7 | 285.5 | 1.4 | 92.4 | 100.0 |
| 65.9 | 2.2 | 232.9 | -2.2 | 98.9 | 100.0 |
| 18.5 | 0.6 | 136.5 | 11.0 | 82.1 | 98.9 |

# 12-9 规模以上小微型工业企业主要经济效益指标(2019年)

| 项　　目 | Item | 资产负债率(%) Ratio of Debts to Assets(%) | 总资产贡献率(%) Ratio of Total Assets to Industrial Output Value (%) |
|---|---|---|---|
| **全市总计** | **Total** | **60.3** | **5.3** |
| **按登记注册类型分** | **Grouped by Status of Registration** | | |
| 内资企业 | Domestic-funded Enterprises | 62.7 | 4.5 |
| #国　有 | State-owned Enterprises | 83.4 | -0.2 |
| 集　体 | Collective-owned Enterprises | 53.8 | 5.1 |
| 股份合作 | Cooperative Enterprises | 56.6 | 3.4 |
| 私营企业 | Private Enterprises | 63.2 | 5.2 |
| 股份有限公司 | Share-holding Corporations Ltd. | 49.6 | 3.4 |
| 有限责任公司 | Limited Liability Corporations | 64.2 | 4.3 |
| #国有独资公司 | Sole State-funded Corporations | 62.3 | 2.1 |
| 港、澳、台商投资企业 | Enterprises with Investment from Hong Kong, Macao and Taiwan | 48.3 | 9.0 |
| 外商投资企业 | Foreign Funded Enterprises | 52.8 | 8.2 |
| **按隶属关系分** | **Grouped by Administrative Relationship** | | |
| 中　央 | Central Industry | 60.8 | 2.4 |
| 地　方 | Local Industry | 60.2 | 5.9 |
| **按企业规模分** | **Grouped by Size of Enterprises** | | |
| 小　型 | Small-sized | 59.9 | 6.1 |
| 微　型 | Mini-sized | 62.2 | 1.9 |
| **按企业控股情况分** | **Grouped by Company Holding Type** | | |
| 国有及国有控股企业 | State-owned and State-holding Enterprises | 63.1 | 3.1 |
| 民营及民营控股企业 | Private and Private Holding Enterprises | 61.5 | 5.8 |
| 外商及港澳台商控股企业 | Hong Kong, Macao, Taiwan and Foreign Funded Holding Enterprises | 52.4 | 8.6 |

## Main Economic Benefit Indicators of Small and Mini-sized Industrial Enterprises above Designated Size,2019

| 每百元资产实现的营业收入(元) Operating Revenue on Assets per 100 yuan (yuan) | 流动资产周转率(次) Turnover of Working Capitals (time) | 人均营业收入(万元/人) Operating Revenue per Capita (10 000 yuan/person) | 营业收入利润率(%) Ratio of Profits to Operating Revenue (%) | 百元营业收入成本(元) Costs on Operating Revenue per 100 yuan (yuan) | 产销率(%) Proportion of Products Sold (%) |
|---|---|---|---|---|---|
| **89.4** | **1.6** | **171.4** | **3.2** | **88.6** | **100.4** |
| | | | | | |
| 84.9 | 1.7 | 169.7 | 2.7 | 90.3 | 100.3 |
| 14.0 | 0.2 | 52.6 | -4.3 | 100.4 | 101.5 |
| 87.9 | 1.1 | 54.2 | 3.3 | 94.6 | 99.2 |
| 95.8 | 1.5 | 105.4 | 1.0 | 94.6 | 99.1 |
| 133.8 | 2.0 | 146.7 | 2.0 | 91.1 | 99.9 |
| 36.6 | 0.9 | 125.4 | 4.7 | 84.3 | 98.8 |
| 66.0 | 1.6 | 219.4 | 3.3 | 89.8 | 100.9 |
| 48.2 | 1.7 | 357.3 | 1.9 | 94.1 | 101.3 |
| | | | | | |
| 78.0 | 1.2 | 128.1 | 7.9 | 81.0 | 100.2 |
| 110.4 | 1.7 | 187.6 | 4.2 | 84.5 | 100.6 |
| | | | | | |
| 53.8 | 2.2 | 439.9 | 2.4 | 94.2 | 100.1 |
| 95.9 | 1.6 | 161.3 | 3.3 | 88.1 | 100.4 |
| | | | | | |
| 93.2 | 1.6 | 157.3 | 3.6 | 87.6 | 100.5 |
| 70.9 | 2.2 | 397.3 | 1.0 | 95.1 | 99.9 |
| | | | | | |
| 51.5 | 1.4 | 278.9 | 3.0 | 91.5 | 101.8 |
| 117.8 | 1.8 | 145.1 | 2.6 | 89.6 | 100.1 |
| | | | | | |
| 105.3 | 1.7 | 179.1 | 4.8 | 83.8 | 99.7 |

# 12-10 分行业规模以上小微型工业企业主要经济效益指标(2019年)

| 行　　业 | Sector | 资产负债率(%) Ratio of Debts to Assets (%) | 总资产贡献率(%) Ratio of Total Assets to Industrial Output Value (%) |
|---|---|---|---|
| **总　　计** | **Total** | **60.3** | **5.3** |
| 煤炭开采和洗选业 | Mining and Washing of Coal | 53.1 | 6.6 |
| 黑色金属矿采选业 | Mining and Processing of Ferrous Metal Ores | 80.5 | 0.2 |
| 开采专业及辅助性活动 | Mining Professional and Auxiliary Activities | 62.7 | 1.0 |
| 农副食品加工业 | Processing of Food from Agricultural Products | 67.4 | 2.5 |
| 食品制造业 | Manufacture of Food | 54.5 | 9.6 |
| 酒、饮料和精制茶制造业 | Manufacture of Alcohol, Beverages and Refined Tea | 66.3 | 10.7 |
| 纺织业 | Manufacture of Textile | 46.5 | 7.3 |
| 纺织服装、服饰业 | Manufacture of Textile Wearing and Apparel | 79.9 | 0.6 |
| 皮革、毛皮、羽毛及其制品和制鞋业 | Manufacture of Leather, Fur, Feather and Related Products, Footwear | 84.5 | 1.1 |
| 木材加工和木、竹、藤、棕、草制品业 | Processing of Timber, Manufacture of Wood, Bamboo, Rattan, Palm and Straw Products | 69.8 | 1.9 |
| 家具制造业 | Manufacture of Furniture | 69.2 | 3.4 |
| 造纸和纸制品业 | Manufacture of Paper and Paper Products | 61.5 | 6.3 |
| 印刷和记录媒介复制业 | Printing, Reproduction of Recording Media | 48.6 | 4.4 |
| 文教、工美、体育和娱乐用品制造业 | Manufacture of Articles for Culture, Education and Industrial Arts, Sport Activity, Amusement Manufacturing | 56.1 | 3.5 |
| 石油、煤炭及其他燃料加工业 | Processing of Petroleum, Coal and Other Fuel | 44.3 | 19.7 |
| 化学原料和化学制品制造业 | Manufacture of Raw Chemical Materials and Chemical Products | 45.6 | 12.0 |
| 医药制造业 | Manufacture of Medicines | 46.8 | 9.5 |
| 化学纤维制造业 | Manufacture of Chemical Fibers | 57.1 | 18.8 |
| 橡胶和塑料制品业 | Manufacture of Rubber and Plastic | 57.3 | 5.1 |
| 非金属矿物制品业 | Manufacture of Non-metallic Mineral Products | 68.5 | 6.0 |
| 黑色金属冶炼和压延加工业 | Smelting and Pressing of Ferrous Metals | 76.7 | 1.4 |
| 有色金属冶炼和压延加工业 | Smelting and Pressing of Non-ferrous Metals | 76.5 | 2.1 |
| 金属制品业 | Manufacture of Metal Products | 61.1 | 2.8 |
| 通用设备制造业 | Manufacture of General Purpose Machinery | 57.6 | 7.1 |
| 专用设备制造业 | Manufacture of Special Purpose Machinery | 55.5 | 8.2 |
| 汽车制造业 | Manufacture of Motorcar | 64.6 | 3.9 |
| 铁路、船舶、航空航天和其他运输设备制造业 | Railway, Watercraft, Aerospace and Other Transport Equipment | 65.3 | 5.5 |
| 电气机械和器材制造业 | Manufacture of Electrical Machinery and Equipment | 55.1 | 4.8 |
| 计算机、通信和其他电子设备制造业 | Manufacture of Computers, Communication and Other Electronic Equipment | 51.4 | 2.7 |
| 仪器仪表制造业 | Manufacture of Measuring Instruments | 44.2 | 9.0 |
| 其他制造业 | Other Manufacturing | 36.2 | 10.0 |
| 废弃资源综合利用业 | Comprehensive Recycling of Waste | 51.8 | 15.2 |
| 金属制品、机械和设备修理业 | Metal Products, Machine and Equipment Repair | 62.9 | 3.8 |
| 电力、热力生产和供应业 | Production and Supply of Electric Power and Heat Power | 66.1 | 2.2 |
| 燃气生产和供应业 | Production and Supply of Gas | 61.9 | 11.5 |
| 水的生产和供应业 | Production and Supply of Water | 58.7 | 5.6 |

## Main Economic Benefit Indicators of Small and Mini-sized Industrial Enterprises above Designated Size by Sector,2019

| 每百元资产实现的营业收入(元) Operating Revenue on Assets per 100 yuan (yuan) | 流动资产周转率(次) Turnover of Working Capitals (time) | 人均营业收入(万元/人) Operating Revenue per Capita (10 000 yuan/person) | 营业收入利润率(%) Ratio of Profits to Operating Revenue (%) | 百元营业收入成本(元) Costs on Operating Revenue per 100 yuan (yuan) | 产销率(%) Proportion of Products Sold (%) |
|---|---|---|---|---|---|
| **89.4** | **1.6** | **171.4** | **3.2** | **88.6** | **100.4** |
| 28.6 | 0.3 | 40.7 | 15.4 | 77.3 | 100.0 |
| 55.1 | 0.6 | 4345.5 | 0.3 | 99.4 | 100.0 |
| 60.9 | 0.6 | 88.2 | 0.5 | 88.6 | 100.0 |
| 179.3 | 3.0 | 354.6 | 0.0 | 94.7 | 98.0 |
| 56.4 | 0.8 | 117.9 | 12.2 | 75.8 | 100.2 |
| 69.7 | 1.4 | 103.7 | 5.9 | 77.1 | 99.5 |
| 97.4 | 1.9 | 95.6 | 4.8 | 85.1 | 100.9 |
| 49.8 | 0.6 | 39.4 | -1.4 | 89.4 | 98.5 |
| | | | | | |
| 57.3 | 0.7 | 61.6 | -1.0 | 92.2 | 99.2 |
| | | | | | |
| 112.0 | 1.8 | 83.0 | -0.8 | 90.0 | 99.2 |
| 88.9 | 1.3 | 53.7 | 0.3 | 85.5 | 98.2 |
| 121.7 | 2.4 | 151.5 | 2.9 | 90.3 | 100.4 |
| 85.4 | 1.6 | 59.9 | 1.9 | 85.2 | 99.3 |
| | | | | | |
| 216.6 | 3.4 | 141.5 | 1.0 | 95.1 | 96.0 |
| 141.5 | 2.4 | 622.5 | 5.9 | 79.2 | 101.6 |
| | | | | | |
| 107.6 | 1.9 | 239.4 | 7.5 | 83.3 | 102.4 |
| 58.5 | 1.1 | 117.3 | 9.7 | 48.7 | 96.6 |
| 95.2 | 1.7 | 137.9 | 17.5 | 65.0 | 94.5 |
| 98.1 | 1.5 | 111.4 | 2.4 | 86.5 | 100.5 |
| 88.9 | 1.2 | 185.3 | 3.1 | 88.4 | 99.3 |
| 243.0 | 3.3 | 441.2 | -0.1 | 98.1 | 99.5 |
| 365.9 | 5.5 | 865.2 | 0.2 | 98.4 | 103.4 |
| 125.1 | 1.8 | 91.9 | 0.4 | 91.9 | 99.8 |
| 85.5 | 1.3 | 108.6 | 4.8 | 82.2 | 101.6 |
| 77.2 | 1.0 | 116.6 | 7.5 | 76.8 | 99.9 |
| 91.2 | 1.6 | 112.1 | 1.5 | 87.5 | 100.6 |
| | | | | | |
| 121.1 | 1.6 | 111.0 | 2.3 | 89.3 | 99.4 |
| 90.4 | 1.3 | 160.2 | 2.8 | 86.9 | 103.6 |
| | | | | | |
| 41.6 | 1.0 | 99.7 | 2.4 | 83.8 | 100.1 |
| 87.6 | 1.1 | 106.5 | 6.8 | 73.1 | 100.1 |
| 106.1 | 1.5 | 52.7 | 6.6 | 74.6 | 97.8 |
| 123.2 | 2.0 | 353.7 | 4.2 | 97.5 | 101.6 |
| 65.2 | 0.9 | 90.5 | 2.0 | 81.2 | 91.2 |
| 40.1 | 1.6 | 377.9 | 2.9 | 95.0 | 99.9 |
| 49.5 | 1.4 | 412.7 | 18.6 | 76.2 | 99.9 |
| 26.0 | 0.6 | 151.1 | 10.6 | 79.0 | 96.9 |

# 12-11 分行业国有及国有控股工业企业主要经济效益指标(2019年)

| 行业 | Sector | 资产负债率(%) Ratio of Debts to Assets (%) | 总资产贡献率(%) Ratio of Total Assets to Industrial Output Value(%) |
|---|---|---|---|
| **总计** | **Total** | **58.5** | **5.8** |
| 石油和天然气开采业 | Extraction of Petroleum and Natural Gas | 22.2 | 6.2 |
| 非金属矿采选业 | Mining and Processing of Nonmetal Ores | 48.7 | 1.0 |
| 开采专业及辅助性活动 | Mining Professional and Auxiliary Activities | 43.6 | -0.6 |
| 农副食品加工业 | Processing of Food from Agricultural Products | 62.9 | 1.2 |
| 食品制造业 | Manufacture of Food | 63.2 | 3.0 |
| 酒、饮料和精制茶制造业 | Manufacture of Alcohol, Beverages and Refined Tea | 73.2 | 18.3 |
| 纺织业 | Manufacture of Textile | 66.3 | 4.1 |
| 皮革、毛皮、羽毛及其制品和制鞋业 | Manufacture of Leather, Fur, Feather and Related Products, Footwear | 53.2 | 15.6 |
| 家具制造业 | Manufacture of Furniture | 42.4 | -0.6 |
| 造纸和纸制品业 | Manufacture of Paper and Paper Products | 73.0 | 2.1 |
| 印刷和记录媒介复制业 | Printing, Reproduction of Recording Media | 46.9 | 0.5 |
| 文教、工美、体育和娱乐用品制造业 | Manufacture of Articles for Culture, Education and Industrial Arts, Sport Activity, Amusement Manufacturing | 52.3 | 2.9 |
| 石油、煤炭及其他燃料加工业 | Processing of Petroleum, Coal and Other Fuel | 43.8 | 33.5 |
| 化学原料和化学制品制造业 | Manufacture of Raw Chemical Materials and Chemical Products | 60.6 | 6.4 |
| 医药制造业 | Manufacture of Medicines | 27.4 | 8.6 |
| 化学纤维制造业 | Manufacture of Chemical Fibers | 63.5 | -8.7 |
| 橡胶和塑料制品业 | Manufacture of Rubber and Plastic | 67.7 | 1.5 |
| 非金属矿物制品业 | Manufacture of Non-metallic Mineral Products | 71.6 | 4.0 |
| 黑色金属冶炼和压延加工业 | Smelting and Pressing of Ferrous Metals | 79.2 | 1.4 |
| 有色金属冶炼和压延加工业 | Smelting and Pressing of Non-ferrous Metals | 113.9 | -1.2 |
| 金属制品业 | Manufacture of Metal Products | 81.0 | -0.8 |
| 通用设备制造业 | Manufacture of General Purpose Machinery | 80.5 | 1.5 |
| 专用设备制造业 | Manufacture of Special Purpose Machinery | 51.7 | -0.4 |
| 汽车制造业 | Manufacture of Motorcar | 58.5 | 16.9 |
| 铁路、船舶、航空航天和其他运输设备制造业 | Railway, Watercraft, Aerospace and Other Transport Equipment | 60.1 | 1.4 |
| 电气机械和器材制造业 | Manufacture of Electrical Machinery and Equipment | 58.9 | 2.1 |
| 计算机、通信和其他电子设备制造业 | Manufacture of Computers, Communication and Other Electronic Equipment | 52.3 | 3.5 |
| 仪器仪表制造业 | Manufacture of Measuring Instruments | 50.5 | 3.8 |
| 其他制造业 | Other Manufacturing | 36.9 | 15.1 |
| 废弃资源综合利用业 | Comprehensive Recycling of Waste | 32.2 | 6.3 |
| 金属制品、机械和设备修理业 | Metal Products, Machine and Equipment Repair | 75.7 | -22.2 |
| 电力、热力生产和供应业 | Production and Supply of Electric Power and Heat Power | 67.1 | 2.9 |
| 燃气生产和供应业 | Production and Supply of Gas | 53.3 | 5.8 |
| 水的生产和供应业 | Production and Supply of Water | 66.6 | 3.7 |

## Main Economic Benefit Indicators of State-owned and State-holding Industrial Enterprises by Sector,2019

| 每百元资产实现的营业收入(元) Operating Revenue on Assets per 100 yuan (yuan) | 流动资产周转率(次) Turnover of Working Capitals (time) | 人均营业收入(万元/人) Operating Revenue per Capita (10 000 yuan/person) | 营业收入利润率(%) Ratio of Profits to Operating Revenue (%) | 百元营业收入成本(元) Costs on Operating Revenue per 100 yuan (yuan) | 产销率(%) Proportion of Products Sold (%) |
|---|---|---|---|---|---|
| **64.1** | **1.6** | **236.6** | **2.5** | **87.7** | **98.6** |
| 26.1 | 1.6 | 100.1 | 11.2 | 70.6 | 99.3 |
| 11.5 | 0.1 | 51.3 | 2.8 | 81.2 | 96.8 |
| 82.1 | 1.4 | 90.1 | -1.4 | 97.6 | 85.3 |
| 175.3 | 2.8 | 724.8 | -0.2 | 97.9 | 101.0 |
| 85.9 | 1.5 | 100.4 | 0.2 | 86.3 | 102.2 |
| 98.4 | 1.8 | 102.3 | 3.2 | 71.6 | 96.2 |
| 58.6 | 1.0 | 320.2 | 0.9 | 89.2 | 102.5 |
| 133.0 | 1.5 | 48.8 | 6.5 | 69.9 | 103.6 |
| 16.6 | 0.2 | 27.7 | -7.0 | 75.8 | 109.5 |
| 73.2 | 1.8 | 128.3 | -0.3 | 88.9 | 105.7 |
| 50.9 | 0.9 | 49.3 | -2.0 | 79.9 | 98.7 |
| 30.4 | 0.3 | 62.3 | 6.9 | 75.6 | 131.9 |
| 177.3 | 4.2 | 857.8 | 2.4 | 81.2 | 99.8 |
| 62.2 | 2.2 | 313.3 | 5.7 | 85.7 | 100.4 |
| 60.6 | 1.3 | 145.8 | 8.6 | 63.9 | 99.3 |
| 26.2 | 1.0 | 29.8 | -17.2 | 95.7 | 107.5 |
| 61.2 | 1.3 | 106.2 | -0.9 | 90.2 | 97.9 |
| 67.6 | 1.1 | 150.3 | 1.1 | 88.3 | 100.4 |
| 80.0 | 1.7 | 342.3 | -0.5 | 96.6 | 99.2 |
| 398.3 | 6.7 | 979.1 | -1.0 | 98.4 | 106.0 |
| 27.9 | 0.5 | 128.4 | -4.8 | 94.7 | 96.1 |
| 33.5 | 0.7 | 87.9 | -6.8 | 87.0 | 102.3 |
| 35.7 | 0.7 | 119.3 | -4.7 | 89.7 | 91.0 |
| 211.8 | 3.5 | 449.7 | 2.3 | 90.0 | 99.6 |
| 40.9 | 0.8 | 68.1 | -1.5 | 86.3 | 98.4 |
| 49.7 | 0.8 | 135.0 | 2.2 | 90.2 | 103.6 |
| 34.7 | 0.9 | 189.7 | 6.1 | 89.1 | 93.0 |
| 33.9 | 0.6 | 84.4 | 5.1 | 75.1 | 94.8 |
| 75.7 | 2.0 | 128.0 | 16.1 | 64.8 | 97.2 |
| 26.9 | 0.5 | 46.3 | 10.3 | 64.5 | 95.4 |
| 118.9 | 1.5 | 109.8 | -21.1 | 111.3 | 100.0 |
| 45.2 | 1.9 | 364.6 | 2.3 | 94.0 | 100.0 |
| 56.2 | 1.8 | 276.4 | 7.2 | 88.2 | 99.9 |
| 19.4 | 0.5 | 136.9 | 9.8 | 82.1 | 97.9 |

# 12-12 分行业民营及民营控股工业企业主要效益指标(2019年)
## Main Benefit Indicators of Private and Private Holding Enterprises by Sector,2019

| 行业 | Sector | 资产负债率(%) Ratio of Debts to Assets (%) | 营业收入利润率(%) Ratio of Profits to Operating Revenue (%) | 总资产贡献率(%) Ratio of Total Assets to Industrial Output Value (%) | 产销率(%) Proportion of Products Sold (%) |
|---|---|---|---|---|---|
| **总计** | **Total** | **62.7** | **3.2** | **5.3** | **99.8** |
| 煤炭开采和洗选业 | Mining and Washing of Coal | 53.1 | 15.4 | 6.6 | 100.0 |
| 黑色金属矿采选业 | Mining and Processing of Ferrous Metal Ores | 57.9 | 2.4 | 6.0 | 100.9 |
| 开采专业及辅助性活动 | Mining Professional and Auxiliary Activities | 165.6 | -72.8 | -25.5 | 100.0 |
| 农副食品加工业 | Processing of Food from Agricultural Products | 57.5 | 3.0 | 6.1 | 100.4 |
| 食品制造业 | Manufacture of Food | 57.1 | 5.1 | 6.8 | 96.5 |
| 酒、饮料和精制茶制造业 | Manufacture of Alcohol, Beverages and Refined Tea | 62.8 | 8.6 | 12.2 | 99.4 |
| 纺织业 | Manufacture of Textile | 61.3 | 5.2 | 12.7 | 95.6 |
| 纺织服装、服饰业 | Manufacture of Textile Wearing and Apparel | 81.4 | -0.4 | 2.0 | 101.3 |
| 皮革、毛皮、羽毛及其制品和制鞋业 | Manufacture of Leather, Fur, Feather and Related Products, Footwear | 77.3 | -1.7 | 0.1 | 99.4 |
| 木材加工和木、竹、藤、棕、草制品业 | Processing of Timber, Manufacture of Wood, Bamboo, Rattan, Palm and Straw Products | 67.7 | 0.8 | 3.6 | 98.8 |
| 家具制造业 | Manufacture of Furniture | 75.8 | 3.3 | 4.7 | 100.4 |
| 造纸和纸制品业 | Manufacture of Paper and Paper Products | 62.6 | 2.5 | 6.6 | 99.6 |
| 印刷和记录媒介复制业 | Printing, Reproduction of Recording Media | 54.5 | 1.1 | 4.1 | 99.5 |
| 文教、工美、体育和娱乐用品制造业 | Manufacture of Articles for Culture, Education and Industrial Arts, Sport Activity, Amusement Manufacturing | 43.6 | 2.4 | 5.9 | 95.8 |
| 石油、煤炭及其他燃料加工业 | Processing of Petroleum, Coal and Other Fuel | 39.6 | 4.5 | 10.2 | 106.1 |
| 化学原料和化学制品制造业 | Manufacture of Raw Chemical Materials and Chemical Products | 34.7 | 10.6 | 13.4 | 100.2 |
| 医药制造业 | Manufacture of Medicines | 39.7 | 16.2 | 11.7 | 96.8 |
| 橡胶和塑料制品业 | Manufacture of Rubber and Plastic | 58.8 | 4.4 | 7.0 | 101.6 |
| 非金属矿物制品业 | Manufacture of Non-metallic Mineral Products | 67.0 | 4.9 | 7.7 | 99.4 |
| 黑色金属冶炼和压延加工业 | Smelting and Pressing of Ferrous Metals | 76.0 | 1.2 | 2.3 | 100.6 |
| 有色金属冶炼和压延加工业 | Smelting and Pressing of Non-ferrous Metals | 58.5 | 0.5 | 2.4 | 100.3 |
| 金属制品业 | Manufacture of Metal Products | 63.4 | 2.3 | 5.9 | 101.5 |
| 通用设备制造业 | Manufacture of General Purpose Machinery | 60.3 | 3.2 | 5.8 | 98.7 |
| 专用设备制造业 | Manufacture of Special Purpose Machinery | 43.5 | 9.2 | 7.3 | 98.1 |
| 汽车制造业 | Manufacture of Motorcar | 72.5 | 3.1 | 8.9 | 97.7 |
| 铁路、船舶、航空航天和其他运输设备制造业 | Railway, Watercraft, Aerospace and Other Transport Equipment | 65.2 | 2.1 | 4.3 | 98.9 |
| 电气机械和器材制造业 | Manufacture of Electrical Machinery and Equipment | 56.5 | 2.3 | 2.4 | 98.6 |
| 计算机、通信和其他电子设备制造业 | Manufacture of Computers, Communication and Other Electronic Equipment | 44.6 | 2.3 | 3.9 | 98.2 |
| 仪器仪表制造业 | Manufacture of Measuring Instruments | 35.5 | 5.0 | 7.0 | 102.4 |
| 其他制造业 | Other Manufacturing | 39.1 | 3.8 | 7.8 | 97.6 |
| 废弃资源综合利用业 | Comprehensive Recycling of Waste | 55.4 | 2.2 | 15.5 | 102.0 |
| 金属制品、机械和设备修理业 | Metal Products, Machine and Equipment Repair | 40.5 | 4.7 | 4.1 | 100.0 |
| 电力、热力生产和供应业 | Production and Supply of Electric Power and Heat Power | 82.3 | 4.7 | 2.2 | 98.2 |
| 燃气生产和供应业 | Production and Supply of Gas | 78.5 | 8.7 | 6.4 | 100.0 |
| 水的生产和供应业 | Production and Supply of Water | 47.1 | 12.0 | 7.2 | 93.3 |

# 12-13 分行业外商及港澳台商控股工业企业主要效益指标(2019年)
# Main Benefit Indicators of Hong Kong, Macao,Taiwan and Foreign Funded Holding Industrial Enterprises by Sector,2019

| 行 业 | Sector | 资产负债率(%) Ratio of Debts to Assets (%) | 营业收入利润率(%) Ratio of Profits to Operating Revenue (%) | 总资产贡献率(%) Ratio of Total Assets to Industrial Output Value (%) | 产销率(%) Proportion of Products Sold (%) |
|---|---|---|---|---|---|
| **总 计** | **Total** | **50.7** | **13.7** | **20.1** | **99.3** |
| # 石油和天然气开采业 | Extraction of Petroleum and Natural Gas | 59.7 | 63.5 | 69.7 | 100.9 |
| 开采专业及辅助性活动 | Mining Professional and Auxiliary Activities | 62.7 | 0.5 | 1.0 | 100.0 |
| 农副食品加工业 | Processing of Food from Agricultural Products | 59.0 | 1.1 | 4.2 | 99.2 |
| 食品制造业 | Manufacture of Food | 47.0 | 11.9 | 12.3 | 100.6 |
| 酒、饮料和精制茶制造业 | Manufacture of Alcohol, Beverages and Refined Tea | 51.7 | 4.5 | 9.4 | 134.2 |
| 纺织业 | Manufacture of Textile | 27.1 | 7.3 | 8.1 | 100.4 |
| 纺织服装、服饰业 | Manufacture of Textile Wearing and Apparel | 33.7 | 1.8 | 3.0 | 99.5 |
| 皮革、毛皮、羽毛及其制品和制鞋业 | Manufacture of Leather, Fur, Feather and Related Products, Footwear | 26.0 | 8.2 | 14.3 | 95.7 |
| 木材加工和木、竹、藤、棕、草制品业 | Processing of Timber, Manufacture of Wood, Bamboo, Rattan, Palm and Straw Products | 81.4 | -8.6 | -7.5 | 101.3 |
| 家具制造业 | Manufacture of Furniture | 60.8 | 1.1 | 3.2 | 97.4 |
| 造纸和纸制品业 | Manufacture of Paper and Paper Products | 37.3 | 7.7 | 10.5 | 102.3 |
| 印刷和记录媒介复制业 | Printing, Reproduction of Recording Media | 54.8 | 11.2 | 16.2 | 105.4 |
| 文教、工美、体育和娱乐用品制造业 | Manufacture of Articles for Culture, Education and Industrial Arts, Sport Activity, Amusement Manufacturing | 64.7 | 1.5 | 4.1 | 100.2 |
| 石油、煤炭及其他燃料加工业 | Processing of Petroleum, Coal and Other Fuel | 48.5 | 6.3 | 22.6 | 100.4 |
| 化学原料和化学制品制造业 | Manufacture of Raw Chemical Materials and Chemical Products | 39.1 | 8.3 | 14.4 | 99.7 |
| 医药制造业 | Manufacture of Medicines | 42.5 | 12.6 | 18.2 | 88.6 |
| 化学纤维制造业 | Manufacture of Chemical Fibers | 49.3 | 23.6 | 51.9 | 91.5 |
| 橡胶和塑料制品业 | Manufacture of Rubber and Plastic | 40.8 | 4.5 | 6.5 | 101.3 |
| 非金属矿物制品业 | Manufacture of Non-metallic Mineral Products | 32.3 | 9.7 | 12.5 | 99.1 |
| 黑色金属冶炼和压延加工业 | Smelting and Pressing of Ferrous Metals | 58.1 | 0.1 | 2.2 | 93.3 |
| 有色金属冶炼和压延加工业 | Smelting and Pressing of Non-ferrous Metals | 46.9 | 4.1 | 5.6 | 99.4 |
| 金属制品业 | Manufacture of Metal Products | 41.6 | 1.8 | 3.3 | 99.8 |
| 通用设备制造业 | Manufacture of General Purpose Machinery | 55.1 | 8.4 | 11.6 | 101.5 |
| 专用设备制造业 | Manufacture of Special Purpose Machinery | 60.3 | 5.8 | 8.7 | 97.1 |
| 汽车制造业 | Manufacture of Motorcar | 50.4 | 8.3 | 14.2 | 100.5 |
| 铁路、船舶、航空航天和其他运输设备制造业 | Railway, Watercraft, Aerospace and Other Transport Equipment | 42.7 | 6.8 | 7.4 | 100.7 |
| 电气机械和器材制造业 | Manufacture of Electrical Machinery and Equipment | 57.4 | 6.1 | 9.4 | 98.8 |
| 计算机、通信和其他电子设备制造业 | Manufacture of Computers, Communication and Other Electronic Equipment | 47.1 | 4.3 | 7.4 | 97.7 |
| 仪器仪表制造业 | Manufacture of Measuring Instruments | 67.1 | 1.0 | 3.4 | 102.6 |
| 其他制造业 | Other Manufacturing | 27.6 | 5.4 | 9.4 | 100.2 |
| 废弃资源综合利用业 | Comprehensive Recycling of Waste | 42.5 | 24.3 | 17.4 | 98.8 |
| 金属制品、机械和设备修理业 | Metal Products, Machine and Equipment Repair | 44.0 | 11.2 | 11.8 | 82.0 |
| 电力、热力生产和供应业 | Production and Supply of Electric Power and Heat Power | 62.5 | 4.7 | 2.3 | 100.0 |
| 水的生产和供应业 | Production and Supply of Water | 54.3 | 16.2 | 11.8 | 100.0 |

## 12-14 工业战略性新兴产业增加值比重(2014—2019年)
## Proportion of Industrial Strategic Emerging Industry Added Value,2014-2019

单位：%(%)

| 指　　标<br>Item | 增加值占规模以上工业比重<br>Proportion of Added Value to Industry above Designated Size | | | | | |
|---|---|---|---|---|---|---|
| | 2014 | 2015 | 2016 | 2017 | 2018 | 2019 |
| 全 市 总 计<br>**Total** | **16.4** | **17.5** | **18.8** | **20.8** | **23.5** | **22.1** |
| 按产业分<br>**Grouped by Industry** | | | | | | |
| 新一代信息技术产业<br>New Generation of Information Technology Industry | 5.6 | 4.8 | 3.3 | 6.4 | 6.9 | 5.3 |
| 高端装备制造业<br>High-end Equipment Manufacturing Industry | 3.9 | 4.6 | 4.5 | 3.2 | 2.9 | 3.2 |
| 新材料产业<br>New Materials Industry | 2.0 | 1.9 | 4.8 | 2.6 | 4.5 | 3.6 |
| 生物产业<br>Bio-Industry | 2.2 | 2.8 | 2.9 | 5.3 | 5.6 | 5.5 |
| 新能源汽车产业<br>New Energy Auto Industry | 0.1 | 0.4 | 0.6 | 0.3 | 0.2 | 0.5 |
| 新能源产业<br>New Energy Industry | 0.4 | 0.7 | 1.1 | 1.3 | 1.6 | 2.0 |
| 节能环保产业<br>Energy Saving and Environmental Protection Industry | 2.2 | 2.3 | 1.7 | 1.8 | 1.7 | 1.9 |
| 数字创意产业<br>Digital Creative Industry | | | | | 0.1 | 0.1 |
| 相关服务业<br>Related Service Industry | | | | | | |

注：战略性新兴产业为全国统一标准，具体内容详见本篇指标解释；2014-2016年执行《战略性新兴产业分类(2012)(试行)》，2017-2019年执行的分类标准是《战略性新兴产业分类(2018)》。

Note: Strategic Emerging Industry adopt relevant national standards, and the specific content is in the explanatory. The classification standard in 2014-2016 is 'Classification of Strategic Emerging Industry (2012)(Trial)', and in 2017-2019 is 'Classification of Strategic Emerging Industry (2018)'.

## 12-15 工业战略性新兴产业基本情况(2019年)
## Basic Situation of Industrial Strategic Emerging Industry,2019

| 指　　标<br>Item | 企业单位数(个)<br>Number of Enterprises (unit) | 增加值 Added Value | |
|---|---|---|---|
| | | 2019比2018年增长(%)<br>Increase Rate in 2019 over 2018 (%) | 产业比重(%)<br>Proportion (%) |
| 全 市 总 计<br>**Total** | **1149** | **10.7** | **100.0** |
| 按产业分<br>**Grouped by Industry** | | | |
| 新一代信息技术产业<br>New Generation of Information Technology Industry | 120 | 9.2 | 24.1 |
| 高端装备制造业<br>High-end Equipment Manufacturing Industry | 216 | 13.6 | 14.4 |
| 新材料产业<br>New Materials Industry | 302 | 5.8 | 16.1 |
| 生物产业<br>Bio-Industry | 162 | 9.3 | 24.9 |
| 新能源汽车产业<br>New Energy Auto Industry | 47 | 48.1 | 2.2 |
| 新能源产业<br>New Energy Industry | 97 | 25.6 | 9.0 |
| 节能环保产业<br>Energy Saving and Environmental Protection Industry | 188 | 4.6 | 8.7 |
| 数字创意产业<br>Digital Creative Industry | 5 | 1.1 | 0.6 |
| 相关服务业<br>Related Service Industry | | | |

## 12-16 高技术产业(制造业)增加值比重(2014—2019年)
## Proportion of High Technology Industry (Manufacturing) Added Value,2014-2019

单位：%(%)

| 指 标 Item | 增加值占规模以上工业比重 Proportion of Added Value to Industry above Designated Size | | | | | |
|---|---|---|---|---|---|---|
| | 2014 | 2015 | 2016 | 2017 | 2018 | 2019 |
| **全 市 总 计** | | | | | | |
| **Total** | **12.3** | **13.5** | **12.6** | **14.0** | **13.3** | **14.0** |
| **按技术领域分** | | | | | | |
| **Grouped by Technical Field** | | | | | | |
| 医药制造业 | | | | | | |
| Medical and Pharmaceutical Product | 2.2 | 2.5 | 2.6 | 3.6 | 4.4 | 5.2 |
| 航空、航天器及设备制造业 | | | | | | |
| Aviation and Aircraft Equipment Manufacturing | 1.4 | 1.9 | 2.1 | 0.3 | 0.3 | 0.3 |
| 电子及通信设备制造业 | | | | | | |
| Electron and Communicate Equipments | 7.4 | 7.7 | 6.6 | 7.8 | 6.3 | 5.8 |
| 计算机及办公设备制造业 | | | | | | |
| Manufacture of Computers and Office Equipment | 0.9 | 1.0 | 0.8 | 1.5 | 1.6 | 1.8 |
| 医疗仪器设备及仪器仪表制造业 | | | | | | |
| Medical Treatment Instrument and Meter Manufacturing Industry | 0.3 | 0.4 | 0.4 | 0.6 | 0.6 | 0.9 |

注：高技术产业(制造业)为全国统一标准，具体内容详见本篇指标解释。
Note: Hightech industry (Manufacturing) adopt relevant national standards, and the specific content is in the explanatory notes on main statistical indicators.

## 12-17 高技术产业(制造业)基本情况(2019年)
## Basic Statistics for High Technology Industry (Manufacturing),2019

| 指 标 Item | 企业单位数(个) Number of Enterprises (unit) | 增加值占规模以上工业比重(%) Proportion of Added Value to Industry above Designated Size (%) | 营业收入利润率(%) Ratio of Profits to Operating Revenue (%) | 成本费用利润率(%) Ratio of Pretax Profits to Industrial Cost (%) |
|---|---|---|---|---|
| **全 市 总 计** | | | | |
| **Total** | **481** | **14.0** | **5.8** | **7.1** |
| **按技术领域分** | | | | |
| **Grouped by Technical Field** | | | | |
| 医药制造业 | | | | |
| Medical and Pharmaceutical Product | 97 | 5.2 | 12.3 | 21.5 |
| 航空、航天器及设备制造业 | | | | |
| Aviation and Aircraft Equipment Manufacturing | 16 | 0.3 | 5.9 | 7.0 |
| 电子及通信设备制造业 | | | | |
| Electron and Communicate Equipments | 233 | 5.8 | 3.7 | 4.2 |
| 计算机及办公设备制造业 | | | | |
| Manufacture of Computers and Office Equipment | 23 | 1.8 | 3.6 | 3.9 |
| 医疗仪器设备及仪器仪表制造业 | | | | |
| Medical Treatment Instrument and Meter Manufacturing Industry | 112 | 0.9 | 7.5 | 10.4 |

# 12-18 高新技术产业主要经济效益指标(2019年)

| 行　业 | Sector | 资产负债率(%) Ratio of Debts to Assets (%) | 总资产贡献率(%) Ratio of Total Assets to Industrial Output Value (%) |
|---|---|---|---|
| **全 市 总 计** | **Total** | **50.2** | **7.0** |
| **按企业规模分** | **Grouped by Size of Enterprises** | | |
| 大　型 | Large-sized | 45.2 | 8.1 |
| 中　型 | Medium-sized | 53.3 | 5.8 |
| 小微型 | Small&Mini-sized | 52.4 | 7.0 |
| **按登记注册类型分** | **Grouped by Status of Registration** | | |
| 内资企业 | Domestic-funded Enterprises | 52.4 | 5.4 |
| 集　体 | Collective-owned Enterprises | 25.1 | 6.8 |
| 股份合作 | Cooperative Enterprises | 49.3 | 5.7 |
| 私营企业 | Private Enterprises | 54.2 | 6.7 |
| 股份有限公司 | Share-holding Corporations Ltd. | 41.4 | 5.4 |
| 有限责任公司 | Limited Liability Corporations | 60.1 | 4.9 |
| #国有独资公司 | Sole State-funded Corporations | 46.0 | 2.7 |
| 港、澳、台商投资企业 | Enterprises with Investment from Hong Kong, Macao and Taiwan | 36.5 | 7.5 |
| 外商投资企业 | Foreign Funded Enterprises | 49.5 | 9.6 |
| **按技术领域分** | **Grouped by Technical Field** | | |
| 电子信息 | Electronics and Information | 48.5 | 6.2 |
| 航空航天 | Aviation and Spaceflight | 43.7 | 3.2 |
| 光机电一体化 | Photoelectric Mechanical Electron Incorporated | 51.4 | 5.5 |
| 生物技术和医药 | Biology Technology and Pharmaceutical | 37.8 | 11.6 |
| 新材料 | New Materials | 36.5 | 12.3 |
| 新能源和节能材料 | New Energy and Energy Saving Materials | 73.3 | 2.5 |
| 环境保护 | Environmental Protection | 56.3 | 8.0 |

注：高新技术产业为天津地方标准。
Note: High & New Technology Industry adopt Tianjin municipal standards.

## Main Economic Benefit Indicators of High & New Technology Industry,2019

| 每百元资产实现的营业收入(元) Operating Revenue on Assets per 100 yuan (yuan) | 流动资产周转率(次) Turnover of Working Capitals (time) | 人均营业收入(万元/人) Operating Revenue per Capita (10 000 yuan/person) | 营业收入利润率(%) Ratio of Profits to Operating Revenue (%) | 百元营业收入成本(元) Costs on Operating Revenue per 100 yuan (yuan) | 产销率(%) Proportion of Products Sold (%) |
|---|---|---|---|---|---|
| **76.6** | **1.4** | **165.7** | **6.2** | **82.7** | **97.9** |
| | | | | | |
| 95.4 | 1.6 | 189.7 | 6.8 | 84.5 | 95.8 |
| 65.2 | 1.3 | 155.2 | 5.0 | 82.7 | 98.3 |
| 67.4 | 1.2 | 146.8 | 6.6 | 79.8 | 101.4 |
| | | | | | |
| 50.6 | 1.1 | 122.7 | 5.8 | 79.6 | 98.4 |
| 98.4 | 1.3 | 43.6 | 4.1 | 90.3 | 96.0 |
| 264.7 | 3.3 | 247.4 | 0.8 | 95.6 | 98.9 |
| 72.2 | 1.2 | 107.4 | 6.1 | 78.8 | 99.4 |
| 35.0 | 0.9 | 129.0 | 9.5 | 74.5 | 95.2 |
| 53.3 | 1.1 | 129.5 | 3.9 | 82.4 | 99.4 |
| 35.6 | 0.8 | 115.7 | 4.6 | 88.5 | 101.7 |
| | | | | | |
| 65.4 | 1.0 | 145.7 | 9.3 | 82.0 | 99.1 |
| 121.3 | 1.9 | 222.2 | 6.1 | 84.8 | 97.5 |
| | | | | | |
| 101.4 | 1.6 | 172.7 | 4.8 | 89.1 | 98.0 |
| 54.9 | 1.1 | 74.2 | 5.8 | 83.6 | 100.1 |
| 74.2 | 1.1 | 142.1 | 4.7 | 83.4 | 99.5 |
| 63.1 | 1.1 | 128.0 | 12.6 | 59.4 | 93.6 |
| 103.5 | 2.2 | 428.1 | 9.0 | 84.9 | 100.0 |
| 44.8 | 1.4 | 172.9 | -0.1 | 89.3 | 98.4 |
| 27.3 | 0.7 | 158.4 | 20.2 | 71.3 | 96.9 |

## 12-19 装备制造业主要效益指标(2019年)
## Main Benefit Indicators of Equipment Manufacture Industry,2019

| 指　标<br>Item | 企业单位数(个)<br>Number of Enterprises (unit) | 营业收入占规模以上工业比重(%)<br>Proportion of Operating Revenue to Industry above Designated Size (%) | 营业收入利润率(%)<br>Ratio of Profits to Operating Revenue (%) | 成本费用利润率(%)<br>Ratio of Pretax Profits to Industrial Cost (%) |
|---|---|---|---|---|
| **全 市 总 计** | | | | |
| **Total** | **2359** | **40.2** | **4.4** | **4.6** |
| **按行业分** | | | | |
| **Grouped by Sector** | | | | |
| 金属制品业 | | | | |
| Manufacture of Metal Products | 499 | 4.2 | 1.7 | 1.7 |
| 通用设备制造业 | | | | |
| Manufacture of General Purpose Machinery | 394 | 3.6 | 5.3 | 5.6 |
| 专用设备制造业 | | | | |
| Manufacture of Special Purpose Machinery | 306 | 2.9 | 4.6 | 4.8 |
| 汽车制造业 | | | | |
| Manufacture of Motorcar | 344 | 12.8 | 5.3 | 5.7 |
| 铁路、船舶、航空航天和其他运输设备制造业 | | | | |
| Railway, Watercraft, Aerospace and Other Transport Equipment | 208 | 2.0 | 3.1 | 3.2 |
| 电气机械和器材制造业 | | | | |
| Manufacture of Electrical Machinery and Equipment | 300 | 5.1 | 4.4 | 4.6 |
| 计算机、通信和其他电子设备制造业 | | | | |
| Manufacture of Computers, Communication and Other Electronic Equipment | 229 | 9.0 | 4.3 | 4.5 |
| 仪器仪表制造业 | | | | |
| Manufacture of Measuring Instruments | 79 | 0.5 | 3.0 | 3.1 |

注：装备制造业为全国统一分类标准，具体内容详见本篇指标解释。
Note: Equipment Manufacture Industry adopt the national unified classification standards, and the specific content is in the explanatory notes on main statistical indicators.

## 12-20 消费品制造业主要效益指标(2019年)
## Main Benefit Indicators of Consumption Goods Manufacture,2019

| 指 标<br>Item | 企业单位数(个)<br>Number of Enterprises (unit) | 营业收入占规模以上工业比重(%)<br>Proportion of Operating Revenue to Industry above Designated Size (%) | 营业收入利润率(%)<br>Ratio of Profits to Operating Revenue (%) | 成本费用利润率(%)<br>Ratio of Pretax Profits to Industrial Cost (%) |
|---|---|---|---|---|
| **全市总计** | | | | |
| **Total** | **798** | **11.5** | **6.4** | **7.0** |
| **按行业分** | | | | |
| **Grouped by Sector** | | | | |
| 农副食品加工业 | | | | |
| Processing of Food from Agricultural Products | 130 | 2.7 | 1.1 | 1.1 |
| 食品制造业 | | | | |
| Manufacture of Food | 111 | 1.7 | 8.4 | 9.2 |
| 酒、饮料和精制茶制造业 | | | | |
| Manufacture of Alcohol, Beverages and Refined Tea | 30 | 0.5 | 5.4 | 5.7 |
| 烟草制品业 | | | | |
| Manufacture of Tobacco | 1 | 0.3 | 15.2 | 40.5 |
| 纺织业 | | | | |
| Manufacture of Textile | 40 | 0.5 | 2.9 | 3.0 |
| 纺织服装、服饰业 | | | | |
| Manufacture of Textile Wearing and Apparel | 45 | 0.1 | -0.1 | -0.1 |
| 皮革、毛皮、羽毛及其制品和制鞋业 | | | | |
| Manufacture of Leather, Fur, Feather and Related Products, Footwear | 22 | 0.1 | 0.1 | 0.1 |
| 家具制造业 | | | | |
| Manufacture of Furniture | 50 | 0.4 | 2.8 | 2.9 |
| 造纸和纸制品业 | | | | |
| Manufacture of Paper and Paper Products | 130 | 1.3 | 5.1 | 5.4 |
| 印刷和记录媒介复制业 | | | | |
| Printing, Reproduction of Recording Media | 66 | 0.3 | 4.0 | 4.1 |
| 文教、工美、体育和娱乐用品制造业 | | | | |
| Manufacture of Articles for Culture, Education and Industrial Arts, Sport Activity, Amusement Manufacturing | 74 | 0.5 | 2.4 | 2.5 |
| 医药制造业 | | | | |
| Manufacture of Medicines | 97 | 3.0 | 12.3 | 14.0 |
| 化学纤维制造业 | | | | |
| Manufacture of Chemical Fibers | 2 | 0.0 | 17.5 | 20.9 |

注：消费品制造业为全国统一分类标准，具体内容详见本篇指标解释。

Note: Manufacture of Consumption Goods adopt the national unified classification standards, and the specific content is in the explanatory notes on main statistical indicators.

## 12-21 优势产业主要经济效益指标(2019年)

| 项　　目 | Item | 资产负债率 (%) Ratio of Debts to Assets (%) | 总资产贡献率 (%) Ratio of Total Assets to Industrial Output Value (%) |
|---|---|---|---|
| **全 市 总 计** | **Total** | **56.2** | **10.6** |
| **按产业分** | **Grouped by Industry** | | |
| 电子信息产业 | Electronic Information Industry | 48.6 | 5.5 |
| 航空航天产业 | Aerospace Industry | 44.2 | 3.1 |
| 机械装备产业 | Equipment Manufacturing Industry | 56.3 | 5.5 |
| 汽车产业 | The Automotive Manufacturing | 58.0 | 13.3 |
| 新材料产业 | New Materials Industry | 52.1 | 6.9 |
| 生物医药产业 | Biomedical Industry | 37.8 | 11.7 |
| 新能源产业 | New Energy Industry | 61.1 | 3.6 |
| 资源循环及环保产业 | Recycling and Environmental Protection Industry | 55.3 | 9.6 |
| 石油化工产业 | Petrochemical Industry | 50.3 | 29.4 |
| 冶金产业 | Metallurgy Industry | 76.2 | 2.1 |
| 轻纺工业 | Light and Textile Industry | 56.2 | 10.0 |

注：优势产业为天津地方标准。
Note: Competitive Industry adopt Tianjin municipal standards.

## 12-22 优势产业主要经济指标占全市规模以上工业比重(2019年)

| 项　　目 | Item | 企业单位数比重 Proportion of Enterprise Number | 平均用工人数(人) Annual Average Employees (person) |
|---|---|---|---|
| **全 市 总 计** | **Total** | **90.7** | **90.1** |
| **按产业分** | **Grouped by Industry** | | |
| 电子信息产业 | Electronic Information Industry | 5.1 | 10.1 |
| 航空航天产业 | Aerospace Industry | 0.3 | 0.4 |
| 机械装备产业 | Equipment Manufacturing Industry | 26.1 | 17.8 |
| 汽车产业 | The Automotive Manufacturing | 7.1 | 12.2 |
| 新材料产业 | New Materials Industry | 17.5 | 9.8 |
| 生物医药产业 | Biomedical Industry | 3.4 | 5.6 |
| 新能源产业 | New Energy Industry | 2.3 | 3.7 |
| 资源循环及环保产业 | Recycling and Environmental Protection Industry | 2.0 | 0.7 |
| 石油化工产业 | Petrochemical Industry | 2.1 | 8.3 |
| 冶金产业 | Metallurgy Industry | 6.0 | 6.9 |
| 轻纺工业 | Light and Textile Industry | 18.8 | 14.7 |

## Main Economic Benefit Indicators of Competitive Industry,2019

| 每百元资产实现的营业收入(元) Operating Revenue on Assets per 100 yuan (yuan) | 流动资产周转率(次) Turnover of Working Capitals (time) | 人均营业收入(万元/人) Operating Revenue per Capita (10 000 yuan/person) | 营业收入利润率(%) Ratio of Profits to Operating Revenue (%) | 百元营业收入成本(元) Costs on Operating Revenue per 100 yuan (yuan) | 产销率(%) Proportion of Products Sold (%) |
|---|---|---|---|---|---|
| **95.1** | **1.9** | **193.4** | **7.0** | **84.1** | **99.2** |
| 103.3 | 1.7 | 175.9 | 4.2 | 89.7 | 97.4 |
| 54.0 | 1.1 | 74.5 | 5.9 | 84.1 | 99.7 |
| 79.5 | 1.2 | 122.0 | 4.0 | 85.1 | 100.1 |
| 139.3 | 2.4 | 203.6 | 5.3 | 86.4 | 99.6 |
| 96.5 | 1.9 | 217.7 | 4.4 | 88.4 | 100.7 |
| 62.7 | 1.0 | 129.0 | 12.7 | 59.2 | 93.6 |
| 65.2 | 1.2 | 178.5 | 3.6 | 86.5 | 97.9 |
| 48.8 | 1.1 | 230.3 | 11.2 | 86.1 | 99.6 |
| 86.6 | 3.5 | 314.6 | 22.5 | 66.3 | 98.3 |
| 102.9 | 2.1 | 400.9 | 0.9 | 96.0 | 100.1 |
| 117.5 | 2.1 | 131.9 | 4.2 | 85.4 | 100.7 |

## Proportion of Main Economic Indicators of Competitive Industry to Municipal Industry above Designated Size,2019

单位：%(%)

| 资产总计比重 Proportion of Total Assets | 负债合计比重 Proportion of Total Liabilities | 营业收入比重 Proportion of Operating Revenue | 营业成本比重 Proportion of Operating Costs | 利税总额比重 Proportion of Total Profits and Taxes | 利润总额比重 Proportion of Total Pre-tax Profits |
|---|---|---|---|---|---|
| **83.3** | **80.9** | **90.4** | **89.7** | **95.2** | **95.9** |
| 7.8 | 6.5 | 9.2 | 9.7 | 4.4 | 5.9 |
| 0.3 | 0.2 | 0.2 | 0.2 | 0.1 | 0.2 |
| 12.4 | 12.1 | 11.3 | 11.3 | 6.8 | 6.9 |
| 8.1 | 8.1 | 12.8 | 13.1 | 11.7 | 10.4 |
| 10.0 | 9.0 | 11.0 | 11.5 | 7.1 | 7.4 |
| 5.2 | 3.4 | 3.7 | 2.6 | 6.7 | 7.2 |
| 4.6 | 4.9 | 3.4 | 3.5 | 1.5 | 1.9 |
| 1.5 | 1.4 | 0.8 | 0.8 | 1.5 | 1.4 |
| 13.7 | 11.9 | 13.6 | 10.6 | 44.8 | 46.4 |
| 12.2 | 16.0 | 14.3 | 16.2 | 2.6 | 1.9 |
| 7.5 | 7.3 | 10.1 | 10.1 | 8.0 | 6.4 |

## 12-23 各区工业企业主要效益指标(2019)
## Main Indicators on Economic Benefit of Industrial Enterprises by District,2019

| 地 区 | Region | 资 产 负债率 (%) Ratio of Debts to Assets (%) | 流动资产周转率 (次) Turnover of Working Capitals (time) | 总资产贡献率 (%) Ratio of Total Assets to Industrial Output Value (%) | 营业收入利润率(%) Ratio of Profits to Operating Revenue (%) | 产销率 (%) Proportion of Products Sold (%) |
|---|---|---|---|---|---|---|
| **全市总计** | **Total** | **57.9** | **1.8** | **9.4** | **6.6** | **99.3** |
| 和平区 | Heping District | 74.1 | 0.9 | 0.3 | -2.0 | 99.4 |
| 河东区 | Hedong District | 84.3 | 0.3 | -0.2 | -3.5 | 99.0 |
| 河西区 | Hexi District | 62.0 | 0.8 | 4.8 | 8.6 | 102.1 |
| 南开区 | Nankai District | 47.0 | 1.5 | 5.5 | 5.2 | 102.0 |
| 河北区 | Hebei District | 59.6 | 2.7 | 1.7 | 1.7 | 99.9 |
| 红桥区 | Hongqiao District | 35.2 | 0.7 | 8.4 | 9.6 | 94.2 |
| 东丽区 | Dongli District | 68.6 | 1.4 | 4.1 | 1.3 | 100.8 |
| 西青区 | Xiqing District | 46.5 | 1.6 | 7.0 | 4.9 | 99.8 |
| 津南区 | Jinnan District | 52.7 | 2.0 | 5.2 | 3.1 | 100.2 |
| 北辰区 | Beichen District | 53.0 | 1.7 | 7.3 | 4.4 | 101.5 |
| 武清区 | Wuqing District | 53.9 | 1.3 | 4.6 | 4.1 | 100.6 |
| 宝坻区 | Baodi District | 60.7 | 1.3 | 4.3 | 2.5 | 97.1 |
| 滨海新区 | Binhai New Area | 55.3 | 1.9 | 14.0 | 9.8 | 98.3 |
| 宁河区 | Ninghe District | 67.0 | 3.3 | 8.9 | 3.9 | 102.6 |
| 静海区 | Jinghai District | 72.4 | 2.8 | 5.4 | 1.8 | 100.2 |
| 蓟州区 | Jizhou District | 67.3 | 1.6 | 3.4 | 0.9 | 100.7 |

## 12-24 规模以上工业主要产品产量(1978—2019年)
## Output of Major Industrial Products above Designated Size,1978-2019

| 年 份 Year | 布 (万米) Cloth (10 000 m) | 纱 (万吨) Yarn (10 000 tons) | 机制纸及纸板 (万吨) Machine-made Paper and Paperboards (10 000 tons) | 合成洗涤剂 (万吨) Synthetic Detergents (10 000 tons) | 饮料酒 (万千升) Alcoholic Beverage (10 000 kiloliters) | 家用电冰箱 (万台) Household Refrigerators (10 000 units) | 电视机 (万台) Television Sets (10 000 units) | #彩色电视机 Color Television Sets |
|---|---|---|---|---|---|---|---|---|
| 1978 | 33727 | 8.30 | 19.26 | 2.38 | 2.88 | 0.50 | 2.54 | |
| 1979 | 36067 | 9.20 | 21.46 | 2.70 | 3.66 | 0.55 | 8.11 | |
| 1980 | 39215 | 9.96 | 22.75 | 2.95 | 4.49 | 0.40 | 15.28 | 0.60 |
| 1981 | 42427 | 10.73 | 21.25 | 3.19 | 5.86 | 0.14 | 36.70 | 2.01 |
| 1982 | 45831 | 11.50 | 22.82 | 3.53 | 5.76 | 0.23 | 36.11 | 5.00 |
| 1983 | 46803 | 11.95 | 23.04 | 3.70 | 6.75 | 0.51 | 43.62 | 8.28 |
| 1984 | 44865 | 11.67 | 26.27 | 4.12 | 7.46 | 2.01 | 61.59 | 15.72 |
| 1985 | 44043 | 11.95 | 24.60 | 5.04 | 8.40 | 6.89 | 90.22 | 34.02 |
| 1986 | 43798 | 12.22 | 26.45 | 5.39 | 9.79 | 9.79 | 89.85 | 33.54 |
| 1987 | 43885 | 12.57 | 27.92 | 5.56 | 10.60 | 14.53 | 100.02 | 55.46 |
| 1988 | 43410 | 12.67 | 27.10 | 5.88 | 10.96 | 33.32 | 135.25 | 62.07 |
| 1989 | 41729 | 11.30 | 28.31 | 7.36 | 9.47 | 40.41 | 137.85 | 57.32 |
| 1990 | 49194 | 11.69 | 26.75 | 8.54 | 9.28 | 23.34 | 143.93 | 62.46 |
| 1991 | 46790 | 11.23 | 27.18 | 9.34 | 10.75 | 6.71 | 140.27 | 72.63 |
| 1992 | 43031 | 10.86 | 33.32 | 10.56 | 10.88 | 9.27 | 140.99 | 68.29 |
| 1993 | 39259 | 11.59 | 36.84 | 10.00 | 11.40 | 2.71 | 134.88 | 73.30 |
| 1994 | 41437 | 13.19 | 31.01 | 9.68 | 11.09 | 3.95 | 124.00 | 80.37 |
| 1995 | 49803 | 12.35 | 41.42 | 11.95 | 12.34 | 3.70 | 160.82 | 109.54 |
| 1996 | 39662 | 10.51 | 45.89 | 12.07 | 10.72 | 0.29 | 157.34 | 117.80 |
| 1997 | 49845 | 13.61 | 40.56 | 10.28 | 13.73 | 0.69 | 84.36 | 59.16 |
| 1998 | 33326 | 8.37 | 33.64 | 9.65 | 15.25 | 2.29 | 82.94 | 47.87 |
| 1999 | 27308 | 8.45 | 25.50 | 8.75 | 14.21 | 9.93 | 84.67 | 50.34 |
| 2000 | 29217 | 8.80 | 25.18 | 7.19 | 15.75 | 8.42 | 94.27 | 72.28 |
| 2001 | 25861 | 8.13 | 20.63 | 5.68 | 20.71 | 3.85 | 66.24 | 51.42 |
| 2002 | 27082 | 9.18 | 27.98 | 5.41 | 20.64 | 19.14 | 87.06 | 76.35 |
| 2003 | 25114 | 7.47 | 17.76 | 5.09 | 24.72 | 29.17 | 121.09 | 112.41 |
| 2004 | 30805 | 7.51 | 36.03 | 5.04 | 23.65 | 28.25 | 110.99 | 109.42 |
| 2005 | 25850 | 7.32 | 18.89 | 1.40 | 20.81 | 19.30 | 66.01 | 64.90 |
| 2006 | 28346 | 7.62 | 26.71 | 0.74 | 29.80 | 9.34 | 98.51 | 98.11 |
| 2007 | 27783 | 7.28 | 33.90 | 0.58 | 35.27 | 50.03 | 153.75 | 153.75 |
| 2008 | 28934 | 4.95 | 41.38 | 0.83 | 31.62 | 59.38 | 203.58 | 203.58 |
| 2009 | 25819 | 4.32 | 33.06 | 0.67 | 41.02 | 53.87 | 140.50 | 140.50 |
| 2010 | 26352 | 3.81 | 91.82 | 0.58 | 43.57 | 62.84 | 212.67 | 212.67 |
| 2011 | 27792 | 3.08 | 125.86 | 0.62 | 41.82 | 49.37 | 186.61 | 186.61 |
| 2012 | 19854 | 3.05 | 222.80 | 1.38 | 33.20 | 51.41 | 192.80 | 192.80 |
| 2013 | 21221 | 5.05 | 241.66 | 21.49 | 31.04 | 49.26 | 277.10 | 277.10 |
| 2014 | 23100 | 8.51 | 249.72 | 48.48 | 31.86 | 45.37 | 279.20 | 279.20 |
| 2015 | 24946 | 10.72 | 249.26 | 58.30 | 35.61 | 58.41 | 245.84 | 245.84 |
| 2016 | 24279 | 12.64 | 285.00 | 49.08 | 37.67 | 64.29 | 224.10 | 224.10 |
| 2017 | 8243 | 1.84 | 286.43 | 54.04 | 40.39 | 53.49 | 209.41 | 209.41 |
| 2018 | 8160 | 1.33 | 279.95 | 63.37 | 38.39 | 49.94 | 93.08 | 93.08 |
| 2019 | 10286 | 1.29 | 261.97 | 48.27 | 33.29 | 44.59 | 78.66 | 78.66 |

注：2018年工业产品产量为第四次经济普查数据，其余年度为快报数据。
Note: Output of industrial products is based on the data of the Fourth National Economic Census in 2018 and express data before 2018.

12-24续表 *Continued*

| 年 份<br>Year | 天然原油<br>(万吨)<br>Crude Petroleum Oil<br>(10 000 tons) | 发电量<br>(亿千瓦小时)<br>Electricity<br>(100 million kWh) | 粗 钢<br>(万吨)<br>Crude Steel<br>(10 000 tons) | 水 泥<br>(万吨)<br>Cement<br>(10 000 tons) | 硫 酸<br>(万吨)<br>Sulfuric Acid<br>(10 000 tons) | 烧 碱<br>(万吨)<br>Caustic Soda<br>(10 000 tons) | 农用化肥<br>(万吨)<br>Chemical Fertilizer<br>(10 000 tons) |
|---|---|---|---|---|---|---|---|
| 1978 | 316.90 | 51.68 | 101.75 | 47.34 | 10.52 | 17.02 | 4.67 |
| 1979 | 307.30 | 52.56 | 109.53 | 56.52 | 11.86 | 19.26 | 5.39 |
| 1980 | 307.41 | 63.20 | 124.94 | 62.55 | 12.38 | 19.93 | 6.22 |
| 1981 | 303.84 | 72.96 | 125.15 | 75.71 | 12.41 | 19.19 | 4.78 |
| 1982 | 302.24 | 75.01 | 124.56 | 81.80 | 13.53 | 21.21 | 5.85 |
| 1983 | 310.41 | 77.34 | 133.86 | 82.68 | 13.22 | 21.27 | 7.05 |
| 1984 | 320.81 | 79.57 | 132.49 | 90.52 | 12.00 | 21.97 | 7.66 |
| 1985 | 374.63 | 80.65 | 111.93 | 105.11 | 11.72 | 23.36 | 5.56 |
| 1986 | 413.33 | 78.38 | 150.32 | 112.41 | 10.33 | 23.97 | 4.09 |
| 1987 | 453.01 | 81.09 | 162.96 | 120.19 | 11.30 | 24.73 | 6.56 |
| 1988 | 462.79 | 91.07 | 156.44 | 129.37 | 8.32 | 25.18 | 7.61 |
| 1989 | 470.43 | 96.60 | 151.57 | 127.84 | 8.09 | 24.90 | 7.79 |
| 1990 | 469.50 | 94.85 | 166.74 | 122.14 | 7.70 | 25.23 | 7.21 |
| 1991 | 474.90 | 90.27 | 175.43 | 137.24 | 8.31 | 27.25 | 7.85 |
| 1992 | 491.76 | 98.62 | 183.45 | 144.58 | 8.15 | 27.99 | 7.84 |
| 1993 | 517.00 | 126.65 | 221.98 | 152.39 | 7.36 | 28.27 | 10.61 |
| 1994 | 589.00 | 122.47 | 188.55 | 177.00 | 7.79 | 29.28 | 15.75 |
| 1995 | 620.82 | 133.65 | 171.57 | 200.62 | 5.58 | 32.57 | 9.74 |
| 1996 | 646.60 | 146.04 | 200.99 | 207.88 | 8.11 | 50.75 | 11.31 |
| 1997 | 645.90 | 166.53 | 236.79 | 209.00 | 11.33 | 44.15 | 10.91 |
| 1998 | 691.28 | 172.51 | 255.27 | 250.00 | 10.36 | 39.90 | 10.26 |
| 1999 | 686.72 | 182.56 | 317.69 | 240.51 | 11.47 | 47.04 | 26.82 |
| 2000 | 763.99 | 211.49 | 356.76 | 267.81 | 11.17 | 49.28 | 17.04 |
| 2001 | 970.29 | 217.43 | 395.30 | 338.99 | 11.27 | 49.39 | 14.91 |
| 2002 | 1215.94 | 268.83 | 482.58 | 377.75 | 12.15 | 63.65 | 16.03 |
| 2003 | 1316.30 | 319.95 | 565.95 | 449.31 | 10.96 | 79.89 | 16.40 |
| 2004 | 1446.21 | 339.76 | 788.48 | 520.52 | 9.99 | 81.14 | 15.96 |
| 2005 | 1782.89 | 365.70 | 955.28 | 519.15 | 11.95 | 80.45 | 16.94 |
| 2006 | 1943.09 | 359.24 | 1285.34 | 607.33 | 13.76 | 88.86 | 16.33 |
| 2007 | 1924.28 | 393.13 | 1602.13 | 611.44 | 26.90 | 134.49 | 21.62 |
| 2008 | 1993.86 | 382.12 | 1686.40 | 549.72 | 19.70 | 146.47 | 16.16 |
| 2009 | 2296.96 | 415.77 | 2124.20 | 690.87 | 29.16 | 109.32 | 15.19 |
| 2010 | 3332.73 | 589.08 | 2162.11 | 809.71 | 32.34 | 123.30 | 1.49 |
| 2011 | 3187.78 | 619.08 | 2295.75 | 765.53 | 39.60 | 129.63 | 6.35 |
| 2012 | 3098.30 | 589.70 | 2124.25 | 784.26 | 30.88 | 113.87 | 11.84 |
| 2013 | 3044.53 | 624.01 | 2305.06 | 971.50 | 28.06 | 127.53 | 15.95 |
| 2014 | 3074.84 | 624.66 | 2287.13 | 957.93 | 24.48 | 106.06 | 16.37 |
| 2015 | 3496.77 | 621.68 | 2068.91 | 777.59 | 19.08 | 96.77 | 13.06 |
| 2016 | 3273.26 | 616.09 | 1798.93 | 788.61 | 20.52 | 75.27 | 13.43 |
| 2017 | 3102.42 | 609.28 | 1812.55 | 418.56 | 17.08 | 79.95 | 13.61 |
| 2018 | 3085.55 | 699.30 | 1808.79 | 653.84 | 21.22 | 93.09 | 15.02 |
| 2019 | 3111.89 | 715.43 | 2194.77 | 687.74 | 19.23 | 86.56 | 16.44 |

## 12-25 规模以上工业主要产品产量
## Output of Major Industrial Products above Designated Size

| 产品名称 | Product | 单 位 | Unit | 2018 | 2019 |
|---|---|---|---|---|---|
| 天然原油 | Crude Petroleum Oil | 万 吨 | 10 000 tons | 3085.55 | 3111.89 |
| 原油加工量 | Crude Oil Processed | 万 吨 | 10 000 tons | 1663.11 | 1667.71 |
| 发电量 | Electricity | 亿千瓦小时 | 100 million kWh | 699.30 | 715.43 |
| 天然气 | Natural Gas | 亿立方米 | 100 million cu.m | 33.94 | 34.90 |
| 原 盐 | Salt | 万 吨 | 10 000 tons | 195.65 | 188.31 |
| 精制食用植物油 | Edible Vegetable Oil | 万 吨 | 10 000 tons | 293.06 | 295.12 |
| 饮料酒 | Alcoholic Beverage | 万千升 | 10 000 kiloliters | 38.39 | 33.29 |
| # 啤 酒 | Beer | 万千升 | 10 000 kiloliters | 32.83 | 26.81 |
| 方便面 | Staple Food | 万 吨 | 10 000 tons | 26.36 | 29.27 |
| 软饮料 | Soft Drinking | 万 吨 | 10 000 tons | 270.62 | 259.51 |
| 纱 | Yarn | 万 吨 | 10 000 tons | 1.33 | 1.29 |
| 布 | Cloth | 万 米 | 10 000 m | 8159.82 | 37362.50 |
| 呢 绒 | Woolen Piece Goods | 万 米 | 10 000 m | 18.20 | 5.10 |
| 机制纸及纸板 | Machine-made Paper & Paperboards | 万 吨 | 10 000 tons | 279.95 | 261.97 |
| 焦 炭 | Coke | 万 吨 | 10 000 tons | 164.72 | 158.34 |
| 硫 酸 | Sulfuric Acid | 万 吨 | 10 000 tons | 21.22 | 19.23 |
| 纯 碱 | Soda Ash | 万 吨 | 10 000 tons | 62.22 | 68.39 |
| 烧 碱 | Caustic Soda | 万 吨 | 10 000 tons | 93.09 | 86.56 |
| 乙 烯 | Ethene | 万 吨 | 10 000 tons | 132.69 | 135.41 |
| 农用化肥 | Chemical Fertilizer | 万 吨 | 10 000 tons | 15.02 | 16.44 |
| 涂 料 | Paint | 万 吨 | 10 000 tons | 37.43 | 41.33 |
| 初级形态塑料 | Primary form of Plastic | 万 吨 | 10 000 tons | 343.22 | 341.10 |
| 合成洗涤剂 | Synthetic Detergents | 万 吨 | 10 000 tons | 63.37 | 48.27 |
| 中成药 | Traditional Chinese Medicines | 吨 | ton | 10223.51 | 15446.45 |
| 化学纤维 | Chemical Fiber | 万 吨 | 10 000 tons | 9.55 | 9.35 |

注：工业产品产量，2018年为第四次经济普查数据，2019年为快报数据。
Note: Output of industrial products is based on the data of the Fourth National Economic Census in 2018, and monthly express data in 2019.

12-25续表 *Continued*

| 产品名称 | Product | 单 位 | Unit | 2018 | 2019 |
|---|---|---|---|---|---|
| 农用塑料薄膜 | Plastic Film for Farm Use | 吨 | ton | 15829.00 | 19768.10 |
| 水 泥 | Cement | 万 吨 | 10 000 tons | 653.84 | 687.74 |
| 平板玻璃 | Plate Glass | 万重量箱 | 10 000 weight cases | 3395.16 | 3324.81 |
| 生 铁 | Pig Iron | 万 吨 | 10 000 tons | 1779.98 | 2073.56 |
| 粗 钢 | Crude Steel | 万 吨 | 10 000 tons | 1808.79 | 2194.77 |
| 钢 材 | Rolled Steel | 万 吨 | 10 000 tons | 4729.04 | 5454.95 |
| # 无缝钢管 | Seamless Steel Pipe | 万 吨 | 10 000 tons | 229.43 | 258.41 |
| 发动机 | Internal Combustion Engines | 万千瓦 | 10 000 kW | 9554.85 | 10159.85 |
| 金属切削机床 | Metal-cutting Machine | 台 | unit | 1396.00 | 1041.00 |
| 电 梯 | Elevator | 万 台 | 10 000 units | 4.42 | 4.73 |
| 医疗仪器设备及器械 | Medical Equipment and Instrument | 万 台 | 10 000 units | 392.36 | 469.99 |
| 汽 车 | Motor Vehicles | 万 辆 | 10 000 units | 86.24 | 104.15 |
| # 轿 车 | Cars | 万 辆 | 10 000 units | 54.97 | 57.10 |
| 自行车 | Bicycles | 万 辆 | 10 000 units | 2760.76 | 1798.27 |
| 电动自行车 | Electric Bicycles | 万 辆 | 10 000 units | 639.62 | 839.95 |
| 光 纤 | Optical Fibre | 万千米 | 10 000 km | 2127.08 | 1407.39 |
| 光 缆 | Optical Cable | 万芯千米 | 10 000 core km | 674.40 | 506.67 |
| 锂离子电池 | Lithium-ion Battery | 万 只 | 10 000 units | 62618.82 | 65562.15 |
| 太阳能电池(光伏电池) | Solar Cell | 万千瓦 | 10 000 kW | 53.49 | 62.53 |
| 家用电冰箱 | Household Refrigerators | 万 台 | 10 000 units | 49.94 | 44.59 |
| 房间空气调节器 | Air Conditioners | 万 台 | 10 000 units | 164.50 | 219.26 |
| 微波炉 | Microwave Ovens | 万 台 | 10 000 units | 597.61 | 577.11 |
| 电子计算机整机 | Computers | 万 台 | 10 000 units | 25.92 | 46.52 |
| 显示器 | Display | 万 台 | 10 000 units | 708.41 | 763.74 |
| 移动通信手持机 | Mobile Telephones | 万 部 | 10 000 units | 2680.27 | 11.50 |
| 彩色电视机 | Color Television Sets | 万 台 | 10 000 units | 93.08 | 78.66 |
| 集成电路 | Integrated Circuits | 亿 块 | 100 million pieces | 16.29 | 14.74 |
| 电子元件 | Electronic Components | 亿 只 | 100 million pieces | 6563.03 | 6373.61 |
| 光电子器件 | Optoelectronic Devices | 亿只(片、套) | 100 million pieces | 96.00 | 80.17 |

## 12-26 新产品产量(2019年)
## Output of New Products,2019

| 产品名称 | Product | 单 位 | Unit | 2019 |
|---|---|---|---|---|
| 稀土磁性材料 | Rare Earth Magnetic Materials | 吨 | ton | 4042.00 |
| 工业机器人 | Industrial Robots | 套 | set | 105.00 |
| 新能源汽车 | New Energy Vehicles | 辆 | unit | 9118.00 |
| 城市轨道车辆 | Urban Rail Vehicles | 辆 | unit | 201.00 |
| 光纤 | Optical Fibre | 万千米 | 10 000 km | 1407.39 |
| 光缆 | Optical Cable | 万芯千米 | 10 000 core km | 506.67 |
| 太阳能电池(光伏电池) | Solar Cell | 万千瓦 | 10 000 kW | 62.53 |
| 服务器 | Servers | 万台 | 10 000 units | 45.15 |
| 智能电视 | Smart TVs | 万台 | 10 000 units | 78.67 |
| 集成电路 | Integrated Circuits | 亿块 | 100 million pieces | 14.74 |

## 12-27 工业产能利用率(2015—2019年)
## Industrial Capacity Utilization Rate,2015-2019

单位：%(%)

| 年 份<br>Year | 全市总计<br>Total | 采矿业<br>Minerals Mining | 制造业<br>Manufacturing | 电力、热力、燃气及水生产和供应业<br>Production and Supply of Electricity, Heat,Gas and Water |
|---|---|---|---|---|
| 2015 | 75.1 | 75.8 | 74.9 | 77.6 |
| 2016 | 73.7 | 69.0 | 73.9 | 81.9 |
| 2017 | 77.1 | 88.3 | 76.3 | 79.7 |
| 2018 | 78.5 | 82.8 | 78.3 | 76.7 |
| 2019 | 78.2 | 86.9 | 77.5 | 77.5 |

## 12-28 规模以上工业主要产品生产能力
## Production Capacity of Major Industrial Products above Designated Size

| 产品名称 | Product | 单 位 | Unit | 年平均生产能力 Annual Average Production Capacity |
|---|---|---|---|---|
| 2018年 | **Year of 2018** | | | |
| 天然原油 | Crude Petroleum Oil | 万 吨 | 10 000 tons | 3488.33 |
| 原油加工量 | Crude Oil Processed | 万 吨 | 10 000 tons | 1880.00 |
| 发电量 | Electricity | 万千瓦 | 10 000 kW | 1539.37 |
| 焦 炭 | Coke | 万 吨 | 10 000 tons | 222.00 |
| 烧 碱 | Caustic Soda | 万 吨 | 10 000 tons | 102.50 |
| 农用化肥 | Chemical Fertilizer | 万 吨 | 10 000 tons | 15.30 |
| 初级形态塑料 | Primary Plastic | 万 吨 | 10 000 tons | 432.19 |
| 化学纤维 | Chemical Fiber | 万 吨 | 10 000 tons | 10.85 |
| 水 泥 | Cement | 万 吨 | 10 000 tons | 1306.08 |
| 平板玻璃 | Plate Glass | 万重量箱 | 10 000 weight cases | 4029.00 |
| 粗 钢 | Crude Steel | 万 吨 | 10 000 tons | 2080.00 |
| 金属切削机床 | Metal-cutting Machines | 台 | unit | 1658.00 |
| 汽 车 | Motor Vehicles | 万 辆 | 10 000 units | 137.50 |
| # 乘用车 | Passenger Car | 万 辆 | 10 000 units | 137.50 |
| 太阳能电池 | Solar Cell | 万千瓦 | 10 000 kW | 138.63 |
| 家用电冰箱 | Household Refrigerators | 万 台 | 10 000 units | 86.00 |
| 房间空气调节器 | Air Conditioners | 万 台 | 10 000 units | 210.00 |
| 彩色电视机 | Color Television Sets | 万 台 | 10 000 units | 210.00 |
| 2019年 | **Year of 2019** | | | |
| 天然原油 | Crude Petroleum Oil | 万 吨 | 10 000 tons | 3510.30 |
| 原油加工量 | Crude Oil Processed | 万 吨 | 10 000 tons | 1885.00 |
| 发电量 | Electricity | 万千瓦 | 10 000 kW | 1746.23 |
| 焦 炭 | Coke | 万 吨 | 10 000 tons | 222.00 |
| 烧 碱 | Caustic Soda | 万 吨 | 10 000 tons | 106.43 |
| 农用化肥 | Chemical Fertilizer | 万 吨 | 10 000 tons | 17.65 |
| 初级形态塑料 | Primary Plastic | 万 吨 | 10 000 tons | 432.51 |
| 化学纤维 | Chemical Fiber | 万 吨 | 10 000 tons | 10.29 |
| 水 泥 | Cement | 万 吨 | 10 000 tons | 1333.08 |
| 平板玻璃 | Plate Glass | 万重量箱 | 10 000 weight cases | 4014.00 |
| 粗 钢 | Crude Steel | 万 吨 | 10 000 tons | 2110.00 |
| 金属切削机床 | Metal-cutting Machines | 台 | unit | 1830.00 |
| 汽 车 | Motor Vehicles | 万 辆 | 10 000 units | 121.00 |
| # 乘用车 | Passenger Car | 万 辆 | 10 000 units | 121.00 |
| 太阳能电池 | Solar Cell | 万千瓦 | 10 000 kW | 141.13 |
| 家用电冰箱 | Household Refrigerators | 万 台 | 10 000 units | 86.00 |
| 房间空气调节器 | Air Conditioners | 万 台 | 10 000 units | 210.00 |
| 彩色电视机 | Color Television Sets | 万 台 | 10 000 units | 130.50 |

# 主要统计指标解释

## 规模以上工业法人单位

指年主营业务收入 2000 万元及以上的工业法人单位。法人单位按照统计上相关单位划分规定标准进行界定。

## 大、中、小、微型企业

根据国家统计局制定的《统计上大中小微型企业划分办法（2017）》，以从业人员和营业收入两项指标为依据，将工业企业划分为大、中、小、微型。划分标准如下：

| 指标名称 | 计量单位 | 大型 | 中型 | 小型 | 微型 |
|---|---|---|---|---|---|
| 从业人员(X) | 人 | X≥1000 | 300≤X＜1000 | 20≤X＜300 | X＜20 |
| 营业收入(Y) | 万元 | Y≥40000 | 2000≤Y＜40000 | 300≤Y＜2000 | Y＜300 |

## 工业战略性新兴产业

战略性新兴产业是以重大技术突破和重大发展需求为基础，对经济社会全局和长远发展具有重大引领带动作用，知识技术密集、物质资源消耗少、成长潜力大、综合效益好的产业。根据《战略性新兴产业分类（2018）》，战略性新兴产业包括：新一代信息技术产业、高端装备制造产业、新材料产业、生物产业、新能源汽车产业、新能源产业、节能环保产业、数字创意产业、相关服务业等 9 大领域。第 9 领域“相关服务业”中没有工业行业，故工业战略性新兴产业包含前 8 大领域。

## 高技术产业（制造业）

指国民经济行业中 R&D 投入强度（即 R&D 经费支出占主营业务收入的比重）相对较高的制造业行业。根据《高技术产业（制造业）分类（2017）》，具体包括：医药制造，航空、航天器及设备制造业，电子及通信设备制造业，计算机及办公设备制造业，医疗仪器设备及仪器仪表制造业，信息化学品制造业等 6 大类。

## 装备制造业

为全国统一标准。包括制造业中 8 个行业大类，具体为：金属制品业，通用设备制造业，专用设备制造业，汽车制造业，电气机械及器材制造业，铁路船舶航空航天和其他运输设备制造业，计算机通信和其他电子设备制造业，仪器仪表制造业等。

## 消费品制造业

为全国统一标准。包括制造业中 13 个行业大类，具体为：农副食品加工业，食品制造业，酒、饮料和精制茶制造业，烟草制品业，纺织业，纺织服装、服饰业，皮革、毛皮、羽毛及其制品业和制鞋业，家具制造业，造纸及纸制品业，印刷和记录媒介复制业，文教、工美、体育和娱乐用品制造业，医药制造业，化学纤维制造业。

## 资产总计

指企业过去的交易或者事项形成的、由企业拥有或者控制的、预期会给企业带来经济利益的资源。资产一般按流动性（资产的变现或耗用时间长短）分为流动资产和非流动资产。其中流动资产可分为货币资金、交易性金融资产、应收票据、应收账款、预付款项、其他应收款、存货等；非流动资产可分为长期股权投资、固定资产、无形资产及其他非流动资产等。

**流动资产合计** 资产满足以下条件之一应归为流动资产：（1）预计在一个正常营业周期中变现、出售或耗用，主要包括存货、应收账款等；（2）主要为交易目的而持有；（3）预计在资产负债表日起一年内（含一年）变现；（4）自资产负债日起一年内，交换其他资产或清偿负债的能力不受限制的现金或现金等价物。包括货币资金、应收票据、应收账款、存货等项目。

## 负债合计

指企业过去的交易或者事项形成的，预期会导致经济利益流出企业的现时义务。负债一般按偿还期长短分为流动负债和非流动负债。

执行《企业会计准则》或《小企业会计准则》的企业：负债合计=流动负债合计+非流动负债合计；执行其他企业会计制度的企业负债包括流动负债和长期负债。

## 营业收入

指企业从事销售商品、提供劳务和让渡资产使用权等生产经营活动形成的经济利益流入。

## 营业成本

指企业从事销售商品、提供劳务和让渡资产使用权等生产经营活动发生的实际成本。

## 税金及附加

指企业因从事生产经营活动按税法规定应缴纳的消费税、城市维护建设税、资源税、环境保护税、教育费附加及房产税、土地使用税、车船使用税、印花税等相关税费。

## 利润总额

指企业在一定会计期间的经营成果，是生产经营过程中各种收入扣除各种耗费后的盈余，反映企业在报告期内实现的盈亏总额。利润总额为营业利润加上营业外收入，减去营业外支出后的金额。

**利税总额**

指利润总额、税金及附加和本期应交增值税之和。

**应交增值税**

指按照税法规定，以销售货物、服务、无形资产、不动产或提供加工、修理修配劳务的增值额和货物进口金额为计税依据而课征的一种流转税。根据会计相关科目贷方累计发生额，按下述公式计算填报：

应交增值税=销项税额－（进项税额－进项税额转出）－出口抵减内销产品应纳税额－减免税款+出口退税

或者根据本期《增值税纳税申报表（一般纳税人适用）》填报：

应交增值税=销项税额－（进项税额－进项税额转出－免、抵、退应退税额）+简易计税办法计算的应纳税额+按简易计税办法计算的纳税检查应补缴税额－应纳税额减征额

**进项税额** 指企业在报告期内购入货物或接受应税劳务而支付的、准予从销项税额中抵扣的增值税额。

**销项税额** 指企业在报告期内销售货物或提供应税劳务应收取的增值税额。

**应收账款**

指资产负债表日以摊余成本计量的、企业因销售商品、提供服务等经营活动应收取的款项。

**平均用工人数**

指报告期企业平均实际拥有的、参与本企业生产经营活动的人员数。

**产销率**

反映工业产品已实现销售的程度，是分析工业产销衔接情况，研究工业产品满足社会需求的指标。计算公式为：

$$\text{产品销售率（\%）}=\frac{\text{工业销售产值}}{\text{工业总产值（现价）}}\times 100\%$$

**总资产贡献率**

反映企业全部资产的获利能力，是企业经营业绩和管理水平的集中体现，是评价和考核企业盈利能力的核心指标。计算公式为：

$$\text{总资产贡献率（\%）}=\frac{\text{利润总额}+\text{税金总额}+(\text{利息支出}-\text{利息收入})}{\text{资产总额}}\times 100\%$$

公式中：税金总额为税金及附加与应交增值税之和

**资产负债率**

该指标既反映企业经营风险的大小，也反映企业利用债权人提供的资金从事经营活动的能力。计算公式为：

$$\text{资产负债率（\%）}=\frac{\text{负债总额}}{\text{资产总额}}\times 100\%$$

**流动资产周转率**

指一定时期内流动资产完成的周转次数，反映投入工业企业流动资金的周转速度。计算公式为：

$$\text{流动资产周转次数}=\frac{\text{营业收入}}{\text{全部流动资产平均余额}}$$

公式中：全部流动资产平均余额为期初和期末的流动资产之和的算术平均值。

**营业收入利润率**

该指标是评价企业经营效益的主要指标，反映企业业务的获利能力。计算公式为：

$$\text{营业收入利润率（\%）}=\frac{\text{利润总额}}{\text{营业收入}}\times 100\%$$

**成本费用利润率**

反映企业投入的生产成本及费用的经济效益，同时也反映企业降低成本所取得的经济效益。计算公式为：

$$\text{成本费用利润率（\%）}=\frac{\text{利润总额}}{\text{成本费用总额}}\times 100\%$$

公式中：成本费用总额为产品销售成本、销售费用、管理费用、财务费用和研发费用之和。

# Explanatory Notes on Main Statistical Indicators

**Industrial Legal Entities above Designated Size**

refer to industrial legal entities as legal person with annual business revenue of over 20 million yuan. Legal entities adopt statistical relevant entities dividing standards.

**Large, Medium, Small, Mini-sized Enterprises**

Industrial enterprises are classified into large, medium, small, mini-sized enterprises according to employment personnel and sales revenue in accordance with the regulation of Classification of Large, Medium, Small, Mini-sized Enterprises on Statistics in 2017. The standard of classification as following:

| *Indicator* | *Unit* | *Large-sized* | *Medium-sized* | *Small-sized* | *Mini-sized* |
|---|---|---|---|---|---|
| *Employment Personnel(X)* | *person* | $X \geq 1\,000$ | $300 \leq X < 1\,000$ | $20 \leq X < 300$ | $X < 20$ |
| *Sales Revenue(Y)* | *10 000 yuan* | $Y \geq 40\,000$ | $2\,000 \leq Y < 40\,000$ | $300 \leq Y < 2\ \ 000$ | $Y < 300$ |

**Industrial Strategic Emerging Industry**

refers to industry based on major technological breakthroughs and development needs, promoting long-term development of the economy and society. The industry has the characteristics of intensive knowledge and technology, less consumption of material resources, great potential of growth, good overall efficiency. The industry include new generation of information technology industry, high-end equipment manufacturing industry, new material industry, biotechnology industry, new energy powered automobile industry, new energy industry, energy conservation industry, digital creative industry and relevant services. Because relevant services excluding industry, industrial strategic emerging industry includes the first eight fields.

**Hightech Industry (Manufacturing)**

refers to the manufacturing with relatively high R&D input strength (the proportion of R&D expenses to the revenue from principal business) in the national economic industry. According to The Classification of Hightech Industry (Manufacturing) (2017), specific include: manufacture of medicines, manufacture of aviation, spacecraft and equipment, manufacture of electronic and communication equipment, manufacture of computer and office equipment, manufacture of medical instrument and equipment and measuring instrument, and manufacture of information chemicals.

**Equipment Manufacturing**

refers to the 8 major categories in the manufacturing sector, specific include: manufacture of metal products, manufacture of general purpose machinery, manufacture of special purpose machinery, manufacture of motorcar, manufacture of electrical machinery and equipment, manufacture of railway, watercraft, aerospace and other transport equipment, manufacture of computers, communication and other electronic equipment, and manufacture of measuring instruments.

**Manufacture of Consumption Goods**

refers to the 13 major categories in the manufacturing sector, specific include: processing of food from agricultural products, manufacture of food, manufacture of alcohol, beverages and refined tea, manufacture of tobacco, manufacture of textile, manufacture of textile wearing and apparel, manufacture of leather, fur, feather and related products, footwear, manufacture of furniture, manufacture of paper and paper products, printing, reproduction of recording media, manufacture of articles for culture, education and industrial arts, sport activity, amusement manufacturing, manufacture of medicines, manufacture of chemical fibers.

**Total Assets**

refer to all resources formed by transaction or other activities, which are owned or controlled by enterprises and expected to bring economic benefits to the enterprises. Classified by the degree of liquidity (the time of assets to be liquidated or consumed), total assets include working capitals and immovable assets. Working capitals can be classified into monetary assets, trading financial assets, notes receivable, accounts receivable, advanced payments, other prepaid money and inventories. Immovable assets can be divided into long-term equity investment, fixed assets, intangible assets and other immovable assets.

**Working Capitals**

the assets should be classified into working capital if meeting one of the following conditions: (1) expected to be liquidated, sold or consumed in one normal operating cycle, mainly including inventory, account receivable, etc.; (2) owned for transaction purpose; (3) expected to be liquidated in one year (including one year) since balance sheet date; (4) cash or cash equivalent without limited ability of exchanging other assets or paying debts in one year from balance sheet date, including monetary funds, note receivable, accounts receivable, inventory and other items.

**Total Liabilities**

refers to payable liabilities of enterprises that accumulated from previous trades or transactions with expectation of economic profits leaking out. In terms of payment, it can be divided into current liabilities and non-current liabilities .

The enterprises which implement "Enterprise Accounting Standards" or "Small Enterprise Accounting Standards", *Total Liabilities = Total current liabilities + Total non-current liabilities*; The Liabilities of the enterprises which implement other enterprise accounting system include current liabilities and long-term liabilities.

**Operating Revenue**

refers to total revenues recognized by selling goods, rendering labor services, alienating right to use assets, and other business of enterprises.

**Operating Cost**

refers to total costs recognized by selling goods, rendering labor services, alienating right to use assets, and other business of enterprises.

**Business Tax and Surcharges**

refer to the tax and charges by enterprises in accordance with the tax law for the production and operation activities, including consumption tax, city maintenance and construction tax, resources tax, environmental protection tax, the additional cost of education, property tax, land use tax, vehicle and vessel use tax, stamp tax and etc.

**Total Pre-tax Profits**

refer to the business results of enterprises in certain accounting period, that is the profits gained from the revenues after deducting the costs, which means the final achievements in the reference period. Total pre-tax profits equals to business profit add non-operating revenue and minus non-operating expenditures.

**Total Profits and Taxes**

refers to the sum of the total profits, business tax and surcharges, and the value added tax payable of industrial enterprises.

**Value-added Tax Payable**

refers to a kind of turnover tax with added value and import value of goods in selling of goods, services, intangible assets, real estate, or providing processing, repairing, and replacement services as the tax basis according to tax law. According to the accounting related subjects lender cumulative amount, completing the calculation according to the following formula:

*Value-added Tax Payable =Tax on Sales – (Tax on Purchase –Transferred Tax on Purchase)-Exports Deduct Tax Payable on Domestic Sales-Tax Relief + The Export Tax Rebate*

Or completing the calculation according to the <VAT payment return (general taxpayer application)> at the current period:

*Value-added Tax Payable =Tax on Sales – (Tax on Purchase –Transferred Tax on Purchase – Refundable Tax for Tax Exemption, Offset and Refund of Goods) + Tax Payable under a Simplified Method + Overdue Tax Payable after Tax Inspection under a Simplified Method – Tax Reduction Amount of Tax Payable*

**Tax on Purchase** refers to the value-added tax payable by enterprises that purchase goods or receiving taxable services durin gthe reference period and this part of the tax is allowed to be deducted from the tax on sales.

**Tax on Sales** refers to the value-added tax chargeable by enterprises that sell goods or provide taxable services during the reference period.

**Accounts Receivable**

refer to obligatory right of enterprises formed from selling of goods, providing services and other business activities. Including payment for goods to customers, value-added tax, freight and miscellaneous expenses advanced for customers and etc.

**Annual Average Employees**

refer to the average number of persons engaged in the enterprise production and operation activities in this period, which are actually owned by the enterprise.

**Proportion of Products Sold**

reflects the actual sale of industrial products, analyzing the production-selling and supply-demand relations. It is calculated as:

$$\text{Proportion of Products Sold (\%)} = \frac{\text{Value of Industrial Sales}}{\text{Gross Industrial Output Value (Current Prices)}} \times 100\%$$

**Ratio of Total Assets to Industrial Output Value**

reflects the profit-making capability of all assets of the enterprise and is a key indicator manifesting the performance and management and evaluating the profit-making potential of the enterprise. It is calculated as follows:

$$\text{Ratio of Total Assets to Industrial Output Value (\%)} = \frac{\text{Total Pre-tax Profits} + \text{Total Taxes} + \text{(Interest Payment-Interest Income)}}{\text{Average Assets}} \times 100\%$$

In the above formula, total taxes is the sum of business tax and surcharges and value-added tax payable.

**Ratio of Debts to Assets**

reflects both the operation risk and the capability of the enterprise in making use of the capital from the creditors. It is calculated as follows:

$$\text{Ratio of Debts to Assets (\%)} = \frac{\text{Total Debts}}{\text{Total Assets}} \times 100\%$$

**Turnover of Working Capitals**

refers to the number of times of turnover of working capital in a given period of time, which reflects the speed of the turnover of working capital of industrial enterprises, and is calculated as follows:

$$\text{Turnover of Working Capital} = \frac{\textit{Operating Revenue}}{\textit{Average Balance of Total Working Capital}}$$

In the above formula, average balance of total working capital refers to the arithmetic mean of the sum of circulating funds at the beginning and at the end of the reference period.

**Ratio of Profits to Costs**

reflects economic benefits of production costs and expenses by the enterprise, also reflects economic benefits from reducing costs and is calculated as follows:

$$\textit{Ratio of Profits to Costs}(\%) = \frac{\textit{Total Pre-tax Profits}}{\textit{Total Costs}} \times 100\%$$

Total Costs in the above formula is the sum of cost of products sold, marketing cost, management cost, financial cost, and development expenditure.

# 第十三篇　建筑业

# Chapter 13　Construction

# 13-1 建筑企业基本情况(1978—2019年)
## Basic Statistics on Construction Enterprises,1978-2019

| 年 份<br>Year | 企业个数(个)<br>Number of Enterprises (unit) | 从事建筑业活动的平均人数(万人)<br>Average Number of People Engaged in Construction Activities (10 000 persons) | 建筑业总产值(亿元)<br>Gross Output Value of Construction (100 million yuan) | 房屋建筑施工面积(万平方米)<br>Floor Space of Building under Construction (10 000 sq.m) | 房屋建筑竣工面积(万平方米)<br>Floor Space of Building Completed (10 000 sq.m) | #住 宅<br>Residential Buildings |
|---|---|---|---|---|---|---|
| 1978 | 45 | 16.71 | 8.78 | | | |
| 1979 | 47 | 20.20 | 12.21 | 650.56 | 290.46 | |
| 1980 | 77 | 21.40 | 11.64 | 693.43 | 332.80 | |
| 1981 | 70 | 19.60 | 10.15 | 703.36 | 336.20 | |
| 1982 | 72 | 20.20 | 12.55 | 782.66 | 421.20 | |
| 1983 | 77 | 18.40 | 14.37 | 818.17 | 397.40 | |
| 1984 | 84 | 20.90 | 20.34 | 921.23 | 464.40 | |
| 1985 | 88 | 21.76 | 26.17 | 1040.02 | 505.50 | |
| 1986 | 88 | 22.23 | 27.59 | 902.13 | 483.00 | |
| 1987 | 85 | 21.85 | 29.54 | 917.42 | 451.90 | |
| 1988 | 83 | 20.20 | 31.08 | 865.15 | 409.80 | |
| 1989 | 81 | 19.70 | 32.35 | 774.30 | 399.10 | |
| 1990 | 82 | 18.71 | 31.70 | 675.46 | 333.60 | |
| 1991 | 83 | 18.95 | 36.17 | 582.73 | 295.41 | |
| 1992 | 96 | 18.76 | 48.43 | 721.50 | 344.70 | 158.50 |
| 1993 | 237 | 25.87 | 82.66 | 1210.94 | 505.02 | 270.70 |
| 1994 | 482 | 36.28 | 130.52 | 1359.96 | 600.15 | 376.97 |
| 1995 | 693 | 31.53 | 165.67 | 1604.10 | 640.25 | 328.40 |
| 1996 | 461 | 29.06 | 173.57 | 1579.53 | 567.98 | 285.82 |
| 1997 | 477 | 29.26 | 191.00 | 1752.13 | 727.61 | 398.82 |
| 1998 | 500 | 29.34 | 211.12 | 2059.23 | 868.00 | 527.98 |
| 1999 | 491 | 28.71 | 222.74 | 2087.01 | 901.88 | 637.85 |
| 2000 | 456 | 27.44 | 238.10 | 2253.99 | 1056.40 | 658.85 |
| 2001 | 420 | 25.96 | 288.68 | 2140.04 | 924.92 | 562.40 |
| 2002 | 925 | 34.56 | 406.16 | 2817.84 | 1332.10 | 726.87 |
| 2003 | 900 | 35.55 | 520.84 | 3395.94 | 1465.75 | 797.72 |
| 2004 | 1155 | 38.27 | 655.20 | 3547.76 | 1644.90 | 758.00 |
| 2005 | 1108 | 39.10 | 754.37 | 3940.56 | 1484.38 | 728.58 |
| 2006 | 1103 | 38.57 | 983.93 | 4555.08 | 1735.58 | 815.52 |
| 2007 | 1113 | 45.34 | 1221.94 | 5447.39 | 2101.38 | 1020.12 |
| 2008 | 1362 | 49.62 | 1453.79 | 5947.56 | 1643.66 | 687.62 |
| 2009 | 1371 | 59.31 | 1911.48 | 6572.69 | 2240.10 | 1010.85 |
| 2010 | 1448 | 65.47 | 2424.49 | 7564.29 | 2419.16 | 1168.62 |
| 2011 | 1494 | 65.38 | 2986.45 | 10058.78 | 2637.65 | 1352.95 |
| 2012 | 1648 | 49.75 | 3258.57 | 12484.91 | 2876.70 | 1526.04 |
| 2013 | 1731 | 82.01 | 3694.44 | 13000.83 | 3635.57 | 2196.16 |
| 2014 | 1774 | 91.20 | 4123.49 | 14158.77 | 3232.02 | 1864.61 |
| 2015 | 1774 | 90.64 | 4488.90 | 15644.62 | 3547.24 | 1981.99 |
| 2016 | 1740 | 99.36 | 4891.81 | 17036.16 | 3428.73 | 2228.32 |
| 2017 | 1840 | 95.45 | 4262.35 | 15081.16 | 3243.67 | 2144.16 |
| 2018 | 1991 | 96.24 | 3791.10 | 13379.88 | 2119.64 | 1363.55 |
| 2019 | 1964 | 97.25 | 4096.50 | 15616.89 | 2371.70 | 1404.52 |

## 13-2 建筑企业主要经济效益指标(1980—2019年)
## Main Indicators of Economic Benefit of Construction Enterprises,1980-2019

| 年 份<br>Year | 全员劳动生产率(万元/人)<br>Overall Labour Productivity (10 000 yuan/person) | 平均每一从业人员竣工面积(平方米)<br>Floor Space of Building Completed per Employment Personnel (sq.m) | 产值利润率(%)<br>Ratio of Pre-tax Profit to Gross Output Value (%) | 产值利税率(%)<br>Ratio of Profits and Taxes to Gross Output Value (%) | 按面积计算竣工率(%)<br>Percentage of Building Completed in Terms of Floor Space(%) |
|---|---|---|---|---|---|
| 1980 | 0.56 | 16.1 | 7.0 | 7.5 | 48.0 |
| 1981 | 0.50 | 18.0 | 9.0 | 9.5 | 52.1 |
| 1982 | 0.60 | 20.1 | 9.3 | 10.0 | 53.8 |
| 1983 | 0.70 | 19.4 | 10.2 | 13.1 | 48.6 |
| 1984 | 0.89 | 22.2 | 8.3 | 8.8 | 50.4 |
| 1985 | 1.06 | 20.5 | 7.0 | 7.8 | 48.6 |
| 1986 | 1.15 | 20.2 | 4.6 | 5.1 | 53.5 |
| 1987 | 1.25 | 19.1 | 4.5 | 4.9 | 49.3 |
| 1988 | 1.35 | 17.8 | 2.7 | 4.7 | 47.4 |
| 1989 | 1.50 | 18.6 | 0.6 | 4.3 | 51.5 |
| 1990 | 1.59 | 16.7 | -0.3 | 2.7 | 49.4 |
| 1991 | 1.80 | 14.7 | 0.8 | 3.4 | 50.7 |
| 1992 | 2.36 | 16.8 | 1.0 | 3.5 | 38.2 |
| 1993 | 3.31 | 18.6 | 2.9 | 5.5 | 38.7 |
| 1994 | 3.68 | 16.0 | 0.5 | 3.2 | 42.3 |
| 1995 | 5.25 | 19.6 | 0.6 | 3.4 | 37.2 |
| 1996 | 5.97 | 19.5 | 1.0 | 3.6 | 36.0 |
| 1997 | 6.53 | 24.9 | 1.1 | 3.7 | 41.5 |
| 1998 | 7.20 | 29.6 | 1.4 | 3.9 | 42.2 |
| 1999 | 7.76 | 31.4 | 1.0 | 3.6 | 43.2 |
| 2000 | 8.68 | 38.5 | 1.1 | 4.0 | 46.9 |
| 2001 | 11.12 | 35.6 | 1.3 | 4.2 | 43.2 |
| 2002 | 11.75 | 38.5 | 1.8 | 4.7 | 47.3 |
| 2003 | 14.65 | 41.2 | 1.9 | 4.8 | 43.2 |
| 2004 | 17.12 | 43.0 | 1.9 | 4.9 | 46.4 |
| 2005 | 19.29 | 38.0 | 2.3 | 5.3 | 37.7 |
| 2006 | 25.51 | 45.0 | 2.6 | 5.8 | 38.1 |
| 2007 | 26.95 | 46.3 | 3.1 | 6.3 | 38.6 |
| 2008 | 29.30 | 33.1 | 3.3 | 6.5 | 27.6 |
| 2009 | 32.23 | 37.8 | 2.8 | 6.0 | 34.1 |
| 2010 | 37.03 | 36.9 | 2.7 | 6.0 | 32.0 |
| 2011 | 45.68 | 40.3 | 2.7 | 5.8 | 26.2 |
| 2012 | 65.49 | 57.8 | 2.9 | 6.0 | 23.0 |
| 2013 | 45.05 | 44.3 | 3.9 | 7.1 | 28.0 |
| 2014 | 45.22 | 35.4 | 3.9 | 6.9 | 22.8 |
| 2015 | 49.53 | 39.1 | 3.6 | 6.3 | 22.7 |
| 2016 | 49.23 | 34.5 | 2.0 | 4.0 | 20.1 |
| 2017 | 44.65 | 34.0 | 1.7 | 3.5 | 21.5 |
| 2018 | 39.39 | 22.0 | 2.3 | 4.0 | 15.8 |
| 2019 | 42.12 | 24.4 | 2.6 | 4.3 | 15.2 |

## 13-3 建筑企业基本情况(按登记注册类型和控股情况分)
## Basic Statistics on Construction Enterprises (Grouped by Status of Registration and Ownership)

| 项目<br>Item | 企业个数(个)<br>Number of Enterprises (unit) | | 从事建筑业活动的平均人数(万人)<br>Annual Average Employment Personnel (10 000 persons) | | 建筑业总产值(亿元)<br>Gross Output Value of Construction (100 million yuan) | |
|---|---|---|---|---|---|---|
| | 2018 | 2019 | 2018 | 2019 | 2018 | 2019 |
| 总计<br>**Total** | **1991** | **1964** | **96.24** | **97.25** | **3791.10** | **4096.50** |
| 按登记注册类型分<br>**Grouped by Status of Registration** | | | | | | |
| 内资企业<br>Domestic-funded Enterprises | 1982 | 1954 | 96.16 | 96.97 | 3785.58 | 4080.51 |
| 国有<br>State-owned Enterprises | 19 | 19 | 0.80 | 2.87 | 36.66 | 68.62 |
| 集体<br>Collective-owned Enterprises | 17 | 22 | 0.69 | 0.77 | 17.35 | 42.55 |
| 股份合作<br>Cooperative Enterprises | 7 | 6 | 0.05 | 0.02 | 1.50 | 1.00 |
| 私营企业<br>Private Enterprises | 1258 | 1217 | 41.92 | 31.35 | 1008.15 | 622.87 |
| 股份有限公司<br>Share-holding Corporations Ltd. | 48 | 51 | 1.94 | 1.56 | 184.86 | 158.21 |
| 有限责任公司<br>Limited Liability Corporations | 631 | 637 | 50.41 | 60.39 | 2514.51 | 3187.11 |
| #国有独资<br>Sole State-funded Corporations | 39 | 50 | 9.33 | 8.78 | 666.21 | 735.94 |
| 联营企业<br>Joint Ownership Enterprises | 2 | 1 | 0.35 | 0.01 | 22.55 | 0.13 |
| #集体联营<br>Collective Joint Ownership Enterprises | 1 | | 0.35 | | 22.38 | |
| 其他<br>Others | | 1 | | | | 0.02 |
| 港、澳、台商投资企业<br>Enterprises with Investment from Hong Kong, Macao and Taiwan | 5 | 5 | 0.04 | 0.04 | 2.98 | 3.26 |
| 外商投资企业<br>Foreign Funded Enterprises | 4 | 5 | 0.04 | 0.24 | 2.54 | 12.73 |
| 按企业控股情况分<br>**Grouped by Company Holding Type** | | | | | | |
| 国有控股<br>State-holding Enterprises | 211 | 213 | 49.69 | 46.67 | 2801.07 | 2847.85 |
| 集体控股<br>Collective-holding Enterprises | 94 | 71 | 5.19 | 2.75 | 198.93 | 145.51 |
| 私人控股<br>Private-holding Enterprises | 1526 | 1557 | 37.48 | 44.01 | 690.47 | 944.33 |
| 港澳台商控股<br>Hong Kong, Macao and Taiwan Holding Enterprises | 4 | 3 | 0.04 | 0.02 | 2.97 | 0.48 |
| 外商控股<br>Foreign Funded Holding Enterprises | 3 | 3 | 0.05 | 0.05 | 5.84 | 5.86 |
| 其他<br>Others | 153 | 117 | 3.79 | 3.75 | 91.83 | 152.45 |

13-3续表 *Continued*

| 项　目<br>Item | 竣工产值<br>(亿元)<br>Gross Output<br>Value Completed<br>(100 million yuan) | | 房屋建筑施工面积<br>(万平方米)<br>Floor Space of<br>Building under<br>Construction<br>(10 000 sq.m) | | 房屋建筑竣工面积<br>(万平方米)<br>Floor Space<br>of Building<br>Completed<br>(10 000 sq.m) | | #住　宅<br>Residential<br>Buildings | |
|---|---|---|---|---|---|---|---|---|
| | 2018 | 2019 | 2018 | 2019 | 2018 | 2019 | 2018 | 2019 |
| **总　计<br>Total** | **1579.44** | **1859.43** | **13379.88** | **15616.89** | **2119.64** | **2371.70** | **1363.55** | **1404.52** |
| **按登记注册类型分<br>Grouped by Status of Registration** | | | | | | | | |
| 内资企业<br>Domestic-funded Enterprises | 1579.18 | 1855.60 | 13379.88 | 15616.89 | 2119.64 | 2371.70 | 1363.55 | 1404.52 |
| 国　有<br>State-owned Enterprises | 22.57 | 10.37 | 4.05 | 4.94 | 0.70 | 3.90 | | 1.22 |
| 集　体<br>Collective-owned Enterprises | 7.30 | 17.38 | 28.46 | 328.84 | 1.80 | 32.77 | | 23.80 |
| 股份合作<br>Cooperative Enterprises | 0.99 | 0.52 | | | | | | |
| 私营企业<br>Private Enterprises | 522.34 | 343.75 | 3219.52 | 1833.09 | 828.27 | 405.34 | 549.62 | 254.15 |
| 股份有限公司<br>Share-holding Corporations Ltd. | 75.29 | 83.23 | 360.30 | 5.61 | 54.26 | 5.32 | 52.43 | |
| 有限责任公司<br>Limited Liability Corporations | 943.43 | 1400.20 | 9502.04 | 13444.41 | 1212.51 | 1924.36 | 746.87 | 1125.35 |
| #国有独资<br>Sole State-funded Corporations | 213.26 | 193.97 | 1678.31 | 1945.87 | 109.91 | 192.52 | 65.75 | 101.20 |
| 联营企业<br>Joint Ownership Enterprises | 7.24 | 0.13 | 265.51 | | 22.09 | | 14.63 | |
| #集体联营<br>Collective Joint Ownership Enterprises | 7.08 | | 265.51 | | 22.09 | | 14.63 | |
| 其　他<br>Others | | 0.02 | | | | | | |
| 港、澳、台商投资企业<br>Enterprises with Investment from Hong Kong, Macao and Taiwan | 0.13 | 0.18 | | | | | | |
| 外商投资企业<br>Foreign Funded Enterprises | 0.14 | 3.66 | | | | | | |
| **按企业控股情况分<br>Grouped by Company Holding Type** | | | | | | | | |
| 国有控股<br>State-holding Enterprises | 1004.36 | 1118.62 | 10394.51 | 10211.48 | 1312.55 | 1130.13 | 895.96 | 809.32 |
| 集体控股<br>Collective-holding Enterprises | 125.52 | 89.81 | 734.51 | 561.01 | 127.40 | 128.02 | 93.82 | 53.16 |
| 私人控股<br>Private Holding Enterprises | 399.01 | 524.99 | 1988.63 | 3572.53 | 620.49 | 800.64 | 340.25 | 421.54 |
| 港澳台商控股<br>Hong Kong, Macao and Taiwan Holding Enterprises | 0.13 | 0.18 | | | | | | |
| 外商控股<br>Foreign Funded Holding Enterprises | 1.97 | 3.65 | | | | | | |
| 其　他<br>Others | 48.46 | 122.18 | 262.23 | 1271.87 | 59.20 | 312.90 | 33.52 | 120.51 |

## 13-4 建筑企业基本情况(按行业和资质等级分)
## Basic Statistics on Construction Enterprises (Grouped by Sector and Qualification Grade)

| 项目 Item | 企业个数(个) Number of Enterprises (unit) | | 从事建筑业活动的平均人数(万人) Annual Average Employment Personnel (10 000 persons) | | 建筑业总产值(亿元) Gross Output Value of Construction (100 million yuan) | |
|---|---|---|---|---|---|---|
| | 2018 | 2019 | 2018 | 2019 | 2018 | 2019 |
| **按行业类别分** | | | | | | |
| **Grouped by Sector** | | | | | | |
| 房屋建筑业 | | | | | | |
| House Building | 454 | 468 | 36.36 | 37.56 | 1243.28 | 1443.83 |
| 土木工程建筑业 | | | | | | |
| Civil Engineering | 549 | 557 | 41.67 | 38.91 | 2074.20 | 2118.97 |
| 建筑安装业 | | | | | | |
| Building Installation | 517 | 514 | 9.39 | 9.79 | 305.75 | 333.25 |
| 建筑装饰、装修和其他建筑业 | | | | | | |
| Building Decoration and Other Construction | 471 | 425 | 8.81 | 10.99 | 167.87 | 200.44 |
| **按资质等级分** | | | | | | |
| **Grouped by Qualification Grade** | | | | | | |
| 施工总承包 | | | | | | |
| General Contractor | 726 | 768 | 63.30 | 62.95 | 3213.12 | 3457.30 |
| 特级 | | | | | | |
| Super Grade | 13 | 14 | 22.41 | 21.39 | 1401.90 | 1613.01 |
| 一级 | | | | | | |
| First Grade | 130 | 133 | 30.13 | 30.73 | 1437.41 | 1444.22 |
| 二级 | | | | | | |
| Second Grade | 194 | 198 | 6.42 | 5.82 | 224.85 | 199.33 |
| 三级及以下 | | | | | | |
| Third Grade and Below | 389 | 423 | 4.34 | 5.00 | 148.96 | 200.74 |
| 专业承包 | | | | | | |
| Specialized Contractor | 1265 | 1196 | 32.94 | 34.30 | 577.98 | 639.20 |
| 一级 | | | | | | |
| First Grade | 176 | 175 | 5.23 | 4.22 | 241.60 | 248.45 |
| 二级 | | | | | | |
| Second Grade | 475 | 460 | 5.69 | 5.90 | 115.04 | 133.67 |
| 三级及以下 | | | | | | |
| Third Grade and Below | 614 | 561 | 22.02 | 24.18 | 221.34 | 257.08 |

13-4续表 *Continued*

| 项目 Item | 竣工产值（亿元）Gross Output Value Completed (100 million yuan) | | 房屋建筑施工面积（万平方米）Floor Space of Building under Construction (10 000 sq.m) | | 房屋建筑竣工面积（万平方米）Floor Space of Building Completed (10 000 sq.m) | | #住宅 Residential Buildings | |
|---|---|---|---|---|---|---|---|---|
| | 2018 | 2019 | 2018 | 2019 | 2018 | 2019 | 2018 | 2019 |
| **按行业类别分** | | | | | | | | |
| **Grouped by Sector** | | | | | | | | |
| 房屋建筑业 | | | | | | | | |
| House Building | 614.04 | 742.02 | 10800.42 | 13001.11 | 1828.81 | 1965.98 | 1150.55 | 1155.71 |
| 土木工程建筑业 | | | | | | | | |
| Civil Engineering | 693.01 | 777.96 | 2339.53 | 1988.74 | 236.32 | 253.05 | 169.70 | 130.47 |
| 建筑安装业 | | | | | | | | |
| Building Installation | 177.88 | 224.05 | 18.61 | 133.05 | 9.84 | 19.91 | 1.08 | 5.38 |
| 建筑装饰、装修和其他建筑业 | | | | | | | | |
| Building Decoration and Other Construction | 94.52 | 115.40 | 221.32 | 493.98 | 44.67 | 132.75 | 42.23 | 112.96 |
| **按资质等级分** | | | | | | | | |
| **Grouped by Qualification Grade** | | | | | | | | |
| 施工总承包 | | | | | | | | |
| General Contractor | 1264.68 | 1478.42 | 12818.77 | 14602.68 | 2015.55 | 2165.29 | 1294.43 | 1258.80 |
| 特级 | | | | | | | | |
| Super Grade | 305.77 | 530.28 | 5652.06 | 6984.17 | 644.53 | 609.87 | 408.19 | 390.32 |
| 一级 | | | | | | | | |
| First Grade | 741.88 | 708.95 | 6546.92 | 6735.35 | 1131.39 | 1248.89 | 786.56 | 756.07 |
| 二级 | | | | | | | | |
| Second Grade | 142.44 | 134.46 | 457.48 | 531.79 | 154.44 | 171.90 | 89.78 | 95.98 |
| 三级及以下 | | | | | | | | |
| Third Grade and Below | 74.59 | 104.73 | 162.31 | 351.37 | 85.19 | 134.63 | 9.90 | 16.43 |
| 专业承包 | | | | | | | | |
| Specialized Contractor | 314.76 | 381.01 | 561.12 | 1014.20 | 104.09 | 206.41 | 69.12 | 145.72 |
| 一级 | | | | | | | | |
| First Grade | 129.40 | 161.98 | 21.85 | 7.28 | 21.85 | 7.18 | 10.13 | 4.18 |
| 二级 | | | | | | | | |
| Second Grade | 53.66 | 78.30 | 156.71 | 386.75 | 47.80 | 81.07 | 30.75 | 53.53 |
| 三级及以下 | | | | | | | | |
| Third Grade and Below | 131.70 | 140.73 | 382.55 | 620.18 | 34.44 | 118.16 | 28.24 | 88.01 |

# 13-5 建筑企业主要财务指标(2019年)
## Main Financial Indicators of Construction Enterprises,2019

单位：亿元(100 million yuan)

| 指　　标 | Item | 全市总计 Total | # 国有控股 State-holding | # 集体控股 Collective-holding |
|---|---|---|---|---|
| **期末资产负债** | **Assets and Liabilities at Year-end** | | | |
| 流动资产合计 | Total Working Capital | 6240.85 | 4224.74 | 252.08 |
| 固定资产原价 | Original Value of Fixed Assets | 709.90 | 514.80 | 19.64 |
| 累计折旧 | Accumulative Depreciation | 375.07 | 280.48 | 9.17 |
| 在建工程 | Projects under Construction | 50.66 | 37.10 | 2.18 |
| 资产总计 | Total Assets | 8028.85 | 5670.40 | 278.92 |
| 流动负债合计 | Total Working Liabilities | 5605.56 | 4257.27 | 194.97 |
| 负债合计 | Total Liabilities | 6134.74 | 4543.34 | 209.41 |
| 所有者权益合计 | Total Owner's Equity | 1894.14 | 1127.06 | 69.51 |
| **损益及分配** | **Profit, Loss and Distribution** | | | |
| 主营业务收入 | Revenue of Principal Business | 4668.59 | 3161.28 | 172.32 |
| 主营业务成本 | Costs of Principal Business | 4299.64 | 2931.71 | 154.74 |
| 税金及附加 | Tax and Extra Charges | 13.07 | 7.03 | 0.75 |
| # 主营业务税金及附加 | Taxes & Extra Charges of Principal Business | 11.91 | 6.38 | 0.70 |
| 其他业务利润 | Other Profits from Business | 5.12 | 3.90 | 0.14 |
| 销售费用 | Selling Expenses | 12.99 | 5.43 | 0.46 |
| 管理费用 | Management Expenses | 226.34 | 73.58 | 11.15 |
| 财务费用 | Financial Expenses | 40.12 | 31.78 | 0.06 |
| 利润总额 | Total Pre-tax Profits | 105.89 | 48.02 | 3.98 |
| 所得税费用 | Income Taxes Expenses | 22.55 | 9.31 | 1.33 |
| 应交增值税 | Value-added Tax Payable | 57.26 | 26.73 | 3.04 |
| **人工成本** | **Wage and Welfare Expenses** | | | |
| 应付职工薪酬 | Total Remuneration Payable | 399.63 | 193.63 | 18.98 |

13-5续表 *Continued*

单位：亿元(100 million yuan)

| 指 标 | Item | # 私人控股 Private-holding | # 港澳台商控股 Hong Kong, Macao and Taiwan Holding | # 外商控股 Foreign Funded Holding |
|---|---|---|---|---|
| **期末资产负债** | **Assets and Liabilities at Year-end** | | | |
| 流动资产合计 | Total Working Capital | 1467.05 | 1.60 | 7.27 |
| 固定资产原价 | Original Value of Fixed Assets | 157.85 | 0.62 | 0.35 |
| 累计折旧 | Accumulative Depreciation | 76.44 | 0.50 | 0.23 |
| 在建工程 | Projects under Construction | 8.00 | | 0.01 |
| 资产总计 | Total Assets | 1754.52 | 1.74 | 7.85 |
| 流动负债合计 | Total Working Liabilities | 912.43 | 1.14 | 4.25 |
| 负债合计 | Total Liabilities | 1120.06 | 1.14 | 4.27 |
| 所有者权益合计 | Total Owner's Equity | 634.49 | 0.60 | 3.58 |
| **损益及分配** | **Profit, Loss and Distribution** | | | |
| 主营业务收入 | Revenue of Principal Business | 1113.83 | 1.28 | 5.96 |
| 主营业务成本 | Costs of Principal Business | 1007.39 | 1.10 | 4.25 |
| 税金及附加 | Tax and Extra Charges | 4.71 | | 0.03 |
| # 主营业务税金及附加 | Taxes & Extra Charges of Principal Business | 4.29 | | 0.03 |
| 其他业务利润 | Other Profits from Business | 0.87 | | 0.02 |
| 销售费用 | Selling Expenses | 6.55 | 0.03 | 0.25 |
| 管理费用 | Management Expenses | 133.03 | 0.13 | 0.49 |
| 财务费用 | Financial Expenses | 6.82 | | 0.01 |
| 利润总额 | Total Pre-tax Profits | 50.35 | 0.01 | 0.46 |
| 所得税费用 | Income Taxes Expenses | 10.30 | | 0.10 |
| 应交增值税 | Value-added Tax Payable | 24.93 | | 0.09 |
| **人工成本** | **Wage and Welfare Expenses** | | | |
| 应付职工薪酬 | Total Remuneration Payable | 162.63 | 0.21 | 1.02 |

# 13-6 建筑企业技术装备情况(2000—2019年)

# Basic Statistics on Machinery and Equipment Owned by Construction Enterprises,2000-2019

| 年　份 Year | 总台数 Sets | 年末自有机械设备总功率(万千瓦) Total Capacity of Machinery and Equipment Owned (Year-end) (10 000 kW) | 年末自有机械设备净值(亿元) Net Value of Machinery and Equipment Owned (Year-end) (100 million yuan) | 全部职工技术装备率(元/人) Value of Machines per Labour (yuan/person) | 全部职工动力装备率(千瓦/人) Power of Machines per Labour (kW/person) |
|---|---|---|---|---|---|
| 2000 | 75579 | 157.27 | 21.77 | 10714 | 7.74 |
| 2001 | 71514 | 168.83 | 23.15 | 12881 | 9.39 |
| 2002 | 107138 | 221.56 | 52.98 | 19423 | 8.12 |
| 2003 | 105861 | 227.81 | 58.20 | 24203 | 9.47 |
| 2004 | 99495 | 258.80 | 62.28 | 27354 | 11.37 |
| 2005 | 100040 | 246.33 | 69.50 | 26064 | 9.24 |
| 2006 | 97767 | 297.62 | 78.28 | 25420 | 9.66 |
| 2007 | 92060 | 293.46 | 85.48 | 24470 | 8.40 |
| 2008 | 101041 | 316.85 | 110.40 | 30390 | 8.72 |
| 2009 | 116658 | 440.64 | 172.22 | 41336 | 10.58 |
| 2010 | 128525 | 418.90 | 198.05 | 41373 | 8.75 |
| 2011 | 118402 | 391.62 | 186.48 | 57483 | 12.07 |
| 2012 | 110896 | 502.04 | 294.22 | 91016 | 15.53 |
| 2013 | 114250 | 438.28 | 173.41 | 21146 | 5.34 |
| 2014 | 115392 | 442.66 | 175.14 | 21356 | 5.40 |
| 2015 | 142866 | 478.62 | 213.54 | 23559 | 5.28 |
| 2016 | 102699 | 521.86 | 308.79 | 31292 | 5.29 |
| 2017 | 100466 | 485.61 | 182.64 | 30620 | 8.14 |
| 2018 | 81618 | 482.35 | 180.31 | 28009 | 7.49 |
| 2019 | 79374 | 408.77 | 122.35 | 15090 | 5.04 |

## 13-7 建筑企业经济效益指标(2019年)
## Economic Benefit Indicators of Construction Enterprises,2019

| 指标 Item | 全市 Total | # 国有控股 State-holding | # 地方 Local |
|---|---|---|---|
| 全员劳动生产率(万元/人) Overall Labour Productivity(10 000 yuan/person) | 42.12 | 61.02 | 36.14 |
| 房屋竣工率(%) Percentage of Buildings Completed (%) | 15.19 | 11.07 | 9.47 |
| 平均每一从业人员竣工面积(平方米/人) Floor Space of Buildings Completed per Employment Personnel (sq.m/person) | 24.39 | 24.22 | 9.28 |
| 每百元产值实现利税(元) Ratio of Profits and Taxes to per 100 yuan Output Value (yuan) | 4.30 | 2.87 | 2.30 |
| 百元产值占用流动资产(元) Ratio of Working Capital to per 100 yuan Output Value (yuan) | 152.35 | 148.35 | 205.60 |

## 13-8 建筑业企业房屋建筑完成情况
## Building Construction of Construction Enterprises

单位：万平方米 (10 000 sq.m)

| 指标 | Item | 2018 | 2019 |
|---|---|---|---|
| **房屋建筑施工面积** | **Floor Space of Buildings under Construction** | **13379.88** | **15616.89** |
| # 本年新开工面积 | New Floor Space of Buildings in Current Year | 4249.25 | 4576.21 |
| **房屋建筑竣工面积** | **Floor Space of Buildings Completed** | **2119.64** | **2371.70** |
| 住宅 | Residential Buildings | 1363.55 | 1404.52 |
| 批发和零售用房 | Wholesale and Retail Trade Buildings | 86.71 | 63.98 |
| 住宿和餐饮用房 | Hotels and Restaurants Buildings | 3.29 | 39.92 |
| 商务会展用房屋 | Commercial Exhibition Buildings | 0.07 | 6.64 |
| 居民服务业用房 | Residential Service Buildings | 59.54 | 41.78 |
| 办公用房 | Office Buildings | 50.06 | 95.10 |
| 科研用房 | Scientific and Research Buildings | 7.01 | 14.86 |
| 教育用房 | Educational Buildings | 117.20 | 98.08 |
| 卫生医疗用房 | Health Care and Medical Buildings | 31.75 | 39.77 |
| 文化、体育和娱乐用房 | Cultural, Sports and Entertainment Buildings | 22.15 | 57.58 |
| 厂房及建筑物 | Factories and Buildings | 233.64 | 356.06 |
| 仓库 | Warehouse | 8.29 | 27.13 |
| 其他 | Others | 136.38 | 126.28 |

# 主要统计指标解释

**建筑业总产值**

是以货币表现的建筑业企业在一定时期内生产的建筑业产品和服务的总和。建筑业总产值包括：

1. 建筑工程产值：指列入建筑工程预算内的各种工程价值；

2. 安装工程产值：指设备安装工程价值以及将预制部品部件安装成建筑工程产品的价值；

3. 其他产值：建筑业总产值中除建筑工程、安装工程以外的产值。包括房屋构筑物修理产值、非标准设备制造产值、总包企业向分包企业收取的管理费以及不能明确划分的施工活动所完成的产值。

**房屋施工面积**

指在报告期内施工的全部房屋建筑面积，包括本期新开工的房屋建筑面积、上期跨入本期继续施工的房屋建筑面积、上期停缓建在本期恢复施工的房屋建筑面积、本期竣工的房屋建筑面积及本期施工后又停缓建的房屋建筑面积。多层建筑应填各层建筑面积之和。

**房屋建筑竣工面积**

指在报告期内房屋建筑按照设计要求已全部完工，达到了住人和使用条件，经验收鉴定合格或达到竣工验收标准，可正式移交使用的各栋房屋建筑面积的总和。

# Explanatory Notes on Main Statistical Indicators

**Gross Output Value of Construction**

refers to total Volume of construction products and services, expressed in monetary terms, completed by construction and installation enterprises during a given period of time. It includes:

1.Output value of construction projects, that is the value of projects covered by the project budgets;

2.Output value of installation projects, those are the value of the installation of equipment and the value of installing prefabricated parts into construction engineering products.

3.Other output values, that is the values excluding output value of construction projects and output value of installation projects, including output value of repair of buildings and structures, output value of manufactured non-standard equipment, management expenses received by head enterprises from subcontract enterprises and output value of construction activities completed but unclassified.

**Floor Space of Buildings under Construction**

refers to floor space of buildings under construction during the reference period, including newly started buildings, buildings started earlier and continued during the reference period, and buildings suspended earlier but restarted during the reference period, buildings completed during the reference period, and buildings under construction and then suspended during the reference period. A multi-storey building should be calculated as the sum of each floor's area.

**Floor Space of Buildings Completed**

refers to the total floor space of buildings that are completed in the reference period in accordance with the requirements of the design, up to the standard for putting them into use, have been checked and accepted by concerned departments as qualified ones or reached the completed qualification standard, and can be transferred to use formally.

# 第十四篇　批发和零售业

# Chapter 14　Wholesale and Retail Trade

# 14-1 限额以上批发和零售业商品购进、销售和库存(2001—2019年)

## Purchases,Sales and Inventory of Wholesale and Retail Trade above Designated Size,2001-2019

单位：亿元(100 million yuan)

| 年份 Year | 商品购进额 Purchases | #进口 Imports | 商品销售额 Sales | #批发 Wholesale | 年末库存额 Inventory (year-end) |
|---|---|---|---|---|---|
| 2001 | 1343.64 | 49.89 | 1408.13 | 1167.82 | 137.96 |
| 2002 | 1356.68 | 57.27 | 1438.33 | 1215.56 | 105.87 |
| 2003 | 1858.19 | 92.81 | 1915.05 | 1678.86 | 107.93 |
| 2004 | 3578.89 | 238.89 | 3636.22 | 3199.33 | 221.68 |
| 2005 | 4192.39 | 197.44 | 4316.01 | 3897.80 | 204.52 |
| 2006 | 4912.09 | 267.56 | 5109.00 | 4640.25 | 245.87 |
| 2007 | 6639.77 | 298.80 | 6061.70 | 5518.56 | 323.18 |
| 2008 | 9183.67 | 442.79 | 10216.70 | 9262.70 | 453.39 |
| 2009 | 8940.76 | 343.15 | 9718.19 | 8651.55 | 575.76 |
| 2010 | 12346.01 | 514.07 | 13642.49 | 12392.62 | 624.38 |
| 2011 | 17760.51 | 920.11 | 18618.70 | 17065.38 | 888.38 |
| 2012 | 22100.52 | 1375.40 | 23284.41 | 21326.17 | 1079.16 |
| 2013 | 27095.13 | 1385.86 | 28747.85 | 26306.12 | 1209.74 |
| 2014 | 30600.76 | 1781.61 | 32601.83 | 29881.67 | 1524.93 |
| 2015 | 30793.20 | 1857.95 | 33156.29 | 30319.67 | 1296.67 |
| 2016 | 32734.98 | 1648.74 | 35270.82 | 32185.01 | 1543.99 |
| 2017 | 28681.22 | 1616.60 | 30258.38 | 27858.39 | 1632.23 |
| 2018 | 26880.89 | 1538.83 | 28185.13 | 25880.94 | 1736.58 |
| 2019 | 28925.98 | 1233.15 | 30700.10 | 28346.83 | 1725.56 |

# 14-2 限额以上批发和零售业商品购进额

## Purchases of Wholesale and Retail Trade above Designated Size

单位：万元(10 000 yuan)

| 项　目<br>Item | 商品购进额<br>Goods Purchases | | #进　口<br>Imports | |
|---|---|---|---|---|
| | 2018 | 2019 | 2018 | 2019 |
| **总　计<br>Total** | **268808915** | **289259802** | **15388308** | **12331476** |
| **按登记注册类型分<br>Grouped by Registered Status** | | | | |
| 内资企业<br>Domestic-funded Enterprises | 216487303 | 234542755 | 10053519 | 8428999 |
| 国　有<br>State-owned Enterprises | 2763469 | 2053066 | 1100 | 63537 |
| 集　体<br>Collective-owned Enterprises | 95689 | 134376 | | 5748 |
| 股份合作<br>Cooperative Enterprises | 33609 | 141411 | | |
| 私营企业<br>Private Enterprises | 82153344 | 107198193 | 2765528 | 3930475 |
| 股份有限公司<br>Share-holding Corporations Ltd. | 5960627 | 4989955 | 248143 | 332521 |
| 有限责任公司<br>Limited Liability Corporations | 125321111 | 119002031 | 7038748 | 4096718 |
| #国有独资公司<br>Sole State-funded Corporations | 14600326 | 18355352 | 997386 | 188346 |
| 联营企业<br>Joint Ownership Enterprises | 15044 | 12756 | | |
| #国有联营<br>State Joint Ownership Enterprises | 13987 | 12756 | | |
| 集体联营<br>Collective Joint Ownership Enterprises | 1057 | | | |
| 其　他<br>Others | 144411 | 1010968 | | |
| 港澳台商投资企业<br>Enterprises with Investment from Hong Kong, Macao and Taiwan | 10200067 | 9001287 | 1350684 | 788829 |
| 外商投资企业<br>Foreign Funded Enterprises | 42121545 | 45715760 | 3984105 | 3113649 |
| **按企业控股情况分<br>Grouped by Company Holding Type** | | | | |
| 国有及国有控股企业<br>State-owned and State-holding Enterprises | 115578439 | 105769057 | 6478415 | 3737816 |
| 民营及民营控股企业<br>Private and Private Holding Enterprises | 134129052 | 163061780 | 3588019 | 4689993 |
| 外商及港澳台控股企业<br>Hong Kong,Macao,Taiwan and Foreign Funded Holding Enterprises | 19101424 | 20428966 | 5321875 | 3903666 |

14-2续表 *Continued*

单位：万元 (10 000 yuan)

| 项目<br>Item | 商品购进额<br>Goods Purchases | | #进口<br>Imports | |
|---|---|---|---|---|
| | 2018 | 2019 | 2018 | 2019 |
| **按国民经济行业分** | | | | |
| **Grouped by Sector** | | | | |
| **批发业** | | | | |
| **Wholesale Trade** | **249143699** | **269522492** | **14593581** | **11855121** |
| 农、林、牧、渔产品批发 | | | | |
| Farming, Forestry, Animal Husbandry and Fishery Products | 1683501 | 3126617 | 257260 | 267251 |
| 食品、饮料及烟草制品批发 | | | | |
| Food, Beverage and Tobacco | 9102580 | 13664125 | 1206089 | 2054030 |
| 纺织、服装及日用品批发 | | | | |
| Textile, Garments and Daily Articles | 10564177 | 12304027 | 245335 | 316506 |
| 文化、体育用品及器材批发 | | | | |
| Cultural and Sports Goods & Equipment | 2088809 | 2586096 | 36794 | 60204 |
| 医药及医疗器械批发 | | | | |
| Medicine and Medical Appliances | 4739206 | 5613185 | 109326 | 236042 |
| 矿产品、建材及化工产品批发 | | | | |
| Mineral Products, Building Material and Chemical Products | 188177190 | 187884994 | 6271699 | 3041395 |
| 机械设备、五金交电及电子产品批发 | | | | |
| Machinery Equipment, Hardware, Transport, Electric and Electronic Product | 24880453 | 30737463 | 5933725 | 5464783 |
| 贸易经纪与代理 | | | | |
| Trade Broker and Agent | 1737957 | 2490651 | 150359 | 157109 |
| 其他批发 | | | | |
| Others | 6169826 | 11115335 | 382993 | 257802 |
| **零售业** | | | | |
| **Retail Trade** | **19665216** | **19737310** | **794727** | **476355** |
| 综合零售 | | | | |
| Comprehensive Retail | 1918325 | 1733876 | 2610 | 8205 |
| 食品、饮料及烟草制品专门零售 | | | | |
| Special Retail of Food, Beverage and Tobacco | 289525 | 311024 | 7702 | 1072 |
| 纺织、服装及日用品专门零售 | | | | |
| Special Retail of Textile, Garments and Daily Articles | 697674 | 749791 | | 2532 |
| 文化、体育用品及器材专门零售 | | | | |
| Special Retail of Cultural and Sports Goods & Equipment | 137985 | 342810 | 1698 | 475 |
| 医药及医疗器械专门零售 | | | | |
| Special Retail of Medicine and Medical Appliances | 246914 | 260705 | 715 | 219 |
| 汽车、摩托车、燃料及零配件专门零售 | | | | |
| Special Retail of Automobile, Autobike, Parts, Fittings and Fuel | 11203867 | 10229078 | 737120 | 354857 |
| 家用电器及电子产品专门零售 | | | | |
| Special Retail of Household Appliances and Electronic Products | 1043191 | 914867 | | 107295 |
| 五金、家具及室内装修材料专门零售 | | | | |
| Special Retail of Hardware, Furniture and Decoration Materials for Indoors | 384847 | 165728 | 948 | 477 |
| 无店铺及其他零售 | | | | |
| Non-shop and Other Retail | 3742889 | 5029430 | 43935 | 1224 |

# 14-3 限额以上批发和零售业商品销售和库存额

## Sales and Inventory of Wholesale and Retail Trade above Designated Size

单位：亿元(100 million yuan)

| 项 目<br>Item | 商品销售额<br>Sales | | #批 发<br>Wholesale | | 年末库存额<br>Inventory(year-end) | |
|---|---|---|---|---|---|---|
| | 2018 | 2019 | 2018 | 2019 | 2018 | 2019 |
| **总 计<br>Total** | **28185.13** | **30700.10** | **25880.94** | **28346.83** | **1736.58** | **1725.56** |
| **按登记注册类型分<br>Grouped by Registered Status** | | | | | | |
| 内资企业<br>Domestic-funded Enterprises | 22344.83 | 24728.18 | 20444.23 | 22962.73 | 1404.31 | 1366.32 |
| 国 有<br>State-owned Enterprises | 324.06 | 257.95 | 313.66 | 250.56 | 31.51 | 25.25 |
| 集 体<br>Collective-owned Enterprises | 13.94 | 17.20 | 3.20 | 5.80 | 0.68 | 0.90 |
| 股份合作<br>Cooperative Enterprises | 4.42 | 16.13 | 1.52 | 13.10 | 0.18 | 3.84 |
| 私营企业<br>Private Enterprises | 8855.99 | 11324.75 | 8300.75 | 10587.31 | 349.02 | 443.90 |
| 股份有限公司<br>Share-holding Corporations Ltd. | 626.37 | 538.29 | 557.91 | 470.53 | 42.10 | 33.48 |
| 有限责任公司<br>Limited Liability Corporations | 12501.63 | 12470.81 | 11263.21 | 11535.41 | 978.88 | 858.76 |
| #国有独资公司<br>Sole State-funded Corporations | 1565.36 | 1914.24 | 1339.97 | 1878.33 | 172.46 | 135.32 |
| 联营企业<br>Joint Ownership Enterprises | 1.82 | 1.62 | | | 0.04 | 0.06 |
| #国有联营<br>State Joint Ownership Enterprises | 1.70 | 1.62 | | | 0.04 | 0.06 |
| 集体联营<br>Collective Joint Ownership Enterprises | 0.12 | | | | | |
| 其 他<br>Others | 16.60 | 101.41 | 3.98 | 100.02 | 1.90 | 0.14 |
| 港澳台商投资企业<br>Enterprises with Investment from Hong Kong, Macao and Taiwan | 1275.42 | 1179.04 | 1021.15 | 899.73 | 209.49 | 206.97 |
| 外商投资企业<br>Foreign Funded Enterprises | 4564.89 | 4792.88 | 4415.56 | 4484.37 | 122.77 | 152.26 |
| **按企业控股情况分<br>Grouped by Company Holding Type** | | | | | | |
| 国有及国有控股企业<br>State-owned and State-holding Enterprises | 11284.11 | 10908.57 | 10773.67 | 10436.84 | 882.71 | 678.53 |
| 民营及民营控股企业<br>Private and Private Holding Enterprises | 14484.39 | 17298.75 | 13013.49 | 15762.86 | 591.18 | 755.53 |
| 外商及港澳台控股企业<br>Hong Kong, Macao, Taiwan and Foreign Funded Holding Enterprises | 2416.63 | 2492.78 | 2093.78 | 2147.13 | 262.69 | 291.50 |

14-3续表 *Continued*

单位：亿元(100 million yuan)

| 项目<br>Item | 商品销售额<br>Sales | | #批发<br>Wholesale | | 年末库存额<br>Inventory(year-end) | |
|---|---|---|---|---|---|---|
| | 2018 | 2019 | 2018 | 2019 | 2018 | 2019 |
| **按国民经济行业分<br>Grouped by Sector** | | | | | | |
| **批发业<br>Wholesale Trade** | **25980.47** | **28499.52** | **25576.99** | **28071.45** | **1543.58** | **1482.70** |
| 农、林、牧、渔产品批发<br>Farming,Forestry,Animal Husbandry and Fishery Products | 193.43 | 337.85 | 187.06 | 337.70 | 62.33 | 75.29 |
| 食品、饮料及烟草制品批发<br>Food, Beverage and Tobacco | 1208.93 | 1554.18 | 1197.01 | 1537.60 | 86.70 | 126.16 |
| 纺织、服装及日用品批发<br>Textile, Garments and Daily Articles | 1195.88 | 1451.42 | 1046.97 | 1278.80 | 126.27 | 164.00 |
| 文化、体育用品及器材批发<br>Cultural and Sports Goods & Equipment | 250.14 | 272.18 | 244.86 | 255.80 | 18.60 | 22.98 |
| 医药及医疗器械批发<br>Medicine and Medical Appliances | 555.54 | 639.99 | 554.30 | 637.41 | 36.56 | 42.84 |
| 矿产品、建材及化工产品批发<br>Mineral Products, Building Material and Chemical Products | 18913.34 | 19391.27 | 18862.98 | 19334.60 | 971.09 | 805.15 |
| 机械设备、五金交电及电子产品批发<br>Machinery Equipment, Hardware, Transport, Electric and Electronic Product | 2709.32 | 3389.67 | 2532.58 | 3232.52 | 205.29 | 218.51 |
| 贸易经纪与代理<br>Trade Broker and Agent | 216.36 | 263.63 | 215.23 | 260.41 | 12.11 | 9.78 |
| 其他批发<br>Others | 737.51 | 1199.34 | 736.00 | 1196.61 | 24.63 | 17.97 |
| **零售业<br>Retail Trade** | **2204.67** | **2200.58** | **303.95** | **275.38** | **193.00** | **242.86** |
| 综合零售<br>Comprehensive Retail | 233.38 | 210.36 | 24.06 | 17.41 | 23.10 | 22.95 |
| 食品、饮料及烟草制品专门零售<br>Special Retail of Food, Beverage and Tobacco | 37.23 | 42.63 | 6.90 | 6.97 | 4.03 | 3.34 |
| 纺织、服装及日用品专门零售<br>Special Retail of Textile, Garments and Daily Articles | 105.62 | 107.14 | 2.20 | 2.16 | 10.75 | 7.41 |
| 文化、体育用品及器材专门零售<br>Special Retail of Cultural and Sports Goods & Equipment | 17.96 | 35.41 | 1.84 | 1.00 | 7.20 | 6.57 |
| 医药及医疗器械专门零售<br>Special Retail of Medicine and Medical Appliances | 28.67 | 30.03 | 0.30 | 1.64 | 3.41 | 3.28 |
| 汽车、摩托车、燃料及零配件专门零售<br>Special Retail of Automobile, Autobike, Parts, Fittings and Fuel | 1201.54 | 1095.35 | 216.27 | 111.55 | 109.98 | 172.08 |
| 家用电器及电子产品专门零售<br>Special Retail of Household Appliances and Electronic Products | 94.44 | 126.17 | 5.31 | 8.50 | 28.19 | 4.85 |
| 五金、家具及室内装修材料专门零售<br>Special Retail of Hardware, Furniture and Decoration Materials for Indoors | 51.73 | 21.82 | 0.87 | 1.23 | 3.23 | 2.38 |
| 无店铺及其他零售<br>Non-shop and Other Retail | 434.08 | 531.67 | 46.21 | 124.92 | 3.11 | 20.01 |

# 14-4 限额以上国有及国有控股批发和零售业主要指标(2019年)
# Main Indicators of State-owned & State-holding Wholesale and Retail Trade above Designated Size,2019

单位：亿元(100 million yuan)

| 项 目<br>Item | 机 构(个)<br>Organizations<br>(unit) | 商品购进额<br>Purchases | 商品销售额<br>Sales |
|---|---|---|---|
| **总 计<br>Total** | **529** | **10576.91** | **10908.57** |
| **批发业<br>Wholesale Trade** | **379** | **10085.20** | **10384.81** |
| 农、林、牧、渔产品批发<br>Farming,Forestry,Animal Husbandry and Fishery Products | 22 | 118.32 | 129.91 |
| 食品、饮料及烟草制品批发<br>Food, Beverage and Tobacco | 31 | 313.51 | 410.81 |
| 纺织、服装及日用品批发<br>Textile, Garments and Daily Articles | 25 | 224.02 | 228.57 |
| 文化、体育用品及器材批发<br>Cultural and Sports Goods & Equipment | 9 | 36.14 | 34.78 |
| 医药及医疗器械批发<br>Medicine and Medical Appliances | 28 | 345.92 | 375.11 |
| 矿产品、建材及化工产品批发<br>Mineral Products, Building Material and Chemical Products | 203 | 8320.56 | 8459.00 |
| 机械设备、五金交电及电子产品批发<br>Machinery Equipment, Hardware, Transport, Electric and Electronic Product | 42 | 432.68 | 433.99 |
| 贸易经纪与代理<br>Trade Broker and Agent | 11 | 95.61 | 99.16 |
| 其他批发<br>Others | 8 | 198.44 | 213.48 |
| **零售业<br>Retail Trade** | **150** | **491.71** | **523.76** |
| # 综合零售<br>Comprehensive Retail | 11 | 7.61 | 11.59 |
| 食品、饮料及烟草制品专门零售<br>Special Retail of Food, Beverage and Tobacco | 10 | 4.39 | 5.99 |
| 纺织、服装及日用品专门零售<br>Special Retail of Textile, Garments and Daily Articles | 3 | 1.67 | 10.05 |
| 文化、体育用品及器材专门零售<br>Special Retail of Cultural and Sports Goods & Equipment | 19 | 4.43 | 4.95 |
| 医药及医疗器械专门零售<br>Special Retail of Medicine and Medical Appliances | 7 | 7.01 | 8.12 |
| 汽车、摩托车、燃料及零配件专门零售<br>Special Retail of Automobile, Autobike, Parts, Fittings and Fuel | 96 | 463.20 | 478.26 |
| 无店铺及其他零售<br>Non-shop and Other Retail | 3 | 3.00 | 4.37 |

# 14-5 按登记注册类型分限额以上批发和零售企业财务状况(2019年)

| 项 目 | Item | 营业收入 Revenue from Business | 营业成本 Cost of Business |
|---|---|---|---|
| **总 计** | **Total** | **273610250** | **261682762** |
| **批发企业** | **Wholesale Trade** | **253448636** | **243894160** |
| # 国有及国有控股企业 | State-owned and State-holding Enterprises | 92739444 | 90791676 |
| 内资企业 | Domestic-funded Enterprises | 205594919 | 199522820 |
| 国 有 | State-owned Enterprises | 2225505 | 1871814 |
| 集 体 | Collective-owned Enterprises | 51876 | 50485 |
| 股份合作 | Cooperative Enterprises | 119467 | 117849 |
| 有限责任公司 | Limited Liability Corporations | 103790890 | 101019663 |
| 股份有限公司 | Share-holding Corporations Ltd. | 4053928 | 3865588 |
| 私营企业 | Private Enterprises | 94464859 | 91716074 |
| 其他企业 | Others | 888395 | 881348 |
| 港澳台商投资企业 | Enterprises with Investment from Hong Kong, Macao and Taiwan | 9187263 | 7306656 |
| 外商投资企业 | Foreign Funded Enterprises | 38666455 | 37064685 |
| **零售企业** | **Retail Trade** | **20161614** | **17788602** |
| # 国有及国有控股企业 | State-owned and State-holding Enterprises | 4705532 | 4192055 |
| 内资企业 | Domestic-funded Enterprises | 15412931 | 13773772 |
| # 国 有 | State-owned Enterprises | 69697 | 40759 |
| 集 体 | Collective-owned Enterprises | 101836 | 85212 |
| 股份合作 | Cooperative Enterprises | 26614 | 20716 |
| 联营企业 | Joint Ownership Enterprises | 14209 | 11061 |
| 有限责任公司 | Limited Liability Corporations | 7846612 | 6842380 |
| 股份有限公司 | Share-holding Corporations Ltd. | 799281 | 711412 |
| 私营企业 | Private Enterprises | 6554464 | 6062207 |
| 港澳台商投资企业 | Enterprises with Investment from Hong Kong, Macao and Taiwan | 1633652 | 1314741 |
| 外商投资企业 | Foreign Funded Enterprises | 3115031 | 2700089 |

## Main Financial Indicators of Enterprises above Designated Size of Wholesale and Retail Trade by Status of Registration,2019

单位：万元(10 000 yuan)

| 税金及附加<br>Taxes and Other Charge | 利润总额<br>Total Pre-tax Profits | 资产总计<br>Total Assets | # 流动资产<br>Working Capitals | 负债合计<br>Total Debts | 所有者权益合计<br>Total Owners' Equities |
|---|---|---|---|---|---|
| **832141** | **1780831** | **154662409** | **128907053** | **126168242** | **28480968** |
| **777099** | **1861423** | **143064092** | **121234743** | **116737395** | **26313498** |
| 263876 | 443673 | 67558360 | 55030159 | 55010361 | 12547999 |
| 491446 | 1122013 | 121415299 | 101729018 | 100322432 | 21079668 |
| 140766 | 164055 | 1621371 | 1414577 | 776446 | 844925 |
| 54 | -102 | 52628 | 46837 | 40169 | 12459 |
| 189 | -1331 | 150140 | 138645 | 133954 | 16186 |
| 165639 | 432401 | 84562125 | 68519561 | 70214190 | 14333340 |
| 2872 | 2276 | 2142074 | 1808088 | 1653897 | 488178 |
| 181574 | 521880 | 32747414 | 29672835 | 27384881 | 5363929 |
| 353 | 2832 | 139547 | 128475 | 118896 | 20651 |
| | | | | | |
| 45439 | 261731 | 13292749 | 12375472 | 10108811 | 3183939 |
| 240213 | 477679 | 8356044 | 7130253 | 6306153 | 2049891 |
| **55043** | **-80592** | **11598317** | **7672310** | **9430847** | **2167470** |
| 11448 | 4243 | 2908703 | 1172928 | 1671963 | 1236739 |
| 40294 | -69563 | 8624249 | 6440500 | 7129683 | 1494567 |
| 470 | 4104 | 117583 | 78695 | 51049 | 66533 |
| 284 | 10067 | 40358 | 33065 | 16053 | 24305 |
| 135 | 3257 | 32145 | 26902 | 16085 | 16060 |
| 45 | 2516 | 3015 | 2922 | 640 | 2375 |
| 23179 | -30166 | 4368515 | 3456291 | 3625256 | 743260 |
| 4024 | -23607 | 721832 | 171226 | 425319 | 296513 |
| 12158 | -35822 | 3340480 | 2671238 | 2995270 | 345210 |
| | | | | | |
| 6896 | -8628 | 922626 | 469175 | 963342 | -40716 |
| 7852 | -2401 | 2051442 | 762635 | 1337822 | 713620 |

# 14-6 按国民经济行业分限额以上批发和零售业财务状况(2019年)

| 项 目 | Item | 营业收入 Revenue from Business | 营业成本 Cost of Business |
|---|---|---|---|
| **总 计** | **Total** | **273610250** | **261682762** |
| **批发企业** | **Wholesale Trade** | **253448636** | **243894160** |
| 农、林、牧、渔产品批发 | Wholesale of Farming,Forestry,Animal Husbandry and Fishery Products | 3113118 | 3020284 |
| 食品、饮料及烟草制品批发业 | Wholesale of Food, Beverage and Tobacco | 13144940 | 11692616 |
| 纺织、服装及日用品批发业 | Wholesale of Textiles, Garments and Daily Articles | 12931317 | 11030965 |
| 文化、体育用品及器材批发业 | Wholesale of Culture, Sports Appliances and Equipment | 2467355 | 2306834 |
| 医药及医疗器材批发业 | Wholesale of Medicines and Medical Appliances | 5741538 | 4976660 |
| 矿产品、建材及化工产品批发业 | Wholesale of Mineral Products, Building Material and and Chemical Products | 172338885 | 169156513 |
| 机械设备、五金交电及电子产品批发业 | Wholesale of Machinery, Hardware, Transport, Electric and Electronic Equipment | 30669928 | 28786823 |
| 贸易经纪与代理 | Trade Broker and Agent | 2426906 | 2371095 |
| 其他批发业 | Other Wholesales | 10614651 | 10552370 |
| **零售企业** | **Retail Trade** | **20161614** | **17788602** |
| 综合零售业 | Comprehensive Retail | 2026310 | 1636447 |
| 食品、饮料及烟草制品专门零售业 | Special Retail of Food, Beverage and Tobacco | 379678 | 282539 |
| 纺织、服装及日用品专门零售业 | Special Retail of Textiles, Garments and Daily Articles | 984879 | 726143 |
| 文化、体育用品及器材专门零售业 | Special Retail of Culture, Sports Appliances and Equipment | 343828 | 266803 |
| 医药及医疗器材专门零售业 | Special Retail of Medicine and Medical Appliances | 272481 | 226216 |
| 汽车、摩托车、燃料及零配件零售业 | Special Retail of Automobile, Autobike, Parts, Fittings and Fuel | 9966379 | 9186474 |
| 家用电器及电子产品专门零售业 | Special Retail of Household Electric Appliances and Electronic Products | 1156572 | 1053549 |
| 五金、家具及室内装修材料专门零售业 | Special Retail of Hardware, Furniture and Decoration Materials for Indoors | 195123 | 154281 |
| 无店铺及其他零售业 | Non-shop and Other Retails | 4836365 | 4256149 |

## Main Financial Indicators of Enterprises above Designated Size of Wholesale and Retail Trade by Sector,2019

单位：万元(10 000 yuan)

| 税金及附加 Taxes and Other Charge | 利润总额 Total Pre-tax Profits | 资产总计 Total Assets | #流动资产 Working Capitals | 负债合计 Total Debts | 所有者权益合计 Total Owners' Equities |
|---|---|---|---|---|---|
| **832141** | **1780831** | **154662409** | **128907053** | **126168242** | **28480968** |
| **777099** | **1861423** | **143064092** | **121234743** | **116737395** | **26313498** |
| 2040 | 19411 | 2165384 | 2024961 | 1728177 | 437207 |
| 223707 | 342108 | 7860779 | 7024173 | 6022436 | 1838343 |
| 25297 | 298347 | 8829277 | 8118612 | 6636227 | 2193050 |
| 4055 | 62116 | 1179995 | 1057964 | 636042 | 544056 |
| 13065 | 166793 | 3745631 | 3431980 | 2862194 | 883437 |
| 149131 | 571020 | 95801132 | 80488041 | 80503151 | 15283406 |
| 250512 | 399856 | 20366671 | 16284465 | 15864871 | 4503074 |
| 1218 | -1490 | 1087603 | 928152 | 885216 | 202387 |
| 108075 | 3262 | 2027618 | 1876395 | 1599080 | 428538 |
| **55043** | **-80592** | **11598317** | **7672310** | **9430847** | **2167470** |
| 12635 | -57414 | 2004804 | 1003073 | 2062170 | -57366 |
| 1506 | 19960 | 216384 | 186198 | 131359 | 85025 |
| 4845 | 2959 | 702479 | 425363 | 588985 | 113495 |
| 3974 | -2314 | 357646 | 292465 | 233564 | 124082 |
| 828 | 53 | 254325 | 151795 | 106580 | 147745 |
| 19353 | 57286 | 5210625 | 3131586 | 3365948 | 1844678 |
| 1569 | -62259 | 773922 | 664768 | 978106 | -204183 |
| 1041 | -6967 | 267134 | 157144 | 160594 | 106540 |
| 9292 | -31896 | 1810998 | 1659916 | 1803542 | 7455 |

# 14-7 连锁零售企业基本情况(2019年)
## Basic Conditions of Chain Retail Enterprises,2019

| 项　目 Item | 门店总数(个) Number of Stores (unit) | 营业面积(平方米) Operation Area (sq.m) | 从业人数(人) Employment Personnel (person) | 商品销售额(万元) Sales of Commodities (10 000 yuan) | #零售额 Retail Sales |
|---|---|---|---|---|---|
| **总　计 Total** | **2566** | **2091773** | **24150** | **5330139** | **4531763** |
| **按登记注册类型分 By Status of Registration** | | | | | |
| 内资企业 Domestic Funded Enterprises | 1531 | 681209 | 12224 | 2047432 | 1678773 |
| 国　有 State-owned Enterprises | 199 | 88924 | 2243 | 713787 | 467934 |
| 私营有限责任公司 Private Limited Liability Corporations | 117 | 15441 | 2113 | 128732 | 102602 |
| 其他有限责任公司 Other Limited Liability Corporations | 905 | 533970 | 7435 | 1153302 | 1056626 |
| 其　他 Others | 64 | 7292 | 260 | 11122 | 11122 |
| 港、澳、台商投资企业 Enterprises with Funds from Hong Kong, Macao and Taiwan | 218 | 290593 | 6361 | 486416 | 455567 |
| 外商投资企业 Foreign Funded Enterprises | 817 | 1119971 | 5565 | 2796291 | 2397423 |
| 中外合资经营企业 Joint-venture Enterprises | 313 | 156500 | 1346 | 686535 | 686535 |
| 外商独资企业 Enterprises with Sole Foreign Investment | 5 | 36971 | 899 | 63278 | 63278 |

14-7续表 *Continued*

| 项　　目<br>Item | 门店总数(个)<br>Number of Stores (unit) | 营业面积(平方米)<br>Operation Area (sq.m) | 从业人数(人)<br>Employment Personnel (person) | 商品销售额(万元)<br>Sales of Commodities (10 000 yuan) | #零售额<br>Retail Sales |
|---|---|---|---|---|---|
| **按业态分** | | | | | |
| **By Business Categories** | | | | | |
| 便利店 | | | | | |
| Convenience Store | 313 | 42432 | 383 | 72633 | 72633 |
| 超　市 | | | | | |
| Supermarket | 562 | 132995 | 2262 | 220102 | 219413 |
| 大型超市 | | | | | |
| Hypermarket | 190 | 411809 | 8344 | 597010 | 566166 |
| 专业店 | | | | | |
| Specialty Store | 386 | 300111 | 4041 | 856452 | 734334 |
| 加油站 | | | | | |
| Gas Station | 930 | 1162598 | 6401 | 3403424 | 2758847 |
| 专卖店 | | | | | |
| Exclusive Store | 169 | 36683 | 2512 | 132889 | 132740 |
| 家居建材商店 | | | | | |
| Building Material Store | 16 | 5145 | 207 | 47629 | 47629 |
| **按行业分** | | | | | |
| **By Sector** | | | | | |
| 综合零售 | | | | | |
| Comprehensive Retail | 1076 | 589838 | 11273 | 900765 | 869231 |
| 食品、饮料及烟草制品专门零售 | | | | | |
| Special Retail of Food, Beverage and Tobacco | 164 | 29170 | 2344 | 129809 | 103534 |
| 纺织、服装及日用品专门零售 | | | | | |
| Special Retail of Textiles, Garments and Daily Articles | 35 | 14755 | 342 | 19329 | 19324 |
| 医药及医疗器材专门零售 | | | | | |
| Special Retail of Medicine and Medical Appliances | 271 | 56831 | 1586 | 75081 | 29094 |
| 汽车、摩托车、燃料及零配件专门零售 | | | | | |
| Special Retail of Automobile, Autobike, Parts, Fittings and Fuel | 930 | 1162598 | 6401 | 3403424 | 2758847 |
| 家用电器及电子产品专门零售 | | | | | |
| Special Retail of Household Electric Appliances and Electronic Products | 74 | 233436 | 1997 | 754102 | 704102 |
| 五金、家具及室内装修材料专门零售 | | | | | |
| Special Retail of Hardware, Furniture and Decoration Materials for Indoors | 16 | 5145 | 207 | 47629 | 47629 |

# 14-8 亿元以上商品交易市场基本情况(2019年)
# Basic Statistics on Commodity Exchange Markets with Transaction Value over 100 Million Yuan,2019

| 市　场 | Market | 市场数量(个) Number of Markets (unit) | 摊位数(个) Number of Booths (unit) |
|---|---|---|---|
| **总　计** | **Total** | **42** | **33812** |
| **综合市场** | **Comprehensive Markets** | **11** | **8284** |
| 工业消费品综合市场 | Comprehensive Market of Industrial Consumables | 1 | 432 |
| 农产品综合市场 | Comprehensive Market of Agricultural Products | 5 | 4088 |
| 其他综合市场 | Other Comprehensive Markets | 5 | 3764 |
| **专业市场** | **Special Markets** | **31** | **25528** |
| 生产资料市场 | Market of Capital Goods | 7 | 3791 |
| 煤炭市场 | Coal Markets | 2 | 2716 |
| 建材市场 | Building Materials Markets | 1 | 508 |
| 金属材料市场 | Metal Materials Markets | 4 | 567 |
| 农产品市场 | Agricultural Products Markets | 11 | 9402 |
| 粮油市场 | Foodstuff and Oil Markets | 3 | 1003 |
| 蔬菜市场 | Vegetable Markets | 6 | 6995 |
| 其他农产品市场 | Other Agricultural Product Markets | 2 | 1404 |
| 食品、饮料及烟酒市场 | Food, Beverage and Tobacco Markets | 1 | 3136 |
| 其他食品、饮料及烟酒市场 | Other Food, Beverage and Tobacco Markets | 1 | 3136 |
| 纺织、服装、鞋帽市场 | Textile, Garments, Shoes and Caps Markets | 2 | 2806 |
| 服装市场 | Garments Markets | 2 | 2806 |
| 家具、五金及装饰材料市场 | Furniture, Hardware and Decoration Materials Markets | 6 | 4271 |
| 家具市场 | Furniture Markets | 1 | 418 |
| 装饰材料市场 | Decoration Materials Markets | 2 | 570 |
| 五金材料市场 | Hardware Markets | 3 | 3283 |
| 汽车、摩托车及零配件市场 | Automobile, Autobike, Parts and Fittings Markets | 3 | 1423 |
| 花、鸟、鱼、虫市场 | Flowers, Birds, Fish and Insects Markets | 1 | 699 |

14-8续表 *Continued*

| 市　场 | Market | 营业面积（万平方米）Operation Area (10 000 sq.m) | 成交额（亿元）Transaction Value (100 million yuan) | #批　发 Wholesale |
|---|---|---|---|---|
| **总　计** | **Total** | **310.88** | **1072.81** | **1026.99** |
| **综合市场** | **Comprehensive Markets** | **75.07** | **319.76** | **294.75** |
| 工业消费品综合市场 | Comprehensive Market of Industrial Consumables | 0.93 | 4.51 | 4.51 |
| 农产品综合市场 | Comprehensive Market of Agricultural Products | 45.00 | 256.57 | 248.39 |
| 其他综合市场 | Other Comprehensive Markets | 29.14 | 58.68 | 41.86 |
| **专业市场** | **Special Markets** | **235.81** | **753.05** | **732.24** |
| 生产资料市场 | Market of Capital Goods | 26.81 | 247.13 | 247.13 |
| 煤炭市场 | Coal Markets | 0.14 | 115.63 | 115.63 |
| 建材市场 | Building Materials Markets | 18.60 | 9.92 | 9.92 |
| 金属材料市场 | Metal Materials Markets | 8.07 | 121.57 | 121.57 |
| 农产品市场 | Agricultural Products Markets | 101.23 | 282.94 | 282.94 |
| 粮油市场 | Foodstuff and Oil Markets | 17.44 | 54.70 | 54.70 |
| 蔬菜市场 | Vegetable Markets | 53.86 | 87.20 | 87.20 |
| 其他农产品市场 | Other Agricultural Product Markets | 29.92 | 141.05 | 141.05 |
| 食品、饮料及烟酒市场 | Food, Beverage and Tobacco Markets | 26.68 | 47.50 | 47.50 |
| 其他食品、饮料及烟酒市场 | Other Food, Beverage and Tobacco Markets | 26.68 | 47.50 | 47.50 |
| 纺织、服装、鞋帽市场 | Textile, Garments, Shoes and Caps Markets | 3.98 | 14.08 | 14.08 |
| 服装市场 | Garments Markets | 3.98 | 14.08 | 14.08 |
| 家具、五金及装饰材料市场 | Furniture, Hardware and Decoration Materials Markets | 4.96 | 116.67 | 112.68 |
| 家具市场 | Furniture Markets | 4.84 | 1.83 | |
| 装饰材料市场 | Decoration Materials Markets | 4.20 | 3.84 | 1.68 |
| 五金材料市场 | Hardware Markets | 40.57 | 111.00 | 111.00 |
| 汽车、摩托车及零配件市场 | Automobile, Autobike, Parts and Fittings Markets | 24.46 | 43.20 | 27.91 |
| 花、鸟、鱼、虫市场 | Flowers, Birds, Fish and Insects Markets | 3.03 | 1.53 | |

# 14-9 城市综合体基本情况(2019年)
## Basic Statistics on Urban Complex,2019

| 项 目 | Item | 商户数量(个) Number of Merchant (unit) | 从业人数(人) Employment Personnel (person) | 商品销售额(万元) Sales of Commodities (10 000 yuan) |
|---|---|---|---|---|
| **总 计** | **Total** | **5198** | **39742** | **1863248** |
| **零售业** | **Retail Trade** | **2736** | **15940** | **1153809** |
| 百货零售 | Retail Department Stores | 436 | 2242 | 130731 |
| 超级市场零售 | Super Market Retail | 30 | 2310 | 206421 |
| 食品、饮料及烟草制品零售 | Retail of Food, Beverage and Tobacco | 150 | 729 | 15417 |
| 服装鞋帽针纺织品零售 | Retail of Clothing, Shoes, Hats and Needle Textiles | 1481 | 7072 | 463550 |
| 化妆品零售 | Retail of Cosmetics | 92 | 658 | 28811 |
| 日用品零售 | Retail of Daily Articles | 122 | 667 | 31457 |
| 家用电器及电子产品零售 | Retail of Household Appliances and Electronic Products | 113 | 847 | 148505 |
| 其 他 | Others | 312 | 1415 | 128917 |
| **餐饮业** | **Catering Industry** | **1616** | **16136** | **513025** |
| **服务业** | **Services Industry** | **846** | **7666** | **196414** |
| 电影放映 | Film Screenings | 28 | 691 | 41469 |
| 教育培训 | Education and Training | 222 | 2345 | 41531 |
| 室内娱乐活动 | Indoor Entertainment | 230 | 1981 | 43412 |
| 理发及美容服务 | Hairdressing and Beauty Services | 148 | 1124 | 16360 |
| 健身休闲活动 | Fitness and Leisure Activities | 46 | 589 | 11643 |
| 其 他 | Others | 172 | 936 | 41999 |

# 主要统计指标解释

### 商品购进额

指从本企业以外的单位和个人购进（包括从国外直接进口）作为转卖或加工后转卖的商品金额（含增值税）。本指标反映批发和零售业从国内外市场上购进商品的总价。商品购进包括：（1）从工农业生产者、批发和零售业、住宿和餐饮业、出版社或报社的出版发行部门和其他服务业等企事业单位和个体经营户购进的商品；（2）从机关、社会团体购进的商品；（3）从海关、市场管理部门购进的缉私和没收的商品；（4）从居民收购的废旧商品等。商品购进不包括：（1）企业为本单位自身经营用，不是作为转卖而购进的商品，如材料物资、包装物、低值易耗品、办公用品等；（2）未通过买卖行为而收入的商品，如接受其他部门移交的商品、借入的商品、收入代其他单位保管的商品、其他单位赠送的样品、加工回收的成品等；（3）经本单位介绍，由买卖双方直接结算，本单位只收取手续费的业务；（4）销售退回和买方拒付货款的商品；（5）商品溢余；（6）期货交易商品。

### 商品销售额

指对本单位以外的单位和个人出售的商品金额（包括售给本单位消费用的商品，含增值税），在批发和零售业中，本指标反映在国内市场上销售商品以及出口商品的总价。商品销售包括：（1）售给个人和社会集团消费用的商品；（2）售给农业、工业、建筑业、服务业等国民经济各行业用于生产、经营用的商品，包括售予批发和零售业作为转卖或加工后转卖的商品；（3）对国（境）外直接出口的商品。商品销售不包括：（1）未通过买卖行为付出的商品，如因机构变动移交给其他企业单位的商品、借出的商品、归还受其他单位委托代保管的商品、付出的加工原料和赠送给其他单位的样品等；（2）促销返券所销售的、不计入营业收入的商品；（3）经本单位介绍，由买卖双方直接结算，本单位只收取手续费的业务；（4）未发生所有权转移的商品预付卡销售，如加油卡；（5）汽车维修、电话卡销售等服务性经济活动；（6）购货退回的商品；（7）商品损耗和损失；（8）出售本单位自用的废旧物资；（9）期货交易商品；（10）自来水供应企业、电力企业、天然气供应企业提供的水、电、气。

### 商品库存额

对于批发和零售业法人单位和个体经营户，是指报告期末取得所有权的全部商品金额（含增值税）；对于批发和零售业产业活动单位，是指报告期末实际在库且归属法人具有所有权的全部商品金额（含增值税）。这个指标反映批发和零售业的商品库存情况，以及对市场商品供应的保证程度。库存商品包括：（1）存放在本单位（如门市部、批发站、采购站、经营处）的仓库、货场、货柜和货架中的商品；（2）挑选、整理、包装中的商品；（3）已记入购进而尚未运到本单位的商品，即发货单或银行承兑凭证已到而货未到的商品；（4）寄放他处的商品，如因购货方拒绝付款而暂时存在购货方的商品；（5）委托其他单位代销（未作销售或调出）尚未售出的商品；（6）代其他单位购进尚未交付的商品。库存商品不包括：（1）所有权不属于本单位的商品，如商品已作销售但买方尚未取走的商品，代替他人保管、运输、加工的商品，代其他单位销售（未做购进或调入）而未售出的商品；（2）委托外单位加工的商品（包括本单位所属加工厂和其他生产单位加工生产尚未收回成品的商品）；（3）外贸企业代理其他单位从国外进口，尚未付给订货单位的商品；（4）代国家储备部门保管的商品。

### 营业收入

指企业从事销售商品、提供劳务和让渡资产使用权等生产经营活动形成的经济利益流入。包括“主营业务收入”和“其他业务收入”。

### 营业成本

指企业从事销售商品、提供劳务和让渡资产使用权等生产经营活动发生的实际成本，且“营业成本”应当与“营业收入”进行配比。包括“主营业务成本”和“其他业务成本”。

### 城市商业综合体

指以区域为中心、以购物中心为主导，融合了商业零售、餐饮、休闲养生、娱乐、文化、教育等多项城市主要功能活动，面向各类生活消费人群、提供综合性服务的大型建筑综合体。所确定的调查对象，除应具备城市商业综合体的融合多项城市主要功能、面向生活消费人群、提供综合性服务等特征，还应同时满足以下几个条件：(1)由企业有计划地管理运营，有统一的名称，如**中心、**广场、**城等。(2)涵盖超市、百货、专业店、专卖店等商品零售业态，正餐、快餐等餐饮业态，以及文化、娱乐、健身、培训等两项及以上主要服务业态。(3)营业面积不少于 1 万平方米且独立开展经营活动的商户不少于 50 个。(4)具备专门的停车场所，专供在城市商业综合体内进行消费的顾客使用。

**批发和零售业统计限额标准**

| 行业类别 | 统计指标名称 | 限额标准 |
|---|---|---|
| 批发业 | 年主营业务收入 | 2000 万元 |
| 零售业 | 年主营业务收入 | 500 万元 |

# Explanatory Notes on Main Statistical Indicators

**Purchases of Commodities**

refer to the total value of purchases of commodities by the enterprises from other establishments or individuals (including direct import from abroad) for the purpose of re-selling, either with or without further processing of the commodities purchased (including value-added taxes). This indicator is used to show the total value of purchases of commodities by wholesale and retail establishments from domestic and overseas markets. The total purchases include: (1) commodities purchased from enterprises and institutions and individual operators of agricultural and industrial producers, wholesale and retail trades, accommodation and catering services, distribution departments of the publishers and other services, etc; (2) commodities purchased from government agencies and social organizations; (3) anti-smuggling and confiscated goods purchased from the customs authorities or market management agencies; (4) second-hand goods and wastes purchased from residents. Excluded are (1) commodities purchased by enterprises (establishments) for use in their own business operation, not for re-selling, such as materials, packages, low priced and easily worn articles, office supplies, etc; (2) commodities obtained without buying or selling procedures; (3) commission income from brokerage in transactions whose settlement is directly handled by buyers and sellers; (4) commodities rejected and refused to pay; (5) goods overflow; (6) commodities in futures trading.

**Sales of Commodities**

refer to value of commodities sold by the establishments to other establishments and individuals (including sales for the self-consumption and its value-added taxes). In the wholesale and retail trade, this indicator is used to show the total value of sales of commodities at domestic markets and export. The commodities include: (1) commodities sold to individual and social groups for their consumption; (2) commodities sold to establishments in all the industries, such as agriculture, industry, construction, services, etc., for their production and operation, including commodities sold to wholesale and retail establishments for re-selling, with or without further processing; (3) commodities for direct export to other countries. Excluded are (1) commodities transferred without buying or selling procedures, such as commodities handed over to other enterprises and institutions because of the change of organizations, lent commodities, returned commodities preserved for others, extended processing materials and samples donated to others , etc; (2) commodities sold in coupon promotion which not included in business revenue; (3) commission income from brokerage in transactions whose settlement is directly handled by buyers and sellers; (4) commodities prepaid card without ownership transfer, such as fuel card; (5) economic activity in services such as repairing automobiles, selling phone cards and etc; (6) rejected commodities in the purchase; (7) loss in commodities; (8) selling of waste packaging materials used by the establishments (units) themselves; (9) commodities in futures trading; (10) water, electricity and gas supplied by enterprises.

**Inventory of Commodities**

refers to total commodities (including value-added taxes) possessed by wholesale and retail enterprises, private and individuals, and total commodities (including value-added taxes) at storage and possessed by their institutional units for the wholesale and retail units with industrial undertakings. It reflects the commodity stock level of various wholesale and retail enterprises (units) and the potential for market supply. It includes: (1) commodities located in storage, garages, counters, and shelves of operating units (such as sale stores, wholesale centers, procurement stations and operating offices) of wholesale and retail enterprises; (2) commodities in the process of selecting, sorting, and packing; (3) commodities not arrived but recorded as purchase in the account, i.e. commodities not arrived but payment receipts for the commodities from the sellers or the banks arrived; (4) commodities deposited in other places rather than places mentioned above, for instance: commodities in the hold of purchasers temporarily due to the refusal of payment and commodities not taken back after going through the formalities; (5) commodities entrusted to other units to sell but not sold yet; (6) commodities purchased for other units but not delivered yet. Commodities not included as: (1) stock not owned by the enterprises (units), such as commodities have been sold but not taken away by buyers, commodities preserved, transported and processed for others, commodities remain unsold by agents (not purchased or transferred); (2) commodities entrusted to other units to process (including entrusted to subsidiary processing plants and other units and not taken back yet); (3) commodities imported from foreign countries agented by foreign trade enterprises and not delivered to the order units; (4) commodities managed on behalf of the state material reserves units.

**Business Revenue**

refers to the inflow of economic benefits formed by the enterprise's production and operation activities such as selling commodities, providing labor services and abalienating the right to use asset, including the income of principal business and other business income.

**Business Cost**

refers to real costs from the operating of the enterprise's production and operation activities such as selling commodities, providing labor services and abalienating the right to use asset, including the 'Cost of Principal Business' and 'Cost of Other Business'. Moreover 'Cost of Principal Business' shall be matched with 'Cost of Other Business'.

**Urban Commercial Complex**

refers to a large-scale commercial complex which takes the region as the center and takes the shopping center as the leading, integrates the commercial retail, catering, leisure and health care, entertainment, culture, education and other major functions of the city, and provides comprehensive services for all kinds of consumer groups.

In addition to the characteristics of urban commercial complex integrating multiple main functions of the city, facing the consumer groups and providing comprehensive services, the survey objects identified should also meet the following requirements:

(1) It is managed and operated by enterprises in a planned way and has a unified name, such as * * center, * * square and * * city.

(2) It covers supermarkets, department stores, professional stores, exclusive stores and other commodity retail industries, catering industry such as dinner and fast food, and two or more major service industries including culture, entertainment, fitness, entertainment and training.

(3) The business area is not less than 10000 square meters, and there are no less than 50 independent businesses.

(4) Parking lot is provided for customers who consume in this place.

The contents of the special survey on urban commercial complex include the opening time, floor area, passenger flow and other basic information of the urban commercial complex, the employment situation, the overall scale of business activities, business structure and business structure, as well as the situation of merchants in this place.

**Statistical Limit Standard of Wholesale, Retail Trade, Accommodation and Catering Services**

| *Industry Category* | *Statistical Index Name* | *Limit Standard* |
|---|---|---|
| *Wholesale Trade* | *Annual Revenue from Principal Business* | *20 million yuan* |
| *Retail Trade* | *Annual Revenue from Principal Business* | *5 million yuan* |

# 第十五篇　交通运输和邮电

# Chapter 15　Transportation, Post and Telecommunication Services

# 15-1 社会客、货运输量和周转量(1978—2019年)

## Passenger & Freight Traffic and Turnover Volume of Passenger & Freight Traffic,1978-2019

| 年份 Year | 客运量(万人) Passenger Traffic (10 000 persons) | #铁路 Railways | #公路 Highways | #民航 Civil Aviation | 旅客周转量(百万人公里) Turnover Volume of Passenger Traffic (million passenger-km) | #铁路 Railways | #公路 Highways | #民航 Civil Aviation |
|---|---|---|---|---|---|---|---|---|
| 1978 | | 1458 | 533 | | | | 243 | |
| 1979 | | 1433 | 602 | | | | 265 | |
| 1980 | | 1567 | 646 | | | | 289 | |
| 1981 | | 1622 | 712 | | | | 321 | |
| 1982 | | 1733 | 740 | | | | 348 | |
| 1983 | | 1854 | 796 | | | | 401 | |
| 1984 | | 2119 | 860 | | | | 450 | |
| 1985 | 2984 | 2192 | 788 | | | 5234 | 456 | |
| 1986 | 2873 | 2088 | 779 | | | 5558 | 467 | |
| 1987 | 2838 | 2111 | 718 | | | 5960 | 448 | |
| 1988 | 2601 | 1976 | 616 | | | 6745 | 424 | |
| 1989 | 2550 | 2047 | 496 | | | 6214 | 329 | |
| 1990 | 2175 | 1722 | 447 | | | 5409 | 307 | |
| 1991 | 2922 | 1718 | 1196 | | | 4974 | 941 | |
| 1992 | 2662 | 1731 | 897 | | | 6242 | 819 | |
| 1993 | 3225 | 1812 | 1380 | | 8825 | 6584 | 1463 | |
| 1994 | 3373 | 1863 | 1463 | | 8299 | 5778 | 1639 | |
| 1995 | 3308 | 1802 | 1464 | | 7927 | 5437 | 1680 | |
| 1996 | 3125 | 1580 | 1496 | | 7599 | 4917 | 1772 | |
| 1997 | 3136 | 1449 | 1640 | | 7921 | 5050 | 2017 | |
| 1998 | 3207 | 1511 | 1651 | | 7950 | 5280 | 1914 | |
| 1999 | 3259 | 1546 | 1671 | | 8277 | 5780 | 1782 | |
| 2000 | 3474 | 1594 | 1820 | | 8845 | 6022 | 1864 | |
| 2001 | 3302 | 1456 | 1780 | | 9197 | 5996 | 2205 | |
| 2002 | 3457 | 1498 | 1870 | | 9255 | 5782 | 2272 | |
| 2003 | 3507 | 1281 | 2109 | | 9274 | 5526 | 2158 | |
| 2004 | 4103 | 1491 | 2457 | | 11713 | 7112 | 2404 | |
| 2005 | 4679 | 1550 | 2961 | | 14210 | 9070 | 2646 | |
| 2006 | 5670 | 1632 | 3807 | | 16341 | 9651 | 3564 | |
| 2007 | 7104 | 1573 | 5253 | | 18380 | 10228 | 4470 | |
| 2008 | 8753 | 1907 | 6579 | | 19612 | 10426 | 5671 | |
| 2009 | 25299 | 2384 | 22566 | 334 | 29766 | 12482 | 13122 | 4142 |
| 2010 | 24873 | 2654 | 21822 | 396 | 32312 | 14066 | 13196 | 5031 |
| 2011 | 25331 | 2801 | 22053 | 475 | 34214 | 14838 | 13391 | 5967 |
| 2012 | 28462 | 2970 | 24483 | 1009 | 43249 | 16399 | 15043 | 11807 |
| 2013 | 29518 | 3352 | 24980 | 1186 | 47289 | 17836 | 15442 | 14011 |
| 2014 | 19599 | 3686 | 14530 | 1382 | 41971 | 16412 | 8847 | 16712 |
| 2015 | 19775 | 4054 | 14218 | 1503 | 44562 | 17047 | 8583 | 18932 |
| 2016 | 19930 | 4543 | 13741 | 1645 | 48144 | 18351 | 7839 | 21955 |
| 2017 | 19193 | 4792 | 12538 | 1863 | 52786 | 19390 | 7283 | 26113 |
| 2018 | 19250 | 5075 | 12259 | 1915 | 55349 | 19990 | 7640 | 27719 |
| 2019 | 19608 | 5332 | 12206 | 2069 | 58511 | 20852 | 7867 | 29792 |

15-1续表 *Continued*

| 年 份<br>Year | 货运量<br>(万吨)<br>Freight Traffic<br>(10 000 tons) | # 铁 路<br>Railways | # 公 路<br>Highways | # 水 运<br>Waterways | 货物周转量<br>(亿吨公里)<br>Turnover Volume of Freight Traffic<br>(100 million ton-km) | # 铁 路<br>Railways | # 公 路<br>Highways | # 水 运<br>Waterways |
|---|---|---|---|---|---|---|---|---|
| 1978 | 9241 | 1877 | 6417 | 701 | | | 8 | 392 |
| 1979 | 13522 | 1976 | 10511 | 811 | | | 14 | 490 |
| 1980 | 13949 | 1785 | 11065 | 789 | | | 18 | 505 |
| 1981 | 15017 | 1612 | 12455 | 734 | | | 21 | 471 |
| 1982 | 16332 | 1692 | 13670 | 751 | | | 25 | 469 |
| 1983 | 16829 | 1910 | 14000 | 650 | | | 27 | 463 |
| 1984 | 17781 | 2354 | 14628 | 799 | | | 29 | 522 |
| 1985 | 18249 | 2595 | 14500 | 818 | 765 | 190 | 34 | 540 |
| 1986 | 18525 | 2351 | 14935 | 882 | 881 | 204 | 34 | 641 |
| 1987 | 18400 | 2544 | 14618 | 896 | 930 | 222 | 35 | 671 |
| 1988 | 16693 | 2529 | 12829 | 975 | 1022 | 230 | 44 | 746 |
| 1989 | 15543 | 2723 | 11426 | 1014 | 1035 | 235 | 42 | 756 |
| 1990 | 15929 | 2228 | 12329 | 1046 | 1139 | 234 | 329 | 852 |
| 1991 | 18308 | 2290 | 14537 | 1163 | 1216 | 204 | 37 | 973 |
| 1992 | 17522 | 2392 | 13562 | 1248 | 1321 | 217 | 37 | 1067 |
| 1993 | 21640 | 2618 | 17244 | 1347 | 1341 | 264 | 46 | 1030 |
| 1994 | 23783 | 2634 | 19270 | 1421 | 1325 | 225 | 46 | 1053 |
| 1995 | 24040 | 2722 | 19323 | 1517 | 1412 | 230 | 41 | 1139 |
| 1996 | 24133 | 2668 | 19491 | 1489 | 1052 | 224 | 41 | 784 |
| 1997 | 25090 | 2548 | 20515 | 1390 | 1031 | 219 | 44 | 765 |
| 1998 | 24505 | 2467 | 18584 | 2867 | 3710 | 198 | 60 | 3449 |
| 1999 | 27052 | 2380 | 20049 | 3884 | 4759 | 200 | 60 | 4497 |
| 2000 | 26400 | 3079 | 18764 | 4165 | 4674 | 275 | 63 | 4334 |
| 2001 | 28608 | 3727 | 19382 | 5037 | 5166 | 230 | 65 | 4870 |
| 2002 | 31016 | 4519 | 19554 | 6452 | 6484 | 228 | 66 | 6188 |
| 2003 | 35252 | 5662 | 20072 | 8944 | 8169 | 259 | 68 | 7840 |
| 2004 | 37934 | 6108 | 19560 | 11613 | 11473 | 286 | 72 | 11112 |
| 2005 | 40263 | 7241 | 19850 | 12375 | 12461 | 353 | 74 | 12031 |
| 2006 | 42863 | 8409 | 20290 | 13313 | 12184 | 353 | 76 | 11751 |
| 2007 | 51338 | 11288 | 23500 | 15671 | 15221 | 355 | 88 | 14774 |
| 2008 | 55065 | 12161 | 27000 | 15096 | 14479 | 343 | 103 | 14029 |
| 2009 | 43554 | 11284 | 19800 | 11656 | 10102 | 297 | 206 | 9595 |
| 2010 | 41611 | 7597 | 20855 | 11911 | 9859 | 298 | 231 | 9324 |
| 2011 | 44651 | 7286 | 23426 | 12711 | 10121 | 296 | 267 | 9553 |
| 2012 | 47698 | 7909 | 28228 | 10332 | 7635 | 287 | 329 | 7012 |
| 2013 | 51603 | 8446 | 31985 | 9884 | 5390 | 273 | 368 | 4742 |
| 2014 | 50948 | 8872 | 31130 | 9749 | 3354 | 265 | 349 | 2734 |
| 2015 | 53179 | 8377 | 33724 | 9910 | 2320 | 226 | 380 | 1708 |
| 2016 | 51580 | 8149 | 32841 | 9515 | 2117 | 207 | 372 | 1530 |
| 2017 | 52992 | 8734 | 34720 | 8344 | 1940 | 237 | 398 | 1298 |
| 2018 | 53548 | 9247 | 34711 | 8261 | 1984 | 245 | 404 | 1327 |
| 2019 | 56941 | 9887 | 36710 | 8955 | 2244 | 272 | 418 | 1546 |

注：因交通部方法制度变化，2009年及以后公路和水运数据与2008年及以前数据不可比。

Note: Data of highways and waterways from 2009 are changed according to the statistics measure of Ministry of Transport,which can't be compared with data of 2008 and before.

# 15-2 社会客、货运输量和周转量(2015—2019年)

## Passenger & Freight Traffic and Turnover Volume of Passenger & Freight Traffic,2015-2019

| 指　　标　Item | 2015 | 2016 | 2017 | 2018 | 2019 |
|---|---|---|---|---|---|
| **客 运 量(万人)** | | | | | |
| **Passenger Traffic (10 000 persons)** | **19775** | **19930** | **19193** | **19250** | **19608** |
| 铁　路 | | | | | |
| Railways | 4054 | 4543 | 4792 | 5075 | 5332 |
| 公　路 | | | | | |
| Highways | 14218 | 13741 | 12538 | 12259 | 12206 |
| 民　航 | | | | | |
| Civil Aviation | 1503 | 1645 | 1863 | 1915 | 2069 |
| **旅客周转量(百万人公里)** | | | | | |
| **Turnover Volume of Passenger Traffic** | | | | | |
| **(million passenger-km)** | **44562** | **48144** | **52786** | **55349** | **58511** |
| 铁　路 | | | | | |
| Railways | 17047 | 18351 | 19390 | 19990 | 20852 |
| 公　路 | | | | | |
| Highways | 8583 | 7839 | 7283 | 7640 | 7867 |
| 民　航 | | | | | |
| Civil Aviation | 18932 | 21955 | 26113 | 27719 | 29792 |
| **货 运 量(万吨)** | | | | | |
| **Freight Traffic (10 000 tons)** | **53179** | **51580** | **52992** | **53548** | **56941** |
| 铁　路 | | | | | |
| Railways | 8377 | 8149 | 8735 | 9247 | 9887 |
| 公　路 | | | | | |
| Highways | 33724 | 32841 | 34720 | 34711 | 36710 |
| 水　运 | | | | | |
| Waterways | 9910 | 9515 | 8344 | 8261 | 8955 |
| 民　航 | | | | | |
| Civil Aviation | 8 | 7 | 7 | 8 | 8 |
| 管道输油气量 | | | | | |
| Traffic of Petroleum & Gas Pipelines | 1160 | 1068 | 1186 | 1320 | 1380 |
| **货物周转量(亿吨公里)** | | | | | |
| **Turnover Volume of Freight Traffic** | | | | | |
| **(100 million ton-km)** | **2320** | **2117** | **1940** | **1984** | **2244** |
| 铁　路 | | | | | |
| Railways | 226 | 207 | 237 | 245 | 272 |
| 公　路 | | | | | |
| Highways | 380 | 372 | 398 | 404 | 418 |
| 水　运 | | | | | |
| Waterways | 1708 | 1530 | 1298 | 1327 | 1546 |
| 民　航 | | | | | |
| Civil Aviation | 1 | 1 | 1 | 2 | 2 |
| 管道输油气量 | | | | | |
| Traffic of Petroleum & Gas Pipelines | 5 | 6 | 6 | 7 | 7 |

# 15-3 运输线路长度(2000—2019年)
## Length of Transport Routes,2000-2019

单位：公里(km)

| 年 份 Year | 公路通车里程 Length of Highways with Transport Service | # 等级公路 Expressway and Class I to IV Highway | # 高速公路 Expressway | 内河航道里程 Length of Navigable Inland Waterways | 民航航线里程 Length of Civil Aviation Routes | 输油气管道里程 Length of Petroleum & Gas Pipelines |
|---|---|---|---|---|---|---|
| 2000 | 8946 | | 305 | 443 | 21939 | 320 |
| 2001 | 9647 | 9067 | 304 | 443 | 22874 | 290 |
| 2002 | 9696 | 9126 | 331 | 443 | 19922 | 462 |
| 2003 | 10168 | 9901 | 517 | 412 | 18519 | 495 |
| 2004 | 10514 | 10420 | 517 | 412 | 22802 | 613 |
| 2005 | 10836 | 10791 | 593 | 412 | 19504 | 503 |
| 2006 | 11316 | 11306 | 682 | 412 | 20297 | 545 |
| 2007 | 11531 | 10839 | 682 | 412 | 23688 | 691 |
| 2008 | 12059 | 11225 | 835 | 412 | 35494 | 730 |
| 2009 | 14315 | 13431 | 884 | 412 | 40341 | 608 |
| 2010 | 14832 | 13851 | 982 | 412 | 68488 | 542 |
| 2011 | 15163 | 15163 | 1103 | 412 | 69722 | 538 |
| 2012 | 15391 | 15391 | 1103 | 412 | 127032 | 532 |
| 2013 | 15718 | 15718 | 1103 | 412 | 154840 | 529 |
| 2014 | 16110 | 16110 | 1113 | 412 | 152342 | 518 |
| 2015 | 16550 | 16550 | 1130 | 412 | 163833 | 521 |
| 2016 | 16764 | 16764 | 1208 | 412 | 164630 | 521 |
| 2017 | 16532 | 16532 | 1248 | 412 | 170276 | 521 |
| 2018 | 16257 | 16257 | 1262 | 412 | 234408 | 449 |
| 2019 | 16132 | 16132 | 1295 | 412 | 222488 | 449 |

# 15-4 港口客、货吞吐量(1978—2019年)

## Volume of Passenger & Freight Handled in Ports,1978-2019

| 年 份<br>Year | 港口旅客吞吐量(万人次)<br>Volume of Passenger Handled in Ports (10 000 person-times) | 港口货物吞吐量(万吨)<br>Volume of Freight Handled in Ports (10 000 tons) | 出 港<br>Out-port | 比 重 (%)<br>Proportion (%) | 进 港<br>In-port | 比 重 (%)<br>Proportion (%) | 集装箱吞吐量(万国际标准箱)<br>Handled Containers (10 000 TEU) |
|---|---|---|---|---|---|---|---|
| 1978 | 6.2 | 1131 | 280 | 24.8 | 851 | 75.2 | 1 |
| 1979 | 7.7 | 1270 | 302 | 23.8 | 968 | 76.2 | 1 |
| 1980 | 6.0 | 1192 | 393 | 33.0 | 799 | 67.0 | 2 |
| 1981 | 18.1 | 1175 | 460 | 39.2 | 715 | 60.8 | 3 |
| 1982 | 19.7 | 1287 | 496 | 38.5 | 791 | 61.5 | 4 |
| 1983 | 24.9 | 1506 | 430 | 28.6 | 1076 | 71.4 | 6 |
| 1984 | 26.5 | 1611 | 449 | 27.9 | 1162 | 72.1 | 9 |
| 1985 | 33.8 | 1856 | 360 | 19.4 | 1496 | 80.6 | 15 |
| 1986 | 40.7 | 1818 | 695 | 38.2 | 1123 | 61.8 | 17 |
| 1987 | 47.0 | 1725 | 670 | 38.8 | 1055 | 61.2 | 16 |
| 1988 | 42.8 | 2109 | 1052 | 49.9 | 1057 | 50.1 | 21 |
| 1989 | 34.7 | 2437 | 1341 | 55.0 | 1096 | 45.0 | 27 |
| 1990 | 37.0 | 2063 | 1195 | 57.9 | 868 | 42.1 | 29 |
| 1991 | 47.7 | 2378 | 1488 | 62.6 | 890 | 37.4 | 34 |
| 1992 | 61.2 | 2929 | 1915 | 65.4 | 1014 | 34.6 | 39 |
| 1993 | 57.6 | 3719 | 2527 | 68.0 | 1192 | 32.0 | 48 |
| 1994 | 51.9 | 4652 | 3507 | 75.4 | 1145 | 24.6 | 63 |
| 1995 | 50.4 | 5787 | 4551 | 78.6 | 1236 | 21.4 | 70 |
| 1996 | 58.7 | 6188 | 4839 | 78.2 | 1349 | 21.8 | 82 |
| 1997 | 52.7 | 6789 | 5198 | 76.6 | 1591 | 23.4 | 94 |
| 1998 | 45.3 | 6818 | 5124 | 75.2 | 1694 | 24.8 | 102 |
| 1999 | 48.7 | 7298 | 5280 | 72.4 | 2018 | 27.6 | 130 |
| 2000 | 40.2 | 9582 | 6936 | 72.4 | 2646 | 27.6 | 171 |
| 2000 | 40.2 | 9582 | 6936 | 72.4 | 2646 | 27.6 | 171 |
| 2001 | 37.1 | 11369 | 8086 | 71.1 | 3283 | 28.9 | 201 |
| 2002 | 33.0 | 12906 | 8802 | 68.2 | 4104 | 31.8 | 241 |
| 2003 | 22.7 | 16182 | 10912 | 67.4 | 5270 | 32.6 | 302 |
| 2004 | 32.5 | 20619 | 13217 | 64.1 | 7402 | 35.9 | 382 |
| 2005 | 31.6 | 24069 | 14700 | 61.1 | 9369 | 38.9 | 480 |
| 2006 | 34.0 | 25760 | 15285 | 59.3 | 10475 | 40.7 | 595 |
| 2007 | 34.0 | 30946 | 19073 | 61.6 | 11873 | 38.4 | 710 |
| 2008 | 8.7 | 35593 | 20462 | 57.5 | 15131 | 42.5 | 850 |
| 2009 | 15.9 | 38111 | 16591 | 43.5 | 21520 | 56.5 | 870 |
| 2010 | 23.4 | 41325 | 20048 | 48.5 | 21277 | 51.5 | 1008 |
| 2011 | 24.9 | 45338 | 22665 | 50.0 | 22673 | 50.0 | 1159 |
| 2012 | 29.3 | 47697 | 22381 | 46.9 | 25316 | 53.1 | 1230 |
| 2013 | 33.0 | 50063 | 23060 | 46.1 | 27003 | 53.9 | 1301 |
| 2014 | 32.6 | 54002 | 26546 | 49.2 | 27456 | 50.8 | 1406 |
| 2015 | 52.1 | 54051 | 28487 | 52.7 | 25564 | 47.3 | 1411 |
| 2016 | 78.7 | 55056 | 30565 | 55.5 | 24491 | 44.5 | 1452 |
| 2017 | 97.0 | 50056 | 26567 | 53.1 | 23489 | 46.9 | 1507 |
| 2018 | 75.7 | 50774 | 25815 | 50.8 | 24959 | 49.2 | 1601 |
| 2019 | 82.7 | 49220 | 23477 | 47.7 | 25743 | 52.3 | 1730 |

注：货物吞吐量为包括货主码头的全港数据。

Note: Volume of freight handled in ports refers to the figure of ports, including those of docks.

# 15-5 港口分货类吞吐量
# Volume of Freight Handled in Ports by Category

单位：万吨(10 000 tons)

| 指标<br>Item | 合计<br>Total | | 出港量<br>Out-port | | 进港量<br>In-port | |
|---|---|---|---|---|---|---|
| | 2018 | 2019 | 2018 | 2019 | 2018 | 2019 |
| **港口货物吞吐量**<br>**Volume of Freight Handled in Ports** | **50774** | **49220** | **25815** | **23477** | **24959** | **25743** |
| 国外<br>Abroad | 27629 | 27842 | 8736 | 8219 | 18894 | 19623 |
| 国内<br>Domestic | 23145 | 21378 | 17079 | 15258 | 6065 | 6120 |
| **分品种货物吞吐量**<br>**Volume of Freight Handled by Category** | | | | | | |
| 煤炭及制品<br>Coal and Related Products | 8371 | 7433 | 8331 | 7361 | 40 | 72 |
| 石油、天然气及制品<br>Petroleum, Natural Gas and Related Products | 6701 | 7155 | 3059 | 2658 | 3642 | 4497 |
| 金属矿石<br>Metal Ores | 10533 | 11082 | 124 | 72 | 10409 | 11010 |
| 钢铁<br>Steel and Iron | 3009 | 2882 | 2722 | 2575 | 287 | 307 |
| 矿建材料<br>Mineral Building Materials | 1112 | 1597 | 227 | 307 | 885 | 1290 |
| 水泥<br>Cement | 40 | 98 | 2 | 10 | 38 | 88 |
| 木材<br>Timber | 98 | 128 | 14 | 37 | 84 | 91 |
| 非金属矿石<br>Nonmetal Ores | 314 | 239 | 221 | 155 | 93 | 84 |
| 化学肥料及农药<br>Chemical Fertilizers and Pesticides | 150 | 267 | 142 | 236 | 8 | 31 |
| 盐<br>Salt | 56 | 59 | 3 | 2 | 53 | 57 |
| 粮食<br>Grain | 858 | 878 | 44 | 85 | 814 | 793 |
| 机械、电器、设备<br>Machine, Electric Machinery, Equipment | 5254 | 2797 | 2971 | 1655 | 2283 | 1142 |
| 化工原料及制品<br>Chemical Materials and Related Products | 2067 | 2215 | 1381 | 1391 | 686 | 824 |
| 有色金属<br>Nonferrous Metals | 388 | 467 | 180 | 243 | 208 | 224 |
| 轻工、医药产品<br>Light Industry, Medical and Pharmaceutical Products | 6459 | 6827 | 3909 | 4213 | 2550 | 2614 |
| 农林牧渔产品<br>Agricultural Products | 1072 | 1105 | 492 | 464 | 580 | 641 |
| 其他<br>Others | 4292 | 3991 | 1993 | 2013 | 2299 | 1978 |
| **集装箱吞吐量(万国际标准箱)**<br>**Handled Containers (10 000 TEU)** | **1601** | **1730** | **798** | **860** | **803** | **870** |

## 15-6 民用航空主要指标(2017—2019年)
## Main Indicators of Civil Aviation,2017-2019

| 指　　标 Item | 2017 | 2018 | 2019 |
|---|---|---|---|
| 民航航线里程<br>Length of Civil Aviation Routes | 170276.0 | 234408.0 | 222488.0 |
| 飞行小时(小时)<br>Flying Time (hour) | 102098.0 | 110065.0 | 95933.4 |
| 平均每可用机飞行时间(小时)<br>Flying Time per Available Aircraft (hour) | 3159.0 | 3469.0 | 3426.0 |
| 正班飞行距离(万公里)<br>Distance under Normal Conditions (10 000 km) | 5990.1 | 6173.0 | 5863.0 |
| 平均每可用机日生产飞行时间(小时)<br>Average Daily Flying Time per Available Aircraft (hour) | 8.5 | 9.0 | 8.8 |
| 正班平均载运率(%)<br>Average Utilization Rate of Capacity under Normal Conditions (%) | 74.6 | 73.9 | 77.2 |
| **旅客吞吐量(万人)**<br>**Passenger Traffic(10 000 persons)** | **2100.5** | **2359.1** | **2381.3** |
| 国内旅客<br>Domestic Passenger Traffic | 1851.0 | 2066.3 | 2043.3 |
| 国际旅客<br>International Passenger Traffic | 199.1 | 239.9 | 294.6 |
| 港、澳、台地区旅客<br>Hong Kong, Macao & Taiwan Passenger Traffic | 50.4 | 53.0 | 43.5 |
| **货(邮)吞吐量(万吨)**<br>**Freight Traffic(10 000 tons)** | **26.8** | **25.9** | **22.6** |
| 国内货邮<br>Domestic Routes | 13.8 | 14.2 | 13.2 |
| 国际货邮<br>International Routes | 12.1 | 10.9 | 9.0 |
| 港、澳、台地区货邮<br>Hong Kong, Macao & Taiwan Regional Routes | 0.9 | 0.8 | 0.4 |
| **起、降架次(万架次)**<br>**Times of Ascend and Descend(10 000 sorties)** | **17.0** | **17.9** | **16.8** |

## 15-7 民用车辆拥有量(2019年)
## Number of Civil Motor Vehicles Owned,2019

单位：辆(unit)

| 指　标 | Item | 合　计<br>Total | 个　人<br>Private-owned | 当年新注册<br>Registered in Current Year |
|---|---|---|---|---|
| **总　　计** | **Total** | **3165600** | **2627578** | **259872** |
| 民用汽车 | Civil Motor Vehicles | 3089142 | 2594544 | 248718 |
| 1. 载客汽车 | Passenger Vehicles | 2712720 | 2406918 | 210253 |
| # 轿　车 | Cars | 1950983 | 1768885 | 130181 |
| 大　型 | Large-sized | 27397 | 1157 | 1113 |
| 中　型 | Medium-sized | 11987 | 4276 | 435 |
| 小　型 | Small-sized | 2652436 | 2383941 | 207023 |
| 微　型 | Minisize | 20900 | 17544 | 1682 |
| 2. 载货汽车 | Trucks | 356639 | 180866 | 35883 |
| # 普通载货 | Ordinary Trucks | 132827 | 79091 | 11687 |
| 重　型 | Heavy Trucks | 80829 | 12390 | 10904 |
| 中　型 | Medium-sized Trucks | 10095 | 2987 | 470 |
| 轻　型 | Light Trucks | 264072 | 164782 | 24509 |
| 微　型 | Minisize Trucks | 1643 | 707 | |
| 3. 其他汽车 | Other Civil Motor Vehicles | 19783 | 6760 | 2582 |
| 摩托车 | Motorcycles | 10150 | 8791 | 3705 |
| 拖拉机 | Tractor | 19530 | 19530 | 1236 |
| 挂　车 | Trailer | 45455 | 4143 | 6139 |
| 其他类型车 | Other Vehicles | 1323 | 570 | 74 |

# 15-8 邮电业基本情况(1978—2019年)

## Basic Statistics on Post and Telecommunication Services,1978-2019

| 年 份 Year | 邮电业务总量(不变价)(万元) Business Value of Post and Telecommunication Services(Constant Prices) (10 000 yuan) | 邮电局所数(处) Number of Post and Telecommunication Offices(unit) | 局用电话交换机容量(门) Capacity of Office Telephone Exchanges (line) | 电话机(含移动、小灵通)(万部) Telephone (Include Mobile and Handphone) (10 000 sets) | 平均每百人拥有电话机数(含移动)(部/百人) Telephone per 100 persons (Include Mobile) (set/100 persons) |
|---|---|---|---|---|---|
| 1978 | 2710 | 217 | 59390 | 8.36 | 1.2 |
| 1979 | 2901 | 220 | 60710 | 9.43 | 1.3 |
| 1980 | 3163 | 223 | 64195 | 9.98 | 1.3 |
| 1981 | 3441 | 230 | 66660 | 11.65 | 1.5 |
| 1982 | 3641 | 240 | 62460 | 11.38 | 1.5 |
| 1983 | 3890 | 249 | 68460 | 12.37 | 1.6 |
| 1984 | 4478 | 253 | 81790 | 13.37 | 1.7 |
| 1985 | 5290 | 268 | 100770 | 15.06 | 1.9 |
| 1986 | 6155 | 272 | 112910 | 17.74 | 2.2 |
| 1987 | 7244 | 274 | 130880 | 20.36 | 2.5 |
| 1988 | 11092 | 273 | 195850 | 23.32 | 2.8 |
| 1989 | 12538 | 278 | 231520 | 26.74 | 3.1 |
| 1990 | 32735 | 281 | 230586 | 31.78 | 3.7 |
| 1991 | 44527 | 280 | 271356 | 34.28 | 3.9 |
| 1992 | 61063 | 273 | 359932 | 42.27 | 4.8 |
| 1993 | 97062 | 277 | 532118 | 63.91 | 7.2 |
| 1994 | 132464 | 297 | 1137748 | 96.03 | 10.8 |
| 1995 | 187195 | 300 | 1522493 | 135.61 | 15.2 |
| 1996 | 256978 | 314 | 1694092 | 174.65 | 19.4 |
| 1997 | 342848 | 328 | 1945020 | 207.82 | 23.1 |
| 1998 | 474067 | 399 | 2447630 | 259.58 | 28.7 |
| 1999 | 567242 | 470 | 2761633 | 329.30 | 36.2 |
| 2000 | 753669 | 563 | 3182465 | 431.28 | 46.6 |
| 2001 | 702206 | 543 | 3645600 | 511.57 | 56.0 |
| 2002 | 903296 | 597 | 3865700 | 601.45 | 65.4 |
| 2003 | 1157060 | 619 | 4024500 | 761.91 | 82.3 |
| 2004 | 1467836 | 700 | 4237700 | 835.01 | 89.5 |
| 2005 | 1763477 | 827 | 6288300 | 939.82 | 90.1 |
| 2006 | 2277902 | 818 | 6190300 | 1147.17 | 106.7 |
| 2007 | 3006714 | 842 | 6232700 | 1238.25 | 111.1 |
| 2008 | 3517682 | 1089 | 5704300 | 1320.91 | 112.3 |
| 2009 | 3866682 | 823 | 4242600 | 1377.75 | 112.2 |
| 2010 | 4351563 | 833 | 4253200 | 1456.39 | 112.1 |
| 2011 | 1807796 | 865 | 2997600 | 1568.47 | 115.8 |
| 2012 | 1867423 | 888 | 2467000 | 1657.52 | 117.3 |
| 2013 | 1960037 | 850 | 2010000 | 1675.95 | 113.8 |
| 2014 | 2448245 | 876 | 1527970 | 1712.41 | 112.9 |
| 2015 | 3218094 | 873 | 350456 | 1749.60 | 113.1 |
| 2016 | 2620827 | 863 | 265900 | 1811.10 | 115.9 |
| 2017 | 4068121 | 849 | 242000 | 1876.00 | 120.5 |
| 2018 | 8510501 | 826 | 309000 | 1968.90 | 126.2 |
| 2019 | 13437694 | 797 | 2053.80 | 131.5 |

# 15-9 邮电业务基本情况

## Basic Conditions of Postal and Telecommunication Services

| 指标 | Item | 单位 | Unit | 2018 | 2019 | 2019比2018年增长(%) Increase Rate in 2019 over 2018 (%) |
|---|---|---|---|---|---|---|
| **邮电业务总量** | **Business Value of Post and Telecommunication Services** | 万元 | **10 000 yuan** | **8510501** | **13437694** | **57.9** |
| 邮政业务总量 | Business Volume of Post Services | 万元 | 10 000 yuan | 1153387 | 1487972 | 29.0 |
| 电信业务总量 | Business Volume of Telecommunication Services | 万元 | 10 000 yuan | 7357114 | 11949723 | 62.4 |
| **邮政业务** | **Business Value of Post Services** | | | | | |
| 函件 | Letters | 万件 | 10 000 pcs | 2374.79 | 2160.01 | -9.0 |
| 快递 | Pieces of Express Mail Services | 亿件 | 100 million pcs | 5.76 | 6.97 | 21.0 |
| #同城 | Intra-city | 亿件 | 100 million pcs | 1.82 | 1.45 | -20.3 |
| 异地 | Different Place | 亿件 | 100 million pcs | 3.91 | 5.5 | 40.7 |
| 报刊期发数 | Number of Newspapers and Magazines Subscribed | 万份 | 10 000 pcs | 65 | 60.74 | -6.6 |
| 汇票 | Postal Order | 万笔 | 10 000 pcs | 28 | 18 | -35.7 |
| 集邮业务 | Philately | 万枚 | 10 000 pcs | 2673 | 1980.37 | -25.9 |
| 邮电局所数 | Number of Post & Telecommunications Offices | 处 | unit | 826 | 797 | -3.5 |
| #邮政局 | Number of Post Offices | 处 | unit | 419 | 419 | |
| 信筒信箱 | Number of Post Boxes | 处 | unit | 2594 | 2598 | 0.2 |
| 邮路总长度 | Length of Post Routes | 公里 | km | 27019 | 27254 | 0.9 |
| 汽车邮路长度 | Length of Post Routes by Highway | 公里 | km | 27019 | 27254 | 0.9 |
| 邮政汽车 | Automobile for Post Business | 辆 | unit | 1386 | 1299 | -6.2 |
| 农村投递线路长度 | Rural Delivery Routes | 公里 | km | 20739 | 29846 | 43.9 |
| **电信业务** | **Business Value of Telecommunication Services** | | | | | |
| 年末固定电话用户 | Number of Fixed Telephone Subscribers | 万户 | 10 000 subscribers | 320.4 | 349.1 | 9.0 |
| 移动电话用户 | Number of Mobile Telephone Subscribers | 万户 | 10 000 subscribers | 1648.5 | 1704.7 | 3.4 |
| #4G移动电话 | 4G Mobile Phone | 万户 | 10 000 subscribers | 1260.9 | 1409.1 | 11.8 |
| 移动电话通话时长 | Duration of Calls Mobile Telephone | 万分钟 | 10 000 minutes | 5729648 | 5371416 | -6.3 |
| #去话通话时长 | Length of Call | 万分钟 | 10 000 minutes | 290.1 | 272.8 | -6.0 |
| 短信业务发送量 | Number of Messages Send Out | 亿条 | 10 000 pcs | 74.74 | 123.6 | 65.4 |
| 长途光缆线路长度 | Length of Long-distance Optical Cable Lines | 公里 | km | 4589.3 | 4323.1 | -5.8 |
| (固定)互联网宽带接入户数 | (Fixed)Number of Internet Broadband Access Households | 万户 | 10 000 subscribers | 437.9 | 523.6 | 19.6 |
| 移动互联网用户 | Mobile Internet User | 万户 | 10 000 subscribers | 1421.8 | 1451.1 | 2.1 |
| (固定)互联网宽带接入端口 | (Fixed)Broad Band Subscribers Port of Internet | 万个 | 10 000 ports | 909.3 | 1092.6 | 20.2 |
| 移动电话基站 | Mobile Phone Base Station | 万个 | 10 000 ports | 6.3 | 10.1 | 60.3 |

## 15-10 互联网主要指标(2016—2019年)
## Main Indicators of Internet,2016-2019

| 指 标 Item | 2016 | 2017 | 2018 | 2019 |
|---|---|---|---|---|
| 互联网宽带接入端口(万个) Broad Band Subscribers Port of Internet(10 000 ports) | 724.3 | 795.3 | 909.3 | 1092.6 |
| 宽带用户(万户) Number of Broadband of Internet Services(10 000 subscribers) | 283.9 | 339.4 | 437.9 | 523.6 |
| # 城 市 City | 276.1 | 320.1 | 437.9 | 479.5 |
| 域名数(万个) Number of Domain Names(10 000 units) | 35.4 | 26.5 | 26.7 | 5.6 |
| 网站数(万个) Number of Websites(10 000 units) | 4.9 | 5.7 | 5.9 | 4.7 |

## 15-11 邮政电信服务水平(2016—2019年)
## Level of Post and Telecommunication Services,2016-2019

| 指 标 Item | 2016 | 2017 | 2018 | 2019 |
|---|---|---|---|---|
| 平均每一邮电局所服务面积(平方公里) Average Area Served by Every Post & Telecommunications Office(sq.km) | 11.4 | 14.0 | 14.5 | 15.0 |
| # 平均每一邮政局所服务面积 Average Area Served by Every Post Office | 28.4 | 28.5 | 28.6 | 28.6 |
| 平均每一邮电局所服务人口(万人) Average People Served by Every Post & Telecommunications Office (10 000 persons) | 1.8 | 1.8 | 1.9 | 2.0 |
| # 平均每一邮政局所服务人口 Average People Served by Every Post Office | 3.7 | 3.7 | 3.7 | 3.7 |
| 平均每人每年发函件数(件) Annual Average Number of Letters Mailed per Capita(piece) | 3.0 | 2.0 | 1.5 | 1.4 |
| 平均每百人每年订销报刊期发数(件) Annual Average Number of Newspapers and Magazines Subscribed and Bought per 100 Persons(piece) | 5.4 | 5.0 | 4.2 | 3.9 |
| 平均每百人拥有电话机(含移动)(部) Telephone Owned per 100 Persons (include mobile telephone)(set) | 115.9 | 120.5 | 126.2 | 131.5 |
| 平均每百人拥有移动电话(部) Mobile Telephone Owned per 100 Persons(set) | 96.0 | 101.5 | 105.7 | 109.1 |

# 15-12 邮政、电信局(所、厅)数(2016—2019年)
# Number of Post and Telecommunication Offices by Region,2016-2019

单位：处(unit)

| 地 区 | Region | 2016 | 2017 | 2018 | 2019 |
| --- | --- | --- | --- | --- | --- |
| **总 计** | **Total** | **863** | **849** | **826** | **797** |
| #邮政局 | Post Offices | 421 | 418 | 419 | 419 |
| #市内六区 | Six Urban Districts | 286 | 281 | 265 | 259 |
| 和平区 | Heping District | 32 | 32 | 31 | 31 |
| 河东区 | Hedong District | 57 | 57 | 51 | 52 |
| 河西区 | Hexi District | 49 | 48 | 43 | 45 |
| 南开区 | Nankai District | 66 | 62 | 63 | 53 |
| 河北区 | Hebei District | 45 | 45 | 42 | 45 |
| 红桥区 | Hongqiao District | 37 | 37 | 35 | 33 |
| 东丽区 | Dongli District | 41 | 41 | 37 | 36 |
| 西青区 | Xiqing District | 41 | 40 | 39 | 40 |
| 津南区 | Jinnan District | 34 | 34 | 30 | 27 |
| 北辰区 | Beichen District | 40 | 40 | 35 | 35 |
| 武清区 | Wuqing District | 70 | 70 | 70 | 63 |
| 宝坻区 | Baodi District | 59 | 59 | 59 | 57 |
| 滨海新区 | Binhai New Area | 137 | 129 | 131 | 130 |
| 宁河区 | Ninghe District | 46 | 46 | 48 | 37 |
| 静海区 | Jinghai District | 47 | 47 | 55 | 56 |
| 蓟州区 | Jizhou District | 62 | 62 | 57 | 57 |

# 主要统计指标解释

## 货（客）运量

指在一定时期内，各种运输工具实际运送的货物(旅客)数量。该指标是反映运输业为国民经济和人民生活服务的数量指标，也是制定和检查运输生产计划、研究运输发展规模和速度的重要指标。货运按吨计算，客运按人计算。货物不论运输距离长短、货物类别，均按实际重量统计。旅客不论行程远近或票价多少，均按一人一次客运量统计；半价票、小孩票也按一人统计。

## 货物（旅客）周转量

指在一定时期内，由各种运输工具运送的货物(旅客)数量与其相应运输距离的乘积之总和。该指标可以反映运输业生产的总成果，也是编制和检查运输生产计划，计算运输效率、劳动生产率以及核算运输单位成本的主要基础资料。计算货物周转量通常按发出站与到达站之间的最短距离，也就是计费距离计算。计算公式为：

货物（旅客）周转量 = Σ〔货物（旅客）运输量 × 运输距离〕

## 港口货物吞吐量（又称港口吞吐量）

指经由水路运进、出港区范围，并经过装卸的货物数量。按货物流向分为进港吞吐量和出港吞吐量；按货物的贸易性质分为内贸和外贸吞吐量；按货物的类别分，可根据现行的交通行业标准《运输货物分类和代码》分类。

## 集装箱吞吐量

凡经过水运进、出港区范围，并经过装卸的集装箱箱数和重量（含集装箱自重），通常是按进港和出港分别统计。TEU 是“折合 20 英尺标准箱”的英文缩写。它是指各种尺寸的国际标准集装箱的自然箱数，按各自的换算比例，折算为 20 英尺标准箱数。其换算比例为：40 英尺箱 1∶2；35 英尺箱 1∶1.75；20 英尺箱 1∶1；10 英尺箱 1∶0.5。

## 邮电业务总量

指以价值量形式表现的邮电通信企业为社会提供各类邮电通信服务的总数量。邮电业务量按专业分类包括函件、包件、汇票、报刊发行、邮政快件、特快专递、邮政储蓄、集邮、公众电报、用户电报、传真、长途电话、出租电路、无线寻呼、移动电话、分组交换数据通信、出租代维等。计算方法为各类产品乘以相应的平均单价(不变价)之和，再加上出租电路和设备、代用户维护电话交换机和线路等的服务收入。该指标综合反映了一定时期邮电业务发展的总成果，是研究邮电业务量构成和发展趋势的重要指标。计算公式为：

邮电业务总量 = Σ（各类邮电业务量 × 不变单价）+出租代维及其他业务收入 = 邮政业务总量+电信业务总量

## 民用汽车拥有量

指报告期末，在公安交通管理部门按照《机动车注册登记工作规范》，已注册登记领有民用车辆牌照的全部汽车数量。汽车拥有量统计的主要分类：根据汽车结构分为载客汽车、载货汽车及其他汽车；根据汽车所有者不同分为个人(私人)汽车、单位汽车；根据汽车的使用性质分为营运汽车、非营运汽车和特种汽车；根据汽车大小规格不同载客汽车分为大型、中型、小型和微型，载货汽车分为重型、中型、轻型和微型。

# Explanatory Notes on Main Statistical Indicators

**Freight (Passenger) Traffic**

refers to the volume of freight (passenger) transported with various means within a specific period of time. This indicator reflects the service of the transport industry towards the national economy and people's living conditions, as well as an important indicator used in formulating and monitoring transport production plans and research into the scale and pace of transport development. Freight transport is calculated in tons and passenger traffic is calculated in terms of number of persons. Freight transport is calculated in terms of the actual weight of the goods and takes no account of the type of freight and distance of travel. Passenger traffic is calculated by the principle that one person can be counted only once in one trip and takes no account of the travelling distance and ticket price. The passengers who travel with a half price ticket or a child's ticket is also calculated as one person.

**Turnover Volume of Freight (Passenger) Traffic**

refers to the sum of the product of the volume of transported cargo (passengers) multiplied by the transport distance. It is an important indicator to reflect the achievement of the transportation industry. This is an important indicator to show the total results of the transport industry; to prepare and examine the transport plan; and to serve as the main basic data for calculating the efficiency, labour productivity and unit cost of transport. Normally, the shortest distance between the departure station and the destination station (i.e., the payable distance) is the basis in calculating the freight ton-kilometers. The formula is as followed:

*Turnover Volume of Freight (Passenger) Traffic* = $\Sigma$*(Freight (Passenger) Traffic* × *Distance of Transportation)*

**Freight Handled in Ports**

refers to the volume of cargo passing in and out the harbor area and having been loaded and unloaded. The volume of freight handled may be classified as in-port & out-port. It can also be classified as national trade and international trade by the attribute of trade or be classified by the classification of cargo according to the standard of traffic in use the *Classification and Code of Transported Cargo*.

**Container Handled in Ports**

refers to number and weight (include tare weight of containers) of containers which are loaded or unloaded within port area via water carriage. It is often calculated by entering and leaving port, respectively. TEU was the abbreviation of twenty foot equivalent unit, which refers to converted number of all kinds of containers. The conversion method is based on respective conversion ratio and the number of all kinds of container is converted to the standard number of 20-foot equivalent unit. The conversion ratio is 40-foot container 1 : 2, 35-foot container 1 : 1.75, 20-foot container 1 : 1, 10-foot container 1 : 0.5.

**Business Value of Post and Telecommunication Services**

refers to the total amount of post and telecommunication services, expressed in value terms, provided by the post and telecommunications departments for the society. Post and telecommunication services can be classified as letters, parcels, remittance, issue of newspapers and magazines, fast mail service, express mail service, savings deposits, stamps for collection, public and individual telegraph service, facsimiles, long-distance telephone service, leasing of telephone lines, urban paging service, mobile telephone service, data transfer and transmission, leasing and substitute maintaining, etc. The accounting approach is to multiply the service products of all types with their average unit price (constant price) to get sum of business value, plus income from other services such as leasing of telephone lines and equipment, maintenance of telephone switchboards and lines on behalf of customers. This indicator reflects the overall results of post and telecommunications service during a given period, and is important to study the composition of business service and the development of post and telecommunications service. The formula is as followed:

*Business Value of Post and Telecommunication Services* =

$\Sigma$ *(Transaction of Post and Telecommunication Services* × *Constant Price)* + *Income from leasing, Maintenance and Other Services* = *Business Volume of Post* + *Business Volume of Telecommunication*

**Civil Motor Vehicles Owned**

refers to the total number of vehicles that are registered and received vehicles license tags according to the *Work Standard for Motor Vehicles Registration* formulated by transport management office under department of public security at the end of reference period. They are divided into following categories according to the structure of motor vehicles: passenger vehicles, trucks and others; and private vehicles and vehicles for units use according to ownerships; working vehicles, non-working vehicles and special motor vehicles according to kind of usage; large passenger vehicles, medium passenger vehicles, small passenger vehicles and mini passenger vehicle, heavy trucks, light-heavy trucks, light trucks and mini trucks according to sizes of vehicles.

# 第十六篇　住宿和餐饮业与旅游

# Chapter 16　Accommodation and Catering Services, Tourism

# 16-1 限额以上住宿业基本情况(2006—2019年)

## Basic Statistics on Accommodation Services above Designated Size,2006-2019

| 年 份 Year | 单位数 (个) Number of Stores (unit) | 从业人员 (人) Employment Personnel (person) | 床位数 (个) Number of Beds (unit) | 资产总计 (万元) Total Assets (10 000 yuan) | 营业收入 (万元) Business Revenue (10 000 yuan) |
|---|---|---|---|---|---|
| 2006 | 133 | 20961 | 32965 | 833583 | 209729 |
| 2007 | 158 | 28518 | 39210 | 896337 | 248735 |
| 2008 | 212 | 26240 | 77949 | 1061761 | 322450 |
| 2009 | 211 | 24414 | 46914 | 933585 | 280691 |
| 2010 | 222 | 24133 | 51499 | 1247150 | 335165 |
| 2011 | 226 | 25654 | 65735 | 1079468 | 380429 |
| 2012 | 229 | 26366 | 68765 | 1272698 | 423563 |
| 2013 | 250 | 26889 | 72227 | 1472621 | 399249 |
| 2014 | 252 | 23470 | 66704 | 1251209 | 390970 |
| 2015 | 245 | 21573 | 67148 | 1344399 | 380808 |
| 2016 | 252 | 21025 | 70467 | 1518750 | 404197 |
| 2017 | 241 | 20108 | 66640 | 1809516 | 415916 |
| 2018 | 235 | 17900 | 64435 | 2139962 | 385908 |
| 2019 | 289 | 16692 | 117902 | 2095324 | 424110 |

## 16-2 限额以上住宿业基本情况(2019年)
## Basic Statistics on Accommodation Services above Designated Size,2019

| 项　　目 | Item | 单位数(个) Number of Stores (unit) | 从业人员(人) Employment Personnel (person) | 床位数(个) Number of Beds (unit) |
|---|---|---|---|---|
| **总　　计** | **Total** | **289** | **16692** | **117902** |
| **按登记注册类型分** | **Grouped by Status of Registration** | | | |
| 内资企业 | Domestic-funded Enterprises | 278 | 15875 | 115403 |
| 国　有 | State-owned Enterprises | 20 | 1844 | 3867 |
| 集　体 | Collective-owned Enterprises | 4 | 204 | 1479 |
| 有限责任公司 | Limited Liability Corporations | 89 | 7701 | 25271 |
| 国有独资 | Sole State-funded Corporations | 8 | 1391 | 2311 |
| 其他有限责任公司 | Other Limited Liability Corporations | 81 | 6310 | 22960 |
| 股份有限公司 | Share-holding Corporations Ltd. | 6 | 140 | 1382 |
| 私营企业 | Private Enterprises | 159 | 5986 | 83404 |
| # 私营独资 | Private-funded Enterprises | 4 | 103 | 465 |
| 私营有限责任公司 | Private Limited Liability Corporations | 146 | 5294 | 81119 |
| 港澳台商投资企业 | Enterprises with Funds from Hong Kong, Macao and Taiwan | 5 | 382 | 1453 |
| 外商投资企业 | Foreign Funded Enterprises | 6 | 435 | 1046 |
| # 中外合资经营 | Joint-venture Enterprises | 2 | 255 | 403 |
| 外商独资企业 | Enterprises with Sole Investment | 3 | 137 | 518 |
| **按企业控股情况分** | **Grouped by Company Holding Type** | | | |
| 国有及国有控股企业 | State-owned and State-holding Enterprises | 53 | 5962 | 14947 |
| 民营及民营控股企业 | Private and Private Holding Enterprises | 228 | 10358 | 101352 |
| 外商及港澳台控股企业 | Hong Kong, Macao,Taiwan and Foreign Funded Holding Enterprises | 8 | 372 | 1603 |
| **按行业分** | **Grouped by Sector** | | | |
| 旅游饭店 | Tourism Restaurant | 100 | 9773 | 28904 |
| 一般旅馆 | Hotel | 163 | 5443 | 48703 |
| 其他住宿服务 | Other Accommodation Services | 26 | 1476 | 40295 |

16-2续表 *Continued*

单位：万元(10 000 yuan)

| 项　目 | Item | 资产总计 Total Assets | 负债合计 Total Liabilities | 营业收入 Business Revenue | 营业成本 Cost of Business |
|---|---|---|---|---|---|
| **总　计** | **Total** | **2095324** | **2018728** | **424110** | **150478** |
| **按登记注册类型分** | **Grouped by Status of Registration** | | | | |
| 内资企业 | Domestic-funded Enterprises | 1801109 | 1730542 | 374490 | 141990 |
| 国　有 | State-owned Enterprises | 83337 | 74119 | 31952 | 13119 |
| 集　体 | Collective-owned Enterprises | 36033 | 42265 | 5245 | 2445 |
| 有限责任公司 | Limited Liability Corporations | 1252113 | 1137829 | 194329 | 70014 |
| 国有独资 | Sole State-funded Corporations | 341681 | 221945 | 25458 | 11350 |
| 其他有限责任公司 | Other Limited Liability Corporations | 910432 | 915884 | 168871 | 58664 |
| 股份有限公司 | Share-holding Corporations Ltd. | 4251 | 3042 | 3988 | 2355 |
| 私营企业 | Private Enterprises | 425376 | 473287 | 138975 | 54056 |
| #私营独资 | Private-funded Enterprises | 1656 | 821 | 1831 | 305 |
| 私营有限责任公司 | Private Limited Liability Corporations | 423437 | 472396 | 135544 | 53300 |
| 港澳台商投资企业 | Enterprises with Funds from Hong Kong, Macao and Taiwan | 49172 | 64189 | 9712 | 3616 |
| 外商投资企业 | Foreign Funded Enterprises | 245043 | 223997 | 39908 | 4873 |
| #中外合资经营 | Joint-venture Enterprises | 17587 | 16447 | 12368 | 3921 |
| 外商独资企业 | Enterprises with Sole Investment | 224121 | 206904 | 26325 | 952 |
| **按企业控股情况分** | **Grouped by Company Holding Type** | | | | |
| 国有及国有控股企业 | State-owned and State-holding Enterprises | 803812 | 735929 | 128709 | 58618 |
| 民营及民营控股企业 | Private and Private Holding Enterprises | 1044973 | 1050006 | 255979 | 86021 |
| 外商及港澳台控股企业 | Hong Kong, Macao,Taiwan and Foreign Funded Holding Enterprises | 246539 | 232793 | 39422 | 5839 |
| **按行业分** | **Grouped by Sector** | | | | |
| 旅游饭店 | Tourism Restaurant | 1551224 | 1435251 | 257206 | 78520 |
| 一般旅馆 | Hotel | 325090 | 342741 | 127994 | 49528 |
| 其他住宿服务 | Other Accommodation Services | 219010 | 240735 | 38910 | 22430 |

## 16-3 旅游星级饭店基本情况(2017—2019年)
## Basic Statistics of Star-rated Tourism Hotels,2017-2019

| 项　　目 | Item | 2017 | 2018 | 2019 |
|---|---|---|---|---|
| 饭店个数(个) | Number of Hotels (unit) | 84 | 82 | 76 |
| # 五　星 | Five-star Level | 15 | 15 | 13 |
| 四　星 | Four-star Level | 35 | 35 | 35 |
| 三　星 | Three-star Level | 29 | 25 | 25 |
| 二　星 | Two-star Level | 5 | 7 | 3 |
| 客房数(间) | Number of Rooms (room) | 17255 | 16239 | 14468 |
| 床位数(张) | Number of Beds (bed) | 26518 | 25768 | 22221 |
| 接待住宿人数(万人次) | Tourists Received (10 000 person-times) | 308.5 | 293.4 | 253.4 |
| 国内住宿者 | Domestic Tourists | 273.7 | 267.4 | 233.2 |
| 外国人 | Foreigners | 32.3 | 26.0 | 18.6 |
| 香港同胞 | Compatriots from Hong Kong, China | 1.4 | 1.3 | 0.8 |
| 澳门同胞 | Compatriots from Macao, China | 0.1 | 0.2 | 0.1 |
| 台湾同胞 | Compatriots from Taiwan, China | 1.1 | 1.4 | 0.7 |
| 接待住宿人天数(万人天) | Persons-day Received (10 000 person-days) | 468.3 | 424.1 | 383.8 |
| 国内住宿者 | Domestic Tourists | 396.5 | 377.7 | 343.6 |
| 外国人 | Foreigners | 67.4 | 46.4 | 37.0 |
| 香港同胞 | Compatriots from Hong Kong, China | 2.4 | 2.2 | 2.0 |
| 澳门同胞 | Compatriots from Macao, China | 0.1 | 0.3 | 0.2 |
| 台湾同胞 | Compatriots from Taiwan, China | 1.9 | 2.2 | 1.4 |
| 出租率(%) | Renting Rate (%) | 55.7 | 53.5 | 50.6 |
| 平均房价(元/间天) | Average Room Prices (yuan/room.day) | 367 | 397 | 402 |
| 营业收入(万元) | Business Revenues (10 000 yuan) | 256887 | 243519 | 229890 |
| 利润总额(万元) | Total Profits (10 000 yuan) | -7908 | 46853 | 19164 |
| 从业人员平均人数(人) | Annual Average Employment Personnel (person) | 13228 | 12874 | 11504 |

资料来源：天津市文化和旅游局
Source: Tianjin Municipal Bureau of Culture and Tourism
注：2018年对入境游等数据统计口径进行调整；表16-7和16-8同。
Note: The statistical coverage of international tourism and other data was adjusted in 2018. Same as table 16-7 and 16-8.

# 16-4 各区星级以上饭店情况(2019年)
## Statistics on Star-rated Hotel by District,2019

| 地 区 | Region | 合 计 Total | | # 五 星 Five-star Level | | # 四 星 Four-star Level | | # 三 星 Three-star Level | |
|---|---|---|---|---|---|---|---|---|---|
| | | 客房数(间) Number of Guest Rooms (unit) | 床位数(个) Number of Beds (unit) | 客房数(间) Number of Guest Rooms (unit) | 床位数(个) Number of Beds (unit) | 客房数(间) Number of Guest Rooms (unit) | 床位数(个) Number of Beds (unit) | 客房数(间) Number of Guest Rooms (unit) | 床位数(个) Number of Beds (unit) |
| **总 计** | **Total** | **14468** | **22221** | **3769** | **4980** | **7138** | **11407** | **3308** | **5405** |
| 和平区 | Heping District | 1372 | 2029 | 116 | 132 | 776 | 1217 | 480 | 680 |
| 河东区 | Hedong District | 566 | 1013 | | | 398 | 717 | 168 | 296 |
| 河西区 | Hexi District | 2283 | 3183 | 983 | 1276 | 1203 | 1713 | | |
| 南开区 | Nankai District | 701 | 1219 | 65 | 99 | 309 | 540 | 327 | 580 |
| 河北区 | Hebei District | 782 | 1129 | 416 | 528 | 120 | 197 | 246 | 404 |
| 红桥区 | Hongqiao District | | | | | | | | |
| 东丽区 | Dongli District | 655 | 1090 | | | 179 | 284 | 320 | 571 |
| 西青区 | Xiqing District | | | | | | | | |
| 津南区 | Jinnan District | 231 | 440 | | | 131 | 246 | 100 | 194 |
| 北辰区 | Beichen District | 668 | 1004 | | | 190 | 247 | 478 | 757 |
| 武清区 | Wuqing District | 943 | 1585 | | | 943 | 1585 | | |
| 宝坻区 | Baodi District | 370 | 723 | | | | | 370 | 723 |
| 滨海新区 | Binhai New Area | 5136 | 7246 | 2019 | 2622 | 2480 | 3644 | 709 | 980 |
| 宁河区 | Ninghe District | 155 | 259 | | | 155 | 259 | | |
| 静海区 | Jinghai District | 124 | 380 | | | 124 | 380 | | |
| 蓟州区 | Jizhou District | 482 | 921 | 170 | 323 | 202 | 378 | 110 | 220 |

# 16-5 限额以上餐饮业基本情况(2019年)

## Basic Statistics on Catering Services Enterprises above Designated Size,2019

| 项　目 | Item | 单位数(个) Number of Stores (unit) | 从业人员(人) Employment Personnel (person) | 餐位数(位) Number of Seats (unit) |
|---|---|---|---|---|
| **总　计** | **Total** | **525** | **64078** | **317728** |
| **按登记注册类型分** | **Grouped by Status of Registration** | | | |
| 内资企业 | Domestic-funded Enterprises | 506 | 29129 | 237395 |
| 国　有 | State-owned Enterprises | 5 | 490 | 1197 |
| 有限责任公司 | Limited Liability Corporations | 133 | 12097 | 77226 |
| 股份有限公司 | Share-holding Corporations Ltd. | 4 | 910 | 3690 |
| 私营企业 | Private Enterprises | 364 | 15632 | 155282 |
| 私营独资 | Private-funded Enterprises | 12 | 362 | 2725 |
| 私营合伙 | Private Joint-venture Enterprises | 4 | 27 | 234 |
| 私营有限责任公司 | Private Limited Liability Corporations | 284 | 13416 | 136409 |
| 私营股份有限公司 | Private Share-holding Corporations Ltd. | 5 | 229 | 657 |
| 港澳台商投资企业 | Enterprises with Funds from Hong Kong, Macao and Taiwan | 7 | 11109 | 24778 |
| 外商投资企业 | Foreign Funded Enterprises | 12 | 23840 | 55555 |
| 中外合资经营 | Joint-venture Enterprises | 3 | 185 | 302 |
| 外商独资企业 | Enterprises with Sole Foreign Investment | 9 | 23655 | 55253 |
| **按企业控股情况分** | **Grouped by Company Holding Type** | | | |
| 国有及国有控股企业 | State-owned and State-holding Enterprises | 14 | 974 | 5237 |
| 民营及民营控股企业 | Private and Private Holding Enterprises | 493 | 27967 | 230210 |
| 外商及港澳台控股企业 | Hong Kong, Macao,Taiwan and Foreign Funded Holding Enterprises | 18 | 35137 | 82281 |
| **按业态分** | **By Business Categories** | | | |
| 正　餐 | Dinner | 407 | 22974 | 217532 |
| 快　餐 | Snack | 36 | 36784 | 92043 |
| 其他餐饮 | Others | 82 | 4320 | 8153 |

16-5续表 *Continued*

单位：万元 (10 000 yuan)

| 项　目 | Item | 资产总计 Total Assets | 负债合计 Total Liabilities | 营业收入 Business Revenue | 营业成本 Cost of Business |
|---|---|---|---|---|---|
| **总　计** | **Total** | **1121778** | **823396** | **1241156** | **635335** |
| **按登记注册类型分** | **Grouped by Status of Registration** | | | | |
| 内资企业 | Domestic-funded Enterprises | 925636 | 698405 | 752309 | 402627 |
| 国　有 | State-owned Enterprises | 9996 | 9581 | 4952 | 1564 |
| 有限责任公司 | Limited Liability Corporations | 506637 | 414043 | 308405 | 146156 |
| 股份有限公司 | Share-holding Corporations Ltd. | 134679 | 69473 | 31181 | 15832 |
| 私营企业 | Private Enterprises | 274324 | 205308 | 407772 | 239075 |
| 私营独资 | Private-funded Enterprises | 1433 | 582 | 6031 | 2910 |
| 私营合伙 | Private Joint-venture Enterprises | 494 | 586 | 1710 | 1077 |
| 私营有限责任公司 | Private Limited Liability Corporations | 271375 | 202150 | 396756 | 233022 |
| 私营股份有限公司 | Private Share-holding Corporations Ltd. | 1022 | 1989 | 3274 | 2066 |
| 港澳台商投资企业 | Enterprises with Funds from Hong Kong, Macao and Taiwan | 113685 | 77083 | 146360 | 48198 |
| 外商投资企业 | Foreign Funded Enterprises | 82457 | 47908 | 342487 | 184510 |
| 中外合资经营 | Joint-venture Enterprises | 2260 | 1858 | 8302 | 4117 |
| 外商独资企业 | Enterprises with Sole Foreign Investment | 80197 | 46050 | 334185 | 180393 |
| **按企业控股情况分** | **Grouped by Company Holding Type** | | | | |
| 国有及国有控股企业 | State-owned and State-holding Enterprises | 31510 | 33670 | 26053 | 16734 |
| 民营及民营控股企业 | Private and Private Holding Enterprises | 889145 | 656340 | 717508 | 382180 |
| 外商及港澳台控股企业 | Hong Kong, Macao,Taiwan and Foreign Funded Holding Enterprises | 201123 | 133387 | 497596 | 236421 |
| **按业态分** | **By Business Categories** | | | | |
| 正　餐 | Dinner | 802013 | 610052 | 535625 | 271801 |
| 快　餐 | Snack | 227643 | 148750 | 538746 | 258351 |
| 其他餐饮 | Others | 92122 | 64594 | 166785 | 105183 |

## 16-6 A级及以上和重点旅游景区情况(2017—2019年)
## Statistics for Key Sight Spots above Grade A,2017-2019

单位：个(unit)

| 项 目 | Item | 2017 | 2018 | 2019 | 2019比2018年增长(%) Increased Rate in 2019 over 2018(%) |
|---|---|---|---|---|---|
| A级旅游景点数(个) | Scenic Spots of A Level and above (unit) | 108 | 104 | 95 | -8.7 |
| # 5A级景点 | AAAAA-Level | 2 | 2 | 2 | |
| 4A级景点 | AAAA-Level | 31 | 30 | 30 | |
| 3A级景点 | AAA-Level | 52 | 48 | 43 | -10.4 |
| 2A级景点 | AA-Level | 23 | 24 | 20 | -16.7 |

## 16-7 接待入境旅游人数和居住天数(2016—2019年)
## Number of International Tourists and Dwelling Days,2016-2019

单位：人次、天(person-time, day)

| 项 目 | Item | 2016 | 2017 | 2018 | 2019 |
|---|---|---|---|---|---|
| **接待人数总计(含不过夜)** | **Total Tourists (include not staying for night)** | **3350113** | **3450594** | **1983144** | **1897684** |
| 接待入境旅游者人数(过夜) | Accommodated Tourists (stay for night) | 824313 | 792094 | 589644 | 561038 |
| 外国人 | Foreigners | 718904 | 685332 | 559261 | 507645 |
| # 日 本 | Japan | 217215 | 200478 | 104696 | 104022 |
| 韩 国 | Republic of Korea | 170432 | 171313 | 130065 | 130519 |
| 菲律宾 | Philippines | 2960 | 2480 | 6427 | 3836 |
| 新加坡 | Singapore | 20018 | 19731 | 16835 | 12896 |
| 泰 国 | Thailand | 2266 | 2239 | 9816 | 4814 |
| 印度尼西亚 | Indonesia | 1612 | 1182 | 4561 | 3125 |
| 美 国 | United States | 58089 | 58427 | 44034 | 41734 |
| 加拿大 | Canada | 9518 | 9544 | 10773 | 7203 |
| 英 国 | United Kingdom | 16476 | 15094 | 13616 | 16177 |
| 法 国 | France | 12190 | 9875 | 3593 | 4830 |
| 德 国 | Germany | 24056 | 27120 | 39052 | 61233 |
| 意大利 | Italy | 4362 | 3741 | 2435 | 6631 |
| 俄罗斯 | Russia | 2939 | 1822 | 7285 | 6643 |
| 澳大利亚 | Australia | 16350 | 16413 | 16135 | 10854 |
| 港澳台同胞 | Hong Kong, Macao and Taiwan Compatriots | 105409 | 106762 | 30383 | 53393 |
| **星级宾馆平均每人居住天数** | **Per Capita Staying Days in Star Level Hotels** | **2.0** | **2.0** | **2.0** | **2.0** |

## 16-8 接待入境旅游外汇收入(2016—2019年)
## Foreign Exchange Earning from International Tourists,2016-2019

单位：万美元(USD 10 000)

| 项　　目 | Item | 2016 | 2017 | 2018 | 2019 |
|---|---|---|---|---|---|
| **总　　计** | **Total** | **355687** | **375174** | **110985** | **118254** |
| 长途交通 | Long-distance Transportation | 137419 | 142586 | 37565 | 45373 |
| 飞　机 | Civil Aviation | 90516 | 95549 | 34196 | 44478 |
| 火　车 | Railway | 13319 | 10898 | 1193 | 787 |
| 汽　车 | Motor Vehicles | 10118 | 12058 | 2071 | 99 |
| 海　运 | Sea Transportation | 23467 | 24081 | 105 | 9 |
| 游　览 | Tour | 14124 | 14402 | 3436 | 3036 |
| 住　宿 | Accommodation | 40844 | 58444 | 15815 | 21080 |
| 餐　饮 | Catering Service | 25885 | 29700 | 9990 | 11960 |
| 娱　乐 | Entertainment | 16677 | 17322 | 2309 | 3398 |
| 购　物 | Shopping | 70100 | 51668 | 28306 | 22566 |
| 邮电通讯 | Posts and Telecommunications | 7688 | 5776 | 1695 | 417 |
| 市内交通 | Local Transportation | 7546 | 8822 | 2165 | 3192 |
| 其　他 | Others | 35403 | 46454 | 9704 | 7233 |

## 16-9 国内旅游者来津人数和人均消费支出(2017—2019年)
## Number of Domestic Tourists Visiting Tianjin and per Capita Consumption Expenditures,2017-2019

| 项　　目 | Item | 2017 | 2018 | 2019 |
|---|---|---|---|---|
| **国内旅游人数（万人次）** | **Number of Domestic Tourists Visiting Tianjin (10 000 person-times)** | **20769** | **22651** | **24497** |
| 外省市来津旅游人数 | Number of Tourists from other Provinces Visiting Tianjin | 13204 | 13770 | 14225 |
| 本市市民在津旅游人数 | Number of Local Tourists | 7565 | 8881 | 10272 |
| **国内旅游者人均消费支出(元)** | **Consumption Expenditure per Person (yuan)** | **1585** | **1696** | **1729** |
| **国内旅游者消费支出(亿元)** | **Consumption Expenditure(100 million yuan)** | **3292.13** | **3840.89** | **4235.22** |
| 住　宿 | Accommodation | 404.61 | 483.42 | 573.57 |
| 餐　饮 | Catering Service | 598.36 | 705.74 | 824.23 |
| 游　览 | Tour | 351.00 | 381.70 | 417.61 |
| 购　物 | Shopping | 974.87 | 1189.50 | 1172.03 |
| 娱　乐 | Entertainment | 155.21 | 165.59 | 184.61 |
| 交　通 | Transportation | 711.42 | 796.06 | 933.22 |
| 邮电通讯 | Posts and Telecommunications | 7.66 | 5.21 | 4.24 |
| 其　他 | Others | 89.00 | 113.68 | 125.72 |

# 主要统计指标解释

**住宿和餐饮业营业额**

指住宿和餐饮业单位在经营活动中因提供服务或销售商品等取得的全部收入（含增值税），收入主要来源于提供客房、餐费服务、商品销售和其他服务，如商务服务。不包括多产业法人企业附营的其他行业产业活动单位的餐费收入、商品销售收入等各项收入。

**住宿和餐饮业统计限额标准**

| 行业类别 | 统计指标名称 | 限额标准 |
| --- | --- | --- |
| 住宿业 | 年主营业务收入 | 200 万元 |
| 餐饮业 | 年主营业务收入 | 200 万元 |

# Explanatory Notes on Main Statistical Indicators

**Business Revenue of Accommodation and Catering Services** refers to the total revenue received (including value-added taxes) from providing services or selling commodities by establishments engaged in hotels and catering services. The income is mainly originated from supplying services of hotels and catering, selling commodities and other services, such as business services. Excluding the income received from catering services, and selling of commodities by other industrial activity units of corporate enterprises.

**Statistical Limit Standard of Accommodation and Catering Services**

| *Industry Category* | *Statistical Index Name* | *Limit Standard* |
| --- | --- | --- |
| *Hotel Services* | *Annual Revenue from Principal Business* | *2 million yuan* |
| *Catering Services* | *Annual Revenue from Principal Business* | *2 million yuan* |

# 第十七篇　金融业

# Chapter 17　Financial Intermediation

# 17-1 各类金融机构(2000—2019年)
# Financial Institutions,2000-2019

单位：个(unit)

| 年 份<br>Year | 银行类<br>Banking Institutions | | | 非银行类<br>Non-banking Institutions | | |
|---|---|---|---|---|---|---|
| | 合 计<br>Total | 商业银行<br>Commercial Banks | 外资银行<br>Foreign Funded Banks | 合 计<br>Total | 保险公司机构<br>Insurance Companies | 证券经营机构<br>Securities Business Companies |
| 2000 | 1744 | 1718 | 14 | 725 | 102 | 96 |
| 2001 | 1703 | 1677 | 14 | 1076 | 105 | 93 |
| 2002 | 1653 | 1627 | 14 | 1215 | 311 | 85 |
| 2003 | 1594 | 1567 | 15 | 1264 | 369 | 78 |
| 2004 | 1564 | 1537 | 15 | 1294 | 386 | 79 |
| 2005 | 1552 | 1526 | 14 | 1347 | 371 | 79 |
| 2006 | 2094 | 2065 | 17 | 922 | 367 | 74 |
| 2007 | 2549 | 2520 | 17 | 557 | 426 | 71 |
| 2008 | 2599 | 2568 | 19 | 566 | 491 | 73 |
| 2009 | 2521 | 2487 | 22 | 588 | 520 | 87 |
| 2010 | 2641 | 2605 | 22 | 595 | 531 | 98 |
| 2011 | 2691 | 2654 | 22 | 662 | 577 | 102 |
| 2012 | 2698 | 2660 | 23 | 676 | 591 | 105 |
| 2013 | 2909 | 2837 | 57 | 1603 | 605 | 111 |
| 2014 | 3011 | 2939 | 57 | 1867 | 621 | 131 |
| 2015 | 3239 | 3167 | 57 | 2318 | 643 | 148 |
| 2016 | 3282 | 3213 | 54 | 3073 | 662 | 166 |
| 2017 | 3191 | 3124 | 52 | 3639 | 675 | 179 |
| 2018 | 3144 | 3084 | 45 | 4381 | 664 | 185 |
| 2019 | 3103 | 3043 | 45 | 4290 | 689 | 187 |

注：银行类金融机构自2006年起含农村合作银行；自2007年起含邮政储蓄银行。非银行类金融机构自2013年起含新兴金融机构。
Note: Banking Financial Institutions included Rural Cooperative Bank since 2006, and include Postal Savings Bank since 2007. Non-banking Institutions included Emerging Financial Institutions since 2013.

# 17-2 各类金融机构(2017—2019)
## Financial Institutions,2017-2019

单位：个(unit)

| 项　　目 | Item | 2017 | 2018 | 2019 |
|---|---|---|---|---|
| **总　　计** | **Total** | **6830** | **7525** | **7393** |
| **银行类** | **Banking Institutions** | **3191** | **3144** | **3103** |
| 中央银行 | Central Banks | 2 | 2 | 2 |
| 政策性银行 | Policy Banks | 13 | 13 | 13 |
| 商业银行 | Commercial Banks | 3124 | 3084 | 3043 |
| 外资银行 | Foreign Funded Banks | 52 | 45 | 45 |
| **非银行类** | **Non-banking Institutions** | **3639** | **4381** | **4290** |
| 保险公司机构 | Insurance Institutions | 675 | 664 | 689 |
| 保险中介机构 | Insurance Intermediary Institutions | 235 | 314 | 305 |
| 保险资产管理公司 | Insurance Asset Management Companies | 1 | 1 | 1 |
| 证券经营机构 | Securities Business Companies | 179 | 185 | 187 |
| 基金管理公司 | Fund Management Companies | 1 | 1 | 1 |
| 独立基金销售机构分公司 | Independent Fund Sales Institution Branches | 4 | 5 | 4 |
| 证券投资咨询公司 | Security Investment Consulting Companies | 1 | 1 | 1 |
| 证券信用评级公司 | Security Credit Rating Companies | 1 | 1 | 1 |
| 期货经营机构 | The Futures Management Agencies | 38 | 41 | 40 |
| 信托投资公司 | Trust Investment Companies | 2 | 2 | 2 |
| 金融租赁公司 | Financial Leasing Companies | 11 | 11 | 12 |
| 汽车金融公司 | Auto Financing Companies | 2 | 2 | 2 |
| 财务公司 | Financial Companies | 8 | 8 | 8 |
| 货币经纪公司 | Currency Brokerage Companies | 1 | 1 | 1 |
| 消费金融公司 | Consumer Finance Companies | 1 | 1 | 1 |
| 金融资产管理公司 | Financial Assets Supervision Corporations | 4 | 4 | 4 |
| 货币兑换公司 | Currency Exchange Companies | 6 | 6 | 6 |
| 第三方支付公司 | The Third Party Payment Companies | 35 | 38 | 41 |
| 小额贷款公司 | Micro-credit Companies | 174 | 173 | 155 |
| 融资性担保机构 | Financing Guarantee Agencies | 39 | 40 | 41 |
| 典当公司 | Mortgage Companies | 169 | 176 | 162 |
| 内资融资租赁公司 | Domestic Financial Leasing Companies | 79 | 112 | 120 |
| 外资融资租赁公司 | Foreign Financial Leasing Companies | 1484 | 1887 | 1795 |
| 保理公司 | Factoring Company | 489 | 707 | 711 |

注：小额贷款公司包含银监会监管的兴农贷款公司。
Note: Micro-credit Companies contains Xingnong credit Company.

# 17-3 中外资金融机构本外币存贷款余额(2002—2019年)

## RMB & Foreign Deposit and Loan Balance of Chinese & Foreign Financial Institutions,2002-2019

单位：亿元(100 million yuan)

| 年 份 Year | 存款余额(折人民币) Deposit Balance (as RMB) | 中资金融机构 Chinese Financial Institutions | 人民币 RMB | 外汇(亿美元) Foreign Exchange(USD 100 million) | 外资金融机构 Foreign-funded Financial Institutions | 外汇(亿美元) Foreign Exchange(USD 100 million) | 人民币 RMB |
|---|---|---|---|---|---|---|---|
| 2002 | 3358.89 | 3297.79 | 3018.26 | 33.77 | 61.08 | 7.23 | 1.24 |
| 2003 | 4362.60 | 4317.98 | 4033.51 | 34.37 | 44.63 | 4.26 | 9.37 |
| 2004 | 5139.72 | 5044.07 | 4729.61 | 37.99 | 95.65 | 9.06 | 20.67 |
| 2005 | 6090.50 | 5990.37 | 5684.40 | 37.91 | 100.13 | 8.48 | 31.69 |
| 2006 | 6839.20 | 6762.39 | 6531.94 | 29.51 | 76.81 | 5.67 | 32.52 |
| 2007 | 8242.07 | 8116.19 | 7856.65 | 35.54 | 125.88 | 7.15 | 73.67 |
| 2008 | 9954.16 | 9726.64 | 9490.11 | 34.62 | 227.52 | 16.28 | 116.25 |
| 2009 | 13887.11 | 13637.31 | 13390.21 | 36.19 | 249.80 | 13.39 | 158.35 |
| 2010 | 16499.25 | 16179.94 | 15912.21 | 40.43 | 319.31 | 13.41 | 230.49 |
| 2011 | 17586.91 | 17218.32 | 16910.52 | 48.85 | 368.59 | 12.95 | 286.99 |
| 2012 | 20293.79 | 19887.26 | 19356.08 | 84.51 | 406.53 | 13.83 | 319.60 |
| 2013 | 23316.56 | 22825.25 | 22268.27 | 91.35 | 491.31 | 12.30 | 416.32 |
| 2014 | 24777.75 | 24219.94 | 23484.54 | 120.18 | 557.81 | 13.55 | 474.88 |
| 2015 | 28149.37 | 27681.73 | 26754.31 | 142.82 | 483.36 | 11.71 | 407.34 |
| 2016 | 30067.03 | 29617.71 | 28676.38 | 135.70 | 449.41 | 12.16 | 365.07 |
| 2017 | 30940.81 | 30505.99 | 29392.33 | 170.44 | 438.65 | 12.39 | 357.66 |
| 2018 | 30983.17 | 30586.30 | 29601.43 | 143.50 | 404.44 | 12.79 | 316.66 |
| 2019 | 31788.78 | 31365.16 | 30384.60 | 140.56 | 423.63 | 15.54 | 315.22 |

17-3续表 *Continued*

单位：亿元(100 million yuan)

| 年 份 Year | 贷款余额(折人民币) Loan Balance (as RMB) | 中资金融机构 Chinese Financial Institutions | 人民币 RMB | 外汇(亿美元) Foreign Exchange(USD 100 million) | 外资金融机构 Foreign-funded Financial Institutions | 外汇(亿美元) Foreign Exchange(USD 100 million) | 人民币 RMB |
|---|---|---|---|---|---|---|---|
| 2002 | 2868.93 | 2765.09 | 2519.04 | 29.72 | 103.84 | 12.06 | 4.02 |
| 2003 | 3791.22 | 3679.61 | 3426.02 | 30.64 | 112.76 | 12.77 | 7.06 |
| 2004 | 4146.49 | 4010.17 | 3821.38 | 22.81 | 136.32 | 14.39 | 17.21 |
| 2005 | 4722.38 | 4571.40 | 4417.45 | 19.08 | 150.98 | 13.73 | 40.18 |
| 2006 | 5415.72 | 5243.71 | 5106.94 | 17.52 | 172.02 | 12.32 | 75.82 |
| 2007 | 6543.83 | 6345.25 | 6131.63 | 29.25 | 198.57 | 12.20 | 109.44 |
| 2008 | 7689.12 | 7501.98 | 7277.46 | 32.84 | 187.15 | 11.89 | 105.83 |
| 2009 | 11152.19 | 10937.95 | 10513.44 | 62.17 | 214.24 | 12.06 | 131.88 |
| 2010 | 13774.11 | 13422.51 | 12864.75 | 84.22 | 351.60 | 15.82 | 246.81 |
| 2011 | 15924.71 | 15470.16 | 14897.72 | 90.85 | 454.55 | 17.47 | 344.45 |
| 2012 | 18396.81 | 17873.39 | 16977.76 | 142.49 | 523.42 | 17.36 | 414.29 |
| 2013 | 20857.80 | 20294.04 | 18987.54 | 214.29 | 563.75 | 16.07 | 465.77 |
| 2014 | 23223.42 | 22551.30 | 21189.30 | 222.58 | 672.12 | 23.77 | 474.88 |
| 2015 | 25994.68 | 25477.79 | 24104.91 | 211.42 | 543.78 | 21.30 | 405.47 |
| 2016 | 28754.04 | 28325.42 | 27019.19 | 188.30 | 467.92 | 15.59 | 359.77 |
| 2017 | 31602.54 | 31152.44 | 29723.04 | 218.76 | 494.46 | 14.69 | 398.44 |
| 2018 | 34084.90 | 33691.60 | 32186.96 | 219.23 | 437.58 | 10.02 | 368.80 |
| 2019 | 36141.27 | 35793.65 | 34546.86 | 178.72 | 356.30 | 2.93 | 335.86 |

# 17-4 中外资金融机构人民币存贷款余额(1981—2019年)

# RMB Deposit and Loan Balance of Chinese & Foreign Financial Institutions,1981-2019

单位：亿元(100 million yuan)

| 年 份<br>Year | 存 款<br>合 计<br>Total Deposits | #单 位<br>存 款<br>Corporate Deposits | #财政性<br>存 款<br>Treasury Deposits | #住 户<br>存 款<br>Household Deposits | #农 业<br>存 款<br>Agricultural Deposits | #其 他<br>存 款<br>Other Deposits | 贷 款<br>合 计<br>Total Loans | #中长期贷款<br>Medium-term & Long-term Loans |
|---|---|---|---|---|---|---|---|---|
| 1981 | 53.25 | 25.08 | 10.23 | 9.70 | 4.70 | 3.54 | 107.73 | 5.64 |
| 1982 | 68.05 | 32.97 | 11.73 | 12.50 | 6.18 | 4.67 | 112.61 | 8.70 |
| 1983 | 75.83 | 35.62 | 11.58 | 16.67 | 7.85 | 4.11 | 125.38 | 10.70 |
| 1984 | 95.52 | 45.76 | 10.98 | 22.19 | 6.87 | 9.72 | 138.99 | 14.21 |
| 1985 | 114.25 | 58.48 | 13.82 | 29.38 | 4.52 | 8.05 | 191.04 | 19.63 |
| 1986 | 129.14 | 63.22 | 11.32 | 40.52 | 5.61 | 8.48 | 224.49 | 26.59 |
| 1987 | 156.48 | 70.41 | 12.65 | 54.95 | 6.77 | 11.70 | 260.12 | 32.35 |
| 1988 | 176.44 | 72.77 | 14.35 | 62.72 | 9.45 | 17.16 | 296.18 | 35.47 |
| 1989 | 203.44 | 70.24 | 16.20 | 89.71 | 8.51 | 18.79 | 341.60 | 37.55 |
| 1990 | 263.21 | 86.66 | 19.15 | 126.92 | 9.42 | 21.07 | 415.91 | 50.00 |
| 1991 | 336.56 | 106.84 | 24.73 | 163.18 | 13.15 | 28.67 | 487.43 | 73.88 |
| 1992 | 467.81 | 157.39 | 23.50 | 202.66 | 18.51 | 65.75 | 624.82 | 105.67 |
| 1993 | 586.12 | 193.71 | 23.78 | 269.70 | 21.75 | 77.19 | 768.57 | 143.93 |
| 1994 | 800.56 | 301.12 | 24.26 | 394.50 | 18.26 | 62.43 | 927.05 | 210.87 |
| 1995 | 1079.97 | 385.21 | 37.59 | 549.97 | 22.87 | 84.33 | 1113.95 | 262.01 |
| 1996 | 1399.06 | 527.68 | 28.54 | 724.91 | 25.82 | 98.64 | 1357.38 | 305.50 |
| 1997 | 1634.95 | 638.88 | 26.22 | 863.36 | 28.76 | 77.73 | 1502.91 | 298.81 |
| 1998 | 1860.84 | 655.38 | 12.53 | 1020.14 | 34.28 | 138.50 | 1629.12 | 302.69 |
| 1999 | 2060.02 | 736.03 | 45.78 | 1130.19 | 37.94 | 110.08 | 1825.26 | 405.04 |
| 2000 | 2281.55 | 871.31 | 53.97 | 1172.40 | 44.10 | 139.76 | 1863.60 | 431.27 |
| 2001 | 2562.55 | 946.89 | 63.82 | 1284.95 | 56.32 | 210.56 | 2159.86 | 637.76 |
| 2002 | 3018.26 | 1115.35 | 102.30 | 1486.38 | 73.86 | 240.37 | 2519.04 | 846.93 |
| 2003 | 4033.51 | 1542.75 | 136.89 | 1825.32 | 164.72 | 363.83 | 3426.02 | 1468.35 |
| 2004 | 4750.28 | 1843.25 | 35.34 | 2116.97 | 157.14 | 450.89 | 3838.59 | 1789.90 |
| 2005 | 5716.09 | 2216.28 | 43.55 | 2462.66 | 163.66 | 638.74 | 4457.63 | 2204.62 |
| 2006 | 6564.47 | 2693.37 | 77.88 | 2811.71 | 189.50 | 619.63 | 5182.76 | 2758.33 |
| 2007 | 7930.31 | 3411.50 | 138.76 | 3083.79 | 237.47 | 810.50 | 6241.07 | 3491.79 |
| 2008 | 9606.36 | 3707.97 | 74.12 | 3980.14 | 288.59 | 1227.81 | 7383.29 | 4255.78 |
| 2009 | 13548.56 | 6007.93 | 127.78 | 4885.86 | 425.77 | 1564.18 | 10645.32 | 7006.87 |
| 2010 | 16142.69 | 6887.60 | 183.26 | 5558.23 | 558.47 | 2065.60 | 13111.57 | 8976.72 |
| 2011 | 17197.51 | 10155.74 | 305.20 | 6123.08 | | 480.12 | 15242.17 | 9649.42 |
| 2012 | 19675.68 | 11591.00 | 271.08 | 7055.38 | | 567.41 | 17392.06 | 10306.11 |
| 2013 | 22684.59 | 13533.26 | 395.47 | 7612.31 | | 518.99 | 19453.31 | 11168.25 |
| 2014 | 23959.42 | 14076.93 | 566.46 | 7916.90 | | 806.62 | 21715.99 | 12362.90 |
| 2015 | 27145.93 | | 431.59 | 8743.79 | | | 24500.91 | 13991.90 |
| 2016 | 29041.36 | | 532.48 | 9125.38 | | | 27367.97 | 15608.00 |
| 2017 | 29746.16 | | 556.84 | 9558.05 | | | 30103.05 | 17806.63 |
| 2018 | 29910.53 | | 441.30 | 10746.17 | | | 32539.43 | 19283.57 |
| 2019 | 30699.80 | | 181.40 | 12639.64 | | | 34874.04 | 21095.40 |

注：1.中长期贷款1994年以前为固定资产贷款,1998年起中长期贷款中含中期流动资金贷款。2."单位存款"2011年以前为"企业存款",统计口径有所调整。3.农业存款1996年以前为农村存款，2011年取消该分类。4.其他存款含临时性存款、委托存款。5."住户存款"2015年以前为"储蓄存款"。6.表17-5同。

Note: a) Medium-term & long-term loans refer to fixed assets loans before 1994, and include medium-term circulating capital loans since 1998.
b) Deposits of enterprises are changed to corporate deposits since 2011, and the coverage is changed accordingly. c) Agricultural deposits refer to rural deposits before 1996.The section was canceled in 2011. d) Others deposits include temporary deposits and entrusted deposits.
e) Saving deposits are changed to household deposits since 2015. f) Same as table 17-5.

# 17-5 中资金融机构人民币存贷款余额(1981—2019年)
## RMB Deposit and Loan Balance of Chinese Financial Institutions,1981-2019

单位：亿元(100 million yuan)

| 年份 Year | 存款合计 Total Deposits | #单位存款 Corporate Deposits | #财政性存款 Treasury Deposits | #住户存款 Household Deposits | #农业存款 Agricultural Deposits | #其他存款 Other Deposits | 贷款合计 Total Loans | #中长期贷款 Medium-term & Long-term Loans |
|---|---|---|---|---|---|---|---|---|
| 1981 | 53.25 | 25.08 | 10.23 | 9.70 | 4.70 | 3.54 | 107.73 | 5.64 |
| 1982 | 68.05 | 32.97 | 11.73 | 12.50 | 6.18 | 4.67 | 112.61 | 8.70 |
| 1983 | 75.83 | 35.62 | 11.58 | 16.67 | 7.85 | 4.11 | 125.38 | 10.70 |
| 1984 | 95.52 | 45.76 | 10.98 | 22.19 | 6.87 | 9.72 | 138.99 | 14.21 |
| 1985 | 114.25 | 58.48 | 13.82 | 29.38 | 4.52 | 8.05 | 191.04 | 19.63 |
| 1986 | 129.14 | 63.22 | 11.32 | 40.52 | 5.61 | 8.48 | 224.49 | 26.59 |
| 1987 | 156.48 | 70.41 | 12.65 | 54.95 | 6.77 | 11.70 | 260.12 | 32.35 |
| 1988 | 176.44 | 72.77 | 14.35 | 62.72 | 9.45 | 17.16 | 296.18 | 35.47 |
| 1989 | 203.44 | 70.24 | 16.20 | 89.71 | 8.51 | 18.79 | 341.60 | 37.55 |
| 1990 | 263.21 | 86.66 | 19.15 | 126.92 | 9.42 | 21.07 | 415.91 | 50.00 |
| 1991 | 336.56 | 106.84 | 24.73 | 163.18 | 13.15 | 28.67 | 487.43 | 73.88 |
| 1992 | 467.81 | 157.39 | 23.50 | 202.66 | 18.51 | 65.75 | 624.82 | 105.67 |
| 1993 | 586.12 | 193.71 | 23.78 | 269.70 | 21.75 | 77.19 | 768.57 | 143.93 |
| 1994 | 800.56 | 301.12 | 24.26 | 394.50 | 18.26 | 62.43 | 927.05 | 210.87 |
| 1995 | 1079.97 | 385.21 | 37.59 | 549.97 | 22.87 | 84.33 | 1113.95 | 262.01 |
| 1996 | 1399.06 | 527.68 | 28.54 | 724.91 | 25.82 | 98.64 | 1357.38 | 305.50 |
| 1997 | 1634.95 | 638.88 | 26.22 | 863.36 | 28.76 | 77.73 | 1502.91 | 298.81 |
| 1998 | 1860.84 | 655.38 | 12.53 | 1020.14 | 34.28 | 138.50 | 1629.12 | 302.69 |
| 1999 | 2060.02 | 736.03 | 45.78 | 1130.19 | 37.94 | 110.08 | 1825.26 | 405.04 |
| 2000 | 2281.55 | 871.31 | 53.97 | 1172.40 | 44.10 | 139.76 | 1863.60 | 431.27 |
| 2001 | 2562.55 | 946.89 | 63.82 | 1284.95 | 56.32 | 210.56 | 2159.86 | 637.76 |
| 2002 | 3018.26 | 1115.35 | 102.30 | 1486.38 | 73.86 | 240.37 | 2519.04 | 846.93 |
| 2003 | 4033.51 | 1542.75 | 136.89 | 1825.32 | 164.72 | 363.83 | 3426.02 | 1468.35 |
| 2004 | 4729.61 | 1823.00 | 182.03 | 2116.73 | 157.14 | 450.71 | 3821.38 | 1789.78 |
| 2005 | 5684.40 | 2185.23 | 234.75 | 2462.41 | 163.66 | 638.35 | 4417.45 | 2203.93 |
| 2006 | 6531.94 | 2661.96 | 250.26 | 2811.02 | 189.50 | 619.20 | 5106.94 | 2756.82 |
| 2007 | 7856.65 | 3344.20 | 387.05 | 3078.72 | 237.47 | 809.21 | 6131.63 | 3473.96 |
| 2008 | 9490.11 | 3617.14 | 401.85 | 3956.86 | 288.59 | 1225.67 | 7277.46 | 4235.22 |
| 2009 | 13390.21 | 5879.48 | 664.82 | 4860.12 | 425.77 | 1560.02 | 10513.44 | 6950.44 |
| 2010 | 15912.21 | 6695.81 | 1072.78 | 5525.28 | 558.47 | 2059.86 | 12864.75 | 8856.51 |
| 2011 | 16910.52 | 9919.16 | 305.20 | 6072.66 |  | 480.12 | 14897.72 | 9458.86 |
| 2012 | 19356.08 | 11335.69 | 271.08 | 6991.09 |  | 567.41 | 16977.76 | 10091.39 |
| 2013 | 22268.27 | 13199.60 | 395.47 | 7563.46 |  | 509.71 | 18987.54 | 10931.13 |
| 2014 | 23484.54 | 13687.84 | 566.46 | 7863.57 |  | 794.41 | 21189.30 | 12099.47 |
| 2015 | 26754.31 |  | 431.59 | 8721.52 |  |  | 24104.91 | 13860.53 |
| 2016 | 28676.38 |  | 532.48 | 9105.15 |  |  | 27019.19 | 15473.35 |
| 2017 | 29392.33 |  | 556.53 | 9536.46 |  |  | 29723.04 | 17673.97 |
| 2018 | 29601.43 |  | 441.07 | 10723.30 |  |  | 32186.96 | 19174.47 |
| 2019 | 30384.60 |  | 181.35 | 12614.95 |  |  | 34546.86 | 20977.43 |

# 17-6 中外资金融机构本外币信贷资金平衡表(2019年)
# RMB & Foreign Currency Credit Funds Balance Sheet of Chinese & Foreign Financial Institutions,2019

单位：亿元(100 million yuan)

| 项 目 | Item | 2019 | 比年初增减数 Increase or Decrease Compared to the Beginning of the Year | | 2019比2018年增长(%) Increase Rate in 2019 over 2018(%) |
|---|---|---|---|---|---|
| | | | 2018 | 2019 | |
| **资金来源合计** | **All Sources** | **42455.28** | **2132.94** | **1614.39** | **3.90** |
| 各项存款 | Total Deposits | 31788.78 | 42.36 | 795.83 | 2.60 |
| # 住户存款 | Household Deposits | 12838.75 | 1188.62 | 1881.88 | 17.30 |
| 非金融企业存款 | Non-financial Enterprise Deposits | 13261.26 | -516.86 | -676.16 | -4.80 |
| 广义政府存款 | General Government Deposits | 3136.67 | -322.84 | -574.64 | -15.50 |
| 非银行业金融机构存款 | Non-bank Financial Institution Deposits | 2130.47 | -198.38 | -5.27 | -0.30 |
| 金融债券 | Financial Bond | 1007.26 | 373.41 | 109.85 | 12.20 |
| 卖出回购资产 | Sold for Repurchase Assets | 42.77 | -3.02 | 38.98 | 1029.90 |
| 借款及非银行业金融机构拆入 | Borrowing and Non-bank Financial Institution Borrowing | 438.49 | 21.79 | 42.90 | 10.80 |
| 联行往来(净) | Interbank Transactions (net) | 701.24 | | 701.24 | |
| 应付及暂收款 | Accounts Payable and Suspense Credits | 1134.19 | 20.43 | 2.37 | 0.50 |
| 各项准备 | All Preparation | 1431.33 | 317.89 | 103.38 | 8.00 |
| 所有者权益 | Owner's Equity | 2050.24 | 31.08 | 4.10 | 0.50 |
| 其 他 | Others | 3860.97 | 1328.99 | -184.26 | -5.20 |
| **资金运用合计** | **All Uses** | **42455.28** | **2132.94** | **1614.39** | **3.90** |
| 各项贷款 | Total Loans | 36141.27 | 2439.09 | 2026.11 | 6.00 |
| # 住户贷款 | Household Loans | 9440.77 | 1516.59 | 1577.73 | 20.50 |
| 非金融企业及机关团体贷款 | Non-financial Enterprise and Institution Loans | 26321.62 | 848.47 | 487.50 | 1.90 |
| 非银行业金融机构贷款 | Non-bank Financial Institution Loans | 19.30 | 8.41 | -0.04 | -0.20 |
| 债券投资 | Bond Investment | 2496.86 | -290.01 | -265.18 | -11.20 |
| 股权及其他投资 | Stocks and Other Investments | 2554.26 | -130.63 | 682.28 | 40.20 |
| 买入返售资产 | Buying Back the Sale of Assets | 119.00 | -114.38 | 55.90 | 88.60 |
| 存放非银行业金融机构款项 | Deposits of Non-bank Financial Institution | 71.62 | 1.44 | 17.95 | 33.40 |
| 联行往来(净) | Interbank Transactions (net) | | 303.02 | -967.80 | -100.00 |
| 金银占款 | Funds Outstanding for Gold and Silver | | | | |
| 外汇买卖 | Foreign Exchange Trading | | | | |
| 应收及预付款 | Accounts Receivable and Advance Charge | 613.85 | -100.54 | 21.88 | 3.70 |
| 投资性房地产 | Investment Real Estate | 0.99 | -0.40 | -0.11 | -9.80 |
| 固定资产 | Fixed Assets | 457.42 | 25.35 | 43.36 | 10.50 |

注：表中增长速度按可比口径计算。表17-7、17-8同。
Note: The increase rates are calculated at constant coverage. Same as table 17-7, 17-8.

# 17-7 中外资金融机构人民币各项存贷款余额(2019年)

# RMB Deposit and Loan Balance of Chinese & Foreign Financial Institutions,2019

单位：亿元(100 million yuan)

| 项　目 | Item | 2019 | 比年初增减数 Increase or Decrease Compared to the Beginning of the Year | | 2019比2018增长(%) Increase Rate in 2019 over 2018(%) |
|---|---|---|---|---|---|
| | | | 2018 | 2019 | |
| **各项存款合计** | **Total Deposits** | **30699.80** | **164.37** | **779.69** | **2.6** |
| 境内存款 | Domestic Deposits | 30637.28 | 158.73 | 786.37 | 2.7 |
| 住户存款 | Household Deposits | 12639.64 | 1184.77 | 1885.65 | 17.6 |
| 活期存款 | Demand Deposits | 3824.86 | 229.12 | 325.76 | 9.6 |
| 定期及其他存款 | Time Deposits and Other Deposits | 8814.78 | 955.65 | 1559.89 | 21.5 |
| 非金融企业存款 | Non-financial Enterprise Deposits | 12772.43 | -503.61 | -498.42 | -3.7 |
| 活期存款 | Demand Deposits | 4981.07 | -368.85 | -114.02 | -2.2 |
| 定期及其他存款 | Time Deposits and Other Deposits | 7791.36 | -134.76 | -384.40 | -4.7 |
| 广义政府存款 | General Government Deposits | 3130.40 | -324.66 | -574.82 | -15.5 |
| 财政性存款 | Treasury Deposits | 181.40 | -115.53 | -259.90 | -58.9 |
| 机关团体存款 | Deposits of Non-profit Institutions | 2949.00 | -209.12 | -314.92 | -9.7 |
| 非银行业金融机构存款 | Non-bank Financial Institution Deposits | 2094.81 | -197.77 | -26.03 | -1.2 |
| 境外存款 | Overseas Deposits | 62.52 | 5.64 | -6.68 | -9.5 |
| **各项贷款合计** | **Total Loans** | **34874.04** | **2426.75** | **2304.59** | **7.2** |
| 境内贷款 | Domestic Loans | 34834.97 | 2416.20 | 2316.88 | 7.2 |
| 住户贷款 | Household Loans | 9440.06 | 1516.60 | 1577.74 | 20.5 |
| 短期贷款 | Short-term Loans | 1531.90 | 393.47 | 605.12 | 68.9 |
| 消费贷款 | Consumption Loans | 1147.10 | 356.86 | 524.92 | 90.4 |
| 经营贷款 | Business Loans | 384.80 | 36.61 | 80.20 | 26.3 |
| 中长期贷款 | Medium-term & Long-term Loans | 7908.16 | 1123.13 | 972.62 | 14.2 |
| 消费贷款 | Consumption Loans | 7285.05 | 995.30 | 806.30 | 12.6 |
| 经营贷款 | Business Loans | 623.11 | 127.83 | 166.32 | 36.4 |
| 非金融企业及机关团体贷款 | Non-financial Enterprise and Institution Loans | 25375.61 | 891.19 | 739.19 | 3.0 |
| 短期贷款 | Short-term Loans | 6336.80 | -254.02 | -353.26 | -5.4 |
| 中长期贷款 | Medium-term & Long-term Loans | 13187.24 | 360.09 | 818.70 | 6.7 |
| 票据融资 | Bill Financing | 1302.99 | 435.75 | 179.94 | 16.0 |
| 融资租赁 | Financing Lease | 4422.54 | 343.13 | 42.67 | 1.0 |
| 各项垫款 | Money Advanced | 126.00 | 6.24 | 51.14 | 68.3 |
| 非银行业金融机构贷款 | Non-bank Financial Institution Loans | 19.30 | 8.41 | -0.04 | -0.2 |
| 境外贷款 | Overseas Loans | 39.07 | 10.55 | -12.29 | -23.9 |

# 17-8 中资金融机构人民币各项存贷款余额(2019年)
# RMB Deposit and Loan Balance of Chinese Financial Institutions,2019

单位：亿元(100 million yuan)

| 项 目 | Item | 2019 | 比年初增减数 Increase or Decrease Compared to the Beginning of the Year | | 2019比2018增长(%) Increase Rate in 2019 over 2018(%) |
|---|---|---|---|---|---|
| | | | 2018 | 2019 | |
| **各项存款合计** | **Total Deposits** | **30384.60** | **209.11** | **773.58** | **2.7** |
| 境内存款 | Domestic Deposits | 30337.08 | 203.69 | 780.02 | 2.7 |
| 住户存款 | Household Deposits | 12614.95 | 1183.48 | 1883.83 | 17.6 |
| 活期存款 | Demand Deposits | 3816.89 | 229.02 | 325.09 | 9.6 |
| 定期及其他存款 | Time Deposits and Other Deposits | 8789.06 | 954.47 | 1558.73 | 21.5 |
| 非金融企业存款 | Non-financial Enterprise Deposits | 12500.05 | -459.03 | -503.64 | -3.9 |
| 活期存款 | Demand Deposits | 4917.43 | -367.90 | -105.48 | -2.1 |
| 定期及其他存款 | Time Deposits and Other Deposits | 7582.62 | -91.13 | -398.16 | -5.0 |
| 广义政府存款 | General Government Deposits | 3129.96 | -323.89 | -574.68 | -15.5 |
| 财政性存款 | Treasury Deposits | 181.35 | -115.46 | -259.72 | -58.9 |
| 机关团体存款 | Deposits of Non-profit Institutions | 2948.61 | -208.42 | -314.97 | -9.7 |
| 非银行业金融机构存款 | Non-bank Financial Institution Deposits | 2092.12 | -196.88 | -25.48 | -1.2 |
| 境外存款 | Overseas Deposits | 47.52 | 5.42 | -6.44 | -11.8 |
| **各项贷款合计** | **Total Loans** | **34546.86** | **2454.29** | **2329.88** | **7.3** |
| 境内贷款 | Domestic Loans | 34508.76 | 2443.92 | 2342.42 | 7.4 |
| 住户贷款 | Household Loans | 9431.43 | 1516.12 | 1575.91 | 20.5 |
| 短期贷款 | Short-term Loans | 1526.50 | 394.20 | 602.39 | 68.8 |
| 消费贷款 | Consumption Loans | 1147.10 | 356.91 | 524.92 | 90.4 |
| 经营贷款 | Business Loans | 379.40 | 37.29 | 77.47 | 25.7 |
| 中长期贷款 | Medium-term & Long-term Loans | 7904.93 | 1121.92 | 973.52 | 14.2 |
| 消费贷款 | Consumption Loans | 7284.00 | 995.50 | 806.45 | 12.6 |
| 经营贷款 | Business Loans | 620.93 | 126.42 | 167.07 | 36.8 |
| 非金融企业及机关团体贷款 | Non-financial Enterprise and Institution Loans | 25058.02 | 919.38 | 766.55 | 3.2 |
| 短期贷款 | Short-term Loans | 6173.47 | -257.24 | -331.12 | -5.2 |
| 中长期贷款 | Medium-term & Long-term Loans | 13072.50 | 384.85 | 808.94 | 6.7 |
| 票据融资 | Bill Financing | 1263.59 | 442.02 | 194.92 | 18.2 |
| 融资租赁 | Financing Lease | 4422.54 | 343.13 | 42.67 | 1.0 |
| 各项垫款 | Money Advanced | 125.93 | 6.62 | 51.14 | 68.4 |
| 非银行业金融机构贷款 | Non-bank Financial Institution Loans | 19.30 | 8.41 | -0.04 | -0.2 |
| 境外贷款 | Overseas Loans | 38.11 | 10.37 | -12.55 | -24.8 |

# 17-9 金融机构人民币法定存款基准利率(1996—2015年)
# Official Benchmark Interest Rates on RMB Deposits of Financial Institutions,1996-2015

单位：年利率%(% p.a.)

| 调整时间 Adjust Time | 活期 Demand Deposits | 定期 Time Deposits | | | | | |
|---|---|---|---|---|---|---|---|
| | | 三个月 3 Months | 半年 6 Months | 一年 1 Year | 二年 2 Years | 三年 3 Years | 五年 5 Years |
| 1996.05.01 | 2.97 | 4.86 | 7.20 | 9.18 | 9.90 | 10.80 | 12.06 |
| 1996.08.23 | 1.98 | 3.33 | 5.40 | 7.47 | 7.92 | 8.28 | 9.00 |
| 1997.10.23 | 1.71 | 2.88 | 4.14 | 5.67 | 5.94 | 6.21 | 6.66 |
| 1998.03.25 | 1.71 | 2.88 | 4.14 | 5.22 | 5.58 | 6.21 | 6.66 |
| 1998.07.01 | 1.44 | 2.79 | 3.96 | 4.77 | 4.86 | 4.95 | 5.22 |
| 1998.12.07 | 1.44 | 2.79 | 3.33 | 3.78 | 3.96 | 4.14 | 4.50 |
| 1999.06.10 | 0.99 | 1.98 | 2.16 | 2.25 | 2.43 | 2.70 | 2.88 |
| 2002.02.21 | 0.72 | 1.71 | 1.89 | 1.98 | 2.25 | 2.52 | 2.79 |
| 2004.10.29 | 0.72 | 1.71 | 2.07 | 2.25 | 2.70 | 3.24 | 3.60 |
| 2006.08.19 | 0.72 | 1.80 | 2.25 | 2.52 | 3.06 | 3.69 | 4.14 |
| 2007.03.18 | 0.72 | 1.98 | 2.43 | 2.79 | 3.33 | 3.96 | 4.41 |
| 2007.05.19 | 0.72 | 2.07 | 2.61 | 3.06 | 3.69 | 4.41 | 4.95 |
| 2007.07.21 | 0.81 | 2.34 | 2.88 | 3.33 | 3.96 | 4.68 | 5.22 |
| 2007.08.22 | 0.81 | 2.61 | 3.15 | 3.60 | 4.23 | 4.95 | 5.49 |
| 2007.09.15 | 0.81 | 2.88 | 3.42 | 3.87 | 4.50 | 5.22 | 5.76 |
| 2007.12.21 | 0.72 | 3.33 | 3.78 | 4.14 | 4.68 | 5.40 | 5.85 |
| 2008.10.09 | 0.72 | 3.15 | 3.51 | 3.87 | 4.41 | 5.13 | 5.58 |
| 2008.10.30 | 0.72 | 2.88 | 3.24 | 3.60 | 4.14 | 4.77 | 5.13 |
| 2008.11.27 | 0.36 | 1.98 | 2.25 | 2.52 | 3.06 | 3.60 | 3.87 |
| 2008.12.23 | 0.36 | 1.71 | 1.98 | 2.25 | 2.79 | 3.33 | 3.60 |
| 2010.10.20 | 0.36 | 1.91 | 2.20 | 2.50 | 3.25 | 3.85 | 4.20 |
| 2010.12.26 | 0.36 | 2.25 | 2.50 | 2.75 | 3.55 | 4.15 | 4.55 |
| 2011.02.09 | 0.40 | 2.60 | 2.80 | 3.00 | 3.90 | 4.50 | 5.00 |
| 2011.04.06 | 0.50 | 2.85 | 3.05 | 3.25 | 4.15 | 4.75 | 5.25 |
| 2011.07.07 | 0.50 | 3.10 | 3.30 | 3.50 | 4.40 | 5.00 | 5.50 |
| 2012.06.08 | 0.40 | 2.85 | 3.05 | 3.25 | 4.10 | 4.65 | 5.10 |
| 2012.07.06 | 0.35 | 2.60 | 2.80 | 3.00 | 3.75 | 4.25 | 4.75 |
| 2014.11.22 | 0.35 | 2.35 | 2.55 | 2.75 | 3.35 | 4.00 | |
| 2015.03.01 | 0.35 | 2.10 | 2.30 | 2.50 | 3.10 | 3.75 | |
| 2015.05.11 | 0.35 | 1.85 | 2.05 | 2.25 | 2.85 | 3.50 | |
| 2015.06.28 | 0.35 | 1.60 | 1.80 | 2.00 | 2.60 | 3.25 | |
| 2015.08.26 | 0.35 | 1.35 | 1.55 | 1.75 | 2.35 | 3.00 | |
| 2015.10.24 | 0.35 | 1.10 | 1.30 | 1.50 | 2.10 | 2.75 | |

# 17-10 金融机构人民币法定贷款基准利率(1996—2015年)
# Official Benchmark Interest Rates on RMB Loans of Financial Institutions,1996-2015

单位：年利率%(% p.a.)

| 调整时间 Adjust Time | 6个月 6 Months | 1年 1 Year | 1-3年 1-3 Years | 3-5年 3-5 Years | 5年以上 Above 5 Years |
|---|---|---|---|---|---|
| 1996.05.01 | 9.72 | 10.98 | 13.14 | 14.94 | 15.12 |
| 1996.08.23 | 9.18 | 10.08 | 10.98 | 11.70 | 12.42 |
| 1997.10.23 | 7.65 | 8.64 | 9.36 | 9.90 | 10.53 |
| 1998.03.25 | 7.02 | 7.92 | 9.00 | 9.72 | 10.35 |
| 1998.07.01 | 6.57 | 6.93 | 7.11 | 7.65 | 8.01 |
| 1998.12.07 | 6.12 | 6.39 | 6.66 | 7.20 | 7.56 |
| 1999.06.10 | 5.58 | 5.85 | 5.94 | 6.03 | 6.21 |
| 2002.02.21 | 5.04 | 5.31 | 5.49 | 5.58 | 5.76 |
| 2004.10.29 | 5.22 | 5.58 | 5.76 | 5.85 | 6.12 |
| 2006.04.28 | 5.40 | 5.85 | 6.03 | 6.12 | 6.39 |
| 2006.08.19 | 5.58 | 6.12 | 6.30 | 6.48 | 6.84 |
| 2007.03.18 | 5.67 | 6.39 | 6.57 | 6.75 | 7.11 |
| 2007.05.19 | 5.85 | 6.57 | 6.75 | 6.93 | 7.20 |
| 2007.07.21 | 6.03 | 6.84 | 7.02 | 7.20 | 7.38 |
| 2007.08.22 | 6.21 | 7.02 | 7.20 | 7.38 | 7.56 |
| 2007.09.15 | 6.48 | 7.29 | 7.47 | 7.65 | 7.83 |
| 2007.12.21 | 6.57 | 7.47 | 7.56 | 7.74 | 7.83 |
| 2008.09.13 | 6.21 | 7.20 | 7.29 | 7.56 | 7.74 |
| 2008.10.09 | 6.12 | 6.93 | 7.02 | 7.29 | 7.47 |
| 2008.10.30 | 6.03 | 6.66 | 6.75 | 7.02 | 7.20 |
| 2008.11.27 | 5.04 | 5.58 | 5.67 | 5.94 | 6.12 |
| 2008.12.23 | 4.86 | 5.31 | 5.40 | 5.76 | 5.94 |
| 2010.10.20 | 5.10 | 5.56 | 5.60 | 5.96 | 6.14 |
| 2010.12.26 | 5.35 | 5.81 | 5.85 | 6.22 | 6.40 |
| 2011.02.09 | 5.60 | 6.06 | 6.10 | 6.45 | 6.60 |
| 2011.04.06 | 5.85 | 6.31 | 6.40 | 6.65 | 6.80 |
| 2011.07.07 | 6.10 | 6.56 | 6.65 | 6.90 | 7.05 |
| 2012.06.08 | 5.85 | 6.31 | 6.40 | 6.65 | 6.80 |
| 2012.07.06 | 5.60 | 6.00 | 6.15 | 6.40 | 6.55 |
| 2014.11.22 | 5.60 | 5.60 | 6.00 | 6.00 | 6.15 |
| 2015.03.01 | 5.35 | 5.35 | 5.75 | 5.75 | 5.90 |
| 2015.05.11 | 5.10 | 5.10 | 5.50 | 5.50 | 5.65 |
| 2015.06.28 | 4.85 | 4.85 | 5.25 | 5.25 | 5.40 |
| 2015.08.26 | 4.60 | 4.60 | 5.00 | 5.00 | 5.15 |
| 2015.10.24 | 4.35 | 4.35 | 4.75 | 4.75 | 4.90 |

## 17-11 人民币汇率(年平均价)(1981—2019年)
## Reference Exchange Rate of RMB(Period Average),1981-2019

单位：人民币元(RMB yuan)

| 年 份<br>Year | 100美元<br>100 US Dollars | 100日元<br>100 Japanese Yen | 100港元<br>100 Hong Kong Dollars | 100欧元<br>100 Euros |
|---|---|---|---|---|
| 1981 | 170.50 | 0.7735 | 30.41 | |
| 1982 | 189.25 | 0.7607 | 31.15 | |
| 1983 | 197.57 | 0.8318 | 27.36 | |
| 1984 | 232.70 | 0.9780 | 29.71 | |
| 1985 | 293.66 | 1.2457 | 37.57 | |
| 1986 | 345.28 | 2.0694 | 44.22 | |
| 1987 | 372.21 | 2.5799 | 47.74 | |
| 1988 | 372.21 | 2.9082 | 47.70 | |
| 1989 | 376.51 | 2.7360 | 48.28 | |
| 1990 | 478.32 | 3.3233 | 61.39 | |
| 1991 | 532.33 | 3.9602 | 68.45 | |
| 1992 | 551.46 | 4.3608 | 71.24 | |
| 1993 | 576.20 | 5.2020 | 74.41 | |
| 1994 | 861.87 | 8.4370 | 111.53 | |
| 1995 | 835.10 | 8.9225 | 107.96 | |
| 1996 | 831.42 | 7.6352 | 107.51 | |
| 1997 | 828.98 | 6.8600 | 107.09 | |
| 1998 | 827.91 | 6.3488 | 106.88 | |
| 1999 | 827.83 | 7.2932 | 106.66 | |
| 2000 | 827.84 | 7.6864 | 106.18 | |
| 2001 | 827.70 | 6.8075 | 106.08 | |
| 2002 | 827.70 | 6.6237 | 106.07 | 800.58 |
| 2003 | 827.70 | 7.1466 | 106.24 | 936.13 |
| 2004 | 827.68 | 7.6552 | 106.23 | 1029.00 |
| 2005 | 819.17 | 7.4484 | 105.30 | 1019.53 |
| 2006 | 797.18 | 6.8570 | 102.62 | 1001.90 |
| 2007 | 760.40 | 6.4632 | 97.46 | 1041.75 |
| 2008 | 694.51 | 6.7427 | 89.19 | 1022.27 |
| 2009 | 683.10 | 7.2986 | 88.12 | 952.70 |
| 2010 | 676.95 | 7.7279 | 87.13 | 897.25 |
| 2011 | 645.88 | 8.1050 | 82.97 | 900.11 |
| 2012 | 631.25 | 7.9037 | 81.38 | 810.67 |
| 2013 | 619.32 | 6.3323 | 79.85 | 822.19 |
| 2014 | 614.28 | 5.8196 | 79.22 | 816.51 |
| 2015 | 622.84 | 5.1553 | 80.34 | 691.41 |
| 2016 | 664.23 | 6.1243 | 85.58 | 734.26 |
| 2017 | 675.18 | 6.0244 | 86.64 | 763.03 |
| 2018 | 661.74 | 5.9890 | 84.43 | 780.16 |
| 2019 | 689.85 | 6.3347 | 88.05 | 772.55 |

## 17-12 个人贷款总额(2004—2019年)

## Total Amount of Personal Loans,2004-2019

单位：亿元(100 million yuan)

| 年 份<br>Year | 个人贷款<br>总 额<br>Total Amount of Personal Loans | #个人消费贷款<br>Personal Consumption Loans | #住房贷款<br>Housing Mortgage Loans | #汽车消费贷款<br>Car Consumption Loans | 个人住房贷款占个人消费贷款的比重(%)<br>Percentage of Housing Mortgage Loans in Personal(%) |
|---|---|---|---|---|---|
| 2004 | 629.00 | 347.04 | 306.03 | 22.00 | 88.2 |
| 2005 | 716.04 | 407.22 | 375.20 | 14.56 | 92.1 |
| 2006 | 729.85 | 451.52 | 419.44 | 10.64 | 92.9 |
| 2007 | 921.83 | 575.09 | 531.00 | 9.61 | 92.3 |
| 2008 | 994.22 | 622.18 | 565.17 | 10.41 | 90.8 |
| 2009 | 1386.82 | 912.03 | 832.69 | 10.36 | 91.3 |
| 2010 | 1895.53 | 1246.23 | 1116.00 | 10.28 | 89.6 |
| 2011 | 1728.46 | 1454.43 | 1297.91 | 8.96 | 85.7 |
| 2012 | 1988.65 | 1642.88 | 1453.98 | 7.57 | 88.5 |
| 2013 | 2482.74 | 1999.57 | 1735.77 | 5.01 | 86.8 |
| 2014 | 2834.24 | 2290.44 | 1993.23 | 5.68 | 87.0 |
| 2015 | 3353.05 | 2803.73 | 2441.60 | 14.72 | 87.1 |
| 2016 | 4847.50 | 4314.52 | 3905.63 | 47.20 | 90.5 |
| 2017 | 6316.37 | 5714.52 | 5043.53 | 135.30 | 88.3 |
| 2018 | 7832.44 | 6959.09 | 5706.29 | 257.86 | 82.0 |
| 2019 | 9440.77 | 8432.86 | 6301.05 | 369.19 | 74.7 |

## 17-13 证券市场交易情况(2008—2019年)

## Trading Statistics on Securities Markets,2008-2019

单位：亿元(100 million yuan)

| 年 份<br>Year | 证券市场交易量<br>Trading Volume of Securities Market | 股 票<br>Stock | 基 金<br>Fund | 债 券<br>Securities | 权 证<br>Warrant | 其 他<br>Others | 股市开户数(万户)<br>Total Investors (10 000 households) |
|---|---|---|---|---|---|---|---|
| 2008 | 8016.23 | 6638.35 | 107.53 | 30.75 | 1182.00 | 57.60 | 151.23 |
| 2009 | 14832.34 | 13608.06 | 141.62 | 29.52 | 878.60 | 174.55 | 156.32 |
| 2010 | 15754.45 | 15100.67 | 152.07 | 19.45 | 247.03 | 235.23 | 160.34 |
| 2011 | 12726.07 | 11068.87 | 189.77 | 25.51 | 61.40 | 1380.53 | 167.09 |
| 2012 | 10743.11 | 7751.70 | 171.11 | 90.76 | | 2729.54 | 196.78 |
| 2013 | 16834.80 | 10461.89 | 419.24 | 464.98 | | 5488.69 | 201.64 |
| 2014 | 25400.20 | 15573.26 | 675.95 | 299.23 | | 8851.76 | 209.11 |
| 2015 | 67040.06 | 51148.59 | 2764.93 | 330.52 | | 12796.02 | 251.83 |
| 2016 | 43811.79 | 26160.21 | 1926.83 | 188.43 | | 15536.33 | 438.96 |
| 2017 | 43527.96 | 22299.66 | 1597.96 | 248.59 | | 19381.75 | 477.74 |
| 2018 | 37183.74 | 17661.73 | 2526.00 | 257.53 | | 16738.48 | 516.78 |
| 2019 | 39933.63 | 21328.83 | 1659.11 | 244.98 | | 16700.71 | 554.92 |

# 17-14 上市公司股票发行基本情况(1993—2019年)
## Basic Statistics on Listed Companies Issue,1993-2019

| 年 份 Year | 境内上市公司(个) Companies Listed in Mainland(unit) | | | | | 股票发行总股本(万股) General Capitalization (10 000 shares) | 累计股票首发数量(万股) Accumulated Issued Volume (10 000 shares) | 累计股票筹资额(万元) Accumulated Capital Raised (10 000 yuan) |
|---|---|---|---|---|---|---|---|---|
| | 上交所 Shanghai Stock Exchange | 深交所 Shenzhen Stock Exchange | 发A股公司 A Share Only | 发A、B股公司 A&B Share | 创业板 GEM | | | |
| 1993 | 1 | 1 | 2 | | | 112399 | 5950 | 11957 |
| 1994 | 2 | 1 | 3 | | | 154026 | 10000 | 11957 |
| 1995 | 3 | 1 | 4 | | | 296749 | 16898 | 27957 |
| 1996 | 6 | 3 | 7 | 2 | | 834794 | 44663 | 41757 |
| 1997 | 8 | 5 | 11 | 2 | | 1028130 | 57563 | 89558 |
| 1998 | 9 | 5 | 12 | 2 | | 1108486 | 62063 | 114633 |
| 1999 | 9 | 7 | 14 | 2 | | 1429730 | 90863 | 274189 |
| 2000 | 10 | 8 | 16 | 2 | | 1535184 | 102363 | 327867 |
| 2001 | 15 | 8 | 21 | 2 | | 1796284 | 129463 | 507875 |
| 2002 | 17 | 8 | 23 | 2 | | 2169204 | 142463 | 654039 |
| 2003 | 18 | 8 | 24 | 2 | | 2248265 | 152463 | 692868 |
| 2004 | 18 | 8 | 24 | 2 | | 2248265 | 152463 | 692868 |
| 2005 | 18 | 8 | 24 | 2 | | 2248265 | 152463 | 692868 |
| 2006 | 18 | 8 | 24 | 2 | | 2248265 | 152463 | 692868 |
| 2007 | 20 | 10 | 28 | 2 | | 3792292 | 395850 | 2935590 |
| 2008 | 20 | 10 | 28 | 2 | | 3792292 | 395850 | 2935590 |
| 2009 | 20 | 11 | 29 | 2 | 1 | 3797327 | 397109 | 3007666 |
| 2010 | 20 | 11 | 35 | 2 | 3 | 3886688 | 417069 | 3616566 |
| 2011 | 20 | 11 | 36 | 2 | 4 | 3896688 | 419569 | 3716566 |
| 2012 | 20 | 11 | 37 | 2 | 5 | 3908288 | 422469 | 3765228 |
| 2013 | 20 | 11 | 37 | 2 | 5 | 3908288 | 422469 | 3765228 |
| 2014 | 22 | 21 | 41 | 2 | 7 | 3927970 | 432289 | 3867230 |
| 2015 | 22 | 21 | 41 | 2 | 7 | 5447961 | 437289 | 3936180 |
| 2016 | 23 | 22 | 40 | 1 | 7 | 5922512 | 448645 | 4181280 |
| 2017 | 25 | 24 | 44 | 1 | 8 | 6203400 | 463981 | 4446380 |
| 2018 | 26 | 24 | 45 | 1 | 8 | 6446800 | 473918 | 4537540 |
| 2019 | 29 | 25 | 54 | 1 | 8 | 7908500 | 481494 | 5627340 |

注：总股本为截至2019年12月31日的数据。
Note: Data of general capitalization are figures until Dec. 31, 2019.

# 17-15 保险机构(2017—2019年)
## Insurance Institutions,2017-2019

单位：个(unit)

| 项　目 | Item | 2017 | 2018 | 2019 |
|---|---|---|---|---|
| **合　计** | **Total** | **911** | **979** | **995** |
| **保险公司机构** | **Insurance Companies** | **675** | **664** | **689** |
| 总公司 | Parent Companies | 6 | 6 | 6 |
| # 中外合资、外资公司 | Joint-venture and Sole Foreign Investment Companies | 2 | 2 | 2 |
| 分公司 | Branches | 57 | 63 | 69 |
| 支公司 | Sub-branches | 255 | 238 | 260 |
| 营销服务部 | Marketing Departments | 350 | 351 | 349 |
| 专属机构(电销中心) | Specialized Agency (Telephone Direct Sale Center) | 7 | 6 | 5 |
| **专业保险中介机构** | **Professional Insurance Intermediary Institutions** | **235** | **314** | **305** |
| 保险代理公司 | Insurance Agent Companies | 166 | 211 | 204 |
| 保险公估公司 | Insurance Assessment Companies | 17 | 24 | 22 |
| 保险经纪公司 | Insurance Broker Companies | 52 | 79 | 79 |
| **资产管理公司** | **Assets Management Company** | **1** | **1** | **1** |

注：本表中支公司包含中心支公司和营业部。
Note: In this table, sub-branches include sub-branches in center cities and business departments.

# 17-16 保险业务主要指标(1996—2019年)

## Main Indicators of Insurance Business,1996-2019

| 年 份<br>Year | 保险金额<br>(亿元)<br>Amount Insured<br>(100 million yuan) | 保 费<br>(万元)<br>Premium<br>(10 000 yuan) | # 人身险<br>Personal Insurance | # 财产险<br>Property Insurance | 赔款及给付<br>(万元)<br>Claim and Payment<br>(10 000 yuan) | # 人身险<br>Personal Insurance | # 财产险<br>Property Insurance |
|---|---|---|---|---|---|---|---|
| 1996 | 2488.21 | 171768 | 63373 | 74399 | 62613 | 10186 | 33257 |
| 1997 | 3306.04 | 243377 | 125327 | 112401 | 83528 | 18334 | 61900 |
| 1998 | 3949.15 | 271654 | 161097 | 110557 | 70075 | 14206 | 55869 |
| 1999 | 4848.10 | 291382 | 175804 | 115578 | 69163 | 14703 | 54460 |
| 2000 | 3696.19 | 314663 | 191786 | 122877 | 71950 | 7714 | 64236 |
| 2001 | 5176.91 | 417049 | 276050 | 140999 | 119062 | 56364 | 62698 |
| 2002 | 5632.35 | 649698 | 505966 | 143732 | 114818 | 46513 | 68305 |
| 2003 | 6497.87 | 753098 | 597450 | 155648 | 173608 | 72493 | 101115 |
| 2004 | 9852.79 | 809874 | 622284 | 187590 | 174178 | 77905 | 96273 |
| 2005 | 12141.02 | 906391 | 688629 | 217762 | 174637 | 67284 | 107353 |
| 2006 | 16690.02 | 1051842 | 785664 | 266178 | 218608 | 92220 | 126388 |
| 2007 | 20068.17 | 1509092 | 1154858 | 354234 | 413417 | 242197 | 171221 |
| 2008 | 26065.40 | 1756212 | 1338017 | 418195 | 510252 | 300335 | 209917 |
| 2009 | 29295.34 | 1512873 | 1054914 | 457959 | 599226 | 304282 | 294944 |
| 2010 | 30410.48 | 2140074 | 1488739 | 651335 | 541885 | 222606 | 319278 |
| 2011 | 46937.30 | 2117433 | 1366397 | 751036 | 661749 | 306605 | 355144 |
| 2012 | 51136.36 | 2381572 | 1473712 | 907859 | 810180 | 362788 | 447392 |
| 2013 | 76630.97 | 2768020 | 1745237 | 1022783 | 1020030 | 430278 | 589752 |
| 2014 | 80022.67 | 3177501 | 2088796 | 1088705 | 1043856 | 444715 | 599141 |
| 2015 | 120584.85 | 3983408 | 2780605 | 1202803 | 1395316 | 730736 | 664580 |
| 2016 | 155543.42 | 5294869 | 4019275 | 1275594 | 1776733 | 832682 | 944051 |
| 2017 | 251078.13 | 5650144 | 4234417 | 1415727 | 1553242 | 812257 | 740984 |
| 2018 | 291846.60 | 5599842 | 4155414 | 1444428 | 1641388 | 837462 | 803927 |
| 2019 | 501713.50 | 6178941 | 4657057 | 1521884 | 1581659 | 788719 | 792940 |

注：2011年起保险业全面执行财政部《企业会计准则2号解释》，各项指标口径按照准则要求相应调整。表17-17同。

Note: Because the insurance industry executed Accounting Standards Interpretation No.2 issued by Ministry of Finance since 2011, the coverages of indicators in this table have changed accordingly. Same as table 17-17.

# 17-17 保险业务情况(2017—2019年)
## Basic Statistics on Insurance Business,2017-2019

单位：亿元(100 million yuan)

| 项　目 | Item | 2017 | 2018 | 2019 |
|---|---|---|---|---|
| **保险金额** | **Amount Insured** | **251078.13** | **291846.60** | **501713.50** |
| 财产保险 | Property Insurance | 181982.94 | 150281.73 | 336042.26 |
| 人身保险 | Personal Insurance | 69095.19 | 141564.87 | 165671.24 |
| **保　费** | **Premium** | **565.01** | **559.98** | **617.89** |
| 财产保险 | Property Insurance | 141.57 | 144.44 | 152.19 |
| # 机动车辆保险 | Motor Vehicle Insurance | 105.77 | 104.90 | 108.66 |
| 人寿保险 | Life Insurance | 352.28 | 329.16 | 355.27 |
| 人身意外伤害保险 | Personal Accident Insurance | 10.23 | 14.31 | 18.49 |
| 健康保险 | Health Insurance | 60.93 | 72.08 | 91.95 |
| **赔款及给付额** | **Claim and Payment** | **155.32** | **164.14** | **158.17** |
| 财产保险 | Property Insurance | 74.10 | 80.39 | 79.29 |
| # 机动车辆保险 | Motor Vehicle Insurance | 53.13 | 58.27 | 56.46 |
| 人寿保险 | Life Insurance | 61.77 | 59.12 | 48.12 |
| 人身意外伤害保险 | Personal Accident Insurance | 2.59 | 2.40 | 2.96 |
| 健康保险 | Health Insurance | 16.87 | 22.23 | 27.79 |
| **赔付率(%)** | **Claim and Payment Rate (%)** | | | |
| 财产保险公司综合赔付率 | Property Insurance Comprehensive Claim and Payment Rate | 51.6 | 52.8 | 59.8 |
| 人身保险公司短期险赔付率 | Personal Insurance Short-term Claim and Payment Rate | 62.5 | 52.3 | 84.5 |

注：人身保险金额为期末有效保险金额。
Note: Amount insured of personal insurance is the efficiency amount insured at the end of term.

# 17-18 租赁业基本情况(2012—2019年)
# Basic Statistics on Leasing industry,2012-2019

单位：个(unit)

| 年 份 Year | 企业家数 Number of Enterprises | 金融租赁 Financial Leasing | 内资租赁 Domestic Leasing | 外资租赁 Leasing of Foreign Capital |
|---|---|---|---|---|
| 2012 | 116 | 3 | 8 | 105 |
| 2013 | 206 | 5 | 10 | 191 |
| 2014 | 335 | 5 | 15 | 315 |
| 2015 | 697 | 7 | 18 | 672 |
| 2016 | 1185 | 9 | 30 | 1146 |
| 2017 | 1574 | 11 | 79 | 1484 |
| 2018 | 2010 | 11 | 112 | 1887 |
| 2019 | 1927 | 12 | 120 | 1795 |

17-18续表 *Continued*

单位：亿元(100 million yuan)

| 年 份 Year | 注册资金 Registered Capital | 金融租赁 Financial Leasing | 内资租赁 Domestic Leasing | 外资租赁 Leasing of Foreign Capital |
|---|---|---|---|---|
| 2012 | 574 | 166 | 120 | 288 |
| 2013 | 840 | 241 | 131 | 468 |
| 2014 | 1353 | 241 | 161 | 951 |
| 2015 | 2683 | 291 | 185 | 2207 |
| 2016 | 5013 | 365 | 419 | 4229 |
| 2017 | 6729 | 406 | 769 | 5554 |
| 2018 | 8568 | 506 | 951 | 7111 |
| 2019 | 8876 | 546 | 1016 | 7314 |

# 主要统计指标解释

## 信贷资金

指金融机构以信用方式积聚和分配的货币资金。金融机构信贷资金的来源有各项存款、金融债券、对国际金融机构负债、流通中现金、其他项目等；信贷资金的运用有各项贷款、有价证券及投资、金银占款、外汇占款、财政借款及在国际金融机构中的资产等。

## 存　款

指企业、机关、团体或居民根据资金必须收回的原则，把货币资金存入金融机构保管并取得一定利息的一种信用活动形式。根据存款对象的不同可划分为企业存款、财政性存款、城乡储蓄存款、农村存款、信托及其他存款等，它是银行信贷资金的主要来源。

## 贷　款

指金融机构根据资金必须归还的原则，按一定利率，为企业、个人等提供资金的一种信用活动形式。我国银行贷款分为工业贷款、农业贷款、商业贷款、建筑业贷款、私营和个体贷款、乡镇企业贷款、中长期贷款、信托及其他贷款等。

## 保险公司

指在中国境内的、经过保险监督管理部门批准设立，并依法登记注册的各类商业保险公司。

## 保险金额

指保险人承担赔偿或者给付保险金责任的最高限额。

## 保　费

指投保人为取得保险人在约定范围内所承担赔偿责任而支付给保险人的费用。

## 赔　款

指保险人根据保险合同的规定，向被保险人支付的赔偿保险责任损失的金额。

## 给　付

包括死伤医疗给付和满期给付。死伤医疗给付是指保险人根据人寿保险及长期健康保险合同的规定，因被保险人在保险期内发生保险责任范围内的保险事故支付给被保险人（或受益人）的金额。满期给付是指被保险人生存期满，保险人按人寿保险合同规定支付给被保险人的满期保险金额。

# Explanatory Notes on Main Statistical Indicators

**Credit Funds**

refer to the monetary funds accumulated and distributed in the means of credit by the financial institutions. The sources of credit funds include various deposits, financial bonds, liabilities to international financial institutions, currency in circulation and other items. The uses of credit funds include loans, securities and investment, position for bullion and silver purchase, position for foreign exchange purchase, advances to treasury, and assets with international financial institutions.

**Deposits**

are the form of credit by which enterprises, institutions, organizations or households can put money into banks and other credit institutions for safekeeping and interest earning under the principle of free withdrawal. According to different depositors, deposits are divided into enterprise deposits, treasury deposits, urban and rural savings deposits, rural deposits, entrust and other deposits. Deposits are major sources of credit funds of banks.

**Loans**

are the form of credit by which banks and other credit institutions provide funds at certain interest rate to enterprises and individuals in the light of the principle of unconditional repayment. Loans from Chinese banks include industry loans, agriculture loans, commerce loans, construction loans, loans to private and individuals, township enterprises loans, medium & long term loans, entrust and other loans.

**Insurance Companies**

refer to commercial insurance companies of various forms registered by law and established in China with the approval of insurance regulatory agencies.

**Amount Insured**

refers to the maximum that the insurer to assume compensation or to pay the insurance.

**Premium**

is the fee paid by the insurant to the insurer to obtain the obligation of compensation from the insurance within the agreed terms.

**Claim**

is the compensation paid by the insurer to insurant in accordance with the insurance contract.

**Payment**

includes payment for death, injury or medical treatment and mature payment. Payment for death, injury or medical treatment refers to the money paid to insurant (or the beneficiary) in accordance with the life or health insurance contract when the insurant encounters accidents within the insured period covered in the contract. Mature payment refers to the mature payment to the insurant in accordance with the life insurance contract at the end of the insured period.

# 第十八篇　科学技术

# Chapter 18　Science and Technology

## 18-1 科学研究和技术服务业机构课题情况

## Projects of Science Research Institutions and Technological Service Development

| 项目 Item | 课题数(项) Number of Projects (item) | | 课题投入人力(人年) Labour Force Input Projects(person-year) | | 课题经费内部支出(万元) Internal Expenditure of Project Funds (10 000 yuan) | |
|---|---|---|---|---|---|---|
| | 2018 | 2019 | 2018 | 2019 | 2018 | 2019 |
| **合计 Total** | **3176** | **3356** | **7070** | **6874** | **300237** | **280054** |
| 基础研究 Basic Research | 409 | 475 | 631 | 523 | 34488 | 18205 |
| 应用研究 Application Research | 622 | 675 | 1291 | 1563 | 57300 | 59192 |
| 试验发展 Experimental Development | 1110 | 1140 | 2617 | 2530 | 103599 | 100664 |
| R&D成果应用 R&D Achievements Used | 329 | 353 | 730 | 737 | 29306 | 32212 |
| 科技服务 Services of Science and Technology | 706 | 713 | 1801 | 1521 | 75544 | 69781 |

注：本表统计范围为科学研究与技术服务业的非企业机构。

Note: The statistical range of this table refers to non-enterprise institutions in scientific research and technical services.

## 18-2 专利申请数和授权数

## Patent Applications Examined and Granted

单位：件(item)

| 项目 | Item | 申请数 Applications | | 授权量 Granted | | 有效量 Patent in Force | |
|---|---|---|---|---|---|---|---|
| | | 2018 | 2019 | 2018 | 2019 | 2018 | 2019 |
| **合计** | **Total** | **99038** | **96045** | **54680** | **57799** | **168879** | **198946** |
| **按申请类型分** | **Grouped by Applications Type** | | | | | | |
| 发明 | Inventions | 26661 | 24574 | 5626 | 5025 | 32066 | 34726 |
| 实用新型 | Utility Models | 66535 | 64871 | 44683 | 48252 | 123971 | 149930 |
| 外观设计 | Designs | 5842 | 6600 | 4371 | 4522 | 12842 | 14290 |
| **按申请人划分** | **Grouped by Applicator** | | | | | | |
| 职务发明 | Official Inventions | 92016 | 90582 | 51554 | 55199 | 159713 | 190263 |
| 工矿企业 | Industrial and Mineral Enterprises | 77271 | 74794 | 45778 | 48737 | 139830 | 167131 |
| 大专院校 | Universities and Colleges | 11109 | 12214 | 4091 | 4699 | 13868 | 16383 |
| 科研单位 | Scientific Research Institutions | 2452 | 2547 | 1036 | 1174 | 4316 | 4865 |
| 机关团体 | Government Agencies and Organizations | 1184 | 1027 | 649 | 589 | 1699 | 1884 |
| 非职务发明 | Non-Official Inventions | 7022 | 5463 | 3126 | 2600 | 9166 | 8683 |

## 18-3 科学技术成果(2017—2019年)
## Achievements in Science and Technology,2017-2019

单位：项(item)

| 项　目 | Item | 2017 | 2018 | 2019 |
|---|---|---|---|---|
| **市级科学技术成果登记数** | **Number of City Level Major Achievements in Science and Technology** | **2319** | **2331** | **2002** |
| 国际领先 | Leading Level in the World | 72 | 94 | 93 |
| 国际先进 | Advanced World Standard | 263 | 262 | 239 |
| 国内领先 | Leading Level in China | 290 | 276 | 298 |
| 国内先进 | Advanced National Standard | 208 | 175 | 185 |
| 其　他 | Others | 1486 | 1524 | 1187 |
| **获天津市科学技术奖** | **Number of Tianjin Scientific and Technological Prizes Awarded** | **190** | **199** | **195** |
| 自然科学奖 | Natural Science Award | 6 | 10 | 13 |
| 技术发明奖 | Technological Invention Award | 11 | 12 | 7 |
| 科技进步奖 | Prize for Progress in Science and Technology | 172 | 177 | 174 |
| 科技重大成就奖 | Major Science and Technology Achievement Award | 1 | | |
| 国际科技合作奖 | Number of International Scientific and Technological Cooperation Prizes Awarded | | | 1 |
| **获国家科学技术奖** | **Number of National Scientific and Technological** | **19** | **8** | **17** |
| 自然科学奖 | Natural Science Award | | | 2 |
| 技术发明奖 | Technological Invention Award | 2 | 1 | |
| 科技进步奖 | Prize for Progress in Science and Technology | 17 | 6 | 15 |
| 国际科技合作奖 | Number of International Scientific and Technological Cooperation Prizes Awarded | | 1 | |

## 18-4 高等学校科技专著和论文(2016—2019年)(理、工、农、医类)
## S&T Works and Papers in Universities and Colleges,2016-2019 (Science, Engineering, Agriculture and Medicine)

| 项　目 | Item | 单　位 | Unit | 2016 | 2017 | 2018 | 2019 |
|---|---|---|---|---|---|---|---|
| **科技专著** | **Scientific and Technological Works** | **部** | **copy** | **51** | **79** | **89** | **84** |
| | | **万　字** | **10 000 words** | **815** | **1721** | **1788** | **1565** |
| 自然科学 | Natural Science | 部 | copy | 9 | 11 | 15 | 16 |
| | | 万　字 | 10 000 words | 99 | 138 | 228 | 215 |
| 工程科学 | Engineering | 部 | copy | 20 | 49 | 41 | 37 |
| | | 万　字 | 10 000 words | 383 | 1176 | 686 | 831 |
| 医学科学 | Medicine | 部 | copy | 21 | 19 | 32 | 30 |
| | | 万　字 | 10 000 words | 313 | 407 | 858 | 509 |
| 农业科学 | Agriculture | 部 | copy | 1 | | 1 | 1 |
| | | 万　字 | 10 000 words | 20 | | 16 | 10 |
| **科学论文** | **Scientific Papers** | **篇** | **piece** | **22803** | **21366** | **25344** | **25389** |
| # 国外发表 | Published Abroad | 篇 | piece | 11174 | 12015 | 13861 | 15355 |

## 18-5 高等学校科研课题开展与投入(2019年)(理、工、农、医类)

## Projects of Development and Input of Scientific Research in Universities and Colleges,2019(Science, Engineering, Agriculture and Medicine)

| 项目 | Item | 课题数(项) Number of Projects (item) | 投入人力(人年) Labour Force Input (person-year) | #科学家和工程师 Scientists and Engineers | 投入经费(万元) Funds Input (10 000 yuan) |
|---|---|---|---|---|---|
| **总计** | **Total** | **16850** | **9080** | **8083** | **513038** |
| **按课题活动类型分** | **Grouped by Type of Projects** | | | | |
| 基础研究 | Basic Research | 5253 | 3093 | 2666 | 78923 |
| 应用研究 | Application Research | 7894 | 4027 | 3617 | 204687 |
| 试验发展 | Experimental Development | 2588 | 1431 | 1300 | 75268 |
| R&D成果应用 | R&D Achievement Used | 590 | 336 | 314 | 8363 |
| 科技服务 | Service of Science and Technology | 525 | 193 | 186 | 145797 |
| **按(课题)项目类别分** | **Grouped by Project** | | | | |
| 国家“973计划”项目 | State "973 Program" Project | 53 | 27 | 26 | 190 |
| 国家科技攻关项目 | State S&T Strategical Project | 26 | 12 | 11 | 140 |
| 国家“863计划”项目 | State "863 Program" Project | 6 | 2 | 2 | |
| 科技部重大专项 | Major Project from Ministry of Science and Technology | 83 | 71 | 68 | 10042 |
| 国家重点研发计划 | National Key Research and Development Plan | 708 | 412 | 381 | 78714 |
| 国家自然科学基金项目 | State Natural Scientific Fund Project | 3449 | 2369 | 2020 | 70087 |
| 主管部门科技项目 | S&T Project from Administrative Department | 457 | 270 | 220 | 1683 |
| 国家部委其他科技项目 | Other S&T Project from Ministry | 490 | 347 | 308 | 37161 |
| 省、市、自治区科技项目 | S&T Project from Province, Municipality, Autonomous Region | 2790 | 1816 | 1594 | 29496 |
| 地市厅局(含县)项目 | S&T Project from Bureau,Region | 257 | 133 | 119 | 2120 |
| 企事业单位委托科技项目 | S&T Project from Enterprise, Institution | 6922 | 3067 | 2844 | 268035 |
| 国际合作项目 | International Cooperate Project | 18 | 7 | 6 | 703 |
| 自选项目 | Self-choosing Project | 1572 | 538 | 475 | 14452 |
| 其他项目 | Other Project | 19 | 9 | 9 | 215 |

## 18-6 全社会研发活动主要指标(2001—2019年)
## Main Indicators of Total Science and Technology and R&D Activities,2001-2019

| 年 份<br>Year | 有R&D活动单位数<br>(个)<br>With R&D<br>Activities<br>(unit) | R&D人员数<br>(人)<br>R&D<br>Personnel<br>(person) | R&D人员折合全时当量<br>(人年)<br>R&D Personnel<br>as Full-time Equivalent<br>(person-year) |
|---|---|---|---|
| 2001 | | | 23893 |
| 2002 | | | 26216 |
| 2003 | | | 28808 |
| 2004 | | | 29553 |
| 2005 | | | 33441 |
| 2006 | | | 37164 |
| 2007 | | | 44988 |
| 2008 | | | 52096 |
| 2009 | | | 52039 |
| 2010 | | | 58771 |
| 2011 | 1362 | 111586 | 74293 |
| 2012 | 1601 | 126436 | 89609 |
| 2013 | 2057 | 143667 | 100219 |
| 2014 | 2379 | 164076 | 113335 |
| 2015 | 2434 | 177725 | 124321 |
| 2016 | 2439 | 177165 | 119384 |
| 2017 | 2138 | 165638 | 103087 |
| 2018 | 1811 | 160683 | 99490 |
| 2019 | 1834 | 143888 | 92502 |

## 18-7 科学技术协会和所属学会科技活动(2019年)
## Scientific and Technological Activities of Science and Technology Associations and Affiliated Institutions,2019

| 项目 | Item | 合计 Total | 市及区科协 Science Association of City and District | 市级学会 Institution of City Level |
|---|---|---|---|---|
| **机构与人员** | **Institutions and Personnel** | | | |
| 机构(个) | Institutions(unit) | 160 | 17 | 143 |
| 人员(人) | Personnel(person) | 1818 | 212 | 1606 |
| **学术交流情况** | **Academic Activities of Exchange** | | | |
| 学术会议(次) | Academic Meetings(time) | 331 | 24 | 307 |
| 国内 | Domestic | 319 | 21 | 298 |
| 国际 | International | 12 | 3 | 9 |
| 参加人数(人次) | Number of Participants(person-time) | 63231 | 4372 | 58859 |
| 国内 | Domestic | 59691 | 4092 | 55599 |
| 国际 | International | 3540 | 280 | 3260 |
| 交流论文(篇) | Number of Papers Presented(piece) | 6170 | 95 | 6075 |
| 国内 | Domestic | 5624 | 78 | 5546 |
| 国际 | International | 546 | 17 | 529 |
| 交流人数(人次) | Number of Exchange Persons(person-time) | 661 | 3 | 658 |
| 接待 | Received | 414 | 1 | 413 |
| 外派 | Sent Abroad | 247 | 2 | 245 |
| **科学普及** | **Activities for Popular Science** | | | |
| 科普宣讲活动(次) | Popular Science Propaganda Activities(times) | 12020 | 10802 | 1218 |
| 参加人数(万人次) | Numbers of Participants(10 000 person-time) | 663 | 537 | 126 |
| **科技培训** | **Science and Technology Training** | | | |
| 培训班数(个、期) | Number of Training Classes(unit,period) | 1427 | 1204 | 223 |
| 培训人数(人次) | Number of Persons in Training Classes (person-time) | 76271 | 60073 | 16198 |
| **青少年科技活动** | **Science and Technology Activities of Teenagers** | | | |
| 科学营(次) | Science Camp(times) | 18 | 9 | 9 |
| 参加人数(人次) | Number of Participants(person-time) | 4122 | 3622 | 500 |
| 青少年科技竞赛(次) | Number of Teenagers' Science and Technology Competition(time) | 221 | 196 | 25 |
| 参加人数(人次) | Numbers of Participants(person-time) | 118778 | 85208 | 33570 |
| 未成年人参观科技馆人次 | Minor Numbers of Visiting the Science Museum (person-time) | 509093 | 509093 | |
| **科技出版物** | **Science and Technology Publication** | | | |
| 出版科技期刊(种) | Science and Technology Magazine(kind) | 13 | | 13 |
| 年发行总数(万册) | Volume of Issue(10 000 volumes) | 33 | | 33 |
| 年发表学术论文(篇) | Number of Papers Presented(piece) | 2584 | | 2584 |

# 18-8 企业科技及研发活动基本情况
## Basic Statistics on Science and Technology and R&D Activities in Enterprises

| 项目 | Item | 2018 | 2019 |
|---|---|---|---|
| 调查单位数(个) | Number of Units (unit) | 5241 | 8992 |
| # 有R&D活动单位 | With R&D Activities | 1618 | 1649 |
| R&D人员(人) | R&D Personnel (person) | 119342 | 92879 |
| # 全时人员 | Full-time | 79006 | 63247 |
| R&D人员折合全时当量(人年) | R&D Personnel as Full-time Equivalent (person-year) | 75642 | 62332 |
| 基础研究 | Basic Research | 134 | 393 |
| 应用研究 | Application Research | 3265 | 2014 |
| 试验发展 | Experimental Development | 72243 | 59929 |
| **R&D经费支出(亿元)** | **R&D Expenditures(100 million yuan)** | **370.62** | **344.09** |
| 1. 政府资金 | Government Funds | 11.92 | 7.00 |
| 企业资金 | Enterprise Funds | 351.26 | 337.06 |
| 境外资金 | Offshore Funds | 1.82 | 0.01 |
| 其他资金 | Other Funds | 5.61 | 0.01 |
| 2. 基础研究 | Basic Research | 0.49 | 0.99 |
| 应用研究 | Application Research | 12.78 | 6.99 |
| 试验发展 | Experimental Development | 357.34 | 336.11 |
| 企业办研发机构数(个) | Research and Development Institutions Set by Enterprise(unit) | 586 | 673 |
| 研发机构R&D人员数(人) | R&D Personnel in Research and Development Institutions (person) | 39609 | 31510 |
| # 博士毕业 | Doctor Graduate | 800 | 724 |
| 硕士毕业 | Master Graduate | 7863 | 5187 |
| 研发机构R&D经费支出(亿元) | R&D Expenditure in Research and Development Institutions (100 million yuan) | 127.81 | 119.38 |

注：本表2018年统计范围不含规模以上小微型服务业企业和规模以下抽样调查工业企业。
Note: The statistical scope of this table in 2018 does not include small and micro service enterprises above state designated scale and sample survey of industrial enterprises under designated scale.

## 18-9 规模以上企业研发活动基本情况

## R&D Activities in Enterprises above Designated Size

| | | 规模以上工业 Industrial Enterprises above Designated Size | | 资质以上建筑业企业 Construction Enterprises above Designate Size | | 规模以上服务业企业 Services Enterprises above Designate Size | |
|---|---|---|---|---|---|---|---|
| | | 2018 | 2019 | 2018 | 2019 | 2018 | 2019 |
| 调查单位数(个) | Number of Units (unit) | 4363 | 4811 | 321 | 337 | 535 | 3822 |
| # 有R&D活动单位 | With R&D Activities | 1387 | 1298 | 76 | 70 | 136 | 262 |
| R&D人员(人) | R&D Personnel (person) | 81115 | 66307 | 15480 | 10818 | 22558 | 15565 |
| # 全时人员 | Full-time | 58864 | 48398 | 7869 | 5846 | 12153 | 8883 |
| R&D人员折合全时当量(人年) | R&D Personnel as Full-time Equivalent (person-year) | 53280 | 45685 | 9462 | 7347 | 12777 | 9177 |
| 基础研究 | Basic Research | 47 | 284 | 26 | 32 | 61 | 77 |
| 应用研究 | Application Research | 1276 | 1439 | 229 | 121 | 1757 | 451 |
| 试验发展 | Experimental Development | 51957 | 43961 | 9207 | 7195 | 10960 | 8654 |
| **R&D经费支出(亿元)** | **R&D Expenditures(100 million yuan)** | **252.88** | **213.43** | **65.34** | **69.71** | **52.01** | **55.93** |
| 1. 政府资金 | Government Funds | 7.96 | 4.02 | 0.58 | 0.42 | 3.33 | 2.52 |
| 企业资金 | Enterprise Funds | 238.98 | 209.40 | 64.53 | 69.29 | 47.41 | 53.40 |
| 境外资金 | Offshore Funds | 1.55 | 0.01 | 0.01 | | 0.26 | |
| 其他资金 | Other Funds | 4.39 | | 0.21 | | 1.01 | 0.01 |
| 2. 基础研究 | Basic Research | 0.04 | 0.47 | 0.36 | 0.13 | 0.09 | 0.39 |
| 应用研究 | Application Research | 3.61 | 4.35 | 1.98 | 0.79 | 7.19 | 1.84 |
| 试验发展 | Experimental Development | 249.23 | 208.60 | 63.00 | 68.79 | 44.74 | 53.70 |
| 企业办研发机构数(个) | Research and Development Institutions Set by Enterprise(unit) | 481 | 515 | 54 | 48 | 40 | 99 |
| 研发机构人员数(人) | Personnel in Research and Development Institutions (person) | 35643 | 34410 | 6081 | 6182 | 7372 | 10944 |
| # 博士毕业 | Doctor Graduate | 623 | 672 | 87 | 104 | 259 | 407 |
| 硕士毕业 | Master Graduate | 5555 | 5405 | 876 | 823 | 3210 | 3967 |
| 研发机构经费支出(亿元) | Expenditure in Research and Development Institutions (100 million yuan) | 101.72 | 109.96 | 20.27 | 24.93 | 20.68 | 41.07 |

注：1.本表建筑业指特一级总承包、一级专业承包建筑业企业。2.本表规模以上服务业2018年为大中型。

Note: a)Constructions in this table refer to master and one-level general contracting and specialized contracting construction enterprises.
b)Services above designated size in this table refer to large, medium scale and over services enterprises in 2018.

## 18-10 规模以上工业企业研发活动基本情况(2019年)
## R&D Activities in Industrial Enterprises above Designated Size,2019

| 项目<br>Item | 合计<br>Total | 国有经济<br>State-owned | 外商及港澳台经济<br>Hong Kong, Macao,Taiwan and Foreign Funded | 其他经济<br>Others |
|---|---|---|---|---|
| 有R&D活动企业数(个)<br>Number of Enterprises with R&D Activities (unit) | 1298 | 49 | 212 | 1037 |
| R&D人员合计(人)<br>Total R&D Personnel (person) | 66307 | 7020 | 13592 | 45695 |
| 参加项目人员<br>Engaged in Projects | 61490 | 6526 | 12576 | 42388 |
| 管理和服务人员<br>Engaged in Management and Service | 4817 | 494 | 1016 | 3307 |
| R&D经费支出(亿元)<br>R&D Expenditures (100 million yuan) | 213.43 | 14.21 | 53.70 | 145.52 |
| 1. 基础研究支出<br>Cost of Basic Research | 0.47 | 0.13 | 0.01 | 0.33 |
| 应用研究支出<br>Cost of Application Research | 4.35 | 0.86 | 0.13 | 3.36 |
| 试验发展支出<br>Cost of Experimental Development | 208.60 | 13.23 | 53.56 | 141.82 |
| 2. 政府资金<br>Government Funds | 4.02 | 0.59 | 0.34 | 3.09 |
| 企业资金<br>Enterprise Funds | 209.40 | 13.62 | 53.36 | 142.41 |
| 境外资金<br>Offshore Funds | 0.01 | | | 0.01 |
| 其他资金<br>Other Funds | | | | |
| 企业办研发机构数(个)<br>Research and Development Institutions Set by Enterprise (unit) | 515 | 26 | 90 | 399 |
| 研发机构人员数(人)<br>Persons in Research and Development Institutions (person) | 34410 | 2811 | 8892 | 22707 |
| 研发机构经费支出(亿元)<br>Expenditures of Research and Development Institutions (100 million yuan) | 109.96 | 6.09 | 32.92 | 70.95 |
| 研发机构科研用仪器设备原价(亿元)<br>Original Cost of Scientific Research Equipment in Research and Development Institutions(100 million yuan) | 96.59 | 13.21 | 25.45 | 57.93 |
| 专利申请数(件)<br>Number of Patent Applications (item) | 15634 | 1284 | 2367 | 11983 |
| # 发明专利<br>Number of Inventions | 4676 | 700 | 673 | 3303 |
| 新产品销售收入(亿元)<br>Sales Revenue of New Products (100 million yuan) | 3846.62 | 163.44 | 1594.50 | 2088.68 |
| # 出口销售收入<br>Sales Revenue of Exports | 601.18 | 12.62 | 414.18 | 174.38 |
| 技术改造经费支出(亿元)<br>Expenditures of Technology Innovation (100 million yuan) | 32.66 | 1.07 | 11.50 | 20.09 |
| 引进境外技术经费支出(亿元)<br>Expenditures of Foreign Technology Introduction (100 million yuan) | 3.91 | 0.01 | 3.62 | 0.28 |

## 18-11 按行业分规模以上工业企业科学研究与试验发展(R&D)活动情况(2019年)
## R&D Activities in Industrial Enterprises above Designated Size by Sector,2019

| 项目 | Item | 有R&D活动企业数(个) Enterprises with R&D Activities (unit) | R&D人员折合全时当量(人年) R&D Personnel as Full-time Equivalent (person-year) |
|---|---|---|---|
| **总计** | **Total** | **1298** | **45685** |
| **采矿业** | **Minerals Mining** | **7** | **1650** |
| 煤炭开采和洗选业 | Mining and Washing of Coal | 1 | 32 |
| 石油和天然气开采业 | Extraction of Petroleum and Natural Gas | 2 | 605 |
| 黑色金属矿采选业 | Mining and Processing of Ferrous Metal Ores | | |
| 有色金属矿采选业 | Mining and Processing of Non-Ferrous Metal Ores | | |
| 非金属矿采选业 | Mining and Processing of Nonmetal Ores | 2 | 286 |
| 开采专业及辅助性活动 | Professional and Support Activities for Mining | 2 | 728 |
| 其他采矿业 | Mining of Other Ores | | |
| **制造业** | **Manufacturing** | **1271** | **43517** |
| 农副食品加工业 | Processing of Food from Agricultural Products | 22 | 352 |
| 食品制造业 | Manufacture of Food | 37 | 729 |
| 酒、饮料和精制茶制造业 | Manufacture of Alcohol, Beverages and Refined Tea | 9 | 179 |
| 烟草制品业 | Manufacture of Tobacco | | |
| 纺织业 | Manufacture of Textile | 8 | 293 |
| 纺织服装、服饰业 | Manufacture of Textile Wearing and Apparel | 2 | 8 |
| 皮革、毛皮、羽毛(绒)及其制品和制鞋业 | Manufacture of Leather, Fur, Feather and Related Products, Footwear | 5 | 90 |
| 木材加工和木、竹、藤、棕、草制品业 | Processing of Timber, Manufacture of Wood, Bamboo, Rattan, Palm and Straw Products | 1 | 12 |
| 家具制造业 | Manufacture of Furniture | 9 | 467 |
| 造纸和纸制品业 | Manufacture of Paper and Paper Products | 21 | 787 |
| 印刷和记录媒介复制业 | Printing,Reproduction of Recording Media | 14 | 224 |
| 文教、工美、体育和娱乐用品制造业 | Manufacture of Articles for Culture, Education and Industrial Arts, Sport Activity, Amusement Manufacturing | 13 | 340 |
| 石油、煤炭及其他燃料加工业 | Processing of Petroleum, Coal and Other Fuels | 9 | 190 |
| 化学原料和化学制品制造业 | Manufacture of Raw Chemical Materials and Chemical Products | 103 | 2413 |
| 医药制造业 | Manufacture of Medicines | 52 | 2687 |
| 化学纤维制造业 | Manufacture of Chemical Fibers | 1 | 1 |
| 橡胶和塑料制品业 | Manufacture of Rubber and Plastic | 79 | 1587 |
| 非金属矿物制品业 | Manufacture of Non-metallic Mineral Products | 47 | 1168 |
| 黑色金属冶炼和压延加工业 | Smelting and Pressing of Ferrous Metals | 30 | 5196 |
| 有色金属冶炼和压延加工业 | Smelting and Pressing of Non-Ferrous Metals | 18 | 875 |
| 金属制品业 | Manufacture of Metal Products | 99 | 2610 |
| 通用设备制造业 | Manufacture of General Purpose Machinery | 149 | 2457 |
| 专用设备制造业 | Manufacture of Special Purpose Machinery | 138 | 4254 |
| 汽车制造业 | Manufacture of Motorcar | 93 | 2592 |
| 铁路、船舶、航空航天和其他运输设备制造业 | Railway, Watercraft, Aerospace and Other Transport Equipment | 57 | 3881 |
| 电气机械和器材制造业 | Manufacture of Electrical Machinery and Equipment | 108 | 3462 |
| 计算机、通信和其他电子设备制造业 | Manufacture of Computers, Communication and Other Electronic Equipment | 89 | 5636 |
| 仪器仪表制造业 | Manufacture of Measuring Instruments | 40 | 733 |
| 其他制造业 | Other Manufacturing | 7 | 87 |
| 废弃资源综合利用业 | Comprehensive Recycling of Waste | 7 | 77 |
| 金属制品、机械和设备修理业 | Metal Products, Machine and Equipment Repair | 4 | 130 |
| **电力、热力、燃气及水生产和供应业** | **Production and Supply of Electricity, Heat, Gas and Water** | **20** | **517** |
| 电力、热力生产和供应业 | Production and Supply of Electric Power and Heat Power | 12 | 426 |
| 燃气生产和供应业 | Production and Supply of Gas | 1 | 4 |
| 水的生产和供应业 | Production and Supply of Water | 7 | 87 |

18-11续表 *Continued*

| 项　目 | Item | R&D经费内部支出总额(亿元) R&D Internal Expenditures (100 million yuan) | R&D投入强度(%) Ratio of R&D to Sales Revenue (%) |
|---|---|---|---|
| **总　计** | **Total** | **213.43** | **1.13** |
| **采矿业** | **Minerals Mining** | **10.98** | **0.80** |
| 煤炭开采和洗选业 | Mining and Washing of Coal | 0.05 | 3.04 |
| 石油和天然气开采业 | Extraction of Petroleum and Natural Gas | 3.84 | 0.39 |
| 黑色金属矿采选业 | Mining and Processing of Ferrous Metal Ores | | |
| 有色金属矿采选业 | Mining and Processing of Non-Ferrous Metal Ores | | |
| 非金属矿采选业 | Mining and Processing of Nonmetal Ores | 0.70 | 2.65 |
| 开采专业及辅助性活动 | Professional and Support Activities for Mining | 6.39 | 2.05 |
| 其他采矿业 | Mining of Other Ores | | |
| **制造业** | **Manufacturing** | **201.08** | **1.23** |
| 农副食品加工业 | Processing of Food from Agricultural Products | 1.04 | 0.20 |
| 食品制造业 | Manufacture of Food | 2.00 | 0.64 |
| 酒、饮料和精制茶制造业 | Manufacture of Alcohol, Beverages and Refined Tea | 0.48 | 0.47 |
| 烟草制品业 | Manufacture of Tobacco | | |
| 纺织业 | Manufacture of Textile | 0.69 | 0.69 |
| 纺织服装、服饰业 | Manufacture of Textile Wearing and Apparel | 0.03 | 0.18 |
| 皮革、毛皮、羽毛(绒)及其制品和制鞋业 | Manufacture of Leather, Fur, Feather and Related Products, Footwear | 0.25 | 1.18 |
| 木材加工和木、竹、藤、棕、草制品业 | Processing of Timber, Manufacture of Wood, Bamboo, Rattan, Palm and Straw Products | 0.11 | 0.91 |
| 家具制造业 | Manufacture of Furniture | 0.92 | 1.31 |
| 造纸和纸制品业 | Manufacture of Paper and Paper Products | 3.33 | 1.35 |
| 印刷和记录媒介复制业 | Printing,Reproduction of Recording Media | 0.63 | 1.10 |
| 文教、工美、体育和娱乐用品制造业 | Manufacture of Articles for Culture, Education and Industrial Arts, Sport Activity, Amusement Manufacturing | 0.71 | 0.69 |
| 石油、煤炭及其他燃料加工业 | Processing of Petroleum, Coal and Other Fuels | 1.42 | 0.15 |
| 化学原料和化学制品制造业 | Manufacture of Raw Chemical Materials and Chemical Products | 14.50 | 1.31 |
| 医药制造业 | Manufacture of Medicines | 10.46 | 1.83 |
| 化学纤维制造业 | Manufacture of Chemical Fibers | 0.02 | 0.47 |
| 橡胶和塑料制品业 | Manufacture of Rubber and Plastic | 7.66 | 1.94 |
| 非金属矿物制品业 | Manufacture of Non-metallic Mineral Products | 4.77 | 0.99 |
| 黑色金属冶炼和压延加工业 | Smelting and Pressing of Ferrous Metals | 30.33 | 1.12 |
| 有色金属冶炼和压延加工业 | Smelting and Pressing of Non-Ferrous Metals | 5.34 | 0.76 |
| 金属制品业 | Manufacture of Metal Products | 16.43 | 2.06 |
| 通用设备制造业 | Manufacture of General Purpose Machinery | 10.64 | 1.55 |
| 专用设备制造业 | Manufacture of Special Purpose Machinery | 16.01 | 2.93 |
| 汽车制造业 | Manufacture of Motorcar | 18.04 | 0.74 |
| 铁路、船舶、航空航天和其他运输设备制造业 | Railway, Watercraft, Aerospace and Other Transport Equipment | 8.99 | 2.14 |
| 电气机械和器材制造业 | Manufacture of Electrical Machinery and Equipment | 15.15 | 1.57 |
| 计算机、通信和其他电子设备制造业 | Manufacture of Computers, Communication and Other Electronic Equipment | 28.25 | 1.62 |
| 仪器仪表制造业 | Manufacture of Measuring Instruments | 1.94 | 1.95 |
| 其他制造业 | Other Manufacturing | 0.43 | 3.13 |
| 废弃资源综合利用业 | Comprehensive Recycling of Waste | 0.15 | 0.17 |
| 金属制品、机械和设备修理业 | Metal Products, Machine and Equipment Repair | 0.38 | 2.34 |
| **电力、热力、燃气及水生产和供应业** | **Production and Supply of Electricity, Heat, Gas and Water** | **1.37** | **0.11** |
| 电力、热力生产和供应业 | Production and Supply of Electric Power and Heat Power | 1.13 | 0.12 |
| 燃气生产和供应业 | Production and Supply of Gas | 0.05 | 0.03 |
| 水的生产和供应业 | Production and Supply of Water | 0.19 | 0.18 |

注：R&D投入强度是指R&D经费内部支出与营业收入比值。

Note: Ratio of R&D to operating income refers to the ratio of R&D internal expenditures to revenue from principle business.

# 18-12 按行业分规模以上工业企业研发机构情况(2019年)

## R&D Institutions of Industrial Enterprises above Designated Size by Sector,2019

| 项　　目 | Item | 研发机构数(个) R&D Institutions (unit) | 研发机构经费支出(亿元) Expenditure in R&D Institutions (100 million yuan) |
|---|---|---|---|
| **总　　计** | **Total** | **515** | **109.96** |
| **采矿业** | **Minerals Mining** | **7** | **13.17** |
| 煤炭开采和洗选业 | Mining and Washing of Coal | | |
| 石油和天然气开采业 | Extraction of Petroleum and Natural Gas | 4 | 12.34 |
| 黑色金属矿采选业 | Mining and Processing of Ferrous Metal Ores | | |
| 有色金属矿采选业 | Mining and Processing of Non-Ferrous Metal Ores | | |
| 非金属矿采选业 | Mining and Processing of Nonmetal Ores | 2 | 0.20 |
| 开采专业及辅助性活动 | Professional and Support Activities for Mining | 1 | 0.63 |
| 其他采矿业 | Mining of Other Ores | | |
| **制造业** | **Manufacturing** | **504** | **95.32** |
| 农副食品加工业 | Processing of Food from Agricultural Products | 7 | 0.49 |
| 食品制造业 | Manufacture of Food | 18 | 1.52 |
| 酒、饮料和精制茶制造业 | Manufacture of Alcohol, Beverages and Refined Tea | 4 | 0.23 |
| 烟草制品业 | Manufacture of Tobacco | | |
| 纺织业 | Manufacture of Textile | 1 | |
| 纺织服装、服饰业 | Manufacture of Textile Wearing and Apparel | 1 | 0.01 |
| 皮革、毛皮、羽毛(绒)及其制品和制鞋业 | Manufacture of Leather, Fur, Feather and Related Products, Footwear | 1 | 0.05 |
| 木材加工和木、竹、藤、棕、草制品业 | Processing of Timber, Manufacture of Wood, Bamboo, Rattan, Palm and Straw Products | 2 | 0.03 |
| 家具制造业 | Manufacture of Furniture | 5 | 0.70 |
| 造纸和纸制品业 | Manufacture of Paper and Paper Products | 5 | 2.71 |
| 印刷和记录媒介复制业 | Printing,Reproduction of Recording Media | 5 | 0.33 |
| 文教、工美、体育和娱乐用品制造业 | Manufacture of Articles for Culture, Education and Industrial Arts, Sport Activity, Amusement Manufacturing | 6 | 0.14 |
| 石油、煤炭及其他燃料加工业 | Processing of Petroleum, Coal and Other Fuels | 5 | 0.73 |
| 化学原料和化学制品制造业 | Manufacture of Raw Chemical Materials and Chemical Products | 52 | 8.39 |
| 医药制造业 | Manufacture of Medicines | 40 | 10.32 |
| 化学纤维制造业 | Manufacture of Chemical Fibers | | |
| 橡胶和塑料制品业 | Manufacture of Rubber and Plastic | 38 | 4.06 |
| 非金属矿物制品业 | Manufacture of Non-metallic Mineral Products | 13 | 0.89 |
| 黑色金属冶炼和压延加工业 | Smelting and Pressing of Ferrous Metals | 15 | 5.34 |
| 有色金属冶炼和压延加工业 | Smelting and Pressing of Non-Ferrous Metals | 9 | 3.28 |
| 金属制品业 | Manufacture of Metal Products | 32 | 4.34 |
| 通用设备制造业 | Manufacture of General Purpose Machinery | 41 | 4.20 |
| 专用设备制造业 | Manufacture of Special Purpose Machinery | 52 | 6.41 |
| 汽车制造业 | Manufacture of Motorcar | 36 | 3.82 |
| 铁路、船舶、航空航天和其他运输设备制造业 | Railway, Watercraft, Aerospace and Other Transport Equipment | 21 | 4.90 |
| 电气机械和器材制造业 | Manufacture of Electrical Machinery and Equipment | 42 | 8.23 |
| 计算机、通信和其他电子设备制造业 | Manufacture of Computers, Communication and Other Electronic Equipment | 35 | 22.71 |
| 仪器仪表制造业 | Manufacture of Measuring Instruments | 14 | 1.31 |
| 其他制造业 | Other Manufacturing | 1 | 0.07 |
| 废弃资源综合利用业 | Comprehensive Recycling of Waste | 1 | |
| 金属制品、机械和设备修理业 | Metal Products, Machine and Equipment Repair | 2 | 0.12 |
| **电力、热力、燃气及水生产和供应业** | **Production and Supply of Electricity, Heat, Gas and Water** | **4** | **1.46** |
| 电力、热力生产和供应业 | Production and Supply of Electric Power and Heat Power | 2 | 0.90 |
| 燃气生产和供应业 | Production and Supply of Gas | 1 | 0.52 |
| 水的生产和供应业 | Production and Supply of Water | 1 | 0.04 |

## 18-13 按行业分规模以上工业企业专利情况(2019年)

## Patents of Industrial Enterprises above Designated Size by Sector,2019

单位：件(piece)

| 项　　目 | Item | 专　利申请数 Patent Applications | #发　明专利数 Invention Patents |
|---|---|---|---|
| **总　　计** | **Total** | **15634** | **4676** |
| **采矿业** | **Minerals Mining** | **556** | **247** |
| 煤炭开采和洗选业 | Mining and Washing of Coal | | |
| 石油和天然气开采业 | Extraction of Petroleum and Natural Gas | 285 | 144 |
| 黑色金属矿采选业 | Mining and Processing of Ferrous Metal Ores | | |
| 有色金属矿采选业 | Mining and Processing of Non-Ferrous Metal Ores | | |
| 非金属矿采选业 | Mining and Processing of Nonmetal Ores | 34 | 14 |
| 开采专业及辅助性活动 | Professional and Support Activities for Mining | 237 | 89 |
| 其他采矿业 | Mining of Other Ores | | |
| **制造业** | **Manufacturing** | **14487** | **4049** |
| 农副食品加工业 | Processing of Food from Agricultural Products | 260 | 53 |
| 食品制造业 | Manufacture of Food | 160 | 35 |
| 酒、饮料和精制茶制造业 | Manufacture of Alcohol, Beverages and Refined Tea | 81 | 2 |
| 烟草制品业 | Manufacture of Tobacco | | |
| 纺织业 | Manufacture of Textile | 98 | 22 |
| 纺织服装、服饰业 | Manufacture of Textile Wearing and Apparel | 17 | |
| 皮革、毛皮、羽毛(绒)及其制品和制鞋业 | Manufacture of Leather, Fur, Feather and Related Products, Footwear | 75 | 41 |
| 木材加工和木、竹、藤、棕、草制品业 | Processing of Timber, Manufacture of Wood, Bamboo, Rattan, Palm and Straw Products | 28 | 8 |
| 家具制造业 | Manufacture of Furniture | 38 | 2 |
| 造纸和纸制品业 | Manufacture of Paper and Paper Products | 253 | 67 |
| 印刷和记录媒介复制业 | Printing,Reproduction of Recording Media | 120 | 14 |
| 文教、工美、体育和娱乐用品制造业 | Manufacture of Articles for Culture, Education and Industrial Arts, Sport Activity, Amusement Manufacturing | 230 | 65 |
| 石油、煤炭及其他燃料加工业 | Processing of Petroleum, Coal and Other Fuels | 115 | 60 |
| 化学原料和化学制品制造业 | Manufacture of Raw Chemical Materials and Chemical Products | 846 | 307 |
| 医药制造业 | Manufacture of Medicines | 425 | 190 |
| 化学纤维制造业 | Manufacture of Chemical Fibers | | |
| 橡胶和塑料制品业 | Manufacture of Rubber and Plastic | 836 | 149 |
| 非金属矿物制品业 | Manufacture of Non-metallic Mineral Products | 580 | 109 |
| 黑色金属冶炼和压延加工业 | Smelting and Pressing of Ferrous Metals | 369 | 95 |
| 有色金属冶炼和压延加工业 | Smelting and Pressing of Non-Ferrous Metals | 203 | 71 |
| 金属制品业 | Manufacture of Metal Products | 972 | 188 |
| 通用设备制造业 | Manufacture of General Purpose Machinery | 1540 | 378 |
| 专用设备制造业 | Manufacture of Special Purpose Machinery | 2053 | 621 |
| 汽车制造业 | Manufacture of Motorcar | 969 | 156 |
| 铁路、船舶、航空航天和其他运输设备制造业 | Railway, Watercraft, Aerospace and Other Transport Equipment | 787 | 214 |
| 电气机械和器材制造业 | Manufacture of Electrical Machinery and Equipment | 1427 | 413 |
| 计算机、通信和其他电子设备制造业 | Manufacture of Computers, Communication and Other Electronic Equipment | 1378 | 666 |
| 仪器仪表制造业 | Manufacture of Measuring Instruments | 399 | 104 |
| 其他制造业 | Other Manufacturing | 94 | 9 |
| 废弃资源综合利用业 | Comprehensive Recycling of Waste | 103 | 10 |
| 金属制品、机械和设备修理业 | Metal Products, Machine and Equipment Repair | 31 | |
| **电力、热力、燃气及水生产和供应业** | **Production and Supply of Electricity, Heat, Gas and Water** | **591** | **380** |
| 电力、热力生产和供应业 | Production and Supply of Electric Power and Heat Power | 562 | 377 |
| 燃气生产和供应业 | Production and Supply of Gas | 14 | |
| 水的生产和供应业 | Production and Supply of Water | 15 | 3 |

## 18-14 按行业分规模以上非工业企业科学研究与试验发展(R&D)活动情况(2019年)

## R&D Activities in Non-Industrial Enterprises above Designated Size by Sector,2019

| 项　目 | Item | 有R&D活动企业数(个) Enterprises with R&D Activities (unit) | R&D人员折合全时当量(人年) R&D Personnel as Full-time Equivalent (person-year) |
|---|---|---|---|
| **总　计** | **Total** | **332** | **16524** |
| **建筑业** | **Construction** | **70** | **7347** |
| 房屋建筑业 | Building Engineering | 16 | 1784 |
| 土木工程建筑业 | Civil Engineering | 35 | 4834 |
| 建筑安装业 | Building Installation | 13 | 618 |
| 建筑装饰、装修和其他建筑业 | Building Decoration and Others | 6 | 110 |
| **服务业** | **Service** | **262** | **9177** |
| 交通运输、仓储和邮政业 | Transportation, Storage and Post Services | 22 | 405 |
| 铁路运输业 | Railway Transport | | |
| 道路运输业 | Highway Transport | 3 | 36 |
| 水上运输业 | Waterway Transport | 12 | 259 |
| 航空运输业 | Air Transport | | |
| 管道运输业 | Pipeline Transport | 1 | 1 |
| 多式联运和运输代理业 | Intermodality and Forwarding | 2 | 32 |
| 装卸搬运和仓储业 | Loading, Unloading and Storage | 4 | 77 |
| 邮政业 | Post Services | | |
| 信息传输、软件和信息技术服务业 | Information Transmitting, Software and Information Technology Services | 71 | 2715 |
| 电信、广播电视和卫星传输服务 | Telecommunication, Broadcast Television and Satellite Transmission Services | 1 | 8 |
| 互联网和相关服务 | Internet and Relative Services | 11 | 688 |
| 软件和信息技术服务业 | Software and Information Technology Services | 59 | 2019 |
| 租赁和商务服务业 | Leasing and Business Services | 20 | 1068 |
| 租赁业 | Leasing Services | 3 | 27 |
| 商务服务业 | Business Services | 17 | 1041 |
| 科学研究和技术服务业 | Scientific Research and Technical Services | 137 | 4879 |
| 研究和试验发展 | R&D | 28 | 922 |
| 专业技术服务业 | Special Technical Services | 104 | 3882 |
| 科技推广和应用服务业 | Science and Technology Generalizing and Application Services | 5 | 74 |
| 水利、环境和公共设施管理业 | Management for Water Conservancy, Environment and Public Facilities | 9 | 88 |
| 水利管理业 | Management for Water Conservancy | 2 | 22 |
| 生态保护和环境治理业 | Ecological Protection and Management for Environment | 3 | 36 |
| 公共设施管理业 | Management for Public Facilities | 3 | 23 |
| 土地管理业 | Management for Land | 1 | 7 |
| 卫生和社会工作 | Health Care and Social Work | 1 | 1 |
| 卫　生 | Health Care | 1 | 1 |
| 社会工作 | Social Work | | |
| 文化、体育和娱乐业 | Culture, Sports and Recreational Services | 2 | 21 |
| 新闻和出版业 | News Publication | | |
| 广播、电视、电影和录音制作业 | Broadcast, TV, Movies and Record Production Industry | 1 | 20 |
| 文化艺术业 | Culture and Art | 1 | 1 |
| 体　育 | Sports | | |
| 娱乐业 | Recreational Services | | |

18-14续表 *Continued*

| 项　目 | Item | R&D经费内部支出总额(亿元) R&D Internal Expenditures (100 million yuan) | R&D投入强度(%) Ratio of R&D to Sales Revenue (%) |
|---|---|---|---|
| **总　计** | **Total** | **125.64** | **1.12** |
| **建筑业** | **Construction** | **69.71** | **1.87** |
| 房屋建筑业 | Building Engineering | 22.19 | 1.82 |
| 土木工程建筑业 | Civil Engineering | 44.87 | 2.05 |
| 建筑安装业 | Building Installation | 2.34 | 1.24 |
| 建筑装饰、装修和其他建筑业 | Building Decoration and Others | 0.31 | 0.23 |
| **服务业** | **Service** | **55.93** | **0.74** |
| 交通运输、仓储和邮政业 | Transportation, Storage and Post Services | 8.22 | 0.26 |
| 铁路运输业 | Railway Transport | | |
| 道路运输业 | Highway Transport | 0.19 | 0.01 |
| 水上运输业 | Waterway Transport | 7.38 | 3.82 |
| 航空运输业 | Air Transport | | |
| 管道运输业 | Pipeline Transport | | |
| 多式联运和运输代理业 | Intermodality and Forwarding | 0.26 | 0.05 |
| 装卸搬运和仓储业 | Loading, Unloading and Storage | 0.38 | 0.13 |
| 邮政业 | Post Services | | |
| 信息传输、软件和信息技术服务业 | Information Transmitting, Software and Information Technology Services | 12.33 | 0.97 |
| 电信、广播电视和卫星传输服务 | Telecommunication, Broadcast Television and Satellite Transmission Services | 0.25 | 0.15 |
| 互联网和相关服务 | Internet and Relative Services | 4.85 | 0.78 |
| 软件和信息技术服务业 | Software and Information Technology Services | 7.23 | 1.50 |
| 租赁和商务服务业 | Leasing and Business Services | 3.72 | 0.27 |
| 租赁业 | Leasing Services | 0.08 | 0.07 |
| 商务服务业 | Business Services | 3.64 | 0.29 |
| 科学研究和技术服务业 | Scientific Research and Technical Services | 30.87 | 2.42 |
| 研究和试验发展 | R&D | 5.20 | 6.38 |
| 专业技术服务业 | Special Technical Services | 25.30 | 2.25 |
| 科技推广和应用服务业 | Science and Technology Generalizing and Application Services | 0.36 | 0.52 |
| 水利、环境和公共设施管理业 | Management for Water Conservancy, Environment and Public Facilities | 0.40 | 0.25 |
| 水利管理业 | Management for Water Conservancy | 0.04 | 2.17 |
| 生态保护和环境治理业 | Ecological Protection and Management for Environment | 0.18 | 2.50 |
| 公共设施管理业 | Management for Public Facilities | 0.16 | 0.21 |
| 土地管理业 | Management for Land | 0.02 | 0.02 |
| 卫生和社会工作 | Health Care and Social Work | 0.01 | 0.02 |
| 卫　生 | Health Care | 0.01 | 0.02 |
| 社会工作 | Social Work | | |
| 文化、体育和娱乐业 | Culture, Sports and Recreational Services | 0.39 | 0.21 |
| 新闻和出版业 | News Publication | | |
| 广播、电视、电影和录音制作业 | Broadcast, TV, Movies and Record Production Industry | 0.15 | 0.13 |
| 文化艺术业 | Culture and Art | 0.24 | 0.74 |
| 体　育 | Sports | | |
| 娱乐业 | Recreational Services | | |

注：R&D投入强度是指R&D经费内部支出与营业收入比值。
Note: Ratio of R&D to operating income refers to the ratio of R&D internal expenditures to revenue from principle business.

# 18-15 按行业分规模以上非工业企业研发机构情况(2019年)

## R&D Institutions of Non-Industrial Enterprises above Designated Size by Sector,2019

| 项目 | Item | 研发机构数(个) R&D Institutions (unit) | 研发机构经费支出(亿元) Expenditure in R&D Institutions (100 million yuan) |
|---|---|---|---|
| **总计** | **Total** | **147** | **66.00** |
| **建筑业** | **Construction** | **48** | **24.93** |
| 房屋建筑业 | Building Engineering | 9 | 10.12 |
| 土木工程建筑业 | Civil Engineering | 22 | 13.46 |
| 建筑安装业 | Building Installation | 14 | 1.27 |
| 建筑装饰、装修和其他建筑业 | Building Decoration and Others | 3 | 0.09 |
| **服务业** | **Service** | **99** | **41.07** |
| 交通运输、仓储和邮政业 | Transportation, Storage and Post Services | 2 | 0.03 |
| 铁路运输业 | Railway Transport | | |
| 道路运输业 | Highway Transport | | |
| 水上运输业 | Waterway Transport | | |
| 航空运输业 | Air Transport | | |
| 管道运输业 | Pipeline Transport | | |
| 多式联运和运输代理业 | Intermodality and Forwarding | 1 | 0.02 |
| 装卸搬运和仓储业 | Loading,Unloading and Storage | 1 | 0.01 |
| 邮政业 | Post Services | | |
| 信息传输、软件和信息技术服务业 | Information Transmitting, Software and Information Technology Services | 29 | 6.31 |
| 电信、广播电视和卫星传输服务 | Telecommunication, Broadcast Television and Satellite Transmission Services | | |
| 互联网和相关服务 | Internet and Relative Services | 4 | 4.26 |
| 软件和信息技术服务业 | Software and Information Technology Services | 25 | 2.05 |
| 租赁和商务服务业 | Leasing and Business Services | 2 | 0.14 |
| 租赁业 | Leasing Services | | |
| 商务服务业 | Business Services | 2 | 0.14 |
| 科学研究和技术服务业 | Scientific Research and Technical Services | 59 | 33.72 |
| 研究和试验发展 | R&D | 15 | 3.91 |
| 专业技术服务业 | Special Technical Services | 42 | 29.64 |
| 科技推广和应用服务业 | Science and Technology Generalizing and Application Services | 2 | 0.17 |
| 水利、环境和公共设施管理业 | Management for Water Conservancy, Environment and Public Facilities | 5 | 0.24 |
| 水利管理业 | Management for Water Conservancy | 1 | 0.02 |
| 生态保护和环境治理业 | Ecological Protection and Management for Environment | 2 | 0.16 |
| 公共设施管理业 | Management for Public Facilities | 2 | 0.06 |
| 土地管理业 | Management for Land | | |
| 卫生和社会工作 | Health Care and Social Work | | |
| 卫生 | Health Care | | |
| 社会工作 | Social Work | | |
| 文化、体育和娱乐业 | Culture, Sports and Recreational Services | 2 | 0.61 |
| 新闻和出版业 | News Publication | | |
| 广播、电视、电影和录音制作业 | Broadcast, TV, Movies and Record Production Industry | 2 | 0.61 |
| 文化艺术业 | Culture and Art | | |
| 体育 | Sports | | |
| 娱乐业 | Recreational Services | | |

# 18-16 按行业分规模以上非工业企业专利情况(2019年)

# Patents of Non-Industrial Enterprises above Designated Size by Sector,2019

单位：件(piece)

| 项　目 | Item | 专利申请数 Patent Applications | #发明专利数 Invention Patents |
|---|---|---|---|
| **总　计** | **Total** | **6296** | **2597** |
| **建筑业** | **Construction** | **2773** | **830** |
| 房屋建筑业 | Building Engineering | 1025 | 355 |
| 土木工程建筑业 | Civil Engineering | 1438 | 417 |
| 建筑安装业 | Building Installation | 242 | 37 |
| 建筑装饰、装修和其他建筑业 | Building Decoration and Others | 68 | 21 |
| **服务业** | **Service** | **3523** | **1767** |
| 交通运输、仓储和邮政业 | Transportation, Storage and Post Services | 130 | 66 |
| 铁路运输业 | Railway Transport | 8 | 8 |
| 道路运输业 | Highway Transport | 12 | 4 |
| 水上运输业 | Waterway Transport | 62 | 19 |
| 航空运输业 | Air Transport | 3 | 2 |
| 管道运输业 | Pipeline Transport | | |
| 多式联运和运输代理业 | Intermodality and Forwarding | 24 | 22 |
| 装卸搬运和仓储业 | Loading,Unloading and Storage | 21 | 11 |
| 邮政业 | Post Services | | |
| 信息传输、软件和信息技术服务业 | Information Transmitting, Software and Information Technology Services | 661 | 463 |
| 电信、广播电视和卫星传输服务 | Telecommunication, Broadcast Television and Satellite Transmission Services | 7 | 6 |
| 互联网和相关服务 | Internet and Relative Services | 177 | 159 |
| 软件和信息技术服务业 | Software and Information Technology Services | 477 | 298 |
| 租赁和商务服务业 | Leasing and Business Services | 132 | 31 |
| 租赁业 | Leasing Services | 15 | 3 |
| 商务服务业 | Business Services | 117 | 28 |
| 科学研究和技术服务业 | Scientific Research and Technical Services | 2486 | 1163 |
| 研究和试验发展 | R&D | 372 | 241 |
| 专业技术服务业 | Special Technical Services | 2076 | 910 |
| 科技推广和应用服务业 | Science and Technology Generalizing and Application Services | 38 | 12 |
| 水利、环境和公共设施管理业 | Management for Water Conservancy, Environment and Public Facilities | 79 | 28 |
| 水利管理业 | Management for Water Conservancy | 18 | 3 |
| 生态保护和环境治理业 | Ecological Protection and Management for Environment | | |
| 公共设施管理业 | Management for Public Facilities | 61 | 25 |
| 土地管理业 | Management for Land | | |
| 卫生和社会工作 | Health Care and Social Work | 21 | 4 |
| 卫　生 | Health Care | 21 | 4 |
| 社会工作 | Social Work | | |
| 文化、体育和娱乐业 | Culture, Sports and Recreational Services | 14 | 12 |
| 新闻和出版业 | News Publication | | |
| 广播、电视、电影和录音制作业 | Broadcast, TV, Movies and Record Production Industry | 14 | 12 |
| 文化艺术业 | Culture and Art | | |
| 体　育 | Sports | | |
| 娱乐业 | Recreational Services | | |

# 18-17 创新企业分布情况(2019年)
# The Distribution of Innovating Enterprise,2019

单位：个,%(unit,%)

| 项　　目 | Item | 企业数 Number of Enterprises | # 开展创新的企业 To Carry Out Innovative Enterprises | | # 实现创新的企业 To Achieve Innovative Enterprises | |
|---|---|---|---|---|---|---|
| | | | 企业数 Numbers | 比　重 Percentage of Total | 企业数 Numbers | 比　重 Percentage of Total |
| **总　　计** | **Total** | **15737** | **5996** | **38.1** | **5759** | **36.6** |
| **按行业分** | **Grouped by Sector** | | | | | |
| 采矿业 | Minerals Mining | 13 | 10 | 76.9 | 9 | 69.2 |
| 制造业 | Manufacturing | 4612 | 2729 | 59.2 | 2625 | 56.9 |
| 电力、热力、燃气及水生产和供应业 | Production and Supply of Electricity, Heat, Gas and Water | 186 | 85 | 45.7 | 71 | 38.2 |
| 建筑业 | Construction | 995 | 352 | 35.4 | 337 | 33.9 |
| 批发和零售业 | Wholesale and Retail Trade | 6442 | 1573 | 24.4 | 1565 | 24.3 |
| 交通运输、仓储和邮政业 | Transportation, Storage and Post Services | 1453 | 337 | 23.2 | 323 | 22.2 |
| 信息传输、软件和信息技术服务业 | Information Transmitting, Software and Information Technology Services | 427 | 290 | 67.9 | 263 | 61.6 |
| 租赁和商务服务业 | Leasing and Business Services | 949 | 268 | 28.2 | 257 | 27.1 |
| 科学研究和技术服务业 | Scientific Research and Technical Services | 557 | 314 | 56.4 | 275 | 49.4 |
| 水利、环境和公共设施管理业 | Management for Water Conservancy, Environment and Public Facilities | 103 | 38 | 36.9 | 34 | 33.0 |
| **按地区分** | **Grouped by District** | | | | | |
| 和平区 | Heping District | 422 | 132 | 31.3 | 128 | 30.3 |
| 河东区 | Hedong District | 379 | 136 | 35.9 | 131 | 34.6 |
| 河西区 | Hexi District | 533 | 170 | 31.9 | 163 | 30.6 |
| 南开区 | Nankai District | 579 | 200 | 34.5 | 183 | 31.6 |
| 河北区 | Hebei District | 234 | 73 | 31.2 | 70 | 29.9 |
| 红桥区 | Hongqiao District | 145 | 47 | 32.4 | 44 | 30.3 |
| 东丽区 | Dongli District | 915 | 283 | 30.9 | 273 | 29.8 |
| 西青区 | Xiqing District | 1112 | 486 | 43.7 | 473 | 42.5 |
| 津南区 | Jinnan District | 828 | 378 | 45.7 | 370 | 44.7 |
| 北辰区 | Beichen District | 1314 | 477 | 36.3 | 468 | 35.6 |
| 武清区 | Wuqing District | 1264 | 585 | 46.3 | 564 | 44.6 |
| 宝坻区 | Baodi District | 560 | 237 | 42.3 | 230 | 41.1 |
| 滨海新区 | Binhai New Area | 5704 | 2208 | 38.7 | 2094 | 36.7 |
| 宁河区 | Ninghe District | 298 | 96 | 32.2 | 96 | 32.2 |
| 静海区 | Jinghai District | 1201 | 361 | 30.1 | 355 | 29.6 |
| 蓟州区 | Jizhou District | 232 | 112 | 48.3 | 103 | 44.4 |

注：按地区分为在地口径，地区数据不包含非网报和直报数据，表18-18至18-20同。

Note: The datum of Binhai New Area this table adopt coverage of register units,and other datum are coverage of location.Same as table 18-18 to 18-20.

# 18-18 产品和工艺创新企业分布情况(2019年)
# The Distribution of Product and Process Innovative Enterprise,2019

单位：个,%(unit,%)

| 项　目 | Item | 有产品或工艺创新活动企业 To Carry Out Product or Process Innovation Activity Enterprise | |
|---|---|---|---|
| | | 企业数 Numbers of Enterprises | 比　重 Percentage of Total Enterprises |
| **总　　计** | **Total** | **3750** | **23.8** |
| **按行业分** | **Grouped by Sector** | | |
| 采矿业 | Minerals Mining | 8 | 61.5 |
| 制造业 | Manufacturing | 2300 | 49.9 |
| 电力、热力、燃气及水生产和供应业 | Production and Supply of Electricity, Heat, Gas and Water | 57 | 30.7 |
| 建筑业 | Construction | 214 | 21.5 |
| 批发和零售业 | Wholesale and Retail Trade | 406 | 6.3 |
| 交通运输、仓储和邮政业 | Transportation, Storage and Post Services | 132 | 9.1 |
| 信息传输、软件和信息技术服务业 | Information Transmitting, Software and Information Technology Services | 246 | 57.6 |
| 租赁和商务服务业 | Leasing and Business Services | 107 | 11.3 |
| 科学研究和技术服务业 | Scientific Research and Technical Services | 260 | 46.7 |
| 水利、环境和公共设施管理业 | Management for Water Conservancy, Environment and Public Facilities | 20 | 19.4 |
| **按地区分** | **Grouped by District** | | |
| 和平区 | Heping District | 45 | 10.7 |
| 河东区 | Hedong District | 68 | 17.9 |
| 河西区 | Hexi District | 88 | 16.5 |
| 南开区 | Nankai District | 111 | 19.2 |
| 河北区 | Hebei District | 31 | 13.2 |
| 红桥区 | Hongqiao District | 32 | 22.1 |
| 东丽区 | Dongli District | 161 | 17.6 |
| 西青区 | Xiqing District | 355 | 31.9 |
| 津南区 | Jinnan District | 268 | 32.4 |
| 北辰区 | Beichen District | 310 | 23.6 |
| 武清区 | Wuqing District | 380 | 30.1 |
| 宝坻区 | Baodi District | 179 | 32.0 |
| 滨海新区 | Binhai New Area | 1353 | 23.7 |
| 宁河区 | Ninghe District | 69 | 23.2 |
| 静海区 | Jinghai District | 206 | 17.2 |
| 蓟州区 | Jizhou District | 79 | 34.1 |

18-18续表 *Continued*

单位：个,%(unit,%)

| 项　目 | Item | # 实现产品创新企业 Implementing Product Innovation Enterprise | | # 实现工艺创新企业 Implementing Process Innovation Enterprise | |
|---|---|---|---|---|---|
| | | 企业数 Numbers of Enterprises | 比　重 Percentage of Total Enterprises | 企业数 Numbers of Enterprises | 比　重 Percentage of Total Enterprises |
| **总　　计** | **Total** | **2257** | **14.3** | **2783** | **17.7** |
| **按行业分** | **Grouped by Sector** | | | | |
| 采矿业 | Minerals Mining | 4 | 30.8 | 7 | 53.9 |
| 制造业 | Manufacturing | 1547 | 33.5 | 1760 | 38.2 |
| 电力、热力、燃气及水生产和供应业 | Production and Supply of Electricity, Heat, Gas and Water | 6 | 3.2 | 38 | 20.4 |
| 建筑业 | Construction | 108 | 10.9 | 166 | 16.7 |
| 批发和零售业 | Wholesale and Retail Trade | 181 | 2.8 | 321 | 5.0 |
| 交通运输、仓储和邮政业 | Transportation, Storage and Post Services | 50 | 3.4 | 98 | 6.7 |
| 信息传输、软件和信息技术服务业 | Information Transmitting, Software and Information Technology Services | 163 | 38.2 | 147 | 34.4 |
| 租赁和商务服务业 | Leasing and Business Services | 58 | 6.1 | 70 | 7.4 |
| 科学研究和技术服务业 | Scientific Research and Technical Services | 132 | 23.7 | 163 | 29.3 |
| 水利、环境和公共设施管理业 | Management for Water Conservancy, Environment and Public Facilities | 8 | 7.8 | 13 | 12.6 |
| **按地区分** | **Grouped by District** | | | | |
| 和平区 | Heping District | 19 | 4.5 | 31 | 7.3 |
| 河东区 | Hedong District | 29 | 7.7 | 51 | 13.5 |
| 河西区 | Hexi District | 48 | 9.0 | 59 | 11.1 |
| 南开区 | Nankai District | 53 | 9.2 | 73 | 12.6 |
| 河北区 | Hebei District | 15 | 6.4 | 17 | 7.3 |
| 红桥区 | Hongqiao District | 19 | 13.1 | 23 | 15.9 |
| 东丽区 | Dongli District | 102 | 11.1 | 122 | 13.3 |
| 西青区 | Xiqing District | 229 | 20.6 | 275 | 24.7 |
| 津南区 | Jinnan District | 177 | 21.4 | 218 | 26.3 |
| 北辰区 | Beichen District | 195 | 14.8 | 249 | 18.9 |
| 武清区 | Wuqing District | 243 | 19.2 | 267 | 21.1 |
| 宝坻区 | Baodi District | 120 | 21.4 | 137 | 24.5 |
| 滨海新区 | Binhai New Area | 803 | 14.1 | 970 | 17.0 |
| 宁河区 | Ninghe District | 39 | 13.1 | 56 | 18.8 |
| 静海区 | Jinghai District | 110 | 9.2 | 170 | 14.2 |
| 蓟州区 | Jizhou District | 43 | 18.5 | 53 | 22.8 |

# 18-19 产品或工艺创新主要活动形式(2019年)
## The Form of Product and Process Innovative Enterprise,2019

单位：个,%(unit,%)

| 项　目 | Item | 有产品或工艺创新活动企业数 Number of Product and Process Innovative Enterprise | 各类创新活动企业比重 Proportion of All Kinds of Innovative Enterprise | | | |
|---|---|---|---|---|---|---|
| | | | #内部 R&D Internal | #外部 R&D External | #获得机器设备和软件 The Machine, Equipment, and Software | #从外部获取相关技术 External Acquisition of Related Technologies |
| **总　计** | **Total** | **3750** | **10.3** | **1.6** | **9.5** | **0.9** |
| **按行业分** | **Grouped by Sector** | | | | | |
| 采矿业 | Minerals Mining | 8 | 53.9 | 46.2 | 46.2 | 7.7 |
| 制造业 | Manufacturing | 2300 | 27.6 | 3.6 | 24.2 | 0.7 |
| 电力、热力、燃气及水生产和供应业 | Production and Supply of Electricity, Heat, Gas and Water | 57 | 10.8 | 2.2 | 13.4 | 0.5 |
| 建筑业 | Construction | 214 | 7.0 | 1.0 | 7.1 | 2.0 |
| 批发和零售业 | Wholesale and Retail Trade | 406 | | | 1.3 | 0.4 |
| 交通运输、仓储和邮政业 | Transportation, Storage and Post Services | 132 | 1.5 | 0.5 | 1.9 | 0.3 |
| 信息传输、软件和信息技术服务业 | Information Transmitting, Software and Information Technology Services | 246 | 16.6 | 5.2 | 12.4 | 3.3 |
| 租赁和商务服务业 | Leasing and Business Services | 107 | 2.1 | 0.7 | 2.5 | 0.8 |
| 科学研究和技术服务业 | Scientific Research and Technical Services | 260 | 24.6 | 5.9 | 13.8 | 5.9 |
| 水利、环境和公共设施管理业 | Management for Water Conservancy, Environment and Public Facilities | 20 | 8.7 | 1.0 | 7.8 | |
| **按地区分** | **Grouped by District** | | | | | |
| 和平区 | Heping District | 45 | 2.8 | 0.2 | 2.4 | 0.7 |
| 河东区 | Hedong District | 68 | 4.5 | 0.3 | 4.5 | 1.1 |
| 河西区 | Hexi District | 88 | 5.6 | 1.5 | 5.4 | 0.8 |
| 南开区 | Nankai District | 111 | 6.0 | 0.9 | 7.8 | 1.4 |
| 河北区 | Hebei District | 31 | 5.1 | 0.9 | 5.6 | |
| 红桥区 | Hongqiao District | 32 | 8.3 | 2.1 | 5.5 | 0.7 |
| 东丽区 | Dongli District | 161 | 6.6 | 1.2 | 7.2 | 0.9 |
| 西青区 | Xiqing District | 355 | 15.3 | 2.1 | 15.1 | 0.4 |
| 津南区 | Jinnan District | 268 | 16.9 | 1.9 | 10.9 | 0.7 |
| 北辰区 | Beichen District | 310 | 9.4 | 1.5 | 11.2 | 0.9 |
| 武清区 | Wuqing District | 380 | 12.5 | 1.2 | 13.0 | 0.7 |
| 宝坻区 | Baodi District | 179 | 15.0 | 0.5 | 15.4 | 1.3 |
| 滨海新区 | Binhai New Area | 1353 | 10.6 | 2.3 | 9.0 | 1.1 |
| 宁河区 | Ninghe District | 69 | 7.7 | | 9.1 | 1.0 |
| 静海区 | Jinghai District | 206 | 6.4 | 0.4 | 6.8 | 0.2 |
| 蓟州区 | Jizhou District | 79 | 24.1 | 1.3 | 8.6 | 0.9 |

# 18-20 组织和营销创新企业分布情况(2019年)
## The Distribution of Organization and Marketing Innovative Enterprise,2019

单位：个,%(unit,%)

| 项 目 | Item | 企业数 Numbers of Enterprises | 有组织或营销创新企业 Number of Organization and Marketing Innovative Enterprise | |
|---|---|---|---|---|
| | | | 企业数 Numbers of Enterprises | 比 重 Percentage of Total Enterprises |
| **总 计** | **Total** | **15737** | **4824** | **30.7** |
| **按行业分** | **Grouped by Sector** | | | |
| 采矿业 | Minerals Mining | 13 | 7 | 53.9 |
| 制造业 | Manufacturing | 4612 | 1974 | 42.8 |
| 电力、热力、燃气及水生产和供应业 | Production and Supply of Electricity, Heat, Gas and Water | 186 | 60 | 32.3 |
| 建筑业 | Construction | 995 | 293 | 29.5 |
| 批发和零售业 | Wholesale and Retail Trade | 6442 | 1516 | 23.5 |
| 交通运输、仓储和邮政业 | Transportation, Storage and Post Services | 1453 | 282 | 19.4 |
| 信息传输、软件和信息技术服务业 | Information Transmitting, Software and Information Technology Services | 427 | 212 | 49.7 |
| 租赁和商务服务业 | Leasing and Business Services | 949 | 235 | 24.8 |
| 科学研究和技术服务业 | Scientific Research and Technical Services | 557 | 214 | 38.4 |
| 水利、环境和公共设施管理业 | Management for Water Conservancy, Environment and Public Facilities | 103 | 31 | 30.1 |
| **按地区分** | **Grouped by District** | | | |
| 和平区 | Heping District | 422 | 116 | 27.5 |
| 河东区 | Hedong District | 379 | 114 | 30.1 |
| 河西区 | Hexi District | 533 | 146 | 27.4 |
| 南开区 | Nankai District | 579 | 163 | 28.2 |
| 河北区 | Hebei District | 234 | 63 | 26.9 |
| 红桥区 | Hongqiao District | 145 | 37 | 25.5 |
| 东丽区 | Dongli District | 915 | 247 | 27.0 |
| 西青区 | Xiqing District | 1112 | 374 | 33.6 |
| 津南区 | Jinnan District | 828 | 287 | 34.7 |
| 北辰区 | Beichen District | 1314 | 395 | 30.1 |
| 武清区 | Wuqing District | 1264 | 462 | 36.6 |
| 宝坻区 | Baodi District | 560 | 188 | 33.6 |
| 滨海新区 | Binhai New Area | 5704 | 1770 | 31.0 |
| 宁河区 | Ninghe District | 298 | 73 | 24.5 |
| 静海区 | Jinghai District | 1201 | 295 | 24.6 |
| 蓟州区 | Jizhou District | 232 | 81 | 34.9 |

18-20续表 *Continued*

单位：个,%(unit,%)

| 项　目 | Item | # 实现组织创新企业 Implementing Organization Innovation Enterprise | | # 实现营销创新企业 Implementing Marketing Innovation Enterprise | |
|---|---|---|---|---|---|
| | | 企业数 Numbers of Enterprises | 比　重 Percentage of Total Enterprises | 企业数 Numbers of Enterprises | 比　重 Percentage of Total Enterprises |
| **总　　计** | **Total** | **3907** | **24.8** | **3151** | **20.0** |
| **按行业分** | **Grouped by Sector** | | | | |
| 采矿业 | Minerals Mining | 7 | 53.9 | 3 | 23.1 |
| 制造业 | Manufacturing | 1608 | 34.9 | 1388 | 30.1 |
| 电力、热力、燃气及水生产和供应业 | Production and Supply of Electricity, Heat, Gas and Water | 55 | 29.6 | 26 | 14.0 |
| 建筑业 | Construction | 272 | 27.3 | 115 | 11.6 |
| 批发和零售业 | Wholesale and Retail Trade | 1124 | 17.5 | 1073 | 16.7 |
| 交通运输、仓储和邮政业 | Transportation, Storage and Post Services | 243 | 16.7 | 135 | 9.3 |
| 信息传输、软件和信息技术服务业 | Information Transmitting, Software and Information Technology Services | 175 | 41.0 | 162 | 37.9 |
| 租赁和商务服务业 | Leasing and Business Services | 191 | 20.1 | 139 | 14.7 |
| 科学研究和技术服务业 | Scientific Research and Technical Services | 201 | 36.1 | 101 | 18.1 |
| 水利、环境和公共设施管理业 | Management for Water Conservancy, vironment and Public Facilities | 31 | 30.1 | 9 | 8.7 |
| **按地区分** | **Grouped by District** | | | | |
| 和平区 | Heping District | 85 | 20.1 | 76 | 18.0 |
| 河东区 | Hedong District | 89 | 23.5 | 74 | 19.5 |
| 河西区 | Hexi District | 113 | 21.2 | 81 | 15.2 |
| 南开区 | Nankai District | 124 | 21.4 | 106 | 18.3 |
| 河北区 | Hebei District | 49 | 20.9 | 38 | 16.2 |
| 红桥区 | Hongqiao District | 31 | 21.4 | 27 | 18.6 |
| 东丽区 | Dongli District | 201 | 22.0 | 161 | 17.6 |
| 西青区 | Xiqing District | 304 | 27.3 | 242 | 21.8 |
| 津南区 | Jinnan District | 231 | 27.9 | 194 | 23.4 |
| 北辰区 | Beichen District | 314 | 23.9 | 275 | 20.9 |
| 武清区 | Wuqing District | 356 | 28.2 | 329 | 26.0 |
| 宝坻区 | Baodi District | 162 | 28.9 | 129 | 23.0 |
| 滨海新区 | Binhai New Area | 1474 | 25.8 | 1087 | 19.1 |
| 宁河区 | Ninghe District | 60 | 20.1 | 47 | 15.8 |
| 静海区 | Jinghai District | 236 | 19.7 | 216 | 18.0 |
| 蓟州区 | Jizhou District | 65 | 28.0 | 62 | 26.7 |

# 18-21 自创区规模以上企业主要经济指标情况(2019年)
# Main Economic Indicators of Enterprises above Designated Size on Tianjin National Independent Innovation Demonstration Zone,2019

| 项 目 | Item | 企业单位数(个) Number of Enterprises (unit) | 从业人员年平均人数(万人) Annual Average Employment Personnel (10 000 persons) | 资产总计(亿元) Total Assets (100 million yuan) |
|---|---|---|---|---|
| **合 计** | **Total** | **5694** | **97.13** | **36729.28** |
| 工 业 | Industry | 1672 | 39.95 | 7418.15 |
| 采矿业 | Mining | 5 | 2.44 | 324.60 |
| 制造业 | Manufacturing | 1616 | 36.96 | 6698.42 |
| 电力、热力、燃气及水生产和供应业 | Production and Supply of Electric Power, Heat Power, Gas and Water | 51 | 0.55 | 395.14 |
| 建筑业 | Construction | 570 | 12.02 | 3091.56 |
| 服务业 | Services | 3452 | 45.16 | 26219.56 |
| #批发和零售业 | Wholesale and Retail Trade | 1471 | 11.43 | 5464.07 |
| 住宿和餐饮业 | Accommodation and Catering Services | 86 | 3.17 | 36.40 |
| 房地产业 | Real Estate | 326 | 0.83 | 7811.20 |
| 交通运输、仓储和邮政业 | Transportation, Storage and Post Services | 395 | 4.45 | 2952.60 |
| 租赁和商务服务业 | Leasing and Business Services | 329 | 3.47 | 2499.87 |
| 科学研究、技术服务业 | Scientific Research, Technical Services | 277 | 6.26 | 1743.22 |

18-21续表 *Continued*

单位：亿元(100 million yuan)

| 项 目 | Item | 营业收入 Revenue from Business | 利税总额 Total Profits and Taxes | 利润总额 Total Pre-tax Profits |
|---|---|---|---|---|
| **合 计** | **Total** | **22808.58** | **1281.25** | **730.09** |
| 工 业 | Industry | 5886.22 | 497.75 | 316.32 |
| 采矿业 | Mining | 253.07 | 9.04 | 5.36 |
| 制造业 | Manufacturing | 5498.10 | 459.51 | 290.98 |
| 电力、热力、燃气及水生产和供应业 | Production and Supply of Electric Power, Heat Power, Gas and Water | 135.04 | 29.20 | 19.98 |
| 建筑业 | Construction | 1440.96 | 22.73 | 10.19 |
| 服务业 | Services | 15481.41 | 760.76 | 403.57 |
| #批发和零售业 | Wholesale and Retail Trade | 10504.43 | 179.95 | 78.20 |
| 住宿和餐饮业 | Accommodation and Catering Services | 51.89 | 4.45 | 3.00 |
| 房地产业 | Real Estate | 547.78 | 66.70 | -12.28 |
| 交通运输、仓储和邮政业 | Transportation, Storage and Post Services | 937.17 | 38.70 | 20.65 |
| 租赁和商务服务业 | Leasing and Business Services | 737.23 | 117.21 | 73.10 |
| 科学研究、技术服务业 | Scientific Research, Technical Services | 1233.04 | 149.30 | 113.09 |

## 18-22 特种设备监督监察情况
## Supervision of Special Equipment

| 项　目 | Item | 单　位 | Unit | 2018 | 2019 |
|---|---|---|---|---|---|
| **在用的特种设备** | **Special Equipment in Use** | | | | |
| 锅　炉 | Boiler | 台 | set | 4905 | 5024 |
| 压力容器 | Pressure Vessel | 台、套 | set, series | 64050 | 66530 |
| 压力管道 | Pressure Conduit | 单　元 | unit | 29093 | 30864 |
| 电　梯 | Elevator | 台 | set | 97742 | 108104 |
| 起重机械 | Hoisting Machinery | 台 | set | 44311 | 46770 |
| 厂内机动车辆 | Automobiles Used in Factories | 辆 | set | 25213 | 29462 |
| 客运索道 | Cableway Transport | 条 | strip | 13 | 12 |
| 大型游乐设施 | Large Entertainment Facilities | 台、套 | set, series | 380 | 366 |
| **监督监察情况** | **Supervision Condition** | | | | |
| 监督监察特种设备 | Supervision of Special Equipment | 台、套 | set, series | 35500 | 26943 |
| 发现隐患 | Hidden Danger Found | 项 | unit | 2581 | 3248 |
| 下达安全监察指令书 | Safety Supervision Order Issued | 份 | unit | 1596 | 1737 |
| **取得设计、制造、安装、改造、维修许可证** | **Design, Manufacture, Installation, Rebuild and Maintenance Licence Acquired** | **个** | **unit** | **562** | **572** |

资料来源：天津市市场和质量监督管理委员会，表18-23同。
Source: Tianjin Market and Quality Supervision Administration. Same as table 18-23.

## 18-23 质量技术监督检验情况(2017—2019年)
## Check and Administration on Quality & Technique,2017-2019

| 类　别 | Sort | 2017 | 2018 | 2019 |
|---|---|---|---|---|
| **计量仪器检定(台、件)** | **Measuring Implements Tested (set, piece)** | | | |
| **总　计** | **Total** | **1267225** | **1581336** | **4023980** |
| 长　度 | Length | 11564 | 10832 | 35212 |
| 温　度 | Temperature | 164889 | 100839 | 152516 |
| 力　学 | Mechanics | 456721 | 885247 | 3286573 |
| #衡　器 | Weighing Apparatus | 17495 | 29326 | 32379 |
| 电　磁 | Electrology | 599599 | 556201 | 514414 |
| 光　学 | Optics | 18 | | 15 |
| 声　学 | Acoustics | 298 | 238 | 275 |
| 化　学 | Chemistry | 15706 | 24702 | 31130 |
| 电离辐射 | Ionization Radiation | 51 | | |
| 无线电 | Radio | 1299 | 567 | 1433 |
| 时间频率 | Time Frequency | 261 | 91 | 141 |
| 其　他 | Others | 16819 | 2619 | 2271 |
| **产品质量监督抽查** | **Products Quality Supervision** | | | |
| 抽查企业(个) | Number of Enterprises Checked (unit) | 1035 | 1184 | 1315 |
| 抽查产品(批) | Variety of Products Checked (batch) | 1197 | 1550 | 1617 |
| 不合格产品(批) | Substandard Products (batch) | 30 | 7 | 83 |

# 18-24 技术市场基本情况(2019年)

## Basic Statistics on Technology Market,2019

| 项 目 | Item | 签订合同数(项) Number of Contracts Signed (item) | 合同金额(亿元) Value of Contracts Signed (100 million yuan) | #技术交易额 Transaction Value of Technology |
|---|---|---|---|---|
| **合 计** | **Total** | **13977** | **922.63** | **508.13** |
| **按技术合同类别分** | **Grouped by the Type of Technical Contract** | | | |
| 技术开发合同 | Technology Development Contracts | 4804 | 73.33 | 57.46 |
| 技术转让合同 | Technology Transfer Contracts | 394 | 22.00 | 18.79 |
| 技术咨询合同 | Technology Consultation Contracts | 643 | 83.22 | 51.70 |
| 技术服务合同 | Technology Services Contracts | 8136 | 744.08 | 380.18 |
| **按合同卖方类别分** | **Grouped by the Type of Sellers** | | | |
| 机关法人 | Agencies as Legal Persons | 2582 | 175.59 | 37.20 |
| 事业法人 | Institutions as Legal Persons | 3336 | 67.49 | 18.05 |
| 社团法人 | Social Organizations as Legal Persons | 59 | 3.55 | 1.19 |
| 企业法人 | Enterprises as Legal Persons | 7874 | 671.23 | 449.08 |
| 自然人 | Persons | 26 | 0.09 | 0.09 |
| 其他组织 | Other Organizations | 100 | 4.68 | 2.52 |
| **按合同买方类别分** | **Grouped by the Type of Buyers** | | | |
| 机关法人 | Agencies as Legal Persons | 137 | 2.02 | 1.92 |
| 事业法人 | Institutions as Legal Persons | 8225 | 98.20 | 56.10 |
| 企业法人 | Enterprises as Legal Persons | 5603 | 822.18 | 449.96 |
| 自然人 | Persons | 7 | 0.06 | 0.06 |
| 其他组织 | Other Organizations | 5 | 0.17 | 0.09 |
| **按社会经济目标分** | **Grouped by the Social and Economic Activities** | | | |
| 环境保护、生态建设及污染防治 | Environmental Protection, Ecological Construction and Pollution Control | 853 | 86.38 | 33.80 |
| 能源生产、分配和合理利用 | Energy Production, Distribution, and Reasonable Use | 754 | 93.81 | 69.42 |
| 卫生事业发展 | Health Development | 1162 | 25.16 | 18.57 |
| 教育事业发展 | Education Development | 292 | 1.81 | 1.73 |
| 基础设施以及城市和农村规划 | Infrastructure,Urban and Rural Planning | 840 | 202.82 | 119.25 |
| 社会发展和社会服务 | Social Development & Social Service | 7163 | 212.99 | 121.18 |
| 地球和大气层的探索与利用 | Exploration and Utilization of The Earth and Atmosphere | 7 | 0.24 | 0.13 |
| 民用空间探测及开发 | Civilian Space Exploration and Development | 32 | 0.40 | 0.22 |
| 农林牧渔业发展 | Development of Farming, Forestry, Animal Husbandry and Fishery | 294 | 4.76 | 2.13 |
| 工商业发展 | Development of Industrial and Commercial | 464 | 96.51 | 57.97 |
| 非定向研究 | The Nondirectional Research | 395 | 22.58 | 21.57 |
| 其他民用目标 | Other Civilian Targets | 1678 | 172.24 | 59.49 |
| 国 防 | National Defense | 43 | 2.93 | 2.67 |
| **按技术流向分** | **Grouped by the Buyer's Region** | | | |
| 天 津 | Tianjin | 6758 | 325.69 | 115.43 |
| 外省市 | Other Provinces and Cities | 7177 | 592.81 | 388.98 |
| 技术出口 | Technology Export | 42 | 4.13 | 3.72 |

# 主要统计指标解释

## 专　利

是专利权的简称，是对发明人的发明创造经审查合格后，由专利局依据专利法授予发明人和设计人对该项发明创造享有的专有权。包括发明、实用新型和外观设计。反映拥有自主知识产权的科技和设计成果情况。

## 研究与试验发展（R＆D）

指在科学技术领域，为增加知识总量以及运用这些知识去创造新的应用进行的系统的创造性的活动，包括基础研究、应用研究、试验发展三类活动。在企业开展的科学研究与试验发展（R＆D）活动中，较为普遍的和大量的活动属于试验发展活动。

**基础研究**　指为了获得关于现象和可观察事实的基本原理的新知识(揭示客观事物的本质、运动规律，获得新发现、新学说)而进行的实验性或理论性研究，它不以任何专门或特定的应用或使用为目的。其成果以科学论文和科学著作为主要形式。用来反映知识的原始创新能力。

**应用研究**　指为获得新知识而进行的创造性研究，主要针对某一特定的目的或目标。应用研究是为了确定基础研究成果可能的用途，或是为达到预定的目标探索应采取的新方法(原理性)或新途径。其成果形式以科学论文、专著、原理性模型或发明专利为主。用来反映对基础研究成果应用途径的探索。

**试验发展**　指利用从基础研究、应用研究和实际经验所获得的现有知识，为产生新的产品、材料和装置，建立新的工艺、系统和服务，以及对已产生和建立的上述各项作实质性的改进而进行的系统性工作。其成果形式主要是专利、专有技术、具有新产品基本特征的产品原型或具有新装置基本特征的原始样机等。在社会科学领域，试验发展是指把通过基础研究、应用研究获得的知识转变成可以实施的计划(包括为进行检验和评估实施示范项目)的过程。人文科学领域没有对应的试验发展活动。主要反映将科研成果转化为技术和产品的能力，是科技推动经济社会发展的物化成果。

## R&D 人员

指参与研究与试验发展项目研究、管理和辅助工作的人员， 包括项目(课题)组人员，企业科技行政管理人员和直接为项目(课题)活动提供服务的辅助人员。反映投入从事拥有自主知识产权的研究开发活动的人力规模。

## R&D 人员全时当量

指全时人员数加非全时人员按工作量折算为全时人员数的总和。例如：有两个全时人员和三个非全时人员(工作时间分别为20%、30%和70%)，则全时当量为2+0.2+0.3+0.7=3.2人年。为国际上比较科技人力投入而制定的可比指标。

## 技术市场

从狭义看，是指在一定时间、地点进行技术转让和技术商品交易的场所。目前统计反映的是企业购买技术开发、技术转让、技术咨询、技术服务项目的合同数和成交额。

## 创　新

指本企业推出了新的或有重大改进的产品或工艺，或采用了新的组织管理方式或营销方法。此处的“新”是指它们对本企业而言必须是新的，但对于其他企业或整个市场而言不要求一定是新的。

**产品创新**　指企业推出了全新的或有重大改进的产品。产品创新的“新”要体现在产品的功能或特性上，包括技术规范、材料、组件、用户友好性等方面的重大改进。不包括产品仅有外观变化或其他微小改变的情况，也不包括直接转销。此处的“新”是指该产品对本企业而言必须是新的，但对于其他企业或整个市场而言不一定是新的。

**工艺创新**　指企业采用了全新的或有重大改进的生产方法、工艺设备或辅助性活动。工艺创新的“新”要体现在技术、设备或流程上；它对本企业而言必须是新的，但对于其他企业或整个市场而言不一定是新的。不包括单纯的组织管理方式的变化。此处的辅助性活动指企业的采购、物流、财务、信息化等活动。

**产品或工艺创新活动**　是研发活动以及为实现产品创新或工艺创新而进行的各种活动的总称。主要的产品或工艺创新活动包括内部研发活动、外部研发活动、获得机器设备和软件、从外部获取相关技术，以及相关的培训、设计、市场推介、可行性研究、测试、工装准备等活动。产品或工艺创新活动不仅包括成功的，也包括正在进行的和中止的；它本身可能具有新颖性，也可能并不新颖却是实现创新所必需。

**组织（管理）创新**　指企业采取了此前从未使用过的全新的组织管理方式，主要涉及企业的经营模式、组织结构或外部关系等方面。不包括单纯的合并或收购。组织（管理）创新应是企业管理层战略决策的结果。此处的“新”是指它对本业而言必须是新的，但对于其他企业而言不一定是新的。

经营模式方面组织（管理）创新的例子有首次使用供应链管理、质量管理、信息共享制度等；组织结构方面组织（管理）创新的例子有首次使用机构设置、职责划分、权限管理、决策方式等；外部关系方面组织（管理）创新的例子有首次使用商业联盟、新式合作、外包或分包等。

**营销创新** 指企业采用了此前从未使用过的全新的营销概念或营销策略，主要涉及产品设计或包装、产品推广、产品销售渠道、产品定价等方面。不包括季节性、周期性变化和其他常规的营销方式变化。此处的“新”是指它对本企业而言必须是新的，但对于其他企业或整个市场而言不一定是新的。

# Explanatory Notes on Main Statistical Indicators

**Patent**

is an abbreviation for the patent right and refers to the exclusive right of ownership of the inventors or designers for the creation or inventions, given from the patent offices after due process of assessment and approval in accordance with the Patent Law. Patents are granted for inventions, utility models and designs. This indicator reflects the achievements of S&T and design with independent intellectual property.

**Research and Experimental Development (R&D)**

refers to systematic and creative activities aimed at expanding the overall volume of knowledge and applying the knowledge to invent new uses. It includes basic studies, application research and experimental development. For enterprises, their R&D mainly belongs to experimental development activities.

**Basic Research** refers to empirical or theoretical research aiming at obtaining new knowledge on the fundamental principles regarding phenomena or observable facts to reveal the intrinsic nature and underlying laws and to acquire new discoveries or new theories. Basic research takes no specific or designated application as the aim of the research. Results of basic research are mainly released or disseminated in the form of scientific papers or monographs. This indicator reflects the innovation capacity for original knowledge.

**Applied Research** refers to creative research aiming at obtaining new knowledge on a specific objective or target. Purpose of the applied research is to identify the possible uses of results from basic research, or to achieve the desired target explore by adopt new approaches. Results of applied research are expressed in the form of scientific papers, monographs, fundamental models or invention patens. This indicator reflects the exploration of ways to apply the results of basic research.

**Experiment and Development** refers to systematic activities aiming at using the knowledge from basic and applied researches or from practical experience to develop new products, materials and equipment, to establish new production process, systems and services, or to make substantial improvement on the existing products, process or services. Results of experiment and development activities are embodied in patents, exclusive technology, and monotype of new products or equipment. In social sciences, experiment and development activities refer to the process of converting the knowledge from basic or applied researches into feasible programmes (including conduct of demonstration projects for assessment and evaluation). There are no experiment and development activities in the science of humanities. This indicator reflects the capability of transferring the results of S&T into technique and products, and measures the realization of S&T in spearheading the economic and social development.

**R&D Personnel**

refer to persons engaged in research, administration and supporting activities of R&D, including persons in the project teams, persons engaged in the management of S&T activities of enterprises and supporting staff providing direct service to the research projects. This indicator reflects the size of personnel engaged in R&D activities with independent intellectual property.

**R&D Personnel as Full-time Equivalent**

refers to the sum of the full-time persons and the full-time equivalent of part-time persons converted by workload. For instance, if there are 2 full-time persons and 3 part-time workers (20%, 30% and 70% of working hours respectively on R&D activities), the full-time equivalent are 2+0.2+0.3+0.7=3.2 person-years. This is an internationally comparable indicator of S&T manpower input.

**Technology Market**

can be regarded narrowly as technical-dealings place where technique transfer is made or technology-related good traded at certain time. As shown in statistical datum presently, turnovers are resulting either from purchase or from transfer of techniques, together with numbers related to the inquiry or services involved in technologies.

**Innovation**

refers to the introduction of new or significantly improved products or process by enterprises. It must be new to the enterprise, but it is not necessarily new to other enterprises or the whole market.

**Product Innovation** refers to the introduction of new or significantly improved products by enterprises. The innovation should be reflected by the functions or features of the products including improvement on technical specifications, materials, parts, user-friendliness etc. Simple appearance change or other subtle changes are not included, neither is direct reselling. It must be new to the enterprise, but it is not necessarily new to other enterprises or the whole market.

**Process Innovation** refers to the adoption of new or significantly improved production methods, process equipments or supporting activities by enterprises. The innovation should be reflected by technology, equipment, or process. It must be new to the enterprise, but it is not necessarily new to other enterprises or the whole market Simple change of organization and management mode is not included. Supporting activities cover purchase, logistics, account, and compute activities.

**Organizational (management) Innovation** refers to the adoption of a completely new organizational management mode, which has never been used before. It mainly involves the business model, organizational structure, or external relations of enterprises. It does not include pure mergers or acquisitions. Organizational (management) innovation should be the result of strategic decision-making of enterprise management. The term "new" here means that it must be new to the enterprise, but not necessarily new to other enterprises.

Examples of innovation on organizational (management) include first-time use of chain management, quality management, and information sharing system; in terms of organizational structure, examples of organizational (management) innovation include first-time use of institutional settings, division of responsibilities, authority management, decision-making methods, etc.; in terms of external relations, examples of organizational (Management) innovation include the first use of business alliances, new cooperation, outsourcing or subcontracting, etc.

**Marketing Innovation** refers to the adoption of brand-new marketing concepts or marketing strategies that have never been used before. It mainly involves product design or packaging, product promotion, product sales channels, product pricing and so on. It does not include seasonal, cyclical, and other conventional marketing changes. The term "new" here means that it must be new for its own business, but not necessarily new for other businesses or the whole market.

# 第十九篇　教　育

# Chapter 19　Education

# 19-1 各级各类学校基本情况(1978—2019年)

## Basic Statistics by Level and Type of School,1978-2019

单位：万人(10 000 persons)

| 年 份<br>Year | 学校数(所)<br>Number of Schools (unit) | | | 毕业生数<br>Graduates | | | 招生数<br>New Students Enrollment | | |
|---|---|---|---|---|---|---|---|---|---|
| | 高等学校<br>Institutions of Higher Education | 中等学校<br>Secondary Schools | 小 学<br>Primary Schools | 高等学校<br>Institutions of Higher Education | 中等学校<br>Secondary Schools | 小 学<br>Primary Schools | 高等学校<br>Institutions of Higher Education | 中等学校<br>Secondary Schools | 小 学<br>Primary Schools |
| 1978 | 22 | 1191 | 3357 | 0.58 | 28.64 | 15.32 | 1.27 | 31.73 | 17.67 |
| 1979 | 26 | 1228 | 3371 | 0.02 | 26.15 | 11.35 | 0.54 | 22.80 | 14.87 |
| 1980 | 28 | 1217 | 3399 | 0.53 | 25.18 | 12.64 | 0.75 | 19.63 | 13.54 |
| 1981 | 27 | 1173 | 3381 | 0.06 | 21.37 | 12.98 | 0.72 | 18.49 | 11.90 |
| 1982 | 27 | 1075 | 3405 | 1.03 | 13.81 | 12.23 | 0.80 | 15.81 | 11.80 |
| 1983 | 28 | 1067 | 3382 | 1.23 | 13.75 | 9.34 | 1.18 | 13.96 | 11.04 |
| 1984 | 28 | 1028 | 3334 | 0.71 | 11.55 | 8.55 | 1.30 | 13.53 | 10.83 |
| 1985 | 28 | 1085 | 3302 | 0.91 | 11.44 | 11.98 | 1.45 | 16.91 | 12.71 |
| 1986 | 28 | 1089 | 3274 | 1.06 | 11.41 | 11.70 | 1.40 | 16.17 | 12.52 |
| 1987 | 28 | 1073 | 3261 | 1.25 | 11.40 | 10.75 | 1.49 | 15.23 | 12.34 |
| 1988 | 28 | 1053 | 3277 | 1.34 | 13.30 | 10.61 | 1.59 | 15.62 | 14.36 |
| 1989 | 28 | 1041 | 3275 | 1.44 | 12.42 | 10.02 | 1.41 | 15.14 | 16.28 |
| 1990 | 28 | 1013 | 3259 | 1.52 | 11.94 | 10.14 | 1.39 | 15.13 | 14.73 |
| 1991 | 27 | 1003 | 3232 | 1.51 | 12.95 | 11.79 | 1.45 | 17.10 | 13.20 |
| 1992 | 26 | 981 | 3238 | 1.49 | 13.05 | 11.95 | 1.73 | 17.33 | 13.22 |
| 1993 | 26 | 975 | 3243 | 1.35 | 13.25 | 12.12 | 2.17 | 18.08 | 14.33 |
| 1994 | 26 | 991 | 3219 | 1.47 | 14.34 | 13.83 | 2.14 | 20.33 | 15.29 |
| 1995 | 25 | 1059 | 3216 | 2.02 | 15.10 | 15.66 | 2.21 | 22.96 | 14.89 |
| 1996 | 20 | 1098 | 3185 | 1.84 | 15.69 | 14.57 | 2.27 | 22.79 | 14.44 |
| 1997 | 20 | 1108 | 3030 | 1.95 | 19.18 | 13.36 | 2.20 | 23.07 | 13.30 |
| 1998 | 20 | 1091 | 2841 | 1.83 | 21.96 | 16.66 | 2.37 | 27.35 | 11.60 |
| 1999 | 21 | 1041 | 2642 | 1.93 | 21.70 | 15.66 | 3.17 | 25.40 | 10.45 |
| 2000 | 21 | 1006 | 2323 | 1.90 | 22.01 | 15.53 | 4.55 | 25.18 | 10.05 |
| 2001 | 33 | 1012 | 1307 | 1.91 | 23.34 | 14.76 | 5.61 | 24.98 | 9.55 |
| 2002 | 37 | 978 | 1208 | 2.73 | 23.47 | 13.33 | 6.95 | 24.42 | 9.30 |
| 2003 | 37 | 897 | 1136 | 4.02 | 24.44 | 13.20 | 8.61 | 25.92 | 8.50 |
| 2004 | 40 | 848 | 1099 | 5.17 | 25.26 | 11.48 | 9.62 | 25.06 | 8.16 |
| 2005 | 42 | 803 | 1062 | 6.92 | 24.33 | 10.64 | 10.36 | 23.48 | 7.84 |
| 2006 | 45 | 746 | 1023 | 8.20 | 24.74 | 10.61 | 10.79 | 23.02 | 8.21 |
| 2007 | 45 | 718 | 1003 | 9.23 | 23.58 | 10.53 | 10.95 | 21.92 | 8.64 |
| 2008 | 45 | 707 | 993 | 10.17 | 23.50 | 8.82 | 11.85 | 19.67 | 8.90 |
| 2009 | 55 | 690 | 983 | 10.14 | 23.47 | 9.15 | 12.52 | 19.36 | 8.13 |
| 2010 | 55 | 659 | 956 | 10.54 | 21.80 | 8.72 | 13.31 | 19.05 | 8.26 |
| 2011 | 55 | 625 | 874 | 10.87 | 19.86 | 8.46 | 13.31 | 18.33 | 10.01 |
| 2012 | 55 | 616 | 843 | 11.30 | 18.77 | 8.65 | 14.19 | 18.11 | 10.25 |
| 2013 | 55 | 611 | 838 | 12.10 | 18.30 | 8.61 | 14.37 | 18.04 | 10.74 |
| 2014 | 55 | 597 | 842 | 12.35 | 17.75 | 8.67 | 14.54 | 17.63 | 11.02 |
| 2015 | 55 | 599 | 849 | 13.21 | 17.63 | 8.03 | 14.50 | 17.65 | 11.09 |
| 2016 | 55 | 603 | 857 | 13.79 | 17.51 | 8.41 | 14.61 | 17.86 | 11.56 |
| 2017 | 57 | 604 | 857 | 13.92 | 17.29 | 9.85 | 14.68 | 18.77 | 11.77 |
| 2018 | 56 | 610 | 879 | 13.88 | 16.45 | 9.89 | 15.27 | 17.81 | 12.73 |
| 2019 | 56 | 601 | 877 | 13.71 | 16.76 | 10.08 | 15.96 | 18.39 | 12.78 |

19-1续表 *Continued*

单位：万人(10 000 persons)

| 年 份 Year | 在校学生数 Students Enrollment | | | 教职工数 Teachers, Staff and Workers | | | 专任教师数 Full-time Teachers | | |
|---|---|---|---|---|---|---|---|---|---|
| | 高等学校 Institutions of Higher Education | 中等学校 Secondary Schools | 小 学 Primary Schools | 高等学校 Institutions of Higher Education | 中等学校 Secondary Schools | 小 学 Primary Schools | 高等学校 Institutions of Higher Education | 中等学校 Secondary Schools | 小 学 Primary Schools |
| 1978 | 2.32 | 81.31 | 78.68 | | | | 0.63 | 4.56 | 4.06 |
| 1979 | 2.82 | 69.55 | 80.15 | | | | 0.77 | 4.56 | 4.03 |
| 1980 | 3.02 | 57.12 | 78.92 | | | | 0.83 | 4.64 | 4.07 |
| 1981 | 3.70 | 48.37 | 75.63 | | | | 0.83 | 4.55 | 4.19 |
| 1982 | 3.46 | 45.00 | 72.79 | | | | 0.91 | 4.34 | 4.23 |
| 1983 | 3.40 | 41.76 | 72.19 | | | | 0.98 | 4.22 | 4.11 |
| 1984 | 3.96 | 40.79 | 73.69 | | | | 1.00 | 4.05 | 3.99 |
| 1985 | 4.53 | 43.29 | 73.27 | | | | 1.05 | 4.26 | 3.99 |
| 1986 | 4.84 | 45.20 | 73.06 | | | | 1.11 | 4.45 | 4.09 |
| 1987 | 5.07 | 45.86 | 73.32 | | | | 1.15 | 4.74 | 4.29 |
| 1988 | 5.31 | 44.31 | 75.71 | | | | 1.11 | 4.83 | 4.43 |
| 1989 | 5.28 | 42.99 | 81.15 | | | | 1.11 | 4.64 | 4.32 |
| 1990 | 5.10 | 44.34 | 85.53 | 2.88 | 7.39 | 5.68 | 1.11 | 4.71 | 4.71 |
| 1991 | 4.99 | 46.47 | 86.55 | 2.87 | 7.31 | 5.83 | 1.07 | 4.65 | 4.78 |
| 1992 | 5.21 | 48.32 | 87.24 | 2.23 | 7.36 | 5.98 | 1.04 | 4.69 | 4.90 |
| 1993 | 6.02 | 50.50 | 88.74 | 2.19 | 7.31 | 6.14 | 1.02 | 4.67 | 5.04 |
| 1994 | 6.67 | 53.39 | 89.62 | | | | 1.02 | 4.66 | 5.16 |
| 1995 | 6.81 | 60.02 | 88.45 | 2.74 | 7.49 | 6.25 | 1.05 | 4.72 | 5.14 |
| 1996 | 7.14 | 66.29 | 87.98 | 2.62 | 7.66 | 6.22 | 0.98 | 4.88 | 5.12 |
| 1997 | 7.36 | 69.29 | 87.76 | 2.08 | 7.70 | 6.21 | 0.96 | 5.13 | 5.10 |
| 1998 | 7.87 | 73.58 | 82.67 | 2.03 | 7.76 | 6.05 | 0.95 | 5.16 | 4.94 |
| 1999 | 9.05 | 76.17 | 77.31 | 2.10 | 7.93 | 5.90 | 0.96 | 5.30 | 4.83 |
| 2000 | 11.77 | 78.74 | 71.71 | 2.60 | 8.03 | 5.69 | 1.01 | 5.38 | 4.67 |
| 2001 | 15.40 | 78.59 | 66.55 | 3.00 | 7.73 | 5.53 | 1.26 | 5.27 | 4.57 |
| 2002 | 19.69 | 79.28 | 62.72 | 3.20 | 7.66 | 5.42 | 1.42 | 5.34 | 4.49 |
| 2003 | 24.52 | 80.17 | 58.54 | 3.34 | 7.55 | 5.26 | 1.56 | 5.37 | 4.38 |
| 2004 | 28.61 | 77.57 | 55.48 | 3.64 | 7.37 | 5.10 | 1.90 | 5.23 | 4.21 |
| 2005 | 33.16 | 75.59 | 53.30 | 3.94 | 7.20 | 4.96 | 2.17 | 5.18 | 4.11 |
| 2006 | 35.74 | 71.41 | 51.68 | 4.22 | 7.08 | 4.79 | 2.45 | 5.19 | 4.00 |
| 2007 | 37.11 | 71.38 | 51.43 | 4.24 | 6.94 | 4.63 | 2.52 | 5.19 | 3.87 |
| 2008 | 38.64 | 67.78 | 52.10 | 4.34 | 6.96 | 4.59 | 2.62 | 5.28 | 3.85 |
| 2009 | 40.60 | 63.11 | 50.74 | 4.46 | 6.79 | 4.50 | 2.71 | 5.15 | 3.79 |
| 2010 | 42.92 | 59.43 | 50.59 | 4.52 | 6.58 | 4.40 | 2.81 | 5.01 | 3.73 |
| 2011 | 44.97 | 57.49 | 51.85 | 4.59 | 6.63 | 4.18 | 2.89 | 4.99 | 3.75 |
| 2012 | 47.31 | 55.62 | 53.23 | 4.65 | 6.63 | 4.16 | 2.99 | 5.03 | 3.78 |
| 2013 | 48.99 | 54.67 | 55.21 | 4.71 | 6.52 | 4.19 | 3.09 | 4.98 | 3.83 |
| 2014 | 50.58 | 54.38 | 57.32 | 4.70 | 6.52 | 4.23 | 3.10 | 5.03 | 3.90 |
| 2015 | 51.29 | 54.01 | 60.21 | 4.71 | 6.47 | 4.31 | 3.11 | 5.04 | 4.02 |
| 2016 | 51.38 | 53.77 | 63.12 | 4.62 | 6.43 | 4.41 | 3.05 | 5.08 | 4.15 |
| 2017 | 51.47 | 54.16 | 64.80 | 4.71 | 6.46 | 4.51 | 3.11 | 5.08 | 4.30 |
| 2018 | 52.33 | 54.76 | 67.32 | 4.75 | 6.50 | 4.66 | 3.14 | 5.17 | 4.48 |
| 2019 | 53.94 | 56.16 | 70.20 | 4.83 | 6.62 | 4.79 | 3.27 | 5.21 | 4.65 |

注：自2009年起高等院校数含独立学院。
Note: Data of Institutions of higher education include independent institutes since 2009.

## 19-2 各级各类学校数、学生数和教职工数(2019年)
## Schools, Students and Teachers by Level and Type of School,2019

单位：人(person)

| 类　别 | Item | 学校数(所) Number of Schools (unit) | 毕业生数 Graduates | 招生数 New Students Enrollment | 在校学生数 Students Enrollment | 教职工数 Teachers, Staff and Workers | 专任教师数 Full-time Teachers |
|---|---|---|---|---|---|---|---|
| **合　计** | **Total** | **1534** | **405452** | **471363** | **1803016** | **162446** | **131239** |
| 高等学校 | Institutions of Higher Education | 56 | 137063 | 159613 | 539366 | 48319 | 32651 |
| 中等专业学校 | Specialized Secondary Schools | 38 | 22454 | 18859 | 58464 | 5580 | 3977 |
| 技工学校 | Secondary Technical Schools | 22 | 6936 | 7217 | 21268 | 2449 | 1584 |
| 职业中学 | Vocational Secondary Schools | 14 | 7352 | 6046 | 19921 | 1972 | 1601 |
| 普通中学 | Regular Secondary Schools | 527 | 130832 | 151801 | 461993 | 56241 | 44929 |
| 高　中 | Senior Secondary Schools | 187 | 54368 | 52243 | 158561 | | 16596 |
| 初　中 | Junior Secondary Schools | 340 | 76464 | 99558 | 303432 | | 28333 |
| 小　学 | Primary Schools | 877 | 100815 | 127827 | 702004 | 47885 | 46497 |

## 19-3 民办教育基本情况(2019年)
## Statistics of Private Education,2019

单位：人(person)

| 项　目 | Item | 学校数(所) Number of Schools (unit) | 在校学生数 Students Enrollment | 专任教师数 Full-time Teachers |
|---|---|---|---|---|
| **合　计** | **Total** | **1555** | **296365** | **19443** |
| 民办高等学校 | Private Institutions of Higher Education | 12 | 92108 | 4598 |
| 民办中学 | Private Secondary Schools | 49 | 38526 | 3355 |
| 高　中 | Senior Secondary Schools | | 10916 | |
| 初　中 | Junior Secondary Schools | | 27610 | |
| 民办小学 | Private Primary Schools | 19 | 28134 | 1069 |
| 民办幼儿园 | Private Kindergartens | 1475 | 137597 | 10421 |

## 19-4 平均每万人口各级学校在校学生数(2015—2019年)
## Number of Students Enrollment per 10 000 Persons,2015-2019

单位：人(person)

| 项 目 | Item | 2015 | 2016 | 2017 | 2018 | 2019 |
|---|---|---|---|---|---|---|
| **合 计** | **Total** | **1081** | **1083** | **1093** | **1119** | **1155** |
| 高等学校 | Institutions of Higher Education | 335 | 331 | 330 | 336 | 346 |
| 中等学校 | Secondary Schools | 353 | 346 | 347 | 351 | 360 |
| 中等专业学校 | Specialized Secondary Schools | 42 | 44 | 44 | 41 | 37 |
| 技工学校 | Secondary Technical Schools | 14 | 14 | 14 | 14 | 14 |
| 职业中学 | Vocational Secondary Schools | 18 | 18 | 16 | 14 | 13 |
| 普通中学 | Regular Secondary Schools | 279 | 270 | 273 | 282 | 296 |
| 高 中 | Senior Secondary Schools | 108 | 105 | 105 | 103 | 102 |
| 初 中 | Junior Secondary Schools | 171 | 165 | 168 | 180 | 194 |
| 小 学 | Primary Schools | 393 | 406 | 416 | 432 | 450 |

## 19-5 各级普通学校生师比(2015—2019年)
## The Ratio of Students to Teachers in Ordinary Schools at all Levels,2015-2019

单位：人(person)

| 项 目 | Item | 2015 | 2016 | 2017 | 2018 | 2019 |
|---|---|---|---|---|---|---|
| **合 计** | **Total** | **14** | **14** | **14** | **14** | **14** |
| 高等学校 | Institutions of Higher Education | 16 | 17 | 17 | 17 | 17 |
| 中等学校 | Secondary Schools | 11 | 11 | 11 | 11 | 11 |
| 中等专业学校 | Specialized Secondary Schools | 15 | 16 | 17 | 16 | 15 |
| 技工学校 | Secondary Technical Schools | 12 | 13 | 15 | 11 | 13 |
| 职业中学 | Vocational Secondary Schools | 14 | 14 | 15 | 13 | 12 |
| 普通中学 | Regular Secondary Schools | 10 | 10 | 10 | 10 | 10 |
| 高 中 | Senior Secondary Schools | 10 | 10 | 10 | 10 | 10 |
| 初 中 | Junior Secondary Schools | 10 | 10 | 10 | 10 | 11 |
| 小 学 | Primary Schools | 15 | 15 | 15 | 15 | 15 |

## 19-6 各级学校学生升、入学率(2015—2019年)
## Percentage of Graduate Students and Enrollment in all Schools by Level,2015-2019

单位：%(%)

| 项 目 Item | 2015 | 2016 | 2017 | 2018 | 2019 |
|---|---|---|---|---|---|
| 初中毕业生升学率<br>Percentage of Graduates in Junior Secondary Schools Entering Senior Secondary Schools | 98.71 | 98.50 | 96.20 | 96.00 | 96.06 |
| 初中学生净入学率<br>Net Percentage of Graduates in Primary Schools Entering Junior Secondary Schools | 100.00 | 100.00 | 100.00 | 100.00 | 100.00 |
| 小学学龄儿童毛入学率<br>Percentage of School-age Children Enrolled | 103.86 | 105.11 | 105.02 | 105.59 | 105.68 |

## 19-7 研究生及指导教师人数(2015—2019年)
## Number of Postgraduate Students and Instructors,2015-2019

单位：人(person)

| 指　标 | Item | 2015 | 2016 | 2017 | 2018 | 2019 |
|---|---|---|---|---|---|---|
| 总　计 | **Total** | | | | | |
| 在校生数 | Students Enrollment | 53002 | 54491 | 60297 | 68103 | 73290 |
| 毕业生数 | Graduates | 16253 | 16997 | 16189 | 17182 | 18520 |
| 招生人数 | New Students Enrollment | 18047 | 18696 | 23292 | 24798 | 25494 |
| 指导教师 | Instructors | 9032 | 9397 | 10067 | 10163 | 10650 |
| 攻读博士学位 | **Postgraduate for Doctor Degree** | | | | | |
| 在校生数 | Students Enrollment | 8691 | 9052 | 9473 | 10463 | 11646 |
| 毕业生数 | Graduates | 1729 | 1685 | 1584 | 1731 | 1734 |
| 招生人数 | New Students Enrollment | 2170 | 2193 | 2433 | 2697 | 3126 |
| 攻读硕士学位 | **Postgraduate for Master Degree** | | | | | |
| 在校生数 | Students Enrollment | 44311 | 45439 | 50824 | 57640 | 61644 |
| 毕业生数 | Graduates | 14524 | 15312 | 14605 | 15451 | 16786 |
| 招生人数 | New Students Enrollment | 15877 | 16503 | 20859 | 22101 | 22368 |

## 19-8 分学科研究生在校人数(2017—2019年)
## Number of Enrolled Postgraduate Students by Subject,2017-2019

单位：人(person)

| 学　科 | Item | 博士生 Postgraduate for Doctor Degree | | | 硕士生 Postgraduate for Master Degree | | |
|---|---|---|---|---|---|---|---|
| | | 2017 | 2018 | 2019 | 2017 | 2018 | 2019 |
| 总　计 | **Total** | **9473** | **10463** | **11646** | **50824** | **57640** | **61644** |
| 按学科分 | **By Subject** | | | | | | |
| 哲　学 | Philosophy | 92 | 114 | 99 | 191 | 207 | 217 |
| 经济学 | Economics | 616 | 747 | 807 | 2880 | 3025 | 3165 |
| 法　学 | Law | 411 | 488 | 538 | 1950 | 2315 | 2572 |
| 教育学 | Education | 195 | 232 | 290 | 2532 | 3080 | 3228 |
| 文　学 | Literature | 299 | 330 | 333 | 2730 | 2864 | 2872 |
| 历史学 | History | 330 | 342 | 353 | 465 | 491 | 505 |
| 理　学 | Science | 1422 | 1541 | 1607 | 3008 | 3371 | 3470 |
| 工　学 | Engineering | 4416 | 4749 | 5460 | 20240 | 22942 | 24854 |
| 农　学 | Agriculture | 23 | 22 | 20 | 581 | 738 | 893 |
| 医　学 | Medicine | 750 | 891 | 1139 | 6583 | 6880 | 7164 |
| 军事学 | Strategics | | | | 8 | | |
| 管理学 | Management | 919 | 1007 | 1000 | 8203 | 10206 | 10953 |
| 艺术学 | Art | | | | 1453 | 1521 | 1751 |
| 按学位分 | **By Degree** | | | | | | |
| 学术学位 | Academic Degree | 9312 | 10185 | 11017 | 25234 | 26290 | 26103 |
| 专业学位 | Professional Degree | 161 | 278 | 629 | 25590 | 31350 | 35541 |

## 19-9 各类高等学校基本情况
## Basic Statistics on Institutions of Higher Education

单位：人(person)

| 项目 | Item | 学校数(所) Number of Schools(unit) | | 毕业生数 Graduates | | 招生数 New Students Enrollment | |
|---|---|---|---|---|---|---|---|
| | | 2018 | 2019 | 2018 | 2019 | 2018 | 2019 |
| **总计** | **Total** | **56** | **56** | **138789** | **137063** | **152735** | **159613** |
| 综合大学 | Comprehensive Universities | 16 | 16 | 37780 | 38183 | 41250 | 46837 |
| 理工院校 | Science and Engineering | 16 | 16 | 52429 | 52145 | 59279 | 59325 |
| 农林院校 | Agriculture and Forestry | 1 | 1 | 3463 | 3273 | 3340 | 3355 |
| 医药院校 | Medicine | 5 | 5 | 8713 | 8704 | 9379 | 10118 |
| 师范院校 | Teacher Training | 2 | 2 | 10270 | 10003 | 11628 | 10932 |
| 语文院校 | Linguistics and Literary | 2 | 2 | 5029 | 3493 | 3988 | 4054 |
| 政法院校 | Political Science and Law | 1 | 1 | 1087 | 1060 | 1115 | 1258 |
| 财经院校 | Economics and Finance | 5 | 5 | 14151 | 14683 | 16486 | 17393 |
| 体育院校 | Physical Education | 3 | 3 | 2508 | 2340 | 3158 | 3600 |
| 艺术院校 | Art | 5 | 5 | 3306 | 3179 | 3112 | 2741 |

19-9续表 *Continued*

单位：人(person)

| 项目 | Item | 在校学生数 Students Enrollment | | 教职工数 Teachers, Staff and Workers | | 专任教师数 Full-time Teachers | |
|---|---|---|---|---|---|---|---|
| | | 2018 | 2019 | 2018 | 2019 | 2018 | 2019 |
| **总计** | **Total** | **523349** | **539366** | **47468** | **48319** | **31362** | **32651** |
| 综合大学 | Comprehensive Universities | 133860 | 140687 | 11457 | 11631 | 7378 | 7708 |
| 理工院校 | Science and Engineering | 201460 | 205785 | 18256 | 18609 | 12443 | 13008 |
| 农林院校 | Agriculture and Forestry | 11983 | 12022 | 999 | 1017 | 607 | 651 |
| 医药院校 | Medicine | 33699 | 34937 | 4671 | 4720 | 3179 | 3233 |
| 师范院校 | Teacher Training | 42764 | 43406 | 3596 | 3657 | 2319 | 2451 |
| 语文院校 | Linguistics and Literary | 14897 | 15248 | 1360 | 1444 | 872 | 990 |
| 政法院校 | Political Science and Law | 3323 | 3413 | 422 | 407 | 217 | 210 |
| 财经院校 | Economics and Finance | 59426 | 61348 | 4137 | 4174 | 2758 | 2786 |
| 体育院校 | Physical Education | 11001 | 12092 | 1201 | 1286 | 748 | 798 |
| 艺术院校 | Art | 10936 | 10428 | 1369 | 1374 | 841 | 816 |

# 19-10 高等学校分科学生数

## Number of Students Enrollment in Institutions of Higher Education by Subject

单位：人(person)

| 学　　科 | Item | 毕业生数 Graduates | | 招生数 New Students Enrollment | | 在校学生数 Students Enrollment | |
|---|---|---|---|---|---|---|---|
| | | 2018 | 2019 | 2018 | 2019 | 2018 | 2019 |
| **本　科** | **Undergraduate** | **78461** | **79655** | **91490** | **92741** | **350646** | **359897** |
| # 师　范 | Teacher Training | 5970 | 5519 | 4477 | 4222 | 22582 | 21150 |
| 哲　学 | Philosophy | 52 | 59 | 70 | 62 | 259 | 247 |
| 经济学 | Economics | 5196 | 5425 | 6387 | 6216 | 23981 | 24536 |
| 法　学 | Law | 2164 | 2296 | 2400 | 2460 | 9676 | 10054 |
| 教育学 | Education | 1924 | 1695 | 1791 | 1835 | 7174 | 7197 |
| 文　学 | Literature | 6659 | 6770 | 7567 | 7652 | 29342 | 29809 |
| 历史学 | History | 264 | 270 | 333 | 327 | 1225 | 1289 |
| 理　学 | Science | 4223 | 4567 | 5497 | 5198 | 20528 | 20754 |
| 工　学 | Engineering | 29559 | 29738 | 35224 | 35856 | 133897 | 138094 |
| 农　学 | Agriculture | 813 | 853 | 921 | 975 | 3341 | 3437 |
| 医　学 | Medicine | 4043 | 4028 | 4989 | 5363 | 20340 | 21574 |
| 管理学 | Management | 15010 | 15484 | 16869 | 16645 | 64853 | 65538 |
| 艺术学 | Art | 8554 | 8470 | 9442 | 10152 | 36030 | 37368 |
| **专　科** | **Junior College** | **60328** | **57408** | **61245** | **66872** | **172703** | **179469** |
| # 师　范 | Teacher Training | 570 | 473 | 371 | 297 | 1028 | 882 |
| 农林牧渔大类 | Farming, Forestry, Animal Husbandry and Fishery | 202 | 151 | 116 | 77 | 384 | 311 |
| 资源环境与安全大类 | Resource Environment and Safety | 1864 | 1302 | 1588 | 1943 | 4134 | 4706 |
| 能源动力与材料大类 | Energy Sources and Materials | 1012 | 767 | 657 | 602 | 2109 | 1920 |
| 土木建筑大类 | Civil Engineering | 4376 | 4436 | 4441 | 4711 | 13028 | 13260 |
| 水利大类 | Water Conservancy | 44 | 26 | 27 | 26 | 82 | 82 |
| 装备制造大类 | Equipment Manufacture Industry | 10031 | 9430 | 10357 | 10164 | 28569 | 28113 |
| 生物与化工大类 | Biological and Chemical Industry | 1229 | 804 | 745 | 971 | 2275 | 2424 |
| 轻工纺织大类 | Light and Textile Industry | 355 | 317 | 424 | 491 | 1144 | 1280 |
| 食品药品与粮食大类 | Food, Medicine and Cereals | 1753 | 1697 | 1540 | 1884 | 4461 | 4776 |
| 交通运输大类 | Communication and Transportation | 7075 | 7239 | 7621 | 7859 | 22302 | 23029 |
| 电子信息大类 | Electronic Information | 6461 | 7421 | 10098 | 11708 | 25102 | 28952 |
| 医药卫生大类 | Medicine and Health | 3460 | 3367 | 3390 | 3649 | 10057 | 10081 |
| 财经商贸大类 | Finance and Economics Trade and Business | 13097 | 12324 | 11295 | 12544 | 34237 | 34114 |
| 旅游大类 | Tourism | 2303 | 1681 | 1686 | 2052 | 5155 | 5341 |
| 文化艺术大类 | Culture and Art | 2442 | 2240 | 2261 | 2582 | 6463 | 6706 |
| 新闻传播大类 | Journalism and Communication | 847 | 743 | 905 | 696 | 2228 | 2160 |
| 教育与体育大类 | Education and Sport | 1525 | 1524 | 1976 | 2582 | 4874 | 5850 |
| 公安与司法大类 | Public Security and Justice | 1290 | 1131 | 1160 | 1240 | 3471 | 3474 |
| 公共管理与服务大类 | Public Administration and Services | 962 | 808 | 958 | 1091 | 2628 | 2890 |

# 19-11 高等学校分科专任教师数(按职称分)

# Number of Full-time Teachers in Institutions of Higher Education(By Professional Title)

单位：人(person)

| 学 科 | Item | 合 计 Total | | 正高级 Senior Title | | 副高级 Asst.Senior Title | |
|---|---|---|---|---|---|---|---|
| | | 2018 | 2019 | 2018 | 2019 | 2018 | 2019 |
| **总 计** | **Total** | **31362** | **32651** | **4948** | **5053** | **10350** | **10573** |
| 哲 学 | Philosophy | 739 | 886 | 106 | 88 | 203 | 226 |
| 经济学 | Economics | 1676 | 1561 | 289 | 275 | 606 | 559 |
| 法 学 | Law | 1501 | 1692 | 169 | 229 | 412 | 460 |
| 教育学 | Education | 2092 | 2267 | 172 | 203 | 621 | 662 |
| 文 学 | Literature | 3843 | 3836 | 355 | 363 | 1078 | 1082 |
| 历史学 | History | 298 | 291 | 102 | 84 | 110 | 98 |
| 理 学 | Science | 3430 | 3404 | 840 | 788 | 1270 | 1217 |
| 工 学 | Engineering | 10451 | 10977 | 1690 | 1815 | 3729 | 3885 |
| 农 学 | Agriculture | 196 | 182 | 62 | 40 | 72 | 66 |
| 医 学 | Medicine | 2662 | 2733 | 591 | 535 | 936 | 930 |
| 管理学 | Management | 2477 | 2752 | 369 | 421 | 814 | 875 |
| 艺术学 | Art | 1997 | 2070 | 203 | 212 | 499 | 513 |

19-11续表 *Continued*

单位：人(person)

| 学 科 | Item | 中 级 Middle Title | | 初 级 Junior Title | | 无职称 No Title | |
|---|---|---|---|---|---|---|---|
| | | 2018 | 2019 | 2018 | 2019 | 2018 | 2019 |
| **总 计** | **Total** | **12699** | **13062** | **1816** | **2293** | **1549** | **1670** |
| 哲 学 | Philosophy | 315 | 398 | 78 | 104 | 37 | 70 |
| 经济学 | Economics | 606 | 557 | 87 | 85 | 88 | 85 |
| 法 学 | Law | 684 | 689 | 138 | 205 | 98 | 109 |
| 教育学 | Education | 918 | 992 | 214 | 262 | 167 | 148 |
| 文 学 | Literature | 1991 | 1963 | 250 | 277 | 169 | 151 |
| 历史学 | History | 71 | 81 | 3 | 7 | 12 | 21 |
| 理 学 | Science | 1103 | 1114 | 76 | 106 | 141 | 179 |
| 工 学 | Engineering | 3998 | 4080 | 504 | 573 | 530 | 624 |
| 农 学 | Agriculture | 58 | 54 | 1 | 8 | 3 | 14 |
| 医 学 | Medicine | 1024 | 1121 | 83 | 95 | 28 | 52 |
| 管理学 | Management | 1039 | 1108 | 160 | 205 | 95 | 143 |
| 艺术学 | Art | 892 | 905 | 222 | 366 | 181 | 74 |

# 19-12 中等职业教育基本情况
# Basic Statistics on Secondary Vocational Education

单位：人(person)

| 学 科 Item | 毕业生数 Graduates | | 招生数 New Students Enrollment | | 在校学生数 Students Enrollment | |
|---|---|---|---|---|---|---|
| | 2018 | 2019 | 2018 | 2019 | 2018 | 2019 |
| **总 计 Total** | **32446** | **30005** | **27516** | **24971** | **90666** | **80942** |
| 农林牧渔类 Farming,Forestry,Animal Husbandry and Fishery | 1752 | 352 | 1377 | 300 | 3052 | 1974 |
| 资源环境类 Resources and Environment | 31 | 49 | 50 | 46 | 142 | 138 |
| 能源与新能源类 Energy | 93 | 76 | 25 | 59 | 140 | 127 |
| 土木水利类 Civil and Water Conservancy | 987 | 991 | 783 | 1059 | 3176 | 2862 |
| 加工制造类 Processing and Manufacturing | 6083 | 5615 | 4444 | 4839 | 16096 | 14271 |
| 石油化工类 Petroleum and Chemicals | 114 | 141 | 127 | 168 | 416 | 434 |
| 轻纺食品类 Light Industry, Textile and Food | 278 | 318 | 179 | 166 | 675 | 567 |
| 交通运输类 Communication and Transportation | 2482 | 2361 | 1923 | 1700 | 6937 | 6089 |
| 信息技术类 Information Technology | 7763 | 8945 | 9015 | 7277 | 28139 | 26011 |
| 医药卫生类 Medicine and Health | 1923 | 1349 | 645 | 675 | 2722 | 2038 |
| 休闲保健类 Relaxation and Health Care | 60 | 37 | 37 | 27 | 85 | 73 |
| 财经商贸类 Finance, Economics, Trade and Business | 6331 | 5213 | 5227 | 4436 | 16204 | 14118 |
| 旅游服务类 Tourism Service | 1126 | 861 | 978 | 1111 | 2839 | 2972 |
| 文化艺术类 Culture and Art | 1045 | 1084 | 769 | 912 | 3133 | 2916 |
| 体育与健身类 Sports and Fitness | 309 | 413 | 401 | 428 | 1392 | 1368 |
| 教育类 Teacher Training | 1842 | 2067 | 1366 | 1518 | 5166 | 4517 |
| 司法服务类 Judicial Service | 25 | | | | | |
| 公共管理与服务类 Public Administration and Services | 86 | 45 | 87 | 184 | 181 | 318 |
| 其 他 Others | 116 | 88 | 83 | 66 | 171 | 149 |

注：此表中等职业学校包括普通中专、职业高中、成人中专，不包括技工学校。
Note: Secondary vocational schools in this table refer to regular specialized secondary schools, vocational senior secondary schools and specialized secondary schools for adults,excluding secondary technical schools.

## 19-13 普通中学基本情况(2019年)
## Basic Statistics on Regular Secondary Schools,2019

单位：人(person)

| 项 目 | Item | 学校数(所) Number of Schools (unit) | 毕业生数 Graduates | 招生数 New Students Enrollment | 在校学生数 Students Enrollment | 专任教师数 Full-time Teachers |
|---|---|---|---|---|---|---|
| **总 计** | **Total** | **527** | **130832** | **151801** | **461993** | **48173** |
| **按城乡分组** | **By Urban and Rural** | | | | | |
| 城 区 | City | 332 | 99812 | 114413 | 342958 | 36592 |
| 镇 区 | County | 127 | 23358 | 27572 | 86658 | 8343 |
| 乡 村 | Rural | 68 | 7662 | 9816 | 32377 | 3238 |
| **按部门分组** | **By Department** | | | | | |
| 教育部门 | Education Departments | 477 | 118704 | 137879 | 423155 | 44737 |
| 其他部门 | Other Departments | 1 | | 142 | 312 | 81 |
| 民 办 | Private Units | 49 | 12128 | 13780 | 38526 | 3355 |
| **按学校性质分组** | **By School Type** | | | | | |
| 完全中学 | Whole Secondary Schools | 105 | 45787 | 52246 | 152453 | 15769 |
| 高级中学 | Senior Secondary Schools | 292 | 51156 | 63626 | 202703 | 18396 |
| 初级中学 | Junior Secondary Schools | 69 | 26806 | 25339 | 77569 | 7863 |
| 九年一贯制学校 | Whole Primary and Junior Secondary Schools | 48 | 3212 | 6086 | 16295 | 3939 |
| 十二年一贯制学校 | Whole Primary and Secondary Schools | 13 | 3871 | 4504 | 12973 | 2206 |

注：一贯制学校专任教师含小学教师数。
Note: Full-time teachers in whole primary and secondary schools include teachers of primary schools.

## 19-14 幼儿园基本情况(2016—2019年)
## Basic Statistics on Kindergartens,2016-2019

| 指 标 | Item | 2016 | 2017 | 2018 | 2019 |
|---|---|---|---|---|---|
| 幼儿园所数(所) | Number of Kindergartens (unit) | 2092 | 1997 | 2223 | 2374 |
| 在园(班)儿童数(人) | Children Enrollment (person) | 266708 | 261535 | 262907 | 275871 |
| 三岁及以上儿童 | Children Aged 3 and over | 263065 | 257897 | 260632 | 272928 |
| 三岁以下儿童 | Children Aged 3 below | 3643 | 3638 | 2275 | 2943 |
| 教职工数(人) | Teachers, Staff and Workers (person) | 27017 | 28458 | 33141 | 38495 |
| # 专任教师 | Full-time Teachers | 16304 | 16713 | 19635 | 21549 |

# 19-15 普通中小学分布情况(2019年)
## Distribution of Regular Secondary Schools and Primary Schools,2019

| 地　区 | Region | 学校数(所) Number of Schools (unit) | | 在校学生数(人) Students Enrollment (person) | | 专任教师(人) Full-time Teachers (person) | |
|---|---|---|---|---|---|---|---|
| | | 普通中学 Regular Secondary Schools | 小　学 Primary Schools | 普通中学 Regular Secondary Schools | 小　学 Primary Schools | 普通中学 Regular Secondary Schools | 小　学 Primary Schools |
| **总　计** | **Total** | **527** | **877** | **461993** | **702004** | **44929** | **46497** |
| 和平区 | Heping District | 18 | 21 | 21443 | 34753 | 2529 | 2568 |
| 河东区 | Hedong District | 21 | 27 | 19345 | 33384 | 2146 | 2131 |
| 河西区 | Hexi District | 22 | 37 | 28180 | 48956 | 2626 | 2825 |
| 南开区 | Nankai District | 24 | 30 | 26743 | 50411 | 2797 | 2720 |
| 河北区 | Hebei District | 21 | 26 | 18305 | 29034 | 2162 | 2094 |
| 红桥区 | Hongqiao District | 16 | 20 | 11626 | 19224 | 1642 | 1693 |
| 东丽区 | Dongli District | 20 | 38 | 15214 | 27593 | 1623 | 2070 |
| 西青区 | Xiqing District | 15 | 37 | 18372 | 32746 | 1523 | 2255 |
| 津南区 | Jinnan District | 17 | 33 | 21001 | 37796 | 1438 | 1944 |
| 北辰区 | Beichen District | 20 | 41 | 17053 | 31889 | 1572 | 1981 |
| 武清区 | Wuqing District | 60 | 123 | 56080 | 64463 | 5045 | 4089 |
| 宝坻区 | Baodi District | 44 | 81 | 37320 | 38276 | 3602 | 3068 |
| 滨海新区 | Binhai New Area | 91 | 94 | 65726 | 112342 | 6795 | 7804 |
| 宁河区 | Ninghe District | 29 | 60 | 20194 | 28038 | 1977 | 2106 |
| 静海区 | Jinghai District | 49 | 96 | 39298 | 58793 | 3286 | 3901 |
| 蓟州区 | Jizhou District | 60 | 113 | 46093 | 54306 | 4166 | 3248 |

注：专任教师数中不包括民办教师数。
Note: Number of full-time teachers excludes citizen-managed teachers.

## 19-16 普通中学、小学及幼儿园校舍情况(2019年)

## Statistics on Schoolhouses in Regular Secondary Schools, Primary Schools and Kindergartens,2019

| 地 区 | Region | 占地面积(万平方米) Areas (10 000 sq.m) | 校舍建筑面积(万平方米) Floor Space of Schoolhouses (10 000 sq.m) | | | 学生人均建筑面积(平方米) Average Floor Space of Students (sq.m) | | |
|---|---|---|---|---|---|---|---|---|
| | | | 普通中学 Regular Secondary Schools | 小 学 Primary Schools | 幼儿园 Kindergartens | 普通中学 Regular Secondary Schools | 小 学 Primary Schools | 幼儿园 Kindergartens |
| **总 计** | **Total** | **3606.46** | **811.68** | **504.14** | **261.74** | **17.57** | **7.18** | **9.49** |
| 和平区 | Heping District | 56.89 | 36.81 | 19.74 | 6.37 | 17.17 | 5.68 | 10.90 |
| 河东区 | Hedong District | 100.89 | 25.62 | 20.31 | 11.95 | 13.24 | 6.08 | 9.43 |
| 河西区 | Hexi District | 143.17 | 54.47 | 31.31 | 15.09 | 19.33 | 6.39 | 10.48 |
| 南开区 | Nankai District | 126.03 | 49.64 | 21.39 | 13.20 | 18.56 | 4.24 | 10.11 |
| 河北区 | Hebei District | 89.28 | 31.06 | 18.62 | 8.62 | 16.97 | 6.41 | 9.02 |
| 红桥区 | Hongqiao District | 72.29 | 28.10 | 12.75 | 5.52 | 24.17 | 6.63 | 10.03 |
| 东丽区 | Dongli District | 165.85 | 37.43 | 25.73 | 16.87 | 24.60 | 9.33 | 9.09 |
| 西青区 | Xiqing District | 155.98 | 28.65 | 29.96 | 22.36 | 15.59 | 9.15 | 9.54 |
| 津南区 | Jinnan District | 211.30 | 40.33 | 38.17 | 20.66 | 19.20 | 10.10 | 8.62 |
| 北辰区 | Beichen District | 168.90 | 35.73 | 24.75 | 13.91 | 20.95 | 7.76 | 8.46 |
| 武清区 | Wuqing District | 488.79 | 89.30 | 64.81 | 28.31 | 15.92 | 10.05 | 10.32 |
| 宝坻区 | Baodi District | 316.22 | 47.30 | 26.11 | 16.55 | 12.67 | 6.82 | 10.22 |
| 滨海新区 | Binhai New Area | 584.96 | 166.73 | 69.97 | 33.44 | 25.37 | 6.23 | 10.13 |
| 宁河区 | Ninghe District | 166.00 | 22.71 | 19.03 | 7.93 | 11.25 | 6.79 | 7.39 |
| 静海区 | Jinghai District | 394.10 | 58.39 | 37.57 | 21.78 | 14.86 | 6.39 | 10.29 |
| 蓟州区 | Jizhou District | 365.81 | 59.41 | 43.93 | 19.17 | 12.89 | 8.09 | 8.03 |

注：占地面积包括中等师范学校、幼儿园教师进修学校、特殊教育学校及其他。

Note: Areas of schools include middle teacher training, kindergarten teacher training, special education and other schools.

# 19-17 其他教育基本情况(2016—2019年)
# Basic Statistics on Other Education,2016-2019

单位：所、人(unit, person)

| 指 标 | Item | 2016 | 2017 | 2018 | 2019 |
|---|---|---|---|---|---|
| **成人教育** | **Adult Education** | | | | |
| 成人高等学校 | Adult Higher Education Schools | | | | |
| 学校数 | Number of Schools | 14 | 14 | 14 | 14 |
| 在校学生数 | Students Enrollment | 59494 | 49335 | 46003 | 38566 |
| 成人中等学校 | Secondary Schools for Adults | | | | |
| 学校数 | Number of Schools | 17 | 18 | 18 | 17 |
| 在校学生数 | Students Enrollment | 5478 | 4900 | 4692 | 2557 |
| **特殊教育** | **Specific Education** | | | | |
| 学校数 | Number of Schools | 20 | 20 | 20 | 20 |
| 在校学生数 | Students Enrollment | 3489 | 3987 | 4491 | 4923 |
| 视力残疾 | Visual Disability | 134 | 161 | 167 | 148 |
| 听力残疾 | Deaf-Mute | 334 | 375 | 394 | 438 |
| 言语残疾 | Hearing Disability | | | 31 | 55 |
| 肢体残疾 | Limbs Disability | | | 380 | 502 |
| 智力残疾 | Low Intelligent Student | 2673 | 2997 | 3266 | 3438 |
| 精神残疾 | Mental Disability | | | 175 | 150 |
| 多重残疾 | Multiple Disabilities | | | 78 | 192 |
| 教职工人数 | Teachers, Staff and Workers | 798 | 793 | 795 | 810 |
| # 专任教师数 | Full-time Teachers | 620 | 624 | 634 | 662 |
| **工读学校** | **Reformatory Schools** | | | | |
| 学校数 | Number of Schools | 3 | 3 | 3 | 2 |
| 教职工人数 | Teachers, Staff and Workers | 86 | 74 | 69 | 64 |
| # 专任教师数 | Full-time Teachers | 62 | 57 | 55 | 53 |

## 19-18 网络教育学生情况
## Statistics on Network Education Students

单位：人(person)

| 学 科 | Item | 毕业生数 Graduates | | 招生数 New Students Enrollment | | 在校学生数 Students Enrollment | |
|---|---|---|---|---|---|---|---|
| | | 2018 | 2019 | 2018 | 2019 | 2018 | 2019 |
| **本 科** | **Undergraduate** | **14347** | **18729** | **38242** | **30566** | **85265** | **94392** |
| #女 生 | Female | 6137 | 8299 | 17567 | 14302 | 38469 | 43532 |
| 经济学 | Economics | 1039 | 1369 | 2547 | 2026 | 6415 | 6866 |
| 法 学 | Law | 757 | 1089 | 2150 | 1428 | 4999 | 5171 |
| 文 学 | Literature | 247 | 398 | 969 | 1016 | 2307 | 2864 |
| 工 学 | Engineering | 4259 | 4410 | 7789 | 6348 | 16557 | 17792 |
| 医 学 | Medicine | 75 | 732 | 2491 | 2057 | 4521 | 5799 |
| 管理学 | Management | 7970 | 10731 | 22296 | 17691 | 50466 | 55900 |
| **专 科** | **Junior College** | **22873** | **31278** | **47443** | **25443** | **118054** | **109728** |
| #女 生 | Female | 9351 | 13803 | 21319 | 11473 | 53403 | 50229 |
| 土木建筑大类 | Civil Engineering | 4480 | 3989 | 5818 | 1731 | 13901 | 11153 |
| 装备制造大类 | Equipment Manufacture Industry | 1755 | 1688 | 2409 | | 4969 | 3075 |
| 电子信息大类 | Electronic Information | 1296 | 2006 | 4049 | 3670 | 9021 | 10533 |
| 医药卫生大类 | Medicine and Health | 123 | 1390 | 3027 | 1901 | 6338 | 6807 |
| 财经商贸大类 | Finance and Economics Trade and Business | 12291 | 15856 | 26071 | 14544 | 62987 | 60380 |
| 旅游大类 | Tourism | 207 | 495 | 667 | 595 | 2009 | 2069 |
| 教育与体育大类 | Education and Sport | 135 | 304 | 281 | | 1123 | 695 |
| 公安与司法大类 | Public Security and Justice | 592 | 1143 | 435 | | 2580 | 1373 |
| 公共管理与服务大类 | Public Administration and Services | 1994 | 4407 | 4686 | 3002 | 15126 | 13643 |

## 19-19 外国留学生情况
## Statistics on Foreign Students

单位：人(person)

| 项 目 | Item | 毕(结)业生数 Graduates(Complete) | | 招生数 New Students Enrollment | | 在校学生数 Students Enrollment | |
|---|---|---|---|---|---|---|---|
| | | 2018 | 2019 | 2018 | 2019 | 2018 | 2019 |
| **总 计** | **Total** | **6669** | **6703** | **5663** | **5547** | **9976** | **10448** |
| **按层次分** | **By Degree** | | | | | | |
| 博 士 | Doctor | 26 | 34 | 111 | 123 | 393 | 476 |
| 硕 士 | Master | 349 | 383 | 612 | 515 | 1483 | 1485 |
| 本 科 | Undergraduate | 747 | 776 | 1232 | 1333 | 3955 | 4150 |
| 专 科 | Junior College | 26 | 79 | 119 | 271 | 278 | 464 |
| 培 训 | Training | 5521 | 5431 | 3589 | 3305 | 3867 | 3873 |
| **按经费来源分** | **By Fund Provided** | | | | | | |
| 自 费 | Self-supporting | 3682 | 3657 | 3083 | 3421 | 5907 | 6316 |
| 中国政府资助 | Chinese Government Sustentation | 1496 | 1573 | 1749 | 1738 | 3190 | 3730 |
| 本国政府资助 | Native Government Sustentation | 717 | 724 | 137 | 15 | 140 | 78 |
| 学校间交换 | Inter-school Communion | 719 | 749 | 694 | 373 | 739 | 324 |
| 国际组织资助 | International Organization Sustentation | 55 | | | | | |

# 主要统计指标解释

**初中学生净入学率**

指初级中学（普通初中和职业初中）在校学龄学生总数占初中学龄人口数的比重。

**学龄儿童毛入学率**

指调查范围内已入小学学习的在校生数与全部小学学龄儿童人口数之比（包括弱智儿童，不包括盲聋哑儿童）的比重。计算公式为：

$$学龄儿童毛入学率=\frac{小学在校学生数}{小学学龄人口数}\times 100\%$$

**网络教育**

指经教育部批准的现代远程教育试点学校设立的网络教育，基于互联网招收普通和成人本科、专科学生实施高等学历教育。

# Explanatory Notes on Main Statistical Indicators

**Percentage of Graduates in Primary Schools Entering Junior Secondary Schools**

refers to the proportion of school-age students in junior secondary schools (regular junior secondary schools and vocational junior secondary schools) to the total number of junior school-age students.

**Percentage of School-age Children Enrolled**

refers to the proportion of children enrolled at primary schools to the total number of primary school-age children (including retarded children, but excluding blind, deaf and mute children). The formula is:

$$\textit{Percentage of School-age Children Enrolled} = \frac{\textit{Total Primary School-age Children at School}}{\textit{Total Primary School-age Children}} \times 100\%$$

**Network Education**

refers to the net education implemented by modern distance education selected institute approved by the Ministry of Education, who recruit the regular and adult undergraduate students and junior college students base on Internet to give high level education.

# 第二十篇　卫生和社会服务

# Chapter 20　Public Health and Social Services

# 20-1 卫生事业基本情况(1978—2019年)

## Statistics on Public Health,1978-2019

| 年 份<br>Year | 卫生事业机构(个)<br>Number of Health Care Institutions (unit) | # 医 院、卫生院<br>Hospitals and Health Care Centers | 卫生机构床位数(张)<br>Beds (unit) | # 医 院、卫生院<br>Hospitals and Health Care Centers | 卫生技术人员数(人)<br>Medical Technical Personnel (person) | # 执 业(助理)医师<br>Licensed (Assistant) Doctors | # 注册护士<br>Registered Nurses |
|---|---|---|---|---|---|---|---|
| 1978 | 3065 | 310 | 18974 | 17288 | 40653 | 15776 | 12629 |
| 1979 | 3342 | 327 | 19937 | 17929 | 46099 | 17489 | 14287 |
| 1980 | 3535 | 332 | 20911 | 18753 | 50662 | 20474 | 15839 |
| 1981 | 3610 | 332 | 21987 | 20301 | 54535 | 22941 | 16555 |
| 1982 | 3548 | 337 | 23332 | 21503 | 56152 | 23765 | 16929 |
| 1983 | 3582 | 344 | 24351 | 22658 | 58645 | 25033 | 17745 |
| 1984 | 3592 | 353 | 25611 | 23906 | 59405 | 25517 | 17762 |
| 1985 | 3550 | 285 | 27402 | 25191 | 60412 | 25555 | 18520 |
| 1986 | 3631 | 282 | 29218 | 27247 | 62897 | 26750 | 19463 |
| 1987 | 3465 | 282 | 30786 | 28371 | 63067 | 27222 | 19303 |
| 1988 | 3363 | 285 | 33245 | 30640 | 63924 | 29968 | 19372 |
| 1989 | 3420 | 291 | 34122 | 32224 | 65766 | 31619 | 20264 |
| 1990 | 3392 | 293 | 35581 | 33382 | 67485 | 32034 | 21228 |
| 1991 | 3397 | 300 | 37504 | 35124 | 68887 | 32385 | 22086 |
| 1992 | 3287 | 301 | 38137 | 36035 | 69815 | 32320 | 22804 |
| 1993 | 3182 | 304 | 39023 | 36724 | 70920 | 33026 | 22884 |
| 1994 | 3182 | 419 | 38986 | 37157 | 71217 | 33373 | 22936 |
| 1995 | 3182 | 416 | 39092 | 37280 | 71806 | 33693 | 23177 |
| 1996 | 4171 | 476 | 39612 | 38284 | 71014 | 32975 | 23156 |
| 1997 | 3571 | 483 | 40758 | 39467 | 70431 | 32475 | 23045 |
| 1998 | 3190 | 482 | 40471 | 39134 | 68070 | 31482 | 22209 |
| 1999 | 2969 | 487 | 39779 | 38579 | 65901 | 30273 | 21977 |
| 2000 | 2983 | 488 | 40039 | 38842 | 65145 | 30031 | 21667 |
| 2001 | 2665 | 495 | 41637 | 40394 | 63475 | 29215 | 21298 |
| 2002 | 2636 | 486 | 40090 | 38837 | 56705 | 23888 | 19257 |
| 2003 | 2671 | 485 | 40194 | 38074 | 55629 | 22780 | 19173 |
| 2004 | 2577 | 474 | 40994 | 38876 | 60722 | 25299 | 19602 |
| 2005 | 2489 | 461 | 41556 | 39491 | 61284 | 25088 | 19624 |
| 2006 | 2384 | 401 | 43643 | 38893 | 62258 | 25358 | 20030 |
| 2007 | 2352 | 411 | 44335 | 39708 | 63900 | 26228 | 21339 |
| 2008 | 2784 | 428 | 46124 | 41212 | 65115 | 25865 | 21967 |
| 2009 | 2617 | 437 | 46353 | 41921 | 67560 | 27261 | 23081 |
| 2010 | 2687 | 438 | 48828 | 44080 | 70040 | 28478 | 24193 |
| 2011 | 4431 | 461 | 49423 | 44661 | 73321 | 29833 | 25815 |
| 2012 | 4551 | 465 | 53509 | 48896 | 76922 | 30710 | 27637 |
| 2013 | 4696 | 482 | 57743 | 53062 | 80983 | 32059 | 29715 |
| 2014 | 4990 | 522 | 60984 | 56484 | 84783 | 33340 | 31577 |
| 2015 | 5221 | 546 | 63693 | 59689 | 90701 | 35871 | 33804 |
| 2016 | 5442 | 571 | 65832 | 61764 | 94906 | 37804 | 36088 |
| 2017 | 5538 | 573 | 68193 | 64285 | 100949 | 41127 | 38205 |
| 2018 | 5686 | 566 | 68247 | 64603 | 104447 | 43020 | 39377 |
| 2019 | 5964 | 584 | 68262 | 64960 | 109849 | 46421 | 41410 |

注：2011年以前卫生机构不含村卫生室。

Note: Number of health care institutions before 2011 excludes village health room.

# 20-2 卫生事业机构数(2016—2019年)
## Number of Health Care Institutions,2016-2019

单位：个(unit)

| 项　目 | Item | 2016 | 2017 | 2018 | 2019 |
|---|---|---|---|---|---|
| **总　计** | **Total** | **5442** | **5538** | **5686** | **5964** |
| 医　院 | Hospitals | 421 | 426 | 420 | 441 |
| 基层医疗卫生机构 | Health Care Institutions at the Basic Level | 4843 | 4959 | 5101 | 5348 |
| 社区卫生服务中心(站) | Community Health Care Centers | 585 | 587 | 601 | 624 |
| 卫生院 | Health Care Centers | 150 | 147 | 146 | 143 |
| 村卫生室 | Village Health Rooms | 2528 | 2541 | 2511 | 2374 |
| 门诊部 | Outpatient Departments | 538 | 584 | 611 | 713 |
| 诊所、卫生所、医务室 | Clinics | 1042 | 1100 | 1232 | 1494 |
| 专业公共卫生机构 | Specialized Public Health Institutions | 126 | 97 | 96 | 97 |
| # 疾病预防控制中心 | Disease Prevention and Control Centers | 24 | 23 | 23 | 23 |
| 妇幼保健院(所、站) | Maternity and Children Care Centers | 21 | 20 | 20 | 19 |
| 卫生监督所(中心) | Health Supervision Offices | 19 | 19 | 19 | 19 |
| 其他卫生事业机构 | Other Health Care Institutions | 52 | 56 | 69 | 78 |
| 平均每个医院负担人口(人) | Average Burden Population of Each Hospital (person) | 27225 | 27216 | 27531 | 26725 |

# 20-3 卫生事业基本情况(2019年)
## Statistics on Public Health,2019

| 项 目 | Item | 卫生机构(个) Health Care Institutions (unit) | 卫生机构床位(张) Number of Institution Beds (unit) | 卫生技术人员(人) Medical Technical Personnel (person) | 执 业(助理)医师 Licensed (Assistant) Doctors |
|---|---|---|---|---|---|
| **总 计** | **Total** | **5964** | **68262** | **109849** | **46421** |
| **按经济类型分** | **Grouped by Ownership** | | | | |
| 国有经济 | State-owned | 1439 | 53938 | 80996 | 31383 |
| 集体经济 | Collective-owned | 1879 | 1253 | 2852 | 1680 |
| 联营经济 | Joint Ownership | 36 | 40 | 132 | 82 |
| 私营经济 | Private | 1873 | 9746 | 19799 | 10392 |
| 其 他 | Others | 737 | 3285 | 6070 | 2884 |
| **按设置主办单位分** | **Grouped by Management** | | | | |
| 政府办 | Run by Government | 1494 | 50860 | 78018 | 30141 |
| 社会办 | Run by Community | 2458 | 8661 | 12704 | 6264 |
| 其 他 | Others | 2012 | 8741 | 19127 | 10016 |

20-3续表 *Continued*

单位：人(person)

| 项 目 | Item | 注册护士 Registered Nurses | 药 师(士) Pharmacists | 技 师(士) Technicians | 其他人员 Others |
|---|---|---|---|---|---|
| **总 计** | **Total** | **41410** | **6424** | **5990** | **9604** |
| **按经济类型分** | **Grouped by Ownership** | | | | |
| 国有经济 | State-owned | 32684 | 4408 | 4422 | 8099 |
| 集体经济 | Collective-owned | 552 | 132 | 100 | 388 |
| 联营经济 | Joint Ownership | 15 | 12 | 5 | 18 |
| 私营经济 | Private | 5969 | 1532 | 1079 | 827 |
| 其 他 | Others | 2190 | 340 | 384 | 272 |
| **按设置主办单位分** | **Grouped by Management** | | | | |
| 政府办 | Run by Government | 31448 | 4262 | 4249 | 7918 |
| 社会办 | Run by Community | 4165 | 711 | 697 | 867 |
| 其 他 | Others | 5797 | 1451 | 1044 | 819 |

# 20-4 卫生技术人员数(2019年)
## Number of Medical Technical Personnel,2019

单位：人(person)

| 项 目 | Item | 总 计 Total | # 执业(助理)医师 Licensed (Assistant) Doctors | # 注册护士 Registered Nurses | # 药师(士) Pharmacists | # 技师(士) Technicians |
|---|---|---|---|---|---|---|
| **总 计** | **Total** | **109849** | **46421** | **41410** | **6424** | **5990** |
| 医 院 | Hospitals | 77907 | 30009 | 33370 | 4288 | 3918 |
| # 综合类医院 | Comprehensive Hospitals | 45894 | 18126 | 19445 | 2434 | 2387 |
| 中医类医院 | Hospitals Specialized in Traditional Chinese and Chinese Medicine | 11113 | 4847 | 4123 | 995 | 529 |
| 中西医结合类医院 | Hospitals of Integrated Traditional Western Medicine | 1368 | 568 | 604 | 60 | 50 |
| 专科医院 | Special Hospitals | 19532 | 6468 | 9198 | 799 | 952 |
| # 妇产(科)类医院 | Gynecology Hospitals | 2405 | 859 | 1192 | 119 | 142 |
| 儿童类医院 | Children Hospitals | 2610 | 753 | 941 | 96 | 118 |
| 精神病类医院 | Mental Disease Hospitals | 2181 | 565 | 1282 | 85 | 68 |
| 基层医疗卫生机构 | Health Care Institutions at the Basic Level | 26055 | 14002 | 7023 | 1995 | 1268 |
| 社区卫生服务中心(站) | Community Health Care Centers | 8285 | 3802 | 2498 | 750 | 465 |
| 卫生院 | Health Care Centers | 5118 | 2609 | 1190 | 355 | 292 |
| 村卫生室 | Village Health Rooms | 902 | 876 | 26 | | |
| 门诊部 | Outpatient Departments | 8580 | 4763 | 2275 | 791 | 495 |
| 诊所、卫生所、医务室 | Clinics | 3170 | 1952 | 1034 | 99 | 16 |
| 专业公共卫生机构 | Specialized Public Health Institutions | 4785 | 2060 | 889 | 111 | 560 |
| 疾病预防控制中心 | Disease Prevention and Control Centers | 1434 | 825 | 73 | 12 | 303 |
| 专科疾病防治院(所、站) | Specialized Prevention Centers | 799 | 272 | 339 | 56 | 94 |
| 健康教育所(站、中心) | Health Education Institutes (station, center) | 17 | 10 | | | |
| 妇幼保健院(所、站) | Maternity and Children Care Centers | 1058 | 588 | 228 | 42 | 101 |
| 急救中心(站) | First-aid Centers | 519 | 329 | 140 | 1 | 1 |
| 采供血机构 | Blood Collection and Supplying Institutions | 238 | 34 | 109 | | 61 |
| 卫生监督所(中心) | Sanitation Supervision Institutions | 718 | | | | |
| 计划生育技术服务机构 | The Family Planning Technical Service Institutions | 2 | 2 | | | |
| 其他卫生机构 | Other Health Care Institutions | 1102 | 350 | 128 | 30 | 244 |
| 每千人口卫生技术人员 | Medical Technical Personnel of per 1000 Population | 7.03 | 2.97 | 2.65 | 0.41 | 0.38 |

## 20-5 卫生机构床位数(2016—2019年)
## Number of Beds in Health Care Institutions,2016-2019

单位：张(unit)

| 项　目 | Item | 2016 | 2017 | 2018 | 2019 |
|---|---|---|---|---|---|
| **总　计** | **Total** | **65832** | **68193** | **68247** | **68262** |
| 医　院 | Hospitals | 57561 | 60158 | 60337 | 60990 |
| 社区卫生服务中心 | Community Health Care Centers | 2869 | 2945 | 2675 | 2435 |
| 卫生院 | Health Care Centers | 4203 | 4127 | 4266 | 3970 |
| 门诊部 | Outpatient Departments | 29 | 25 | 31 | 12 |
| 专科疾病防治院 | Specialized Prevention Centers | 744 | 375 | 375 | 625 |
| 妇幼保健院 | Maternity and Children Care Centers | 130 | 63 | 63 | |
| 疗养院 | Sanatoriums | 296 | 230 | 230 | 230 |
| 每千人口医院床位 | Hospital Beds per 1000 Population | 3.70 | 3.86 | 3.87 | 3.91 |

## 20-6 医疗机构诊疗和病床使用情况(2016—2019年)
## Diagnosis, Treatment and Used Beds of Medical Institutions,2016-2019

| 项　目 | Item | 2016 | 2017 | 2018 | 2019 |
|---|---|---|---|---|---|
| **诊疗情况(万人次)** | **Diagnosis and Treatment(10 000 person-times)** | | | | |
| 诊疗人次数 | Patients Treated | 12772 | 12171 | 11998 | 12289 |
| # 门、急诊人次数 | Out-patients and Emergency | 11679 | 11673 | 11560 | 11910 |
| 住院病人手术人次 | Inpatient Operation Times | 64 | 66 | 76 | 81 |
| 入院人数(万人) | In-patients(10 000 persons) | 162 | 158 | 163 | 170 |
| 医师人均全年担负诊疗(人次) | Visits per Doctor Annual(person-time) | 3246 | 2810 | 2679 | 2598 |
| 平均每月诊疗(万人次) | Number of Out-patients per Month(10 000 person-times) | 1064 | 1014 | 1000 | 1024 |
| 平均每月入院诊疗(万人) | Number of In-patients per Month(10 000 persons) | 14 | 13 | 14 | 14 |
| **病床使用情况** | **Sickbeds Used** | | | | |
| 病床周转次数(次) | Turnover of Beds(time) | 26 | 26 | 26 | 27 |
| 病床使用率(%) | Utilization Rate(%) | 77 | 73 | 72 | 73 |
| 病床工作日(日) | Working Days of Beds(day) | 280 | 266 | 262 | 267 |
| 出院者平均住院日数(日) | Average Hospitalization Period(day) | 10 | 10 | 10 | 9 |

## 20-7 医院、卫生院运营情况
## Operation of Hospitals, Health Care Centers

| 指标 | Item | 医院 Hospitals | | 卫生院 Health Care Centers | |
|---|---|---|---|---|---|
| | | 2018 | 2019 | 2018 | 2019 |
| 机构数(个) | Number of Institutions(unit) | 420 | 441 | 146 | 143 |
| 总诊疗人次数(万人次) | Patients Treated(10 000 person-times) | 6957.2 | 7246.2 | 726.9 | 778.0 |
| # 门、急诊人次数 | Out-patients and Emergency | 6903.8 | 7189.5 | 700.8 | 751.6 |
| 观察室收容人数(万人) | Observation Room(10 000 persons) | 95.5 | 106.7 | 1.3 | 1.3 |
| 健康检查人数(万人) | Health Check(10 000 persons) | 209.4 | 233.2 | 20.8 | 21.0 |
| 入院人数(万人) | In-patients(10 000 persons) | 155.3 | 166.4 | 5.3 | 2.5 |
| 出院人数(万人) | Leaving Hospital(10 000 persons) | 155.2 | 165.9 | 5.3 | 2.5 |
| 住院病人手术(万人次) | In-patients Surgery Trips(10 000 person-times) | 75.7 | 80.9 | | |
| 病床工作日(日) | Working Days of Beds(day) | 283.0 | 291.2 | 106.8 | 59.1 |
| 出院者平均住院日数(日) | Average Hospitalization Period(day) | 9.7 | 9.4 | 6.6 | 6.4 |

## 20-8 社区卫生服务中心(站)基本情况
## Basic Statistics on Community Health Care Centers

| 项目 | Item | 2018 | 2019 |
|---|---|---|---|
| 机构数(个) | Number of Institutions(unit) | 601 | 624 |
| 总诊疗人次数(万人次) | Patients Treated(10 000 person-times) | 2223.7 | 2298.2 |
| # 门、急诊人次数(万人次) | Out-patients and Emergency(10 000 person-times) | 2092.1 | 2189.0 |
| 观察室收容人数(万人) | Observation Room(10 000 persons) | 17.6 | 17.6 |
| 健康检查人数(万人) | Health Check(10 000 persons) | 49.2 | 46.9 |
| 入院人数(万人) | In-patients(10 000 persons) | 0.9 | 0.5 |
| 出院人数(万人) | Leaving Hospital(10 000 persons) | 0.9 | 0.5 |
| 病床工作日(日) | Working Days of Beds(day) | 75.4 | 64.4 |
| 出院者平均住院日数(日) | Average Hospitalization Period(day) | 12.6 | 15.5 |

## 20-9 村卫生室基本情况(2016—2019年)
## Basic Statistics on Village Health Room,2016-2019

| 项目 | Item | 2016 | 2017 | 2018 | 2019 |
|---|---|---|---|---|---|
| 机构数(个) | Number of Institutions(unit) | 2528 | 2541 | 2511 | 2374 |
| 执业(助理)医师(人) | Licensed (Assistant) Doctors(person) | 491 | 525 | 622 | 876 |
| 乡村医生和卫生员(人) | Rural Doctors & Hygienists(person) | 5140 | 4973 | 4600 | 4107 |
| 乡村医生 | Rural Doctors | 4889 | 4774 | 4447 | 3999 |
| 卫生员 | Hygienists | 251 | 199 | 153 | 108 |
| 诊疗人次数(万人次) | Number of Patients Treated(10 000 person-times) | 1043 | 1091 | 962 | 793 |

## 20-10 妇女儿童卫生保健状况(2015—2019年)

### Basic Statistics on Maternity and Children Care,2015-2019

| 指 标 | Item | 2015 | 2016 | 2017 | 2018 | 2019 |
|---|---|---|---|---|---|---|
| 妇幼保健经费(万元) | Expenses for Maternity and Children Care(10 000 yuan) | 43044 | 48721 | 52680 | 53450 | 49606 |
| 计划生育事业费(万元) | Operating Expenses for Children Planning(10 000 yuan) | 78003 | 64118 | 59194 | 65605 | 74443 |
| 0-4岁户籍人口(万人) | Registered Population Aged 0-4(10 000 persons) | 48.0 | 50.9 | 52.3 | 53.8 | 52.9 |
| # 女 性 | Female | 22.9 | 24.4 | 25.2 | 26.0 | 25.6 |
| 0-17岁户籍人口 | Registered Population Aged 0-17 | 151.4 | 158.7 | 166.2 | 173.4 | 181.8 |
| # 女 性 | Female | 61.0 | 75.3 | 78.9 | 82.5 | 86.5 |
| 育龄妇女户籍人口(15-49岁) | Women of Child-bearing Age of Registered Population(Age 15-49) | 241.9 | 242.4 | 245.5 | 251.7 | 256.4 |
| 婴儿死亡率(‰) | Death Rate of Infants(‰) | 4.8 | 4.0 | 3.6 | 3.0 | 2.7 |
| 5岁以下儿童死亡率(‰) | Death Rate of Children at Age 5 and Below(‰) | 6.0 | 5.1 | 4.3 | 3.8 | 3.4 |
| 孕产妇死亡率(1/10万) | Death Rate of Pregnant and Lying-in Women(1/100 000) | 8.1 | 9.4 | 6.0 | 5.1 | 5.1 |
| 卡介苗接种率(%) | BCG Vaccination Rate(%) | 99.7 | 99.9 | 99.8 | 99.8 | 99.9 |
| 脊灰疫苗接种率(%) | Poliovirus Vaccination Rate(%) | 99.9 | 99.9 | 99.9 | 99.7 | 99.9 |
| 百白破三联制剂接种率(%) | Pertussis, Diphtheria & Tetanus Vaccination Rate(%) | 99.6 | 99.9 | 99.9 | 99.9 | 99.9 |
| 麻疹疫苗接种率(%) | Measles Virus Vaccination Rate(%) | 99.9 | 99.7 | 99.9 | 99.9 | 99.9 |
| 乙肝疫苗接种率(%) | Hepatitis B Vaccination Rate(%) | 100.0 | 100.0 | 99.9 | 99.9 | 99.9 |
| 5岁以下儿童中、重度营养不良患病率(%) | Incidence Disease Rate from Medium and Serious Malnutrition of Children at Age 5 and Below(%) | 0.3 | 0.3 | 0.4 | 0.5 | 0.6 |
| 7岁以下儿童保健管理率(%) | Management Rate of Children Health Care System at Age 7 and Below(%) | 93.3 | 93.8 | 94.0 | 93.7 | 95.4 |

## 20-11 全市居民前十位疾病死亡专率及死因构成

### Death Rate of Top 10 Diseases and Proportion

| 序位及死因 | Position and Cause of Death | 死亡专率(1/100 000) Mortality(1/100 000) | | 占全部死亡人数的比例 Proportion(%) | |
|---|---|---|---|---|---|
| | | 2018 | 2019 | 2018 | 2019 |
| 1. 心脏病 | Heart Disease | 209.45 | 196.38 | 29.28 | 28.07 |
| 2. 恶性肿瘤 | Malignant Tumour | 177.88 | 175.43 | 24.87 | 25.08 |
| 3. 脑血管病 | Cerebrovascular Disease | 155.85 | 155.18 | 21.79 | 22.18 |
| 4. 呼吸系统疾病 | Respiratory Disease | 44.69 | 40.41 | 6.25 | 5.78 |
| 5. 损伤和中毒外部原因 | Trauma and Toxicosis | 33.49 | 32.23 | 4.68 | 4.61 |
| 6. 内分泌、营养和代谢的其他疾病 | Internal System, Nutrition, Metabolism and Immunity Disease | 25.97 | 25.80 | 3.63 | 3.69 |
| 7. 神经系统疾病 | Neuropathy | 13.84 | 15.06 | 1.93 | 2.15 |
| 8. 消化系统疾病 | Digestive Disease | 14.49 | 13.71 | 2.03 | 1.96 |
| 9. 泌尿生殖系统病 | Urinary Disease | 6.00 | 5.47 | 0.84 | 0.78 |
| 10.传染病和寄生虫病 | Perinatal Diseases | 3.00 | 3.31 | 0.42 | 0.47 |

## 20-12 卫生总费用及构成(1996—2019年)
## Total Expenditure on Health and Composition,1996-2019

| 年 份<br>Year | 卫生总费用<br>(亿元)<br>Total Expenditure on Health<br>(100 million yuan) | 人均卫生费用<br>(元)<br>Per Capita Expenditure on Health<br>(yuan) | 卫生总费用筹资构成(%)<br>Composition by Source(%) | | |
|---|---|---|---|---|---|
| | | | 政府卫生支出<br>Government Health Expenditure | 社会卫生支出<br>Social Health Expenditure | 居民个人现金卫生支出<br>Individual Cash Expenditure on Health |
| 1996 | 39.71 | 418.85 | 18.5 | 54.1 | 27.4 |
| 1997 | 46.40 | 487.04 | 20.4 | 51.2 | 28.4 |
| 1998 | 46.65 | 487.61 | 18.9 | 45.4 | 35.7 |
| 1999 | 53.27 | 555.21 | 17.2 | 42.8 | 40.0 |
| 2000 | 66.75 | 666.74 | 15.1 | 41.5 | 43.4 |
| 2001 | 71.21 | 709.25 | 16.6 | 38.0 | 45.4 |
| 2002 | 96.97 | 962.83 | 17.0 | 36.0 | 47.0 |
| 2003 | 117.60 | 1162.84 | 19.1 | 39.3 | 41.5 |
| 2004 | 129.94 | 1269.38 | 18.8 | 37.1 | 44.1 |
| 2005 | 152.24 | 1459.63 | 16.9 | 36.7 | 46.3 |
| 2006 | 171.73 | 1597.45 | 19.1 | 36.2 | 44.8 |
| 2007 | 225.88 | 2025.80 | 19.7 | 37.4 | 43.0 |
| 2008 | 264.13 | 2246.02 | 20.3 | 37.3 | 42.4 |
| 2009 | 315.45 | 2568.46 | 20.6 | 41.0 | 38.3 |
| 2010 | 355.65 | 2737.28 | 23.3 | 41.0 | 35.7 |
| 2011 | 411.10 | 3034.87 | 25.4 | 37.8 | 36.8 |
| 2012 | 479.75 | 3394.90 | 25.2 | 38.4 | 36.4 |
| 2013 | 552.09 | 3750.10 | 26.3 | 38.5 | 35.2 |
| 2014 | 650.91 | 4291.29 | 26.3 | 41.0 | 32.7 |
| 2015 | 752.79 | 4866.32 | 26.8 | 42.2 | 31.0 |
| 2016 | 827.02 | 5294.21 | 25.6 | 43.7 | 30.7 |
| 2017 | 864.74 | 5554.36 | 23.3 | 46.0 | 30.8 |
| 2018 | 888.72 | 5698.41 | 24.3 | 45.6 | 30.0 |
| 2019 | 973.51 | 6233.15 | 22.4 | 47.8 | 29.8 |

## 20-13 主要年份卫生总费用机构流向构成
## Composition of Total Expenditure on Health by Flow

单位：%(%)

| 指 标 | Indicators | 2000 | 2005 | 2010 | 2015 | 2018 | 2019 |
|---|---|---|---|---|---|---|---|
| **费 用 总 额** | **Total Expenditure** | **100.0** | **100.0** | **100.0** | **100.0** | **100.0** | **100.0** |
| 医 院 | Hospitals | 67.7 | 64.3 | 70.8 | 68.3 | 71.0 | 70.1 |
| 城市医院 | City Hospitals | 54.2 | 52.5 | 56.9 | 55.9 | 58.7 | 58.8 |
| 县医院 | County Hospitals | 4.3 | 4.2 | 5.2 | 4.5 | 2.7 | 2.6 |
| 社区卫生服务中心 | Community Health Care Centers | | 5.1 | 6.5 | 5.4 | 6.8 | 6.3 |
| 卫生院 | Health Care Centers | 4.1 | 2.3 | 1.9 | 2.4 | 2.7 | 2.3 |
| 其他医院 | Other Hospitals | 5.1 | 0.2 | 0.3 | 0.1 | 0.1 | 0.1 |
| 门诊机构 | Ambulatory Health Facilities | 6.2 | 4.8 | 5.0 | 6.1 | 9.0 | 9.7 |
| 药品零售机构 | Retail Sales of Medical Goods | 17.0 | 20.8 | 10.7 | 10.6 | 9.7 | 9.8 |
| 公共卫生机构 | Public Health Facilities | 4.9 | 4.7 | 6.5 | 4.8 | 4.6 | 4.2 |
| 卫生行政管理 | Health Administration | 0.2 | 0.2 | 1.1 | 2.2 | 2.1 | 1.9 |
| 其他卫生 | Others | 4.0 | 5.2 | 5.9 | 8.0 | 3.6 | 4.5 |

## 20-14 各区卫生情况(2019年)
## Basic Statistics on Public Health Care Institution by District,2019

| 地　区 Region | 卫生机构数(个) Health Care Institutions (unit) | # 医　院 Hospitals | 卫生机构床位数(张) Beds (unit) | # 医　院 Hospitals |
|---|---|---|---|---|
| 全 市 总 计 **Total** | **5964** | **441** | **68262** | **60990** |
| 和平区 Heping District | 205 | 28 | 4766 | 4626 |
| 河东区 Hedong District | 226 | 49 | 3699 | 2980 |
| 河西区 Hexi District | 315 | 52 | 8768 | 8512 |
| 南开区 Nankai District | 322 | 57 | 9188 | 8791 |
| 河北区 Hebei District | 211 | 38 | 4154 | 3980 |
| 红桥区 Hongqiao District | 128 | 19 | 3625 | 3204 |
| 东丽区 Dongli District | 289 | 12 | 1647 | 1561 |
| 西青区 Xiqing District | 235 | 24 | 3134 | 2929 |
| 津南区 Jinnan District | 314 | 23 | 3652 | 3632 |
| 北辰区 Beichen District | 241 | 22 | 4631 | 4459 |
| 武清区 Wuqing District | 684 | 16 | 4295 | 3271 |
| 宝坻区 Baodi District | 428 | 11 | 2758 | 1462 |
| 滨海新区 Binhai New Area | 815 | 57 | 8595 | 8205 |
| 宁河区 Ninghe District | 319 | 3 | 1367 | 734 |
| 静海区 Jinghai District | 492 | 18 | 1985 | 1399 |
| 蓟州区 Jizhou District | 740 | 12 | 1998 | 1245 |

注：滨海新区数据不含东丽区无瑕街、津南区葛沽镇数据。
Note: Data of Binhai New Area exclude figures of Wuxia Street, Dongli District and Gegu Town, Jinnan District.

## 20-15 提供住宿的社会服务机构(2019年)
## Social Welfare Institutions with Accommodations,2019

| 指　标 | Item | 单位数(个) Institutions (unit) | 职工人数(人) Staff and Workers (person) | 床位数(张) Number of Beds (unit) | 年末在院人数(人) Adopted Personnel at Year-end (person) |
|---|---|---|---|---|---|
| 老年人与残疾人服务机构 | Elderly and Disabled Service Institutions | 364 | 6384 | 55755 | 20449 |
| # 城市养老服务机构 | Urban Old-Age Service Institutions | 155 | 3092 | 23197 | 10363 |
| 社会福利院 | Social Welfare Homes | 2 | 101 | 390 | 343 |
| 光荣院 | Homes for Disabled Veterans | 6 | 85 | 199 | 31 |
| 智障与精神疾病服务机构 | Mental Disability and Psychiatric Disease Services Institution | 1 | 257 | 620 | 619 |
| # 社会福利医院 | Social Welfare Hospitals | 1 | 257 | 620 | 619 |
| 儿童收养机构 | Residential Institutions for children | 3 | 161 | 851 | 698 |
| 其他提供住宿的社会服务机构 | Other Social Service Institutions Providing Accommodation | 10 | 192 | 802 | 339 |
| # 生活无着人员救助管理站 | Salvation Stations | 10 | 192 | 802 | 339 |

## 20-16 不提供住宿的社会服务机构
## Social Welfare Institutions without Accommodations

| 指　标 | Item | 单位数(个) Institutions(unit) | | 职工人数(人) Staff and Workers(person) | |
|---|---|---|---|---|---|
| | | 2018 | 2019 | 2018 | 2019 |
| 救灾物资储备站 | Relief Reserve Units | 2 | 1 | 26 | 19 |
| 福利彩票发行单位 | Welfare Lottery Issuing Institutions | 8 | 8 | 84 | 83 |
| 烈士纪念建筑物管理单位 | Martyr Memorial Building Management Units | 10 | 10 | 129 | 106 |
| 社区服务机构 | The Community Welfare Institutions | 2847 | 2903 | 15707 | 15080 |

## 20-17 社区服务机构情况(2016—2019年)
## Basic Statistics on Community Services Agencies,2016-2019

| 指 标 Item | 2016 | 2017 | 2018 | 2019 |
|---|---|---|---|---|
| 社区服务机构(个) | | | | |
| Community Service Institutions (unit) | 2952 | 2786 | 2847 | 2903 |
| 社区养老照料和设施 | | | | |
| The Community Old-Age Care and Facilities | 122 | 121 | 1301 | 1089 |
| 社区指导中心 | | | | |
| The Community Guiding Center | 10 | 9 | 9 | 9 |
| 社区服务中心 | | | | |
| The Community Service Center | 289 | 274 | 376 | 322 |
| 社区服务站 | | | | |
| The Community Service Station | 1894 | 1836 | 1739 | 1703 |
| 其他社区服务机构 | | | | |
| Other Community Service Institutions | 637 | 546 | 540 | 537 |
| 机构建筑面积(平方米) | | | | |
| Floor Square of Institutions (sq.m) | 1131619 | 1132720 | 1253728 | 1526502 |
| 年末职工人数(人) | | | | |
| Staff and Workers in the End of the Year (person) | 13381 | 13587 | 15707 | 15080 |
| # 女 性 | | | | |
| Female | 7330 | 7789 | 9727 | 8328 |
| # 社会工作师 | | | | |
| Social Worker | 219 | 269 | 601 | 622 |
| 助理社会工作师 | | | | |
| Junior Social Worker | 719 | 933 | 1740 | 1789 |
| 社区服务志愿者人次数(人次) | | | | |
| Community Service Volunteer (person-time) | 52149 | 63100 | 14484 | 360 |
| 日间照料床位数(张) | | | | |
| The Beds of Day-care (unit) | 6482 | 9992 | 9279 | 9801 |

## 20-18 社会救助人员情况(2016—2019年)
## Basic Statistics on Social Relief Personnel,2016-2019

| 指 标 Item | 2016 | 2017 | 2018 | 2019 |
|---|---|---|---|---|
| **城乡居民最低生活保障人数(人)** | | | | |
| **Rural and Urban Residents Receiving Lowest Cost-of-living(person)** | **223284** | **198367** | **142551** | **129477** |
| 城镇居民 | | | | |
| Urban Residents | 121684 | 107075 | 80373 | 70561 |
| # 老年人 | | | | |
| Senile | 18348 | 18340 | 11734 | 11973 |
| 登记失业人员 | | | | |
| Registered Unemployed | 36832 | 31850 | 23229 | 20425 |
| 无就业条件人员 | | | | |
| Non Employment Condition | 28179 | 23055 | 20423 | 19403 |
| 未成年人 | | | | |
| Minors | 27725 | 21028 | 15188 | 10621 |
| 农村居民 | | | | |
| Rural Residents | 101600 | 91292 | 62178 | 58916 |
| **特困人员救助供养人数(人)** | | | | |
| **Number of Destitute Households Receiving Almsgiving (person)** | **11578** | **12808** | **11482** | **11971** |
| **临时救助人次数(人次)** | | | | |
| **Persons Received Temporary Almsgiving(person-time)** | **87291** | **122029** | **102632** | **83077** |
| **医疗救助** | | | | |
| **Medical Aid** | | | | |
| 直接医疗救助人次数(人次) | | | | |
| Direct Medical Aid(person-time) | 226537 | 2013967 | 726632 | 1468648 |
| 资助参保医疗人数(人) | | | | |
| Persons Participating in Medical Insurance with Aid (person) | 236536 | 246777 | 299578 | 293188 |
| **流浪乞讨人员救助(人次)** | | | | |
| **The Aid of Vagrants and Beggars(person-time)** | **13014** | **12745** | **7640** | **5729** |

注: “无就业条件人员”2017年以前为“未登记失业人员”; “特困人员救助供养人数”2017年以前为“农村五保供养人数”; “直接医疗救助人次数”2017年以前为“救助人数”,且2017年统计口径变化。

Note: 'Non Employment Condition' refer to 'Unregistered Unemployed' before 2017; 'Destitute Households Receiving Almsgiving' refer to 'person receiving livelihood guaranteed in five aspects in rural areas' before 2017; 'direct medical aid' refer to 'persons received medical aid' before 2017, the statistical caliber changed in 2017.

## 20-19 社会救助支出情况(2016—2019年)

## Basic Statistics on Social Relief Expenditure, 2016-2019

单位：万元(10 000 yuan)

| 指　　标 | Item | 2016 | 2017 | 2018 | 2019 |
|---|---|---|---|---|---|
| **社会救助总支出** | **Relief Expenditures** | **292226** | **310651** | **236736** | **180955** |
| #城镇低保费 | Urban Relief Funds | 122688 | 126971 | 112217 | 91050 |
| 农村低保费 | Rural Relief Funds | 66817 | 79637 | 65880 | 57135 |
| 特困人员救助供养 | Expenses of Destitute Households Receiving Almsgiving | 15167 | 22494 | 23841 | 21502 |
| 临时救助 | Temporary Almsgiving | 22384 | 17584 | 22331 | 11267 |
| #流浪乞讨人员救助 | The Aid of Vagrants and beggars | 3049 | 3403 | 3844 | 2475 |
| **医疗救助** | **Medical Aid** | **37861** | **50216** | **64647** | **61267** |
| **自然灾害物资采购经费支出** | **Expenditure on the Procurement of Natural Disasters Materials** | **799** | **2513** | **1168** | **1165** |

注：“特困人员救助供养”在2017年以前为“五保供养”。
Note: 'Destitute Households Receiving Almsgiving' refer to 'person receiving livelihood guaranteed in five aspects' before 2017.

## 20-20 养老事业基本情况(2017—2019年)

## Basic Statistics on Senile Citizen Undertakings,2017-2019

| 指　　标 Item | 2017 | 2018 | 2019 |
|---|---|---|---|
| 60岁以上老年人(万人) Aged 60 and over(10 000 persons) | 243.90 | 259.08 | 266.74 |
| 65岁以上老年人(万人) Aged 65 and over(10 000 persons) | 156.75 | 167.63 | 178.46 |
| 80岁以上老年人(万人) Aged 80 and over(10 000 persons) | 35.94 | 32.77 | 33.40 |
| 养老机构(个) Pension Agency(unit) | 352 | 335 | 364 |
| 养老机构床位数(万张) The Beds of Pension Agency(10 000 units) | 4.70 | 5.00 | 5.60 |
| 日间照料中心(个) Center of Day-care(unit) | 1251 | 2847 | 1089 |
| 福利彩票公益金投入养老服务业比例(%) Proportion of Senior Citizen Service Industry to Welfare Lottery(%) | 50 | 50 | 57 |
| 享受困难老年人居家养老(护理)补贴人数(万人) Taking Subsidy of Home-based Care (Nursing) for Senior Citizen(10 000 persons) | 2.30 | 2.20 | 1.60 |

# 20-21 红十字会基本情况(2017—2019年)
## Basic Statistics on Red Cross Society,2017-2019

| 指　标 | Item | 2017 | 2018 | 2019 |
|---|---|---|---|---|
| **组织机构(个)** | **Institutions of Red Cross Society(unit)** | | | |
| 基层组织机构 | Basic Institutions of Red Cross Society | 2732 | 1640 | 1462 |
| **会员情况** | **Statistics on Red Cross Member** | | | |
| 团体会员单位(个) | Team Members(unit) | 1908 | 1967 | 1846 |
| 会员人数(万人) | Number of Members(10 000 persons) | 60 | 27 | 28.4 |
| # 青少年 | Adolescent Members | 34.4 | 18.5 | 18.7 |
| **志愿服务工作** | **Voluntary Work** | | | |
| 志愿者人数(万人) | Volunteers(10 000 persons) | 19.9 | 3.1 | 3.1 |
| 志愿服务队(个) | Voluntary Teams of Red Cross Society(unit) | 395 | 217 | 231 |
| **参加各种宣传活动人次数(万人次)** | **Person-time Attended Publicizing Activity (10 000 person-times)** | | | |
| 参加艾滋病预防宣传救助活动 | AIDS Prevention Activities | 1 | 1 | 1.5 |
| 参加普及宣传无偿献血活动 | Publicizing Volunteer Blood Donation Activities | 1 | 1 | 1.2 |
| **参加卫生救护培训人次数(人次)** | **Person-time Attended Sanitation Rescue Training(person-time)** | | | |
| 参加救护员培训 | Ambulanceman Training | 19414 | 19646 | 22497 |
| 参加救护师资培训 | Rescue Teacher Training | 132 | 60 | 224 |
| **造血干细胞捐献工作(人)** | **Contributing Stem Cell(person)** | | | |
| 入库志愿者人数 | Quantity of Subscribers Entered Program in Current Year | 4230 | 4566 | 5500 |
| 供患配型相合人数 | Quantity of Matching of Contributing and Transplanting in Current Year | 535 | 437 | 524 |
| 实现捐献人数 | Quantity of Transplanting in Current Year | 17 | 18 | 11 |
| **人体器官捐献(人)** | **Donation of Human Organ(person)** | | | |
| 报名登记志愿者人数 | Quantity of Registered Subscribers | 426 | 2209 | 8959 |
| 实现捐献者人数 | Quantity of Contributing Human Organ | 184 | 302 | 467 |
| **遗体捐献工作(人)** | **Contributing Reliquiae(person)** | | | |
| 捐献遗体登记 | Quantity of Contributing Reliquiae | 230 | 244 | 360 |
| 实现生前遗愿人数 | Quantity of Realizing Last Wish | 91 | 80 | 91 |
| **社会赈济和社区救助工作** | **Working on Social Relieving** | | | |
| 募捐款数(万元) | Donation(10 000 yuan) | 115 | 288 | 6196 |
| 救灾款数(万元) | Disaster Relief(10 000 yuan) | 36 | 30 | 1 |
| 救助款数(万元) | Salvation Relief(10 000 yuan) | 129 | 296 | 6196 |

# 主要统计指标解释

**社区卫生服务中心**

指为本社区居民提供预防、医疗、保健、康复、健康教育、计划生育技术服务等的基层卫生机构。

**卫生技术人员**

指卫生事业机构支付工资的全部固定职工和合同制职工中现任职务为卫生技术工作的人员。包括中医师、西医师、中西医结合高级医师、护师、中药师、西药师、检验师、其他技师、中医士、西医士、护士、助产士、中药剂士、西药剂士、检验士、其他技士、其他中医、护理员、中药剂员、西药剂员、检验员和其他初级卫生技术人员。不包括从事管理工作的卫生技术人员。

**执业（助理）医师**

指具有《医师执业证》及其“级别”为“执业（助理）医师”且实际从事医疗、预防保健工作的人员，不包括实际从事管理工作的执业（助理）医师。执业（助理）医师类别分为临床、中医、口腔和公共卫生。

**婴儿死亡率**

指一年内未满周岁死亡的婴儿数与当年活产数之比。计算公式为：

$$婴儿死亡率=\frac{一年内未满周岁的婴儿死亡数}{当年活产数}\times1000‰$$

**孕产妇死亡率**

指年内孕产妇死亡人数与活产数之比。孕产妇死亡一般指从妊娠开始至产后42天内死亡者，包括外科原因、计划生育手术、宫外孕、葡萄胎死亡者，但不包括意外原因死亡者。

**卡介苗、脊灰疫苗、百白破三联制剂、麻疹、乙肝疫苗接种率**

指按照儿童免疫程度进行合格接种的人数占全部应接种人数的百分比。应接种人数包括禁忌症人数和外地寄居3个月及以上的适龄人数，不包括外出3个月及以上的适龄人数。计算公式为：

$$单项疫苗接种率=\frac{合格接种该疫苗人数}{应接种人数}\times100\%$$

分子：按“合格接种判断”标准，判定当年实际完成合格接种的儿童数。

分母：按免疫程序规定当年应在12月龄内完成该项疫苗接种的儿童数。

**城镇居民最低生活保障人数**

指在报告期末家庭平均收入在当地规定的最低生活保障线以下的城镇居民数。包括“三无”对象，失业人员和在职、下岗、退休人员等。

**农村居民最低生活保障人数**

指报告期末在建立农村最低生活保障制度的地区，得到当地政府或集体给予最低生活保障的农业人口家庭人数。

**社区服务机构**

指报告期末城镇（街道办事处、居委会）设立的以非营利为目的，为本社区居民服务，特别是为老年人、残疾人、儿童服务的社区服务中心、活动站、服务站、养老院、老年公寓（托老所），残疾人工疗站、残疾儿童日托所、家务服务站、婚姻介绍所等福利性机构以及职工社会保险管理服务的机构。几种不同类型的社区服务单位，共用一个场所的，只能统计为一个社区服务机构。成为社区服务机构的条件：（1）是独立核算单位；（2）有固定的从业人员；（3）有一定的服务项目；（4）有一定的服务场所。

# Explanatory Notes on Main Statistical Indicators

**Community Health Care Centers (Stations)**

refer to the primary units that provide the health care for community residents, such as disease prevention and control, medical treatment, health care, rehabilitation, health education, family planning technical services.

**Medical Technical Personnel**

refer to all medical staff and workers employed by medical institutions, including doctors of Chinese and Western medicine, senior doctors who integrate traditional Chinese therapeutics with Western therapeutics in practice, senior nurses, pharmacists of Chinese and Western medicine, laboratory specialists, other specialists, paramedics of Chinese and Western medicine, nurses, midwives, druggists in Chinese and Western medicine, laboratory technicians, other technicians, other practitioners of Chinese medicine, nursing attendants, pharmacological workers of Chinese and Western medicine, laboratory workers, and other primary medical personnel, excluding management medical personnel.

**Licensed (Assistant) Doctors**

refer to the medical workers who have obtained the *licenses of qualified doctors* (assistant doctors) and are employed in medical treatment, disease prevention or healthcare institutions, excluding the licensed doctors (assistant doctors) engaged in management job. The classification of licensed doctors (assistant doctors) is clinician, Chinese medicine, dentist and public health.

**Death Rate of Infants**

refers to the ratio of the number of dead infant below 1 year to the number of living in one year. The following formula is used:

*The Death Rate of Infant =*

$$\frac{\textit{Number of Dead Infant below 1 Year}}{\textit{Number of Living}} \times 1000\ ‰$$

**Death Rate of Pregnant and Lying-in Women**

refers to the ratio of the number of dead pregnant women to the living number in one year. The death of pregnant woman usually refers from gestation to die after give birth to child in 42 days, including surgery reason, family planning operation, pregnancy outside the womb, grape embryo dead women, excluding die due to accident trouble.

**Bcg Vaccine, Poliovirus, Pertussis, Diphtheria Tetanus, Measles and Hepatitis B Vaccine Inoculation Rate**

refers to the ratio of the number of children inoculating vaccine in accordance with the degree of immunity to the children on the age to inoculate vaccine. The children on the age to inoculate vaccine include the children avoiding inoculating vaccine and living in some other places for 3 and more than 3 months, but exclude the children on age going out for 3 months. The following formula is used:

*Vaccine Inoculation Rate =*

$$\frac{\textit{The Number of Children Inoculating Vaccine}}{\textit{The Children on the Age to Inoculate Vaccine}} \times 100\%$$

The molecule: the actual number of children inoculating vaccine according to the standard of vaccine inoculation.

The denominator: the number of children according to the process of immunity should inoculate the vaccine in 12 months.

**Urban Residents Receiving Lowest Cost-of-living**

refer to the number of those whose average family income is below a minimum local standard by the end of the reporting period, including those jobless people without stable residence or valid Ids, both the employed and unemployed, laid off and retired.

**Rural Residents Receiving Lowest Cost-of-living**

refer to the number of those receiving the minimum living allowances from the local government or community in the rural areas where this allowances system is in place as of the end of the reporting period.

**Number of Community Service Organization**

refers to the number non-profit welfare set up by urban communities (community offices and residents' committees) to serve the community residents, especially community-based centers that serve senior citizens, the handicapped or children, activity stations, service stations, nursing homes, apartments for the elderly (nursery for the aged), work and treatment stations for the handicapped, day-care centers for handicapped children, domestic help agencies and dating agencies, as well as social insurance management agencies for the employees. Different types of community service providers that share the same premise are regarded as one community service organization. The requirements for a social service organization of communities include: (1) independent accounting; (2) fixed employees; (3) provision of services; (4) provision of service premises.

# 第二十一篇　文化和体育

# Chapter 21　Culture and Sports

# 21-1 文化机构和人员情况(1978—2019年)
## Basic Statistics on Cultural Institutions and Personnel,1978-2019

单位：个(unit)

| 年 份 Year | 艺 术 Art | 电 影 Movie | 公 共 图书馆 Public Library | 档案机构 Archives Institution | 群众文化 活 动 Mass Culture | 文 物 保护单位 Agency of Historic Relics Preservation | 博物馆 Museums |
|---|---|---|---|---|---|---|---|
| **机构数 Institutions** | | | | | | | |
| 1978 | 39 | 1702 | 19 | | 18 | 2 | 5 |
| 1979 | 37 | 2232 | 17 | | 19 | 2 | 5 |
| 1980 | 39 | 1755 | 19 | | 19 | 2 | 5 |
| 1981 | 41 | 1781 | 19 | | 19 | 2 | 5 |
| 1982 | 40 | 1809 | 23 | | 19 | 2 | 5 |
| 1983 | 40 | 1625 | 23 | | 19 | 2 | 5 |
| 1984 | 37 | 1590 | 26 | | 19 | 3 | 7 |
| 1985 | 41 | 1158 | 26 | 22 | 19 | 3 | 10 |
| 1986 | 39 | 1033 | 27 | 23 | 19 | 3 | 10 |
| 1987 | 36 | 929 | 29 | 25 | 19 | 5 | 10 |
| 1988 | 39 | 949 | 30 | 26 | 19 | 5 | 10 |
| 1989 | 39 | 722 | 30 | 26 | 19 | 5 | 10 |
| 1990 | 39 | 668 | 30 | 27 | 19 | 6 | 10 |
| 1991 | 38 | 669 | 31 | 30 | 19 | 7 | 13 |
| 1992 | 37 | 659 | 31 | 30 | 20 | 7 | 13 |
| 1993 | 36 | 662 | 31 | 30 | 19 | 7 | 13 |
| 1994 | 51 | 661 | 31 | 30 | 19 | 7 | 14 |
| 1995 | 49 | 662 | 31 | 31 | 19 | 7 | 14 |
| 1996 | 47 | 662 | 31 | 31 | 19 | 7 | 14 |
| 1997 | 48 | 255 | 31 | 31 | 19 | 8 | 15 |
| 1998 | 48 | 255 | 31 | 30 | 19 | 8 | 15 |
| 1999 | 47 | 238 | 31 | 31 | 19 | 8 | 15 |
| 2000 | 49 | 236 | 31 | 31 | 19 | 8 | 14 |
| 2001 | 49 | 236 | 31 | 31 | 19 | 8 | 14 |
| 2002 | 49 | 236 | 31 | 32 | 19 | 8 | 15 |
| 2003 | 49 | 236 | 31 | 32 | 19 | 8 | 17 |
| 2004 | 70 | 239 | 32 | 35 | 19 | 8 | 17 |
| 2005 | 61 | 190 | 32 | 34 | 19 | 8 | 18 |
| 2006 | 61 | 190 | 32 | 35 | 19 | 8 | 19 |
| 2007 | 61 | 187 | 32 | 341 | 19 | 8 | 18 |
| 2008 | 46 | 181 | 32 | 386 | 19 | 8 | 18 |
| 2009 | 43 | 172 | 31 | 399 | 19 | 8 | 18 |
| 2010 | 44 | 243 | 31 | 361 | 19 | 8 | 18 |
| 2011 | 73 | 286 | 31 | 324 | 19 | 8 | 19 |
| 2012 | 51 | 295 | 31 | 310 | 19 | 8 | 20 |
| 2013 | 50 | 294 | 31 | 291 | 19 | 8 | 20 |
| 2014 | 44 | 316 | 31 | 217 | 19 | 8 | 22 |
| 2015 | 66 | 262 | 31 | 257 | 19 | 8 | 22 |
| 2016 | 67 | 269 | 31 | 236 | 19 | 8 | 22 |
| 2017 | 72 | 278 | 32 | 49 | 19 | 8 | 62 |
| 2018 | 84 | 288 | 29 | 49 | 17 | 8 | 65 |
| 2019 | 90 | 117 | 29 | 48 | 17 | 8 | 68 |

注：2019年对电影放映单位的统计口径进行了调整，后表及表21-6同。
Note: The statistics caliber of Film Projecting Units and Archives Institution was adjusted in 2019. Same as behind table and table 21-6.

21-1续表 *Continued*

单位：人(person)

| 年 份 Year | 艺 术 Art | 电 影 Movie | 公 共 图书馆 Public Library | 档案机构 Archives Institution | 群众文化活 动 Mass Culture | 文 物 保护单位 Agency of Historic Relics Preservation | 博物馆 Museums |
|---|---|---|---|---|---|---|---|
| **人员数 Personnel** | | | | | | | |
| 1990 | 2729 | 4521 | 1182 | | 955 | 80 | 482 |
| 1991 | 2772 | 4200 | 1081 | | 943 | 72 | 490 |
| 1992 | 2717 | 4107 | 1146 | | 955 | 72 | 649 |
| 1993 | 2835 | 4193 | 1118 | | 1282 | 78 | 547 |
| 1994 | 3851 | 4003 | 1087 | | 873 | 78 | 471 |
| 1995 | 3552 | 4003 | 1084 | | 847 | 93 | 456 |
| 1996 | 2817 | 4003 | 1156 | | 868 | 97 | 512 |
| 1997 | 2565 | 1507 | 1025 | | 828 | 92 | 520 |
| 1998 | 2532 | 1930 | 1122 | | 837 | 105 | 706 |
| 1999 | 2626 | 1930 | 1129 | | 807 | 105 | 626 |
| 2000 | 2468 | 1930 | 1111 | | 798 | 102 | 686 |
| 2001 | 2562 | 1930 | 1014 | 1044 | 752 | 116 | 672 |
| 2002 | 2483 | 1930 | 974 | 1046 | 755 | 127 | 689 |
| 2003 | 2322 | 1930 | 1095 | 999 | 750 | 131 | 629 |
| 2004 | 2937 | 1959 | 1082 | 1144 | 706 | 117 | 658 |
| 2005 | 2663 | 1118 | 1057 | 913 | 710 | 133 | 679 |
| 2006 | 2686 | 842 | 1086 | 784 | 707 | 132 | 724 |
| 2007 | 2509 | 767 | 1074 | 553 | 679 | 130 | 728 |
| 2008 | 2276 | 767 | 1098 | 1154 | 681 | 137 | 711 |
| 2009 | 2287 | 1257 | 1087 | 1175 | 682 | 123 | 699 |
| 2010 | 2262 | 1738 | 1077 | 1180 | 656 | 119 | 719 |
| 2011 | 3547 | 2095 | 1051 | 911 | 643 | 108 | 698 |
| 2012 | 2426 | 2275 | 1272 | 911 | 626 | 102 | 717 |
| 2013 | 2511 | 2270 | 1248 | 968 | 646 | 112 | 669 |
| 2014 | 2322 | 2528 | 1217 | 946 | 612 | 115 | 747 |
| 2015 | 2836 | 2523 | 1189 | 887 | 588 | 131 | 783 |
| 2016 | 2722 | 2694 | 969 | 898 | 571 | 132 | 760 |
| 2017 | 2623 | 2294 | 986 | 673 | 552 | 111 | 1406 |
| 2018 | 2897 | | 1047 | 740 | 531 | 65 | 1473 |
| 2019 | 2724 | | 1060 | 739 | 523 | 75 | 1465 |

# 21-2 报纸期刊出版情况

## Newspapers and Magazines Publication

| 项 目 | Item | 种 类 (种) Number of Publications (kind) | | 总印数 (万份、万册) Total Copies (10 000 volumes, 10 000 copies) | | 总印张 (千印张) Total Printed Sheets (1 000 sheets) | |
|---|---|---|---|---|---|---|---|
| | | 2018 | 2019 | 2018 | 2019 | 2018 | 2019 |
| **报纸总计** | **Total Publication of Newspapers** | **19** | **19** | **31575** | **24986** | **879494** | **648673** |
| 综合报 | Comprehensive Newspapers | 5 | 5 | 21663 | 16283 | 717068 | 513815 |
| 专业报 | Professional Newspapers | 9 | 9 | 4178 | 3408 | 69174 | 50905 |
| 生活服务 | Life Services | 1 | 1 | 157 | 114 | 7826 | 5720 |
| 读者对象 | Reader | 3 | 3 | 4032 | 3910 | 54521 | 52818 |
| 文 摘 | Abstract | 1 | 1 | 1545 | 1271 | 30905 | 25416 |
| **期刊总计** | **Total Publication of Magazines** | **244** | **240** | **2665** | **2861** | **132942** | **134058** |
| # 综 合 | Comprehensive | 3 | 3 | 21 | 2 | 1238 | 190 |
| 哲学、社会科学 | Philosophy and Social Sciences | 45 | 46 | 936 | 117 | 43110 | 48804 |
| 自然科学、技术 | Natural Sciences and Technology | 140 | 137 | 720 | 672 | 40678 | 38922 |
| 文化、教育 | Culture and Education | 33 | 32 | 437 | 531 | 18475 | 20091 |
| 文学、艺术 | Literature and Art | 23 | 22 | 551 | 539 | 29441 | 26051 |
| # 少年儿童读物 | Juvenile and Children's Book | 9 | 8 | 371 | 409 | 11813 | 12469 |

# 21-3 图书出版情况

## Publication of Books by Category

| 类别 Item | 种类(种) Number of Publication (kind) | | 总印数(万册) Total Printed Copies (10 000 copies) | | 总印张(千印张) Total Printed Sheets (1 000 sheets) | |
|---|---|---|---|---|---|---|
| | 2018 | 2019 | 2018 | 2019 | 2018 | 2019 |
| **总　计 Total** | **7897** | **7819** | **9536** | **11500** | **842016** | **1006375** |
| 马列主义、毛泽东思想 Marxism-Leninism, Mao Zedong Thought | 10 | 14 | 3 | 8 | 291 | 1079 |
| 哲　学 Philosophy | 147 | 159 | 204 | 250 | 22473 | 25595 |
| 社会科学总论 General Social Sciences | 55 | 67 | 98 | 82 | 12334 | 10669 |
| 政治、法律 Politics and Law | 111 | 120 | 35 | 461 | 5406 | 12603 |
| 军　事 Military Affairs | 5 | 5 | 5 | 5 | 418 | 422 |
| 经　济 Economics | 255 | 292 | 94 | 164 | 15813 | 23548 |
| 文化、科学、教育、体育 Culture, Science, Education and Sports | 2828 | 2911 | 5200 | 6337 | 417317 | 561304 |
| 语言、文字 Languages | 176 | 172 | 66 | 81 | 8498 | 11139 |
| 文　学 Literature | 1408 | 1526 | 2558 | 2968 | 216683 | 249433 |
| 艺　术 Art | 682 | 519 | 336 | 268 | 24998 | 20471 |
| 历史、地理 History and Geography | 246 | 276 | 156 | 148 | 22691 | 24555 |
| 自然科学总论 General Natural Sciences | 17 | 18 | 12 | 36 | 1101 | 2930 |
| 数理科学、化学 Mathematics and Chemistry | 169 | 132 | 316 | 313 | 11100 | 11280 |
| 天文学、地球科学 Astronomy and Geology | 38 | 36 | 28 | 29 | 2524 | 1724 |
| 生物科学 Biology | 58 | 55 | 40 | 41 | 3037 | 2622 |
| 医药、卫生 Medicine and Health Care | 1069 | 1033 | 220 | 167 | 57861 | 27268 |
| 农业科学 Agricultural Science | 36 | 19 | 13 | 2 | 1356 | 267 |
| 工业技术 Industrial Technology | 428 | 307 | 87 | 78 | 11899 | 12385 |
| 交通运输 Communication and Transportation | 75 | 52 | 16 | 14 | 1102 | 840 |
| 航空、航天 Aviation and Spaceflight | 3 | 6 | 10 | 7 | 268 | 197 |
| 环境科学 Environmental Science | 34 | 21 | 9 | 18 | 836 | 1745 |
| 综合性图书 Comprehensive Books | 47 | 79 | 30 | 22 | 4010 | 4298 |

## 21-4 少年儿童读物和课本出版情况(2002—2019年)

## Number of Books Published for Children and Textbooks,2002-2019

| 年 份 Year | 种 数(种) Number of Publications(kind) | | 总印数(万册) Total Printed Copies(10 000 copies) | | 总印张(千印张) Total Printed Sheets(1 000 sheets) | |
|---|---|---|---|---|---|---|
| | 儿童读物 Books for Children | 课 本 Textbooks | 儿童读物 Books for Children | 课 本 Textbooks | 儿童读物 Books for Children | 课 本 Textbooks |
| 2002 | 239 | 814 | 250 | 3933 | 11376 | 289589 |
| 2003 | 211 | 582 | 197 | 2351 | 9149 | 178873 |
| 2004 | 253 | 608 | 334 | 2317 | 19792 | 167558 |
| 2005 | 247 | 571 | 350 | 3366 | 24208 | 224128 |
| 2006 | 208 | 566 | 252 | 2133 | 14366 | 166393 |
| 2007 | 136 | 695 | 155 | 2066 | 7688 | 175036 |
| 2008 | 192 | 562 | 235 | 1732 | 14773 | 143138 |
| 2009 | 144 | 618 | 255 | 1535 | 20499 | 125343 |
| 2010 | 219 | 639 | 462 | 247 | 29627 | 41272 |
| 2011 | 412 | 418 | 675 | 1210 | 41061 | 101900 |
| 2012 | 385 | 645 | 628 | 1480 | 42285 | 124501 |
| 2013 | 652 | 667 | 804 | 1501 | 39889 | 117421 |
| 2014 | 687 | 944 | 918 | 1143 | 54146 | 104494 |
| 2015 | 993 | 763 | 1263 | 883 | 59607 | 82065 |
| 2016 | 958 | 591 | 1688 | 1422 | 79565 | 117983 |
| 2017 | 1046 | 421 | 2075 | 1365 | 95070 | 101293 |
| 2018 | 964 | 339 | 2274 | 1147 | 113332 | 85930 |
| 2019 | 1078 | 385 | 2454 | 1570 | 128101 | 120346 |

## 21-5 录像和录音制品出版情况

## Publication of Video and Audio Products

| 项 目 | Item | 种 数(种) Number of Category (kind) | | 出版数量(万盒、万张) Amount of Publication (10 000 cassettes, 10 000 pieces) | | 发行数量(万盒、万张) Amount of Issuing (10 000 cassettes, 10 000 pieces) | |
|---|---|---|---|---|---|---|---|
| | | 2018 | 2019 | 2018 | 2019 | 2018 | 2019 |
| **录音制品合计** | **Total of Audio Products** | **22** | **17** | **21** | **6** | **24** | **6** |
| 录音带 | Audio-tapes | 2 | 2 | 2 | 0 | 5 | |
| 激光唱盘 | CD | 20 | 8 | 19 | 3 | 19 | 3 |
| 高密度激唱盘及其他 | DVD-A and Others | | 7 | | 2 | | 2 |
| **录像制品合计** | **Total of Video Products** | **17** | **5** | **12** | **2** | **12** | **2** |
| # 高密度激视盘 | DVD-V | 13 | 5 | 8 | 2 | 8 | 2 |
| **电子出版物合计** | **Total of Electronic Publications** | **54** | **32** | **25** | **9** | **24** | **9** |
| # 只读光盘 | CD-ROM | 13 | 13 | 10 | 4 | 10 | 4 |
| 高密度只读光盘 | DVD-ROM | 32 | 14 | 13 | 5 | 13 | 5 |

# 21-6 广播电视事业发展情况(2016—2019年)
## Basic Statistics on Radio and Television Industry,2016-2019

| 指　标<br>Item | 单　位<br>Unit | 2016 | 2017 | 2018 | 2019 |
|---|---|---|---|---|---|
| **广　播 Broadcasting** | | | | | |
| 节目套数<br>Number of Programs | 套<br>set | 22 | 22 | 22 | 22 |
| 全年制作节目时间<br>Annual Production of Programs | 万小时<br>10 000 hours | 7.8 | 8.7 | 9.8 | 9.8 |
| 全年播出节目时间<br>Annual Broadcasting of Programs | 万小时<br>10 000 hours | 13.9 | 13.5 | 15.2 | 15.0 |
| 平均每日播音时间<br>Broadcasting Hours per Day | 时：分<br>hour：minute | 381:06 | 370:26 | 415:51 | 410:08 |
| 广播覆盖率<br>Listener Rating | %<br>% | 100.0 | 100.0 | 100.0 | 100.0 |
| **电　视 Television** | | | | | |
| 节目套数<br>Number of Programs | 套<br>set | 29 | 23 | 23 | 22 |
| 全年制作节目时间<br>Annual Production of Programs | 万小时<br>10 000 hours | 3.3 | 2.5 | 2.0 | 1.7 |
| 全年播出节目时间<br>Annual Television of Programs | 万小时<br>10 000 hours | 18.0 | 17.3 | 16.2 | 15.3 |
| 平均每周播出时间<br>Program Hours per Week | 时：分<br>hour：minute | 3460:54 | 3312:41 | 3105:51 | 2948:40 |
| 电视覆盖率<br>Viewer Rating | %<br>% | 100.0 | 100.0 | 100.0 | 100.0 |
| **有线电视 Cable Television** | | | | | |
| 有线电视总户数<br>Subscribers | 万　户<br>10 000 households | 358 | 358 | 353 | 356 |
| # 数字电视<br>Digital TV | 万　户<br>10 000 households | 335 | 341 | 348 | 351 |
| 有线广播电视传输网络干线总长<br>Lines Total | 公　里<br>kilometer | 6763 | 3800 | 3864 | 4108 |
| **电　影 Film** | | | | | |
| 电影放映单位<br>Film Projecting Units | 个<br>unit | 287 | 278 | 288 | 117 |
| 电影放映队<br>Projecting Teams | 个<br>unit | 192 | 185 | 185 | |
| 加入院线影院<br>Theater Chains | 个<br>unit | 75 | 93 | 101 | 117 |
| 未加入院线影院<br>Non-Theater Chains | 个<br>unit | 20 | | | |
| 拥有座席数<br>Seats | 个<br>unit | 80048 | 96063 | 108082 | |
| 放映场次<br>Projecting Performances | 场　次<br>time | 943496 | 1154069 | 1144322 | 1271376 |
| 观众人次<br>Audience | 万人次<br>10 000 person-times | 2083 | 2415 | 2540 | 2565 |
| 电影票房<br>Film Box Office | 亿　元<br>100 million yuan | 6.55 | 7.67 | 8.83 | 9.44 |

注：2018年未加入院线影院、放映场次、电影票房数据进行调整。
Note: In 2018, the number of cinemas, screenings and box-office record are not included in the adjustment.

# 21-7 艺术事业基本情况(2016—2019年)
## Basic Statistics on Art,2016-2019

| 项　目 | Item | 2016 | 2017 | 2018 | 2019 |
|---|---|---|---|---|---|
| **艺术表演团体** | **Art Performance Troupes** | | | | |
| 机构数(个) | Institutions (unit) | 16 | 15 | 16 | 16 |
| 话剧团、儿童剧团 | Drama and Children Troupes | 2 | 2 | 2 | 2 |
| 歌舞剧团 | Song and Dance Troupes | 1 | 3 | 4 | 4 |
| 戏曲剧团 | Local Opera Troupes | 8 | 7 | 7 | 7 |
| # 京　剧 | Local Beijing Opera Troupes | 2 | 2 | 2 | 2 |
| 曲剧团、杂技团、木偶团 | Recitation and Ballad Troupes, Acrobatic and Circus Troupes, Puppet Show Troupes | 3 | 3 | 3 | 3 |
| 工作人员数(人) | Employment (person) | 1962 | 1915 | 1995 | 1804 |
| 演出场次(场) | Number of Performances (time) | 3181 | 2810 | 2910 | 2705 |
| # 到农村演出 | Shows in Rural Areas | 606 | 410 | 640 | 451 |
| 观众人次(万人次) | Number of Spectators (10 000 person-times) | 258 | 186 | 187 | 138 |
| **艺术表演场所** | **Art Performance Places** | | | | |
| 机构数(个) | Institutions (unit) | 51 | 57 | 68 | 74 |
| 剧场、影剧院 | Theaters and Cinemas | 34 | 41 | 49 | 41 |
| 书场、曲艺厅 | Storytelling Places, Folk Art Forms | 2 | 1 | 3 | 10 |
| 综合性、其他场所 | Comprehensive Places and Others | 14 | 15 | 15 | 22 |
| 音乐厅 | Concert Hall | 1 | | 1 | 1 |
| 坐席数(个) | Seats (unit) | 23475 | 29039 | 35000 | 37093 |
| 工作人员数(人) | Employment (person) | 760 | 708 | 902 | 920 |
| 演出场次(场) | Number of Performances (time) | 25750 | 58040 | 64290 | 36330 |
| 观众人次(万人次) | Number of Spectators (10 000 person-times) | 265 | 446 | 400 | 370 |

资料来源：天津市文化和旅游局
Source: Tianjin Municipal Bureau of Culture and Tourism

## 21-8 档案机构和人员情况(2017—2019年)
## Statistics on Archives Institutions and Personnel,2017-2019

单位：个、人 (unit, person)

| 项 目 Item | 2017 | 2018 | 2019 |
| --- | --- | --- | --- |
| **机构数** | | | |
| **Number of Institutions** | **49** | **49** | **48** |
| # 档案行政管理部门 | | | |
| Administrate Department of Archives | 17 | 17 | 17 |
| 国家综合档案馆 | | | |
| National Comprehensive Archives | 20 | 20 | 18 |
| 国家专门档案馆 | | | |
| National Special Archives | 2 | 2 | 2 |
| 部门档案馆 | | | |
| Department Archives | 5 | 5 | 5 |
| 文化事业档案馆 | | | |
| Culture Archives Institutions | 3 | 3 | 3 |
| 企业档案馆 | | | |
| Enterprise Archives Institutions | 2 | 2 | 3 |
| **专职工作人员** | | | |
| **Full-time Personnel** | **673** | **740** | **739** |
| # 档案行政管理部门 | | | |
| Administrate Department of Archives | 291 | 82 | 62 |
| 国家综合档案馆 | | | |
| National Comprehensive Archives | 235 | 511 | 526 |
| 国家专门档案馆 | | | |
| National Special Archives | 59 | 58 | 66 |
| 部门档案馆 | | | |
| Department Archives | 60 | 60 | 56 |
| 文化事业档案馆 | | | |
| Culture Archives Institutions | 21 | 23 | 21 |
| 企业档案馆 | | | |
| Enterprise Archives Institutions | 7 | 6 | 8 |

## 21-9 公共图书馆情况(2016—2019年)
## Basic Statistics on Public Libraries,2016-2019

| 项 目 | Item | 单 位 | Unit | 2016 | 2017 | 2018 | 2019 |
| --- | --- | --- | --- | --- | --- | --- | --- |
| 公共图书馆 | Public Libraries | 个 | unit | 31 | 32 | 29 | 29 |
| 工作人员 | Employment | 人 | person | 969 | 986 | 1047 | 1060 |
| 藏 书 | Collections | 万 册 | 10 000 volumes | 1806 | 1662 | 1867 | 2099 |
| 书刊文献外借人次 | Person-time of Lent-out | 万人次 | 10 000 person-times | 311 | 420 | 389 | 360 |
| 书刊文献外借册次 | Book-time of Lent-out | 万册次 | 10 000 volume-times | 876 | 1058 | 1137 | 1067 |
| 建筑面积 | Floor Space of Buildings | 平方米 | sq.m | 263714 | 325550 | 405180 | 435370 |
| 阅览室坐席 | Seating Capacity of Reading Room | 个 | unit | 14805 | 17242 | 19038 | 20317 |

## 21-10 博物馆和文物保护单位基本情况(2016—2019年)
## Basic Statistics on Museums and Cultural Relic Protection Units,2016-2019

| 项 目 | Item | 单 位 | Unit | 2016 | 2017 | 2018 | 2019 |
|---|---|---|---|---|---|---|---|
| **博物馆** | **Museums** | | | | | | |
| 单位数 | Units | 个 | unit | 22 | 62 | 65 | 68 |
| 工作人员数 | Employment | 人 | person | 760 | 1406 | 1473 | 1465 |
| 文物藏品 | Collection | 万 件 | 10 000 pieces | 64 | 71 | 70 | 71 |
| 举办陈列展览 | Displays and Exhibitions | 次 | time | 180 | 438 | 437 | 458 |
| 参观人次 | Visitors | 万人次 | 10 000 person-times | 1013 | 1279 | 1400 | 1487 |
| **文物保护单位** | **Cultural Relic Protection Units** | | | | | | |
| 单位数 | Units | 个 | unit | 8 | 8 | 8 | 8 |
| 工作人员数 | Employment | 人 | person | 132 | 111 | 65 | 75 |
| 藏 品 | Collection | 件 | piece | 2813 | 2277 | 508 | 508 |

## 21-11 群众文化事业基本情况(2016—2019年)
## Basic Statistics on Mass Art,2016-2019

| 项 目 | Item | 单 位 | Unit | 2016 | 2017 | 2018 | 2019 |
|---|---|---|---|---|---|---|---|
| **单位数** | **Units** | **个** | **unit** | **254** | **258** | **261** | **261** |
| 群众艺术馆 | Mass Art Centers | 个 | unit | 1 | 1 | 1 | 1 |
| 文化馆 | Cultural Centers | 个 | unit | 18 | 18 | 16 | 16 |
| 文化站 | Cultural Stations | 个 | unit | 235 | 239 | 244 | 244 |
| **工作人员数** | **Employment** | **人** | **person** | **1408** | **1401** | **1455** | **1372** |
| **文化活动情况** | **Cultural Activities** | | | | | | |
| 举办展览 | Exhibitions | 次 | time | 1140 | 1251 | 1265 | 1239 |
| 组织文艺活动次数 | Art Performances | 次 | time | 14898 | 15916 | 11547 | 19209 |
| 举办训练班 | Training Courses | | | | | | |
| 班 次 | Classes | 次 | time | 10847 | 11099 | 11298 | 15984 |
| 结业人数 | Persons Completed Course | 人 | person | 573260 | 538410 | 529550 | 747830 |

## 21-12 体育工作基本情况(2016—2019年)
## Basic Statistics on Physical Work,2016-2019

单位：人(person)

| 指　标 | Item | 2016 | 2017 | 2018 | 2019 |
|---|---|---|---|---|---|
| 社会体育指导员 | Social Physical Instructors | 3277 | 3582 | 3924 | 4364 |
| 等级教练员 | Grade Coaches | 220 | 245 | 247 | 245 |
| # 国家级 | National Coaches | 21 | 22 | 22 | 24 |
| 等级裁判员 | Grade Referees | 192 | 56 | 230 | 236 |
| # 女　性 | Female | 61 | 24 | 132 | 88 |
| 一级及以上 | First Grade | 81 | 13 | 111 | 104 |
| 二　级 | Second Grade | 111 | 43 | 119 | 132 |
| 等级运动员人数 | Grade Athletes | 950 | 789 | 1284 | 1105 |
| # 女　性 | Female | 372 | 243 | 415 | 373 |
| 一级及以上 | First Grade | 290 | 264 | 365 | 342 |
| 二　级 | Second Grade | 660 | 525 | 919 | 763 |
| 全民健身体育设施(处) | The National Fitness Sports Facilities (place) | 942 | 946 | 1241 | |
| 全民健身体育器材(件) | The National Fitness Sports Equipment (piece) | 12871 | 12287 | 18383 | |

## 21-13 国际国内体育比赛获奖牌情况(2019年)
## Statistics on Medals Won in International & National Competitions,2019

单位：块(piece)

| 项　目 | Item | 合 计 Total | 金 牌 Gold Medal | 银 牌 Silver Medal | 铜 牌 Bronze Medal |
|---|---|---|---|---|---|
| **总　计** | **Total** | **112** | **65** | **29** | **18** |
| **国际比赛** | **International Competitions** | **29** | **23** | **5** | **1** |
| 世界比赛 | World Competitions | 20 | 14 | 5 | 1 |
| **国内比赛(全国)** | **Domestic Competitions (National)** | **83** | **42** | **24** | **17** |
| # 田　径 | Track and Field | 3 | 1 | 1 | 1 |
| 游　泳 | Swimming | 2 | | 1 | 1 |
| 举　重 | Weight Lifting | 3 | 1 | 2 | |
| 自行车 | Cycling | 8 | 3 | 1 | 4 |
| 武　术 | Martial Arts | 4 | | 2 | 2 |

# 主要统计指标解释

**文化事业机构**

指从事专业文化工作和为专业文化工作服务的单独核算、独立建制的单位，不包括文化主管部门直属单位举办的其他行业和各部门的业余文化组织。

**艺术表演团体**

指从事戏曲、音乐、舞蹈、杂技等专业艺术表演，有独立账户、实行单独核算的团体。

**电影放映单位**

指具有放映机器设备，固定或不固定的放映场所与专职或兼职的放映技术人员，经文化部门登记批准，经常为一定的观众对象映出电影的机构。包括经批准对外开放进行营业并与电影发行放映管理机构分账的专用放映单位或军委系统租片在内。

**等级运动员人数**

指经考核正式批准授予等级运动员称号的人数。分为国际级运动健将，运动健将，一、二、三级运动员和少年级运动员。

**等级裁判员人数**

指经考核正式批准授予等级裁判员称号的人数。分为国际裁判、国家级裁判、一级裁判、二级裁判、三级裁判。

# Explanatory Notes on Main Statistical Indicators

**Cultural Institutions**

refer to units which have their own organizational system and independent accounting system and specialize in or serve cultural development. They exclude other establishments run by these cultural institutions and amateur cultural groups established by various departments.

**Art Performance Troupe**

refers to the troupe which is engaged in drama, opera, music, dance, acrobatics or other art performance, opens independent accounts with banks and has self-supporting accounting system.

**Film Projecting Units**

refer to these units with film projection equipment, permanent or non-permanent places and full or part-time projectionists, approved by related administrative departments to show films regularly for certain groups of audience, including those film projection units which have been approved to open up and run business with independent accounting system as well as those film-renting units of the military system.

**Number of Athletes in Grades**

refers to the number of athletes who have been given titles through examination. The titles of athletes include international masters of sports, masters of sports, first-grade, second-grade and third-grade sportsmen and young athletes.

**Number of Referees in Grades**

refers to the number of referees who have been given titles after examination. They are classified as international referees, national referees and referees of the first, second and third grades.

# 第二十二篇　公共管理及其他

# Chapter 22　Public Management and Others

## 22-1 天津市历届人代会代表人数性别构成及议案、建议意见数
## Number and Sex Composition of Delegacy, Proposal and Suggestion by Tianjin Municipal People's Congress

单位：人、件(person, unit)

| 届别 | Session | 起止年月 The Time of Inauguration and Concluding | 代表人数 Number of Delegate 总计 Total | #女性 Female | #少数民族 Ethnic Minority | 议案立案数 Number of Cases Registered of Proposal | 建议意见数 Given Proposal and Advice |
|---|---|---|---|---|---|---|---|
| 第一届 | First Congress | 1954.08-1956.12 | 519 | 109 | | 1614 | |
| 第二届 | Second Congress | 1956.12-1958.06 | 568 | 122 | | 1201 | |
| 第三届 | Third Congress | 1958.06-1961.02 | 535 | 110 | | | |
| 第四届 | Fourth Congress | 1961.02-1963.12 | 845 | 208 | | 133 | |
| 第五届 | Fifth Congress | 1963.12-1965.12 | 675 | 169 | | 104 | |
| 第六届 | Sixth Congress | 1965.12-1966.05 | 698 | 171 | | 27 | |
| 第七届 | Seventh Congress | | | | | | |
| 第八届 | Eighth Congress | 1977.11-1980.06 | 959 | 224 | | | |
| 第九届 | Ninth Congress | 1980.06-1983.04 | 960 | 175 | | 1958 | |
| 第十届 | Tenth Congress | 1983.04-1988.05 | 800 | 179 | 40 | 26 | 5337 |
| 第十一届 | Eleventh Congress | 1988.06-1993.05 | 719 | 134 | 42 | 65 | 3762 |
| 第十二届 | Twelfth Congress | 1993.05-1998.05 | 719 | 130 | 35 | 34 | 1924 |
| 第十三届 | Thirteenth Congress | 1998.05-2003.01 | 710 | 141 | 37 | 80 | 3597 |
| 第十四届 | Fourteenth Congress | 2003.01-2008.01 | 710 | 150 | 39 | 83 | 3147 |
| 第十五届 | Fifteenth Congress | 2008.01-2013.01 | 709 | 156 | 32 | 41 | 2456 |
| 第十六届 | Sixteenth Congress | 2013.01-2018.01 | 707 | 180 | 40 | 136 | 6913 |
| 第十七届 | Seventeenth Congress | 2018.01- | 706 | 225 | 52 | 111 | 2909 |

注:1.资料来源:天津市人民代表大会常务委员会。2.天津市第一届至第九届人民代表大会期间代表所提出的议案、建议统称为“提案”。
Note: a) Source: Tianjin Municipal People's Congress(MPC)Standing Committee. b) The Registered Cases and Advice Proposed from Tianjin First Congress until Ninth Congress are calculated to Proposals as total.

## 22-2 天津市历届政协委员会委员人数及提案立案数
## Number of Commissary, Proposal and Resolution Put on Record by Tianjin Political Consultative Conference

单位：人、件(person, unit)

| 届别 | Session | 起止年月 The Time of Inauguration and Concluding | 委员人数 Number of Commissary 总计 Total | #女性 Female | #少数民族 Ethnic Minority | 提案立案数 Number of Resolution Put on Record |
|---|---|---|---|---|---|---|
| 第一届 | First Congress | 1955.03-1960.03 | 188 | 42 | | |
| 第二届 | Second Congress | 1960.03-1963.12 | 498 | 76 | | |
| 第三届 | Third Congress | 1963.12-1965.11 | 432 | 73 | | |
| 第四届 | Fourth Congress | 1965.11-1977.11 | 457 | 81 | | |
| 第五届 | Fifth Congress | 1977.11-1980.06 | 615 | 132 | | |
| 第六届 | Sixth Congress | 1980.06-1983.03 | 723 | 142 | | 5028 |
| 第七届 | Seventh Congress | 1983.03-1988.04 | 739 | 162 | | 4410 |
| 第八届 | Eighth Congress | 1988.04-1993.05 | 743 | 177 | | 4869 |
| 第九届 | Ninth Congress | 1993.05-1998.05 | 757 | 179 | | 3800 |
| 第十届 | Tenth Congress | 1998.05-2003.01 | 780 | 185 | | 4563 |
| 第十一届 | Eleventh Congress | 2003.01-2008.01 | 780 | 200 | | 5181 |
| 第十二届 | Twelfth Congress | 2008.01-2013.01 | 783 | 208 | | 3255 |
| 第十三届 | Thirteenth Congress | 2013.01-2018.01 | 774 | 207 | 52 | 5232 |
| 第十四届 | Fourteenth Congress | 2018.01- | 701 | 237 | 60 | 1919 |

资料来源：中国人民政治协商会议天津市委员会
Source: Tianjin Municipal Committee of CPPCC

## 22-3 基层工会组织情况(2016—2019年)
## Statistics on Grassroots Unions,2016-2019

| 项 目 | Item | 2016 | 2017 | 2018 | 2019 |
|---|---|---|---|---|---|
| **机 构 数(个)** | **Institutions(unit)** | **99773** | **99861** | **100204** | **92858** |
| # 国有企业 | State-owned Enterprises | 1808 | 2104 | 837 | 842 |
| 集体企业 | Collective-owned Enterprises | 415 | 456 | 505 | 289 |
| 私营企业 | Private Enterprises | 76270 | 75757 | 76556 | 76468 |
| 港澳台商投资企业 | Enterprises with Investment from Hong Kong, Macao and Taiwan | 225 | 186 | 268 | 317 |
| 外商投资企业 | Foreign Funded Enterprises | 1417 | 1538 | 1491 | 1014 |
| 事 业 | Institutions | 4106 | 4292 | 5574 | 3426 |
| 机 关 | Government Agencies | 1839 | 1886 | 1753 | 1708 |
| **工会会员人数(万人)** | **Number of Union Members(10 000 persons)** | **401.61** | **353.95** | **338.62** | **276.08** |
| # 国有企业 | State-owned Enterprises | 38.58 | 46.50 | 29.60 | 27.52 |
| 集体企业 | Collective-owned Enterprises | 6.21 | 4.99 | 5.61 | 5.09 |
| 私营企业 | Private Enterprises | 143.72 | 110.90 | 118.22 | 91.40 |
| 港澳台商投资企业 | Enterprises with Investment from Hong Kong, Macao and Taiwan | 10.92 | 6.10 | 5.57 | 4.69 |
| 外商投资企业 | Foreign Funded Enterprises | 34.47 | 33.21 | 29.87 | 21.99 |
| 事 业 | Institutions | 33.29 | 34.18 | 36.07 | 34.76 |
| 机 关 | Government Agencies | 13.73 | 15.64 | 15.71 | 17.17 |

## 22-4 妇联组织情况
## Statistics on Women's Federation Organizations

| 项 目 | Item | 2018 | 2019 |
|---|---|---|---|
| **基层妇联组织** | **Basic Women's Federation Organizations(unit)** | **7047** | **7147** |
| 乡镇妇联 | Township Women's Federation Organizations | 127 | 129 |
| 街道妇联 | Street Women's Federation Organizations | 118 | 113 |
| 行政村妇代会 | Executive Village Women's Congress | 3551 | 3547 |
| 社区妇联 | Community Women's Federation Organizations | 1716 | 1663 |
| 机关、事业单位妇联(妇委会) | Women's Federation Organizations of Organs and Institutions | 1535 | 1695 |
| **地方妇联组织** | **Local Women's Federation Organizations** | **17** | **17** |
| 市妇联 | Municipal Women's Federation Organizations | 1 | 1 |
| 区妇联 | District Women's Federation Organizations | 16 | 16 |
| **妇联干部总数(人)** | **Cadres in Women's Federation Organizations(person)** | **446** | **423** |
| 市妇联 | Municipal Women's Federation Organizations | 54 | 54 |
| 区妇联 | District Women's Federation Organizations | 151 | 153 |
| 乡镇、街道妇联 | Township and Street Women's Federation Organizations | 241 | 216 |

## 22-5 人民调解工作基本情况
## Basic Statistics on People's Mediation

| 项　　目 | Item | 2018 | 2019 |
|---|---|---|---|
| 人民调解委员会(个) | People's Mediation Committees(unit) | 5662 | 5643 |
| 人民调解员(人) | People's Mediator (person) | 23587 | 22455 |
| 调解纠纷(件) | Disputes(case) | 39996 | 31375 |
| # 成功数 | Success | 39590 | 30943 |
| # 婚姻家庭纠纷 | Marriage and Family | 3893 | 2130 |
| 邻里纠纷 | Neighbour | 10100 | 6031 |
| 合同纠纷 | Contract | 1003 | 1077 |
| 劳动纠纷 | Labour | 13573 | 8207 |
| 征地拆迁纠纷 | Land Requisition and Demolition | 282 | 180 |
| 房屋宅基地纠纷 | House Site | 775 | 379 |

## 22-6 律师工作基本情况(2016—2019年)
## Basic Statistics on Lawyers,2016-2019

| 项　　目<br>Item | 单　位<br>Unit | 2016 | 2017 | 2018 | 2019 |
|---|---|---|---|---|---|
| 律师事务所<br>Law Offices | 所<br>unit | 678 | 741 | 819 | 884 |
| 执业律师<br>Certified Lawyers | 人<br>person | 5863 | 6634 | 7270 | 8229 |
| # 专职律师<br>Full-time Lawyers | 人<br>person | 5629 | 6057 | 6414 | 7003 |
| 兼职律师<br>Part-time Lawyers | 人<br>person | 234 | 245 | 203 | 209 |
| 担任常年法律顾问<br>As Permanent Legal Advisers | 家<br>unit | 6108 | 9078 | 8084 | 9174 |
| 民事案件代理<br>Civil Case Representation | 件<br>case | 32910 | 40529 | 49831 | 67381 |
| 刑事案件辩护及代理<br>Defense and Representation in Criminal Cases | 件<br>case | 3029 | 4705 | 6500 | 17800 |
| 行政诉讼代理<br>Agent of Administrative Actions | 件<br>case | 840 | 1438 | 1417 | 2725 |
| 非诉讼事务<br>Off-court Cases | 件<br>case | 7325 | 11124 | 15025 | 17398 |
| 咨询和代写法律文书<br>Consulting and Legal Documents Ghostwriting | 件<br>case | 28330 | 26069 | 16158 | 20464 |

# 22-7 法律援助工作情况(2016—2019年)
## Statistics on The Legal Aid Work,2016-2019

| 项　目<br>Item | 2016 | 2017 | 2018 | 2019 |
| --- | --- | --- | --- | --- |
| 法律援助中心(个) | | | | |
| Legal Aid Center(unit) | 20 | 18 | 18 | 18 |
| 妇女法律援助工作站点(个) | | | | |
| Number of Women's Legal Aid Workstations(unit) | 17 | 17 | 17 | 17 |
| 未成年人法律援助工作站点数(个) | | | | |
| Number of Legal Aid Centers for Minor(unit) | 17 | 17 | 17 | 17 |
| 注册法律援助律师(人) | | | | |
| Registered Legal Aid Lawyer(person) | 42 | 40 | 44 | 44 |
| 法律援助人数(人) | | | | |
| Number of Persons Received Legal Aid(person) | 3996 | 5170 | 5730 | 19767 |
| # 援助残疾人 | | | | |
| Assistance to The Disabled | 610 | 687 | 836 | 1178 |
| 援助老年人 | | | | |
| Assistance to The Aged | 303 | 738 | 1110 | 1963 |
| 援助未成年人 | | | | |
| Assistance to Minor | 1003 | 1319 | 1346 | 1419 |
| 援助妇女 | | | | |
| Assistance to Feme | 863 | 1230 | 1474 | 3145 |
| 援助农民工 | | | | |
| Assistance to Migrant Workers | 963 | 1075 | 838 | 1716 |
| 法律援助案件(件) | | | | |
| Number of Cases Received Legal Aid(case) | 3986 | 5170 | 5730 | 10322 |
| 刑事案件 | | | | |
| Criminal Case | 1678 | 2059 | 2137 | 5231 |
| 民事案件 | | | | |
| Civil Case | 2245 | 2996 | 3447 | 4866 |
| 行政案件 | | | | |
| Administrative Case | 63 | 115 | 146 | 225 |
| 法律咨询(万人次) | | | | |
| Legal Consultation(10 000 person-times) | 4.55 | 5.68 | 7.98 | 12.12 |

## 22-8 公证工作基本情况(2017—2019年)

## Basic Statistics on Notarization,2017-2019

| 项　　目 | Item | 2017 | 2018 | 2019 |
|---|---|---|---|---|
| 公证机构(个) | Notary Offices(unit) | 21 | 22 | 23 |
| 公证员(人) | Notarial Personnel(person) | 150 | 440 | 497 |
| 办理公证(件) | Notarized Documents(case) | 259288 | 199993 | 50302 |
| 国内公证 | Total Domestic Affairs | 187561 | 135448 | 37690 |
| 涉外公证 | Total Concerned Foreign Affairs | 70749 | 63625 | 12322 |
| 涉港澳台公证 | Total Concerned Hong Kong, Macao and Taiwan Affairs | 978 | 532 | 290 |

## 22-9 监察机关立案审查情况

## Economic Cases under Investigation by Supervisory Organs

| 项　　目 | Item | 2018 | 2019 |
|---|---|---|---|
| **违纪违法立案(件)** | **Cases Registered(case)** | **5479** | **5902** |
| # 5万元至10万元 | 50-100 thousand yuan | 100 | 156 |
| 10万元至50万元 | 100-500 thousand yuan | 261 | 346 |
| 50万元至100万元 | 500-1 000 thousand yuan | 81 | 109 |
| 100万元以上 | Over 1 000 thousand yuan | 173 | 298 |
| **被调查人** | **Respondent** | **5604** | **5954** |
| 厅局级 | Bureau Level | 158 | 131 |
| 县处级 | County Level | 1340 | 1248 |
| 乡科级 | Rural Level | 1240 | 1302 |
| 一般干部 | Ordinary Cadres | 648 | 676 |
| 其他人员 | Others | 2218 | 2597 |
| **结　案** | **Cases Settled** | | |
| 件　数 | Number of Cases(case) | 4955 | 5481 |
| **处　分** | **Punishment** | | |
| 人　数 | Number of Persons(person) | 4850 | 5245 |
| **移送审查** | **Transfer for Examination** | | |
| 件　数 | Number of Cases(case) | 177 | 356 |
| 人　数 | Number of Persons(person) | 177 | 356 |
| **挽回经济损失(亿元)** | **Retrieve Pecuniary Losses(100 million yuan)** | **30.34** | **12.90** |

资料来源：天津市监察委员会
Source: Tianjin Municipal Supervisory Commission

## 22-10 法院民事案件收案和结案情况(2019年)
## Civil Cases Accepted & Settled by Courts,2019

单位：件(case)

| 项　目 | Item | 收　案 Cases Accepted | 结　案 Cases Settled | # 调　解 Mediation | # 判　决 Judgement |
|---|---|---|---|---|---|
| **合同纠纷案件** | **Contracts Disputes** | **154157** | **152198** | **30541** | **48170** |
| # 买卖合同 | Buying and Selling Contracts | 17371 | 17045 | 5017 | 5707 |
| 房地产合同 | Real Estate Contracts | 23 | 25 | 3 | 16 |
| 借款合同 | Debts Contracts | 31649 | 31469 | 8163 | 13566 |
| 建设工程合同 | Construction Project Contracts | 5158 | 4903 | 1421 | 1767 |
| 劳动争议案件 | Labour Disputes | 9906 | 9969 | 2296 | 4478 |
| 运输合同 | Transportation Contracts | 737 | 704 | 196 | 250 |
| **婚姻家庭案件** | **Marriages and Family Affairs** | **17201** | **17167** | **5851** | **6220** |
| # 离　婚 | Divorce | 11857 | 11882 | 3635 | 4626 |
| 抚　育 | Foster | 2513 | 2493 | 1176 | 691 |
| 赡　养 | Support | 939 | 933 | 420 | 297 |
| **继承纠纷案件** | **Inheritance Disputes** | **2698** | **2689** | **1218** | **847** |
| # 继　承 | Inheritance | 875 | 868 | 527 | 182 |
| 遗　嘱 | Testament | 160 | 156 | 67 | 60 |
| 被继承人债务清偿 | Liquidation of Debt of the Decedent | 168 | 174 | 28 | 89 |
| 遗赠扶养协议 | Legacy-support Agreement | 34 | 32 | 13 | 8 |
| **侵权责任纠纷** | **Tort Liability Dispute** | **19484** | **19923** | **7170** | **9090** |
| **其　他** | **Others** | **41444** | **40929** | **8844** | **16293** |

## 22-11 法院行政案件收案和结案情况(2019年)
## Administrative Cases Accepted and Settled by Courts,2019

单位：件(case)

| 项　目 | Item | 收　案 Cases Accepted | 结　案 Cases Settled | # 判　决 Judgement | # 驳回起诉 Dismiss Prosecution | # 撤　诉 Withdrawn | 未　结 Cases Unsettled |
|---|---|---|---|---|---|---|---|
| **合　计** | **Total** | **4675** | **4472** | **1541** | **1402** | **1031** | **416** |
| 公　安 | Public Security | 99 | 121 | 65 | 26 | 26 | 6 |
| 资　源 | Resources | 10 | 10 | | 3 | 2 | |
| 城　建 | City Construction | 196 | 246 | 69 | 83 | 65 | 8 |
| 工　商 | Industry and Commerce | 190 | 236 | 51 | 61 | 122 | 3 |
| 质量监督 | Technical Supervision | 21 | 24 | 6 | 3 | 15 | |
| 计划生育 | Birth Control | | | | | | |
| 卫　生 | Health Care | 12 | 18 | 8 | 4 | 4 | 1 |
| 食品、药品 | Food and Medicine | 2 | 4 | 2 | | 2 | 1 |
| 环　保 | Environment Protection | 32 | 36 | 10 | 9 | 14 | 8 |
| 交　通 | Transportation | 37 | 41 | 23 | 4 | 12 | 1 |
| 专　利 | Patent | | 4 | 4 | | | |
| 税　务 | Tax | 10 | 13 | 4 | 7 | 2 | 1 |
| 财　政 | Finance | | | | | | |
| 劳动和社会保障 | Labour & Social Security | 95 | 134 | 78 | 10 | 41 | 9 |
| 水　利 | Water Conservancy | 4 | 4 | 2 | 1 | 1 | |
| 司法行政 | Judicature | 8 | 14 | 7 | 2 | 4 | |
| 民　政 | Civil Affairs | 10 | 16 | 3 | 4 | 8 | |
| 教　育 | Education | 5 | 6 | 1 | 2 | 2 | |
| 乡政府 | Township Government | 56 | 135 | 56 | 40 | 20 | 26 |
| 其　他 | Others | 3888 | 3410 | 1152 | 1143 | 691 | 352 |

# 22-12 社会保障基本情况(2000—2019年)
## Basic Statistics on Social Security,2000-2019

单位：万人(10 000 person)

| 年 份 Year | 城镇职工基本养老保险参保人数 Urban Staff and Workers Participated in Basic Pension Insurance | 城镇职工基本医疗保险参保人数 Urban Staff and Workers Participated in Basic Medical Insurance | 城乡居民养老保险参保人数 Urban and Rural Residents Participated in Pension Insurance | 城乡居民医疗保险参保人数 Urban and Rural Residents Participated in Medical Insurance | 失业保险参保人数 Staff and Workers Participated in Unemployment Insurance | 工伤保险参保人数 Staff and Workers Participated in Work Injury Insurance |
|---|---|---|---|---|---|---|
| 2000 | 288.00 | | | | 225.00 | |
| 2001 | 281.44 | | | | 214.00 | |
| 2002 | 295.97 | 193.41 | | | 189.55 | |
| 2003 | 283.28 | 227.58 | | | 193.45 | |
| 2004 | 297.08 | 263.00 | | | 195.06 | 147.23 |
| 2005 | 308.28 | 299.06 | | | 197.51 | 162.91 |
| 2006 | 328.20 | 344.20 | | | 216.66 | 209.67 |
| 2007 | 344.76 | 382.46 | | | 221.50 | 257.17 |
| 2008 | 376.63 | 399.13 | | | 232.50 | 274.90 |
| 2009 | 401.53 | 444.06 | | | 239.22 | 292.21 |
| 2010 | 431.45 | 469.98 | 92.30 | 489.00 | 246.09 | 304.45 |
| 2011 | 458.70 | 474.52 | 97.80 | 498.27 | 258.75 | 320.42 |
| 2012 | 490.26 | 479.07 | 102.60 | 502.23 | 268.69 | 330.06 |
| 2013 | 520.67 | 493.08 | 106.40 | 508.44 | 278.69 | 335.06 |
| 2014 | 545.44 | 509.59 | 111.84 | 514.03 | 287.57 | 345.18 |
| 2015 | 565.18 | 522.00 | 121.10 | 532.11 | 295.32 | 385.61 |
| 2016 | 639.03 | 535.68 | 134.47 | 531.10 | 302.47 | 388.11 |
| 2017 | 655.01 | 554.14 | 156.81 | 534.31 | 311.30 | 395.33 |
| 2018 | 683.16 | 575.26 | 161.15 | 541.46 | 323.44 | 398.52 |
| 2019 | 695.57 | 595.04 | 164.49 | 541.94 | 335.51 | 400.22 |

22-12续表 *Continued*

单位：万人、元/月(10 000 person,yuan per month)

| 年　份<br>Year | 生育保险<br>参保人数<br>Staff and Workers Participated in Maternity Insurance | 最　低<br>工资标准<br>Minimum Standard of Wages | 城镇居民生活<br>保障最低标准<br>Minimum Standard of Urban Residents Living Security | 农村居民<br>生活保障<br>最低标准<br>Minimum Standard of Rural Residents Living Security | 城镇居民<br>最低生活<br>保障人数<br>Urban Residents Receiving Lowest Cost-of-living | 农村居民<br>最低生活<br>保障人数<br>Rural Residents Receiving Lowest Cost-of-living |
|---|---|---|---|---|---|---|
| 2000 | | | 241 | | 2.85 | 1.73 |
| 2001 | | | 241 | | | |
| 2002 | | | 241 | | 30.14 | 2.26 |
| 2003 | | 450 | 241 | | 24.13 | 2.61 |
| 2004 | | 480 | 265 | | 20.51 | 2.90 |
| 2005 | 157.42 | 530 | 265 | 127.1 | 15.08 | 3.19 |
| 2006 | 180.10 | 590 | 265 | 136.6 | 15.13 | 3.73 |
| 2007 | 194.03 | 670 | 320 | 165.6 | 14.87 | 4.38 |
| 2008 | 196.49 | 740 | 330 | 200 | 15.63 | 5.23 |
| 2009 | 204.61 | 820 | 400 | 230 | 17.94 | 7.27 |
| 2010 | 212.02 | 920 | 450 | 250 | 19.79 | 8.61 |
| 2011 | 234.60 | 1160 | 480 | 280 | 17.95 | 9.76 |
| 2012 | 242.72 | 1310 | 520 | 320 | 16.64 | 10.15 |
| 2013 | 249.14 | 1500 | 600 | 400 | 16.04 | 10.74 |
| 2014 | 260.73 | 1680 | 640 | 440 | 13.58 | 10.14 |
| 2015 | 269.73 | 1850 | 705 | 540 | 13.07 | 10.37 |
| 2016 | 284.96 | 1950 | 780 | 700 | 12.17 | 10.16 |
| 2017 | 296.95 | 2050 | 860 | 860 | 10.71 | 9.13 |
| 2018 | 330.42 | 2050 | 920 | 920 | 8.04 | 6.22 |
| 2019 | 341.26 | 2050 | 980 | 980 | 7.06 | 5.89 |

资料来源：天津市人力资源和社会保障局、天津市民政局，表22-13同。
Source: Tianjin Municipal Human Resources & Social Security Bureau, Tianjin Municipal Civil Affairs Bureau.Same as table 22-13.
注：2005-2007年农村居民生活保障最低标准为农村居民平均生活保障水平。
Note:The data of minimum standard of rural residents living security are average level from 2005 to 2007.

# 22-13 社会保障事业发展情况(2017—2019年)
# Development Statistics on Social Security,2017-2019

单位：万人、亿元(10 000 person,100 million yuan)

| 指　　标 | Item | 2017 | 2018 | 2019 |
|---|---|---|---|---|
| **基本养老保险** | **Basic Pension Insurance** | | | |
| 城镇职工参保人数 | Urban Staff and Workers Participated | 655.01 | 683.16 | 695.57 |
| 城乡居民参保人数 | Urban and Rural Residents Participated | 156.81 | 161.15 | 164.49 |
| 城镇职工实际缴费人数 | Urban Staff and Workers Paying | 353.91 | 368.37 | 386.15 |
| 城镇职工基本养老保险基金收入 | Revenue of Basic Pension Insurance Programme | 894.30 | 1120.31 | 1136.67 |
| 城镇职工基本养老保险基金支出 | Expenditure of Basic Pension Insurance Programme | 836.12 | 1059.91 | 1110.52 |
| 城镇职工基本养老保险基金累计结余 | Balance of Basic Pension Insurance Programme | 463.16 | 530.32 | 556.47 |
| **基本医疗保险** | **Basic Medical Insurance** | | | |
| 城镇职工参保人数 | Urban Staff and Workers Participated | 554.14 | 575.26 | 595.04 |
| 城乡居民参保人数 | Urban and Rural Residents Participated | 534.31 | 541.46 | 541.94 |
| 城镇职工基本医疗保险基金收入 | Revenue of Basic Medical Insurance Programme | 303.63 | 308.10 | 333.01 |
| 城镇职工基本医疗保险基金支出 | Expenditure of Basic Medical Insurance Programme | 240.21 | 277.94 | 303.68 |
| 城镇职工基本医疗保险基金累计结余 | Balance of Basic Medical Insurance Programme | 212.67 | 242.84 | 276.93 |
| **失业保险** | **Unemployment Insurance** | | | |
| 参保人数 | Staff and Workers Participated in Unemployment Insurance | 311.30 | 323.44 | 335.51 |
| 领取失业保险金期末人数 | Final Personnel Drawing Unemployment Insurance Programme | 8.36 | 6.86 | 6.62 |
| 领取保险金累计新增人数 | Newly Total Increased in Current Year | 7.51 | 6.13 | 6.17 |
| 保险基金收入 | Revenue of Unemployment Insurance Programme | 37.90 | 26.99 | 25.24 |
| 保险基金支出 | Expenditure of Unemployment Insurance Programme | 50.70 | 36.21 | 34.07 |
| 保险基金累计结余 | Balance of Unemployment Insurance Programme | 91.44 | 82.23 | 56.99 |
| **工伤保险** | **Work Injury Insurance** | | | |
| 参保人数 | Staff and Workers Participated in Work Injury Insurance | 395.33 | 398.52 | 400.22 |
| 保险基金收入 | Revenue Insurance Programme | 11.04 | 14.33 | 12.60 |
| 保险基金支出 | Expenditure Insurance Programme | 11.33 | 11.69 | 12.30 |
| 保险基金累计结余 | Balance Insurance Programme | 14.72 | 17.36 | 17.67 |
| **生育保险** | **Maternity Insurance** | | | |
| 参保人数 | Staff and Workers Participated in Maternity Insurance | 296.95 | 330.42 | 341.26 |
| 保险基金收入 | Revenue Insurance Programme | 12.69 | 12.10 | |
| 保险基金支出 | Expenditure Insurance Programme | 19.71 | 17.98 | |
| 保险基金累计结余 | Balance Insurance Programme | 10.64 | 4.76 | |
| **社会保障标准(元/月)** | **Social Security Standard(yuan per month)** | | | |
| 最低工资标准 | Minimum Standard of Wages of Staff and Workers | 2050 | 2050 | 2050 |
| 城镇居民最低生活保障标准 | Minimum Standard of Urban Living Security | 860 | 920 | 980 |
| 农村居民最低生活保障标准 | Minimum Standard of Rural Residents | 860 | 920 | 980 |

# 22-14 劳动争议处理情况(2016—2019年)
## The Disposal of Labour Disputes,2016-2019

单位：件 (case)

| 项　目　Item | 2016 | 2017 | 2018 | 2019 |
|---|---|---|---|---|
| **上期未结案数 Number of Cases Left Over from Last Period** | **1427** | **1906** | **1292** | **1630** |
| **案件受理情况 Cases Accepted** | | | | |
| 当期案件受理数 Number of Cases | 21771 | 21613 | 23614 | 27772 |
| # 集体劳动争议数 Number of Collective Labour Disputes | 241 | 180 | 216 | 175 |
| # 劳动者申诉案件数 Number of Cases Appealed by Labourers | 20581 | 21440 | 23192 | 26011 |
| 按争议原因分 By Cause of Disputes | | | | |
| # 确认劳动关系 Confirmation of labor relations | 1067 | 1334 | 1590 | 2305 |
| 解除、终止劳动合同 Relieve the Labour Contract | 4641 | 3711 | 4135 | 3773 |
| 劳动报酬 Labor remuneration | 10914 | 11630 | 12623 | 15269 |
| 社会保险 Social Insurance | 1243 | 1385 | 1783 | 1446 |
| 其　他 Others | 3897 | 3542 | 3475 | 4979 |
| 劳动者当事人数(人) Number of Persons Involved (person) | 26153 | 24395 | 26284 | 29540 |
| # 集体争议劳动者当事人数 Number of Persons Involved in Collective Disputes | 5314 | 3289 | 3906 | 3426 |
| **案件处理情况 Cases Settled** | | | | |
| 结案数 Number of Cases Settled | 21292 | 22227 | 23276 | 26582 |
| 按处理方式分 By Manners of Settlement | | | | |
| 仲裁调解 Mediation | 11605 | 12756 | 13758 | 15134 |
| 仲裁裁决 Arbitration Lawsuit | 9687 | 9471 | 9518 | 11448 |
| 按处理结果分 By Results of Settlement | | | | |
| 用人单位胜诉 Won by Units | 3497 | 2500 | 2505 | 2519 |
| 劳动者胜诉 Won by Labours | 6739 | 8485 | 7718 | 6324 |
| 双方部分胜诉 Partly by Both Parties | 11056 | 11242 | 13053 | 17739 |
| **本期未结案数 Number of Cases Unsettled** | **1906** | **1292** | **1630** | **2820** |

资料来源：天津市人力资源和社会保障局
Source: Tianjin Municipal Human Resources & Social Security Bureau

# 22-15 残疾人事业基本情况
## Basic Statistics on Persons with Disabilities

单位：人(person)

| 项　目 | Item | 2018 | 2019 |
|---|---|---|---|
| **接受服务的各类别残疾人** | **All Types of Persons with Disabilities Served** | | |
| 视　力 | Vision | 3436 | 4676 |
| 听　力 | Hearing | 2433 | 3284 |
| 言　语 | Speech | 167 | 49 |
| 肢　体 | Body | 31865 | 33892 |
| 智　力 | Intelligence | 5784 | 5195 |
| 精　神 | Mentation | 7139 | 5823 |
| 多　重 | Multiple | 1673 | 1825 |
| 新增社区康复协调员 | New Community Rehabilitation Coordinator | 25 | 4 |
| 接受过培训的社区康复协调员 | Trained Community Rehabilitation Coordinator | 3639 | 3364 |
| **教　育** | **Education** | | |
| 特殊教育普通高中在校学生 | Students Enrollment of Special Education in Regular Senior Secondary Schools | 105 | 95 |
| # 盲 | Blind | 31 | 21 |
| 聋 | Deafness | 74 | 74 |
| 高等特殊教育机构录取残疾考生 | Handicapped Students Matriculated by Institutions of Higher Special Education Institution | 121 | 116 |
| 普通高等院校录取残疾考生 | Handicapped Students Matriculated by Institutions of Higher Education | 65 | 81 |
| **托　养** | **Foster** | | |
| 托养服务机构(个) | Foster Service Institutions(unit) | 60 | 55 |
| 托养残疾人总数 | Total Number of Persons with Disabilities in Foster Care | 40534 | 45346 |
| **社会保障** | **Social Security** | | |
| 符合参保条件残疾居民 | Disabled Residents Who Meet the Insured Conditions | 76439 | 77018 |
| 实际参保残疾居民 | Disabled Residents Who Are Actually Insured | 75823 | 77018 |
| # 60周岁以下参保残疾居民 | Disabled Residents under 60 Years of Age Who Are Actually Insured | 24718 | 25671 |
| **扶　贫** | **Poverty Alleviation** | | |
| 残疾人扶贫基地(个) | Bases of Poverty Alleviation for Disabled Persons(unit) | | 13 |
| 扶贫基地安置残疾人就业(人次) | Employment of Persons with Disabilities in Poverty Alleviation Bases(person-time) | | 130 |
| **维　权** | **Rights Protection** | | |
| 残疾人法律救助工作站(个) | Legal Aid (Service) Center for Disabled Persons(unit) | 17 | |
| 残疾人法律救助工作站办理案件(件) | Cases Transacted by Legal Aid (Service) Center for Disabled Persons(unit) | 585 | |
| **组织建设** | **Organization Construction** | | |
| 持证残疾人总数(万人) | Sum of Disabled Persons with Certificates of Disability(10 000 persons) | 34 | 36 |
| 各级残联实有人数 | Staff and Workers of Disabled Persons' Federations | 955 | 945 |

资料来源：天津市残疾人联合会
Source: Tianjin Disabled Persons' Federation

# 22-16 受理消费者投诉情况
## Basic Statistics on Accepted Cases of Consumer Institution

单位：件(item)

| 项　　目 | Item | 总 计 Total | | 质 量 Quality | | 售后服务 After-sale Service | |
|---|---|---|---|---|---|---|---|
| | | 2018 | 2019 | 2018 | 2019 | 2018 | 2019 |
| **受理投诉件数总计** | **Total Number of Accepted Cases** | **1651** | **2685** | **643** | **740** | **212** | **236** |
| 家用电子电器类 | Household Electric Appliance | 329 | 325 | 179 | 169 | 89 | 74 |
| 服装鞋帽类 | Garments, Shoes and Hats | 179 | 240 | 134 | 152 | 16 | 17 |
| 食品类 | Food | 174 | 258 | 74 | 110 | 4 | 6 |
| 烟、酒饮料类 | Tobacco, Liquor and Drink | 30 | 24 | 8 | 6 | 3 | |
| 房屋及建材类 | House and Decoration Materials | 72 | 84 | 28 | 23 | 1 | 6 |
| 日用商品类 | Daily Use Household Articles | 157 | 196 | 79 | 83 | 11 | 19 |
| 首饰及文体用品类 | Jewelry, Cultural and Sports Articles | 43 | 92 | 24 | 32 | 8 | 14 |
| 医药及医疗用品类 | Medicine and Medical Treatment Articles | 25 | 16 | 8 | 4 | 3 | 1 |
| 交通工具类 | Transportations | 146 | 592 | 47 | 75 | 30 | 29 |
| 农用生产资料类 | Agricultural Production Materials | 1 | 2 | 1 | 2 | | |
| 生活、社会服务类 | Living and Social Services | 148 | 228 | 25 | 37 | 12 | 17 |
| 房屋装修及物业服务类 | House Decoration and Property Management | 36 | 22 | 7 | 8 | 4 | 2 |
| 旅游服务 | Tourism Services | 4 | 5 | 1 | | | |
| 文化、娱乐、体育服务 | Cultural, Recreational and Sports Services | 27 | 58 | 1 | 1 | 3 | 1 |
| 邮政业服务 | Post Services | 13 | 7 | 3 | 1 | 1 | 1 |
| 电信服务 | Telecommunication Services | 18 | 15 | 2 | 1 | 3 | 1 |
| 互联网服务 | Internet Services | 15 | 28 | 3 | 4 | | 16 |
| 金融服务 | Finance Services | 3 | 1 | | | | |
| 保险服务 | Insurance Services | 2 | 2 | | | 1 | |
| 卫生保健服务 | Health Care Services | 7 | 11 | | 6 | 1 | |
| 教育培训服务 | Educational Services | 28 | 8 | | 1 | | |
| 公共设施服务 | Public Facility Services | 5 | 8 | | 1 | 3 | 1 |
| 销售服务 | Sales Services | 50 | 115 | 4 | | 10 | 17 |
| 其他商品和服务 | Other Commodities and Services | 139 | 348 | 15 | 24 | 9 | 14 |
| **解决件数总计** | **Total Cases Solved** | **1567** | **1591** | | | | |

注：本资料为天津市消费者协会系统的统计数据，不含各监测站的统计资料。
Note: Data of this table are provided by Tianjin Municipal Consumer Institution, excluding those data calculated by each monitor station.

22-16续表1 *Continued*

单位：件(item)

| 项　　目 | Item | 价　格 Price | | 计　量 Measure | | 合　同 Contract | |
|---|---|---|---|---|---|---|---|
| | | 2018 | 2019 | 2018 | 2019 | 2018 | 2019 |
| **受理投诉件数总计** | **Total Number of Accepted Cases** | **29** | **32** | **17** | **16** | **227** | **213** |
| 家用电子电器类 | Household Electric Appliance | 2 | 2 | | | 7 | 8 |
| 服装鞋帽类 | Garments, Shoes and Hats | | | 9 | 1 | 3 | 3 |
| 食品类 | Food | 3 | 7 | 3 | 4 | 9 | 11 |
| 烟、酒饮料类 | Tobacco, Liquor and Drink | | 1 | | | 1 | |
| 房屋及建材类 | House and Decoration Materials | 2 | 1 | | | 23 | 20 |
| 日用商品类 | Daily Use Household Articles | 3 | 2 | 1 | 2 | 25 | 11 |
| 首饰及文体用品类 | Jewelry, Cultural and Sports Articles | 2 | 1 | | 1 | | 3 |
| 医药及医疗用品类 | Medicine and Medical Treatment Articles | | | | 1 | 7 | 1 |
| 交通工具类 | Transportations | 3 | | | | 19 | 4 |
| 农用生产资料类 | Agricultural Production Materials | | | | | | |
| 生活、社会服务类 | Living and Social Services | 4 | 10 | 2 | 2 | 38 | 66 |
| 房屋装修及物业服务类 | House Decoration and Property Management | | 2 | | | 16 | 6 |
| 旅游服务 | Tourism Services | | | 1 | | 1 | 1 |
| 文化、娱乐、体育服务 | Cultural, Recreational and Sports Services | | | | | 12 | 26 |
| 邮政业服务 | Post Services | 2 | | | | 2 | 2 |
| 电信服务 | Telecommunication Services | 3 | 1 | | 1 | 4 | 6 |
| 互联网服务 | Internet Services | | | | | 7 | 4 |
| 金融服务 | Finance Services | | 1 | | | | |
| 保险服务 | Insurance Services | | | | | 1 | 1 |
| 卫生保健服务 | Health Care Services | | | | | 3 | 2 |
| 教育培训服务 | Educational Services | | | | | 22 | 7 |
| 公共设施服务 | Public Facility Services | 1 | 1 | | 1 | 1 | 2 |
| 销售服务 | Sales Services | 2 | 1 | 1 | 1 | 19 | 9 |
| 其他商品和服务 | Other Commodities and Services | 2 | 2 | | 2 | 7 | 20 |
| **解决件数总计** | **Total Cases Solved** | | | | | | |

22-16续表2 *Continued*

单位：件(item)

| 项　目 | Item | 虚假宣传 False Propaganda | | 假　冒 Counterfeit | | 其　他 Others | |
|---|---|---|---|---|---|---|---|
| | | 2018 | 2019 | 2018 | 2019 | 2018 | 2019 |
| **受理投诉件数总计** | **Total Number of Accepted Cases** | **42** | **59** | **23** | **17** | **458** | **1372** |
| 家用电子电器类 | Household Electric Appliance | 5 | 4 | 7 | 3 | 40 | 65 |
| 服装鞋帽类 | Garments, Shoes and Hats | | 1 | 2 | | 15 | 66 |
| 食品类 | Food | 9 | 13 | 1 | 6 | 71 | 101 |
| 烟、酒饮料类 | Tobacco, Liquor and Drink | 1 | 4 | 5 | 4 | 12 | 9 |
| 房屋及建材类 | House and Decoration Materials | 1 | 10 | | | 17 | 24 |
| 日用商品类 | Daily Use Household Articles | 5 | 2 | 4 | 2 | 29 | 75 |
| 首饰及文体用品类 | Jewelry, Cultural and Sports Articles | 1 | 3 | 1 | 1 | 7 | 37 |
| 医药及医疗用品类 | Medicine and Medical Treatment Articles | 4 | | | | 3 | 9 |
| 交通工具类 | Transportations | 4 | 2 | | 1 | 43 | 481 |
| 农用生产资料类 | Agricultural Production Materials | | | | | | |
| 生活、社会服务类 | Living and Social Services | 2 | 7 | | | 65 | 89 |
| 房屋装修及物业服务类 | House Decoration and Property Management | | | | | 9 | 4 |
| 旅游服务 | Tourism Services | | | | | 1 | 4 |
| 文化、娱乐、体育服务 | Cultural, Recreational and Sports Services | 1 | | | | 10 | 30 |
| 邮政业服务 | Post Services | | | | | 5 | 3 |
| 电信服务 | Telecommunication Services | | | | | 6 | 5 |
| 互联网服务 | Internet Services | 1 | | | | 4 | 4 |
| 金融服务 | Finance Services | | | | | 3 | |
| 保险服务 | Insurance Services | | | | | | 1 |
| 卫生保健服务 | Health Care Services | | 1 | | | 3 | 2 |
| 教育培训服务 | Educational Services | 1 | | | | 5 | |
| 公共设施服务 | Public Facility Services | | | | | | 2 |
| 销售服务 | Sales Services | 2 | 2 | | | 12 | 85 |
| 其他商品和服务 | Other Commodities and Services | 5 | 10 | 3 | | 98 | 276 |
| **解决件数总计** | **Total Cases Solved** | | | | | | |

# 22-17 规模以上服务业企业主要指标

| 项目 | Item | 企业单位数(个) Number of Enterprises (unit) | | 从业人员年平均人数(人) Annual Average Employment Personnel (person) | |
|---|---|---|---|---|---|
| | | 2018 | 2019 | 2018 | 2019 |
| **全市总计** | **Total** | **3595** | **4472** | **606208** | **684122** |
| **按行业分** | **Grouped by Sector** | | | | |
| #道路运输业 | Highway Transport | 381 | 458 | 64530 | 66965 |
| 水上运输业 | Waterway Transport | 84 | 80 | 14586 | 10738 |
| 航空运输业 | Air Transport | 6 | 7 | 8115 | 8516 |
| 管道运输业 | Pipeline Transport | 6 | 7 | 453 | 561 |
| 多式联运和运输代理业 | Intermodality and Forwarding | 587 | 631 | 18992 | 18540 |
| 装卸搬运和仓储业 | Loading, Unloading and Storage | 219 | 226 | 16975 | 17045 |
| 邮政业 | Post Services | 8 | 13 | 9721 | 15235 |
| 电信、广播电视和卫星传输服务 | Telecommunication, Broadcast Television and Satellite Transmission Services | 14 | 17 | 16425 | 15934 |
| 互联网和相关服务 | Internet and Relative Services | 82 | 99 | 18902 | 16374 |
| 软件和信息技术服务业 | Software and Information Technology Services | 262 | 305 | 44148 | 60378 |
| 物业管理(中类) | Property Management(middle class) | 193 | 243 | 60117 | 74117 |
| 房地产中介服务(中类) | The Real Estate Intermediary Services(middle class) | 38 | 63 | 15473 | 17007 |
| 房地产租赁经营(中类) | The Real Estate Leasing Operations(middle class) | 94 | 168 | 5522 | 6568 |
| 租赁业 | Leasing Services | 74 | 92 | 10706 | 5896 |
| 商务服务业 | Business Services | 630 | 900 | 134445 | 157841 |
| 研究和试验发展 | R&D | 44 | 49 | 6358 | 7880 |
| 专业技术服务业 | Special Technical Services | 363 | 434 | 73664 | 79891 |
| 科技推广和应用服务业 | Science and Technology Generalizing and Application Services | 66 | 80 | 2804 | 6404 |
| 公共设施管理业 | Management for Public Facilities | 72 | 76 | 13755 | 16685 |
| 土地管理业 | Management for Land | 16 | 16 | 919 | 960 |
| 居民服务业 | Resident Services | 30 | 23 | 4583 | 1956 |
| 机动车、电子产品和日用产品修理业 | Motor Vehicle, Electronic Products and Household Products Repair Industry | 23 | 34 | 2321 | 2565 |
| 其他服务业 | Others | 31 | 50 | 36288 | 43507 |
| 教育 | Education | 22 | 42 | 5414 | 8833 |
| 卫生 | Health Care | 76 | 103 | 10567 | 12841 |
| 新闻和出版业 | News Publication | 21 | 27 | 2304 | 2199 |
| 广播、电视、电影和录音制作业 | Broadcast, TV, Movies, Video and Record Production Industry | 85 | 128 | 3826 | 3779 |
| 文化艺术业 | Culture and Art | 25 | 33 | 1105 | 1039 |
| 体育 | Sports | 12 | 17 | 1408 | 1706 |
| 娱乐业 | Recreational Services | 22 | 40 | 966 | 1142 |

## Main Indicators of Service Enterprises above Designated Size

| 资产总计(亿元) Total Assets (100 million yuan) | | 营业收入(亿元) Revenue from Business(100 million yuan) | | 税收合计(亿元) Total Taxes(100 million yuan) | | 利润总额(亿元) Total Pre-tax Profits(100 million yuan) | |
|---|---|---|---|---|---|---|---|
| 2018 | 2019 | 2018 | 2019 | 2018 | 2019 | 2018 | 2019 |
| **24585.40** | **33034.00** | **6664.72** | **7598.96** | **267.42** | **303.94** | **387.10** | **461.97** |
| | | | | | | | |
| 4056.34 | 5273.75 | 1720.98 | 1915.78 | 56.34 | 65.56 | 34.83 | 51.00 |
| 1858.11 | 1892.76 | 223.13 | 186.61 | 10.13 | 7.95 | 34.42 | 17.62 |
| 482.84 | 620.51 | 127.72 | 129.61 | 1.11 | 4.21 | 0.19 | 4.53 |
| 63.86 | 121.97 | 17.14 | 26.11 | 0.35 | 2.98 | 3.54 | 10.87 |
| 485.53 | 281.52 | 625.04 | 494.97 | 5.03 | 3.44 | 11.59 | 9.09 |
| 852.97 | 807.92 | 422.18 | 320.22 | 10.00 | 9.12 | 16.46 | 21.03 |
| 27.34 | 32.71 | 40.88 | 56.42 | 0.41 | 0.51 | -2.10 | -4.01 |
| | | | | | | | |
| 357.63 | 358.60 | 176.89 | 169.60 | 4.67 | 7.01 | 9.45 | 2.16 |
| 599.51 | 425.87 | 385.91 | 438.60 | 16.58 | 15.42 | 60.25 | 20.85 |
| 788.10 | 1033.83 | 361.37 | 476.08 | 23.04 | 30.22 | 36.87 | 83.45 |
| 167.45 | 325.27 | 90.47 | 118.37 | 4.08 | 5.62 | 1.92 | 5.40 |
| 53.74 | 179.56 | 38.93 | 57.82 | 3.29 | 4.56 | 3.86 | 2.31 |
| 1896.66 | 3251.69 | 42.78 | 81.19 | 7.41 | 12.41 | -0.01 | 2.57 |
| 858.74 | 402.93 | 138.76 | 127.51 | 9.36 | 3.08 | 14.05 | 8.91 |
| 4993.02 | 10651.50 | 815.10 | 1247.08 | 46.98 | 56.57 | 37.48 | 80.62 |
| 218.28 | 191.34 | 109.98 | 80.70 | 3.24 | 3.02 | 12.51 | 13.71 |
| 1572.18 | 1846.23 | 785.24 | 1133.26 | 32.18 | 37.76 | 77.40 | 117.89 |
| | | | | | | | |
| 128.00 | 106.24 | 99.62 | 74.08 | 2.03 | 2.49 | 2.75 | -0.59 |
| 1902.49 | 1729.24 | 82.09 | 78.22 | 2.68 | 3.27 | 7.72 | 5.15 |
| 2511.81 | 2767.58 | 79.49 | 73.19 | 17.07 | 16.85 | 19.51 | 7.68 |
| 43.37 | 20.95 | 13.93 | 6.87 | 0.48 | 0.57 | 1.02 | 1.42 |
| | | | | | | | |
| 5.50 | 9.63 | 7.03 | 9.06 | 0.12 | 0.21 | -0.14 | 0.07 |
| 59.75 | 30.68 | 33.06 | 40.57 | 2.39 | 2.69 | 1.17 | 2.12 |
| 25.11 | 45.65 | 18.60 | 35.59 | 1.10 | 1.46 | 2.71 | -0.39 |
| 32.36 | 35.72 | 36.62 | 45.18 | 0.30 | 0.35 | -0.61 | 1.01 |
| 61.14 | 66.07 | 19.92 | 20.42 | 0.79 | 0.81 | 1.26 | 1.91 |
| | | | | | | | |
| 288.88 | 298.72 | 96.71 | 91.68 | 4.36 | 3.54 | 6.22 | 6.96 |
| 100.90 | 115.18 | 35.12 | 32.73 | 1.03 | 0.78 | 2.72 | -0.56 |
| 29.12 | 33.32 | 6.51 | 7.12 | 0.11 | 0.12 | -9.71 | -14.05 |
| 27.34 | 37.86 | 6.26 | 15.37 | 0.25 | 0.79 | -1.40 | 1.83 |

## 22-18 各区规模以上服务业企业主要指标
## Main Indicators of Service Enterprises above Designated Size by District

| 地 区 | Region | 企业单位数(个) Number of Enterprises (unit) | | 从业人员年平均人数(人) Annual Average Employment Personnel (person) | | 资产总计(亿元) Total Assets (100 million yuan) | |
|---|---|---|---|---|---|---|---|
| | | 2018 | 2019 | 2018 | 2019 | 2018 | 2019 |
| 和平区 | Heping District | 205 | 274 | 43229 | 46234 | 2674.88 | 7765.30 |
| 河东区 | Hedong District | 140 | 160 | 18036 | 19052 | 110.13 | 116.20 |
| 河西区 | Hexi District | 256 | 289 | 31645 | 35987 | 2026.12 | 2051.58 |
| 南开区 | Nankai District | 146 | 229 | 60266 | 67200 | 615.62 | 785.69 |
| 河北区 | Hebei District | 75 | 98 | 16275 | 18351 | 1434.28 | 1534.33 |
| 红桥区 | Hongqiao District | 46 | 59 | 6340 | 7337 | 106.35 | 134.39 |
| 东丽区 | Dongli District | 172 | 220 | 27346 | 31203 | 492.10 | 1144.72 |
| 西青区 | Xiqing District | 147 | 197 | 20021 | 30119 | 1031.44 | 1088.61 |
| 津南区 | Jinnan District | 106 | 130 | 15037 | 15389 | 359.95 | 946.73 |
| 北辰区 | Beichen District | 124 | 151 | 25942 | 27550 | 862.23 | 931.33 |
| 武清区 | Wuqing District | 206 | 302 | 32340 | 33641 | 412.92 | 540.74 |
| 宝坻区 | Baodi District | 33 | 54 | 2503 | 9130 | 18.87 | 26.46 |
| 滨海新区 | Binhai New Area | 1862 | 2177 | 297871 | 331691 | 14023.64 | 15543.52 |
| 宁河区 | Ninghe District | 27 | 41 | 2285 | 3831 | 19.84 | 31.93 |
| 静海区 | Jinghai District | 30 | 50 | 2757 | 3613 | 364.22 | 299.26 |
| 蓟州区 | Jizhou District | 20 | 41 | 4315 | 3794 | 32.81 | 93.21 |

22-18续表 *Continued*

单位：亿元 (100 million yuan)

| 地 区 | Region | 营业收入 Revenue from Business | | 税收合计 Total Taxes | | 利润总额 Total Pre-tax Profits | |
|---|---|---|---|---|---|---|---|
| | | 2018 | 2019 | 2018 | 2019 | 2018 | 2019 |
| 和平区 | Heping District | 294.08 | 318.08 | 10.18 | 10.52 | 26.03 | 37.62 |
| 河东区 | Hedong District | 76.27 | 91.20 | 2.11 | 2.57 | 1.13 | 2.40 |
| 河西区 | Hexi District | 265.26 | 283.78 | 10.26 | 10.19 | 7.68 | -5.81 |
| 南开区 | Nankai District | 176.80 | 213.26 | 10.78 | 8.85 | -7.52 | 18.78 |
| 河北区 | Hebei District | 211.33 | 339.98 | 8.09 | 7.17 | 20.04 | 19.52 |
| 红桥区 | Hongqiao District | 36.89 | 48.04 | 1.49 | 1.47 | 2.89 | 3.30 |
| 东丽区 | Dongli District | 143.29 | 142.75 | 6.29 | 5.48 | 10.63 | 13.09 |
| 西青区 | Xiqing District | 93.41 | 124.79 | 3.98 | 4.55 | 1.21 | -0.91 |
| 津南区 | Jinnan District | 46.81 | 52.61 | 0.90 | 1.21 | -3.87 | 0.37 |
| 北辰区 | Beichen District | 224.86 | 248.16 | 7.18 | 5.55 | 12.81 | 1.99 |
| 武清区 | Wuqing District | 281.78 | 361.22 | 11.00 | 15.59 | 14.21 | 16.24 |
| 宝坻区 | Baodi District | 21.69 | 29.77 | 1.55 | 1.36 | 3.39 | 3.52 |
| 滨海新区 | Binhai New Area | 4751.94 | 5272.94 | 191.16 | 226.15 | 293.95 | 347.66 |
| 宁河区 | Ninghe District | 9.79 | 19.53 | 0.56 | 1.29 | 0.82 | 2.19 |
| 静海区 | Jinghai District | 22.36 | 38.62 | 1.72 | 1.65 | 4.15 | 2.34 |
| 蓟州区 | Jizhou District | 8.16 | 14.23 | 0.17 | 0.34 | -0.45 | -0.33 |

# 主要统计指标解释

## 律　师

按照现行律师法规定，律师，是指依法取得律师执业证书，接受委托或者指定，为当事人提供法律服务的执业人员。

## 公证人员

指在公证处工作的人员总称，包括公证处主任、副主任、公证员、公证员助理(助理公证员)和其他从事辅助性工作的人员。

## 人民调解员

指在人民调解委员会担负调解民间纠纷工作的人员，包括人民调解委员会委员和人民调解委员会聘任的人员担任。

## 劳动争议案件数

指仲裁委员会立案处理的劳动争议案件总数。

## 基本养老保险

1.（参保）职工人数：指报告期末按照国家法律、法规和有关政策规定参加基本养老保险并在社保经办机构已建立缴费记录档案的职工人数，包括中断缴费但未终止养老保险关系的职工人数，不包括只登记未建立缴费记录档案的人数。

2. 基本养老保险基金收入：指根据国家有关规定，由纳入基本养老保险范围的缴费单位和个人按国家规定的缴费基数和缴费比例缴纳的养老保险基金，以及通过其他方式取得的形成基金来源的收入。包括单位和职工个人缴纳的基本养老保险费、基本养老保险基金利息收入、上级补助收入、下级上解收入、转移收入、财政补贴和其他收入。

3. 基本养老保险基金支出：指按照国家政策规定的开支范围和开支标准从养老保险基金中支付给参加基本养老保险的个人的养老金、丧葬抚恤补助，以及由于保险关系转移、上下级之间调剂资金等原因而发生的支出。包括离休金、退休金、退职金、各种补贴、医疗费、死亡丧葬补助费、抚恤救济费、社会保险经办机构管理费、补助下级支出、上解上级支出、转移支出、其他支出等。

4. 基本养老保险基金累计结余：指截至报告期末基本养老保险基金收支相抵后的累计余额。

## 基本医疗保险

1. 参保人数：指报告期末按国家有关规定参加基本医疗保险的人数。包括参加保险的职工人数和退休人员人数。

2. 基金收入：指根据国家有关规定，由纳入基本医疗保险范围的缴费单位和个人，按国家规定的缴费基数和缴费比例缴纳的基金，以及通过其他方式取得的形成基金来源的款项，包括：单位缴纳的社会统筹基金收入、个人缴纳的个人账户基金收入、财政补贴收入、利息收入、其他收入。

3. 基金支出：指按照国家政策规定的开支范围和开支标准从社会统筹基金中支付给参加基本医疗保险的职工和退休人员的医疗保险待遇支出，和从个人账户基金中支付给参加基本医疗保险的职工和退休人员的医疗费用支出，以及其他支出。包括：住院医疗费用支出、门急诊医疗费用支出、个人账户基金支出、其他支出。

4. 基金累计结余：指截至报告期末基本医疗保险的社会统筹和个人账户基金累计结余金额。包括银行存款、财政专户、债券投资和其他。

## 失业保险

1. 参保人数：指报告期末按照国家法律、法规和有关政策规定参加了失业保险的城镇企业事业单位的职工及地方政府规定参加失业保险的其他人员的人数。

2. 失业保险基金收入：指按照规定从企业、事业及其他单位筹集的失业保险费及其他并入失业保险基金收入的总额。包括单位和个人缴纳的失业保险费、失业保险基金利息收入、上级补助收入、下级上解收入、转移收入、财政补贴和其他收入。

3. 失业保险基金支出：指报告期内为保障失业人员和下岗职工基本生活、促进其再就业等支出的基金总额。包括失业救济金、医疗费、死亡丧葬补助费、抚恤救济费、转业训练费支出、失业保险经办机构管理费、补助下级支出、上解上级支出、转移支出和其他支出。

4. 基金累计结余：指截至报告期末失业保险基金收支相抵后的累计余额。

# Explanatory Notes on Main Statistical Indicators

**Lawyers**

according to the existing law of lawyers, 'lawyer' refers to a practitioner who has acquired a lawyer's practice certificate pursuant to law and provides legal services to the party.

**Notarial Personnel**

refers to people working for notary offices including: directors, deputy director, notaries, assistant notaries, and other people providing assistance.

**People's Mediators**

refer to workers on the people's mediation committees responsible for mediating in civil disputes and cases of slight infraction of the law. They include members of the people's mediation committees and personnel appointed by the people's mediation committees.

**Number of Labour Dispute Cases Accepted**

refers to the total number of labor dispute cases and handled by the Arbitration Commission.

**Basic Pension Insurance**

1. Number of staff and workers covered refer to staff and workers participating in the basic pension insurance programme according to national laws, regulations and related policies at the end of the reference period, who have already had payment records in social security management agencies, including those who have interrupt payment without terminating the insurance programme. Those who have registered in the programme but with no payment records are not included.

2. Revenue of the basic pension insurance programme refers to payments made by employers and individuals participating in the pension insurance programme in accordance with the basis and proportion stipulated in State regulations, and income from other sources that become source of pension insurance fund, including the premium paid by employers and staff and workers, interest income, subsidies from higher level agencies, income as transferred from subordinate agencies, transferred income, government financial subsidies and other income.

3. Expenditure of basic pension insurance programme refers to payment made on pensions and funeral subsidies to those retired and resigned people covered in pension insurance programmes according to related national policies on scope and standard of expenditure. Also included are expenditure which arises due to shift of the insurance relationship or adjustment of funds among agencies. More specifically, included are pensions for resigned people, pensions for retired people, pension for people quitting jobs, various subsidies, medical fees, funeral subsidies, compensation payments, management fees for social security agencies, expenses on subsidies to lower subordinates, expenses as transfer to agencies at higher level, transferred expenditure and other expenditure.

4. Balance of basic pension insurance programme refers to the balance of basic pension insurance funds at the end of the reference period after deducting expenses from revenue.

**Basic Medical Care Insurance**

1. Number of people participating in the insurance programme refers to people participating in the basic medical care insurance programme according to related regulations as at the end of reference period, including number of staff and workers and retirees participating in this insurance programme.

2. Revenue of the insurance programme refers to payments made by employers and individuals participating in the medical care insurance programme in accordance with the basis and proportion stipulated in State regulations, and income from other sources that become source of medical insurance fund, including income of social comprehensive funds paid by employers, income from individual accounts, government financial subsidies, interest income and other income.

3. Expenditure of the insurance programme refers to payment made from social comprehensive funds to those retired and resigned people covered in basic medical care insurance within the scope and standards of expenditure according to related national policies, and medical care payment made from individual accounts to staff and workers and retirees, and other expenses, including medical expenses of hospital inpatients, medical expenses for outpatients and emergency patients, payment from individual accounts and other expenditure.

4. Balance of the basic medical care insurance programme refer to the balance of medical care insurance of social comprehensive funds and individual accounts at the end of the reference period, including bank savings, special fiscal accounts, investment in bonds and others.

**Unemployment Insurance**

1. Number of people covered refers to staff and workers in urban enterprises or institutions who have participated in unemployment insurance programme according to nation laws, regulations and related policies, and other people who have participated according to local government regulations, by the end of reference period.

2. Revenue of unemployment insurance refer to payments made from enterprises, institutions and other units to unemployment insurance programme and other income contributed to this programme, including unemployment insurance premium made by employers and individuals, interest income, subsidies from higher level agencies, income as transfer from subordinate agencies, transferred income, government financial subsidies and other income.

3. Expenses of unemployment insurance refer to total expenses during the reference period to guarantee the basic livelihood of unemployed people and laid-off staff and workers and to encourage their re-employment. Included are unemployment relief, medical fees, funeral subsidies, compensation pension, training expenses, management fees for unemployment insurance agencies, subsidies to lower level agencies, expenses as transfer to higher level agencies, transferred expenditure and other expenditure.

4. Balance of unemployment insurance refer to thc balance of unemployment revenue deducting unemployment expenses at the end of the reference period.

# 第二十三篇 各区基本情况

## Chapter 23 Basic Statistics on Districts

# 23-1 各区主要经济指标(2019年)
## Basic Statistics on Districts,2019

| 地　区 | Region | 区级一般公共预算收入(亿元) General Public Budget Revenue at District Level (100 million yuan) | 区级一般公共预算支出(亿元) General Public Budget Expenditure at District Level (100 million yuan) | 规模以上工业企业总资产贡献率(%) Ratio of Total Assets to Industrial Output Value of Industrial Enterprises above Designated Size(%) | 固定资产投资(不含农户)2019比2018年增长(%) Increase Rate in 2019 over 2018 of Investment in Fixed Assets (Non-agricultural)(%) |
|---|---|---|---|---|---|
| 和平区 | Heping District | 37.51 | 52.00 | 0.3 | -37.6 |
| 河东区 | Hedong District | 30.36 | 60.08 | -0.2 | 8.5 |
| 河西区 | Hexi District | 53.26 | 80.05 | 4.8 | 11.9 |
| 南开区 | Nankai District | 40.06 | 63.76 | 5.5 | 6.2 |
| 河北区 | Hebei District | 22.66 | 51.46 | 1.7 | 5.5 |
| 红桥区 | Hongqiao District | 19.24 | 50.22 | 8.4 | 11.1 |
| 东丽区 | Dongli District | 63.23 | 104.81 | 4.1 | 29.3 |
| 西青区 | Xiqing District | 95.44 | 169.09 | 7.0 | 26.9 |
| 津南区 | Jinnan District | 65.90 | 184.07 | 5.2 | 24.5 |
| 北辰区 | Beichen District | 59.21 | 80.04 | 7.3 | 20.8 |
| 武清区 | Wuqing District | 119.08 | 190.34 | 4.6 | 17.2 |
| 宝坻区 | Baodi District | 56.51 | 126.23 | 4.3 | 23.7 |
| 滨海新区 | Binhai New Area | 502.68 | 791.15 | 14.0 | 12.6 |
| 宁河区 | Ninghe District | 25.02 | 73.44 | 8.9 | 26.7 |
| 静海区 | Jinghai District | 54.38 | 100.79 | 5.4 | 18.8 |
| 蓟州区 | Jizhou District | 25.09 | 80.92 | 3.4 | -14.3 |

23-1续表 *Continued*

| 地 区 | Region | 外贸出口总额（亿元）Total Value of Exports in Foreign Trade (100 million yuan) | 2019比2018年增长(%) Increase Rate in 2019 over 2018(%) | 实际使用外资金额（万美元）Actual Use of Foreign Capital (USD 10 000) | 年末有效发明专利数（件）Year-end Patent in Force (item) |
|---|---|---|---|---|---|
| 和平区 | Heping District | 94.89 | -4.4 | 5158 | 1887 |
| 河东区 | Hedong District | 27.40 | -10.7 | 142 | 4758 |
| 河西区 | Hexi District | 66.77 | 0.2 | 559 | 5502 |
| 南开区 | Nankai District | 68.97 | 10.7 | 4172 | 15244 |
| 河北区 | Hebei District | 11.80 | -28.5 | 567 | 5301 |
| 红桥区 | Hongqiao District | 18.95 | 29.3 | 553 | 3375 |
| 东丽区 | Dongli District | 93.43 | 14.0 | 2597 | 10434 |
| 西青区 | Xiqing District | 151.35 | -0.9 | 20808 | 20442 |
| 津南区 | Jinnan District | 81.52 | -3.0 | 3849 | 13765 |
| 北辰区 | Beichen District | 174.85 | 4.4 | 18609 | 17550 |
| 武清区 | Wuqing District | 193.99 | 3.1 | 20615 | 19552 |
| 宝坻区 | Baodi District | 32.09 | -6.5 | 875 | 9315 |
| 滨海新区 | Binhai New Area | 1833.63 | -10.7 | 362293 | 60792 |
| 宁河区 | Ninghe District | 24.64 | -18.8 | 4565 | 1978 |
| 静海区 | Jinghai District | 136.63 | 14.4 | 3288 | 7221 |
| 蓟州区 | Jizhou District | 6.91 | 9.3 | 107 | 1830 |

## 23-2 和平区基本情况
## Basic Statistics on Heping District

| 指　标 | Item | 2018 | 2019 |
|---|---|---|---|
| 常住人口(万人) | Permanent Population(10 000 persons) | 35.37 | 35.56 |
| 户籍户数(万户) | Registered Households(10 000 households) | 14.92 | 15.15 |
| 户籍人口(万人) | Registered Population(10 000 persons) | 43.75 | 44.31 |
| 男　性 | Male | 20.86 | 21.10 |
| 女　性 | Female | 22.89 | 23.21 |
| 年平均人口(万人) | Average Annual Population(10 000 persons) | 42.86 | 44.03 |
| 城镇非私营单位从业人员(万人) | Employment Personnel in Urban Non-private Units(10 000 persons) | 17.70 | 18.59 |
| 新增就业人员(人) | Newly Increased Employment Personnel(person) | 40985 | 41783 |
| 城镇非私营单位从业人员平均工资(元) | Average Remuneration of Employment Personnel in Urban Non-private Units(yuan) | 108123 | 116642 |
| 区级一般公共预算收入(亿元) | General Public Budget Revenue at District Level(100 million yuan) | 45.29 | 37.51 |
| #税收收入 | Revenue from Taxes | 38.65 | 30.93 |
| 区级一般公共预算支出(亿元) | General Public Budget Expenditure at District Level(100 million yuan) | 59.84 | 52.00 |
| #教　育 | Education | 15.81 | 14.64 |
| 社会保障和就业 | Social Security and Employment | 15.53 | 14.91 |
| 卫生健康 | Health and Wellness | 4.59 | 3.80 |
| 规模以上工业企业 | Industrial Enterprises above Designated Size | | |
| 单位数(个) | Number of Units(unit) | 6 | 8 |
| 资产总计(亿元) | Total Assets(100 million yuan) | 133.84 | 136.72 |
| 营业收入利润率(%) | Ratio of Profits to Operating Revenue(%) | -4.3 | -2.0 |
| 每百元营业收入成本(元) | Costs on Operating Revenue per 100 Yuan(yuan) | 98.05 | 95.67 |
| 资产负债率(%) | Ratio of Debts to Assets(%) | 75.3 | 74.1 |
| 固定资产投资(不含农户)增速(%) | Increase Rate of Investment in Fixed Assets(Non-agricultural)(%) | -2.7 | -37.6 |
| 建筑业总产值(亿元) | Gross Output Value of Construction(100 million yuan) | 106.77 | 71.90 |
| 限额以上批发和零售业商品销售额(亿元) | Total Sales of Wholesale and Retail Trade above Designated Size (100 million yuan) | 1573.20 | 1335.99 |
| 外贸进出口总额(亿元) | Total Value of Imports and Exports in Foreign Trade (100 million yuan) | 423.50 | 250.23 |
| #出　口 | Exports | 99.23 | 94.89 |
| 实际使用外资金额(万美元) | Actual Use of Foreign Capital(USD 10 000) | 502 | 5158 |
| 实际利用内资(亿元) | Domestic Investment Actually Used(100 million yuan) | 100.01 | 106.00 |
| 中资金融机构本外币存款余额(亿元) | RMB and Foreign Currencies Deposits of Chinese Financial Institutions(100 million yuan) | 4072.44 | 4239.14 |
| 中资金融机构本外币贷款余额(亿元) | RMB and Foreign Currencies Loans of Chinese Financial Institutions(100 million yuan) | 4278.81 | 4642.62 |
| 小学校数(所) | Number of Primary Schools(unit) | 21 | 21 |
| 小学在校学生数(万人) | Students Enrollment of Primary Schools(10 000 persons) | 3.32 | 3.48 |
| 普通中学校数(所) | Number of Regular Secondary Schools(unit) | 18 | 18 |
| 普通中学在校学生数(万人) | Students Enrollment of Regular Secondary Schools(10 000 persons) | 1.98 | 2.14 |
| 幼儿园数(所) | Number of Kindergartens(unit) | 21 | 23 |
| 在园儿童数(万人) | Number of Children Enrolled in Kindergartens(10 000 persons) | 0.62 | 0.58 |
| 卫生机构数(个) | Health Care Institutions(unit) | 179 | 205 |
| #医　院 | Hospitals | 26 | 28 |
| 卫生机构床位数(张) | Beds in Health Care Institutions(unit) | 5051 | 4766 |
| #医　院 | Hospitals | 4911 | 4626 |
| 每千人卫生机构床位数(张) | Beds in Health Care Institutions per 1 000 Persons(unit) | 14.34 | 13.44 |
| 每千人执业(助理)医师数(人) | Number of Licensed (Assistant) Doctors per 1 000 Persons(person) | 8.31 | 9.41 |
| 每千人注册护士数(人) | Number of Registered Nurses per 1 000 Persons(person) | 10.35 | 9.95 |

# 23-3 河东区基本情况
## Basic Statistics on Hedong District

| 指　　标 | Item | 2018 | 2019 |
|---|---|---|---|
| 常住人口(万人) | Permanent Population(10 000 persons) | 97.80 | 98.33 |
| 户籍户数(万户) | Registered Households(10 000 households) | 30.54 | 30.95 |
| 户籍人口(万人) | Registered Population(10 000 persons) | 75.62 | 76.40 |
| 男　性 | Male | 37.59 | 37.88 |
| 女　性 | Female | 38.03 | 38.52 |
| 年平均人口(万人) | Average Annual Population(10 000 persons) | 75.04 | 76.01 |
| 城镇非私营单位从业人员(万人) | Employment Personnel in Urban Non-private Units(10 000 persons) | 13.63 | 11.47 |
| 新增就业人员(人) | Newly Increased Employment Personnel(person) | 40762 | 41720 |
| 城镇非私营单位从业人员平均工资(元) | Average Remuneration of Employment Personnel in Urban Non-private Units(yuan) | 84733 | 102901 |
| 区级一般公共预算收入(亿元) | General Public Budget Revenue at District Level(100 million yuan) | 29.43 | 30.36 |
| # 税收收入 | Revenue from Taxes | 25.19 | 24.84 |
| 区级一般公共预算支出(亿元) | General Public Budget Expenditure at District Level(100 million yuan) | 65.27 | 60.08 |
| # 教　育 | Education | 15.78 | 15.90 |
| 社会保障和就业 | Social Security and Employment | 19.00 | 18.26 |
| 卫生健康 | Health and Wellness | 5.70 | 5.85 |
| 规模以上工业企业 | Industrial Enterprises above Designated Size | | |
| 单位数(个) | Number of Units(unit) | 17 | 20 |
| 资产总计(亿元) | Total Assets(100 million yuan) | 129.76 | 656.83 |
| 营业收入利润率(%) | Ratio of Profits to Operating Revenue(%) | 7.7 | -3.5 |
| 每百元营业收入成本(元) | Costs on Operating Revenue per 100 Yuan(yuan) | 87.10 | 96.83 |
| 资产负债率(%) | Ratio of Debts to Assets(%) | 62.6 | 84.3 |
| 固定资产投资(不含农户)增速(%) | Increase Rate of Investment in Fixed Assets(Non-agricultural)(%) | -18.1 | 8.5 |
| 建筑业总产值(亿元) | Gross Output Value of Construction(100 million yuan) | 252.18 | 274.23 |
| 限额以上批发和零售业商品销售额(亿元) | Total Sales of Wholesale and Retail Trade above Designated Size (100 million yuan) | 1075.43 | 791.58 |
| 外贸进出口总额(亿元) | Total Value of Imports and Exports in Foreign Trade (100 million yuan) | 87.34 | 38.63 |
| # 出　口 | Exports | 30.69 | 27.40 |
| 实际使用外资金额(万美元) | Actual Use of Foreign Capital(USD 10 000) | 6 | 142 |
| 实际利用内资(亿元) | Domestic Investment Actually Used(100 million yuan) | 70.18 | 74.19 |
| 中资金融机构本外币存款余额(亿元) | RMB and Foreign Currencies Deposits of Chinese Financial Institutions(100 million yuan) | 1229.11 | 1368.31 |
| 中资金融机构本外币贷款余额(亿元) | RMB and Foreign Currencies Loans of Chinese Financial Institutions(100 million yuan) | 1088.04 | 1266.64 |
| 小学校数(所) | Number of Primary Schools(unit) | 26 | 27 |
| 小学在校学生数(万人) | Students Enrollment of Primary Schools(10 000 persons) | 3.15 | 3.34 |
| 普通中学校数(所) | Number of Regular Secondary Schools(unit) | 21 | 21 |
| 普通中学在校学生数(万人) | Students Enrollment of Regular Secondary Schools(10 000 persons) | 1.82 | 1.93 |
| 幼儿园数(所) | Number of Kindergartens(unit) | 35 | 64 |
| 在园儿童数(万人) | Number of Children Enrolled in Kindergartens(10 000 persons) | 0.91 | 1.27 |
| 卫生机构数(个) | Health Care Institutions(unit) | 216 | 226 |
| # 医　院 | Hospitals | 48 | 49 |
| 卫生机构床位数(张) | Beds in Health Care Institutions(unit) | 3921 | 3699 |
| # 医　院 | Hospitals | 3112 | 2980 |
| 每千人卫生机构床位数(张) | Beds in Health Care Institutions per 1 000 Persons(unit) | 4.02 | 3.77 |
| 每千人执业(助理)医师数(人) | Number of Licensed (Assistant) Doctors per 1 000 Persons(person) | 2.90 | 3.21 |
| 每千人注册护士数(人) | Number of Registered Nurses per 1 000 Persons(person) | 2.12 | 2.08 |

# 23-4 河西区基本情况

## Basic Statistics on Hexi District

| 指　　标 | Item | 2018 | 2019 |
|---|---|---|---|
| 常住人口(万人) | Permanent Population(10 000 persons) | 99.24 | 99.78 |
| 户籍户数(万户) | Registered Households(10 000 households) | 30.92 | 31.89 |
| 户籍人口(万人) | Registered Population(10 000 persons) | 85.49 | 88.74 |
| 男　性 | Male | 41.44 | 42.91 |
| 女　性 | Female | 44.05 | 45.83 |
| 年平均人口(万人) | Average Annual Population(10 000 persons) | 83.86 | 87.12 |
| 城镇非私营单位从业人员(万人) | Employment Personnel in Urban Non-private Units(10 000 persons) | 22.30 | 19.70 |
| 新增就业人员(人) | Newly Increased Employment Personnel(person) | 40820 | 41912 |
| 城镇非私营单位从业人员平均工资(元) | Average Remuneration of Employment Personnel in Urban Non-private Units(yuan) | 118163 | 129229 |
| 区级一般公共预算收入(亿元) | General Public Budget Revenue at District Level(100 million yuan) | 50.70 | 53.26 |
| # 税收收入 | Revenue from Taxes | 45.53 | 46.84 |
| 区级一般公共预算支出(亿元) | General Public Budget Expenditure at District Level(100 million yuan) | 99.14 | 80.05 |
| # 教　育 | Education | 18.81 | 18.84 |
| 社会保障和就业 | Social Security and Employment | 18.54 | 18.16 |
| 卫生健康 | Health and Wellness | 9.44 | 9.99 |
| 规模以上工业企业 | Industrial Enterprises above Designated Size | | |
| 单位数(个) | Number of Units(unit) | 23 | 28 |
| 资产总计(亿元) | Total Assets(100 million yuan) | 79.18 | 102.40 |
| 营业收入利润率(%) | Ratio of Profits to Operating Revenue(%) | 10.6 | 8.6 |
| 每百元营业收入成本(元) | Costs on Operating Revenue per 100 Yuan(yuan) | 77.46 | 77.83 |
| 资产负债率(%) | Ratio of Debts to Assets(%) | 59.2 | 62.0 |
| 固定资产投资(不含农户)增速(%) | Increase Rate of Investment in Fixed Assets(Non-agricultural)(%) | -40.9 | 11.9 |
| 建筑业总产值(亿元) | Gross Output Value of Construction(100 million yuan) | 157.13 | 155.32 |
| 限额以上批发和零售业商品销售额(亿元) | Total Sales of Wholesale and Retail Trade above Designated Size (100 million yuan) | 1231.75 | 1244.32 |
| 外贸进出口总额(亿元) | Total Value of Imports and Exports in Foreign Trade (100 million yuan) | 87.12 | 96.97 |
| # 出　口 | Exports | 66.63 | 66.77 |
| 实际使用外资金额(万美元) | Actual Use of Foreign Capital(USD 10 000) | 2200 | 559 |
| 实际利用内资(亿元) | Domestic Investment Actually Used(100 million yuan) | 100.28 | 108.00 |
| 中资金融机构本外币存款余额(亿元) | RMB and Foreign Currencies Deposits of Chinese Financial Institutions(100 million yuan) | 4699.19 | 4905.65 |
| 中资金融机构本外币贷款余额(亿元) | RMB and Foreign Currencies Loans of Chinese Financial Institutions(100 million yuan) | 3947.05 | 3945.40 |
| 小学校数(所) | Number of Primary Schools(unit) | 37 | 37 |
| 小学在校学生数(万人) | Students Enrollment of Primary Schools(10 000 persons) | 4.43 | 4.90 |
| 普通中学校数(所) | Number of Regular Secondary Schools(unit) | 22 | 22 |
| 普通中学在校学生数(万人) | Students Enrollment of Regular Secondary Schools(10 000 persons) | 2.63 | 2.82 |
| 幼儿园数(所) | Number of Kindergartens(unit) | 46 | 55 |
| 在园儿童数(万人) | Number of Children Enrolled in Kindergartens(10 000 persons) | 1.31 | 1.44 |
| 卫生机构数(个) | Health Care Institutions(unit) | 254 | 315 |
| # 医　院 | Hospitals | 47 | 52 |
| 卫生机构床位数(张) | Beds in Health Care Institutions(unit) | 8929 | 8768 |
| # 医　院 | Hospitals | 8713 | 8512 |
| 每千人卫生机构床位数(张) | Beds in Health Care Institutions per 1 000 Persons(unit) | 9.01 | 8.81 |
| 每千人执业(助理)医师数(人) | Number of Licensed (Assistant) Doctors per 1 000 Persons(person) | 4.62 | 4.93 |
| 每千人注册护士数(人) | Number of Registered Nurses per 1 000 Persons(person) | 4.69 | 5.60 |

# 23-5 南开区基本情况
## Basic Statistics on Nankai District

| 指　标 | Item | 2018 | 2019 |
|---|---|---|---|
| 常住人口(万人) | Permanent Population(10 000 persons) | 114.75 | 115.37 |
| 户籍户数(万户) | Registered Households(10 000 households) | 33.33 | 33.99 |
| 户籍人口(万人) | Registered Population(10 000 persons) | 87.31 | 88.83 |
| 男　性 | Male | 42.81 | 43.43 |
| 女　性 | Female | 44.50 | 45.40 |
| 年平均人口(万人) | Average Annual Population(10 000 persons) | 86.63 | 88.07 |
| 城镇非私营单位从业人员(万人) | Employment Personnel in Urban Non-private Units(10 000 persons) | 18.10 | 19.03 |
| 新增就业人员(人) | Newly Increased Employment Personnel(person) | 40743 | 41812 |
| 城镇非私营单位从业人员平均工资(元) | Average Remuneration of Employment Personnel in Urban Non-private Units(yuan) | 98611 | 100815 |
| 区级一般公共预算收入(亿元) | General Public Budget Revenue at District Level(100 million yuan) | 43.17 | 40.06 |
| # 税收收入 | Revenue from Taxes | 38.69 | 31.71 |
| 区级一般公共预算支出(亿元) | General Public Budget Expenditure at District Level(100 million yuan) | 63.68 | 63.76 |
| # 教　育 | Education | 15.50 | 15.69 |
| 社会保障和就业 | Social Security and Employment | 18.75 | 18.80 |
| 卫生健康 | Health and Wellness | 6.49 | 6.29 |
| 规模以上工业企业 | Industrial Enterprises above Designated Size | | |
| 单位数(个) | Number of Units(unit) | 41 | 50 |
| 资产总计(亿元) | Total Assets(100 million yuan) | 368.98 | 376.04 |
| 营业收入利润率(%) | Ratio of Profits to Operating Revenue(%) | 5.3 | 5.2 |
| 每百元营业收入成本(元) | Costs on Operating Revenue per 100 Yuan(yuan) | 84.31 | 83.09 |
| 资产负债率(%) | Ratio of Debts to Assets(%) | 46.0 | 47.0 |
| 固定资产投资(不含农户)增速(%) | Increase Rate of Investment in Fixed Assets(Non-agricultural)(%) | -24.9 | 6.2 |
| 建筑业总产值(亿元) | Gross Output Value of Construction(100 million yuan) | 129.06 | 93.78 |
| 限额以上批发和零售业商品销售额(亿元) | Total Sales of Wholesale and Retail Trade above Designated Size (100 million yuan) | 859.38 | 849.15 |
| 外贸进出口总额(亿元) | Total Value of Imports and Exports in Foreign Trade (100 million yuan) | 84.48 | 91.62 |
| # 出　口 | Exports | 62.17 | 68.97 |
| 实际使用外资金额(万美元) | Actual Use of Foreign Capital(USD 10 000) | 4004 | 4172 |
| 实际利用内资(亿元) | Domestic Investment Actually Used(100 million yuan) | 100.00 | 106.05 |
| 中资金融机构本外币存款余额(亿元) | RMB and Foreign Currencies Deposits of Chinese Financial Institutions(100 million yuan) | 2446.98 | 2471.01 |
| 中资金融机构本外币贷款余额(亿元) | RMB and Foreign Currencies Loans of Chinese Financial Institutions(100 million yuan) | 2048.14 | 2294.92 |
| 小学校数(所) | Number of Primary Schools(unit) | 31 | 30 |
| 小学在校学生数(万人) | Students Enrollment of Primary Schools(10 000 persons) | 4.56 | 5.04 |
| 普通中学校数(所) | Number of Regular Secondary Schools(unit) | 24 | 24 |
| 普通中学在校学生数(万人) | Students Enrollment of Regular Secondary Schools(10 000 persons) | 2.46 | 2.67 |
| 幼儿园数(所) | Number of Kindergartens(unit) | 49 | 49 |
| 在园儿童数(万人) | Number of Children Enrolled in Kindergartens(10 000 persons) | 1.28 | 1.31 |
| 卫生机构数(个) | Health Care Institutions(unit) | 275 | 322 |
| # 医　院 | Hospitals | 52 | 57 |
| 卫生机构床位数(张) | Beds in Health Care Institutions(unit) | 9309 | 9188 |
| # 医　院 | Hospitals | 8870 | 8791 |
| 每千人卫生机构床位数(张) | Beds in Health Care Institutions per 1 000 Persons(unit) | 8.13 | 7.99 |
| 每千人执业(助理)医师数(人) | Number of Licensed (Assistant) Doctors per 1 000 Persons(person) | 4.92 | 5.20 |
| 每千人注册护士数(人) | Number of Registered Nurses per 1 000 Persons(person) | 4.54 | 4.75 |

# 23-6 河北区基本情况
## Basic Statistics on Hebei District

| 指　标 | Item | 2018 | 2019 |
|---|---|---|---|
| 常住人口(万人) | Permanent Population(10 000 persons) | 89.04 | 89.52 |
| 户籍户数(万户) | Registered Households(10 000 households) | 25.10 | 25.40 |
| 户籍人口(万人) | Registered Population(10 000 persons) | 63.01 | 63.75 |
| 男　性 | Male | 31.30 | 31.57 |
| 女　性 | Female | 31.71 | 32.18 |
| 年平均人口(万人) | Average Annual Population(10 000 persons) | 62.57 | 63.38 |
| 城镇非私营单位从业人员(万人) | Employment Personnel in Urban Non-private Units(10 000 persons) | 8.67 | 6.54 |
| 新增就业人员(人) | Newly Increased Employment Personnel(person) | 41018 | 41691 |
| 城镇非私营单位从业人员平均工资(元) | Average Remuneration of Employment Personnel in Urban Non-private Units(yuan) | 125771 | 143608 |
| 区级一般公共预算收入(亿元) | General Public Budget Revenue at District Level(100 million yuan) | 27.73 | 22.66 |
| # 税收收入 | Revenue from Taxes | 21.72 | 17.31 |
| 区级一般公共预算支出(亿元) | General Public Budget Expenditure at District Level(100 million yuan) | 56.39 | 51.46 |
| # 教　育 | Education | 15.70 | 13.30 |
| 社会保障和就业 | Social Security and Employment | 15.66 | 16.59 |
| 卫生健康 | Health and Wellness | 6.25 | 5.71 |
| 规模以上工业企业 | Industrial Enterprises above Designated Size | | |
| 单位数(个) | Number of Units(unit) | 18 | 19 |
| 资产总计(亿元) | Total Assets(100 million yuan) | 912.25 | 922.43 |
| 营业收入利润率(%) | Ratio of Profits to Operating Revenue(%) | 2.2 | 1.7 |
| 每百元营业收入成本(元) | Costs on Operating Revenue per 100 Yuan(yuan) | 97.53 | 96.12 |
| 资产负债率(%) | Ratio of Debts to Assets(%) | 61.2 | 59.6 |
| 固定资产投资(不含农户)增速(%) | Increase Rate of Investment in Fixed Assets(Non-agricultural)(%) | 1.6 | 5.5 |
| 建筑业总产值(亿元) | Gross Output Value of Construction(100 million yuan) | 112.73 | 111.51 |
| 限额以上批发和零售业商品销售额(亿元) | Total Sales of Wholesale and Retail Trade above Designated Size (100 million yuan) | 175.72 | 188.74 |
| 外贸进出口总额(亿元) | Total Value of Imports and Exports in Foreign Trade (100 million yuan) | 85.79 | 34.82 |
| # 出　口 | Exports | 16.53 | 11.80 |
| 实际使用外资金额(万美元) | Actual Use of Foreign Capital(USD 10 000) | 35 | 567 |
| 实际利用内资(亿元) | Domestic Investment Actually Used(100 million yuan) | 70.10 | 74.14 |
| 中资金融机构本外币存款余额(亿元) | RMB and Foreign Currencies Deposits of Chinese Financial Institutions(100 million yuan) | 1183.09 | 1237.90 |
| 中资金融机构本外币贷款余额(亿元) | RMB and Foreign Currencies Loans of Chinese Financial Institutions(100 million yuan) | 1023.42 | 821.32 |
| 小学校数(所) | Number of Primary Schools(unit) | 26 | 26 |
| 小学在校学生数(万人) | Students Enrollment of Primary Schools(10 000 persons) | 2.77 | 2.90 |
| 普通中学校数(所) | Number of Regular Secondary Schools(unit) | 21 | 21 |
| 普通中学在校学生数(万人) | Students Enrollment of Regular Secondary Schools(10 000 persons) | 1.77 | 1.83 |
| 幼儿园数(所) | Number of Kindergartens(unit) | 37 | 42 |
| 在园儿童数(万人) | Number of Children Enrolled in Kindergartens(10 000 persons) | 0.95 | 0.96 |
| 卫生机构数(个) | Health Care Institutions(unit) | 194 | 211 |
| # 医　院 | Hospitals | 37 | 38 |
| 卫生机构床位数(张) | Beds in Health Care Institutions(unit) | 4828 | 4154 |
| # 医　院 | Hospitals | 4654 | 3980 |
| 每千人卫生机构床位数(张) | Beds in Health Care Institutions per 1 000 Persons(unit) | 5.43 | 4.65 |
| 每千人执业(助理)医师数(人) | Number of Licensed (Assistant) Doctors per 1 000 Persons(person) | 3.39 | 3.34 |
| 每千人注册护士数(人) | Number of Registered Nurses per 1 000 Persons(person) | 3.07 | 2.93 |

# 23-7 红桥区基本情况
## Basic Statistics on Hongqiao District

| 指　　标 | Item | 2018 | 2019 |
|---|---|---|---|
| 常住人口(万人) | Permanent Population(10 000 persons) | 56.73 | 57.04 |
| 户籍户数(万户) | Registered Households(10 000 households) | 20.92 | 21.00 |
| 户籍人口(万人) | Registered Population(10 000 persons) | 50.67 | 50.97 |
| 男　性 | Male | 25.16 | 25.22 |
| 女　性 | Female | 25.51 | 25.75 |
| 年平均人口(万人) | Average Annual Population(10 000 persons) | 50.44 | 50.82 |
| 城镇非私营单位从业人员(万人) | Employment Personnel in Urban Non-private Units(10 000 persons) | 3.54 | 3.40 |
| 新增就业人员(人) | Newly Increased Employment Personnel(person) | 34613 | 35428 |
| 城镇非私营单位从业人员平均工资(元) | Average Remuneration of Employment Personnel in Urban Non-private Units(yuan) | 116264 | 123103 |
| 区级一般公共预算收入(亿元) | General Public Budget Revenue at District Level(100 million yuan) | 18.22 | 19.24 |
| # 税收收入 | Revenue from Taxes | 11.73 | 12.73 |
| 区级一般公共预算支出(亿元) | General Public Budget Expenditure at District Level(100 million yuan) | 45.48 | 50.22 |
| # 教　育 | Education | 10.84 | 11.78 |
| 社会保障和就业 | Social Security and Employment | 14.13 | 14.97 |
| 卫生健康 | Health and Wellness | 4.07 | 4.22 |
| 规模以上工业企业 | Industrial Enterprises above Designated Size | | |
| 单位数(个) | Number of Units(unit) | 10 | 9 |
| 资产总计(亿元) | Total Assets(100 million yuan) | 14.94 | 14.35 |
| 营业收入利润率(%) | Ratio of Profits to Operating Revenue(%) | 4.1 | 9.6 |
| 每百元营业收入成本(元) | Costs on Operating Revenue per 100 Yuan(yuan) | 71.86 | 65.21 |
| 资产负债率(%) | Ratio of Debts to Assets(%) | 41.6 | 35.2 |
| 固定资产投资(不含农户)增速(%) | Increase Rate of Investment in Fixed Assets(Non-agricultural)(%) | 10.3 | 11.1 |
| 建筑业总产值(亿元) | Gross Output Value of Construction(100 million yuan) | 66.98 | 72.33 |
| 限额以上批发和零售业商品销售额(亿元) | Total Sales of Wholesale and Retail Trade above Designated Size (100 million yuan) | 110.39 | 181.88 |
| 外贸进出口总额(亿元) | Total Value of Imports and Exports in Foreign Trade (100 million yuan) | 16.89 | 21.15 |
| # 出　口 | Exports | 14.43 | 18.95 |
| 实际使用外资金额(万美元) | Actual Use of Foreign Capital(USD 10 000) | 1085 | 553 |
| 实际利用内资(亿元) | Domestic Investment Actually Used(100 million yuan) | 46.24 | 54.65 |
| 中资金融机构本外币存款余额(亿元) | RMB and Foreign Currencies Deposits of Chinese Financial Institutions(100 million yuan) | 630.46 | 674.43 |
| 中资金融机构本外币贷款余额(亿元) | RMB and Foreign Currencies Loans of Chinese Financial Institutions(100 million yuan) | 605.50 | 948.37 |
| 小学校数(所) | Number of Primary Schools(unit) | 20 | 20 |
| 小学在校学生数(万人) | Students Enrollment of Primary Schools(10 000 persons) | 1.88 | 1.92 |
| 普通中学校数(所) | Number of Regular Secondary Schools(unit) | 16 | 16 |
| 普通中学在校学生数(万人) | Students Enrollment of Regular Secondary Schools(10 000 persons) | 1.09 | 1.16 |
| 幼儿园数(所) | Number of Kindergartens(unit) | 21 | 24 |
| 在园儿童数(万人) | Number of Children Enrolled in Kindergartens(10 000 persons) | 0.56 | 0.55 |
| 卫生机构数(个) | Health Care Institutions(unit) | 124 | 128 |
| # 医　院 | Hospitals | 20 | 19 |
| 卫生机构床位数(张) | Beds in Health Care Institutions(unit) | 3764 | 3625 |
| # 医　院 | Hospitals | 3344 | 3204 |
| 每千人卫生机构床位数(张) | Beds in Health Care Institutions per 1 000 Persons(unit) | 6.65 | 6.37 |
| 每千人执业(助理)医师数(人) | Number of Licensed (Assistant) Doctors per 1 000 Persons(person) | 3.73 | 3.74 |
| 每千人注册护士数(人) | Number of Registered Nurses per 1 000 Persons(person) | 3.67 | 3.69 |

# 23-8 东丽区基本情况

## Basic Statistics on Dongli District

| 指标 | Item | 2018 | 2019 |
|---|---|---|---|
| 常住人口(万人) | Permanent Population(10 000 persons) | 76.33 | 76.72 |
| 户籍户数(万户) | Registered Households(10 000 households) | 15.90 | 16.47 |
| 户籍人口(万人) | Registered Population(10 000 persons) | 40.47 | 41.82 |
| 男性 | Male | 20.13 | 20.77 |
| 女性 | Female | 20.34 | 21.05 |
| 年平均人口(万人) | Average Annual Population(10 000 persons) | 39.53 | 41.15 |
| 城镇非私营单位从业人员(万人) | Employment Personnel in Urban Non-private Units(10 000 persons) | 11.26 | 11.36 |
| 新增就业人员(人) | Newly Increased Employment Personnel(person) | 19466 | 19910 |
| 城镇非私营单位从业人员平均工资(元) | Average Remuneration of Employment Personnel in Urban Non-private Units(yuan) | 90474 | 99195 |
| 区级一般公共预算收入(亿元) | General Public Budget Revenue at District Level(100 million yuan) | 61.69 | 63.23 |
| #税收收入 | Revenue from Taxes | 50.38 | 45.92 |
| 区级一般公共预算支出(亿元) | General Public Budget Expenditure at District Level(100 million yuan) | 86.67 | 104.81 |
| #教育 | Education | 14.13 | 14.87 |
| 社会保障和就业 | Social Security and Employment | 12.91 | 11.60 |
| 卫生健康 | Health and Wellness | 6.47 | 6.96 |
| 规模以上工业企业 | Industrial Enterprises above Designated Size | | |
| 单位数(个) | Number of Units(unit) | 197 | 203 |
| 资产总计(亿元) | Total Assets(100 million yuan) | 2089.62 | 1734.67 |
| 营业收入利润率(%) | Ratio of Profits to Operating Revenue(%) | -0.4 | 1.3 |
| 每百元营业收入成本(元) | Costs on Operating Revenue per 100 Yuan(yuan) | 88.46 | 86.02 |
| 资产负债率(%) | Ratio of Debts to Assets(%) | 72.5 | 68.6 |
| 固定资产投资(不含农户)增速(%) | Increase Rate of Investment in Fixed Assets(Non-agricultural)(%) | -23.9 | 29.3 |
| 建筑业总产值(亿元) | Gross Output Value of Construction(100 million yuan) | 127.71 | 125.86 |
| 限额以上批发和零售业商品销售额(亿元) | Total Sales of Wholesale and Retail Trade above Designated Size (100 million yuan) | 1081.83 | 1178.92 |
| 外贸进出口总额(亿元) | Total Value of Imports and Exports in Foreign Trade (100 million yuan) | 262.56 | 167.47 |
| #出口 | Exports | 130.14 | 93.43 |
| 实际使用外资金额(万美元) | Actual Use of Foreign Capital(USD 10 000) | 2101 | 2597 |
| 实际利用内资(亿元) | Domestic Investment Actually Used(100 million yuan) | 160.21 | 169.19 |
| 中资金融机构本外币存款余额(亿元) | RMB and Foreign Currencies Deposits of Chinese Financial Institutions(100 million yuan) | 807.63 | 855.47 |
| 中资金融机构本外币贷款余额(亿元) | RMB and Foreign Currencies Loans of Chinese Financial Institutions(100 million yuan) | 762.50 | 836.98 |
| 小学校数(所) | Number of Primary Schools(unit) | 37 | 38 |
| 小学在校学生数(万人) | Students Enrollment of Primary Schools(10 000 persons) | 2.65 | 2.76 |
| 普通中学校数(所) | Number of Regular Secondary Schools(unit) | 19 | 20 |
| 普通中学在校学生数(万人) | Students Enrollment of Regular Secondary Schools(10 000 persons) | 1.46 | 1.52 |
| 幼儿园数(所) | Number of Kindergartens(unit) | 203 | 214 |
| 在园儿童数(万人) | Number of Children Enrolled in Kindergartens(10 000 persons) | 1.64 | 1.86 |
| 卫生机构数(个) | Health Care Institutions(unit) | 221 | 289 |
| #医院 | Hospitals | 10 | 12 |
| 卫生机构床位数(张) | Beds in Health Care Institutions(unit) | 1618 | 1647 |
| #医院 | Hospitals | 1526 | 1561 |
| 每千人卫生机构床位数(张) | Beds in Health Care Institutions per 1 000 Persons(unit) | 2.13 | 2.15 |
| 每千人执业(助理)医师数(人) | Number of Licensed (Assistant) Doctors per 1 000 Persons(person) | 1.62 | 1.71 |
| 每千人注册护士数(人) | Number of Registered Nurses per 1 000 Persons(person) | 1.11 | 1.21 |

# 23-9 西青区基本情况
## Basic Statistics on Xiqing District

| 指 标 | Item | 2018 | 2019 |
|---|---|---|---|
| 常住人口(万人) | Permanent Population(10 000 persons) | 86.34 | 86.64 |
| 户籍户数(万户) | Registered Households(10 000 households) | 16.00 | 16.47 |
| 户籍人口(万人) | Registered Population(10 000 persons) | 43.86 | 45.10 |
| 男 性 | Male | 21.61 | 22.20 |
| 女 性 | Female | 22.25 | 22.90 |
| 年平均人口(万人) | Average Annual Population(10 000 persons) | 42.63 | 44.48 |
| 城镇非私营单位从业人员(万人) | Employment Personnel in Urban Non-private Units(10 000 persons) | 15.11 | 16.70 |
| 新增就业人员(人) | Newly Increased Employment Personnel(person) | 19363 | 19863 |
| 城镇非私营单位从业人员平均工资(元) | Average Remuneration of Employment Personnel in Urban Non-private Units(yuan) | 96269 | 103774 |
| 区级一般公共预算收入(亿元) | General Public Budget Revenue at District Level(100 million yuan) | 102.77 | 95.44 |
| # 税收收入 | Revenue from Taxes | 64.65 | 64.83 |
| 区级一般公共预算支出(亿元) | General Public Budget Expenditure at District Level(100 million yuan) | 164.15 | 169.09 |
| # 教 育 | Education | 13.79 | 24.74 |
| 社会保障和就业 | Social Security and Employment | 10.93 | 17.10 |
| 卫生健康 | Health and Wellness | 9.98 | 13.61 |
| 规模以上工业企业 | Industrial Enterprises above Designated Size | | |
| 单位数(个) | Number of Units(unit) | 525 | 555 |
| 资产总计(亿元) | Total Assets(100 million yuan) | 1370.93 | 1414.36 |
| 营业收入利润率(%) | Ratio of Profits to Operating Revenue(%) | 6.3 | 4.9 |
| 每百元营业收入成本(元) | Costs on Operating Revenue per 100 Yuan(yuan) | 84.58 | 84.90 |
| 资产负债率(%) | Ratio of Debts to Assets(%) | 49.3 | 46.5 |
| 固定资产投资(不含农户)增速(%) | Increase Rate of Investment in Fixed Assets(Non-agricultural)(%) | -6.3 | 26.9 |
| 建筑业总产值(亿元) | Gross Output Value of Construction(100 million yuan) | 71.62 | 131.17 |
| 限额以上批发和零售业商品销售额(亿元) | Total Sales of Wholesale and Retail Trade above Designated Size (100 million yuan) | 996.69 | 754.99 |
| 外贸进出口总额(亿元) | Total Value of Imports and Exports in Foreign Trade (100 million yuan) | 303.84 | 276.12 |
| # 出 口 | Exports | 152.65 | 151.35 |
| 实际使用外资金额(万美元) | Actual Use of Foreign Capital(USD 10 000) | 19280 | 20808 |
| 实际利用内资(亿元) | Domestic Investment Actually Used(100 million yuan) | 205.20 | 217.61 |
| 中资金融机构本外币存款余额(亿元) | RMB and Foreign Currencies Deposits of Chinese Financial Institutions(100 million yuan) | 1185.22 | 1190.94 |
| 中资金融机构本外币贷款余额(亿元) | RMB and Foreign Currencies Loans of Chinese Financial Institutions(100 million yuan) | 734.21 | 798.00 |
| 小学校数(所) | Number of Primary Schools(unit) | 36 | 37 |
| 小学在校学生数(万人) | Students Enrollment of Primary Schools(10 000 persons) | 3.16 | 3.27 |
| 普通中学校数(所) | Number of Regular Secondary Schools(unit) | 15 | 15 |
| 普通中学在校学生数(万人) | Students Enrollment of Regular Secondary Schools(10 000 persons) | 1.79 | 1.84 |
| 幼儿园数(所) | Number of Kindergartens(unit) | 206 | 198 |
| 在园儿童数(万人) | Number of Children Enrolled in Kindergartens(10 000 persons) | 2.29 | 2.34 |
| 卫生机构数(个) | Health Care Institutions(unit) | 228 | 235 |
| # 医 院 | Hospitals | 24 | 24 |
| 卫生机构床位数(张) | Beds in Health Care Institutions(unit) | 2911 | 3134 |
| # 医 院 | Hospitals | 2651 | 2929 |
| 每千人卫生机构床位数(张) | Beds in Health Care Institutions per 1 000 Persons(unit) | 3.40 | 3.62 |
| 每千人执业(助理)医师数(人) | Number of Licensed (Assistant) Doctors per 1 000 Persons(person) | 1.83 | 2.00 |
| 每千人注册护士数(人) | Number of Registered Nurses per 1 000 Persons(person) | 1.56 | 1.61 |

# 23-10 津南区基本情况
## Basic Statistics on Jinnan District

| 指　　标 | Item | 2018 | 2019 |
|---|---|---|---|
| 常住人口(万人) | Permanent Population(10 000 persons) | 89.60 | 90.06 |
| 户籍户数(万户) | Registered Households(10 000 households) | 17.64 | 18.18 |
| 户籍人口(万人) | Registered Population(10 000 persons) | 49.01 | 50.45 |
| 男　性 | Male | 24.45 | 25.18 |
| 女　性 | Female | 24.56 | 25.27 |
| 年平均人口(万人) | Average Annual Population(10 000 persons) | 47.64 | 49.73 |
| 城镇非私营单位从业人员(万人) | Employment Personnel in Urban Non-private Units(10 000 persons) | 8.29 | 8.33 |
| 新增就业人员(人) | Newly Increased Employment Personnel(person) | 19483 | 19905 |
| 城镇非私营单位从业人员平均工资(元) | Average Remuneration of Employment Personnel in Urban Non-private Units(yuan) | 87682 | 99869 |
| 区级一般公共预算收入(亿元) | General Public Budget Revenue at District Level(100 million yuan) | 57.76 | 65.90 |
| # 税收收入 | Revenue from Taxes | 40.63 | 47.22 |
| 区级一般公共预算支出(亿元) | General Public Budget Expenditure at District Level(100 million yuan) | 81.00 | 184.07 |
| # 教　育 | Education | 12.15 | 12.92 |
| 社会保障和就业 | Social Security and Employment | 10.52 | 10.14 |
| 卫生健康 | Health and Wellness | 8.56 | 8.11 |
| 规模以上工业企业 | Industrial Enterprises above Designated Size | | |
| 单位数(个) | Number of Units(unit) | 373 | 412 |
| 资产总计(亿元) | Total Assets(100 million yuan) | 562.75 | 591.19 |
| 营业收入利润率(%) | Ratio of Profits to Operating Revenue(%) | 4.7 | 3.1 |
| 每百元营业收入成本(元) | Costs on Operating Revenue per 100 Yuan(yuan) | 88.58 | 90.04 |
| 资产负债率(%) | Ratio of Debts to Assets(%) | 53.1 | 52.7 |
| 固定资产投资(不含农户)增速(%) | Increase Rate of Investment in Fixed Assets(Non-agricultural)(%) | 23.1 | 24.5 |
| 建筑业总产值(亿元) | Gross Output Value of Construction(100 million yuan) | 554.87 | 590.42 |
| 限额以上批发和零售业商品销售额(亿元) | Total Sales of Wholesale and Retail Trade above Designated Size (100 million yuan) | 709.66 | 924.41 |
| 外贸进出口总额(亿元) | Total Value of Imports and Exports in Foreign Trade (100 million yuan) | 136.70 | 132.29 |
| # 出　口 | Exports | 84.02 | 81.52 |
| 实际使用外资金额(万美元) | Actual Use of Foreign Capital(USD 10 000) | 1648 | 3849 |
| 实际利用内资(亿元) | Domestic Investment Actually Used(100 million yuan) | 205.08 | 217.72 |
| 中资金融机构本外币存款余额(亿元) | RMB and Foreign Currencies Deposits of Chinese Financial Institutions(100 million yuan) | 746.16 | 832.83 |
| 中资金融机构本外币贷款余额(亿元) | RMB and Foreign Currencies Loans of Chinese Financial Institutions(100 million yuan) | 501.93 | 581.58 |
| 小学校数(所) | Number of Primary Schools(unit) | 33 | 33 |
| 小学在校学生数(万人) | Students Enrollment of Primary Schools(10 000 persons) | 3.72 | 3.78 |
| 普通中学校数(所) | Number of Regular Secondary Schools(unit) | 17 | 17 |
| 普通中学在校学生数(万人) | Students Enrollment of Regular Secondary Schools(10 000 persons) | 1.95 | 2.10 |
| 幼儿园数(所) | Number of Kindergartens(unit) | 293 | 303 |
| 在园儿童数(万人) | Number of Children Enrolled in Kindergartens(10 000 persons) | 2.17 | 2.40 |
| 卫生机构数(个) | Health Care Institutions(unit) | 320 | 314 |
| # 医　院 | Hospitals | 24 | 23 |
| 卫生机构床位数(张) | Beds in Health Care Institutions(unit) | 3709 | 3652 |
| # 医　院 | Hospitals | 3709 | 3632 |
| 每千人卫生机构床位数(张) | Beds in Health Care Institutions per 1 000 Persons(unit) | 4.15 | 4.07 |
| 每千人执业(助理)医师数(人) | Number of Licensed (Assistant) Doctors per 1 000 Persons(person) | 2.88 | 2.97 |
| 每千人注册护士数(人) | Number of Registered Nurses per 1 000 Persons(person) | 3.01 | 2.96 |

# 23-11 北辰区基本情况
## Basic Statistics on Beichen District

| 指　　标 | Item | 2018 | 2019 |
|---|---|---|---|
| 常住人口(万人) | Permanent Population(10 000 persons) | 86.54 | 86.84 |
| 户籍户数(万户) | Registered Households(10 000 households) | 17.04 | 17.51 |
| 户籍人口(万人) | Registered Population(10 000 persons) | 42.94 | 44.22 |
| 男　性 | Male | 21.21 | 21.83 |
| 女　性 | Female | 21.73 | 22.39 |
| 年平均人口(万人) | Average Annual Population(10 000 persons) | 42.15 | 43.58 |
| 城镇非私营单位从业人员(万人) | Employment Personnel in Urban Non-private Units(10 000 persons) | 11.75 | 11.80 |
| 新增就业人员(人) | Newly Increased Employment Personnel(person) | 18378 | 18858 |
| 城镇非私营单位从业人员平均工资(元) | Average Remuneration of Employment Personnel in Urban Non-private Units(yuan) | 97624 | 103867 |
| 区级一般公共预算收入(亿元) | General Public Budget Revenue at District Level(100 million yuan) | 57.22 | 59.21 |
| # 税收收入 | Revenue from Taxes | 46.63 | 46.05 |
| 区级一般公共预算支出(亿元) | General Public Budget Expenditure at District Level(100 million yuan) | 80.21 | 80.04 |
| # 教　育 | Education | 15.05 | 15.54 |
| 社会保障和就业 | Social Security and Employment | 7.51 | 8.90 |
| 卫生健康 | Health and Wellness | 8.10 | 7.92 |
| 规模以上工业企业 | Industrial Enterprises above Designated Size | | |
| 单位数(个) | Number of Units(unit) | 462 | 495 |
| 资产总计(亿元) | Total Assets(100 million yuan) | 1160.21 | 1188.92 |
| 营业收入利润率(%) | Ratio of Profits to Operating Revenue(%) | 4.4 | 4.4 |
| 每百元营业收入成本(元) | Costs on Operating Revenue per 100 Yuan(yuan) | 85.34 | 86.71 |
| 资产负债率(%) | Ratio of Debts to Assets(%) | 55.7 | 53.0 |
| 固定资产投资(不含农户)增速(%) | Increase Rate of Investment in Fixed Assets(Non-agricultural)(%) | 23.5 | 20.8 |
| 建筑业总产值(亿元) | Gross Output Value of Construction(100 million yuan) | 27.35 | 35.82 |
| 限额以上批发和零售业商品销售额(亿元) | Total Sales of Wholesale and Retail Trade above Designated Size (100 million yuan) | 1634.13 | 1537.44 |
| 外贸进出口总额(亿元) | Total Value of Imports and Exports in Foreign Trade (100 million yuan) | 230.68 | 223.61 |
| # 出　口 | Exports | 167.49 | 174.85 |
| 实际使用外资金额(万美元) | Actual Use of Foreign Capital(USD 10 000) | 23156 | 18609 |
| 实际利用内资(亿元) | Domestic Investment Actually Used(100 million yuan) | 205.31 | 217.51 |
| 中资金融机构本外币存款余额(亿元) | RMB and Foreign Currencies Deposits of Chinese Financial Institutions(100 million yuan) | 869.98 | 944.22 |
| 中资金融机构本外币贷款余额(亿元) | RMB and Foreign Currencies Loans of Chinese Financial Institutions(100 million yuan) | 826.08 | 867.82 |
| 小学校数(所) | Number of Primary Schools(unit) | 39 | 41 |
| 小学在校学生数(万人) | Students Enrollment of Primary Schools(10 000 persons) | 3.14 | 3.19 |
| 普通中学校数(所) | Number of Regular Secondary Schools(unit) | 20 | 20 |
| 普通中学在校学生数(万人) | Students Enrollment of Regular Secondary Schools(10 000 persons) | 1.64 | 1.71 |
| 幼儿园数(所) | Number of Kindergartens(unit) | 81 | 84 |
| 在园儿童数(万人) | Number of Children Enrolled in Kindergartens(10 000 persons) | 1.69 | 1.64 |
| 卫生机构数(个) | Health Care Institutions(unit) | 240 | 241 |
| # 医　院 | Hospitals | 17 | 22 |
| 卫生机构床位数(张) | Beds in Health Care Institutions(unit) | 3343 | 4631 |
| # 医　院 | Hospitals | 3128 | 4459 |
| 每千人卫生机构床位数(张) | Beds in Health Care Institutions per 1 000 Persons(unit) | 3.87 | 5.34 |
| 每千人执业(助理)医师数(人) | Number of Licensed (Assistant) Doctors per 1 000 Persons(person) | 2.74 | 3.29 |
| 每千人注册护士数(人) | Number of Registered Nurses per 1 000 Persons(person) | 2.38 | 3.09 |

# 23-12 武清区基本情况
## Basic Statistics on Wuqing District

| 指　　标 | Item | 2018 | 2019 |
|---|---|---|---|
| 常住人口(万人) | Permanent Population(10 000 persons) | 119.15 | 118.26 |
| 户籍户数(万户) | Registered Households(10 000 households) | 32.73 | 34.29 |
| 户籍人口(万人) | Registered Population(10 000 persons) | 99.48 | 105.01 |
| 男　性 | Male | 49.27 | 51.83 |
| 女　性 | Female | 50.21 | 53.18 |
| 年平均人口(万人) | Average Annual Population(10 000 persons) | 97.23 | 102.25 |
| 城镇非私营单位从业人员(万人) | Employment Personnel in Urban Non-private Units(10 000 persons) | 20.27 | 23.78 |
| 新增就业人员(人) | Newly Increased Employment Personnel(person) | 20936 | 21415 |
| 城镇非私营单位从业人员平均工资(元) | Average Remuneration of Employment Personnel in Urban Non-private Units(yuan) | 79778 | 77071 |
| 区级一般公共预算收入(亿元) | General Public Budget Revenue at District Level(100 million yuan) | 117.28 | 119.08 |
| # 税收收入 | Revenue from Taxes | 84.21 | 82.90 |
| 区级一般公共预算支出(亿元) | General Public Budget Expenditure at District Level(100 million yuan) | 177.34 | 190.34 |
| # 教　育 | Education | 25.68 | 28.15 |
| 社会保障和就业 | Social Security and Employment | 18.61 | 17.93 |
| 卫生健康 | Health and Wellness | 13.47 | 14.85 |
| 规模以上工业企业 | Industrial Enterprises above Designated Size | | |
| 单位数(个) | Number of Units(unit) | 515 | 589 |
| 资产总计(亿元) | Total Assets(100 million yuan) | 1425.28 | 1552.88 |
| 营业收入利润率(%) | Ratio of Profits to Operating Revenue(%) | 3.4 | 4.1 |
| 每百元营业收入成本(元) | Costs on Operating Revenue per 100 Yuan(yuan) | 84.19 | 84.27 |
| 资产负债率(%) | Ratio of Debts to Assets(%) | 51.7 | 53.9 |
| 固定资产投资(不含农户)增速(%) | Increase Rate of Investment in Fixed Assets(Non-agricultural)(%) | -3.0 | 17.2 |
| 建筑业总产值(亿元) | Gross Output Value of Construction(100 million yuan) | 203.34 | 219.26 |
| 限额以上批发和零售业商品销售额(亿元) | Total Sales of Wholesale and Retail Trade above Designated Size (100 million yuan) | 1755.14 | 1948.17 |
| 外贸进出口总额(亿元) | Total Value of Imports and Exports in Foreign Trade (100 million yuan) | 278.41 | 298.88 |
| # 出　口 | Exports | 188.09 | 193.99 |
| 实际使用外资金额(万美元) | Actual Use of Foreign Capital(USD 10 000) | 6376 | 20615 |
| 实际利用内资(亿元) | Domestic Investment Actually Used(100 million yuan) | 205.41 | 217.80 |
| 中资金融机构本外币存款余额(亿元) | RMB and Foreign Currencies Deposits of Chinese Financial Institutions(100 million yuan) | 964.68 | 1004.42 |
| 中资金融机构本外币贷款余额(亿元) | RMB and Foreign Currencies Loans of Chinese Financial Institutions(100 million yuan) | 731.06 | 795.57 |
| 小学校数(所) | Number of Primary Schools(unit) | 122 | 123 |
| 小学在校学生数(万人) | Students Enrollment of Primary Schools(10 000 persons) | 6.31 | 6.45 |
| 普通中学校数(所) | Number of Regular Secondary Schools(unit) | 59 | 60 |
| 普通中学在校学生数(万人) | Students Enrollment of Regular Secondary Schools(10 000 persons) | 5.32 | 5.61 |
| 幼儿园数(所) | Number of Kindergartens(unit) | 262 | 317 |
| 在园儿童数(万人) | Number of Children Enrolled in Kindergartens(10 000 persons) | 2.51 | 2.74 |
| 卫生机构数(个) | Health Care Institutions(unit) | 741 | 684 |
| # 医　院 | Hospitals | 15 | 16 |
| 卫生机构床位数(张) | Beds in Health Care Institutions(unit) | 4270 | 4295 |
| # 医　院 | Hospitals | 3190 | 3271 |
| 每千人卫生机构床位数(张) | Beds in Health Care Institutions per 1 000 Persons(unit) | 3.58 | 3.62 |
| 每千人执业(助理)医师数(人) | Number of Licensed (Assistant) Doctors per 1 000 Persons(person) | 2.24 | 2.30 |
| 每千人注册护士数(人) | Number of Registered Nurses per 1 000 Persons(person) | 1.86 | 1.87 |

# 23-13 宝坻区基本情况
## Basic Statistics on Baodi District

| 指 标 | Item | 2018 | 2019 |
|---|---|---|---|
| 常住人口(万人) | Permanent Population(10 000 persons) | 92.06 | 91.22 |
| 户籍户数(万户) | Registered Households(10 000 households) | 23.97 | 24.43 |
| 户籍人口(万人) | Registered Population(10 000 persons) | 73.25 | 74.29 |
| 男 性 | Male | 36.73 | 37.20 |
| 女 性 | Female | 36.52 | 37.09 |
| 年平均人口(万人) | Average Annual Population(10 000 persons) | 72.68 | 73.77 |
| 城镇非私营单位从业人员(万人) | Employment Personnel in Urban Non-private Units(10 000 persons) | 5.63 | 5.30 |
| 新增就业人员(人) | Newly Increased Employment Personnel(person) | 15777 | 16151 |
| 城镇非私营单位从业人员平均工资(元) | Average Remuneration of Employment Personnel in Urban Non-private Units(yuan) | 83437 | 94923 |
| 区级一般公共预算收入(亿元) | General Public Budget Revenue at District Level(100 million yuan) | 60.22 | 56.51 |
| # 税收收入 | Revenue from Taxes | 31.34 | 28.85 |
| 区级一般公共预算支出(亿元) | General Public Budget Expenditure at District Level(100 million yuan) | 115.45 | 126.23 |
| # 教 育 | Education | 26.63 | 26.67 |
| 社会保障和就业 | Social Security and Employment | 13.31 | 13.37 |
| 卫生健康 | Health and Wellness | 9.45 | 9.72 |
| 规模以上工业企业 | Industrial Enterprises above Designated Size | | |
| 单位数(个) | Number of Units(unit) | 236 | 270 |
| 资产总计(亿元) | Total Assets(100 million yuan) | 338.81 | 429.60 |
| 营业收入利润率(%) | Ratio of Profits to Operating Revenue(%) | 5.1 | 2.5 |
| 每百元营业收入成本(元) | Costs on Operating Revenue per 100 Yuan(yuan) | 84.57 | 84.44 |
| 资产负债率(%) | Ratio of Debts to Assets(%) | 59.7 | 60.7 |
| 固定资产投资(不含农户)增速(%) | Increase Rate of Investment in Fixed Assets(Non-agricultural)(%) | -6.7 | 23.7 |
| 建筑业总产值(亿元) | Gross Output Value of Construction(100 million yuan) | 109.84 | 112.84 |
| 限额以上批发和零售业商品销售额(亿元) | Total Sales of Wholesale and Retail Trade above Designated Size (100 million yuan) | 246.88 | 303.64 |
| 外贸进出口总额(亿元) | Total Value of Imports and Exports in Foreign Trade (100 million yuan) | 43.00 | 39.22 |
| # 出 口 | Exports | 34.30 | 32.09 |
| 实际使用外资金额(万美元) | Actual Use of Foreign Capital(USD 10 000) | 196 | 875 |
| 实际利用内资(亿元) | Domestic Investment Actually Used(100 million yuan) | 205.01 | 217.78 |
| 中资金融机构本外币存款余额(亿元) | RMB and Foreign Currencies Deposits of Chinese Financial Institutions(100 million yuan) | 601.26 | 601.40 |
| 中资金融机构本外币贷款余额(亿元) | RMB and Foreign Currencies Loans of Chinese Financial Institutions(100 million yuan) | 478.73 | 590.88 |
| 小学校数(所) | Number of Primary Schools(unit) | 81 | 81 |
| 小学在校学生数(万人) | Students Enrollment of Primary Schools(10 000 persons) | 3.76 | 3.83 |
| 普通中学校数(所) | Number of Regular Secondary Schools(unit) | 44 | 44 |
| 普通中学在校学生数(万人) | Students Enrollment of Regular Secondary Schools(10 000 persons) | 3.59 | 3.73 |
| 幼儿园数(所) | Number of Kindergartens(unit) | 175 | 168 |
| 在园儿童数(万人) | Number of Children Enrolled in Kindergartens(10 000 persons) | 1.70 | 1.62 |
| 卫生机构数(个) | Health Care Institutions(unit) | 426 | 428 |
| # 医 院 | Hospitals | 10 | 11 |
| 卫生机构床位数(张) | Beds in Health Care Institutions(unit) | 2765 | 2758 |
| # 医 院 | Hospitals | 1448 | 1462 |
| 每千人卫生机构床位数(张) | Beds in Health Care Institutions per 1 000 Persons(unit) | 2.99 | 3.01 |
| 每千人执业(助理)医师数(人) | Number of Licensed (Assistant) Doctors per 1 000 Persons(person) | 1.47 | 1.69 |
| 每千人注册护士数(人) | Number of Registered Nurses per 1 000 Persons(person) | 1.42 | 1.50 |

# 23-14 滨海新区基本情况
## Basic Statistics on Binhai New Area

| 指　　标 | Item | 2018 | 2019 |
|---|---|---|---|
| 常住人口(万人) | Permanent Population(10 000 persons) | 298.34 | 299.86 |
| 户籍户数(万户) | Registered Households(10 000 households) | 51.72 | 53.79 |
| 户籍人口(万人) | Registered Population(10 000 persons) | 138.26 | 144.23 |
| 男　性 | Male | 70.63 | 73.52 |
| 女　性 | Female | 67.63 | 70.71 |
| 年平均人口(万人) | Average Annual Population(10 000 persons) | 134.86 | 141.25 |
| 城镇非私营单位从业人员(万人) | Employment Personnel in Urban Non-private Units(10 000 persons) | 87.09 | 92.18 |
| 新增就业人员(万人) | Newly Increased Employment Personnel(10 000 person) | 10.90 | 11.21 |
| 城镇非私营单位从业人员平均工资(元) | Average Remuneration of Employment Personnel in Urban Non-private Units(yuan) | 107870 | 116653 |
| 区级一般公共预算收入(亿元) | General Public Budget Revenue at District Level(100 million yuan) | 463.72 | 502.68 |
| # 税收收入 | Revenue from Taxes | 408.94 | 444.48 |
| 区级一般公共预算支出(亿元) | General Public Budget Expenditure at District Level(100 million yuan) | 650.80 | 791.15 |
| # 教　育 | Education | 72.00 | 72.31 |
| 社会保障和就业 | Social Security and Employment | 22.29 | 20.65 |
| 卫生健康 | Health and Wellness | 24.26 | 23.40 |
| 规模以上工业企业 | Industrial Enterprises above Designated Size | | |
| 单位数(个) | Number of Units(unit) | 1131 | 1202 |
| 资产总计(亿元) | Total Assets(100 million yuan) | 10304.04 | 10764.24 |
| 营业收入利润率(%) | Ratio of Profits to Operating Revenue(%) | 10.4 | 9.8 |
| 每百元营业收入成本(元) | Costs on Operating Revenue per 100 Yuan(yuan) | 80.19 | 80.80 |
| 资产负债率(%) | Ratio of Debts to Assets(%) | 54.6 | 55.3 |
| 固定资产投资(不含农户)增速(%) | Increase Rate of Investment in Fixed Assets(Non-agricultural)(%) | -5.3 | 12.6 |
| 外贸进出口总额(亿元) | Total Value of Imports and Exports in Foreign Trade (100 million yuan) | 5821.02 | 5456.30 |
| # 出　口 | Exports | 2005.09 | 1833.63 |
| 实际使用外资金额(亿美元) | Actual Use of Foreign Capital(USD 100 million) | 34.52 | 36.23 |
| 实际利用内资(亿元) | Domestic Investment Actually Used(100 million yuan) | 823.55 | 929.91 |
| 中资金融机构本外币存款余额(亿元) | RMB and Foreign Currencies Deposits of Chinese Financial Institutions(100 million yuan) | 5776.69 | 5840.69 |
| 中资金融机构本外币贷款余额(亿元) | RMB and Foreign Currencies Loans of Chinese Financial Institutions(100 million yuan) | 11405.21 | 11836.12 |
| 小学校数(所) | Number of Primary Schools(unit) | 98 | 94 |
| 小学在校学生数(万人) | Students Enrollment of Primary Schools(10 000 persons) | 10.21 | 11.23 |
| 普通中学校数(所) | Number of Regular Secondary Schools(unit) | 97 | 91 |
| 普通中学在校学生数(万人) | Students Enrollment of Regular Secondary Schools(10 000 persons) | 6.59 | 6.57 |
| 幼儿园数(所) | Number of Kindergartens(unit) | 130 | 143 |
| 在园儿童数(万人) | Number of Children Enrolled in Kindergartens(10 000 persons) | 2.69 | 3.30 |
| 卫生机构数(个) | Health Care Institutions Hospitals(unit) | 748 | 815 |
| # 医　院 | Hospitals | 58 | 57 |
| 卫生机构床位数(张) | Beds in Health Care Institutions(unit) | 7973 | 8595 |
| # 医　院 | Hospitals | 7511 | 8205 |
| 每千人卫生机构床位数(张) | Beds in Health Care Institutions per 1 000 Persons(unit) | 2.67 | 2.87 |
| 每千人执业(助理)医师数(人) | Number of Licensed (Assistant) Doctors per 1 000 Persons(person) | 2.05 | 2.20 |
| 每千人注册护士数(人) | Number of Registered Nurses per 1 000 Persons(person) | 1.97 | 2.01 |

# 23-15 宁河区基本情况
## Basic Statistics on Ninghe District

| 指　　标 | Item | 2018 | 2019 |
|---|---|---|---|
| 常住人口(万人) | Permanent Population(10 000 persons) | 49.11 | 48.68 |
| 户籍户数(万户) | Registered Households(10 000 households) | 14.80 | 14.90 |
| 户籍人口(万人) | Registered Population(10 000 persons) | 40.51 | 40.84 |
| 男　性 | Male | 20.36 | 20.50 |
| 女　性 | Female | 20.15 | 20.34 |
| 年平均人口(万人) | Average Annual Population(10 000 persons) | 40.36 | 40.68 |
| 城镇非私营单位从业人员(万人) | Employment Personnel in Urban Non-private Units(10 000 persons) | 4.48 | 5.06 |
| 新增就业人员(人) | Newly Increased Employment Personnel(person) | 8654 | 8867 |
| 城镇非私营单位从业人员平均工资(元) | Average Remuneration of Employment Personnel in Urban Non-private Units(yuan) | 79815 | 88672 |
| 区级一般公共预算收入(亿元) | General Public Budget Revenue at District Level(100 million yuan) | 21.26 | 25.02 |
| # 税收收入 | Revenue from Taxes | 17.30 | 18.42 |
| 区级一般公共预算支出(亿元) | General Public Budget Expenditure at District Level(100 million yuan) | 59.48 | 73.44 |
| # 教　育 | Education | 13.64 | 14.62 |
| 社会保障和就业 | Social Security and Employment | 6.96 | 8.72 |
| 卫生健康 | Health and Wellness | 6.53 | 6.80 |
| 规模以上工业企业 | Industrial Enterprises above Designated Size | | |
| 单位数(个) | Number of Units(unit) | 131 | 153 |
| 资产总计(亿元) | Total Assets(100 million yuan) | 398.10 | 447.20 |
| 营业收入利润率(%) | Ratio of Profits to Operating Revenue(%) | 3.8 | 3.9 |
| 每百元营业收入成本(元) | Costs on Operating Revenue per 100 Yuan(yuan) | 91.04 | 91.04 |
| 资产负债率(%) | Ratio of Debts to Assets(%) | 65.9 | 67.0 |
| 固定资产投资(不含农户)增速(%) | Increase Rate of Investment in Fixed Assets(Non-agricultural)(%) | 19.6 | 26.7 |
| 建筑业总产值(亿元) | Gross Output Value of Construction(100 million yuan) | 23.26 | 17.62 |
| 限额以上批发和零售业商品销售额(亿元) | Total Sales of Wholesale and Retail Trade above Designated Size (100 million yuan) | 286.94 | 414.11 |
| 外贸进出口总额(亿元) | Total Value of Imports and Exports in Foreign Trade (100 million yuan) | 48.08 | 35.07 |
| # 出　口 | Exports | 30.34 | 24.64 |
| 实际使用外资金额(万美元) | Actual Use of Foreign Capital(USD 10 000) | 15720 | 4565 |
| 实际利用内资(亿元) | Domestic Investment Actually Used(100 million yuan) | 70.26 | 75.14 |
| 中资金融机构本外币存款余额(亿元) | RMB and Foreign Currencies Deposits of Chinese Financial Institutions(100 million yuan) | 291.42 | 299.36 |
| 中资金融机构本外币贷款余额(亿元) | RMB and Foreign Currencies Loans of Chinese Financial Institutions(100 million yuan) | 151.26 | 201.43 |
| 小学校数(所) | Number of Primary Schools(unit) | 60 | 60 |
| 小学在校学生数(万人) | Students Enrollment of Primary Schools(10 000 persons) | 2.82 | 2.80 |
| 普通中学校数(所) | Number of Regular Secondary Schools(unit) | 29 | 29 |
| 普通中学在校学生数(万人) | Students Enrollment of Regular Secondary Schools(10 000 persons) | 1.88 | 2.02 |
| 幼儿园数(所) | Number of Kindergartens(unit) | 139 | 144 |
| 在园儿童数(万人) | Number of Children Enrolled in Kindergartens(10 000 persons) | 1.17 | 1.07 |
| 卫生机构数(个) | Health Care Institutions(unit) | 332 | 319 |
| # 医　院 | Hospitals | 3 | 3 |
| 卫生机构床位数(张) | Beds in Health Care Institutions(unit) | 1392 | 1367 |
| # 医　院 | Hospitals | 689 | 734 |
| 每千人卫生机构床位数(张) | Beds in Health Care Institutions per 1 000 Persons(unit) | 2.83 | 2.80 |
| 每千人执业(助理)医师数(人) | Number of Licensed (Assistant) Doctors per 1 000 Persons(person) | 1.42 | 1.60 |
| 每千人注册护士数(人) | Number of Registered Nurses per 1 000 Persons(person) | 1.13 | 1.22 |

# 23-16 静海区基本情况
## Basic Statistics on Jinghai District

| 指　　标 | Item | 2018 | 2019 |
|---|---|---|---|
| 常住人口(万人) | Permanent Population(10 000 persons) | 79.01 | 78.51 |
| 户籍户数(万户) | Registered Households(10 000 households) | 22.80 | 23.41 |
| 户籍人口(万人) | Registered Population(10 000 persons) | 60.79 | 61.50 |
| 男　性 | Male | 30.77 | 31.08 |
| 女　性 | Female | 30.02 | 30.42 |
| 年平均人口(万人) | Average Annual Population(10 000 persons) | 60.44 | 61.15 |
| 城镇非私营单位从业人员(万人) | Employment Personnel in Urban Non-private Units(10 000 persons) | 6.71 | 7.16 |
| 新增就业人员(人) | Newly Increased Employment Personnel(person) | 8664 | 8863 |
| 城镇非私营单位从业人员平均工资(元) | Average Remuneration of Employment Personnel in Urban Non-private Units(yuan) | 78751 | 89052 |
| 区级一般公共预算收入(亿元) | General Public Budget Revenue at District Level(100 million yuan) | 57.01 | 54.38 |
| #税收收入 | Revenue from Taxes | 44.95 | 41.64 |
| 区级一般公共预算支出(亿元) | General Public Budget Expenditure at District Level(100 million yuan) | 112.51 | 100.79 |
| #教　育 | Education | 17.91 | 18.32 |
| 社会保障和就业 | Social Security and Employment | 13.84 | 13.12 |
| 卫生健康 | Health and Wellness | 8.53 | 8.95 |
| 规模以上工业企业 | Industrial Enterprises above Designated Size | | |
| 单位数(个) | Number of Units(unit) | 598 | 699 |
| 资产总计(亿元) | Total Assets(100 million yuan) | 987.30 | 1150.53 |
| 营业收入利润率(%) | Ratio of Profits to Operating Revenue(%) | 1.0 | 1.8 |
| 每百元营业收入成本(元) | Costs on Operating Revenue per 100 Yuan(yuan) | 95.63 | 95.18 |
| 资产负债率(%) | Ratio of Debts to Assets(%) | 72.5 | 72.4 |
| 固定资产投资(不含农户)增速(%) | Increase Rate of Investment in Fixed Assets(Non-agricultural)(%) | -14.7 | 18.8 |
| 建筑业总产值(亿元) | Gross Output Value of Construction(100 million yuan) | 60.30 | 57.24 |
| 限额以上批发和零售业商品销售额(亿元) | Total Sales of Wholesale and Retail Trade above Designated Size (100 million yuan) | 1777.68 | 1963.00 |
| 外贸进出口总额(亿元) | Total Value of Imports and Exports in Foreign Trade (100 million yuan) | 160.13 | 175.93 |
| #出　口 | Exports | 119.24 | 136.63 |
| 实际使用外资金额(万美元) | Actual Use of Foreign Capital(USD 10 000) | 3125 | 3288 |
| 实际利用内资(亿元) | Domestic Investment Actually Used(100 million yuan) | 70.12 | 75.10 |
| 中资金融机构本外币存款余额(亿元) | RMB and Foreign Currencies Deposits of Chinese Financial Institutions(100 million yuan) | 577.34 | 656.22 |
| 中资金融机构本外币贷款余额(亿元) | RMB and Foreign Currencies Loans of Chinese Financial Institutions(100 million yuan) | 312.92 | 371.08 |
| 小学校数(所) | Number of Primary Schools(unit) | 97 | 96 |
| 小学在校学生数(万人) | Students Enrollment of Primary Schools(10 000 persons) | 6.00 | 5.88 |
| 普通中学校数(所) | Number of Regular Secondary Schools(unit) | 53 | 49 |
| 普通中学在校学生数(万人) | Students Enrollment of Regular Secondary Schools(10 000 persons) | 3.73 | 3.93 |
| 幼儿园数(所) | Number of Kindergartens(unit) | 243 | 259 |
| 在园儿童数(万人) | Number of Children Enrolled in Kindergartens(10 000 persons) | 2.16 | 2.12 |
| 卫生机构数(个) | Health Care Institutions(unit) | 463 | 492 |
| #医　院 | Hospitals | 17 | 18 |
| 卫生机构床位数(张) | Beds in Health Care Institutions(unit) | 2149 | 1985 |
| #医　院 | Hospitals | 1412 | 1399 |
| 每千人卫生机构床位数(张) | Beds in Health Care Institutions per 1 000 Persons(unit) | 2.72 | 2.52 |
| 每千人执业(助理)医师数(人) | Number of Licensed (Assistant) Doctors per 1 000 Persons(person) | 1.93 | 2.11 |
| 每千人注册护士数(人) | Number of Registered Nurses per 1 000 Persons(person) | 1.18 | 1.34 |

# 23-17 蓟州区基本情况
## Basic Statistics on Jizhou District

| 指　标 | Item | 2018 | 2019 |
|---|---|---|---|
| 常住人口(万人) | Permanent Population(10 000 persons) | 90.19 | 89.45 |
| 户籍户数(万户) | Registered Households(10 000 households) | 28.24 | 28.42 |
| 户籍人口(万人) | Registered Population(10 000 persons) | 87.21 | 87.72 |
| 男　性 | Male | 44.23 | 44.44 |
| 女　性 | Female | 42.98 | 43.28 |
| 年平均人口(万人) | Average Annual Population(10 000 persons) | 86.89 | 87.47 |
| 城镇非私营单位从业人员(万人) | Employment Personnel in Urban Non-private Units(10 000 persons) | 5.47 | 5.24 |
| 新增就业人员(人) | Newly Increased Employment Personnel(person) | 11276 | 11468 |
| 城镇非私营单位从业人员平均工资(元) | Average Remuneration of Employment Personnel in Urban Non-private Units(yuan) | 90766 | 96187 |
| 区级一般公共预算收入(亿元) | General Public Budget Revenue at District Level(100 million yuan) | 27.83 | 25.09 |
| # 税收收入 | Revenue from Taxes | 15.83 | 13.54 |
| 区级一般公共预算支出(亿元) | General Public Budget Expenditure at District Level(100 million yuan) | 89.80 | 80.92 |
| # 教　育 | Education | 22.62 | 19.96 |
| 社会保障和就业 | Social Security and Employment | 15.73 | 16.08 |
| 卫生健康 | Health and Wellness | 8.91 | 8.54 |
| 规模以上工业企业 | Industrial Enterprises above Designated Size | | |
| 单位数(个) | Number of Units(unit) | 81 | 101 |
| 资产总计(亿元) | Total Assets(100 million yuan) | 146.87 | 162.17 |
| 营业收入利润率(%) | Ratio of Profits to Operating Revenue(%) | 1.0 | 0.9 |
| 每百元营业收入成本(元) | Costs on Operating Revenue per 100 Yuan(yuan) | 89.16 | 89.16 |
| 资产负债率(%) | Ratio of Debts to Assets(%) | 66.9 | 67.3 |
| 固定资产投资(不含农户)增速(%) | Increase Rate of Investment in Fixed Assets(Non-agricultural)(%) | -7.5 | -14.3 |
| 建筑业总产值(亿元) | Gross Output Value of Construction(100 million yuan) | 62.80 | 62.09 |
| 限额以上批发和零售业商品销售额(亿元) | Total Sales of Wholesale and Retail Trade above Designated Size (100 million yuan) | 62.54 | 75.04 |
| 外贸进出口总额(亿元) | Total Value of Imports and Exports in Foreign Trade (100 million yuan) | 7.47 | 7.71 |
| # 出　口 | Exports | 6.12 | 6.91 |
| 实际使用外资金额(万美元) | Actual Use of Foreign Capital(USD 10 000) | 1120 | 107 |
| 实际利用内资(亿元) | Domestic Investment Actually Used(100 million yuan) | 20.09 | 21.65 |
| 中资金融机构本外币存款余额(亿元) | RMB and Foreign Currencies Deposits of Chinese Financial Institutions(100 million yuan) | 515.05 | 522.19 |
| 中资金融机构本外币贷款余额(亿元) | RMB and Foreign Currencies Loans of Chinese Financial Institutions(100 million yuan) | 359.88 | 404.67 |
| 小学校数(所) | Number of Primary Schools(unit) | 115 | 113 |
| 小学在校学生数(万人) | Students Enrollment of Primary Schools(10 000 persons) | 5.44 | 5.43 |
| 普通中学校数(所) | Number of Regular Secondary Schools(unit) | 61 | 60 |
| 普通中学在校学生数(万人) | Students Enrollment of Regular Secondary Schools(10 000 persons) | 4.32 | 4.61 |
| 幼儿园数(所) | Number of Kindergartens(unit) | 282 | 287 |
| 在园儿童数(万人) | Number of Children Enrolled in Kindergartens(10 000 persons) | 2.64 | 2.39 |
| 卫生机构数(个) | Health Care Institutions(unit) | 725 | 740 |
| # 医　院 | Hospitals | 12 | 12 |
| 卫生机构床位数(张) | Beds in Health Care Institutions(unit) | 2315 | 1998 |
| # 医　院 | Hospitals | 1469 | 1245 |
| 每千人卫生机构床位数(张) | Beds in Health Care Institutions per 1 000 Persons(unit) | 2.56 | 2.22 |
| 每千人执业(助理)医师数(人) | Number of Licensed (Assistant) Doctors per 1 000 Persons(person) | 2.00 | 2.30 |
| 每千人注册护士数(人) | Number of Registered Nurses per 1 000 Persons(person) | 1.31 | 1.31 |